Astor Piazzolla
El luchador del tango
(edición completa)
Tomo I

アストル・ピアソラ 闘うタンゴ

完全版

斎藤充正

上

青土社

アストル・ピアソラ　闘うタンゴ　完全版　上　目次

【下巻】

アストル・ピアソラ 闘うタンゴ　完全版　上

凡例

登場する人名や事柄に対し、必要に応じて注を付けた。＊印に続けて各章ごとに通し番号を振った上で記載してある。

編集の都合上、改めて登場する頁以降に注が記載される場合、初登場の箇所には＊印のみが付けられる。

本文中に登場する録音や映像作品、映画などに関しては、巻末資料として下巻に掲載したディスコグラフィー、ピアソラ・カタログ、フィルモグラフィーを参照できるよう、それぞれ通し番号を付けて管理した。

#1～189＝アストル・ピアソラ・ディスコグラフィー（オリジナル作品）

#R1～R18＝同（編集盤）

#V1～V8＝同（映像作品）

#A1～A17＝ピアソラ・カタログ（本文中で紹介しているYouTube動画）

#G1～G109＝同（ピアソラが公式録音しなかった自作曲の他の演奏家による初演などの録音一覧）

#Y1～Y3＝同（同、YouTube動画）

#F1～F86＝アストル・ピアソラ・フィルモグラフィー

演奏家の担当楽器に関しては、必要に応じて以下の略号（カッコ内）で表記した。

as＝アルト・サックス　b＝コントラバス　bn＝バンドネオン　cl＝クラリネット　ds＝ドラムス　el-b＝エレキ・ベース　fl＝フルート　g＝ギター　hca＝ハーモニカ　kbd＝キーボード　org＝オルガン　p＝ピアノ　perc＝パーカッション　sax＝サックス　tp＝トランペット　ts＝テナー・サックス　va＝ヴィオラ　vc＝チェロ　vib＝ヴィブラフォン　vn＝ヴァイオリン　vo＝ヴォーカル

1　ニューヨークの少年

移民の国アルゼンチン

アストル・パンタレオン・ピアソラは1921年3月11日午前2時、アルゼンチン共和国ブエノスアイレス州マル・デル・プラタ市のリバダビア通りにある菓子店、ラ・マルプラテンセの奥で生まれた。父ビセンテ・ピアソラ（愛称「ノニーノ」）、母アスンタ・マネティはともにマル・デル・プラタ生まれのイタリア移民二世である。父方の祖父パンタレオン・ピアソラ（イタリア式に発音すると「ピアッツォーラ」）と祖母ローサ・チェントファンティはともにイタリア南部プーリア地方、トラーニの出身。一方、母方の祖父ルイス・マネティは同じイタリアでもトスカーナ地方の出身である。

アストルの祖父母たちがイタリアから移住してきた19世紀の後半は、イタリアやスペインからアルゼンチンの主に都市部へ、大量の移民が押し寄せた時期でもあった。

ラテンアメリカ諸国は、もともとその土地に暮らしてきた先住民（インディオ）、コロンブスによる新大陸〝発見〟以来大挙して移り住んだ主にヨーロッパ人、そしてヨーロッパ人により強制的に連れてこられたアフリカ人奴隷たちの子孫、およびそれらの混血を中心に構成されている。もちろん、国や地域によってその比率はさまざまだが、アルゼンチンは、他の国々と比べて白人の占める割合が非常に大きい。

アルゼンチンは、広大な南米大陸の中でも、ブラジルに次いで広い面積を持つが、中でも「パンパ」と呼ばれる大平原の占める割合の多いこの国土には、スペイン人の渡来する以前から、もともとインディオの数が少なかった。インディオ文明は、主に山間部を中心に発展していたからである。

南米大陸の西側を南北に縦断するアンデス山脈からの豊かな流れをたたえるラ・プラタ川、その河口に初めて到来したスペイン人は、フアン・ディアス・デ・ソリス。1516年のことである。1536

年、ペドロ・デ・メンドーサがラ・プラタ川の河口の南側にブエノスアイレス市を建設するが、先住民との抗争から放棄を余儀なくされ、同市は過疎化や焼失により1541年までには一旦崩壊する。フアン・デ・ガライの手によりブエノスアイレスが再建されたのは、1580年のことだった。

スペインの植民地時代のアルゼンチンは、金銀などの資源に恵まれていたわけでもなければ、砂糖の栽培などに適した土地でもなかったので、過酷な労働力を黒人奴隷に依存する必要性があまりなかった。要するに、当時のこの地域は、征服者たちにとってさほど魅力のある土地ではなかった。

そうした状況が変化を見せるのは、ちょうどアメリカ合衆国が独立したのと同じ年にあたる1776年、リオ・デ・ラ・プラタ副王領（現在のアルゼンチンを中心にボリビア、パラグアイ、ウルグアイを含むラ・プラタ川流域の広大な地域に及ぶ。スペイン国王の命を受けた副王により統轄された）の設置に伴い、ブエノスアイレスがその首都となり、南米大陸からヨーロッパへ物資を運ぶ一つの拠点となってからのことである。ブエノスアイレスが交易の中心地として栄える一方で、現在のボリビア、パラグアイなど副王領内陸部の諸地域との軋轢も生まれていくことになる。

1810年5月25日、ブエノスアイレスの市議会は副王を廃し自治委員会を設置。これに反発した内陸部諸地域は委員会を認めず、結果的には各地域の分離独立を促す結果となった。そして1816年7月9日、リオ・デ・ラ・プラタ諸州連合、今日のアルゼンチンの独立宣言が行われた。なお、この独立記念日をテーマにした〈7月9日 *9 de julio*〉というタンゴ（作曲はホセ・ルイス・パドゥーラ。ちょうど建国100周年の1916年に初演）ものちに生まれている。

アルゼンチン（正確にスペイン語で言えば「アルヘンティーナ」）共和国の名が正式に使用されたのは1826年のことだが、建国間もないこの国は、その後しばらく政情の不安定な状態が続く。1853

年にはフスト・ホセ・デ・ウルキサにより憲法が制定され、移民の流入が始まる。1862年、バルトロメー・ミトレが大統領に就任し、全国的な国家の統一を実現。1880年、ブエノスアイレスが正式に連邦の首都となるが、この頃からイタリアやスペインからの移民が急増する。アストル・ピアソラの祖父母たちがイタリアからやってきたのも、おおよそこの時期のことなのである。

ひとりっ子アストル

アストルの祖父母たちが居を構えたマル・デル・プラタは、アルゼンチンの首都ブエノスアイレスから約400キロ南の大西洋岸に位置するアルゼンチン屈指の避暑地。海水浴場やカジノで賑わいを見せた場所である。

背が高く、帽子から亜麻色の髪を覗かせていたため「オランダ人」のあだ名で呼ばれていた祖父パンタレオンは、漁師で船員だったが、移住後は陸に上がり海水浴場の監視員などをしていた。

アストルの父親となるビセンテ・ピアソラが生まれたのは、1897年11月11日のこと。ビセンテはパンタレオンに似て背が高く精悍な顔つきをしていたが、ユーモアのセンスに長けた人物でもあった。ちょうどアストルが生まれた頃には自転車店を経営していた父ビセンテは、ギターやアコーディオンをたしなむほどの音楽好きで、息子に「アストル」という名前を付けたのも、シカゴ交響楽団の第1チェロ奏者だったという親友のアストル・ボロニーニにあやかってのこと。ミドル・ネームの「パンタレオン」は、もちろん祖父の名から付けられた。

アストルはひとりっ子だったが、それは母アスンタが、アストルが生まれた時に、もうこれ以上子どもは生まないと決心したからだった。生まれてきた赤ん坊は、右足が内側に曲がっていたのである。幼いアストルは何か月も病院で過ごし、手術の痛みや夜独りで過ごす寂しさに耐えなければならなかった。都合7回にも及ぶ手術を受けたが、アルベルト・ロドリゲス・エガーニャ医師（理由は定かではないが、彼は治療費を受け取らなかった）が担当した最後の手術により、脚は大変細いものの足の向きはなんとか正常なまでになった。

アストルが度重なる手術を受けたこともあり、ピアソラ家の経済状態は決して良いとは言えなかった。父ビセンテはそんな中、ニューヨークに住むいとこからの手紙に「床屋には将来性がある」「生活し家族を支えることができる」と書いてあるのを読んで、古くからの夢だった同地への移住を再び考えるようになる。

ビセンテはいわば落ちつきのない人物だった。職業もあれこれと手を出していたし、ニューヨークへ引っ越そうと考えたのも、要するに一旗揚げてやろうという気持ちからだった。親類と離れるのを好まなかったアスンタを説得すると、ビセンテは単身ニューヨークへ渡り、仕事や住む場所があるかどうか下調べをして一旦帰国した。

下見を終えたビセンテは妻と息子に、その素晴らしさを力説した。旅費を得るために家財道具を売り払い、3人が寝られるマットレスだけを残して空っぽになった部屋は、さぞかしアストルをつらい気持ちにさせたに違いない。祖父母たちと離れてまでわざわざ遠い国へ行くなんて、大人は一体何を考えているのだろう。

母方の親類であるマネティ家の人々は、3人との別れを惜しんだ。アストルをかわいがり、よくアコーディオンを弾いてくれた叔父のチェコ（これはあだ名で、本名はフランシスコ・マネティと思われる）は特に悲しがった。

親子3人でニューヨークへ

1925年、アストルが4歳の時、親子3人はアメリカ合衆国に向けて旅立つ。長い航海を経て、ある日の朝5時、船はマンハッタンの港に到着した。彼らはまっすぐ、ニュージャージーに住むアスンタの叔父、パブロ・ベルトラミの家に向かう。鉄道員として働いていたパブロは、3人のために食事と寝床を用意してくれた。アストルの両親はパブロと夜遅くまで語り合った。マフィアのこと、アル・カポネのこと、禁酒法のこと、移民の中でも裕福になった人々と貧しい人々がいること、などなど。

3人はニューヨーク、マンハッタン区の南側に位置する下町、グリニッチ・ヴィレッジに落ちつく。グリニッチ・ヴィレッジといえば、1960年代にはコーヒー・ハウスが軒を並べ、芸術家や作家、学生たちのたまり場としても知られた場所だが、当時は貧しい移民たちが住み着いたスラム街にすぎなかった。

彼らが住処《すみか》としたのは、セント・マークス・プレイスの8番街にある小さなアパート（日本で言うところのマンション。以下同）。そこでビセンテはいきなり幻滅を味わうことになる。その場所は貧しさと哀しさに満ちていたからだ。ピアソラ一家は人々の好奇の目に晒され、父はなかなか仕事が見つけられず、母は泣くばかりの日々が続いた。

町内では飢えと喧嘩騒ぎが絶えなかった。盗みや殺しは日常茶飯事。アストルは、そのすべてを見ながら育っていった。後年彼は娘のディアナ*にこう語っている。

「とにかく8番街が私の街、グリニッチが私の居住区だ。そこが私の育った場所であり、私が最初に挑戦を始めた場所なんだ。最初の喧嘩も、最初の悪さもね。8番街、ニューヨーク、エリア・カザン（訳注：俳優）、アル・ジョルソン、[*1] ガーシュイン、[*2] オルフェウム劇場で歌うソフィー・タッカー（訳注：当時の米国を代表するエンターテイナーの一人）、家の角のバー……。実に激しくて実にわくわくさせられるニューヨークにあるそれらいっさいがっさいが、私の音楽や人生、私の態度やふるまいに根を下ろしているんだ」

（ディアナ・ピアソラ著『アストル』より）

職探しは難航したが、父ビセンテはようやく友人であるトニー・メリの床屋で働けることになった。当面の目標は、自分の店を持つことである。

母アスンタは、昔を思い出しては泣き出す癖は直らなかったものの、ニューヨークで暮らすうちに逞しくなった。隣近所の人とは英語で話し、友人も4人できた。2人はユダヤ系、2人はイタリア系。そのうちの一人、階下のビリヤード場のオーナーの妻であるワッサーマン夫人が、美容院で働いてみたらと勧めてくれた。アスンタにはそんな経験はなかったので、午後は理容術を学びながら午前中は別の工場で働こうと考えた。彼女は毛皮の襟を仕立てる繊維工場に職を求めに出向いた。

ビセンテは妻が働きに出ることに反対したが、生活費も必要だしアストルも学校に行かせなければならないし、と言われると返す言葉がなかった。実際ビセンテの稼ぎは十分ではなかったのだ。

アスンタは、マル・デル・プラタにいた時には一度も働いたことなどなかった。といっても当時のアルゼンチンでは特別なことでもなんでもなく、ほとんどの女性は外に働きに出たりはしなかった。それが急激に変化し多くの女性が働き始めるようになるのは、イリゴージェン大統領が、1929年の世界大恐慌に迅速に対応できないまま、1930年9月6日のウリブル将軍による軍事クーデターで倒れて以降のことである。結局アスンタは毎日8時間、銀色の毛を人工の毛皮に一本ずつ並べて接着していく作業に明け暮れた。しかもそれは、本物の銀狐の毛皮と称して売られていたのである。

グリニッチ・ヴィレッジの悪ガキ

母親が働きに出るようになり、アストルは修道士の学校に通わされることになった。そこでは一日中椅子に座らされ、腕を十字に切らなければならず、話すことも外へ出ることもできなかった。アストルは毎晩母親に泣きつき、学校をやめたいと懇願するばかりだった。そんなアストルにとっての楽しみは、大叔父のパブロの家に行くことだった。そこは、マル・デル・プラタにいた時によく遊んだマネティ家の別荘を思い出させた。

時は1927年。その頃、パブロはつらい立場にあった。勤め先の鉄道のストライキが3か月も続いていた。生活は苦しかったが、仲間を裏切るわけにもいかなかった。ある土曜の午後、ピアソラ一家は

＊1　アル・ジョルソン *Al Jolson*（1886・3・26～1950・10・23）歌手。ロシアのサンクト・ペテルブルク生まれ。本名エイサ・ヨエルソン。7歳で渡米しワシントンで育ち、13歳からミンストレル・ショーなどに参加する。1910年代からブロードウェイのレヴューやミュージカルに出演し始め、黒塗りの顔で歌うそのエンターテイナーぶりが当時は人気を呼んだ。ヒット曲に〈スワニー〉（ジョージ・ガーシュイン作曲）、主演映画に『ジャズ・シンガー』（1927年）がある。

＊2　ジョージ・ガーシュイン *George Gershwin*（1898・9・26～1937・7・11）ピアノ奏者、作曲家。米国ニューヨーク、ブルックリン生まれ。20世紀前半の米国を代表する作曲家の一人。兄アイラは作詞家。1916年に処女作品を発表、アル・ジョルソンが歌った19年の〈スワニー〉（アーヴィング・シーザー作詞）が最初のヒット曲となった。ピアノとジャズ・バンドのための〈ラプソディ・イン・ブルー〉（24年）、オペラ《ポーギーとベス》（35年）といったエポックメイキングな作品でジャズとクラシックの橋渡しをした。代表作に〈ス・ワンダフル〉〈アイ・ガット・リズム〉〈サマータイム〉などがある。

いつものようにパブロの家を訪れたが、パブロは明らかに様子が違っていた。普段は温厚なパブロが苛立ち、経済的に苦境に立たされていることを訴えた。アストルは夜までいたいと駄々をこねたが、両親は早々に引き上げることにした。

ビセンテは家に帰ると、パブロのために何かしようと考えたが、何もアイディアが浮かばなかった。するとアスンタが、ベルモットやウイスキーを造ることを提案したのである。彼女はかつて父親が農場でベルモットを造るのを見て、造り方を覚えていた。禁酒法が施行されていた当時、酒類を造ることはもちろん禁止されていた。法を犯すことはありえないと思っていたビセンテは最初こそ反対したが、パブロを助けるためには仕方がない、そう割り切って実行に移すしかなかった。当時、酒類を取り扱うことは、当然危険も伴ったが、大きな稼ぎを得ることができたのである。アストルはこの話に興奮したが、そのことを口には出さなかった。

6歳のアストルはいっぱしの悪ガキに成長していた。すでに2つの学校から追い出され、警官や門番、教師からも疎まれていた。背が低く痩せていたアストルは見るからに無防備で、あたかも純真無垢であるかのように見せかけるのが天才的に上手かった。

母親が酒類の精製の準備を終えた夜、アストルは友だちのニッキーとウィリーのことを思い浮かべていた。もしこんなことをやっているなんて教えたら、彼らは羨望のあまり死んでしまうかも、と。

8番街では、子どもたちは貧困と憎悪に生きていた。アストルは、世界は二つに分かれていることをこの時すでに学んでいた。善人と悪人、貧乏人と金持ち。自分の母親でさえ禁止されている行為をせざるを得ない場合があると知った時には、ある種のくすぐったさを感じたものだった。アストルは当時をこう振り返る。

「私たちはアメリカ合衆国でマフィアの連中と知り合った。私にとって彼らは大切な思い出だ。みんないい奴で、寛大で、友人には誠実だった。彼らが何をしていようと、私には関係なかった。決して忘れられないのは、スカブティエッロというマフィアの男だ。彼は大した男で、父を助けて仕事を与え、私たちを守ってくれただけでなく、シチリア風の並外れたピザまで用意してくれた。私は警察にはまったく好意的になれなくて、連中とはいつも問題ばかり起こしていた。私は喧嘩っ早く暴力的で、本当にひどかった。めちゃくちゃ強いイタリア人たちのならず者の群れに加わって、いつもユダヤ人たちと喧嘩していた。それも真剣勝負でね。誰かが喧嘩をしかけなくちゃならないんだが、臆病者でないことを示すためには自ら進んでその役を買って出る必要があった。どうか神のご加護を。しかけたあとは、身を避けるか恐ろしい攻撃を我慢するかだ。そうするうちに私は強くなり、いつもうまく身を守れるようになった。そうやって街での生き方を覚えたんだ。そうでもしなければ、私は叩きのめされて、挙句の果てに放っておかれただろう。独りにはなりたくなかったし、身なりのいい良い子にもなりたくなかった。連中のようになりたかったから、母親に買ってもらった新しい服なんか着なかったよ。パブロおじさんのためにベルモットを造ることにはわくわくした。それが危険なことだって知っていたからね。危険なことならなんでもわくわくするんだ……」

（ディアナ・ピアソラの前掲書より）

アストルもその存在を忘れられないと語るニコラ・スカブティエッロは、ラファイエット通りにあるマンハッタン西部地区で最も重要な存在だった床屋の一つと、いくつかの非合法のビリヤード場のオーナーだった。彼は商売に関しては慎重で、寛大な心の持ち主だった。トニー・メリの店で床屋としての修行を積んだビセンテは、西部地区でも指折りの床屋であるスカブティエッロの店で働くことになったのである。

移民の集まった小さな社会の中でアストル少年が出会った悪ガキ仲間が、ポーランド人のニッキー・カヴァリシェンとロシア人のウィリー・ルキアンスキー。ある夏の3か月間、アストルはコネティカット州の平原にあるウィリーの祖父母の家で過ごした。ロシア人たちに片言のロシア語を教わり、ロシア料理を食べ、日曜日には教会に通った楽しい日々の思い出は、アストルにとって忘れがたいものとなった。とりわけ大事なのは、ウィリーと丘を転げ回ることと、ボラ・ミネヴィッチ[*3]風に吹くために彼のハーモニカを貸してもらうことだった。実は母親恋しさに、また悪夢にうなされて、毎晩のようにシーツに顔を埋めて泣いていたのだが、翌朝にはケロリとしてまた楽しい一日を過ごしたのだった。

そんな3か月が過ぎると、またアストルにとって恐ろしい日々が始まった。拷問のような学校、宿題、芳しくない成績、父親の説教。あらんかぎりの悪さを働き、母親からは地獄へ堕ちるよと言われた。しかし、それもどうでもよくなる。実は夏休みにウィリーと、何か小金を稼げる手段はないかと相談した結果、誰にも内緒で街頭に出て靴磨きをしようと決めたのだった。11番街では、アストルの家の近所に住むアイルランド人の10歳の子どもが靴磨きで稼いでいたので、それにあやかろうというわけだ。二人はそこでハーモニカも吹こうという話になっていた。

アストルは、象嵌《ぞうがん》加工の施されたホーナー社のハーモニカが欲しくて眠れないほどだった。だが残念ながら父親はハーモニカが嫌いだった。アストルにとってはむしろ、父親がいつも仕事から帰ると聴いていたタンゴの方が悲しくて退屈だった。それはいつも「チャン、チャン」という終わり方をしていた。

ペドロ・マフィア*かフリオ・デ・カロ*を聴いている時のビセンテは、目を輝かせ誰とも口を利こうとしない。アスンタはあきらめの表情を浮かべ、アストルはさっさとベッドに潜り込むのだった。

「その頃、母は工場をやめてマリー・アンド・スーザンという名の美容院で働いていた。店はたくさんのイタリア人とユダヤ人の常連客を抱えていたんだが、（イタリア人とユダヤ人との関係は良くなかったから）問題が起きないように、ある日はユダヤ人を相手に、別の日にはイタリア人を相手にして、決してかち合わないようにしていた。私はみんなに好かれているのをいいことに、ちょっとした手伝いをしてはチップをもらった。髪を染める日に代わりにユダヤ教会まで蝋燭を灯しに行くよう頼まれて行ったら、あとで運よく1ドルをもらえた。私に香水を買いに行かせて、チップをくれる人もいた。でもそれだけじゃハーモニカはおろか、何も買えなかった」　（ディアナ・ピアソラの前掲書より）

アストルが珍しく数学で好成績を収めた数日後、ついにビセンテはハーモニカを買ってくれた。それは小さくて、金メッキも施されずにくすんでいたが、靴磨きをしながら吹くには十分だった。

＊3　ボラ・ミネヴィッチ *Borah Minevitch*（1902・11・5〜1955・6・26）ハーモニカ奏者、楽団リーダー。ロシア帝国（現ウクライナ）のキーウ（キエフ）生まれ。10歳の時に家族とともに米国のボストンに移住した。父が早死にしたために苦労したが、母親にハーモニカを買ってもらい、子どもたちを集めてのハーモニカ・バンドなどを作る。のちに9人ほどの編成からなるハーモニカ・バンド、ハーモニカ・ラスカルズを結成し、１９２０年代から30年代にかけて活躍。チャーリー・チャップリンの喜劇映画などに影響を受けたドタバタ調の寄席芸的なスタイルで人気を博すとともに、ジョニー・プレオなどのちに広く活躍するハーモニカ奏者の逸材を多く輩出した。

ハーモニカを買ってもらった翌日、11番街の角で午後4時に仕事道具を並べて、アストルとウィリーは靴磨きを始めた。たくさんのお客さんが満足してくれた。ウィリーが靴を磨いている間中、アストルはハーモニカを吹いたり靴を鳴らしたりして楽しいひとときを提供したからだ。7時には、帽子は小銭でいっぱいになった。

アストルは靴磨きのことを両親にはずっと秘密にすることにした。父親も母親も、街で稼ぐなんてことを続けさせてくれるはずがなかったからだ。その夜は、アストルが早く床についたところまではよかったが、台所からはいつもの悲しいタンゴとともに、何やら深刻そうな話し声が聞こえてきた。ちょうどレコードが終わると、母は泣き出した。もうここでの生活には我慢できない、国へ帰りたいというのである。父は苛立ちながらも納得しているようだった。帰ろう、ただしいつになるかはわからない、資金を集めなければ……。

アストルはそれ以上聞きたくはなかった。あの悲しいタンゴは、なんて罪深いんだろうと思った。父親が望郷の念に駆られてしまうではないか。それから1週間、アストルはひとしきり暴れ回った。喧嘩を売り、教師に悪口を浴びせ、学校の壁に落書きをし、またしても母の涙と父の説教に耐えなければならなかった。

父ビセンテから贈られたバンドネオン

数日後、古道具屋にふらりと立ち寄ったビセンテは、ショーウィンドーにバンドネオンが置いてあるのを見つけて驚喜した。それは、たくさんのヴァイオリンや古い磁器や銀の杯に囲まれて、まるで奇跡のように、神が望んだかのようにそこに置かれていた。店の主人は忘れっぽい男で、売りに来た人物のことはまるで覚えていなかったが、どうもアルゼンチン人のようにビセンテには思えた。ビセンテはそのバンドネオンを息子アストルのために19ドルで買った。

ここからは、ディアナ・ピアソラ著『アストル』に〝小説風に〟描かれたアストルとバンドネオンとの出逢いの様子をそのまま引用する。


ビセンテは家に帰るとキッチンに直行した。夕食の時に妻と息子を驚かせるつもりだったが、もう我慢できなかった。彼一人では持て余すばかりだったのだ。玄関のドアの音と息子のせわしい足音が聞こえた。きっとアストルは気に入るだろう。ハーモニカなんか、話にならないぞ。

野球のバットを振り回しながら帰ってきたアストルは、嬉しそうに目を丸くしてその箱を見つめた。ビセンテは「さあ、お前にだ、開けてみろ」と緊張した面持ちで言った。そんなときの彼は忍耐強くなかったし、しかもそれはただの贈りものではなかった。まるで奇跡のような、不透明で小さな予感のようなものだった。「開けてみろって言ったぞ」と言うと包みを叩いた。

アストルは包み紙をゆっくりと剥がした。箱を眺め、それから父を見て「箱が大きすぎるから、スケート靴じゃないな。金色のハーモニカでもないし、野球の新しい道具でもないし」と思った。

ビセンテは「前の持ち主はいい人だ。その人と知り合いになれたらよかったんだけどね」と言った。アストルが中身を包んでいた古新聞の最後の何枚かを引きはがすと、ついに現れたのはフレームが金属でボタンが並び、螺鈿《らでん》細工の施された〝檻《おり》〟だった。「マジックで使う箱だ」と思ったアストルは、中から兎や鳩が飛び出してくるんじゃないかと、ふるえる指で触れてみた。

「何を突っ立っているんだ？　弾くんだ、弾くんだ、くそったれ。それともお前はロシア人の息子か？」

アストルはその〝檻〟の周りを何度もくるくる回ると、無邪気に笑い出した。なぜなら彼にはそれが未知のものだったから。未知のものに接したときには、それがなんであれ、アストルは落ち着かなくなったり思わず笑ってしまったりするのだった。

「ボタンがたくさん付いてるよ」と口を開いた。

「音を出すには、叔父さんのアコーディオンみたいに開いたり閉じたりしないとな。でもそれはバンドネオンというんだ。わかったか？」

「で、これで僕が何をするの？」と尋ねたアストルには、その黒い箱の面白さがわかるはずもなかった。

「それを弾いてごらん。さあ座って、それを膝の上に乗せるんだ」。ビセンテはバンドネオンを息子の両手の間にそっと置き、それをずっと眺めていた。「それは、お父さんが夜聴いているレコードでペドロ・マフィアが弾いている楽器だよ」

じっと座っていたアストルは、両手をストラップの中に差し込んだ。こわばった指でボタンを1個押してみた。

短く鋭い音がしたので驚いた。

「中に何があるの？」と尋ねた。

「何があるのかって？　あるのは音だよ、音楽だよ」

アストルは別のボタンを強く押して蛇腹を閉じた。まるで突風のようだった。

「ここからは何も出てこないよ。これは難しいな。ハーモニカとは違う」

「ハーモニカのことは忘れなさい。まずは弾いて慣れるしかないんだ。好きになるまで、少しずつ」。ビセンテはそう言って息子の頭を優しく撫でた。

「お前はきっと上手く弾けるようになるよ。練習するんだ……。どこにいるかわからんが、先生を見つけてやるからな」

アストルは父を見た。父の姿はいつもと違っていた。この瞬間が訪れるのを長い間望んでいたかのように、その表情は喜びに満ちていた。

「パパ、嬉しいの？」と聞いてみた。

「もちろん……。こうしてお前を見ているといろいろ想像できるよ。そうやってバンドネオンを膝に乗せた姿を見るのはいいもんだな」と言うとビセンテは部屋を出た。これまで彼は、貧しさのためにいくつもの夢を先送りしてきたのだ。自分の父親のためにアコーディオンを弾いた時にわくわくしたりびくびくしたりしたことを思い出した。それを今息子が繰り返しているのは、〝運命〟だと思った。平凡な人間にこんなことが起こるとは想像もしていなかった。

ビセンテが見つけたバンドネオンは、アストルの8歳の誕生日プレゼントとして贈られたと言われている。ちょうど誕生日にそれを見つけたのだとすれば話としてはちょっと出来すぎのような気もするのだが、だいたいそのあたりの出来事だったというのは間違いなさそうである（ピアソラ自身はあるインタビューで「9歳の誕生日」と答えているが、それだとマル・デル・プラタに一時帰国していた時期にあたるので、1929年、8歳が正しいと思われる）。

ここで気になるのが、父ビセンテが聴いていたレコード（当時は78回転のSP盤）がペドロ・マフィア[*4]

のものとされている点だ。１９２０年代前後のバンドネオン奏者としては最高水準にあり、その独自の技法をもってバンドネオン奏法の発展に大きく寄与したマフィア（名前からしてイタリア系ということがわかるが、本人の名誉のために書いておくと、ピアソラ親子がシンパシーを感じていた例の同名の犯罪組織とはまったく無関係である）は、１９２３年からフリオ・デ・カロ[*5]（vn）楽団で第１バンドネオン奏者を務め注目を集めた。１９２６年に独立して自身の楽団を率いる。この時のメンバーには、のちにピアソラにとって大変重要な存在となるエルビーノ・バルダロ[*6]（vn）やオスバルド・プグリエーセ[*7]（p）も加わっていたが、この時期にはレコードを録音していない。１９２５～26年にはマフィアとペドロ・ラウレンス[*8]とのバンドネオン二重奏のレコードが何枚か録音されているが、これのことを指しているのではないだろう。ペドロ・マフィア楽団がブルンスウィック・レーベルと契約してレコードを出し始めるのは、１９２９年も半ばを過ぎ、バルダロとプグリエーセが脱退したために新たにメンバーを補充して以降のことである。

おそらく父ビセンテが聴いていたレコードというのは、マフィアがトップを弾いていた時期のデ・カ

＊4　ペドロ・マフィア *Pedro Maffia*（1900・8・28～1967・10・16）
バンドネオン奏者、楽団指揮者、作曲家。ブエノスアイレス生まれ。バンドネオンの奏法に革新をもたらしたパイオニアであり、今日でも使われるバンドネオン教本を残したことでも知られている。ピアノを学んだのち、ホセ・ピアサ・〝ペピン〟にバンドネオンを習う。１９１３年頃にはプロ・デビューを果たし、16年にホセ・マルティネス、17年にはロベルト・フィルポの楽団に参加。22年に第１バンドネオン奏者として参加したフアン・カルロス・コビアン楽団が翌年にそのままフリオ・デ・カロ楽団となる。26年に独立し自身の楽団を結成、メンバーにはエルビーノ・バルダロ（vn）やオスバルド・プグリエーセ（p）も参加していた。29年からブルンスウィック、続いてコルンビアに録音を行ったが（バルダロやプグリエーセは既に脱退）、マフィア楽団としてのまとまった録音はおよそ2年間続いたこの2つのレーベルへの録音のみで、これ以降の楽団を率いての活動は安定を欠いた。主な作品

に〈タコネアンド〉〈ラ・マリポーサ〉やペドロ・ラウレンスとの合作〈アムラード〉などがある。

＊5　フリオ・デ・カロ *Julio De Caro*（1899・12・11〜1980・3・11）

ヴァイオリン奏者、楽団指揮者、作曲家、編曲家。ブエノスアイレス生まれ。父ホセは音楽教授。兄フランシスコはピアノ奏者、弟エミリオ、ホセ（父と同名のためホセシートと呼ばれた）もヴァイオリン奏者。息子をクラシックの奏者にしたかった父親の意向に反して兄弟揃ってタンゴ界入りした。フリオは1916年にエドゥアルド・アローラス楽団に参加、19年にはペドロ・マフィアらとの四重奏でカフェ「エル・パルケ」に出演。その後はオスバルド・フレセド楽団、〝ミノット〟・ディ・チコ楽団などでそれぞれ第1ヴァイオリン奏者を務める。22年にはファン・カルロス・コビアン六重奏団に参加、23年10月のコビアン渡米後、この楽団を引き継ぐ。そのフリオ・デ・カロ楽団の結成当時のメンバーは、ヴァイオリンがフリオと弟エミリオ、バンドネオンがマフィアとルイス・ペトルチェリ、ピアノが兄フランシスコ、コントラバスがレオポルド・トンプソン。その後バンドネオンのペドロ・ラウレンスをはじめ優秀な人材が楽団に去来する。24年から28年までビクトルに録音、この時期がデ・カロ楽団の最初の黄金期である。30年代以降メンバーを増やしながら活動を続けたが、40年前後には低迷状態に陥る。40年代後半以降再び充実期を迎えたが、世代交代の波に勝てず、54年には演奏活動からの引退を表明した。作曲家としても優れ、〈ボエド〉〈愛しき故郷〉〈良き友〉〈悪い仲間〉（これはペドロ・ラウレンスと合作）〈チクラーナ〉〈エル・モニート〉〈コパカバーナ〉など傑作多数。晩年の作品に〈ピアソラ〉という曲もある。

＊6　エルビーノ・バルダロ *Elvino Vardaro*（1905・7・18〜1971・8・6）

ヴァイオリン奏者、楽団指揮者、作曲家。ブエノスアイレス生まれ。1910年からヴァイオリンを習う。19年のデビュー以来参加した楽団は多数に及び、代表的なものだけでもパキータ・ベルナルド、ファン・マグリオ・〝パチョ〟、ロベルト・フィルポ、ファン・ギド、ファン・カルロス・コビアン、ペドロ・マフィア、オスバルド・フレセド、カルロス・ディ・サルリなどの楽団、オルケスタ・ティピカ・ビクトル、ロス・ビルトゥオーソス、ロス・アストロス・デル・タンゴ、ピアソラの弦楽オーケストラおよび五重奏団などが挙げられる。自身の楽団を率いていた時期は29〜31年（バルダロ＝プグリエーセ六重奏団）、33〜37年、38年（デマレ＝バルダロ楽団）、43〜53年（途中ブランクあり）で、この間に残されたバルダロ楽団としての公式録音は歌手アルベルト・ビラを伴奏した36年の〈ラ・リベーラ〉と、53年の〈エル・クアルテート〉〈ピコ・デ・オロ〉（編曲はエクトル・マリア・アルトーラ）のみ。62年にタンゴ界から引退、コルドバ市で同市の交響楽団の協力者として余生を過ごした。

ロ楽団のレコードだったと思われる。ピアソラ一家3人がニューヨークに移住したのは1925年3月末以降のことなので、ビセンテがデ・カロ楽団の生演奏に接してマフィアの演奏ぶりに感激し、レコードをニューヨークまで持っていったとすれば計算は合う。デ・カロ楽団のビクトルへの初録音は、1924年の終わり近くのことだったし、当時のニューヨークでアルゼンチン盤のタンゴのレコードを入手するのは容易ではなかっただろうから。

運命の楽器

ビセンテはなぜ、バンドネオンとの出会いにそれほど運命的なものを感じたのか。その理由の一つにはやはりバンドネオンという楽器の特殊性が挙げられるだろう。

まずバンドネオンの構造について簡単に説明しておくと、蛇腹でつながれた左右の四角い箱の両サイドには、たくさんのボタン（キー）がわずかに弧を描きながら幾重にも並んでいる。ふたを開けるとむき出しの内部は木製のタイプライターのようだ。一つひとつのボタンは木でできた梃子《てこ》の端に取り付け

＊7　オスバルド・プグリエーセ *Osvaldo Pugliese*（1905・12・2～1995・7・24）
ピアノ奏者、楽団指揮者、作曲家、編曲家。ブエノスアイレス生まれ。タンゴの最高峰と謳われたマエストロである。父アドルフォはタンゴ黎明期のフルート奏者。1921年、街の無声映画館の専属ピアノ奏者となり、次いで女性バンドネオン奏者パキータ・ベルナルドの楽団に参加、そこでエルビーノ・バルダロと出会う。26年にバルダロとともにペドロ・マフィア楽団に参加、29年にはバルダロとともにバルダロ＝プグリエーセ楽団を結成。31年の同楽団解散後はアルフレド・ゴビとの二重奏などの活動を経て、34年にはペドロ・ラウレンス楽団に参加。36年以降自身の楽団結成を画策しては失敗を繰り返したが、39年にはついに自らの楽団でカフェ「ナシオナル」にデビューした。41年にはエル・ムンド放送局に出演開始、43年オデオンに初録音、以後60年までに220曲に及ぶ録

音を残した。バンドネオンのオスバルド・ルジェーロ、ホルヘ・カルダーラ、イスマエル・スピタルニク、マリオ・デマルコ、ヴァイオリンのエンリケ・カメラーノ、オスカル・エレーロ、エミリオ・バルカルセほか演奏家としても作編曲家としても優れた人材を揃え、歌手陣もロベルト・チャネル、アルベルト・モラン、ホルヘ・マシエル、ミゲル・モンテーロと充実。特に50年代前半は楽団の黄金期と言えよう。だが50年代中期以降、共産党員であったプグリエーセは何度か政治活動に深入りし、オスバルド・マンシらがピアノ奏者として代役を務めることもあった。マイナー・レーベルのステントールを経てフィリップスと契約した60年代前半には、フリアン・プラサ（bn）らも新たに加わり、第二の黄金期を迎える。65年には初来日を果たし、その演奏は日本のタンゴ・ファンの度肝を抜いた。68年、主要メンバーが大挙して脱退、セステート・タンゴを結成する事態が発生したが、プグリエーセはただちに若手の逸材を集め、楽団を再組織した。この時のメンバーにバンドネオンのフアン・ホセ・モサリーニ、ロドルフォ・メデーロス、ダニエル・ビネリ、ヴァイオリンのマウリシオ・マルチェリらがいた。72年オデオンに復帰、メンバー・チェンジを経ながらも活動を続け、79年、89年に再来日。89年の来日公演をもって解散と報じられたが、存続を求める声は止まず、その後も楽団は活動を続けた。主な作品に〈レクエルド（想い出）〉〈ラ・ジュンバ〉〈ネグラーチャ〉〈ラ・ベバ〉などがある。

＊8　ペドロ・ラウレンス *Pedro Laurenz*（1902・10・10～1972・7・7）

バンドネオン奏者、楽団指揮者、作曲家。ブエノスアイレス生まれ。本名ペドロ・ブランコ・アコスタ。当初はヴァイオリンを学び、のちにバンドネオンに転向した。1917年頃ウルグアイのモンテビデオに移り、当地でプロ・デビュー。20年にブエノスアイレスに戻り、ロベルト・ゴジェネチェ（第5章以降に登場する同名の歌手の父親でピアノ奏者）の楽団に参加。その後エンリケ・ポジェー（bn）楽団で弾いていたところをフリオ・デ・カロに気に入られ、24年にデ・カロ楽団に参加、自身のアイドルだったペドロ・マフィアとともに同楽団の隆盛に貢献した。26年にマフィアが脱退すると第1バンドネオン奏者に昇格したが、やがて独立し34年に自身の楽団を結成、ビクトルやオデオンに録音を残した。59年からキンテート・レアルに参加、64、66、69年にはこの五重奏団のメンバーとして来日した。66年にはキンテート・レアルと同じ楽器編成の五重奏団を率いてミクロフォンに自作自演集を録音している。作曲家としても優れ、〈ラ・レバンチャ〉〈ベレティン〉〈恋わずらい〉や〈わが愛のミロンガ〉（ホセ・マリア・コントゥルシ作詞）、フリオ・デ・カロとの合作で〈悪い仲間〉〈クリオージョの誇り〉、ペドロ・マフィアとの合作で〈アムラード〉などがある。

られていて、ボタンを押すと梃子の反対側の端の小さな蓋が持ち上がり、空気孔が姿を見せる。空気孔の裏側には金属のリードが表裏に取り付けられたプレートが固定されていて、ボタンを押しながら蛇腹を開閉させるとリードが鳴って音が出る仕組みになっている。蛇腹が開くときには空気が外から中へ送られるので、プレート表側のリードが鳴り、閉じるときには裏側のリードが鳴る。同じボタンを押しても、蛇腹を開くときと閉じるとき、つまり箱を引くときと押すときとでは違う音が鳴るわけである（押し引き異音）。

右手側は高音域、左手側は低音域を受け持ち、左右合わせると5オクターヴ近い音域をカヴァーする。左の高域1オクターヴと右の低域1オクターヴの音域は重複しているが、音色は微妙に異なる。左より右の方がボタンの数がやや多く、右手側には空気を出し入れするための弁を動かすレバーが取り付けられているなどの細かい違いはあるが、左右の基本的構造は同じ。これに対し、同じ蛇腹楽器でもアコーディオンは縦長で、左右の構造も明確に異なっている（タイプにもよるが、右でメロディーを、左で和音を受け持つなど）。ほかにも色々な相違点はあるが、このあたりがバンドネオン（および後述するドイツ発祥のコンツェルティーナ）と、一般的に馴染みのあるアコーディオンとを区別するポイントの一つとなる。

さて、ここからバンドネオンという楽器の成り立ちや特徴について説明するにあたり、強力な新資料となる書籍が2021年に登場したので紹介しておこう。バンドネオン奏者である小松亮太[*9]渾身の書き下ろし『タンゴの真実』（旬報社）である。まさにタイトルどおり、「情熱」や「哀愁」といったタンゴに対する一般的な思い込みの誤りを正し、その真の姿に光を当ててみせるその内容は痛快この上ないが、バンドネオンに対しても同様で、これまでの通説におもねることなく新たな視点で楽器とその歴史について捉え直し、なぜドイツ生まれの楽器がアルゼンチンでタンゴの主役となりえたか、その「謎」の核心にまで踏み込んで大胆な新説を披露している。ぜひ一読をお勧めしたい。

バンドネオンは、19世紀半ばにドイツで生まれた楽器である。当時は、ハーモニカやその構造を活用したリード・オルガン、アコーディオンといったリード楽器類の揺籃期にあたり、たとえば世界最初のアコーディオンは、ウィーンのシリル・デミアンが1829年にオーストリアで特許登録している。なお、アコーディオンというと、特に日本では多くの人がピアノのような鍵盤式のものをイメージしがちだろうが、あれはアコーディオンの種類の一つにすぎない。

まず、デミアンのアコーディオンは押引異音の単純なボタン式だった。その後さまざまに手が加えられ、1850年にウィーンのフランツ・ワルターが、ボタン3列で押引同音のクロマティック・アコーディオンを考案。それに続いて鍵盤式アコーディオンも[*10]パリやウィーンで同時発生的に開発されたが、当時はまだ楽器として完成には遠く、さまざまな改良が施されてボタン式アコーディオンと同じように

＊9　小松亮太 *Ryota Komatsu*（1973・10・30）
バンドネオン奏者、楽団指揮者、作曲家、編曲家。東京生まれ。両親はともにタンゴ演奏家。14歳から独学でバンドネオンを始める。のちにカチョ・ジャンニーニらに師事し、18歳の頃から本格的に活動を開始。若い世代の仲間たちを集めてザ・タンギスツを結成。1995年に自主制作でアルバム『STANDARD AND MODERN TANGO』を録音。都内ライヴハウスを中心に精力的な活動を続け、類稀な表現能力でピアソラから古典タンゴまでを若い世代に強烈にアピール。98年にソニーと契約し本格デビュー、ニューヨークのカーネギー・ホールやブエノスアイレスなどでも公演を実現した。元ピアソラ五重奏団のメンバー、レオポルド・フェデリコ、アメリータ・バルタールらピアソラゆかりの巨匠たち、タンゴ界以外でもミシェル・ルグラン、イ・ムジチ合奏団、大貫妙子など幅広いアーティストたちとさまざまな形で共演している。アンドレア・バッティストーニ指揮、東京フィルハーモニー交響楽団との《シンフォニア・ブエノスアイレス》日本初演にも北村聡とともに参加（♯G106）。アマチュア団体「東京バンドネオン倶楽部」の監督を長年務めるなど後進の育成にも余念がない。

普及するのは、20世紀に入ってからのことである。

バンドネオンの歴史を遡ると、デミアンの最初のアコーディオンに想を得たドイツ東部ザクセン州のカール・フリードリヒ・ウーリヒが1834年に発表した、のちにドイチュ・コンツェルティーナと呼ばれることになる四角形の蛇腹楽器（1820年代末にイギリスで誕生した八角形もしくは六角形のイングリッシュ・コンサーティナとは異なる）にたどり着く。これはボタンが左右たったの5個ずつしかない試作品だったが、ウーリヒは楽器職人のカール・フリードリヒ・ツィマーマンと協力してボタンを徐々に増やし、1840年にはボタンが左右3列ずつのケムニッツァ・コンツェルティーナに発展させた。

ドイツ西部クレーフェルトのチェロ奏者だったハインリヒ・バント[*11]は1840年頃、ザクセン州のケムニッツを訪れた際に、このコンツェルティーナに惹かれ、持ち帰って詳しく研究した。1843年に父親の楽器店を引き継いだバントは、コンツェルティーナの音域は拡大できるはずと考え、これの改良版を作ろうとした。彼はウーリヒやツィマーマンのような職人ではなかったため、そのアイディアを誰かに具体化してもらう必要があったが、当時それだけの技術を持った人間は、ツィマーマンぐらいだった。かくしてバントの企画・設計に基づいてツィマーマンが改良を施した楽器は、1847年頃に新型の「アコーディオン」として売り出された（紛らわしいが、デミアン以降のアコーディオンとの類似は特にない。また改造を手がけたのはツィマーマンではなくザクセン州ヴァルトハイムのクリスティアン・フリードリヒ・ライシェルだったと主張する研究者もいるが、信憑性はかなり低い）。一方、1849年初頭にカールスフェルトに工房を立ち上げたツィマーマンもこれとは別に、自分なりにボタン配列を見直したカールスフェルダー・コンツェルティーナを考案し、1851年の第1回ロンドン万国博覧会に出品している。

バントは「アコーディオン」の普及のためにピアノ曲を編曲したり、ワルツやポルカを作曲したりしていたが、この楽器のイメージをより明確にすべく、１８５５年には自身の姓のBand（ドイツ語の発音では「バント」だが、"d"に母音の"o"以下が付くと「バンド…」に変化する）を採って「バンドニオン *bandonion*」へと名称を改め、拡充に努めた。それでも彼はこれをあくまでもコンツェルティーナの一種と考え、特許は取らなかった。そのバントは１８６０年に39歳で死去。後述する息子のアルフレートはその時５歳で、事業は妻のヨハナ・ジーブルクと協力者のヤコブ・デュポンに引き継がれた。ちなみにこれが「バ

＊10　最初の鍵盤式アコーディオンは、１８５３年にパリでオギュスト・アレクサンドル・ティトーとオギュスト・テオフィル・ルソーが「アコーディオン＝オルガン *accordéon-orgue*」の名で特許申請した。続いて54年、ウィーンの楽器職人マテウス・バウアーが地元で開催された『ドイツ工業博覧会』に「鍵盤ハーモニカ *klavierharmonika*」の名で出品。56年にはパリでマヤマリ社 *Mayermarix* のレオン・マリが「ハルモニ＝フルート *harmoni-flute*」の名で特許申請。名称こそ異なるが、これらはいずれも似たような形のもので、今日イメージされる鍵盤式アコーディオンにはまったく似ていない。なお、52年にパリでフィリップ・ジョゼフ・ブトンが発明したとする資料もあるが誤りで、彼が製作したのは小型のハーモニウムである。

＊11　ハインリヒ・バント *Heinrich Band*（1821・4・4〜1860・12・2）

楽器販売業。ドイツ西部のクレーフェルト生まれ。父ペーター・バントは絹織物職人だったが、１８２４年に妻の妹が音楽家と結婚したのをきっかけに方向転換、38年、42歳の時に楽器店を開く。16人兄弟の2番目として生まれ、チェロ奏者となったハインリヒは、43年の初めに父親の事業を引き継ぐ。44年9月には「アコーディオン」と称してカール・フリードリヒ・ウーリヒが制作したコンツェルティーナの新聞広告を初めて出した。45年の時点でコンツェルティーナのほかピアノ、ギター、ヴァイオリン、フルート、クラリネットなども販売し、音楽教室を開き、印刷楽譜の出版も始めていた。コンツェルティーナからバンドネオンへの改良に着手したのもこの年のことと思われ、50年12月になって新聞広告でその〝発明〟と新構造が発表された。55年8月の新聞広告で新しい名称が宣伝されるはずだったが、おそらく植字工の誤りで"Bandaninos"とされてしまったという逸話も残されている。事業は成功していたが、39歳でおそらく結核のため死去。

映画『想いのとどく日』のスティール写真（実際にこういうシーンがあるわけではない）。左からアストル、アルベルト・インファンタ、カルロス・ガルデル、ティト・ルシアルド、マヌエル・ペルーフォ（1935年、ニューヨーク）

マリア・アウクシリアドーラを卒業。左からビセンテ、アスンタ、アストル（1936年）

バンドネオンの師、オメロ・パオローニとの再会（1969年、マル・デル・プラタ）

マネティ家の庭でギターを抱えるアストル（3歳）。アコーディオンは叔父のチェコ

11歳のアストル（1932年）

母アスンタと（生後3か月）

アグスティン・コルネーホ（右）、M. ピチャルドとのトリオ（1933年頃）

ンドネオン *bandoneón*」と呼ばれるようになったのは、のちにこの楽器がアルゼンチンに渡ってからのことである。

バントの行ったことは〝発明〟とまでは言えないが、それでも当時の楽器同士を実際に弾き比べた小松が「似ているけれど、やっぱり違う」と書くように細かいコンセプトの違いや工夫はあり、右は6列分まで、つまり横方向ではなく縦方向にボタンを増やしていける発展性に優れたバンドネオンの方が、タンゴと深く結び付いたこともあって、最終的に広く普及する結果となった。だからといってコンツェルティーナも決して廃れたわけではない。実際のところ、バントの死後から20世紀前半にかけて、ドイツ東部では大小さまざまなメーカーがバンドネオンとコンツェルティーナを並行して製造・販売していた。それゆえコンツェルティーナも、のちの大型化などの面でバンドネオンからの逆影響を受けながら発展し、さまざまなコミュニティなどに根差す形で、今日まで命脈を保っている。

ツィマーマンの会社の工場長だったエルンスト・ルイス・アーノルトは、１８６４年に会社を引き継いで製造所を開いたが、ここでもコンツェルティーナだけでなくバンドネオンも製造している。当時はコンツェルティーナもバンドネオンも、20世紀に入ってから普及するお馴染みのタイプのものに比べると二回りほど小型で、角のカットもまだなかった。特にバンドネオンの場合はボタンの数も、のちの標準となる71（後述するライニッシュ型の場合）よりもかなり少ないどころか、個体によってバラバラで、35だったり44だったり53だったりと、基準というものがまるでなかった。ボタンは象牙ではなくスティール製。そして音色もハーモニカ的で（これはコンツェルティーナも同様）、今日のバンドネオンのイメージとは大きく異なる。

コンツェルティーナやバンドネオンは、持ち運び容易で和音の出せる楽器として徐々に浸透していく。

バンドネオンは小さな教会でオルガンの代わりに使われたり、田舎のお祭りの伴奏などに使われたりしていたなどと言われているが、その実態は明らかではない。その一方で大西洋を渡ってアメリカ大陸にも運ばれていく。バンドネオンはドイツの船乗りが最初にブエノスアイレスに持ち込んだ、という話はもっともらしいが、そうした例があったとしても、それだけでは普及に至ることは難しかっただろう。最初に楽器を持ち込んだ〝演奏家〟がいた、それはイギリス人かアイルランド人のトーマス・ムーアで1870年のことだった、という説もある。

少なくともコンツェルティーナの場合、ドイツ東部に出稼ぎに行ってこの楽器に慣れ親しんだポーランドやチェコの人たち、あるいはドイツ人自身の多くが、その後アメリカ合衆国に移住していることから（ツィマーマンも1864年にフィラデルフィアに移住）、19世紀後半には合衆国東部の複数の都市に、ドイツから輸入した楽器を扱うマーケットが形成されていたという。その流れは南米にも伝わったと思われ、ブエノスアイレスでも、バンドネオンがブームとなるよりもかなり前に、ある程度の数のコンツェルティーナが普及していたのは確かなようだ。

バンドネオンとタンゴ

ちょうどその頃、アルゼンチンの首都ブエノスアイレスの場末の地区で生まれつつあった新しい音楽、それがタンゴである。キューバのハバネラ*12がその起源の一つであることは間違いないが、キューバから直接伝えられたというよりは、一度ヨーロッパに逆輸入されて、フランスあたりのサロン音楽やスペインの歌曲などに取り入れられてから、港町ブエノスアイレスにもたらされたと考える方が、より自然なようだ。そして優雅さを持ったハバネラは、やはり4分の2拍子でアクセントも同じながら、よりリズミカルな「ミロンガ」へと形を変えていく。そこにはワルツ[*13]やポルカのようなダンス音楽の要素も取り入れられていたはずだし、主に隣国ウルグアイで発生した黒人の祝祭のリズムである「カンドンベ[*14]」も絡んでいたとも言われている。

タンゴという〝現象〟は、音楽よりも先にダンスとして発生した。男女が身体を寄せ合って踊るというのは、実は世界史的に見ても画期的なことであった。そんなタンゴの踊りの伴奏に使われるようになったのが、ハバネラから転じたミロンガだったというわけである。そしてミロンガはいつしかタンゴの名のもとに吸収されていく。タンゴはやがてその発展とともに2拍子系から4拍子系の音楽へと変化を遂げていくのだが、一度は表面的に消滅していたミロンガも、1930年頃になって新たに、いわば「タンゴのヴァリエーション」的な4分の2拍子の音楽形式として甦ることになるのである。

タンゴがその形を整え始めたのは19世紀末から20世紀の幕開けの頃。当時のタンゴは主にギター、フルート、ヴァイオリンといった楽器のアンサンブルで演奏されていた。もちろんこの組み合わせは、必ずそうと決まっているわけではなく、状況に応じてアコーディオン（これはイタリア系移民が持ち込んだ）やコンツェルティーナ、ハーモニカ、クラリネット、そしてギターの代わりにマンドリンなども使われることがあった。

そこへバンドネオンが徐々に加わり始め、あれよあれよという間に主役の座に躍り出ることになるのだが、小松はその理由の一つとして「コンツェルティーナの小型・初期型が〝伏兵〟としてブエノスアイレスに〝常駐〟していたことが大きく影響しているのではないか」と解く。たとえばタンゴ黎明期の著名なバンドネオン奏者、フアン・マグリオ・〝パチョ[*15]〟は1897年、17歳の時に初めて35ボタンのバンドネオンを買ったが、これは父親が趣味でコンツェルティーナを弾いていたことの影響だという。

また1903年、15歳のビセンテ・グレコ[*16]は家にあったコンツェルティーナを独習していたが、ブエノスアイレスにおけるバンドネオンの祖と言われたセバスティアン・ラモス・メヒーア[*17]（彼の楽器は53ボタンだった）の勧めでバンドネオンに転向している。ただしここで注意したいのは、当時はバンドネオン

＊12　ハバネラ *habanera* は4分の2拍子の舞曲。ターッタ、タッタッというリズムが特徴。スペイン語では「アバネーラ」。イギリスの「カントリー・ダンス」がフランスで「コントルダンス」、スペインに伝わって「コントラダンサ」となり、これが19世紀前半にキューバに伝えられ、黒人の感覚が加わって「ハバネラ」となった。有名なビゼーのオペラ《カルメン》に登場する〈ハバネラ〉は、スペインのセバスティアン・イラディエールが1840年にキューバで作曲したハバネラ〈エル・アレグリート〉のメロディーを借用したもの。

＊13　ワルツ *vals* は4分の3拍子の舞曲。スペイン語で「バルス」。タンゴ、ミロンガとともにいわゆる「ポルテーニョ音楽」（ブエノスアイレスの都市音楽）の主要形式の一つとなり、各タンゴ楽団のレパートリーとして取り入れられた。

＊14　本来のカンドンベ *candombe* は、ラ・プラタ川流域、特にウルグアイで18世紀後半から19世紀後半にかけて行われていた、黒人たちによる宗教的祝祭のことを指す。当初は出身地の異なるアフリカ系黒人たちのコミュニケーションの手段として発生し、徐々に娯楽的な要素が強まる中で、王様、女王様や家来といった役割を持った登場人物たちによる舞踏として形が定まった。だが黒人が減少していくなどして、1880年頃には儀式としての本来の形は失われ、3種のタンボール（太鼓）の組み合わせで編み出していくリズム・パターンとしてカーニバルの中に取り込まれていった。カンドンベがタンゴの形成において大きな役割を果たしたとは言いがたいが、タンゴのルーツ指向が強まった1930年代後半には、ミロンガのリズムにアフロ色を加えたような形でカンドンベが〝復活〟した。当然これらは本来の姿とはまったく異なり、新たに創作されたものである。ウルグアイのピンティン・カステジャーノス（p）や人気歌手アルベルト・カスティージョらがその立役者となった。80年代にはダニエル・ビネリ（bn）らがカンドンベへの新たなアプローチを実践した。ウルグアイにおけるカンドンベとロック〜ポップ〜フュージョンとのミクスチャーには、ルベン・ラダ（vo、perc）やウーゴ・ファトルーソ（kbd）らが大きな役割を果たしている。

自体がまだ過渡期にあり、パチョの最初の楽器に見られるように、ボタンの数も、そして音色も定まっていなかったということだ。タンゴ自体も、猥雑さと陽気さが入り混じったような、ふわふわした存在だった。

だが実は19世紀後半のうちにドイツで、小松曰く「これまでまったく語られることのなかった真のキーパーソン」が、バンドネオンをのちの普及型に近い状態まで進化させていたことが明らかになった。その名はアルフレート・バント。*18 早世したハインリヒ・バントの息子である。父とは違って職人としての腕も持ち、長音階と短音階が書かれたバンドネオンについての教則本も著したアルフレートは、1886年頃にクレーフェルトでバンドネオンの製造と販売を開始しているが、彼が1881年頃からこつこつ作っていたと思われる楽器で成し遂げたのは、バンドネオンの大型化と、のちのタンゴのイメージにもつながるバンドネオン独自の深い音色の実現だった。小松は彼について「親の代から続いたコンツェルティーナとバンドネオンの混迷の時代に終止符を打ち、次世代と外国にその命を繋いだ重要人物だったことは確かだろう」と評する。ただし、その大型の楽器は製作に手間がかかり過ぎて採算が合わなかった。以後アルフレートはやや小型でシンプルな楽器作りに方向転換したようで、大型化したバンドネオンの製造法と設備を最終的には手放すことになるのだが、譲渡した相手があのエルンスト・ルイス・アーノルトだった。アーノルトにとってはこれが更なる飛躍の礎となり、19世紀末にはバンドネオンの大量生産を軌道に乗せた。アーノルトの製作した楽器は「ＥＬＡ」の商標で知られるようにな

*15　ファン・マグリオ・〝パチョ〟*Juan Maglio "Pacho"*（1880・11・8〜1834・7・14）
バンドネオン奏者、楽団指揮者、作曲家。ブエノスアイレスのパレルモ地区にイタリア移民の子として生まれた。

あだ名の「パチョ」は、バカという意味のイタリア語のなまり。アマチュア演奏家の父親のもとで音楽に親しみ、17歳でバンドネオン奏者のドミンゴ・サンタ・クルスに弟子入り。1899年から場末のカフェで演奏活動を始め、徐々に中心街に進出。1912年にコルンビアと契約し、オルケスタ・ティピカ・パチョ（実態はギター、ヴァイオリン、フルートとの四重奏）の名前でレコーディングを開始する。タンゴのレコードが作られ始めた時期の最初のスターだが、当時の音はハバネラ調ののどかな響きがする。10年代はエラやビクトルにも録音を残し、23年にはオデオンと契約。当時のオデオンにはロベルト・フィルポ、フランシスコ・カナロ、フランシスコ・ロムートがいて、25年にはオスバルド・フレセドもビクトルから移ってくるという群雄割拠の時代。時代に即した演奏は若手のメンバーに任せて、パチョ自身は指揮に専念していたが、ベテランらしい渋みやコクを醸し出したその音はとりわけ日本のタンゴ・マニアの間で高評価だった。作品に〈サバド・イングレス〉〈タンゴ・アルヘンティーノ〉などがある。

＊16　ビセンテ・グレコ *Vicente Greco*（1886・2・3～1924・10・5）
バンドネオン奏者、楽団指揮者、作曲家。ブエノスアイレス生まれ。フルート、ギター、バンドネオンなどの習得後、セバスティアン・ラモス・メヒーアの勧めで1903年にバンドネオン奏者としてデビュー。11年からコルンビアにオルケスタ・グレコの名で録音を開始、その時は第1ヴァイオリンをフランシスコ・カナロが務めた。その後はキンテート・クリオージョ・〝ガローテ〟の名でアトランタにもレコードを残している。作曲家として〈ロドリゲス・ペーニャ〉〈ラ・ビルータ〉〈黒い瞳〉〈ラシング・クルブ〉など後世に残る名曲をいくつも残した。

＊17　セバスティアン・ラモス・メヒーア *Sebastián Ramos Mejía*
バンドネオン奏者。作品も録音も残されず、詳しい経歴は不明だが、タンゴにバンドネオンを導入した最初の世代の一人。「エル・パルド・セバスティアン」の名で知られ、19世紀末から1900年代にかけて路面電車の運転手をしながら演奏活動を行い、多くの弟子を育てた。その影響下にあったバンドネオン奏者には、ビセンテ・グレコやペドロ・マフィアらもいた。

＊18　アルフレート・バント *Alfred Band*（1855～1923）
楽器製造販売業、出版販売業、教師。ドイツのクレーフェルト生まれ。ハインリヒ・バントの息子。1886年、クレーフェルトにアルフレート・バント社を設立し、バンドネオンの仕入れおよび製造と販売、楽譜や教則本の販売などを行った。

り、20世紀に入るとアルゼンチンに向けて本格的な輸出が始まる。この頃からアルゼンチン向けのバンドネオンは、ライニッシュ型と呼ばれるサイズと外見で、ボタンの数は右が38で左が33（それより少し多くても可）、押し引き異音で定められたキーの配列のものへと規格が統一されていく。

成長過程にあったタンゴは、悲しくも奥深い音色を持つ楽器としてついに完成の域に達したバンドネオンを切り札として劇的な変化を遂げ、1910年頃にはバンドネオン抜きのタンゴ演奏など考えられないほどになる。その背景には、まだほかのジャンルで使われず手垢のついていない、自分たちだけの新しい文化的アイデンティティの象徴となるものを手に入れたいブエノスアイレスのタンゴ界と、巨大な市場を新たに確保したいドイツの製造者側との、見事な思惑の一致があった。アーノルトは1910年に亡くなり、長男エルンスト・ヘルマン・アーノルトが会社を引き継いだが、翌11年には次男パウルと三男アルフレートが「アルフレート・アーノルト・バンドニオンおよびコンツェルティーナ製造」を設立、そこから送り出されたバンドネオンは「AA」（アルゼンチンでの呼び名はドブレ・アー）の商標で、ELAにも増して大きなシェアを獲得することになる。ドイツ国内ではバンドネオン（ライニッシュ型以外に、統一型を目指したもののシェアを伸ばせなかった72ボタンのアインハイツ型など、さまざまな種類がある）の需要は限定的になっていくが、その一方でアルゼンチンがドイツのバンドネオン業界にとって最大の得意先となり、大量のバンドネオンが次々に送り込まれていく。

ライニッシュ型のボタンの配列はかなり複雑怪奇で習得は容易なものではなかったが、タンゴの演奏家たちはそうした苦労は厭わなかった。そうすることで自分たちの表現を獲得していくのだという意識が強かったのだろうし、複雑なキーの配列をうまく利用して、一見難しそうだが実は結構楽に弾けるフレーズなどもいろいろと考え出されるようになる。

バンドネオンは嫌い？

このあと詳しく書くように、アストルがラジオやステージなど人前でバンドネオンを披露するようになるのは1931年からのことで、残されたいくつかの当時の写真を見ると、アストルが手にしているのはライニッシュ型で黒無地の、普通のバンドネオンである。ところが、ビセンテが見つけてアストルに買い与えた最初のバンドネオンは、実はそれとは違う楽器だったようだ。マイク・ディブ監督による2004年のドキュメンタリー『タンゴ・マエストロ』（#V8に収録）には、アストルの息子のダニエル*がその最初のバンドネオンをケースから取り出して見せる場面があるが、そのバンドネオンは黒ではなく茶色で、小さくて角張っていて、蛇腹の折目も少なく、マルコ・セントラルと呼ばれる幅広の折目が2か所ではなく1か所で、ボタンはスティール製だった。そして、ディアナが描写していたような螺鈿細工は施されていなかった。画面からははっきりと確認できないが、ボタンの配列はライニッシュ型に類似し、数も71に近いように見受けられた。ただし、狭い面積にそれだけの小さいボタンがギュッと並んでいるのであれば、大人の指では弾きにくいはず。ダニエルは「小さいから子ども用だと思う」と説明しているが、当時の状況からは子ども用のバンドネオンが存在していたとは考えにくく、実際には19世紀末あたりに作られたバンドネオンではないかと思われる。あるいは『タンゴの真実』第一八章で小松が紹介している、ドイツ西部出身の移民がニューヨークで1910年前後に一人で製作したという小型のバンドネオン（右が28ボタン）との関連はないのだろうか。映像では音は鳴らされていないが音色も軽かったと思われ、アストルが弾くのを聴いたビセンテは「おや」と思ったはずだが、そのあたりについて触れた文献は見つかっていない。ダニエルにも直接確認しようと連絡を取ったが、今は手元にないということで（どこへ行った?）、その楽器についてそれ以上の詳細は不明である。ピアソラ家がそれをどの時点でライニッシュ型に買い替えたかに関する資料もないが、1930年にはマル・デル・プラタに一時帰国し、パオローニ兄弟からバンドネオンのレッスンを受けることになるので、そのタイミングでアドバイスを受けて、と考えるのが自然だろう。

バンドネオンの入手後、母アスンタが依頼した最初の音楽の先生は外国人で、バンドネオンはもちろん、音楽理論もソルフェージュも知らないような人物だった。要領を得ないその授業はピアソラにとっては退屈なものでしかなく、結局授業は10回ほどで打ち切られ、ビセンテは別の先生を探すことになった。

2番目の先生は近所に住むイタリア人のマンドリン奏者で、ソルフェージュ、ヴァイオリン、マンドリンの知識があった。授業はソルフェージュ、和音からマンドリンの歴史にまで及ぶものだったが、イタリア出身の指揮者トスカニーニのような風貌とボクサーのような手を持ったこの先生、授業はそっちのけでスパゲッティ作りに夢中になるような男だった。アストルは楽しんでいたが、結局は2か月を無駄にしただけで終わった。アストルはビセンテから音楽のことを尋ねられても、何も答えられなかった。アストルの頭には、音楽のことなど何もインプットされていなかったのだから。バンドネオンは、洋服ダンスの上に空き箱や鞄と一緒に放置されたままだった。

そしてある晩ビセンテは、あとひと月でアルゼンチンに帰ることになったと家族に告げた。その夜の母親の喜びようは、アストルには理解しがたかった。アストルは、帰国の話などすっかり忘れていたのである。きっと両親は帰るのを思いとどまったのだろうとばかり思い込んでいた。それからの1か月間、家にはいろいろな人が押しかけ、旅支度が進められた。その間、アストルは悲嘆に暮れる日々を過ごしていた。

アストルは、結局ウィリーなどの友だちには会わないことにした。会うのはつらかった。旅立ちの日、港にはスカブティエッロ一家、ワッサーマン夫妻、パブロおじさんといとこたち、マンドリンの先生らが見送りに来てくれた。船は揺れるので嫌いだった。その夜は一晩中泣き続け、ほとんど眠れなかった。

翌朝、アストルは海を見たくなり、深呼吸した。海の男だった祖父のパンタレオンが言っていた「海の空気が男たちを強くするんだ」という言葉を噛みしめながら。

1930年の初め頃、一家は5年ぶりにマル・デル・プラタに戻った。最初の2週間ほどはいとこの一人の家に身を寄せていたが、ビセンテは床屋を開くための店舗付きの小さな住まいを見つけた。だが、彼らが不在の間に大恐慌の荒波を直に被ったアルゼンチンは不況に見舞われていた。貧しい人たちが増え、商店は空き家が目立った。ビセンテの開いた床屋は繁盛せず、アスンタが働けるような場所もなかった。

両親は途方に暮れてしまった。政治の改革などは期待できそうにない。収入も減り、家族で映画を観に行くことも、アストルに靴を買ってあげることもできなかった。少なくともニューヨークにいた時には、バカンスくらいは楽しめたのに。

確かにニューヨークに戻るしか手段はないように思われた。戻ればアストルには友だちがいる。マル・デル・プラタではアストルは孤独だった。それでもただ一つだけ、マル・デル・プラタにとどまるに足る理由があった。ここにはバンドネオンの先生がきっといるはずだ。そして先生探しが始まった。

その頃アストルは、一人の女の子に恋をした。彼女と結婚したいと学校の先生に告白すると、ちゃんと成長してしっかり働かなくてはだめよと言われた。その時初めて、アストルの心の中にバンドネオンを練習しようという気持ちが芽生えたのだった。

それでも最初は熱心ではなかった。できればいとこたちと釣りに出かけたかった。一方ビセンテは、バンドネオンがアストルにとって重要なものとなることを確信していた。ラジオから流れてくるペドロ・マフィア楽団の〈タコネアンド〉を聴かせながら、こんな風に弾くんだ、こんな風に弾いてくれたらもう死んでもいいとさえ言ったものだった。

アストルに最初にバンドネオンを教えたリベロ・パオローニは、タンゴのバンドネオン奏者だった。彼は教えることを生業にはしていなかったが、ビセンテは息子にバンドネオンを教えてもらうのに、タンゴの演奏家を希望したのだった。マル・デル・プラタの中心街にある喫茶店「ミュンヘン」に朝の4時まで出演していたパオローニは、毎週火曜日と木曜日には、仕事のあと3時間だけ寝ると目を赤くはらしながらピアソラ家を訪れた。アストルはワルツやガーシュインやバッハを弾きたがったが、パオローニはアストルにタンゴを弾くように促し〈ボヘミアンの魂〉を弾いて見せた。だがその時のアストルには、その音楽は悲しすぎた。

やがてパオローニは仕事でブエノスアイレスに行かなければならなくなったため、その弟でルイス・サバスターノ[*19]楽団のバンドネオン奏者だったオメロ・パオローニにアストルを預けたのだが、父ビセンテを除けばオメロこそが、アストルに才能があり、タンゴの心を内に秘めていると見抜いた最初の一人だった。

友だちや親戚が集まったマネティィ家のとある誕生パーティーで、叔父のチェコのアコーディオンとともに弾いたランチェーラ[*20]〈愛の鎖 *Cadenita de amor*〉（カルロス・マルクッチ作）とタンゴ〈バガブンド *Vagabundo*〉が、アストルが人前でバンドネオンを披露した最初の2曲だった。なお、これは第8章で改めて紹介するが、1984年6月にTV番組で「生まれて初めて弾いた曲だよ」と説明しながら〈愛の鎖〉の出だしの部分を弾いた映像が残されている（**#A14(a)**）。オメロ・パオローニのレッスンを経てアストルはランチェーラ、ワルツ、タンゴが少しは弾けるようになった。

だが結局ピアソラ家の経済状態は芳しくなる気配がなく、両親はすべてを売り払ってニューヨークへ戻ることを決めた。ほんの数か月間の帰国だった。

リトル・イタリー1930

1930年10月、一家はニューヨークに着くと9番街の狭くて暗いアパートに身を寄せた。そこは「リトル・イタリー」と呼ばれる地区だった。アストルはウィリーとニッキーを探したが、彼らはもう町内には住んでいなかったし、誰もその行く先を知らなかった。

アストルは、その界隈がすっかり変わってしまったと感じていた。気を紛らわすためにボクシングを

＊19　ルイス・サバスターノ *Luis Savastano*（1908・6・17～？）ピアノ奏者、楽団指揮者、作曲家。別名エウヘニオ・グアイラ *Eugenio Guayra*。ブエノスアイレス州マル・デル・プラタ生まれ。12歳からモーツァルト・アカデミーで学び、20歳で音楽教授の学位を取得する。地元で無声映画館のピアノ奏者を務め、1925年、17歳の時に作ったアマチュア楽団を経て、28年に最初のオルケスタを結成。当時のメンバーにはピアソラにバンドネオンを教えたオメロ・パオローニ、ピアソラが38年頃に短期間参加した楽団を率いたヴァイオリンのアルベルト・ウェブもいた。30年代、マル・デル・プラタを訪れたアルフレド・ゴビが楽団に加わって演奏したこともあったという。また60年代には歌手のギジェルモ・ガルベもサバスターノ楽団でデビューしている。作品は田園調のものが多く、地元の喫茶店に集った仲間たちに捧げた〈あのボヘミアンの角〉、メルセデス・シモーネや藤沢嵐子が歌った〈花嫁衣裳〉（アウロラ・スアレス作詞）、ホセ・バッソ楽団が取り上げた〈支払いに行ってくる〉（エドゥアルド・ペドロッタ作詞）などがある。

＊20　ランチェーラ *ranchera* は4分の3拍子の舞曲。ヨーロッパのフォーク・ダンスをもとにブエノスアイレスで作られた田園調の軽快な音楽形式で、2拍目にアクセントがある。

始めたのもこの頃のこと。近くのジムに通い始めたが、のちにミドル級世界チャンピオンとなる、アストルより少し年下のジェイク・ラモッタからリングに上がるよう声をかけられ、強力なパンチを浴びてしまったことで諦めることになった。

イタリア系の悪ガキたちと徒党を組んで11番街へ行き、俳優のジョージ・ラフトにかわいがられて小遣いをもらうようになった。その頃夢中になっていたのがパセ・イングレスというサイコロ2個を使う賭けゲームで、両親が寝静まった夜11時すぎになると窓から抜け出してみんなで42番街まで繰り出し、街灯の下でそのゲームで遊んだ。ラフトにもらった小遣いを元手に、いかさまをして稼いだり、途中でこっそり抜け出して警察に垂れ込み、やってきたパトカーのサイレンの音でみんなが逃げ出した隙に残ったお金をせしめたりしながら。

アストルにとって最も大切な悪友となったのは、ポーランド系二世のスタンリー・ソマーコフスキーである。一緒に家を抜け出してハーレム地区にキャブ・キャロウェイ[*21]を聴きに出かけたりしたが、堂々と客として入場できるわけではない。会場の裏から盗み聞きしていたのだ。二人はジャズが好きだった。

ある日アストルはスタンリーにそそのかされて家出をする羽目になった。自転車に乗っての小さな旅は一日続いたが、さすがにアストルは夜になると家が恋しくなり、ほとんどロング・アイランドにたどり着いたところで帰ると言い出した。スタンリーはさんざん悪態をついたが、2~3日後には二人の関係は元に戻っていた。これは余談だが、スタンリー・ソマーコフスキーはのちにスタンリー・ソマーズと改名、水泳のチャンピオンになった。アストルとは1987年に五重奏団のツアー先のヒューストンで再会を果たしている。

アストルは第92公立小学校に編入したものの、素行の悪さから早々と退学処分を受けてしまう。これで都合3つの学校から追い出されたアストルは、誰が見ても悪い見本のようだった。アスンタはマンハッタン中の学校を当たってみたが、もう受け入れてくれるところはなさそうだった。戻ってきたアスンタは「シスターたちが彼を矯正してくれるかもしれない。あの子はそんなに悪い子じゃないの。思いやりがあるし、優しいから」と夫に言った。唯一引き受けてくれた修道院「マリア・アウクシリアドーラ」はサーレス会の神父たちに率いられた学校で、アストルのように手に余る連中が最後に行き着くところだった。

一方ビセンテの方は、落ち着きがなく飽きっぽい息子には、見識のある音楽の先生が必要だと考えていた。そしてついに新しいバンドネオンの先生を見つけた。アンディ（アンドレス）・ダキラというアルゼンチン人で、ピアニストではあったがバンドネオンについても確固たる考えを持っていた。ダキラのレッスンは厳しく、アストルはスタンリーとボーイズ・クラブで野球の練習に打ち込むことで気を紛らわせていた。

ダキラ先生のレッスンは1年ほど続いたが、彼の個人的な事情でその後は同じアルゼンチン人ながらはるかに著名なテリグ・トゥッチ[*22]にバトンタッチされる。トゥッチからはバッハや和音などについて学

＊21　キャブ・キャロウェイ *Cab Calloway*（1907・12・25〜1994・11・18）歌手、楽団リーダー。米国ニューヨーク、ロチェスター生まれ。本名キャベル・キャロウェイ三世。米国黒人音楽史において特異な存在感を放った大エンターテイナー。音楽家の姉の影響で芸能界入りし、司会者や歌手を経てザ・ミズーリアンズに参加。このバンドはそのままキャブ・キャロウェイ楽団となる。1930年に初録音、31年からデューク・エリントン楽団のあとを継いでハーレムの「コットン・クラブ」に出演を開始、その破天荒なステージ振りで人気を博し、代表曲〈ミニー・ザ・ムーチャー〉のフレーズから「ザ・ハイ・ディ・ホー・マン」と呼ばれた。85年には映画『ブルース・ブラザーズ』に出演、88年には来日公演も行った。

んだが、この頃になるとアストルはバンドネオンのそばで寝るようになり、楽器の練習も一日3〜4時間はこなすようになっていた。

ちょうどその前後の時期にあたると思われるのだが、10歳のアストルはニューヨークのブロードウェイのラジオ局で初めてのデモンストレーション録音を経験している。彼のバンドネオン・ソロにより1931年11月30日にアルミ素材の録音盤に刻まれた〈スペインのマリオネット *Marionettes espagnoles*〉というタイトルの小品。これはフランス系ロシアの作曲家セザール（ツェーザリ）・キュイが1886年に書いたヴァイオリンとピアノのための《7つの小品》（作品39）（ピアノ曲集の方では1曲省かれて《6つの小品》となる）の第1曲で、8分の3拍子の曲をバンドネオンでランチェーラ風に弾いている。この盤の実物（複製は存在しない）は奇跡的にも現存していて、ダニエル・ローセンフェルド監督・脚本による2018年公開のドキュメンタリー映画『ピアソラ 永遠のリベルタンゴ』[*23]の終盤では、その銀色の盤がクリアな音質で再生される様子が映し出されていた。聴いてみるといかにも練習曲といった感じの他愛のない曲と演奏ではあるが、ピアソラ10歳の時の初録音と考えると感慨深いものがある。

一方ステージでのデビューとなると正確な時期は不明ながら、やはりこの前後に12番街のニュー・スクール・オーディトリアム（当時）で行われたフェスティバルにバンドネオン・ソロで出演している。

1932年12月29日、103番街にあるローリッチ・ホールで行われた『アルゼンチンの夕べ』にアストルはアンディ・ダキラ率いる「ダキラ・アンド・ヒズ・タンゴ・バンド」の一員として出演した。ダキラたちが演奏したレパートリーは〈デレーチョ・ビエホ〉など。この催しは、アルゼンチンのフォルクローレやタンゴの文化を3幕仕立てでわかりやすく紹介しようというもので、ダキラ楽団のほかにも多くの歌手やギタリスト、ダンサーたちが参加していた。

アストルは、アルゼンチン人のアグスティン・コルネーホ、[*24] ペルー人のM・ピチャルドとのトリオで短期間活動することになった。2人はそれぞれ『アルゼンチンの夕べ』にも出演していた歌手でギタリスト。このトリオのお披露目公演は同じローリッチ・ホールで行われたのだが、アストルはこの時「ステージに立ち、観客から拍手喝采を浴びる感激を初めて味わった」とのちに語っている。彼らはまたラジオにも出演したが、そのレパートリーはランチェーラやアルゼンチンのサンバ[*25]などのフォルクローレで、タンゴは一曲もなかった。彼らは注目を集めたが、それはバンドネオンという楽器自体の物珍しさもさることながら、年端もいかない子どもがそれを弾いていたからだった。父にコルネーホも出演していたキャバレー「エル・ガウチョ」に連れていかれ、アルゼンチン人客を相手に〈ミロンガの泣くとき *Cuando llora la milonga*〉（ファン・デ・ディオス・フィリベルト[*26]作曲）を弾いたりもした。

＊22　テリグ・トゥッチ *Terig Tucci*（1897・6・23～1973・2・28）
楽団指揮者、編曲家。ブエノスアイレス生まれ。幼少時よりヴァイオリンを習い、1923年8月に合衆国に移住。34～35年に歌手カルロス・ガルデルのニューヨーク録音（ガルデル主演の映画『想いのとどく日』『タンゴ・バー』の主題歌・挿入歌など）の編曲指揮を担当した。ラジオ局VOA（ヴォイス・オブ・アメリカ）のラテンアメリカ部門のディレクターなども務め、50年代にはRCAに『ディナー・イン・ブエノスアイレス』『わがブエノスアイレス』などのリーダー・アルバムを残している。

＊23　ダニエル・ローセンフェルド *Daniel Rosenfeld*（1973・8・16）
映画監督、脚本家、プロデューサー。ブエノスアイレス生まれ。ピアノ奏者兼作曲家を目指したのちに映画作りの道に進む。2000年にバンドネオン奏者ディノ・サルーシについてのドキュメンタリー『サルーシ――バンドネオンと三姉妹のための練習』で長編監督デビュー。18年公開の『ピアソラ 永遠のリベルタンゴ』（原題は『ピアソラ 鮫の時代 *PIAZZOLLA - LOS AÑOS DEL TIBURÓN*』で、日本ではDVDもTCエンタテインメントからリリースされた）は長編5作目となる。

バッハを弾く男

父ビセンテは、1933年頃までの4年間に計7人もの音楽の先生をアストルにつけた。それでもまだアストルにとって音楽とは、街に遊びに出かける以上の魅力を持つものではなかった。

ある日の午後、アパートの中庭で過ごしていたアストルは、ふと聞こえてきた和音に耳を奪われた。2階の半開きの窓から流れてきたその音楽は、クラシックのピアノ曲だった。誰の曲かはわからなかったが（のちにバッハだったことが判明する）、アストルはそれまでに一度も味わったことのない感動に酔いしれていた。そのピアニストは同じ曲を何度も繰り返し練習し、ついには途切れることなく20分近いその曲を演奏し終えた。そして突然音楽は止んだ。誰かが窓を閉め、カーテンを引いたのだった。気が付くと、もう食事の時間だった。それでもピアノの音は遠くの方からかすかに聞こえていた。

食事の席でアストルは、3時間も集中して聴いていたその午後の感動を熱っぽく語り、あのピアニストにピアノを習いたいと言った。それまで一度もそんなことを言ったことがなかったので、最初こそビセンテも半信半疑だったが、熱意に動かされてそのピアニストを訪ねてみることにした。

そのピアニストの名はベラ・ウィルダ。ハンガリー系移民の二世で、かの有名なセルゲイ・ラフマニノフの弟子だったが、演奏会での収入は少なく貧乏生活に喘いでいた。そこでピアソラ家では、週2回のレッスンの報酬として、食事を提供することになった。

継ぎの当たったズボン、演奏会のための一張羅の服、ガタガタのピアノ、キャメルのタバコ、その一

＊24　アグスティン・コルネーホ *Agustín Cornejo*（1899・8・28～1965・10・9）
歌手、ギター奏者、作詞・作曲家。サンフアン州バージェ・デル・トゥルム生まれ。幼い頃から歌手として頭角を

現し、共演したサウル・サリーナス（サンフアンが生んだ伝説的フォルクローレ歌手／ギター奏者／作曲家）から多くを得る。1925年にはブエノスアイレスに出て、ラジオに出演。26年、同じくサンフアン出身のミゲル・カセレス（vo／g）とデュオを結成後、グレゴリオ・アジャラ（vo／g）とともにカミーラ・キロガの劇団に雇われ、ラテンアメリカ諸国ツアーに出発する。コロンビアのボゴタで公演後の29年、3人はキロガ劇団と別れて渡米、本文で紹介している『アルゼンチン音楽の夕べ』にも揃って出演するなど、ニューヨークを拠点に活動を続ける。コルネーホは29年から37年にかけて、カセレスやヘナロ・ベイガ・〝エル・チョロ〟（vo／g）とのデュオ、ソロ、ロス・トロバドーレス・クリオージョス名義などで、米国のブランズウィックやヴィクター、コロンビア、デッカに数多くの録音を残す。主演映画制作のため33年暮にニューヨークに到着した旧知のカルロス・ガルデルから協力を要請され、『下り坂』に端役で出演後、『ブロードウェイのタンゴ』では自作の〈ケ・メ・インポルタ〉〈チニータ〉をギターで弾き語りする場面も用意された。なお、ガルデルの同作挿入歌〈カミニート・ソレアード〉他1曲の録音ではアジャラ＝カセレス＝コルネーホのギター・トリオ＋アルベルト・カステジャーノス（p）が伴奏を手がけた。コルネーホは続いて『想いのとどく日』にも出演（詳しくは#F1の項参照）。ガルデルが事故死を遂げた翌月の35年7月には自作の〈アディオス・ガルデル〉をコロンビアに録音した。37年に帰国してからは華々しい活動の機会に恵まれなかったが、娘たちのプロジェクト「コルネーホ姉妹」をサポートした。

＊25　サンバ *zamba* はアルゼンチンの主に北部地方で盛んに演奏される8分の6拍子の舞曲で、ブラジルのサンバ *samba* とはまったく異なる。

＊26　フアン・デ・ディオス・フィリベルト *Juan de Dios Filiberto*（1885・3・8〜1964・11・11）ヴァイオリン奏者、楽団指揮者、作曲家。ブエノスアイレス生まれ。本名オスカル・フアン・デ・ディオス・フィリベルティ。タンゴ発祥の地、ボカ地区の貧しい家庭に育ち、職を転々とする中で最初は聞き覚えでハーモニカやギターを始め、仲間のグループに参加したりしていたが、その後改めて音楽学校で学び、1915年から作曲活動を始める。32年から自身の楽団、オルケスタ・ポルテーニャを率いて活動を始め、オルケスタ・ティピカの形式に捉われない優雅なアンサンブルを目指した。39年、ブエノスアイレス市立交響楽団の指揮者にも任命されている。作曲家としては〈バンドネオンの嘆き〉のほか、〈カミニート〉〈白いスカーフ〉（以上ガビーノ・コリア・ペニャローサ作詞）〈クラベル・デル・アイレ〉（散りゆくなでしこ）〉（フェルナン・シルバ・バルデス作詞）〈ミロンガの泣くとき〉（ルイス・マリオ作詞）〈マレバーへ〉（エンリケ・サントス・ディセポロ作詞）などの名作を残した。

つひとつがアストルの記憶に刻まれた。ウィルダはアストルにとって最初の真のマエストロだった。バッハを愛すること、常に音楽に情熱を持って接することを学んだ。その授業は退屈とは無縁だった。ジャズについて語り合い、音楽を愛する喜びを知った。演奏の難しさを乗り越えて音楽を自分のものにするためには日々の練習を決して怠ってはならないことも、大切な教えの一つだった。アストルはウィルダの手の動きを熱心に観察し続けた。バッハの作品をバンドネオン用に置き換える作業も始めた。

ウィルダのレッスンを受け始めてからは、ハーモニカのことも、街のことも、カタの付いていなかった喧嘩のことも、パセ・イングレスをする約束のことも、どうでもよくなった。アストルは、ウィルダのようになりたいと思った。ステージに立てば素晴らしい演奏家で、家にはピアノがあり、タバコはキャメル。

ウィルダのレッスンは、先生の引っ越しで終わりを告げた。アストルは、決してウィルダのことは忘れないと心に誓った。

アストルがステージやラジオでバンドネオンを演奏する機会はその後もたびたび訪れた。1933年頃には国内のラテン区域およびスペイン、南米向けのラジオ局WMCEに出演、モシュコフスキの〈ボレロ〉、モーツァルトのソナタ、バッハのフーガをバンドネオン・ソロで披露している。

1934年頃には、チリ出身でニューヨークのカフェ・ラティーノのオーナーでもあったジャーナリストで小説家のアルマンド・セグリが、ロッシーニの《ウィリアム・テル序曲》やスッペの《詩人と農夫》、あるいはモーツァルトの〈トルコ行進曲〉を演奏するアストルを、まるで神童のようだとアメリカ合衆国の学校や大学に紹介した。

カルロス・ガルデルとの邂逅

１９３４年のある日、ビセンテは友人から大歌手カルロス・ガルデル[*27]がニューヨークに滞在していることを知らされ、落ちつきを失った。ガルデルは紛れもなくタンゴ史上最大の歌手であり、ビセンテはそんなガルデルの大ファンだったのだ。

彼は木彫りの人形を作ってガルデルにプレゼントすることにした。人形ができあがると、ビセンテはそれをアストルに持たせ、ガルデルのもとへ届けさせた。食事に招待することも忘れずに告げるよう念を押しながら。

＊27　カルロス・ガルデル *Carlos Gardel*（1890・12・11？〜1935・6・24）歌手、作曲家、俳優。公式にはフランスのトゥールーズに生まれ、１８９３年にブエノスアイレスに移住したということになっているが、１８８１年11月頃にウルグアイのタクアレンボーに生まれ、１９００年代までブエノスアイレスとモンテビデオを行き来していたという説も信憑性が高い。タンゴ史上最高の歌手だが、私生児としてのその出生は謎に包まれている。１９１０年頃にはブエノスアイレスのアバスト市場を根城に民謡（フォルクローレ）を歌う。11年、ホセ・ラサーノ（vo）と知り合い、13年に初録音。以後主にラサーノとのデュオでフォルクローレを歌っていたが、17年、初の本格的歌謡タンゴ〈わが悲しみの夜〉（サムエル・カストリオータ作曲、パスクアル・コントゥルシ作詞）を創唱して、それまでは添え物に過ぎなかった歌のタンゴを、一つの大衆文化にまで高めた。録音したレパートリーは８００曲近くに及ぶ。その堂々たる歌唱は他の追随を許さず、また映画スターとしても活躍し、主演映画も多数。25年以降は海外での活躍が多くなり、スペイン、フランス、米国でも録音を残している。中米ツアー中の35年、コロンビアのメデジン空港にてこれも謎の飛行機事故死を遂げた。作曲家としても優れ、〈マノ・ア・マノ〉〈わが懐かしのブエノスアイレス〉〈首の差で〉〈想いのとどく日〉など多くの名曲を残した。ガルデルのアルバムとして、名唱と自作自演曲をくまなく集め、丁寧な解説と対訳の付いた国内盤２枚組ＣＤ『大いなる遺産』（オデオン SC-3140〜41）は、廃盤だが探す価値はある。

ガルデルの泊まっているホテルの1つ手前の角までくるとアストルは立ち止まり、もう一度挨拶の練習をした。髪の毛を手で撫でるとまっすぐ目的の建物に向かった。そこには背が高く頭の禿げた男がエレベーターを待っていた。エレベーターが来たのでアストルは「何階？」と英語で尋ねたところ、その男は英語がわからないとスペイン語で答えた。実はその男は、ガルデルと一緒に泊まっている編曲指揮者のアルベルト・カステジャーノスだった。[28]二人で目的の階に着いたところで、カステジャーノスは鍵を部屋に忘れてきたことに気が付いた。そこでアストルに窓から部屋に入れないかと頼んだ。もちろんアストルにとって、そんなことは朝飯前だった。

窓から部屋に入ってみると2人の男が寝ていた。さて、ガルデルはどっちだ？　カステジャーノスのために扉を開けると、当たりをつけた方に「あなたはガルデルですか？」と恐る恐る尋ねてみた。残念ながらはずれ。声をかけた方はガルデルの相棒で作詞家のアルフレド・レ・ペラだった。[29]やがて起きてきたガルデルは、この少年に興味を持った。アストルは人形を手渡すと、挨拶の台詞を暗唱した。バンドネオンを弾くことを話すとガルデルは、なぜ楽器を持ってこなかったのか、君の弾くタンゴが聴きたいとリクエストした。また英語が得意で街にも詳しいことを話すと、通訳を兼ねた案内役を任された。

アストルは上機嫌で家へ戻ると一部始終を話し、ガルデルは有名人とは思えない感じの良い人だったと伝えた。ビセンテは感激し、アスンタは泣いた。そんな人の前でバンドネオンが弾けるなんて。アストルはガーシュインの〈ラプソディ・イン・ブルー〉やワルツ、タンゴを2時間ほど練習した。

翌日、おしゃれをしたアストルはバンドネオンを持ってガルデルのもとへ向かった。ガルデルの出迎えを受けたアストルは、いそいそとバンドネオンを取り出した。そこで弾いたのはガーシュインの作品をいくつか、ワルツを数曲、ランチェーラとタンゴが1曲ずつだった。ガルデルはアストルを見ながら微笑んでいた。

アストルがタンゴを弾き終わるとガルデルはこう言った。

「君は大物になるよ、坊や。私が言うんだから間違いない。ただ、君のタンゴはスペイン人が弾いているみたいだなあ」

「タンゴは練習中です。まだタンゴのことはよくわからなくて」

それからガルデルはアストルをガイド役に街に繰り出し、買い物や食事を満喫した。アストルがキャブ・キャロウェイのことを話すと、ガルデルはジャズが好きかと尋ねた。

「ジャズが一番好きです。タンゴはまだよくわからない……」

「もしわかるようになったら、それを手放しちゃだめだよ」

カステジャーノスからも声をかけられたアストルは、この年のうちに彼が率いるトリオに参加してス

＊28　アルベルト・カステジャーノス *Alberto Castellanos*（1892・2・13〜1959・9・23）
ピアノ奏者、楽団指揮者、作曲家、編曲家。ブエノスアイレス生まれ。最初にヴァイオリンを、次いでピアノと作曲を学ぶ。セルゲイ・ディアギレフのロシア・バレエ団でも活躍したフランス人指揮者で作曲家のルネ＝エマニュエル・バトンがブエノスアイレスを訪れた際にコロン劇場で共演してデビューを飾り、その後はマックス・グルックスマン（オデオン）でサロン音楽の小オーケストラを率いたりした。カルロス・ガルデルの米国ＮＢＣ放送出演時の編曲などを手がけたのち、エル・ムンド放送局の音楽ディレクターを長年にわたり務めた。

＊29　アルフレド・レ・ペラ *Alfredo Le Pera*（1904・6・4〜1935・6・24）
作詞家、劇作家、脚本家。ブエノスアイレス生まれ。文学や演劇を学び、新聞社に勤めたのち、劇作家となる。トーキーの時代に入るとフランス映画の翻訳を手がけるようになり、パリに移住。１９３１年末にパリでカルロス・ガルデルと知り合い、以後ガルデルの全主演映画の脚本を書き、ガルデルの作曲した作品に詞を付けたが、メデジン空港での事故でガルデルと運命をともにした。

ペイン音楽やフォルクローレを演奏したこともあったようだ。

年が明けて1935年の1月から2月、アストルはガルデルに請われて映画に出演することになった。ガルデル主演映画『想いのとどく日』（#F1）に新聞配達の少年の役でワンシーンだけだが登場したのである。挿入歌の録音にも参加したという説もあるが、この話は怪しい。テリグ・トゥッチ率いる伴奏オーケストラの演奏にはアコーディオンが使われていて、バンドネオンの音は聞こえてこない。

3月下旬、ガルデル一行は中米ツアーに出発することになり、その前にピアソラ家はガルデルを食事に招待した。その席でガルデルは、ツアーにアストルを連れていきたいと申し出た。ガルデルはアストルが本当に気に入っていたのだ。だがビセンテは、申し出はありがたいがアストルはまだ小さいので無理だと断った。ガルデルも無理は言わずに納得し、別の少年を連れていくことにした。

アスンタがガルデルのために用意した揚げパンとカフェオレを囲んだひとときが過ぎ、ガルデルは3人に別れを告げた。ガルデルは微笑んでいたが、アストルは怒っていた。ガルデルと一緒にツアーに行きたかったのだ。

それから3か月後の6月24日、ガルデル、レ・ペラらを乗せた飛行機はコロンビアのメデジン空港で事故に遭い、ほとんど全員が死亡した。ガルデルやレ・ペラはもちろん、ガルデルがアストルの代わりに連れていった少年も亡くなった。ガルデルの死は、タンゴ界にとってあまりに大きな打撃となった。もしあの時アストルがガルデルと行動をともにしていたら。新聞で事故を知った両親は、運命の不思議さを痛切に感じていた。

さよならニューヨーク

１９３５年、アストルはアルゼンチン向けのとある放送局に呼ばれ、ランチェーラの〈ラ・カチールラ *La cachirla*〉と〈ドニャ・ロサ *Doña Rosa*〉、タンゴの〈ジュガンド *Yugando*〉と〈グアポ・エル・モソ *Guapo el mozo*〉という、いずれも祖父母たちに捧げた自作4曲を披露した。ちなみに彼のごく初期の作品には、１９３２年頃に書かれた〈42番街に向けて着実に *Paso a paso hacia la 42*〉というタンゴもあり、その後ビセンテによって、よりタンゴのタイトルらしい〈ラ・カティンガ *La catinga*〉に改められた。どれもおそらくは素朴な作品だったのだろう。

アストルは同じ年、ダキラ楽団（歌手はピチャルドとのデュオでも活動していたマヌエル・ベラスケス[*30]）にバンドネオン奏者として参加している。ラジオへの出演か何かと思われ、録音も残されたらしいが詳細は不明。この時選ばれたのはいずれも１９３３年のガルデル主演映画『場末のメロディー *MELODIA DE ARRABAL*』挿入歌で、作曲したガルデル自身が劇中で歌った〈君がいない時 *Cuando tú no estás*〉と、

＊30　マヌエル・ベラスケス *Manuel Velásquez*（1897・7・17～1986・8・16）歌手、作詞・作曲家。ペルーのアレキパ地方モリエンド生まれ。１９３０年代の米国で主にタンゴ歌手として活躍し、40曲ほどの録音を残したが、ソロ以外にデュオを組んだ相手にはやはりペルー人でアストル、アグスティン・コルネーホとトリオを組んだM・ピチャルド（本文50頁で紹介している『アルゼンチン音楽の夕べ』には彼とのデュオで出演）、コルネーホともデュオを組んだ〝エル・チョロ〟ことヘナロ・ベイガ（故国アルゼンチンではアグスティン・マガルディの伴奏ギタリストを務め、米国ではフアン・カルロス・コビアン楽団やオスバルド・フレセド楽団などでも歌った歌手）がいる。「不滅の吟遊詩人」とも呼ばれたペルーのクリオージャ音楽の父フェリーペ・ピングロ・アルバの作品をいち早く取り上げるなど、故国ペルーの音楽の紹介にも努めたが、終生米国に留まったためか、本国においては地元アレキパですら、その名は知られていない。

共演のインペリオ・アルヘンティーナが歌ったホセ・センティス作の〈なぜかは知らない *No se porqué*〉の2曲。またディアナは「アストルは彼（ダキラ）とカルロス・ガルデルのタンゴ〈シレンシオ（静けさ）*Silencio*〉を録音した」と書いているが、〈シレンシオ〉もまた同じ映画の挿入歌であり、この時の演奏である可能性は高い。

　１９３６年にはニューヨークの短波放送Ｗ２ＸＡＦに出演してサンバ〈メンドーサのカーネーション *Claveles Mendocinos*〉とランチェーラ〈ラ・ボリチェーラ *La bolichera*〉を演奏しているが、このことはマル・デル・プラタの日刊紙『ラ・カピタル』でも紹介された。

　アストルは、水兵やガウチョの扮装でステージに立つことが多かったが、そんなことが友だちに知れたらからかわれるのは必至なので、学校ではほとんど秘密にしていた。だがマリア・アウクシリアドーラのシスターたちはアストルの才能に気づき、学校で行われるお祭りでバンドネオンを弾くよう言ってきた。アストルは最初のうちこそ断っていたが、それまで犯してきた罪を償うためにやらなければいけないと説き伏せられた。

　マリア・アウクシリアドーラの生徒にはマフィアの構成員の息子なども多かった。お祭りの会場にはイタリアの旗が飾られ、生徒たちは黒いシャツを着てムッソリーニを称えていた。アストルは、ムッソリーニ率いるファシスト党の行進曲〈ジョヴィネッツァ *Giovinezza*〉や〈黒シャツ *Camicia nera*〉を弾いて喝采を浴びた。

　シスターが約束したとおり、それまでの罪を許されたアストルは１９３６年、マリア・アウクシリアドーラを無事卒業できることになった。卒業を間近に控えたアストルは、何も考えないことにして気晴らしにスタンリーと野球の練習をしたり、金曜の夜にパセ・イングレスをしに行ったり、ジャズを聴きに行ったりした。

　アストルに唯一課せられていたのは、呼ばれるたびにローリッチ・ホールに行ってアルゼンチンやラテンアメリカの文化を紹介することだった。アストルは楽しみながら弾くようになってはいたが、それ以上のものではなかった。自分では納得しきれない部分も多かった。なぜなら、彼自身はアルゼンチンのことなど何も知らないに等しかったから。サンバやランチェーラの意味するものは何？

　バンドネオンという楽器がもたらすエキゾティックなイメージ。そこから連想されるステレオタイプ以上のものが提示できなかったとしても無理はない。一方ビセンテも、アストルに対してタンゴ、タンゴと言いながら、ニューヨークにいてもタンゴの本質など掴めないことは承知していた。

　そろそろ国へ戻ってもいい頃ではないか。そんな考えがビセンテの頭をよぎった。すでにピアソラ家には、家族で帰れる程度の蓄えはできていた。国へ帰るならクリスマス前がいい、アスンタもそう思っていた。

　もちろんアストルは違った。アストルにとっては、ニューヨークでの生活がすべてだった。友だちも、ガールフレンドも、ジャズも、遊びも、大切なものだった。アルゼンチンなんてどうでもよかった。だが親の決めたことに逆らえるはずもなく……。

　一家3人を乗せたサザン・クロス号は、ある水曜日の朝9時にニューヨークの港を出発した。ブエノスアイレスに船が到着したのは、１９３６年のクリスマスを2日後に控えた日のことだった。

2　タンゴ黄金時代の中で

退屈なマル・デル・プラタ

　1937年の初め。マル・デル・プラタに戻ったビセンテ・ピアソラは中心街のアルベルティ通り1561番地に自転車屋「カサ・ピアソラ」を開業、またサイド・ビジネスとして同じ場所にレストラン・バー「ヌエバ・ジョルク」（ニューヨークのスペイン語読み）をオープンした。ビセンテはアストルを自転車屋で働かせようとしたが、アストルにそんな気は毛頭なかった。喧噪渦巻くニューヨークに比べるとマル・デル・プラタの街はあまりにも穏やかすぎて、血の気の多い16歳のアストルにとっては退屈この上なかった。何か夢中になれることを見つけなければ、息が詰まりそうだった。アストルは人生の方針をまだ決めかねていたが、とりあえず頼りになるのは音楽だった。

　そんなアストルにとって新たな音楽の先生となったのが、ネストル・ロマーノ。数年後にマル・デル・プラタ市立交響楽団の初代指揮者となるこのマエストロからは、ピアノと和声を習っている。同様にロマーノに師事するジャズ好きのピアニストで、マル・デル・プラタの音楽シーンで長く活躍することになるアルマンド・ブルメッティとも親しくなった。そのブルメッティによれば、アストルは当時、ニコリータ・ベッキオにも一時期バンドネオンを習っていたが、いつも尊敬の念を込めて話すのは、リベロとオメロのパオローニ兄弟のことだったという。アストルが最初に仕事場としたのは、地元の放送局であるLU6ラディオ・アトランティカのオーケストラ。ピアニストのエスペラント・ペレイラが率いるその専属楽団では、ゲストの歌手や演奏家の伴奏を務めた。

　アストルはその楽団で知り合った仲間の2人、ピアノのポチョーロとコントラバスのロランドの兄弟を誘ってトリオを組み、父の店ヌエバ・ジョルクで演奏することにした。店の奥、アンダルシア風の広い中庭の真ん中にあり合わせの木材で舞台を作り、色とりどりの照明と花飾りを付け、カラー（植物）で飾ると、トリオは毎晩ステージに立って客を楽しませた。アストルはシェルトン・ブルックス作の〈いつか近いうちに *Some of these days*〉をレパートリーに加えた。タンゴやランチェーラを好むポチョーロとロランドは、ハーモニカを吹くアストルに合わせながらもその北米産のメロディーは嫌っていたが、この曲はヌエバ・ジョルクの客にはうけた。アストルは後年、当時をこう振り返っている。

「ポチョーロとロランドは私よりずっと年上で、2人とも目が見えなかった。彼らも私もお互いのことを慕っていた。ポチョーロがピアノで弾くフランシスコ・デ・カロ*のタンゴは素晴らしくて、私がやがてハイメ・ゴーシス*に見いだすことになる雰囲気があった。

私は、つま先がアルミの靴を一足ニューヨークから持ち帰っていて、舞台でタップダンスも披露した。盲目の2人は世慣れたもので、稼いだギャラはウイスキーに費やしていたが、彼らは私の心の中で特別な位置を占めている。彼らと一緒に演奏しながら、私はデ・カロ兄弟やペドロ・マフィア、ペドロ・ラウレンスの曲を覚えた。それはまるで自分がタンゴの熱狂へと足を踏み入れていく前兆のようだった」

（ナタリオ・ゴリン著、拙訳『ピアソラ 自身を語る』より）

エルビーノ・バルダロ

ついに目覚めの日がやってきた。

大変暑い午後だった。昼寝をしていたアストルは、ラジオから流れてきた音楽に心を奪われた。そんなことは、あのベラ・ウィルダの弾くバッハを聴いて以来のことだ。こともあろうにその音楽は、タンゴだった。ただしそれは、まったく新しい演奏スタイルを提示していたという点で、それまでアストルが接してきたタンゴとは決定的に違っていた。その新しいタンゴを演奏していたのは、エルビーノ・バルダロ率いる〝六重奏団〟だった（本当に六重奏団だったかどうかの疑問については後述する）。

バルダロ楽団の演奏に初めて新しいタンゴの息吹というものを感じたアストルは、すぐにバルダロにファンレターを書いた。タイプ打ちされたその手紙のコピーを読むと、日付は1938年5月14日付となっている。その中でアストルは「バンドネオンのための〝フラセオ〟とアレンジ、オーケストレーション、そしてあなたの弾くヴァイオリンの和声が気に入りました」と書いている（写真は89頁）。

この中の「フラセオ」という言葉は、強いて言えば「フレーズを作る」ということを指す。それだけでは十分な説明にならないが、これはタンゴの演奏にとって極めて重要な概念の一つなので、あとで詳しく触れることにする。

アストルに初めてタンゴの素晴らしさを知らしめ、タンゴ演奏家としての人生を後年そのアストル・ピアソラの五重奏団で締めくくったエルビーノ・バルダロは、古典からモダンに至るキャパシティの広さ、瑞々しき表現の豊かさ、タンゴ的な泣きの感覚などすべてに卓越した、タンゴ史上最高のヴァイオリン奏者の一人である。

1919年のデビュー以来62年にタンゴ界から引退するまでに参加した楽団は数知れず、多くのレコードで名演を残しているが、自身の楽団を率いていた時期は短かった。1926年にペドロ・マフィア楽団に参加し、29年に盟友オスバルド・プグリエーセとともに脱退したことは第1章でも触れたが、それは二人で独立してバルダロ゠プグリエーセ六重奏団を結成するのが目的だった。この最初の楽団では1931年まで活動を続けたが、録音の機会には恵まれなかった。

バルダロ゠プグリエーセ楽団の解散後も最高の技術とセンスを持ったバルダロのヴァイオリンは重宝

され、あちらこちらの人気楽団のレコーディングなどに引っ張りだこの状態が続いた。しかし彼は呼ばれるたびにそれぞれの楽団のスタイルに沿った奏法を要求され、当然のごとくストレスはたまっていく。そんな中、抑えつけられていた自分自身の表現意欲を満たすべく、新たな六重奏団の結成に踏み切るのである。

タンゴの基本は六重奏

バンドネオンとヴァイオリンが2人ずつ、それにピアノとコントラバスという六重奏団の編成は、誕生以来紆余曲折を経てきたタンゴがたどり着いた一つの結論であった。それを説明するには、少しタンゴ史を振り返る必要がある。

1910年頃にはバンドネオンがタンゴ楽団の編成になくてはならない存在となったことは、第1章で述べたとおりであるが、ほかの楽器はまだ流動的でそれ以前からのフルートやギターも使われていた。その後フルートはバンドネオンがその役割を増すとともに必要とされなくなり消えていった。ギターはピアノに取って代わられたが、タンゴ歌手の伴奏楽器として活路を見いだす。1910年代半ばからは徐々にコントラバスも使われるようになる。

そして1920年代を迎えるまでには、バンドネオン、ヴァイオリン、ピアノ、コントラバスがタンゴ楽団を構成する楽器として完全に定着する。このうちバンドネオンとヴァイオリンを2台（2本）ずつにした六重奏がもっとも一般的となったが、その六重奏のメリットを最大限に生かし、その方向性を決定づけたのが現代タンゴの祖、フリオ・デ・カロである。

それまでのタンゴには、「編曲」という概念は基本的に存在していなかった。作曲者が発表した作品はピアノ譜として世に出たが、各楽団の演奏家たちはそれを見ながら適当に打ち合わせをして、みんなで合奏していたのである。だから楽団ごとの個性などというものはないに等しかった。強いて言えば、1917年頃の「バンドネオンの虎」ことエドゥアルド・アローラス楽団[*1]あたりにその萌芽が見られる程度だろうか。

1920年代の前半、タンゴで初めて編曲という作業に本格的に取り組んだのはオスバルド・フレセド[*2]やファン・カルロス・コビアン[*3]といった人物だった。フレセドは1922年に録音を開始した六重奏団で、落ちついた一定のリズムの中に流麗さを織りまぜた楽団独自のサウンドを打ち出し、その個性をはっきりと形にした。それ以降長きにわたり楽団を率い続ける中で、楽団の編成も大きくなり、表現手法も変化を遂げたが、基本的な姿勢は終生変わることはなかった。

そのフレセド六重奏団の最初期のメンバーだったのがコビアンとデ・カロ。代表曲〈ノスタルヒアス〉のほか〈酔いどれたち〉など先進的なセンスにあふれた名曲を数多く残したコビアンは、本書でもたびたび名前が登場することになるが、1922年には独立して自身の六重奏団を結成する。ここにはデ・カロやペドロ・マフィアも参加していた。ここでコビアンは、自身のピアノを際だたせるようなア

*1　エドゥアルド・アローラス *Eduardo Arolas*（1892・2・24～1924・9・21）バンドネオン奏者、楽団指揮者、作曲家。ブエノスアイレス生まれ。本名ロレンソ・アローラ。「バンドネオンの虎」と呼ばれ、タンゴ創世記を彩った伝説の人物。少年時代は流しのギター弾きなどをしていたが、1905年にバンドネオンと出会い、09年にデビュー。13年には自らの楽団を結成し人気を得る。彼の楽団にはファン・カルロス・コビアン（p）やフリオ・デ・カロ（vn）らも出入りしていた。22年には憧れの地パリへと向かうが、2年後に当地で客死した。作曲家として特に優れ、〈酒宴の一夜〉〈デレーチョ・ビエホ〉〈ラ・カチーラ〉〈コム・イル・フォー〉〈ラ・ギタリータ〉〈エル・マルネ〉などその作品の多くが古典として親しまれている。

レンジを考え出したと言われているが、ボヘミアン気質のコビアンはほどなくして単身アメリカ合衆国へ旅立ってしまった。そこで残されたメンバーたちは、デ・カロを中心に新たな楽団として再スタートすることにした。音楽的に見てタンゴ史上最も影響力を持ったフリオ・デ・カロ楽団（六重奏団）はこうして誕生したのである。

デ・カロは楽器間のバランスというものを特に重視した。楽器対楽器、同じ楽器同士の新たな関係性を築き上げるとともに、各楽器の特性を生かし奏者の個性を反映させたソロを配置することで、それまでのタンゴには見られなかった豊かな音楽性を表現することに成功した。そうしたデ・カロ楽団のサウンドを特徴づけているのは、その引きずるような粘っこいリズムである。

タンゴは、4分の2拍子のハバネラ〜ミロンガのリズムから発展したこともあって、4拍子ではあっても、その楽譜は4分の4拍子ではなく8分の4拍子で書くのが慣習になっていた。そしてそこではメロディーやフレーズ、リズムの音価（各音符の時間の長さ）は均等なものとして書かれている。ところが実際に演奏する際には、必ずしもそのとおりには弾かないのである。たとえばあるパートでは、小節の中で均等に（16分音符であれば8つに）分割されているものを、1拍目と3拍目は突っ込み気味に弾く。それに対して2拍目と4拍目は落ち着かせるようにリズムのタイミングをジャストに合わせる。あるいは、16分音符が4つ並んでいるフレーズを、8分・8分・16分・16分の二拍三連のように崩して弾く。そうした中から微妙なニュアンス、独特のノリや緊張感が生まれてくるのである。先ほど触れた「フラセオ」とは、そのように譜面を崩していくことを指している。

フラセオは、バックにまわった楽器が比較的均等なリズムを刻む中、ソロ楽器が自在に歌うことで表現されることも多かったが（ペドロ・マフィアはバンドネオンにおけるこの奏法の先駆でもあった）、全員で合奏する場合にもこれは当てはまる。みんなで譜面を崩しながら歌い込んでいくわけだから、その崩し方も一定の決まりごとに則っていなければならない。その崩し方こそが楽団の個性となっていくのである。たとえば、フリオ・デ・カロ楽団の1928年のビクトルへの録音〈ロカ・ボエミア〉の出だしなどはまさにその好例と言えるだろう。

デ・カロ楽団のこういった先進性は、しかし一人フリオ・デ・カロによって生み出されたわけではな

＊2　オスバルド・フレセド *Osvaldo Fresedo*（1897・5・5～1984・11・18）
バンドネオン奏者、楽団指揮者、作曲家、編曲家。ブエノスアイレス生まれ。15歳で兄弟たちと少年楽団を結成、2年後にはフランシスコ・カナロらと活動する。1918年には自らの楽団を結成、20年にはエンリケ・デルフィーノ（p）、ティト・ロカタリアータ（vn）とのトリオにサポート・メンバーを加えた形でオルケスタ・ティピカ・セレクトの名のもとに米国で多数の録音を行い、好評を博した。帰国後の21年に再び自身の楽団を結成、20年代のタンゴ隆盛の立役者の一人となった。30年代からはハープやドラムスなどの楽器を隠し味的に加えてエレガントな雰囲気のサウンド作りに邁進、60年代末まで安定した活動を続けた。56年にはジャズのディジー・ガレスピー（tp）との録音も行っている。主な作品に〈エル・オンセ〉〈ビダ・ミア〉〈すすり泣き〉などがある。

＊3　フアン・カルロス・コビアン *Juan Carlos Cobián*（1896・3・31～1953・12・10）
ピアノ奏者、楽団指揮者、作曲家。ブエノスアイレス州サアベドラ生まれ。幼時にバイア・ブランカに移住し、1911年にブエノスアイレスでデビュー。13年以降へナロ・エスポシト、エドゥアルド・アローラス、オスバルド・フレセドの各楽団を経て22年に自身の楽団を結成。楽団をフリオ・デ・カロにまかせると23年10月には米国へと渡り、ジャズやクラシックを習得。帰国後の28年には楽団を結成したが、この時にはレコーディング専門楽団としてエルビーノ・バルダロら名手を揃えていたオルケスタ・ティピカ・ビクトルのメンバーが多数参加した。43年にも新たに楽団を組織しているが、この時にはウーゴ・バラリス（vn）、セサル・サニョーリ（p）らが参加した。コビアンの名声は楽団指揮者としてよりも作曲家として遥かに高く、〈ノスタルヒアス〉〈酔いどれたち〉〈私の隠れ家〉〈エル・モティーボ〉〈わが両親の家〉〈シュシェータ〉ほか今日でも盛んに演奏される名曲を数多く残した。

い。コピアンが去ったあと、空きになったピアニストの座についたのは、フリオの兄フランシスコだった。フランシスコ・デ・カロ*4は弟フリオと並び優れた才能の持ち主だったが、自ら楽団を率いることはついになく、フリオが最後に楽団を解散する1954年まで弟をサポートし続けた。フリオは名作曲家だったが、フランシスコもフリオ以上に美しさにあふれた名曲を数多く手がけている。楽団の音作りにも多大な貢献をしたことは明らかであり、フリオ・デ・カロ楽団は、実質的にはデ・カロ兄弟楽団とも呼べるものであった。

また楽団には、ペドロ・マフィア、ペドロ・ラウレンスといった優秀なバンドネオン奏者であり作曲家でもあったメンバーが参加していたことも、デ・カロ兄弟にとっては大きな強みとなった。実際、デ・カロ楽団の個性は、デ・カロ兄弟やラウレンスといったメンバー自身の作品において特に発揮されたのである。それはデ・カロたちがこれらの作品を、自らの楽団で演奏することを想定して書いたからにほかならない。

デ・カロ兄弟は、自らの作品をもって楽団の音楽性を確立した。これはある意味では、自作曲を自ら演奏することでその世界を確固たるものにした後年のピアソラとも共通した〝意識〟を感じさせなくもない。

1926年にデ・カロ楽団から独立したペドロ・マフィアがバルダロやオスバルド・プグリエーセを招き入れて結成した六重奏団も、当然デ・カロ楽団の流れを汲むものだっただろう。そしてバルダロとプグリエーセが揃って独立し、連名による六重奏団を結成した1929年、マフィアはメンバーを補強、ヴァイオリンを3人にしてチェロを加えた八重奏団でレコーディングを始める。

この時期のマフィア楽団は明らかに「デ・カロ以降」のサウンド作りがなされてはいたが、デ・カロほどモダンな感覚は前面に出さず、落ちついた渋みのある演奏を聴かせている。むしろ、デ・カロの影響を強く受けていたのはバルダロ＝プグリエーセの方だろう。デ・カロ楽団の大きな特徴だった派手なフラセオの多用、その側面を極限まで際だたせたのがほかならぬ後年のプグリエーセ楽団なのである。それだけに、この連名楽団のレコードがただの一枚も残されなかったことが残念でならない。

いずれにせよ、父ビセンテが愛し、息子アストルが当初敬遠していたデ・カロ〜マフィア路線というのは、1920年代当時としては最も先進的な流れに属するものだったのである。

タンゴの時代

1920年代の中盤から後半にかけてタンゴは一気に成熟の時を迎えた。音楽的な面ではフレセドやデ・カロがリードしていたが、大衆的な人気をさらっていたのは「タンゴの王様」フランシスコ・カナロ[*5]やロベルト・フィルポ[*6]といった指揮者たちだった。特に商売人としても長けていたカナロは決して音楽的に高度なことはやらず、あくまでも大衆にわかりやすくタンゴを紹介するのをモットーにして人気を得た。1925年にはパリ公演を成功させ、ヨーロッパにタンゴを根付かせるのにも貢献している。

＊4　フランシスコ・デ・カロ *Francisco De Caro*（1898・3・23〜1976・7・30）
ピアノ奏者、作曲家、編曲家。ブエノスアイレス生まれ。フリオ・デ・カロの兄。カルロス・マルクッチ（bn）らとの四重奏でカフェ「エル・パルケ」にデビュー、その後ラフェエル・ロッシや〝ミノット〟・ディ・チコの楽団を経て、1923年、フアン・カルロス・コビアン楽団を母体として誕生したフリオ・デ・カロ楽団に参加、以後54年の楽団解散まで終始弟フリオを支え、重要な役割を果たした。作曲家として〈黒い花〉〈ロカ・ボエミア〉〈青い夢〉などロマンティックな名曲を多く残している。

ちなみに歌の分野では、その世界のパイオニアでもあったカルロス・ガルデルが人気、実力ともにリードし、男性ではアグスティン・マガルディやイグナシオ・コルシーニ、女性ではロシータ・キロガ、アスセナ・マイサニ*、メルセデス・シモーネらがこれに続いた。こういった歌手たちは、楽団をバックに従えることもあったが、どちらかというと複数のギターの伴奏で歌う方がメインだった。

そんなタンゴも、１９３０年頃になると大きな曲がり角にぶつかる。音楽的に見れば、デ・カロによって定められたスタイルをどのように展開させていくかという模索期に入ったとも言えるが、タンゴの存在基盤を危うくしたのは主に外的要因であった。

１９２０年代のタンゴ楽団の重要な仕事場の一つに映画館があった。無声映画のアトラクションとして出演し人気を呼んでいたのである。ところがトーキーの時代を迎え、タンゴ楽団は大打撃を被る。映画館の仕事がなくなっただけではない。トーキーが運んできたアメリカ合衆国からの新しい文化は人々を魅了し、大衆のタンゴ離れを生んだのである。世界大恐慌の煽りを受け、景気が悪くなったことも深刻な影響を及ぼした。

そうした状況の中、真っ先に活動に支障をきたしたのは、実績のない新しい楽団だった。特に伝統・大衆路線ではなく革新的な要素を多く含んだ楽団にとっては、つらい時代の到来だった。バルダロ＝プグリエーセ楽団が活動を開始したのは、まさにそんなタイミングでのこと。演奏活動も思うにまかせず、レコーディングなど到底無理な話だった。

１９２０年代から第一線にあった楽団も、それなりに活動を続けることはできたものの変革を余儀なくされるようになった。端的に言うと、編成の大型化と、それに伴う試行錯誤である。それも二つの方向性があった。一つは北米から流れ込んできたダンス・バンド系ジャズに影響を受けて管楽器などを導入したり、クラシックの管弦楽曲を意識しつつ大編成のシンフォニックなアンサンブルを試みたりしたものだが、これはほとんどの例において成功しなかった。

もう一つは、従来の六重奏団に少しずつ人員を増やし、徐々に編成を大きくしていくもの。先のマフィア楽団の例のように、ヴァイオリンの数を増やしチェロも加えたりした以外に、バンドネオンも3

＊5　フランシスコ・カナロ *Francisco Canaro*（1888・11・26〜1964・12・14）

ヴァイオリン奏者、楽団指揮者、作曲家。ウルグアイのサンホセ・デ・マジョ生まれ。2歳の時に一家はブエノスアイレスに移住したが、貧しかったため独学でマンドリンやヴァイオリンを習得し、1906年にデビュー。11年にはビセンテ・グレコ（bn）のグループに参加、初録音を経験する。15年にホセ・マルティネス（p）らと組んだトリオが土台となり、翌年にはカナロ楽団が誕生、いくつかのマイナー・レーベルを経て22年からオデオンに録音を開始、以後実に数千曲に及ぶ録音を残した。20年代後半以降自らは楽器を弾かず指揮に専念。タンゴ楽団への専属歌手制の導入、パリ遠征、大編成によるシンフォニックなスタイルや古典回帰の五重奏団（〝ドン・パンチョ〟と彼のキンテート・ティピコ・アルヘンティーノ〜キンテート・ピリンチョ）など、レギュラー楽団と並行してのさまざまな編成の実践、音楽劇の上演など幅広く新機軸を打ち出すアイディア・マンでもあった。61年に楽団を率いて来日。作曲家として特に優れ〈エル・チャムージョ〉〈エル・ポジート〉〈ラ・タブラーダ〉〈ガウチョの嘆き〉〈最後の杯〉〈黒鷹〉〈変奏つきミロンガ〉〈マドレセルバ〉〈黄金の心〉などの名作を残した。

＊6　ロベルト・フィルポ *Roberto Firpo*（1884・5・10〜1969・6・14）

ピアノ奏者、楽団指揮者、作曲家。ブエノスアイレス州ラス・フローレス生まれ。タンゴにピアノという楽器を本格的に導入したパイオニア。17歳でブエノスアイレスに出て、アルフレド・ベビラクアに師事。1905年頃からクラリネット、ヴァイオリンとのトリオでカフェに出演を始め、13年に自身の楽団を結成した。当初はトリオ編成だったが、時代を追うごとに編成を大きくしていった。20年代半ばからは指揮に専念、楽団は40年代まで存続し、主にオデオンに多くの録音を残したが、35年頃には自らがピアノを弾いての古典回帰の四重奏団（ピアノ、バンドネオン、ヴァイオリン×2）も結成、40年代以降はそちらでの活動がメインとなった。主な作品に〈ボヘミアンの魂〉〈夜明け〉〈特急列車〉、エドゥアルド・アローラスとの合作〈花火〉などがある。

人から4人と増えていく。六重奏を定義づけたと言えるデ・カロすら、1932年にはバンドネオンとヴァイオリンを1人ずつ増やしているほどで、この傾向は1930年代中盤以降タンゴ・シーン全体において決定的となり、最終的にはバンドネオンとヴァイオリンそれぞれ4人程度の編成が、いわゆる「オルケスタ・ティピカ*7（標準的楽団）」として定着する。

再びエルビーノ・バルダロ

1933年、すでにほとんどのタンゴ楽団は大型化の傾向にあった。そんな時期に登場したバルダロ六重奏団は、デ・カロ以降の六重奏の最終的な到達点だったと言えるだろう。彼らはそれまでのタンゴには見られなかった画期的な演奏手法を提示し、タンゴの更なる近代化の先鞭を付けることになった。メンバーを紹介しておこう。

ヴァイオリン：
エルビーノ・バルダロ／ウーゴ・バラリス*
バンドネオン：
アニバル・トロイロ*／ホルヘ・アルヘンティーノ・フェルナンデス
ピアノ：
ホセ・パスクアル*8
コントラバス：
ペドロ・カラシオーロ

1933年4月1日にキャバレー「タバリス」にデビューしたバルダロ六重奏団は、その後はコリエンテス通りのカフェ「ヘルミナル」に出演していたが、当時としてはあまりにも斬新だったその演奏は、プロや耳の肥えたファンだけがその真価を理解できる類いのものだったと言われている。ほかの出演楽団のメンバーとしてそこに集まっていた演奏家たちは、自分たちにはとても実現できないようなことをやってのけるこのとんでもない楽団に喝采を送ったが、決して一般受けするようなものではなかったということだ。

＊7　オルケスタ・ティピカ *orquesta típica* は直訳すれば「標準的楽団」。これは特にタンゴの専門用語ではなく中南米諸国で使われる言葉で、各国特有のジャンルの音楽の標準的編成の楽団のことを指す。アルゼンチンではタンゴ楽団に対して使われ、一般的にはバンドネオンとヴァイオリンが各3人から5人くらい（平均的には4人程度）、ピアノとコントラバス、そして場合によってヴィオラやチェロも加わったものがこの名で呼ばれている。ただしこれは1930年代以降この編成が定着したためにそう呼ばれているだけであって、10年頃にはバンドネオン、フルート、ギター、ヴァイオリンの四重奏団が、20年代にはデ・カロ型の六重奏団が「オルケスタ・ティピカ」と呼ばれていた。今日では30年代以降の編成と区別するためにそれらを四重奏団、六重奏団と呼んでいるにすぎない。

＊8　ホセ・パスクアル *José Pascual*（1910・9・28～1978・11・2）

ピアノ奏者、楽団指揮者、作曲家、編曲家。トゥクマン州の生まれ。1925年、アルフレド・デ・フランコ（bn）、ルーカス・ディ・サルボ（vn）との青少年トリオでスプレンディド放送局に出演。その後エウヘニオ・ノビレ（vn）やホセ・デ・カロ（vn）などの楽団を経てエルビーノ・バルダロ楽団に参加した。解散後はシリアコ・オルティス（bn）と共演したりフィオレンティーノ（vo）の伴奏を短期間務めたりしていたが、51年にはバルダロ楽団時代の盟友ホルヘ・フェルナンデス（bn）の楽団に参加してパンパに録音を行った。フェルナンデスとはのちに二重奏を組んでTVにも出演している。53年にはミゲル・サバラ・〝サバリータ〟（bn）と連名で楽団を率いた。

フェニックス放送局になんとか出演を開始したバルダロ楽団は、ベルグラーノ放送局のオーディションのため、サルバドール・グルピージョ作〈老いた虎 *Tigre viejo*〉をアセテート盤にテスト録音した。だがベルグラーノ放送局が下した結論は「放送に乗せるにはリスナーの気を引く要素に欠けている」というものだった。

夏のシーズンにはモンテビデオのカフェ「トゥピ・ナンバ」に出演したり、いくつかのラジオ局に登場したりしたが、状況はあまり変わらなかった。結局ヘルミナルとフェニックス放送局への出演が終了したのち、彼らに新たな演奏場所を提供する者は現れなかった。そうして1935年の終わり、バルダロ六重奏団は解散を余儀なくされたのである。この3年間には1枚のレコードも残すことなく。この楽団の解散とともに、六重奏団の時代は終わりを告げた。

タンゴ史の著名な研究家として知られるルイス・アドルフォ・シエラ博士[*9]は、伝説のバルダロ六重奏団のステージに接し、熱狂した数少ない一人だった。この素晴らしいエポックメイキングな楽団が（後述の映画絡みのものを除けば）1枚のレコードも残さず消えてしまったことを惜しんでいた彼は、ある機会を得て当時のバルダロ・サウンドの再現を試みる。

1959年に録音された『オルケスタ・ティピカの歴史〜タンゴの器楽的発展』[*10]というアルバムがある。これはシエラの監修、アルヘンティーノ・ガルバンの編曲による企画作品集で、ヴァイオリン、フルート、ギターによるタンゴ黎明期のトリオから、ピアノおよびバンドネオンの導入、1920年代から50年代の主要楽団を経てピアソラに至る、重要な種々の楽団の演奏スタイルを再現しながらタンゴの歴史をダイジェストしたもの。各曲がさわりの部分数十秒程度にまとめられ、全部で34曲が収められているが、完奏されているものが3曲だけある。そのうちの1曲がバルダロ六重奏団を再現したものというわけだ。曲は〈老いた虎〉。そう、ベルグラーノ放送局に残されたテスト録音がもとになっているのである（厳密に言うと、もとの録音にあったバンドネオンの変奏部分はここでは省略されている）。

ここでの演奏メンバーはピアノのハイメ・ゴーシスと第1バンドネオンのフリオ・アウマーダ[*11]しかクレジットされていないが、少なくともこの曲の第1ヴァイオリンはバルダロ本人に間違いないだろう。

ちなみに、完奏された残り2曲のうち1曲はピアソラの弦楽オーケストラによる〈天使のタンゴ〉だが、それはこの曲のみ本人の録音（『タンゴ・エン・ハイ・ファイ』〔#50〕より）がそのまま使われたため。もう1曲はこのアルバムのために書かれたと思われるガルバンのオリジナル曲である。

＊9　ルイス・アドルフォ・シエラ *Luis Adolfo Sierra*（1917・1・23〜1997・12・7）弁護士（専門は知的財産権）、作家、評論家、タンゴ史研究家。アルゼンチンの精神科医アドルフォ・シエラの息子としてフランスのパリに生まれ、生後3か月でブエノスアイレスに移る。ペドロ・マフィアにバンドネオンを、セバスティアン・ピアナに音楽理論を学ぶ。１９３８年、週刊誌『シントニア』でジャーナリストとしてデビュー、54年にはオラシオ・フェレールらとともに「グアルディア・ヌエバのクラブ」、61年には「モンテビデオ・タンゴ・クルブ」の創立メンバーとなる。自ら創設したアルゼンチン編曲家協会など、アルゼンチンの音楽活動に関連する数多くの団体の顧問を務めた。54年以降膨大なエッセイ、新聞記事、公演、ラジオ／ＴＶ放送で歴史家、批評家としての地位を固め、ピアソラらモダン派の活動も支援した。54年にアルヘンティーノ・ガルバン編曲でタンゴの歴史をＳＰ盤両面に凝縮した〈イストリアンド〉（コルンビア）の監修を務めたが、それをアルバム1枚に拡大したのが59年録音、60年発売の『オルケスタ・ティピカの歴史〜タンゴの器楽的発展 *HISTORIA DE LA ORQUESTA TIPICA -el tango en su evolución instrumental-*』（MUSIC HALL 12108）である。これにはシエラによる詳細な解説のブックレットが添えられた。66年にはジャケットを変えて再発され（同 70032）、日本のＡＭＰが95年に私家盤としてＣＤ化した（AMP CD-1118）。66年の再発のタイミングで解説書に大幅に加筆したものがラ・シリンガから書籍化されたが、その内容は日本でも雑誌『中南米音楽』70年1月号から72年2月号まで連載（高場将美訳）で紹介された。

一方、バルダロ六重奏団自身によるオリジナルのテスト録音盤〈老いた虎〉も、1972年になって評論家オスカル・デル・プリオーレの手で復刻された。『タンゴの偉大なオルケスタ*GRANDES ORQUESTAS DE TANGO*』（SHOW LP14）、『バンドネオンの歴史 第2集』（♯44）というコレクター向けオムニバス・アルバム2種に相次いで収められて世に出たのである。

当時のバルダロ楽団がどれほどのものであったかを直接確認できるのは、復刻盤と再現盤という2種類の〈老いた虎〉ぐらいだが、これを聴いただけでもそのすごさには驚嘆させられる。どれだけ時代に先んじていたことか、想像すら容易ではない。復刻されたテスト録音は、それはひどい音質ではあるが、ひび割れた音の中からでもその演奏の素晴らしさはひしひしと伝わってくる（『クラリン』紙が制作したトロイロ生誕100年記念CD＋冊子全12巻中の第7集で音質が改善されて復刻）。一方、再現盤の方はほんのわずかにテンポが遅く、エネルギッシュでワイルドな原録音に比べるときれいにまとめられている。

そのサウンドは基本的にはデ・カロからの流れを汲んだものだが、全体の構成がはるかに大胆かつ緻密になっている。フラセオが多用されているのはもちろん、それぞれの楽器にスポットを当てた場面展開のスピーディーさにはクラクラしてしまう。見事な緊張感だ。これを聴いてからデ・カロ楽団を聴き返すと、何やら妙におっとりした感じに聞こえてしまうほど。

ここで編曲を担当しているのはピアノのホセ・パスクアル。彼の傑出した才能もバルダロ楽団にとって重要だったことは明らかだが、バルダロ楽団以外では目立った実績を残していないのが惜しまれる。彼の書いた名曲〈場末〉はのちにプグリエーセ楽団の重要なレパートリーとなったほか、アストル・ピアソラも1955年に結成したブエノスアイレス八重奏団で最初のレパートリーとしている。

アストルがバルダロ楽団をラジオで聴いたのが例のファンレターを出す直前だとすると、1938年

5月ということになる。確認が必要なのは、この頃まで果たして楽団が存続していたのかという点だ。3人目のバルダロ楽団は実際には、1935年末に一旦解散する時点では七重奏団になっていた。

＊10　アルヘンティーノ・ガルバン *Argentino Galván*（1913・7・13～1960・11・8）ヴァイオリン奏者、楽団指揮者、作曲家、編曲家。ブエノスアイレス州チビルコイ生まれ。1931年にブエノスアイレスに出て、フロリンド・サッソーネ楽団のヴァイオリン奏者兼アレンジャーを経て、37年にはミゲル・カロー楽団の専属アレンジャーとなる。40年代以降はオスバルド・プグリエーセ、フランチーニ＝ポンティエル、アニバル・トロイロをはじめとする多くの楽団に優れた編曲を提供する一方で、自身の楽団でも各放送局に出演したり、オスカル・アロンソ、オラシオ・デバル、ビルヒニア・ルーケ、アグスティン・イルスタ、ラウル・ベロンなど数多くの歌手の伴奏を受け持ったりと幅広く活躍した。40年からはエルビーノ・バルダロと共同でブライトン・ジャズを率いたほか、54年にはルイス・アドルフォ・シエラ博士の監修の下、タンゴの歴史をダイジェストしたシングル盤〈イストリアンド〉を制作、これをLPサイズに拡大したのがシエラの項でも触れた『オルケスタ・ティピカの歴史』（59年録音）である。58年から担当したロス・アストロス・デル・タンゴのための編曲が最後の大仕事となった。

＊11　フリオ・アウマーダ *Julio Ahumada*（1916・5・12～1984・3・4）バンドネオン奏者、楽団指揮者、作曲家、編曲家。サンタフェ州ロサリオ生まれ。当地の楽団でデビューし、1937年にブエノスアイレスに出る。ロベルト・セリージョ、ミゲル・カロー、アルベルト・ソイフェル、ルシオ・デマレなどの楽団、歌手アルベルト・カスティージョの伴奏楽団（指揮エミリオ・バルカルセ）、エル・ムンド放送局専属楽団などを経て47年、トロイロ楽団から独立したホセ・バッソの新楽団の結成に名を連ねた。その後はエクトル・マリア・アルトーラやホアキン・ド・レジェスらの楽団、ロス・アストロス・デル・タンゴ、エンリケ・フランチーニ楽団などで活躍。63年にはミゲル・ボナーノ（bn）と連名の楽団を組織しラジオ出演を行っている。74年と80年にはカルロス・ガルシーアのタンゴ・オールスターズで、76年にはレオポルド・フェデリコ楽団で来日、82年から翌年にかけて日本からの企画で唯一のリーダー作『私の真実』（ポリドール）を録音したが、アルバムの完成を見ずに急逝した。

ンドネオン奏者としてエドゥアルド・マリーノ（のちのトロイロ楽団メンバー）が加わっていたのである。さらに歌手も何人か参加し、そのうちの一人ギジェルモ・アルボスを加えた写真も残されている。

解散から半年後、今度はさまざまな楽団で活躍するバルダロの実績に注目したベルグラーノ放送局の某ディレクターが、バルダロに楽団の再結成を持ちかけてきた。バルダロはその話に乗り、再び楽団を組織した。その当時の写真には、トロイロを除く解散時のメンバー6人に加えてバンドネオンとヴァイオリンがあと2人ずつとチェロ奏者らしき人物が写っている。ベルグラーノ放送局が出した結論は前回と変わらなかったが、一方でバルダロ楽団は複数の映画に出演を果たした。１９３６年9月公開の『ラディオ・バル』（監督、脚本と作詞はマヌエル・ロメロ、音楽はアルベルト・ソイフェル）では、歌手で俳優のアルベルト・ビラが歌う〈ラ・リベーラ〉〈シエンプレ・ウニードス〉（後者は劇中ではアリシア・バリエとのデュオ）などを伴奏し、この2曲はビクトルからレコードでもリリースされた。歌伴だけに〈老いた虎〉のような先鋭さはないが、この時期のバルダロ楽団唯一の公式レコーディングとして貴重だ。

さらに１９３７年5月公開の『街の若者たち *MUCHACHOS DE LA CIUDAD*』（音楽はロドルフォ・シアマレーラ）ではカルロス・ダンテ（いくつかの人気楽団で歌った歌手）が歌う〈街 *Ciudad*〉という曲を伴奏しているが、なんとメンバーがトロイロ入りの最初の六重奏に戻っているのだ。収録は１９３５年には済んでいたのか、はたまたトロイロが一時的に戻ったのか。いずれにせよ楽団は１９３７年で解散する。

バルダロは１９３８年になると、ピアニストのルシオ・デマレ[*12]との双頭によるデマレ＝バルダロ楽団を結成する。これはオルケスタ・ティピカ編成かつピアノが2台という画期的なものだったが、ベルグラーノ放送局には出演したもののレコードは残せず、活動は短期間で終了している。デマレはそれとは別に、バルダロと第2ピアノのカルロス・マリア・パロディが外れた形のオルケスタ・ティピカを率いてオデオンへ録音を開始しているのだが、それは同年の6月13日のことだった。デマレ楽団は続いて7月12日にも2曲を録音するが、その後は1941年10月まで3年間の空白期間ができる。

ここで疑問なのが、デマレとバルダロが組んで活動した時期は、デマレ単独での6〜7月のレコーディングの前だったのか、それとも後だったのか、という点である。確認できた資料を読む限り、どれ

＊12 ルシオ・デマレ *Lucio Demare*（1906・8・9〜1974・3・6）
ピアノ奏者、楽団指揮者、作曲家、編曲家。ブエノスアイレス生まれ。父ドミンゴはヴァイオリン奏者、4つ違いの弟ルカスはバンドネオン奏者を経て映画監督となる。弟とともにビセンテ・スカラムーサにピアノを習い、1922年頃にバンジョー奏者、ニコラス・ベローナのジャズ楽団でプロとなる。26年、父親がフランシスコ・カナロ楽団のパリ公演でヴァイオリンを弾くのに弟と同行し、カナロと知り合う（弟は数か月後に帰国しペドロ・マフィアに弟子入りし、1年後パリに戻ってマヌエル・ピサロ楽団に参加した）。楽団を手伝ったのち、カナロの提案で歌手のアグスティン・イルスタ、ロベルト・フガソとの3人でトリオ・アルヘンティーノを結成、28年から活動を開始する。イルスタ、フガソとのトリオでは拠点をスペインのバルセロナに置き、ヨーロッパや中南米諸国ツアーのほか、ピアノ伴奏やオルケスタ・ティピカ編成でのレコーディングも行った（弟ルカスも一部にバンドネオンで参加）。36年にトリオを解散し帰国、映画音楽の仕事なども始める。38年にはエルビーノ・バルダロとの双頭によるデマレ＝バルダロ楽団（画期的な2台ピアノによる編成）を結成するが、短期間の活動に終わっている。38年6月にはオルケスタ・ティピカを率いオデオンに〈ラ・ラチャ／テロン〉でデビュー、7月にもう1枚録音し、3年のブランクを経て41年10月から45年6月までコンスタントに録音活動を続けた。オデオンへの録音は全部で65曲。50年代前半にも楽団編成やピアノ・ソロでコルンビアなどに20曲ほどの録音を行っている。68年にはディスク・ジョッキーからピアノ・ソロ・アルバム『彼のピアノ、彼のタンゴ、彼のブエノスアイレス』をリリースした（録音は57年らしい）。69年にはブエノスアイレスのサンテルモ地区にタンゲリア「マレーナ・アル・スール」をオープン。作曲家としては〈ダンディ〉〈モンマルトルの明け方〉（以上イルスタ＝フガソ作詞）、〈マレーナ〉〈明日は船出〉〈ネグラ・マリア〉（以上オメロ・マンシ作詞）などを残した。

もデマレ＝バルダロ楽団が先で、そのあとがデマレ単独の楽団という順序になっている。普通に考えればそうだろうが、となるとアストルが１９３８年５月にラジオで聴いたのは、実際にはデマレ＝バルダロ楽団だったのか？　いや、いくら時期が合致したとしても、それはまずありえない。アストルはディアナに「六重奏団」と名言しているので、１９３６〜37年のオルケスタ・ティピカ編成でもないはずだ。考えられる可能性としては、テスト録音だった〈老いた虎〉のアセテート盤が何かの拍子にオンエアされたか、あるいはたまたま六重奏団の編成でイレギュラーな形で演奏したか、そのどちらかだろう。

　いずれにしても、ラジオ局からは歓迎されなかったバルダロ楽団の演奏が電波に乗る機会は稀だっただろうし、それをたまたまアストルが聴いたというのも、相当な偶然の重なり合いという気がする。

タンゴに可能性を見た！

　バルダロ楽団の音に触れてタンゴの可能性を強く認識してから、アストルは自分自身のために編曲を書くことも始めた。そしてバルダロのスタイルを模倣した自身の最初のグループ、クアルテート・アスール *Cuarteto Azul*（青の四重奏団）を結成したが（名称はマリアーノ・モーレス*の処女作〈青い小部屋 *Cuartito azul*〉のもじりかと思われがちだが、イグナシオ・コルシーニによる同曲の初録音は１９３９年３月なので関連性は微妙）、実際には自分が参加していたほかの楽団のメンバーに手伝ってもらった五重奏団だった。

　ラジオ局ＬＵ６の専属楽団やポチョーロとロランドとのトリオは別として、１９３７年から39年にかけてのアストルの活動状況は掴みがたい。ジャズ・バンドとおぼしきロス・アセス・デル・リトゥモもその一つだが（写真は89頁）、重要だったのはルイス・サバスターノ楽団への短期間の参加だろう。楽団メンバーのマルセロ・モロが不在となるため、サバスターノが元メンバーのパオローニ兄弟に相談に行ったところ、「リズム感はないが楽譜はよく読める」と言われて会うことにした。一方アストルの方でも、マル・デル・プラタで最も著名なマエストロであるサバスターノに使ってもらおうとしていたところで、お互いの目的が一致した。また、アストルの最初のグループの一つとされる6人組の写真（89頁）に写っているロベルト・マイティア・ラーレは、サバスターノ楽団の第2ヴァイオリン奏者でもあり、マル・デル・プラタの狭い音楽業界で、限られた人たちがあちこちで仕事をこなしていたことが想像できる。

ついにタンゴに夢中になったアストルだったが、まだタンゴ界のことはほとんど何も知らないに等しかった。その頃マル・デル・プラタでは、オスバルド・プグリエーセの兄のヴァイオリン奏者、アルベルト・プグリエーセの楽団が毎晩演奏していた。アストルはそこのバンドネオン奏者だったファン・サンチェス・ゴリオ[*13]と知り合うと、タンゴや楽団、バンドネオンのことについて、時を忘れて話り合った。まずは楽団に入らなければと考え、やはりサバスターノ楽団出身の、アルベルト・ウェブ楽団に参加してみたものの、給料は払ってもらえなかった。

バルダロに衝撃を受けてから半年ほどが過ぎた夏のシーズンを迎えたある晩（念のため書くと、アルゼン

*13　ファン・サンチェス・ゴリオ *Juan Sanchez Gorio*（1920・11・20～1979・7・29）バンドネオン奏者、楽団指揮者、作曲家。本名ファン・グレゴリオ・サンチェス。スペインに生まれ、1924年にブエノスアイレス州サンニコラスに移り住む。30年頃ブエノスアイレスに出て、13歳の時にはオリーボスでホセ・バッソ（p）、エミリオ・ゴンサーレス（vn）とのトリオで活動、その後アルベルト・プグリエーセ、アルベルト・シーマの楽団を経て、38年にはフランシスコ・ラウロのロス・メンドシーノスで第1バンドネオンを務める。40年に自身の楽団を結成、44年からRCAビクトル、50年代にはオルフェオやコルンビアなどに録音を残した。主な作品に〈ヒターナ・ルサ〉（オラシオ・サンギネッティ作詞）がある。

チンは南半球にあり、日本とは季節が逆である）、ブエノスアイレスからミゲル・カロー楽団[*14]がやってきて喫茶店「ポルタ」に出演する話を聞きつけたアストルは、さっそく出かけることにした。アストルは彼らの演奏をラジオで聴いて気に入っていたのだった。カロー楽団はメンバーに優秀な若手を集めてくるのに定評があったが、当時はアルヘンティーノ・ガルバンが編曲を担当し始めていた時期に当たる。

会場はすでに満員で入れなかったが、しばらく外で聴いたあと、注意深くビロードの幕の脇から潜り込み、暗い隅に身を隠した。そんな様子から、また痩せていて目が丸く輝いているところから、アストルはのちにアニバル・トロイロから「エル・ガート（猫）」というあだ名を頂戴することになる。

メンバーが泊まっているホテルを聞きつけたアストルは、翌日さっそくそのホテルを訪れた。それはちょうど昼寝の時間だったが、偶然起きてきた一人のミュージシャンと会うことができた。自己紹介をしたアストルは、バンドネオンやピアノやハーモニカを演奏すること、作曲も少し手がけていて仕事を探していることを話した。その相手の名はエクトル・スタンポーニ[*15]。作曲家、編曲家としてのちに大成することになる彼は、当時カロー楽団のピアニストだった。スタンポーニは当時をこう振り返る。

「それからアストルは毎日同じ時間にやってきた。ミュージシャンにとっては神聖な昼寝の時間だというのに、全然知ったこっちゃないって感じだった。いつも何かしらの変わったアイディアやら編曲やらを持ってくるんだ。私たちはそのどれもに夢中になった。だって本当に凄かったからね。毎日、私が書いたタンゴ〈不安 *Inquietud*〉を新しく編曲して持ってきた。たぶん4種類あったと思うが、ど

＊14　ミゲル・カロー *Miguel Caló*（1907・10・28～1972・5・24）

バンドネオン奏者、楽団指揮者、作曲家。ブエノスアイレス生まれ。１９２４年、インデペンデンシア映画館のアトラクション楽団の一員としてデビュー。オスバルド・フレセド、フランシスコ・プラカニコの楽団を経て、28年には自身の六重奏団を結成。翌年からヨーロッパや米国を巡演し、帰国後の34年からオデオンに録音を開始、同レーベルでは69年までに多くの録音を残した。37年に他の楽団に先駆けてアルヘンティーノ・ガルバンをアレンジャーとして起用したほか、数多くの優れたメンバーが楽団に去来した。ピアノ奏者としては35年以降の10年間でオラシオ・サルガン、オスバルド・プグリエーセ、エクトル・スタンポーニ、オスマル・マデルナという、いずれものちのビッグ・ネームが相次いで参加している。マデルナのほかバンドネオンにアルマンド・ポンティエル、ドミンゴ・フェデリコ、ヴァイオリンにエンリケ・マリオ・フランチーニらが参加していた40年代前半がカロー楽団の黄金期と言えるだろう。40年代後半以降はピアノにミゲル・ニヘンソンやオルランド・トリポディ、バンドネオンにフリアン・プラサなどが参加。63年にはフランチーニら黄金期のメンバーが再結集し（死去したマデルナの代役はトリポディ）、オルケスタ・デ・ラス・エストレージャス（スターたちの楽団）の名のもとにアルバムを制作した。また、60年代には藤沢嵐子、ルーチョ・ガティーカ（チリ）、ロベルト・ルフィーノ、アルベルト・マリーノといった歌手との共演盤も多数制作している。

＊15　エクトル・スタンポーニ *Héctor Stamponi*（1916・12・24～1997・12・1）
ピアノ奏者、楽団指揮者、作曲家、編曲家。ブエノスアイレス州カンパーナ生まれ。１９２２年からピアノを弾き始め、36年にファン・エーレルト楽団でデビュー。フェデリコ・スコルティカティ（bn）楽団を経てミゲル・カロー楽団に参加、その後アントニオ・ロディオ（vn）楽団を経て43年にはメキシコへ渡り、俳優アマンダ・レデスマの伴奏指揮を担当した。49年には帰国して自身の楽団で録音を開始したが、以降は主に編曲や歌手の伴奏などで優れた力量を発揮。53年にはエンリケ・マリオ・フランチーニ（vn）との二重奏を組んだが、これはのちに弦楽セクションを組み入れたロス・ビオリネス・デ・オロ・デル・タンゴへと発展する。60年代前後にはラウル・ラビエやエドムンド・リベーロなどの伴奏指揮を務め、その後は単発的にリーダー作もリリースしているが、そのスタイルはイージー・リスニング寄り。96年のピアソラ追悼イベント『アストルタンゴ』ではピアノ・ソロを披露し健在振りを示したが、翌97年、肺がんで死去。主な作品に〈いつまでもここに〉（オメロ・エスポシト作詞）〈最後のコーヒー〉（カトゥロ・カスティージョ作詞）、フランチーニとの合作でワルツ〈空のひとかけら〉やカンドンベ〈アサバーチェ〉（以上オメロ・エスポシト作詞）などがある。

アニバル・トロイロ楽団（1941年）。左からニチェーレ、ダビッド・ディアス、バラリス、ゴニ、ロドリゲス、トロイロ、フィオレンティーノ、マリーノ、サポチニク、ピアソラ、キチョ・ディアス

デデ・ウォルフと結婚（1942年10月）

アストルの初期のグループの一つ（1938年頃、マル・デル・プラタ）。右から3人目はロベルト・マイティア・ラーレ、一番右はペドロ・アルセーニ *Pedro Arseni*（いずれもヴァイオリン）

ロス・アセス・デル・リトゥモ（1937年頃、マル・デル・ブラタ）

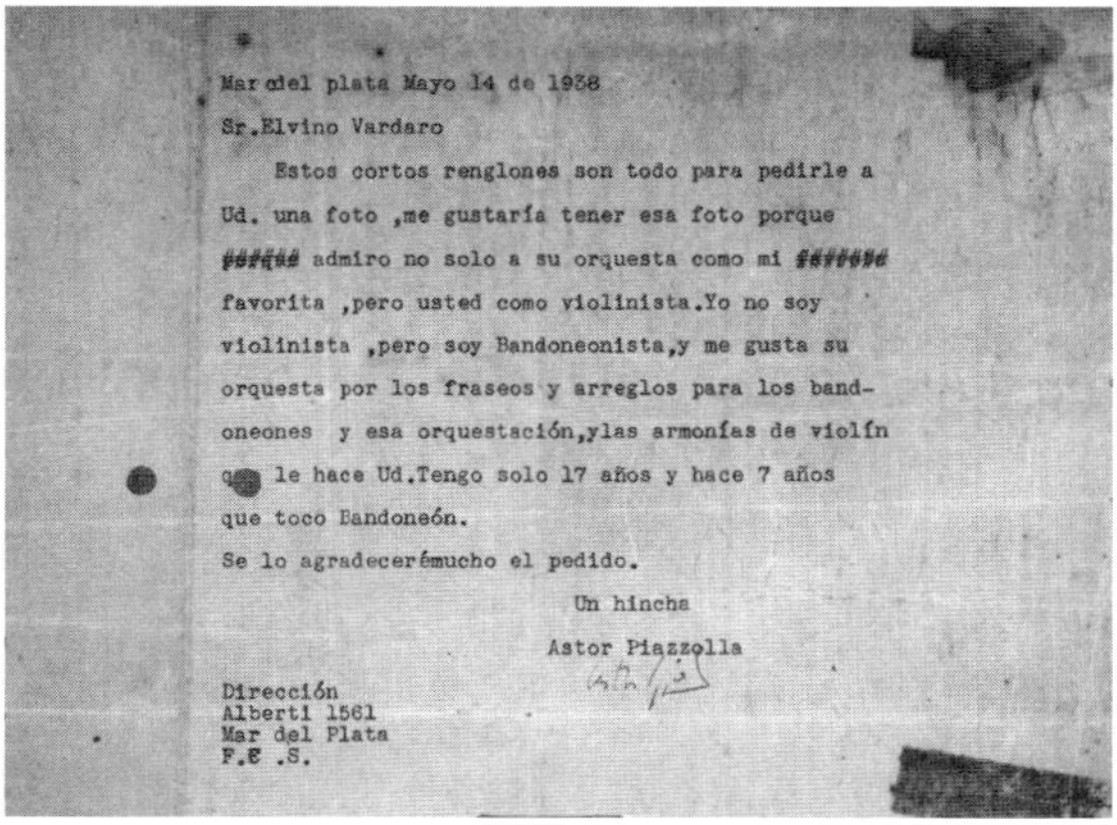

Mar del plata Mayo 14 de 1938

Sr.Elvino Vardaro

Estos cortos renglones son todo para pedirle a Ud. una foto ,me gustaría tener esa foto porque ~~porque~~ admiro no solo a su orquesta como mi ~~[illegible]~~ favorita ,pero usted como violinista.Yo no soy violinista ,pero soy Bandoneonista,y me gusta su orquesta por los fraseos y arreglos para los band-oneones y esa orquestación,ylas armonías de violín que le hace Ud.Tengo solo 17 años y hace 7 años que toco Bandoneón.

Se lo agradeceré mucho el pedido.

Un hincha

Astor Piazzolla

Dirección
Alberti 1561
Mar del Plata
F.C .S.

エルビーノ・バルダロに宛てたファンレター（1938年5月）

れも全然違うんだから、あの想像力は信じられなかったな。それを聴くのが楽しかった。彼は落ち着きがなくて、時には子どもみたいで、熱意にあふれていた。仲良くなったのはあの午後からだよ」

（ディアナ・ピアソラの前掲書より）

アストルはこの時、スタンポーニのほかにバンドネオンのフリオ・アウマーダや専属アレンジャーだったガルバンらとも知り合っている。そしてカローに捧げる曲を完成させた。〈私の夢〉というタイトルのタンゴだった。スタンポーニはアストルに、ブエノスアイレスに出ることを強く勧めた。「ここには何もない。向こうに行けばいい楽団で弾けるし、名声だって得られる。タンゴ好きの連中も大勢いるし、女の子にも気晴らしをする場所にも不自由しないぞ」

アストルは両親のことを考えた。それまで両親と離れて暮らしたことは一度もない。ひとり暮らしは不安だ。しかし、本気でタンゴに取り組むためにはブエノスアイレスに行くことが最善の道であることは明らかだった。アストルがブエノスアイレス行きを決心した夜、アスンタはそれまでにないくらい泣いた。だがビセンテはすでに、いつかこの日がくるだろうと覚悟していたのだった。

ブエノスアイレス

1939年7月8日、アストル・ピアソラは両親に見送られてブエノスアイレスに向かった。ブエノスアイレスまでは、父の古くからの知り合いで雑誌『マル・デル・プラタ』の創始者、またピアニストでもあったマリオ・サシアインが車で送ってくれた。着いたのは今にも雨の降りそうな寒い夜で、ただでさえ不安に満ちたピアソラ（ここからはこう呼ぶ）の心の震えを増長させた。

ピアソラはサルミエント通り1419番地にあるアレグリアという名前の粗末な下宿に住むことになった。部屋の同居人はバンドネオン奏者だと教えられたピアソラは、なぜ音楽家はこんな悲惨な場所に住まなければならないのか理解に苦しみ、落ち込んだ。実はその同居人とは、かつてマル・デル・プラタでピアソラにバンドネオンを手ほどきしてくれたリベロ・パオローニで、一緒にいてもらえるよう父が段取りしたのだった。パオローニはピアソラのことをいろいろと気にかけてくれたが、ピアソラは将来に対する不安から神経質になっていた。

ピアソラはミゲル・カロー楽団に参加しようとしたが、ギャラを払ってもらえないとわかり、見送ることにした。楽団としては見習い程度のつもりだったのだろう。同じ頃にはバンドネオン奏者のカリスト・サジャーゴ[*16]との二重奏でバッハとラフマニノフの作品を録音している(曲目は不明)。これは発売には至らなかったが、サジャーゴの紹介でガブリエル・クラウシ楽団[*17]に短期間在籍することになった。

ある日ピアソラは、楽団指揮者の「エル・ターノ・ラウロ(ナポリ人ラウロ)」ことフランシスコ・ラウロ[*18]に呼ばれた。ラウロの前でピアソラはモーツァルトの曲やガーシュインの〈ラプソディ・イン・ブルー〉をバンドネオンで弾いて見せた。ピアソラは有頂天だったが、聴き終わったラウロは立ち上がる

*16 カリスト・サジャーゴ *Calixto Sallago*(1909・8・14〜1969・8・3)
バンドネオン奏者、作曲家、編曲家、バンドネオン教授。ブエノスアイレス生まれ。1932年にフリオ・デ・カロ楽団に参加、そのほかペドロ・マフィア、ミゲル・カロー、ロベルト・フィルポ、ホアキン・ド・レジェス、アルフレド・アタディア、マリアーノ・モーレスなどの各楽団やエル・ムンド放送局専属楽団にも参加している。彼がバンドネオン・ソロ用にアレンジしたフランシスコ・デ・カロ作〈黒い花〉は、フアン・ホセ・モサリーニによって79年に録音された(アルバム『ドン・バンドネオン』所収)。

と腰に手を当て、身体をかがめながら言った。

「そんな幻想を見るのはもうやめるんだ。タンゴの4拍子を刻んでみろ。ほら、チャン、チャン、チャン、チャン、チャン」

その翌日からピアソラは、ラウロ率いるロス・メンドシーノスのメンバーとしてキャバレー「ノベルティィ」に出演することになった。ラウロ楽団の当時のピアニストはのちに人気楽団を率いるアルフレド・デ・アンジェリス[*19]だったが、楽団自体ははっきり言って二流。それにノベルティィは店の女の子同士の喧嘩が絶えないようなガラの悪い店だった。職は得たものの音楽を創造していくにはほど遠い環境に、ピアソラは日に日に落ち込んでいく。午前4時に仕事が終わり下宿へ帰る道すがら、こんなことでいいのかと自問自答を続け、そして泣いた。マル・デル・プラタに帰りたいと思ったことも一度や二度ではなかった。

「ある日コカインを試してみた。誰かに言われたんだ、ずっと調子が良くてご機嫌なまま何時間もぶっ通しで働けるぞって。でもそれは私にとって恐ろしい経験だった。その状態で作曲しようとすると、自分でも理解できないようないたずら書きやコードが出てきた。ほかのミュージシャンみたいな末路をたどりたくはなかったから、すぐに使うのをやめたよ。もう私はすべてに飽き飽きしていた。ノベルティィで弾いていたレパートリーなんか好きじゃなかったし、ミュージシャンたちはキャバレーの経営者にいいように使われていただけからね」

（ディアナ・ピアソラの前掲書より）

＊17　ガブリエル・クラウシ *Gabriel Clausi*（1911・8・30〜2010・2・17）

バンドネオン奏者、作詞家。ブエノスアイレス生まれ。ファン・マグリオ・〝パチョ〟、ロベルト・フィルポ、フランシスコ・プラカニコ、アントニオ・ボナベナなどの楽団を経てペドロ・マフィア楽団（1931年）、フリオ・デ・カロ楽団（34年）に参加。エンリケ・ロドリゲス（bn）らとの四重奏団を経て、39年に自身の楽団を結成した。結成時のメンバーにはビセンテ・トッピ、ピアソラ（bn）、アントニオ・ロディオ（vn）らがいた。だが翌年には楽団を解散しファン・カナロ楽団に参加、42年にはアルトゥーロ・デ・バッシ（p）と新たに楽団を結成したが、43年から10年間はチリで活動、帰国後は自身のグループを組んだりバンドネオン・ソロを弾いたりした。

＊18　フランシスコ・ラウロ *Francisco Lauro*（1907・10・28〜1960・8・12）

バンドネオン奏者、楽団指揮者、作曲家。イタリアのモーラ・ディ・バリ生まれ。愛称「エル・ターノ」。1930年代から活動し、38年頃には自らの楽団、ロス・メンドシーノスを結成。彼自身はメンドーサ（地名）とは関係がなく、「ウン・リンコン・デ・メンドーサ（メンドーサの片隅）」というレストランで演奏していたことからその名が付いた。楽団自体は二流だったが、当初のメンバーにはアルフレド・デ・アンジェリス（ピアノ）、ファン・サンチェス・ゴリオ、ホルヘ・カルダーラ、エドゥアルド・デル・ピアノ（以上バンドネオン）といったのちのマエストロたちが顔を揃えていた。驚くべきことにラウロ自身はバンドネオンの弾き方を知らず、ステージで弾いているふりをしながら、メンバーに指示を出していたと言われている。47年から52年まで六重奏のセステート・ロス・メンドシーノスやオルケスタ・ティピカ編成でRCAビクトルに録音を残したが、レパートリーは自作を含むワルツやランチェーラ、パソドブレなど、タンゴ以外のダンス音楽が多かった。

＊19　アルフレド・デ・アンジェリス *Alfredo De Angelis*（1912・11・2〜1992・3・31）

ピアノ奏者、楽団指揮者、作曲家。ブエノスアイレス州アドロゲ生まれ。最初にバンドネオンを習い、のちにピアノ奏者に転向した。アンセルモ・アイエタ（1932年）、グラシアーノ・デ・レオーネ（34年）、ダニエル・アルバレス（36年）などの各楽団を経て、38年にフランシスコ・ラウロのロス・メンドシーノスに参加。41年3月、自らの楽団を結成しカフェ「マルソー」にデビューを飾り、以後長きにわたり楽団を率いた。そのスタイルは平易で大衆的なものだが、歌手の使い方には定評があり、フロレアル・ルイス、カルロス・ダンテ、フリオ・マルテル、オスカル・ラロカら優れた歌手たちが参加した。

アニバル・トロイロとオルランド・ゴニ

ある日の午後、コリエンテス通りを歩いていたピアソラは、カフェ「ヘルミナル」の前で立ち止まった。店の前のポスターは、アニバル・トロイロ・〝ピチューコ〟[20]楽団の出演を伝えていた。中で誰かがエドゥアルド・アローラスの〈コム・イル・フォー *Comme il faut*〉をピアノで弾いているのが聞こえてきた。ピアソラは音のする方へ近づいていった。その素晴らしいピアノを弾いていたのはオルランド・ゴニ[21]だった。

「私はゴニに夢中になった。彼はトロイロ楽団のメンバーだった。私は小さなノートを持って彼の後ろに立ち、あとからバンドネオンで真似できるよう、彼の弾いたものをすべて書き取ったんだ。私が初めてその姿を見た時のトロイロは、それは老けて見えたものだ。トロイロは25歳で、私は17歳（訳注：実際には18歳）だった。トロイロのように弾いてみたいと思ったから、ヘルミナルに午後2時から夜8時まで居続けた。熱心に耳を傾けては、バンドネオンを演奏するようにテーブルを指で叩き、小節を繰り返す。そして下宿に帰ったら、覚えていることを全部バンドネオンで弾く。そうやって、レパートリーを覚えていった」

（ディアナ・ピアソラの前掲書より）

トロイロとゴニに完全に心を奪われたピアソラは、トロイロ楽団に絶対入ってやると心に決めた。どうすればいいかはわからなかったが、なんとかしなければと思った。話を聞いたパオローニは取り合わなかったが、ピアソラの決意は固かった。その夜、いつものようにノベルティに仕事をしに行ったピアソラは、楽団の仲間やボーイや女の子に別れを告げた。もうこれでノベルティとは永遠におさらばだ。

＊20　アニバル・トロイロ *Aníbal Troilo*（1914・7・11～1975・5・19）

バンドネオン奏者、楽団指揮者、作曲家。ブエノスアイレス生まれ。楽団結成までの経緯は本文１０３頁参照。ＲＣＡビクトルには１９４１年から49年までに１８９曲を録音、その後はテーカー（50年）～オデオン（57年）～再びＲＣＡビクトル（61年）と移籍、その間に多くの優秀な人材が参加した。ピアノ奏者には初代オルランド・ゴニのあと、ホセ・バッソ、カルロス・フィガリ、オスバルド・マンシ、オスバルド・ベリンジェリ、ホセ・コランジェロと、いずれものちに大成する人材を抜擢。また専属歌手ではフィオレンティーノのほか、アルベルト・マリーノ、フロレアル・ルイス、エドムンド・リベーロ、ラウル・ベロン、ロベルト・ゴジェネチェ、ロベルト・ルフィーノ、ネリー・バスケスといった顔ぶれが随時参加。楽団のサウンドは、当初の新鮮で輝きに満ちたものから、時代を追うごとに重厚なスタイルへと変遷していった。その一方では50年代前半以降、ロベルト・グレーラ（ｇ）らとの四重奏団など小編成のスタイルでも活動。作曲家としても優れ、器楽曲では〈レスポンソ〉〈コントラバヘアンド〉（ピアソラと合作）〈悲しきミロンゲーロ〉、歌曲では〈わが人生のすべて〉（ホセ・マリア・コントゥルシ作詞）〈若者が踊れるように〉〈ガルーア〉（以上エンリケ・カディカモ作詞）〈タンゴの街〉〈スール（南）〉〈チェ・バンドネオン〉〈ディセポリン〉（以上オメロ・マンシ作詞）〈マリア〉〈最後の酔い〉〈破局〉（以上カトゥロ・カスティージョ作詞）など、タンゴ史に残る名曲を数多く残している。

＊21　オルランド・ゴニ *Orlando Goñi*（1914・1・26～1945・2・5）

ピアノ奏者、楽団指揮者。ブエノスアイレス生まれ。名教授ビセンテ・スカラムーサに師事し、１９２７年にプロ・デビュー、アルフレド・ゴビ（vn）と知り合う。その後いくつもの楽団を転々、カジェタノ・プグリシ楽団（34年）、シリアコ・オルティス楽団（35年）を経て、37年のアニバル・トロイロ楽団結成に加わる。トロイロ楽団在籍中の43年1月13日にはマヌエル・ブソン（ｐ）楽団で〈正午〉〈自信満々で男前〉の録音に参加したが、これはトロイロ楽団以外で唯一の正式録音。43年9月にトロイロ楽団を離れて自身の楽団を結成。結成当時のメンバーにはアントニオ・リオス、ロベルト・ディ・フィリッポ、エドゥアルド・ロビーラ（bn）、ロランド・クルセル（vn）、アントニオ・ロドリゲス・レセンデ（vo）ら錚々たる顔ぶれが揃っていた。44年にはテスト録音4曲がアセテート盤に残されたが、結局その後公式録音を行うことはなかった。それ以降の経緯については第３章１２５頁以下を参照のこと。

彼がラウロ楽団に入ってから3か月が経っていた。

ピアソラは、毎日のようにヘルミナルに通い詰めては同じ席に座り、一杯のコーヒーで5～6時間もねばっていた。ボーイは、彼がミュージシャンであることは知っていたので何も言わなかった。そんなピアソラに興味を持ったのがヴァイオリンのウーゴ・バラリス。[*22]あのエルビーノ・バルダロ六重奏団でバルダロの第2を務めていた名手だ。ある日、バラリスはピアソラに話しかけてみた。最初は緊張していたピアソラも次第に打ち解け始め、実はトロイロ楽団に入りたいのだという夢を打ち明けた。バラリスはその時の様子をこう語る。

「私は黙ってしまった。アストルはほんの子どもだったし、トロイロが経験もないそんな子どもを受け入れるはずがないと思っていたからだ。アストルは私に、音楽にも詳しいし楽団のレパートリーもすべて暗記していると言った。正直に言って、そんなことは信じられなかったし、どうかしていると思った。あれだけ難しいレパートリーを短時間で覚えられる人なんているわけがないからね」

（ディアナ・ピアソラの前掲書より）

ピアソラを幻滅させないよう、バラリスは話題を変えた。それから話は弾み、その日から二人は親友同士となった。その後もピアソラはバラリスに、トロイロに話してくれるよう頼み続けた。バラリスとしてもなんとかしてあげたかったが、トロイロは気難しかったし、なによりも楽団のバンドネオン奏者はちゃんと4人揃っていて、欠員など生じていなかったのだ。

だが、ついにチャンスがやってきた。楽団のバンドネオン奏者の一人であるファン・ミゲル・ロドリゲス[*23]（愛称「トト」）がインフルエンザで仕事に来られなくなったのである。その日は金曜日で、翌日に週末のダンスパーティーを控えていたところだった。様子を見ていたピアソラはバラリスに、トトの代わりに弾かせてもらえるようトロイロに頼んでくれないかと言った。バラリスは一瞬動揺したが、自信にあふれたピアソラの様子を見ると納得し、ネクタイを締め直すとまっすぐトロイロのいる方へ歩いていった。

＊22　ウーゴ・バラリス *Hugo Baralis*（1914・4・2〜2002・2・4）ヴァイオリン奏者、楽団指揮者、作曲家。ブエノスアイレス生まれ。同名の父はタンゴ黎明期の名コントラバス奏者。1928年〝ミノット〟・ディ・チコ楽団でデビュー、その後はラファエル・ロッシ楽団などを経て33年からエルビーノ・バルダロ六重奏団、35年にアンヘル・ダゴスティーノ六重奏団、37年にセサル・ヒンソ楽団で活動後、38年から43年までアニバル・トロイロ楽団に参加。トロイロ楽団脱退後フアン・カルロス・コビアン楽団で初めて第1ヴァイオリンを担当。ピアソラ楽団で第1ヴァイオリン奏者を務めたのち、フランシスコ・ロトゥンド楽団に1年ほど参加、51年から52年にかけては歌手アルベルト・マリーノの伴奏楽団指揮を担当（編曲はピアソラ）。その後は短期間自身の楽団を率いて活動、この時のメンバーはホルヘ・ドラゴーネ（p）、アンヘル・ドミンゲス、フリアン・プラサ（bn）など。52年、フリオ・デ・カロ楽団に参加。54年にはフアン・カナロ楽団のメンバーとして初来日、実質的なリーダーを務めた。55年からはブエノスアイレス八重奏団への参加と並行してホセ・バッソ楽団で第1ヴァイオリンを担当。またこの前後にはエンリケ・ムンネー（p）やロベルト・パンセラ（org）とのデュオでも活動している。59年にはエストレージャス・デ・ブエノスアイレス、61年にはレオ・リペスケル率いるプリメール・クアルテート・デ・カマラ・デル・タンゴに参加。69年からカルロス・ガルシーア六重奏団の一員として「エル・ビエホ・アルマセン」に出演、71年から72年にかけてピアソラのコンフント9に参加後、73年には自らの五重奏団でミュージック・ホールにアルバム『73年のタンゴ』（邦題は『タンゴの光と影』）を録音した。メンバーはダニエル・ビネリ（bn）、エクトル・コンソーレ（b）ほか。80年にはカルロス・ガルシーア率いるタンゴ・オールスターズの一員として再来日。その後はブエノスアイレス市立タンゴ・オーケストラなどで活動した。

バラリスがトロイロにピアソラのことを話している間、ピアソラはそちらの方を向くことができなかった。しばらくして頭を上げると、思い切ってトロイロの前に立った。以下、ディアナ・ピアソラによる描写を引用する。


「楽団に入りたいという坊やは君かい？」とトロイロは尋ねた。

「はい」

「間違いないんだな？」

「もちろん」

「名前はなんというんだ」と、マエストロは自分の爪を見ながら尋ねると、首を振って合図した。誰かがバンドネオンを手渡した。

「アストル・ピアソラです」

「そうか。まあ上がって……バンドネオンは持ったな。何が弾けるんだ？」

「レパートリーは全部覚えてます」

トロイロは、どうせはったりだろうと一瞬眉をひそめたものの、彼がチャンスを与えた誰もがそうしたように、礼も言わず落ち着き払ってステージに跳び乗った若者の様子を見ると、微笑んだ。ピアソラはまずガーシュインの〈ラプソディ・イン・ブルー〉から弾き始めた。みんなに衝撃を与えようとしたのだ。トロイロは緊張した様子で汗をかいていた。もっとも彼は冬でも夏でも汗をかいているのだが。ゴニは隅の方で、口元に笑みを浮かべながらその異端的行為を静かに楽しんでいた。

ピアソラは演奏を続け、楽団の全レパートリーを初めから終わりまで休むことなく弾き切った。弾き終わると頭を上げ、できるだけ大きく息を吸い、黙ったままでいた。誰も口をきかなかった。ゴニはピアソラの肩を叩いて微笑むと、暗がりにタバコを吸いに戻っていった。トロイロはヘルミナルのホールを横切って奥の薄暗がりにその姿を消した。しばらくしてテーブルの間を抜けて戻ってくると、ピアソラの前に立った。

「その服じゃだめだぞ、坊や。青いのを一着用意しよう。今夜が初舞台だ」

ナタリオ・ゴリンによる聞き書きの内容（『ピアソラ 自身を語る』に収録）はこれとは少し違っていて、ピアソラはバラリスに口利きを頼むと急いで下宿にバンドネオンを取りに帰り、ヘルミナルに戻ってトロイロとのやり取りのあと、精魂込めてレパートリーを弾いた。トロイロのOKが出たので喜びのあまり〈ラプソディ・イン・ブルー〉を弾いたところ、みんなが不思議そうに見る中で唯一口を開いたゴニに「それじゃ誰にも受けないぞ。そんなものはアメリカ人にまかせておけばいいんだ」と言われた、とのことだった。

＊23　フアン・ミゲル・ロドリゲス *Juan Miguel Rodríguez*（1919・1・4～2004・9・10）バンドネオン奏者、楽団指揮者、作曲家、編曲家。ブエノスアイレス生まれ。1927年にバンドネオンを始め、34年にカジェタノ・プグリシ楽団でデビュー。フアン・カルロス・コビアンやシリアコ・オルティスの楽団で活動したのちアニバル・トロイロ楽団の結成に参加、47年まで在籍した。その後はアルフレド・アタディア、エンリケ・アレシオ、オラシオ・サルガン、フリオ・デ・カロ、アンヘル・ダゴスティーノなどの楽団に参加、またエドムンド・リベーロ、藤沢嵐子、リベルタ・ラマルケらの伴奏も手がける。61年、オスバルド・タランティーノ（p）、エルネスト・バエス（g）とロス・トレス・デ・ブエノスアイレスを結成、その後は古典スタイルのグループ、ロス・グアポス・デ・900（ノベシエントス）を率いて活動した。

細かい描写の違いはともかく、こうしてピアソラはトロイロ楽団のメンバーの座を射止めることに成功した。トトの復帰後も第5バンドネオン奏者としてステージに立つことになったのである。それは１９３９年12月のことだった。

タンゴ黄金時代の到来

１９３０年代前半には落ち込みを見せていたタンゴ界は、30年代も折り返し点を過ぎたあたりから徐々に息を吹き返す。そのキーワードの一つが「古典復興」だった。

１９２０年代にフリオ・デ・カロらが台頭してきた頃から、すでに伝統派と革新派の対立は始まっていた。特に１９５５年以降のピアソラに対して「あんなものはタンゴではない」というような物言いが横行したが、それと同じようなことは１９２０年代のデ・カロも言われていたのである。タンゴ史やピアソラを語るとき、このことは忘れてはいけない重要なポイントである。それでも１９２０年代はタンゴ界自体が活況を呈していたので、両者のバランスは上手く取れていた。１９３０年代前半の混迷期に、まず革新派がその活動に支障をきたしたことは、バルダロ六重奏団の例を挙げるまでもない。

そんな中でタンゴ復活のきっかけをつくった最大の立役者はフアン・ダリエンソである。[*24]ヴァイオリン奏者だったダリエンソは、１９２８年に最初の楽団を作りレコーディングも行っているが、この時は平均的なスタイルの楽団にすぎなかった。１９３４年には新たに楽団を組織し、キャバレー「チャンテクレール」に出演を開始した。この時からダリエンソはヴァイオリンを弾かず指揮に専念、力強いスタッカートを過度なまでに強調したダンス向きの演奏スタイルを打ち出した。１９３５年にはＲＣＡビクトルに録音開始、１９３７年までにはその人気を不動のものとした。そのスタイルは「電撃のリズられる。ダリエンソ自身はやがて「エル・レイ・デル・コンパス（リズムの王様）」の称号を授けられる。

ダリエンソは、そのレパートリーを主に１９１０年代以前の古典に求めた。タンゴが本来持っていた原初的なエネルギーを単純で力強いビートに乗せてわかりやすく大衆にアピールし、大いに受けたというわけだ。

ダリエンソとは異なるやり方で古典復興を唱えたのがロベルト・フィルポ。楽団の肥大化に疑問を持ったフィルポは、１９３５年頃、往時の心意気を再現すべく古典スタイルの四重奏団を結成する。ただしこの四重奏はピアノとバンドネオンにヴァイオリン２本という組み合わせで、フルートやギターの入った編成ではない。そもそもフィルポは、かつてタンゴにピアノを導入した中心人物の一人だったのである。

＊24　フアン・ダリエンソ *Juan D'Arienzo*（1900・12・14〜1976・1・14）ヴァイオリン奏者、楽団指揮者、作曲家。ブエノスアイレス生まれ。９歳頃からヴァイオリンを習い始める。１９１９年からアンヘル・ダゴスティーノ（ｐ）と組んで劇場などで演奏活動を始め、以降アンセルモ・アイエタ楽団などを転々とした。28年に自身の楽団を結成、エレクトラに録音を行う（歌手としてフランシスコ・フィオレンティーノらが参加）。その方向性がしっかりと定まったのは、34年の新楽団結成を経て35年12月、ピアノにロドルフォ・ビアジを迎えてからのこと。35年7月から75年1月までＲＣＡビクトルに９５０曲以上に及ぶ録音を残した。中でもピアノのフルビオ・サラマンカ、第1バンドネオンのエクトル・バレーラ、第1ヴァイオリンのカジェタノ・プグリシが顔をそろえた40年以降、サラマンカが脱退する57年までがその全盛期とされる（バレーラは50年に独立しカルロス・ラサリが後を継ぎ、プグリシは68年に死去）。専属歌手の中では個性派アルベルト・エチャグエが異彩を放った。極度の飛行機嫌いのため、68年と72年の日本公演はマエストロ抜きで行われた。主な作品に〈ナダ・マス〉（ルイス・ルビスタイン作詞）〈パシエンシア（忍耐）〉（フランシス・ゴリンド作詞）などがある。

古き良き時代のタンゴをリフレッシュさせたダリエンソ楽団やフィルポ四重奏団の動きを見て、時流に乗るのに長けていたフランシスコ・カナロは1937年に「ダンス用」と銘打って、フィルポの四重奏と同じようなコンセプトのドン・パンチョ・アルゼンチン五重奏団（のちのピリンチョ五重奏団）をスタートさせている。

古典復興を掲げて登場してきたダリエンソらは、ピアソラからみればタンゴの音楽的発展を阻害する存在にほかならなかった。

「伝統的なタンゴには耐えられなかった。ダリエンソを聴いて身の毛もよだつ思いがしたね。それは恐ろしく、乱暴で、非音楽的だった」

それでも、そのダリエンソ楽団の活躍が火付け役となって、タンゴ自体の人気がまた盛り上がり、仕事場が増えていったことは確かである。

ダリエンソが人々の関心をタンゴに引き戻した甲斐もあって、1930年代後半から1940年頃にかけて多くの楽団が第一線に登場してくる。その中には、1930年前後に楽団を結成したものの一時は表立った活動を控えていたものもあれば、この機を捉えて所属していた楽団から独立したものなどもあり、また音楽的にも大衆路線を歩むものもあれば革新的なアプローチを見せるものもあり、その中道を行くものもありといった具合にバラエティーに富んでいた。革新的とはいっても主な活躍の場はダンスホールやキャバレーなので、もちろん店の要望にある程度応えることは必要とされたが、その中でいかに自身の音楽性をアピールするかがそれぞれの命題だった。

デ・カロやバルダロの流れを汲む革新派の急先鋒オスバルド・プグリエーセは、何度か楽団の旗揚げに失敗したのち、1939年にカフェ「ナシオナル」にてデビューを飾る（レコード・デビューは1943

年）。そして音楽的には同じ流れに属しながら、プグリエーセよりも大衆寄りの路線を標榜し、一足先にデビューしたのが、アニバル・トロイロである。

再びアニバル・トロイロ

「ピチューコ」、または「ゴルド（太っちょ）」の愛称でポルテーニョ（ブエノスアイレスっ子）たちから慕われ続けたアニバル・トロイロは、タンゴ史に燦然と輝く偉大なマエストロ。ピアソラに最も影響を与えた人物の一人でもある。彼の経歴について詳しく紹介しておこう。

アニバル・トロイロは1914年、ブエノスアイレス市アバスト地区に生まれた。10歳の頃タンゴに関心を抱き、フアン・アメンドラーロにバンドネオンを習う。その後はペドロ・マフィアのもとで腕を磨いた。

1927年、ほんの12～13歳でプロ・デビュー。1929年にはタンゴの黎明期に活躍したバンドネオン奏者、フアン・マグリオ・〝パチョ〟の楽団に参加、ここで古典タンゴのエキスを十分に吸収した。その一方で翌1930年にはバルダロ＝プグリエーセ六重奏団で第1バンドネオン奏者を務め、今度は先進的タンゴの最前線に立った。1932年にはフリオ・デ・カロ楽団にも参加。1933年から35年までは例のエルビーノ・バルダロ楽団で腕をふるい、その後はフェリシアーノ・ブルネリ、アンヘル・ダゴスティーノ[*25]の楽団などにも短期間参加している。

1937年、「アニバル・トロイロ・〝ピチューコ〟と彼のオルケスタ・ティピカ」を結成、7月1日にキャバレー「マラブー」にて堂々のデビューを飾った。当時の編成はバンドネオン×3、ヴァイオリン×3、ピアノ、コントラバス、専属歌手1名というもの。1938年3月にオデオンと契約したが、ここでは〈コム・イル・フォー〉〈緑のインク *Tinta verde*〉の2曲を録音しただけに終わった。この頃からヘルミナル、フロリダなどに出演拠点を移している。

1939年末、ピアソラが参加した時点でのトロイロ楽団のラインナップを紹介しておこう。

バンドネオン：
アニバル・トロイロ／ファン・ミゲル・ロドリゲス／エドゥアルド・マリーノ／マルコス・トロイロ／アストル・ピアソラ

ヴァイオリン：
ダビッド・ディアス／レイナルド・ニチェーレ／ウーゴ・バラリス／ペドロ・サポチニク

ピアノ：
オルランド・ゴニ

コントラバス：
エンリケ・〝キチョ〟・ディアス[*26]

歌手：
フランシスコ・フィオレンティーノ[*27]

1940年1月1日には、エル・ムンド放送局との10年間の専属契約が成立している。この年、アメリカ合衆国のコロンビア（CBS）が船に最新録音設備を積み込んで南米各国の港を移動しながら各地のポピュラー音楽を録音するという試みを行ったが、ブエノスアイレスではトロイロ楽団が抜擢された。

おそらく12曲程度が録音されたと思われるが、結局未発表に終わっている。とりあえずはこれがピアソラのトロイロ楽団での初録音となった。判明している範囲での曲目は次のとおり。

ティエリータ／エル・モティーボ／エル・カレリート *El carrerito*／青春の夢 *Sueño de juventud*／わが愛のミロンガ *Milonga de mis amores*／コリエンテスとエスメラルダ／魅せられし心 *Lo han visto con otra*／ラ・クンパルシータ／そしてそれはありえない *Y no puede ser*／星空の下で *Bajo un cielo de estrellas*／昔の女友だち *Vieja amiga*

＊25　アンヘル・ダゴスティーノ *Angel D'Agostino*（1900・5・25〜1991・1・16）

ピアノ奏者、楽団指揮者、作曲家。ブエノスアイレス生まれ。11歳から少年楽団を皮切りにピアノ奏者として活動を始め、1918年にはチェロのエンニオ・ボロニーニとデュオを組んだ。ファン・ダリエンソ楽団のピアノ奏者などを経て32年に自身の楽団を結成。当初はパッとしなかったが、アンヘル・バルガスを歌手に迎え、RCAビクトルに録音を開始した40年から人気楽団の仲間入りをした。決して派手さはないが、充実したメンバーに支えられてのアンサンブルには定評があった。作曲家としての代表作に〈カフェ・ドミンゲス〉がある。

＊26　エンリケ・〝キチョ〟・ディアス *Enrique "Kicho" Díaz*（1918・1・21〜1992・10・4）

コントラバス奏者。ブエノスアイレス生まれ。伝説のコントラバス奏者「ペペ」ことホセ・ディアスと、アニバル・トロイロ楽団の第1ヴァイオリン奏者を務めたダビッドを兄に持つ。最初はギターやバンドネオンを手にし、最終的に兄ホセの手ほどきでコントラバス奏者に収まった。ホセ・パスクアル、アンセルモ・アイエタらと活動後、1939年頃アニバル・トロイロ楽団に参加。在籍中にはトロイロ＝グレーラ四重奏団でも活動、59年にはトロイロの下を離れ、エストレージャス・デ・ブエノスアイレスやロス・クアトロなどに参加。60年にはピアソラ五重奏団に参加するが、以後もキンテート・レアルの64年の初来日公演に参加するなど、各方面から重宝された。70年代中盤以降はセステート・マジョールで長く活躍を続けた。

その後ＲＣＡビクトルと契約したトロイロ楽団は１９４１年３月から録音を開始、名実ともに一流楽団として華やかな道を歩み続けることになる。最初期、特に１９４３年頃までのトロイロ楽団の核となっていたのはトロイロ自身とゴニ、フィオレンティーノの３人だ。若々しい感性で楽団を引っ張るトロイロのバンドネオンと、たくましい低音で下からしっかりと支えるゴニのピアノ、軽やかかつ小粋な歌いぶりで歌と演奏との新しいコンビネーションを生み出したフィオレンティーノの歌、これらが三位一体となって「若者音楽としてのタンゴ」を実践していたこの時期のトロイロ楽団こそ、タンゴ百数十年の歴史の中で最もバランスの取れた理想的な姿を表していたのではなかったかと思う。

それにしても、完成度こそ高くはないが若さみなぎるエネルギッシュな演奏はテンポも良く、何度聴いても実に気持ちが良い。そして、演奏をたっぷり聞かせたあとにおもむろに出てくるフィオレンティーノの歌がまた、下町気分にあふれていて最高である。

それまでのタンゴ界では、楽団が演奏するタンゴと、歌手が歌うタンゴとは一応別のものとして考えられていた。楽団に専属歌手はいたが、歌うのはさわり程度（彼らのことは「エストリビジョ・カントール」と呼ばれた）。逆にソロ歌手の伴奏はギターが多かった。トロイロ＝フィオレンティーノのコンビはその関係性を変えてしまったのである。

専属歌手は楽団の花形となり、時として指揮者の人気を凌ぐ場合もあった。しばらく楽団の専属を務めた歌手は人気を得るとソロ歌手として独立し、伴奏楽団を持つようになっていく。ただしソロで成功せず、また別の楽団の専属に戻るケースも少なくはなかった。

トロイロ＝フィオレンティーノの成功は、タンゴ界全体に大きな影響を及ぼした。ファン・ダリエンソ楽団も、1938年以降はインスト主体のレパートリーから方向転換し、アルベルト・エチャグエら専属歌手をフィーチャーするようになった。そして楽団と専属歌手との二枚看板は1940年代前半のトレンドとなっていく。トロイロ、ダリエンソ以外の主要楽団と人気歌手の組み合わせ例を少し挙げておこう。

カルロス・ディ・サルリ楽団[*28]と歌手ロベルト・ルフィーノ

*27 フランシスコ・フィオレンティーノ *Francisco Fiorentino*（1905・9・23〜1955・9・11）歌手、バンドネオン奏者、作曲家。ブエノスアイレス生まれ。芸名はシンプルに「フィオレンティーノ」。名手〝ミノット〟・ディ・チコにバンドネオンを習い、15歳の時兄ビセンテ（vn）らとトリオを組んでラジオなどに出演。1925年、バンドネオン奏者兼歌手としてフランシスコ・カナロ楽団に参加、28年にはフアン・カルロス・コビアン、翌29年には再びカナロ、ロベルト・フィルポ、フアン・ダリエンソの楽団に参加。30年にはフリオ・ポジェーロのオルケスタ・ポプラール・ダ・カーポ、同年から31年にかけてはペドロ・マフィア楽団、31年にはオルケスタ・ティピカ・ビクトルに参加。その後ビセンテ・ゴレーセ楽団に加わりドイツで公演、帰国後の32年にはロベルト・セリージョ楽団に参加。34年、アルフレド・マレルバ（p）らを従えナシオナル放送局にソロ歌手としてデビュー、この頃にはバンドネオンを弾くのはやめ、歌に専念するようになる。36年にはダニエル・アルバレス、リカルド・マレルバの楽団や、アントニオ・ロディオ（vn）、ミゲル・ニヘンソン（p）、ミゲル・ボナーノ、エクトル・マリア・アルトーラ（bn）とのロス・ポエタス・デル・タンゴで活動。37年初頭、イシドロ・ナバーロ監督の映画『古い街』に出演後アニバル・トロイロ楽団の結成に加わり、看板歌手としてデビューを飾る。トロイロ楽団脱退後、オルランド・ゴニ楽団を経て、アストル・ピアソラを伴奏楽団指揮者に据えた楽団を結成。46年5月にピアソラと袂を分かつと、イスマエル・スピタルニクの伴奏指揮で8月に〈交わす杯〉〈エンスエーニョ〉を録音。その後はホセ・バッソ、アルベルト・マンシオーネ、プグリア＝ペドローサなどの楽団を転々とするが、交通事故で不慮の死を遂げた。

ミゲル・カロー楽団と歌手ラウル・ベロン
リカルド・タントゥーリ楽団と歌手アルベルト・カスティージョ[*29]
アンヘル・ダゴスティーノ楽団と歌手アンヘル・バルガス
オスバルド・プグリエーセ楽団と歌手ロベルト・チャネル

これら一流楽団のほかに、二流以下のたくさんの楽団と歌手がダンスホールやカフェやキャバレーやラジオ局などで活動し、レコードを録音し始めた。なぜそんなに仕事があったのか。要するに景気が良くなったのである。1940年代前半といえば、ちょうど第二次世界大戦の時期に当たる。この未曾有の戦争にアルゼンチンは当初参戦しなかった（周辺諸国からの圧力もあり、1944年1月26日に枢軸国と国交断絶、1945年3月27日には日独両国に宣戦布告した）。この間、牛肉や小麦の輸出で膨大な外貨を獲得する一方、工業製品などは輸入できないから国内生産することで内需も拡大する。音楽的発展と大衆的人気の獲得に好景気が追い風となり、その結果としてタンゴは華々しき黄金時代を迎えるのである。

闘いの始まり

トロイロ楽団に参加したピアソラは、当初はトロイロのやり方をいろいろと模倣していたが、少しずつ自分なりの方法論を編み出していく。トロイロ楽団の何人もいるバンドネオン奏者の一人にすぎなかったピアソラは、やがてそれでは飽き足らなくなり第1バンドネオン奏者の座を目指す。そしてトロイロは実際に、彼にその地位を託すことも多くなっていった。トロイロが疲れているとき、ほかにやるべきことがあったとき、インスピレーションが湧かないとき、ピアソラはトロイロの代役を務めた。

面白くないのはほかのバンドネオン奏者たちである。一番あとから入った若造が、マエストロの代わりに第1バンドネオンを弾いているのだから。そうしてピアソラは何人かの奏者からねたまれることになった。ピアソラが人一倍の向上心を持っていたことも、その原因の一つだった。この頃からピアソラは、機が熟せば独立して自分の楽団を持つことを考えていた。そうすれば何もかも自分の思うとおりに進められるに違いない。

それはともかく、10代の若さで栄えあるアニバル・トロイロ楽団のメンバーになったことで、ピアソ

＊28　カルロス・ディ・サルリ *Carlos Di Sarli*（1900・1・7〜1960・1・12）

ピアノ奏者、楽団指揮者、作曲家。ブエノスアイレス州バイア・ブランカ生まれ。本名カジェタノ・ディ・サルリ。幼時からピアノを学び、1919年には地元で楽団を結成。23年にブエノスアイレスに出て、アンセルモ・アイエタなどの楽団を経て、27年には自身の六重奏団を結成、28年からビクトルに録音を開始するが数年で挫折し、しばらく不安定な活動を続ける。38年末に楽団を再結成、翌年から再びRCAビクトルに録音を開始、歌手にロベルト・ルフィーノやアルベルト・ポデスタらを迎え安定した活動に入る。その後も活動休止（49〜51年）やメンバーの総脱退〜瞬時の新楽団組織（56年）など紆余曲折はあったものの、他に類を見ない極めて個性的なスタイルを確立した。主な作品に〈バイア・ブランカ〉〈ミロンゲーロ・ビエホ〉などがある。

＊29　リカルド・タントゥーリ *Ricardo Tanturi*（1905・1・27〜1973・1・24）

ピアノ奏者、楽団指揮者、作曲家。ブエノスアイレス生まれ。最初にフランシスコ・アレシオ（バンドネオン奏者エンリケ・アレシオの伯父）からヴァイオリンを習うが、兄でピアノ奏者のアントニオからの勧めでピアノに転向する。1924年からアマチュア・ピアノ奏者として活動を始め、33年から自身の六重奏団、ロス・インディオスを率いる。37年から翌年にかけてオルケスタ・ティピカ・〝ロス・インディオス〟としてオデオンに4曲を録音するが、心機一転アルベルト・カスティージョを専属歌手に迎えてエル・ムンド放送局に出演、RCAビクトルに録音を開始した40年から、人気楽団の仲間入りをした。カスティージョは43年に独立し、エンリケ・カンポスがあとを引き継いだ。

ラはそこそこのステイタスを得ることができた。稼ぎは多かったし、バンドネオン奏者としても少しずつ知られるようになっていた。楽団が出演していたヘルミナルやティビダボにエンリケ・サントス・ディセポロ[*30]やオメロ・マンシ[*31]、ホセ・マリア・コントゥルシ[*32]、エンリケ・カディカモ[*33]といった当代きっての作詞家たちが聴きにくると、その談笑のテーブルに招かれることもあった。

だが、そんな栄光の日々を送っていたピアソラは、その一方で孤独感にさいなまれていた。楽団のメンバーの多くには妻や恋人がいたし、バラリスも楽屋でピアソラとのデュオで楽しんだあと、家族の待つ家へ帰っていく。ピアソラは、一人寂しく下宿に帰るだけだった。

もう下宿での寒々とした生活にはうんざりしていた。ピアソラには恋人が必要だった。一緒に映画を観に行ったり、おしゃべりをしたり、プレゼントを贈ったりして、そしてプロポーズする。そう、ピアソラの求めていたものは家庭の温もりだった。そんな悩みをバラリスに打ち明けると、バラリスの妹のオルガとデリアが通う夜間学校の友だちであるプーペとリーベのウォルフ姉妹とその家族を招待するティーパーティーをセッティングしてくれることになった。それは1940年9月21日のことで、ピアソラがひと目みて気に入ってしまったのはプーペでもリーベでもなくその下の妹、当時まだ16歳のオデッテ・マリア・ウォルフ（1923・11・28～2010・9・18）、愛称「デデ *Dedé*」の方だった。ドイツとフランスの血を引く会計士の父と、スペインのガリシア出身で厳格な母のもとに生まれた3人姉妹の末っ子で、青い目を持ち、美術学校で絵画を学んでいた聡明な少女だった。デデにとってピアソラの第一印象は必

＊30　エンリケ・サントス・ディセポロ *Enrique Santos Discépolo*（1901・3・27～1951・12・23）楽団指揮者、作詞・作曲家、俳優、映画監督、脚本家。ブエノスアイレス生まれ。1919年に舞台俳優としてデビュー、20年代半ばからタンゴの作詞・作曲を手がける。妻でもあった歌手、タニアの伴奏指揮も務めた。メロ

ディーメーカーとしても、哲学的な詞の創作の面でも優れた才能を発揮。主な作品に〈ケ・バチャチェ〉〈今宵われ酔いしれて〉〈ジーラ・ジーラ〉〈古道具屋〉〈バンドネオンの魂〉〈絶望の歌〉（以上作詞・作曲）、〈告白〉（詞はルイス・セサル・アマドリと合作）〈メルセ寺院の鐘〉（詞はアルフレド・レ・ペラと合作）〈マレバーへ〉（ファン・デ・ディオス・フィリベルト作曲）〈ウノ〉〈ブエノスアイレスの喫茶店〉（以上マリアーノ・モーレス作曲）などがある。

＊31　オメロ・マンシ *Homero Manzi*（1907・11・1～1951・5・3）

作詞家、詩人、劇作家、脚本家。サンティアゴ・デル・エステーロ州アニャトゥージャ生まれ。本名オメロ・ニコラス・マンシオーネ・プレステーラ。タンゴにおける現代的な叙情詩の確立者として名高い。少年時代にブエノスアイレスに出て、1920年代から作詞や詩作を始め、映画の脚本などを手がける。34年から「オメロ・マンシ」のペンネームを使い、特にアニバル・トロイロとのコンビで多くの名作を残した。主な作品に〈タンゴの街〉〈スール（南）〉〈チェ・バンドネオン〉〈ディセポリン〉（以上トロイロ作曲）、〈マレーナ〉〈明日は船出〉（以上ルシオ・デマレ作曲）、〈悲しきミロンガ〉〈ミロンガ・センティメンタル〉（以上セバスティアン・ピアナ作曲）、〈フイモス（昔のふたり）〉（ホセ・ダメス作曲）などがある。

＊32　ホセ・マリア・コントゥルシ *José María Contursi*（1911・10・31～1972・5・11）

作詞家。ブエノスアイレス州ラヌス生まれ。最初の歌謡タンゴ〈わが悲しみの夜〉の作詞者パスクアル・コントゥルシを父に持つ。ステントール放送局のアナウンサーや映画記者を経て農業省の公務員となった。作詞を始めたのは1933年から。代表作は〈クリスタル〉〈グリセル〉〈灰色の午後〉（以上マリアーノ・モーレス作曲）〈古い女友だち〉（ペドロ・ラウレンス作曲）〈わが人生のすべて〉（アニバル・トロイロ作曲）など。

＊33　エンリケ・カディカモ *Enrique Cadícamo*（1900・7・15～1999・12・3）

作詞・作曲家。ブエノスアイレス州ビジャ・デ・ルハン生まれ。1924年に処女作〈シャボン玉〉（ロベルト・ゴジェネチェ作曲）を発表、これは翌年カルロス・ガルデルが録音した。以後長きにわたり主に作詞家として活躍した。主な作品に〈ノスタルヒアス〉〈酔いどれたち〉〈わが両親の家〉（以上ファン・カルロス・コビアン作曲）〈パリにつながれて〉（ギジェルモ・バルビエリ作曲）〈マダム・イボンヌ〉（エドゥアルド・ペレイラ作曲）〈チェ・パプーサ・オイ〉（ヘラルド・エルナン・マトス・ロドリゲス作曲）〈サンタ・ミロンギータ〉（エンリケ・デルフィーノ作曲）などがある。

ずしも良くなかったが、ピアソラの方は最初の出会いの直後に「彼女ができた！」と両親に先走って報告してしまったほどで、デデに捧げる曲まで書いた。それは〈ノクトゥルノ（夜想曲）〉というピアノ曲で、楽譜には「王女〝デディータ〟へ、王子アストルより」と書かれた。ピアソラはそれからも積極的なアプローチを続け、10月19日にはめでたく交際が始まった。

なお〈ノクトゥルノ〉の楽譜は贈られたデデによって大切に保管され、ピアソラの没後、ブエノスアイレス市立アストル・ピアソラ音楽センターの創設者アルベルト・ヘルディングに託された。そして彼がマネージメントする女性４人組のミスタンゴ7《シエテ》がこの曲を２０１２年に編曲し、録音を果たしている（#G93）。

ヒナステラに学ぶ

その前からピアソラは一篇の〝協奏曲〟の作曲に取り組んでいたが、一向にはかどらなかった。かつてベラ・ウィルダから教わったハーモニーや作曲の概念を思い出してみたがうまくいかない。頭の中では準備が整っていても、いざ書こうとすると話は別で、最初のいくつかの音符を書き始めてもすぐに先へ進まなくなってしまうのだった。

仕事から帰ってきて話しかけてきた同居人のパオローニについ八つ当たりしてしまったピアソラに対し、パオローニは本気で作曲家を目指すなら先生について勉強すべきだろうと忠告する。パオローニからそんなことを言われたことはなかったので、ピアソラは自分が今まで彼に対して恩知らずで、利己的で、冷淡だったと初めて感じ、申し訳なく思った。

ピアソラは確かにクラシックの勉強がしたいと思っていた。だが失敗を恐れ、躊躇していた。それでも、パオローニとの会話や父からの手紙やデデの励ましの言葉に大いに助けられた。キャバレーで毎日同じことばかり繰り返すことが、この頃のピアソラにはすでに耐えられなくなっていた。奮起したピアソラは、２日間ほとんど徹夜して協奏曲を書き上げた。

その頃、有名なピアニストのアルトゥール・ルービンシュタイン*34がブエノスアイレスに滞在していた。ピアソラはこの巨匠に協奏曲を見てもらおうと思い、宿泊先にしていた豪華なアパートに出かけていった。ちょうどスパゲッティを食べ終わるところだった巨匠は、見ず知らずの青年を歓迎してくれた。ルービンシュタインは非常に社交的でファンを大切に思い、人と話すのが大好きなことで知られていた。

*34　アルトゥール・ルービンシュタイン *Artur Rubinstein*（1887・1・28〜1982・12・20）ピアノ奏者。ポーランドのウッチ生まれ。20世紀を代表するピアノ奏者の一人。３歳から勉強を始め、７歳で初めて人前で演奏する。８歳でワルシャワ音楽院に入学。１８９７年にベルリンでリスト門下のカール・ハインリヒ・バルトに師事し、13歳の時に同地でデビュー。１９０６年に米国に渡りニューヨークのカーネギー・ホールでフィラデルフィア管弦楽団と共演し米国デビューしたが、聴衆には受けたものの技術的な粗さから批評家には酷評された。第一次世界大戦中はロンドンで軍事通訳を務め、ウジェーヌ・イザイ（vn）と共演。16年にスペインを訪れてマヌエル・デ・ファリャ、イサーク・アルベニスらの作品を積極的に紹介し、続けて南米で長期公演を行った。32年にポーランドの大指揮者エミール・ムリナルスキの娘で24歳年下のアニエラと結婚、天才肌だが練習嫌いでミスタッチの多かったそれまでの態度を改めるべく、34年には演奏活動を一時休止して演奏技巧とレパートリーの改善に取り組んだ。37年のカーネギー・ホール公演でようやく米国でも認められ、第二次世界大戦中は米国に定住、46年に市民権を獲得した。戦後は主にパリを拠点に精力的な演奏活動を続けた。28年から78年まで当初はＨＭＶに、その後はＲＣＡに膨大な数の録音を残し、そのレパートリーも得意のショパンを中心にモーツァルト、ベートーヴェンからドビュッシー、ストラヴィンスキーまで幅広い。35年と66年に来日、76年のカーネギー・ホール公演を最後に引退し、晩年はスイスのジュネーヴで過ごした。

「なんのご用でしょうか?」とルービンシュタインは尋ねた。

「私は音楽家ですが、協奏曲を書いてみたのでお持ちしました。これをごらんいただいてご意見を賜りたいのですが」

「わかりました。見てみましょう」

ルービンシュタインはスタインウェイのピアノの前に座ると、楽譜を見てから弾き始めた。ピアソラは信じられなかった。自分の作品をあのルービンシュタインが弾いているなんて。それはまるで別の曲のように聞こえた。ピアソラは泣きたい気持ちを抑えるのがやっとだった。巨匠はいくつかの小節を繰り返したり譜面を調べたりして、また弾き出した。弾き終わると楽譜をたたんでピアソラに返しながらこう言った。

「まず初めに、これは協奏曲ではなくてソナタです。まあかなり良くできてはいますが、勉強が必要ですね。勉強する気はありますか?」

「もちろんです」

ピアソラはそう答えたが、内心は少し悲しかった。立派な協奏曲のつもりだったのに。ルービンシュタインはその場でファン・ホセ・カストロ[*35]に電話をしてくれた。結局カストロは多忙で無理だったのだが、代わりにアルベルト・ヒナステラ[*36]が引き受けてくれることになった。こうしてピアソラは、のちにアルゼンチンを代表する現代音楽の作曲家となるヒナステラの最初の弟子となった。1941年の初めのことである。

レッスンは毎週火曜日と木曜日、朝の8時からバラカス(ブエノスアイレスの一地区)にあるヒナステラの自宅で行われた。ピアソラは5年間近く通い続けたのだが、朝はなかなか大変だった。キャバレーでは遅くまでトロイロ楽団のメンバーたちと毎晩のように喧嘩ばかりしていて3時間程度しか眠れず、ろくに宿題をやる時間もなかった。コーヒーを胃に流し込むと朝7時には家を出て、バスに1時間揺られてようやくたどり着くのだった。

「到着すると、マエストロに会えたというだけで気持ちが落ち着いた。まるで教会に入ったような

＊35　フアン・ホセ・カストロ *Juan José Castro*（1895・3・7～1968・9・5）作曲家、指揮者。ブエノスアイレス生まれ。ヴァイオリンとピアノをマヌエル・ポサーダスに習い、1914年には初期の作品《ヴァイオリンとピアノのためのソナタ》が初演された。その一方でタンゴ楽団に加わってヴァイオリンを弾いたこともあるという。その後はベル・エポック時代のパリで音楽を学び、帰国後には弦楽四重奏団を結成、28年にはレナシミエント室内管弦楽団の指揮者、次いでコロン劇場の指揮者となり、以後はアルゼンチンの現代音楽界における第一人者として活躍を続けた。40年代には、アルトゥーロ・トスカニーニに招かれNBC交響楽団を指揮するなど米国や中南米諸国へとその活動の範囲を拡げた。代表作に《聖書交響曲》《アルゼンチン交響曲》などがある。

＊36　アルベルト・ヒナステラ *Alberto Ginastera*（1916・4・11～1983・6・25）作曲家。ブエノスアイレス生まれ。7歳からピアノを学ぶ。12歳でアルベルト・ウィリアムス音楽院に入学し、理論、ソルフェージュ、ピアノ、和声、作曲を学ぶ。1935年に作曲で金メダルを獲得して卒業するとブエノスアイレス国立音楽院に進み、38年に優等賞を得て卒業。作曲は30年から始めたが、最初に知られた作品は36年のバレエ曲《パナンビ》。41年、初期の代表作の一つであるバレエ曲《エスタンシア》を発表。グッゲンハイム奨学金を得て45年12月から47年3月まで米国に滞在、48年には国際現代音楽協会アルゼンチン支部の書記長に選ばれている。53年には国立音楽院教授に就任。54年の管弦楽曲《パンペアーナ 第3番》あたりから、初期の民族主義から離れ前衛的な作風を見せ始める。64年のオペラ第1作《ドン・ロドリーゴ》は64年7月にコロン劇場で初演され66年春にはニューヨーク・シティ・オペラでも上演。71年以降晩年はスイスのジュネーヴで過ごした。

感じなんだよ。雑音はなく、食堂はとにかく明るくて淹れたての紅茶の香りが漂い、うらやましいほど落ち着いた雰囲気だった。途方もない広さでね。彼が教えるときの口調は神父のようで、私たちはいつも音楽の話ばかりしていた。私は作曲法、管弦楽法、和声、理論を教わった。私の音楽は、彼の強い影響を受けているんだ。特に作曲に取り組む姿勢においてね。彼は読書や展覧会、映画や演劇といった趣味にも目覚めさせてくれた。彼は私に、音楽は総合的な芸術なのだから音楽家はすべてを知るべきだと言った。それで私はトーマス・マンやボードレール、ヴェルレーヌを読むようになった。マンの『魔の山』を読み終えるのにえらく時間がかかったのを覚えているよ。時間なんか全然ないのに、どうやって読破できたのか未だにわからない。（中略）私はヒナステラに刺激され、揺さぶられて、進むべき道を見いだした。現実を見る目も変わっていったんだ」

（ディアナ・ピアソラの前掲書より）

読書がすぐにピアソラの音楽に影響を及ぼしたわけではないが、のちにエルネスト・サバト*やホルヘ・ルイス・ボルヘス*といった文学者との共同作業に着手することを考えると、この示唆はピアソラにとって重要なものだったのだろう。また、恋人のデデが絵の勉強をしていたので、彼女を通して抽象画やシュルレアリスム、印象主義にも触れることができた。

一方振り返ってみれば、タンゴの演奏家たちはなんと勉強不足なことか。キャバレーで交わされる会話はサッカーや競馬やギャンブルのことばかり。ピアソラが勉強熱心になればなるほど、周りからの嫌がらせや妨害は度を越していった。

そんな最中《さなか》の1942年10月30日、アストル・ピアソラとデデ・ウォルフはベルグラーノ通りとリマ通りの角にあるモンセラート聖母教会で結婚式を挙げた。翌1943年7月25日には娘ディアナが、

1945年2月28日には息子ダニエルが生まれる。

ピアソラは勉強に精を出す一方で忙しい日々を送っていた。時にトロイロのお供をし、少ししか寝られずにバスの中で勉強し、なんとか土曜日だけはコロン劇場の管弦楽団の練習を見に行った。そんな中で見つけた楽しみの一つが、楽屋でのセッションだった。バラリスやコントラバスのキチョ・ディアス、ピアノのゴニといった、楽団のメンバーの中でも数少ないピアソラの理解者であり、かつ優れたミュージシャンであった連中と、実験的な試みを繰り返したのである。

「我々は奇妙なことをやっていたものだ。でも私は学んだことはすべて応用したかったし、自分のアイディアがどんな音になるのか知りたかった。彼らはいつも付き合ってくれたよ」

彼らの秘密練習を嗅ぎ付けたトロイロは、その演奏を聴いて怒った。お客は踊りたくて来ているのに、その演奏はタンゴの本質を失っているというのが、トロイロの言い分だった。なにしろトロイロは、思いどおりのことをやっていたバルダロ六重奏団での活動が報われず、一方ダリエンソ楽団がダンス向けのスタイルを打ち出すことでスター街道を驀進《ばくしん》していったのを目の当たりにしているのだ。楽団を経営していかなければならない立場としては、まあもっともな意見だったかもしれない。

これはまだ1941年のことだったと思われるが、ピアソラはバラリスとの共作で半年もかけて〈私のせいで〉というタンゴを書いた。これにはエンリケ・ディセオ[*37]による詞が付けられていて、たいへんデ・カロ的との評価を得たらしいが、結局日の目は見ていない。

初めての大仕事

やがてピアソラに、トロイロ楽団でアレンジを手がけるチャンスがやってきた。エル・ムンド放送局の番組『エースたちの輪舞 *RONDA DE ASES*』で楽団の演奏を競うコンクールが行われることになり、トロイロは当時の新曲だったエンリケ・マリオ・フランチーニ*=エクトル・スタンポーニ=オメロ・エスポシト[*38]合作のミロンガ・カンドンベ〈アサバーチェ〉をそれに出そうとしたのである（〈アサバーチェ〉は作者の一人フランチーニが在籍していたミゲル・カロー楽団が１９４２年9月29日に初録音しているが、それよりもあとのことではないかと思われる）。

だが編曲家のアルヘンティーノ・ガルバンは多忙で時間がなかった。そこでバラリスは、編曲者としてトロイロに名乗り出るようピアソラにけしかけた。トロイロは最初、経験不足だからお前には無理だと言ったが、ピアソラも引き下がらなかった。トロイロは渋々承知して、やらせてみることにした。

その晩ピアソラは、異様な興奮に包まれながら、何時間もかけて編曲を書いた。ヒナステラから学んだ新しい手法をすべてぶち込んで。その編曲には、ストラヴィンスキーの《春の祭典》のモチーフすら取り入れられていた。曲はヴァイオリンの上昇スケールから始まり、それに対旋律が付く。その新しい響きが物議を醸すだろうということは、十分承知のうえだった。

翌日『エースたちの輪舞』で紹介されたピアソラ編曲による〈アサバーチェ〉は喝采を浴び、見事にコンクールで1位を獲得した。トロイロは賞を受けたあとピアソラにこう言った。

「よくやったな、ガート。でも詰めが甘い。私は気に入ったが、あのヴァイオリンの上昇スケール

*37　エンリケ・ディセオ *Enrique Dizeo*（1893・7・26～1980・5・6）作詞家。ブエノスアイレス生まれ。小学校にしか通わず、定職に就かないまま、ボヘミアン的な生活の中から幾多

の歌詞を編み出した。1920年代には〈コペン・ラ・バンカ〉（フアン・マグリオ作曲）〈エチャステ・ブエナ〉（エドゥアルド・ボネッシ作曲）などがカルロス・ガルデルに取り上げられた。40年代の作品には〈エル・エンコパオ（酔っぱらい）〉（オスバルド・プグリエーセ作曲）〈声の限りに〉（アニバル・トロイロ作曲）などがある。空前のヒットとなったのは〈知られたくない俺の悩み *Que nadie sepa mi sufrir*〉。歌手でギター奏者のアンヘル・カブラル（ブエノスアイレス生まれで、ディセオとは競馬仲間だった）と書いたペルー風のワルツで、36年に書かれたという説もあるが真偽は不明。53年にアルベルト・カスティージョが最初に録音し、以降同年から55年にかけてアルフレド・デ・アンジェリス楽団（歌：カルロス・ダンテ）、アルベルト・マリーノ、アルフレド・ゴビ楽団（歌：ティト・ランドーとアルフレド・デル・リオ）と続いた。カスティージョのレコードを聴いて気に入ったのが、オペラ劇場での公演のためにブエノスアイレスを訪れていたフランスの大歌手エディット・ピアフで、彼女はこの曲を持ち帰ってミシェル・リヴゴーシュにフランス語の（翻訳ではなく新たな）歌詞を依頼、57年にシャンソン〈群衆 *La foule*〉として生まれ変わり、やがて世界中に広まった。以降はスペイン語の原曲の方もラテンアメリカ全体で広く歌われ、カヴァー・ヴァージョンの総数は実に700以上に及んでいる。

＊38　オメロ・エスポシト *Homero Expósito*（1918・11・5～1987・9・23）
作詞家、詩人。ブエノスアイレス州カンパーナ生まれ。幼少期をサラテで過ごし、小学校では反抗的でさぼりがちだった。その後はブエノスアイレスの名門サンホセ学院で模範的な5年間を過ごす。卒業後は陸軍士官学校の士官候補生となり、哲学や文学を学ぶ。職業演劇グループでの演出家や俳優としての活動を経て、エクトル・スタンポーニに誘われてタンゴの作詞家へと進む。文学的素養を武器に、革新的な表現スタイルをもって1940年代を代表する作詞家の一人となった。ルイス・アドルフォ・シエラ博士は彼の業績について「ノスタルジックで喚起力のあるロマンティシズムを描くオメロ・マンシと、グロテスクで辛辣なドラマティシズムを描くエンリケ・サントス・ディセポロ。2人の詩に対する姿勢は気質的に正反対だが同じように称賛すべきであり、それらを融合させるべく文学的創意工夫を凝らしたのがオメロ・エスポシトだった」と評した。ピアノ奏者の弟ビルヒリオ、ドミンゴ・フェデリコ、アルマンド・ポンティエルらと組んで多くのヒット曲を生み出した。代表作は〈アル・コンパス・デル・コラソン〉〈みどりの草〉（以上ドミンゴ・フェデリコ作曲）〈マルゴー〉〈トレンサス〉（以上ポンティエル作曲）〈愛のことなど言わないで〉〈いつまでもここに〉（以上スタンポーニ作曲）〈花咲くオレンジの木〉（ビルヒリオ・エスポシト作曲）ほか多数。

は合ってなかったぞ。複雑すぎて楽団員たちには弾けないんだ。それにお客は踊りたいんであって、音楽会を聴きに来ているんじゃない。タンゴは足のためにあるんだ。やりすぎは禁物、こんなアレンジじゃ誰にも弾くことはできないからな」
(ディアナ・ピアソラの前掲書より)

そのトロイロの言葉どおり、この編曲版は録音されずに終わってしまったが、楽譜は保管されていて、国立芸術大学タンゴ・オーケストラ(ピアノと指揮:アリエル・ピロティ/歌:ラウタロ・マサ)による2021年11月収録の演奏をYouTubeで観ることができる(#A1)。だが今の耳で聴くと、果たしてどこが複雑すぎて、どこが踊れないのか、判断に迷うほどのまっとうなアレンジだと感じてしまう。ちなみにピアソラ自身は、1956年に弦楽オーケストラ編成で〈アサバーチェ〉を録音しているが(#40)、アレンジはまったく別のものである。

次にアレンジを手がけたのが〈インスピラシオン(霊感)〉。ペレグリーノ・パウロス二世が1916年に書いた古いタンゴだが作曲当時は評価されず、1930年代になってルイス・ルビステインが詞を付けてアグスティン・マガルディが歌ってから人気が出たという曲である。それをモダンな器楽曲に作り替えてしまったというわけだ。

クルブ・ボカ・ジュニオルスのカーニバルで〈インスピラシオン〉が初演された土曜の夜、踊ろうとしていた各々のペアは、この曲の演奏が始まっても動き出せなかった。ピアソラが施したその最初のアレンジは、チェロによるかなり長いカデンツァから始まっていたからである。ある人たちはステージの周りに集まって最後まで聴き入り、残りの連中はきびすを返すと会場から出ていった。音楽を聴きに来ている人も少なからず存在していることが証明された瞬間だった。

ピアソラの編曲による〈インスピラシオン〉は1943年5月3日に録音された。この録音は、トロイロにとっても最初のターニング・ポイントとなった重要なものである。それまでのトロイロ楽団は、比較的軽めのテンポの良いリズムが特徴的だった。ところがこの曲は重厚なサウンドに支配されている。リズムの刻み方も違う。そして各楽器が重層的に配置され、見事なバランスを取りながらソロが受け渡されていく。音に厚みが出ているのは、この年から新たにチェロ奏者としてアルフレド・シトロが参加したことも一因だろうが、ここでは対旋律にヴァイオリンを配したチェロのソロもたっぷり聴ける。最初のアレンジにあったチェロによるカデンツァはさすがに省かれているが。最後はトロイロの歌うようなバンドネオン・ソロで締めくくるという見事な構成。これ以降のトロイロ楽団は時代を追うごとにそのサウンドを重厚なものとしていくのだが、この演奏はその先駆けとしても特筆されるべきものである。

ピアソラはこのあと同年から1945年にかけてトロイロ楽団で〈ウノ〉〈紙の提灯 *Farolito de papel*〉〈敬愛なる市民 *El distinguido ciudadano*〉〈ラ・クンパルシータ〉〈マッチの炎 *La luz de un fósforo*〉〈ビエン・ポルテーニョ *Bien porteño*〉〈チケ〉〈エル・エントレリアーノ〉〈バンドネオンの嘆き〉〈酒と彼女とキス *Copas, amigas y besos*〉〈エル・アフリカーノ *El africano*〉の編曲を手がけた。その後、改めてまとまった数の編曲を提供することになるのは1950年代に入ってからである。

ヒナステラから学び続けることで、ピアソラは音楽家としての自信を深めていった。だが多くの楽団員たちとの軋轢はその度合いを増すばかりだった。バラリスもゴニもフィオレンティーノも、すでに楽団を去っていた。また、ピアソラは日頃から悪戯好きで、ステージに爆竹をしかけるなどいろんなことをやってはトロイロを怒らせてもいた。トロイロにとってピアソラは、もはや御しがたい存在となっていた。

ピアソラは都合3回ほどトロイロ楽団から追い出されそうになったが、最終的には自分から楽団を去ることを決意した。自分の音楽を演奏することに賭けようとしたのである。それは1944年7月頃のことで、トロイロは当初激怒したが、すぐにわだかまりは溶けることになるのだった。

3　アイデンティティのありか

再びオルランド・ゴニ

ピアソラに多大な影響を与えた天才ピアニスト、オルランド・ゴニは、破滅型ミュージシャンの典型のような人物だった。トロイロやバラリスと同い年でピアソラより7歳年上のゴニは、10代前半でプロ・デビューするなど早熟ぶりを示していたが、20歳の頃からはアルコール、ドラッグ、ギャンブルといった世界に足を突っ込むようになってしまう。

トロイロ楽団との録音で聴けるゴニのピアノは、中音域から低音域を強調した骨太なものだった。フランシスコ・デ・カロやオスバルド・プグリエーセ、ホセ・パスクアルなどの流れに属しながらもその独自の奏法は強烈な存在感を放ち、楽団の音作りに決定的に作用した。トロイロ楽団参加以前のゴニの演奏はレコードに残されていないので、この独自の奏法がどの時点で確立されたのかははっきりしないが、おそらくいくつかの楽団を経ていく中で少しずつ形を成していったものと思われる。

だがトロイロ楽団で重責を担う一方でゴニはますますドラッグやギャンブルにのめり込み、たびたび仕事に穴を開けるようになってしまう。そんなときに決まってピアニストの代役を務めたのが、ほかならぬピアソラだった。

この頃のピアソラのピアノの腕前は果たしてどの程度のものだったたか。ちなみにピアソラは1943年からラウル・スピバックに師事しピアノも学んでいるのだが、ゴニの代役を務めたのはそれ以前からのことだろう。もちろんピアソラはゴニのように弾けるはずもなかったが、ゴニの奏法は日頃から研究していたから、多少なりともそのニュアンスに近づけることはできたのではないだろうか。ゴニについて、ピアソラは次のように語っている。

「彼はビセンテ・スカラムーサの弟子で、ほかのピアニストでは見たことがないような美しい手をしていた。あの頃のタンゴ界には風変りな人物がいたものだが、彼もそうだったね。キャバレーで働く男たちやミュージシャンにありがちな青白い顔をしていたが、それが1940年代のタンゴの色だったんだ。彼はクラシックが好きじゃなかったし、ジャズは忌み嫌っていたが、彼が弾くタンゴはとにかく最高だった。トロイロのサウンドを発明したのはゴニとコントラバスのキチョ・ディアスだって、私はずっとそう考えてきた。オルランドの代役で何度かピアノを弾かされたよ。ダンスパーティーで演奏するためにバスが出発する段になっても彼は現れず、どこかのバーで酔っ払っていたんだ。だから私がヘタクソだったとしても、そんな緊急事態とあってはもうやるしかなかった。私は〈コム・イル・フォー〉〈緑のインク〉とあと何曲かのタンゴやミロンガを代わりに弾いて、トロイロはそれでなんとか乗り切った。ゴニは私より先にトロイロのもとを離れ、彼自身の楽団を作った。彼がそのために準備した曲を少し聴かせてもらったが、とても素晴らしいと思った。でもオルランドはまもなく、アルコールの犠牲となって亡くなってしまった。ピアニストとしては天才だったのに」

（『タンゴXXI』第4号より。文：オスカル・デル・プリオーレ）

活動をともにしていたピアソラが言うのだからジャズ嫌いは確かだったのかもしれないが、マリオ・パオルッチは「オルランド・ゴニ、正当なミロンゲーロ〜その芸術と天才」という一文の中で、ジャズ・ピアニストのテディ・ウィルソンを引き合いに出しているほどで、その奏法からジャズの匂いを感じとることは不可能なことではない。実際は愛憎半ばといったところだったのではないだろうか。

ゴニは1943年9月にトロイロ楽団を離れると、まもなくして自身の楽団を結成した。優秀なメン

＊1　ビセンテ・スカラムーサ *Vicente Scaramuzza*（1885・6・19～1968・3・24）
ピアノ奏者、ピアノ教師、作曲家。イタリアのクロトーネにヴィンチェンツォ・スカラムッツァ *Vincenzo Scaramuzza* として生まれる。父フランチェスコはピアノ教師として知られていた。幼時から才能を発揮し、7歳の時にはピアノのリサイタルで成功を収める。厳しい試験に合格し、奨学金を得てナポリの名門音楽院「サンピエトロ・ア・マイエッラ」に進学、多くを学ぶ。卒業後はピアノ奏者として演奏活動を開始する一方でピアノ教師を目指すが、イタリアの教育制度の官僚主義的な制約から狙っていた教職には就けず、ナポリで2か月教えただけで1907年にアルゼンチンに移る。ブエノスアイレスではサンタ・チェチーリア国立アカデミー（ローマ）の分校と手を組み、斬新なメソッドを開発することで伝統的な音楽教育の分野に新風をもたらした。12年に生徒の一人サラ・バナーティと結婚後、ブエノスアイレスにスカラムーサ音楽院を設立、同時に演奏家としての活動も再開した。その活動は南米および北米からヨーロッパにも及び、ヴィルトゥオーゾとしての高い評価を確立する。だが彼の中では演奏家としてのキャリアより教育者としての使命が優先され、23年のベルリンでのコンサートを最後に教育活動に専念、ピアノ指導のための極めて革新的なメソッドを完成させた。そのメソッドとはピアニストの解剖学の研究に基づくもので、どんな難曲を演奏するときでも手や腕の筋肉と腱を完全にリラックスさせることができるため、音は常に滑らかで丸みを帯び、フォルティシモでも決して金属的にならず、演奏者が筋肉のこわばりに悩まされることもなくなる、というもの。その指導法はアルトゥール・ルービンシュタインなど同世代の優れたピアノ奏者からも称賛されたが、スカラムーサ自身はそれを書物の形では遺さなかったため、没後の73年になって弟子のマリア・ロサ・オウビーニャ・デ・カストロが『ある偉大なマエストロの教え』としてまとめた。スカラムーサの厳しい指導を受けた著名なピアノ奏者にはマルタ・アルゲリッチ、ブルーノ・レオナルド・ゲルバー、エンリケ・バレンボイム（ダニエル・バレンボイムの父）などがいるが、タンゴ界の名だたる奏者を育てたことも重要で、エドゥアルド・ペレイラ、オスバルド・プグリエーセ、ルシオ・デマレ、ハイメ・ゴーシス、オルランド・ゴニ、オラシオ・サルガン、アティリオ・スタンポーネ、オルランド・トリポディなどが該当する。また、本書に登場する音楽家ではホルヘ・スルエータ、サルバドール・モレー、ペドロ・イグナシオ・カルデロン、アルミンダ・カンテーロスなどもその指導を受けている。作曲家としてはピアノのための作品、ピアノとオーケストラのための作品、室内楽曲、歌曲などを残している。晩年は重い病気で寝たきりの生活を余儀なくされたが、寝室にピアノを運び込んで最後まで生徒たちへのレッスンを続けた。ブエノスアイレスにて死去。

バーを集め11月頃ベルグラーノ放送局に出演開始、12月1日にはカフェ「エル・ナシオナル」に登場した。

そして1944年7月1日、ゴニ楽団は新しい歌手とともにベルグラーノ放送局に再登場する。その歌手とは、3月30日の録音を最後にトロイロ楽団から脱退していたフィオレンティーノだった。まさに電撃的な移籍だったが、トロイロ楽団で大きな成果を上げたゴニとフィオレンティーノの2人が、トロイロに縛られることなく新たな意気込みで新しい楽団に臨んだことは確かだろう。

だが、この両者のコラボレーションもあっという間に終わりを告げてしまう。楽団のリーダーになったからといって、ゴニの生活がそう大きく変わるはずもなかった。すでにこの時点でゴニの身体は麻薬やアルコールに大きく蝕まれていた。この当時の2人を写したポートレートがあるが、ゴニの目のまわりは真っ黒な隈だらけで、どうみても健康な人間には見えない。

1945年1月、新たにメンバーを集めたゴニは再度楽団を組織したが、もはやその身体は取り返しのつかない状態になっていた。モンテビデオのダンス・カーニバルが始まる前日の2月5日、同地のバンドネオン奏者、フアン・エステバン・マルティネス宅にてゴニはこの世を去った。わずか31年間の生涯だった。10代の頃よく活動をともにしていたヴァイオリン奏者で親友のアルフレド・ゴビ[*2]はその死を悼み、ゴニの未完のモチーフをもとに〈オルランド・ゴニに捧ぐ *A Orlando Goñi*〉を書いた。

ゴニ楽団はこのように活動も不安定で、結局レコードは作れずに終わったが、1944年の初め頃にテスト録音された4曲が、一応残されてはいる。そのうちの1曲〈そしていつも同じ *Y siempre igual*〉(歌:ラウル・アルダオ)は一度LPで復刻されたことがあるが、そこで聴けるゴニ楽団のサウンドは当然ながらゴニ自身の強力なピアノを軸にしたもので、効果的なオカズが随所にビシッと決まっている。楽団全体の傾向としてはトロイロほどの独自性は発揮していないが、演奏の密度は濃い。また、唯一の自作曲であるミロンガ〈ミ・レガーロ *Mi regalo*〉（作詞：エンリケ・ディセオ、歌：オスバルド・カブレラ）は、ピアソラの未発表録音も収録された『ラ・フォノーラ未発表曲集——オルケスタと歌手たち』で聴くことができる（#29）。残されたあと2曲は〈チケ〉〈エル・タウラ *El taura*〉である。

＊2　アルフレド・ゴビ *Alfredo Gobbi*（1912・5・14〜1965・5・21）
ヴァイオリン／ピアノ奏者、楽団指揮者、作曲家、編曲家。フランスのパリ生まれ。本名アルフレド・フリオ・フローロ・ゴビ。同名の父アルフレド（・エウセビオ）・ゴビ、母フローラ・ロドリゲスはともに歌手として活躍した（カルロス・ガルデルが歌謡タンゴを確立する以前のコミカルなスタイル）。生後6か月で両親とともにブエノスアイレスに戻り、6歳からピアノやヴァイオリンを学ぶ。フリオ・デ・カロに憧れてタンゴ界入りし、1927年にフアン・マグリオ・〝パチョ〟楽団に参加、次いでロベルト・フィルポ楽団を経て、29年にはバルダロ＝プグリエーセ楽団に参加した。その後はオスバルド・プグリエーセ（p）との二重奏で活動したほか、アルベルト・プグリエーセ、ペドロ・ラウレンス、ホアキン・ド・レジェスなどの楽団を転々としていたが、42年に自身の楽団を結成し、47年からRCAビクトルに録音を開始、「タンゴのロマンティックなヴァイオリン」と称された。楽団メンバーとしてセサル・サニョーリ、エルネスト・ロメロ、オスバルド・タランティーノ（以上ピアノ）、マリオ・デマルコ、アルベルト・ガラルダ、エドゥアルド・ロビーラ、オスバルド・ピーロ（以上バンドネオン）、アルシーデス・ロッシ、オスバルド・モンテレオーネ（以上コントラバス）、ウーゴ・バラリス（ヴァイオリン）ら優秀なメンバーが入れ替わり参加した。主な専属歌手はホルヘ・マシエル、ティト・ランドー、アルフレド・デル・リオ。RCAでは57年までに76曲を録音し、58年にはオルフェオに6曲を残したが、ボヘミアン的な性格もあって以後は録音の機会を失い、楽団での活動も極めて不安定となる。第5章の347頁および注12「アルフレド・ゴビの非公式録音」も参照のこと。最後は流しのヴァイオリン弾きに身をやつし、53歳で亡くなった。彼の没後ピアソラは〈アルフレド・ゴビの肖像〉を捧げている。主な作品に〈オルランド・ゴニに捧ぐ〉〈カマンドゥラーへ〉〈エル・アンダリエゴ（放浪者）〉〈君の悩みとわが苦しみ〉（フリオ・カミローニ作詞）〈贖罪〉などがある。

なお、ゴニはトロイロ楽団在籍中の1943年1月、マヌエル・ブソン楽団の〈正午 *Mediodía*〉〈自信満々で男前 *Compadre y buen mozo*〉の録音にピンチヒッター的に参加している。ブソン楽団自体、きびきびした演奏で好感が持てるのだが、骨太で力強いゴニのピアノの存在感はやはりすごい。同様にピアニストだったブソンが自身の楽団を率いて録音したレコードは少なく、今日ではほとんど語られることもないが、確固たる実力を感じさせ、当時のタンゴ界の層の厚さをうかがい知ることができる。

フィオレンティーノ伴奏楽団

歌手フィオレンティーノは、ゴニとともにベルグラーノ放送局にデビューしてわずか2か月後にはゴニと別れ、新たに自身の楽団を結成するに至った。自身の楽団といっても、歌手がリーダーの場合、伴奏指揮を務めるいわば音楽監督が別に存在するのが常であり、フィオレンティーノ楽団の場合も例外ではなかった。そして、その音楽監督に抜擢されたのが、トロイロ楽団をやめたばかりのアストル・ピアソラだった。

ウルグアイの芸能音楽誌『カンシオネーラ』の第499号（1944年9月6日号）が、フィオレンティーノの新楽団誕生のニュースを伝えている。それは次のような内容だった。

アニバル・トロイロとの長期にわたる大成功のシーズンを終え、独立したばかりの評判の歌手、フランシスコ・フィオレンティーノを擁したはずのオルランド・ゴニ楽団の実情について、このところ音楽業界にいろいろな噂が飛び交っていたが、フィオレンティーノから我々のもとに、現在の状況を明確に説明した手紙が届けられた。これによって真相が明らかになった。

結局フィオレンティーノは、新しい楽団「フィオレンティーノの歌声とアストル・ピアソラの指揮によるグラン・オルケスタ」を結成した。トロイロのもとでの長期にわたる活動で知られ、また第1バンドネオンも担当してきたピアソラは、編曲者、演奏者、指揮者の3つの立場で楽団に加わったところである。そのほかには（ピアノの）カルロス・フィガリ*3もいる。彼がロス・ソロス・グリーセス（訳注：バンドネオン奏者ホセ・ガルシーアの楽団）在籍時に録音した〈海の悲しみ *Tristeza marina*〉（〔ホセ・〕ダメスと〔オラシオ・〕サンギネッティ作の大ヒット）での素晴らしいソロは忘れがたい。すでに公表されたレパートリーに加え、現在リハーサル中の新曲をひととおり紹介しておくと、〈ラ・クンパルシータ〉〈チケ〉〈エル・モティーボ（動機）〉〈場末のメロディー〉〈魅せられし心〉〈テンブランド *Temblando*〉がある。〈レソンガンド…レソンガンド *Rezongando... rezongando*〉は（ロベルト・）ガルサと（カルロス・）バール*4の新作タンゴで、ヒットした〈夜のやすらぎ *Sociego en la noche*〉の再現が期待される。（ミゲル・）ブチーノの新しいタンゴもある。そして〈エン・ラ・ノーチェ〉（訳注：正しくは〈エン・ラス・ノーチェス〉）は（フィオレンティーノの）たっての希望でエンリケ・カディカモと共作したされる。

*3　カルロス・フィガリ *Carlos Figari*（1917・8・3〜1994・9・22）
ピアノ奏者、楽団指揮者、作曲家。ブエノスアイレス生まれ。アントニオ・スレーダのトリオでデビュー、ホセ・ガルシーアのロス・ソロス・グリーセスを経て、１９４３年にはフランシスコ・カナロ楽団に参加（マリアーノ・モーレスとの2台ピアノだった）、そして44年、フィオレンティーノ＝ピアソラ楽団に参加する。47年にホセ・バッソからトロイロ楽団のピアノ奏者の座をバトンタッチされ54年8月まで在籍。独立後はスプレンディド放送局専属楽団を指揮、その後は自身の楽団や四重奏団などを率いてミュージック・ホール、ＲＣＡビクトルなどに録音を行ったが、特に際立った個性を発揮するには至らなかった。73年にはカチョ・ジャンニーニ（bn）、パブロ・メルフィ（b）とのトリオでレドンデルにアルバム『テクレアンド』を録音している。

タンゴだ。楽団の活動予定をお知らせしておくと、今月（9月）15日にキャバレー「エンピーレ（エンパイア）」にデビュー、10月1日にはベルグラーノ放送局に出演し、同月にはオデオンと専属契約を結び録音も開始されることになっている。

この記事とはいささか異なり、ピアソラを編曲指揮者に据えた「フィオレンティーノ・イ・ス・オルケスタ・ティピカ（フィオレンティーノと彼のオルケスタ・ティピカ）」が実際にベルグラーノ放送局にデビューしたのは、１９４４年9月11日のことだった。メンバーは次のとおり。

歌手：
フィオレンティーノ
バンドネオン、編曲、指揮：
アストル・ピアソラ
バンドネオン：
ロベルト・ディ・フィリッポ*5／アンヘル・ヘンタ*6／フェルナンド・テル*7

＊4　カルロス・バール *Carlos Bahr*（1902・10・15～1984・7・23）
作詞家。ブエノスアイレスのボカ地区生まれ。船乗りの父親が１９１４年に欧州戦線に赴いたまま消息を絶ったため、苦労して育つ。熱心な読書家であり、１９３４年から創作活動を始めた。36年にスペイン内戦が始まると、共和国人民戦線のために戦うべくスペインに渡ることを決意するが、モンテビデオでの健康診断で肺の病気が見つかり不合格に。その後本格的に作詞家としての活動に入る。メルセデス・シモーネの伴奏バンドネオン奏者だったロ

ベルト・ガルサとの共作が足掛かりとなったが、40年代には〈日ごとに君がわからなくなる〉(アルマンド・ポンティエル作曲)〈明日は早く行くよ〉(エンリケ・フランチーニ作曲)など、ミゲル・カロー楽団関連の作曲家との共作が多くなる。実際にカロー楽団、フランチーニ＝ポンティエル楽団、ファン・ダリエンソ楽団それぞれの全録音中、取り上げられた作品数が最も多い人気の作詞家となった。

＊5　ロベルト・ディ・フィリッポ *Roberto Di Fillipo*(1924・6・12〜1991・2・15)

バンドネオン／オーボエ奏者。サンタフェ州ペイラーノ生まれ。全員が音楽を学ぶ8人兄弟姉妹の末っ子として生まれ、4歳でバンドネオンを始める。6歳にもならないうちから兄や姉たちとエドゥアルド・ベテレのアカデミーに通い、兄弟姉妹で楽団を組んで近所の集会などで演奏した。プロを目指し、兄ルシオのサポートを得て1940年にブエノスアイレスに出る。翌年、17歳の時にロベルト・セリージョ楽団でデビュー。マヌエル・ピサロ、アルベルト・ソイフェルなどの楽団を経て、43年にオルランド・ゴニ楽団に参加、その後ピアソラに呼ばれた。48年にはピアソラのもとを去り、49年以降フリオ・デ・カロやホアキン・ド・レジェスの楽団を経て、50年にオラシオ・サルガン楽団に参加するが、スプレンディド放送局専属楽団に採用されたためすぐに脱退(この時サルガンは激怒したと伝えられている)。この時点でタンゴの仕事の減少を懸念し、クラシックの演奏家として食べていけるよう、ピアソラの勧めでオーボエ奏者への転身をはかり、エドムンド・ガスパールに師事。51年にはスプレンディド放送局専属楽団でそのままオーボエ奏者となり、61年にはコロン劇場管弦楽団への入団を果たす。オーボエ奏者としてはそのほか、50年代初頭のピアソラのテーカーへの録音、65年のピアソラ＝ボルヘス『エル・タンゴ』などに参加。70年代にはアティリオ・スタンポーネやニト・ファラーチェ楽団での録音、フォルクローレのドミンゴ・クーラの77年のアルバムなどにも参加している。健康上の理由から80年に現役を引退、人知れず27年ぶりにバンドネオンを手にする。80年から83年にかけて自宅でプライベートに録音されていた貴重なバンドネオン・ソロ(編曲は彼自身、マキシモ・モリ、ロベルト・ロドリゲスほか)のテープは、没後の2001年にEPSAミュージックでCD『インティモ』にまとめられた(87年のライヴ1曲とピアソラの言葉も収録)。

＊6　アンヘル・ヘンタ *Angel Genta*(1921・5・21〜?)

バンドネオン奏者、楽団指揮者。ロベルト・フィルポ、エルビーノ・バルダロの各楽団を経てフィオレンティーノ＝ピアソラ楽団〜「46年のオルケスタ」と続けて参加したのち、49年頃フリオ・デ・カロ楽団に参加、その後は自らの楽団を率いてスプレンディド放送局に出演した。

ヴァイオリン：
ウーゴ・バラリス／エルネスト・ジャンニ[*8]／ファン・ビビローニ／オスカル・ルセーロ
チェロ：
アンヘル・モロ
ピアノ：
カルロス・フィガリ
コントラバス：
ホセ・〝ペペ〟・ディアス[*9]

その後コントラバスがペペ・ディアス（キチョ・ディアスの兄）からバレンティン・アンドレオッタに交代したのを除けば、メンバーは安定していたようである。

オデオンと契約したフィオレンティーノ＝ピアソラ楽団は、ステージ・デビューから8か月後の1945年5月19日にレコーディングを開始、翌46年5月にかけてSP12枚、計24曲（＃1〜＃12）を録音するのだが、録音開始に先駆けて3月頃には、アンセルモ・アイエタ[*10]作のインストルメンタル〈ラ・チフラーダ〉とオスバルド・プグリエーセ作曲、エンリケ・カディカモ作詞による〈影のように *Igual que una sombra*〉がテスト録音されていたようだ。このうち後者は、その後正式録音されることはなかった。また、『カンシオネーラ』誌で紹介された新しいレパートリー8曲のうち、実際に録音されたのは〈エン・ラス・ノーチェス〉（＃4）1曲のみである。

あくまでも歌手フィオレンティーノが看板の楽団とはいえ、伴奏指揮者の座を手に入れたことによって、ピアソラは晴れて自分の表現領域を手に入れた。これが本格的な活動の第一歩となる。このフィオレンティーノ楽団でピアソラが目指した音作りはどのようなものだったのか。この楽団はそのまま

＊7　フェルナンド・テル *Fernando Tell*（1921・1・22〜1995・3・28）バンドネオン奏者、作曲家。サンタフェ州マリア・スサーナ生まれ。ロサリオでホセ・サラ楽団に参加、1944年ブエノスアイレスに出て、エドガルド・ドナート楽団に短期間在籍したのちにフィオレンティーノ＝ピアソラ楽団に参加した。49年から59年までアニバル・トロイロ楽団に在籍、その後61年から63年までは日本に滞在し、演奏活動を行うとともにアルバムも録音した。この時にはタンゴ歌手を目指していた阿保郁夫を指導している。帰国後はロサリオなどで演奏活動を続けていたが、晩年の生活は孤独だったようで、死因も自殺だった。代表作にエドムンド・リベーロや阿保が歌った〈行こう、栗毛の老馬よ〉（ビクトリーノ・ベラスケス作詞）がある。

＊8　エルネスト・ジャンニ *Ernesto Gianni*（1915・4・5〜?）ヴァイオリン奏者。ブエノスアイレス生まれ。カジェタノ・ジャンピエトロに師事し、1940年、チャルロの伴奏楽団（指揮マリオ・マウラーノ）でデビュー。43年にはファン・カルロス・コビアン楽団に参加。フィオレンティーノ＝ピアソラ楽団のあとはエドガルド・ドナート、フリオ・デ・カロ、フランシスコ・ロムートらの楽団、アンヘル・バルガスの伴奏楽団（指揮アルマンド・ラカーバ）、アルベルト・モランの伴奏楽団（指揮アルマンド・クーポ）、ロス・セニョーレス・デル・タンゴなどを経て63年にアルマンド・ポンティエル楽団に参加。ポンティエル楽団で67年に、再結成フランチーニ＝ポンティエル楽団で73年に来日。

＊9　ホセ・〝ペペ〟・ディアス *José "Pepe" Díaz*（1909・7・23〜1972・5・7）コントラバス奏者。ブエノスアイレス州アベジャネーダ生まれ。ダビッド、エンリケ・〝キチョ〟と続くディアス3兄弟の長兄。1942年にアルフレド・ゴビ楽団に参加したのち、オルランド・ゴニ楽団、続いてフィオレンティーノ＝ピアソラ楽団に参加。ホアキン・ド・レジェス楽団にも在籍したが、52年に音楽業界を離れた。キチョや従兄弟のコントラバス奏者フェルナンド・カバルコス（ペペを継いでゴビ楽団に参加、のちにフランチーニ＝ポンティエル楽団やトリオ・フェデリコ＝ベリンジェリなどで活躍）への影響は多大で、名手と言われながら幻の存在として語り継がれている。

1946年以降、名実ともに自分のものとなったオルケスタ・ティピカへと移行していくので、それについてはあとでまとめることにして、周囲の無理解とも闘わなければならなかったピアソラのエピソードを1つ書いておこう。

それはマラブーに出演していた時のこと、ピアソラは過去にトロイロ楽団にも編曲を提供したことのあるマリアーノ・モーレス作〈酒と彼女とキス〉に、イントロにチェロのカデンツァを付け加えた美しいアレンジを施した。だがマラブーで働いていた女の子たちはこの曲が始まると、奥に引っ込んだかと思うと、クラシックの殿堂コロン劇場で上演されるバレエを醜悪に模した格好で現れ、ピアソラをからかったのだ。ピアソラはアレンジの変更を余儀なくされた。結局この曲は録音されずに終わったのだが、フィオレンティーノ自身もこうした当時としては大胆な試みを好まなかったことから、フィオレンティーノとピアソラの間にも溝が生じるようになっていった。そしてピアソラは、自身の楽団の結成を決意するのである。

アストル・ピアソラ楽団始動

1946年5月をもってフィオレンティーノと別れたアストル・ピアソラは、それまでのフィオレンティーノ＝ピアソラ楽団から懇意のメンバーを引き抜き、自身の楽団「アストル・ピアソラ・イ・ス・オルケスタ・ティピカ（アストル・ピアソラと彼のオルケスタ・ティピカ）」を結成した。

ピアソラ率いる新楽団は6月26日にエル・ムンド放送局でデビュー、7月からはコリエンテス通りにあるカフェ「マルソット」に出演、そして9月からオデオンでの録音を開始している。結成から録音開始までの期間が当時としては異常に短いが、これはオデオンのスタッフがフィオレンティーノ楽団での実績を高く評価していたということだろうか。なお、あとになってこの時期のピアソラ楽団は、ほかの時代と区別するために「46年のオルケスタ」と呼ばれることになる。以降1949年の楽団解散までのメンバーの変遷をまとめてみた。★印はフィオレンティーノ楽団以来のメンバー。

バンドネオン：
アストル・ピアソラ★／ロベルト・ディ・フィリッポ★／イシドロ・サジャーゴ[*11]／アンヘル・ヘンタ★↓
ピアソラ／ディ・フィリッポ／サジャーゴ／ビセンテ・トッピ[*12]（46年9月）↓

＊10　アンセルモ・アイエタ *Anselmo Aieta*（1896・11・5～1964・9・25）
バンドネオン奏者、楽団指揮者、作曲家。ブエノスアイレスのサンテルモ地区生まれ。最初にコンツェルティーナを手にし、タバコ工場で5年間働いた収入でバンドネオンを入手した。ヘナロ・エスポシトに楽器を習い、アグスティン・バルディ（p）、エドゥアルド・モネーロス（vn）とのトリオで1913年11月にカフェ「ラ・ブセーカ」でデビュー。17年にはラフェエル・イリアルテ、次いでエドゥアルド・アローラスのグループに参加。19年から22年までフランシスコ・カナロ楽団に参加後、自身の楽団を結成。ステージでは人気があり、長く活動したが、録音は28年にエレクトラ、30年にコルンビア、54年にテーカーに残した程度で、数は少ない。作曲家としての業績に優れ、作詞家フランシスコ・ガルシーア・ヒメネスとのコンビで〈孤児〉〈とてつもない幸運〉〈君のくちづけは僕のものだった〉〈行列を追って〉〈夢の中で〉〈悩める魂〉〈白い小鳩〉〈蝶々〉などの名作を残したほか、ピアソラも取り上げたインストルメンタル〈ラ・チフラーダ〉〈カルナバル〉も書いている。

＊11　イシドロ・サジャーゴ *Isidoro Sallago*
バンドネオン奏者。同じくバンドネオン奏者のカリスト・サジャーゴの兄弟という以外、経歴などは不明。

ピアソラ／ディ・フィリッポ／アベラルド・アルフォンシン[13]／トッピ↓
ピアソラ／ディ・フィリッポ／アルフォンシン／ホルヘ・ルオンゴ[14]↓
ピアソラ／レオポルド・フェデリコ[15]／アルフォンシン／ルオンゴ（48年）
ヴァイオリン：
ウーゴ・バラリス★／アンドレス・リバス[16]／アブラスチャ・ブルドゥニック↓
バラリス／リバス／ロドルフォ・フェルナンデス[17]（46年9月）↓
バラリス／リバス／カルメロ・カバジャーロ[18]

＊12　ビセンテ・トッピ *Vicente Toppi*（1913・9・10〜?）
バンドネオン奏者。リカルド・ブリニョーロ、ロベルト・フィルポ、アンヘル・ダゴスティーノ、ミゲル・ニヘンソンなどの楽団に参加。１９３９年に結成されたガブリエル・クラウシ楽団にピアソラとともに参加、そのクラウシの楽団の一員としてチリに赴いたこともある。

＊13　アベラルド・アルフォンシン *Abelardo Alfonsín*（1917・11・29〜1982・7・23）
バンドネオン奏者。サルバドール・グルピージョやファン・カナロの楽団を経てピアソラ楽団に参加した。楽団解散後は１９５０年から55年までオラシオ・サルガン楽団に参加し、52年にはレオポルド・フェデリコとともにブエノスアイレス大学法学部でピアソラの交響曲《ブエノスアイレス》の初演にも参加した。68年にはアニバル・トロイロ楽団に参加、75年のトロイロの死去まで在籍した。その後はラウル・ガレーロ（bn）の大編成楽団などに参加している。

＊14　ホルへ・ルオンゴ *Jorge Luongo*（1924・1・31〜?）
バンドネオン奏者。ラウル・カプルン、エミリオ・オルランド、ホアキン・ド・レジェス、エルビーノ・バルダロ、ファン・カナロの各楽団を経てピアソラ楽団に参加。１９４９年にはアティリオ・スタンポーネやフリアン・プラサ、アルフレド・マルクッチらとヨーロッパに渡り、エドゥアルド・ビアンコ楽団のツアーに加わっている。帰国

後はスタンポーネ＝フェデリコ楽団〜アティリオ・スタンポーネ楽団に続けて参加した。

＊15　レオポルド・フェデリコ *Leopoldo Federico*（1927・1・12 〜 2014・12・28）バンドネオン奏者、楽団指揮者、作曲家、編曲家。ブエノスアイレス生まれ。アニバル・トロイロ以降登場したバンドネオン奏者の最高峰。フェリクス・リペスケルやカルロス・マルクッチ、フランシスコ・レケーナ（編曲家オスバルド・レケーナの伯父）にバンドネオンを習う。１９４４年、ディ・アダモ＝フローレス楽団の一員としてデビュー、フアン・カルロス・コビアン、アルフレド・ゴビ、オスマル・マデルナ、カルロス・ディ・サルリなどの楽団、歌手アルベルト・マリーノの伴奏楽団（エミリオ・バルカルセ指揮）、オスバルド・マンシのグループなどを転々としたのち、ロベルト・ディ・フィリッポの後任としてピアソラ楽団に参加、50年から52年まではオラシオ・サルガン楽団で第1バンドネオン奏者を務める。53年、アティリオ・スタンポーネと共同でスタンポーネ＝フェデリコ楽団を結成、キャバレー「ティビダボ」、ベルグラーノ放送局に出演するとともに、アルヘンティーノ・ガルバンの編曲を得てテーカーにSP1枚を録音。続いてエクトル・マリア・アルトーラ指揮エル・ムンド放送局専属楽団に参加、55年からはアティリオ・スタンポーネ楽団およびブエノスアイレス八重奏団で活動。58年には自身の楽団を結成、60年からはその楽団で人気歌手フリオ・ソーサの伴奏も務め、両者の協力関係は64年のソーサの自動車事故死まで続いた。以来自らの楽団を亡くなる直前まで率い続けたが（中断あり）、その間にもカルロス・ガルシーア楽団、ロス・ノタブレス・デル・タンゴ、ドミンゴ・ルーリオ（fl）率いるパ・ケ・バイレン・ロス・ムチャーチョス、マリアーノ・モーレスのモダン・リズム六重奏団、ロベルト・グレーラ（g）とのサンテルモ四重奏団、トリオ・フェデリコ＝ベリンジェリ、フェデリコ＝マルビチーノ＝セバスコなど幾多のグループで活躍を続けた。楽団を率いての来日公演も76年以来数多く行っている。ピアソラがほとんど彼のために書いたと言えるバンドネオン・ソロ曲〈ペドロとペドロ〉は＃G25と＃G72に収録。主な作品に〈左利きのバンドネオン〉（ラウル・ガレーロと合作）〈秋のカプリチョ〉（オスバルド・レケーナと合作）〈カブレーロ（ネオタンゴ）〉（マヌエル・フローレスと合作）〈センティメンタル・イ・カンジェンゲ〉などがある。

＊16　アンドレス・リバス *Andrés Rivas*
ヴァイオリン奏者。ピアソラ楽団ののち、１９５３年にはスタンポーネ＝フェデリコ楽団に参加。60年にはアティリオ・スタンポーネ楽団、その後エンリケ・フランチーニとレオポルド・フェデリコのオクテート・ティビダボにも加わった。

ヴィオラ：
ビクトリオ・カサグランデ[19]
チェロ：
アンヘル・モロ★↓
ホセ・フェデリーギ[20]↓
ラモン・バタジェール（47年）
ピアノ：
アティリオ・スタンポーネ[21]
コントラバス：
バレンティン・アンドレオッタ★
歌手：
アルド・カンポアモール[22]／エクトル・インスア[23]↓
カンポアモール／アルベルト・フォンタン・ルナ[24]（48年）

＊17　ロドルフォ・フェルナンデス *Rodolfo Fernández*（1922・12・18〜？）
ヴァイオリン奏者。ブエノスアイレス生まれ。１９４１年にファン・カナロ楽団に参加、その後ロベルト・ルフィーノの伴奏楽団を経てピアソラ楽団入り。47年以降ホセ・バッソ、カルロス・フィガリ、アティリオ・スタンポーネ、カルロス・ガルシーアなどの楽団に参加。72年にはフロリンド・サッソーネ楽団に加わって来日した。

＊18　カルメロ・カバジャーロ *Carmelo Cavallaro*

ヴァイオリン奏者。1955年から58年までアニバル・トロイロ楽団、60年代にはアティリオ・スタンポーネ楽団、70年代にはオスバルド・ベリンジェリ楽団やアルマンド・ポンティエル楽団の録音などに参加している。

＊19　ビクトリオ・カサグランデ *Victorio Casagrande*（1912・4・28～?）

ヴィオラ奏者。マリオ・ラリやフランシスコ・サン・マルティーノらとの活動を経てオルランド・ゴニ楽団に参加。ピアソラ楽団解散後は1953年のスタンポーネ＝フェデリコ楽団、同年のアニバル・トロイロ楽団の『モローチャの中庭』公演などに参加。オラシオ・サルガン、アティリオ・スタンポーネの各楽団にも参加している。

＊20　ホセ・フェデリーギ *José Federighi*（1913・9・20～?）

チェロ奏者。ブエノスアイレス生まれ。バンドネオンからチェロに転向、1931年からマリオ・アセルボーニ、エドゥアルド・デル・ピアノ楽団などに参加。47年にはピアソラ楽団を離れオラシオ・サルガン楽団に参加、その後はレオポルド・フェデリコ楽団にも参加している。

＊21　アティリオ・スタンポーネ *Atilio Stampone*（1926・7・1～2022・11・2）

ピアノ奏者、楽団指揮者、作曲家、編曲家。ブエノスアイレス生まれ。ビセンテ・スカラムーサにピアノを習う。1941年、ロベルト・ディマス（vn）楽団でプロ・デビュー、42年にはペドロ・マフィア楽団に加わりキャバレー「ティビダボ」に出演。45年からロベルト・ルフィーノの伴奏楽団（アルベルト・カマラ指揮）に参加、そこにはアンドレス・リバス、ロドルフォ・フェルナンデスも在籍していた。ピアソラ楽団在籍中の48年にはマリアーノ・モーレス楽団に一時参加、楽団解散後の49年にはファン・カルロス・コビアンのグループに参加したのち、ホルヘ・ルオンゴ、フリアン・プラサらとヨーロッパに渡り演奏旅行を行った。帰国後の53年、オラシオ・サルガン楽団を脱退したレオポルド・フェデリコと共同でスタンポーネ＝フェデリコ楽団を結成、テーカーにSPを1枚残した（アルヘンティーノ・ガルバン編曲）。55年、フェデリコとのコンビは一応解消するが両者の協力関係はその後も続く。58年、米国のオーディオ・フイディリティに初アルバムを録音。60年代から80年代にかけてミクロフォンに多数のアルバムを残したが、特に72年の『コンセプト』以降はオルケスタ・ティピカ編成から離れ、音楽的にもクラシックなどの影響を強く感じさせた。歌手の伴奏を務めた録音では、70年代前半のロベルト・ゴジェネチェとのアルバム3枚が特筆される。81年にはオスカル・アライス振付による全幕バレエ『タンゴ』の音楽を手がけた。90年代にはマウリシオ・マルチェリ（vn）、カルロス・ブオノ（bn）らを加えた五重奏団を率いた。

先にも触れたとおり、音楽的にはフィオレンティーノ＝ピアソラ楽団と「46年のオルケスタ」とはひと繋がりのものと考えて構わない。そのサウンドは後年のピアソラのイメージからは随分と隔たりがあり、関連性が薄いように感じられるかもしれないが、これがピアソラの原点であることは紛れもない事実である。

ではこの時期のピアソラは、当時のタンゴ界においてどのような位置にあったのだろうか。それを確認するためには、当時の周囲の状況を改めて振り返っておく必要があるだろう。

タンゴ黄金時代の立役者たち

タンゴの音楽的発展という見地から言うと、１９４０年代前半をリードしていたのはやはりアニバル・トロイロ楽団である。バンドネオンの名手であり優れた作曲家でもあったトロイロ自身のほか、ピアノのゴニ（１９４３年9月からホセ・バッソ[*25]）やベースのキチョ、歌手のフィオレンティーノ（１９４３年4月からアルベルト・マリーノとの2名体制）、編曲家のアルヘンティーノ・ガルバンらが重要な役割を果たしている。ピアソラもそこで編曲家としてのスタートを切ったことはすでに述べた。

トロイロと並んでタンゴ界の双璧となるオスバルド・プグリエーセは、１９３９年に楽団を結成、

＊22　アルド・カンポアモール *Aldo Campoamor*（1914・3・21～1968・10・27）
歌手、作詞・作曲家。ブエノスアイレス生まれ。思春期に気管支を患い、コルドバ州コスキンで療養中に歌を始める。１９３３年にブエノスアイレスに戻り、国立劇場でコーラスの仕事に就く。ファン・カナロ楽団に１年間参加したのち、ペドロ・マフィア楽団を経て、ファン・カナロ楽団に戻る。その後ロベルト・セリージョ、エルビーノ・バルダロの楽団を経て、オラシオ・ペトロッシ楽団で初録音。38年にはパリに渡り、ラファエル・カナロ楽団

の歌手としてフランスのオデオンに録音、帰国後の39年からエル・ムンド放送局でエドムンド・サルディバルのギターや楽団の伴奏で歌ったのち、ピアソラ楽団に加わった。楽団解散後は歌手のアントニオ・ロドリゲス・レセンデと活動したりしていたが、1958年にはマリアーノ・モーレスのグラン・オルケスタ・リリカ・ポプラール、60年にはミゲル・ニヘンソン楽団にも参加している。

＊23　エクトル・インスア *Héctor Insúa*（1923・2・23～1972・10・22）
歌手。ブエノスアイレス州サラテ生まれ。本名フリアン・エクトル・アラムビーデ。フアン・カルロス・アイエージョ楽団で歌ったのち、1944年にガブリエル・クラウシ楽団に加わってチリのビーニャ・デル・マールで演奏活動を行う。翌年オラシオ・サルガン楽団に参加後、ピアソラにスカウトされた。その後カルロス・マルクッチ楽団を経て、54年にはフアン・カナロ楽団の一員としてウーゴ・バラリス、オスバルド・タランティーノらとともに来日した。60年代にはソロ歌手として中米諸国をツアーし、最終到達地のメキシコに落ち着く。71年に故郷に戻り、サラテ育ちのオメロ・エスポシトの支援を受けてタンゴの店を開いたが、翌年10月、自分の店で歌い終えた直後に急逝した。

＊24　アルベルト・フォンタン・ルナ *Alberto Fontán Luna*（1921・12・20～1997）
歌手。ブエノスアイレス州ヘネラル・サルミエント生まれ。ピアソラ楽団参加が本格的活動の第一歩だった。1952年にはスプレンディド放送局に出演、その後はロレンソ・バルベロやフロリンド・サッソーネの楽団に参加した。95年には、女性歌手ゴギ・フォンタンと連名でメキシコのペンタグラマからアルバム『フエゴ・タンゴ』をリリースしている。

＊25　ホセ・バッソ *José Basso*（1919・1・30～1993・8・14）
ピアノ奏者、楽団指揮者、作曲家、編曲家。ブエノスアイレス州ペルガミーノ生まれ。幼少の頃ブエノスアイレスに移り住む。恵まれた家庭に育ち、12歳でプロ・デビュー。アルベルト・シーマ、アンセルモ・アイエタ、ホセ・ティネリなどの楽団を経て、エル・ムンド放送局に出演するアルベルト・ソイフェル楽団に参加していたところをアニバル・トロイロに認められた。1943年9月、オルランド・ゴニのあとを継いでトロイロ楽団に参加、アレンジャーとしても実績を残す。47年、独立し自身の楽団を結成、同年10月にカフェ「マルソー」にデビュー、49年からオデオンで録音を開始した。70年と85年には楽団を率いて来日。その豪放磊落なピアノ演奏には定評があったが、彼の楽団が最も輝いていたのは50年代から60年代前半あたりまで。

1943年からオデオンで録音を開始する。その同じ年、プグリエーセはそれまでに築き上げてきたリズム理念を凝縮させたコンセプチュアルな名曲〈ラ・ジュンバ〉を発表、ピアソラにも大きな影響を与えたが（プグリエーセによるこの曲の初録音は1946年だが、52年の再録音ヴァージョンの方が決定版）、レコードで聴く限り当初のサウンドは渋いというか比較的地味で、その本領が真に発揮されるようになるのは、バンドネオンのオスバルド・ルジェーロなど優秀な楽団員たちが演奏家として、あるいは作編曲家として頭角を現すようになった1940年代も終わり頃になってからのこと。そして1952年から53年にかけて最初のピークを迎えるのである。

トロイロもプグリエーセも、デ・カロ以降の流れを受け継ぐアーティストだが、1920年代にデ・カロと並んでタンゴ・アレンジメントの確立に寄与したオスバルド・フレセドからつながる流れも、この時期にしっかりと花を咲かせている。

フレセドの生み出したリズム感覚をストイックなまでに昇華させたのが、ピアニストのカルロス・ディ・サルリ。「タンゴの紳士」と呼ばれたディ・サルリは、ダリエンソやフィルポとは違った見地から古典復興に情熱を燃やし、魔術的とすら形容できるそのピアノで楽団全体を導いた。1940年代から50年代末にかけて多くの名演を残しているが、ピアソラとの直接的な音楽的関連性はないに等しい。

マル・デル・プラタ時代のピアソラを魅了したこともあったミゲル・カロー楽団も大まかに言えばフレセドからの流れに属するが、楽団自体よりも優秀な人材を育てたことでより高く評価されている。特に1940年代前半はピアノのオスマル・マデルナ[*26]、バンドネオンのアルマンド・ポンティエル[*27]やドミンゴ・フェデリコ、ヴァイオリンのエンリケ・マリオ・フランチーニ[*28]といった、それぞれがのちに大活躍することになる若手が顔を揃え、カロー楽団にとっての黄金時代を形成した。

彼らの中で最初に独立したのは１９４４年のドミンゴ・フェデリコだったが、１９４５年にはマデルナ、ポンティエル、フランチーニが揃ってカロー楽団を脱退、独自の道を歩み始める。

フランチーニ＝ポンティエル楽団は、その名のとおりエンリケ・フランチーニとアルマンド・ポンティエルの連名による双頭楽団として１９４５年から55年まで活動したが、実際にリーダー役を務めたのは堅実派のポンティエルの方だった。彼は盟友フランチーニの天才的なヴァイオリン・プレイを随所

＊26　オスマル・マデルナ *Osmar Maderna*（1918・2・26～1951・4・28）
ピアノ奏者、楽団指揮者、作曲家、編曲家。ブエノスアイレス州ペウアホ生まれ。少年時代から才能を示し、地元で楽団「ビタフォーネ」を率いるなどの活動後、18歳でブエノスアイレスに出て、１９３９年にミゲル・カロー楽団に参加した。45年に自身の楽団を結成、46年にウルグアイのソンドールに4曲、続いてＲＣＡビクトルに録音を開始した。本文に挙げた以外の代表作に〈降る星のごとく〉がある。不慮の飛行機事故により亡くなった翌年の52年には、マデルナの遺志を継ぐ形で、楽団メンバーだったアキレス・ロジェーロ（vn）の指揮、オルランド・トリポディのピアノによるオルケスタ・シンボロ・オスマル・マデルナ（オスマル・マデルナ象徴楽団）が結成され、60年まで録音活動を続けた。

＊27　アルマンド・ポンティエル *Armando Pontier*（1917・8・29～1983・12・25）
バンドネオン奏者、楽団指揮者、作曲家、編曲家。ブエノスアイレス州サラテ生まれ。本名アルマンド・プントゥレーロ。地元のファン・エーレルト楽団を経てブエノスアイレスに移住、40年にミゲル・カロー楽団に参加。45年9月、エーレルト楽団以来の盟友エンリケ・フランチーニ（vn）とともにフランチーニ＝ポンティエル楽団を結成、実質的なリーダー役を務めた。55年にはフランチーニと別れ、新たに自身の楽団を結成、ＲＣＡビクトル、コルンビア（ＣＢＳ）、ポリドール、ミュージック・ホールなどへ録音を行いながらコンスタントに活動を続けたが、特に歌手にフリオ・ソーサを擁し、演奏面でも充実していたＣＢＳ時代（50年代後半）がその最盛期と言える。67年に自身の楽団で、73年に再結成フランチーニ＝ポンティエル楽団で来日している。作曲家としても優れ、主な作品に〈友に捧ぐ〉〈おさげ髪〉（オメロ・エスポシト作詞）〈君なくて〉（フェデリコ・シルバ作詞）などがある。

に配置した的確な編曲を施し、カロー譲りのスウィング感を武器に楽団を成功へと導いた。また、オルランド・ゴニにも通じる感覚を持ったピアニストのファン・ホセ・パス[*29]が在籍し、重要な役割を果たしたことも特筆される。

オスマル・マデルナも1945年に楽団を結成、翌46年から録音を開始した。マデルナは、自身の流麗なピアノを最大限に駆使し、タンゴの新たな可能性を大きく示した重要な音楽家である。まずロシアの大作曲家リムスキー＝コルサコフの有名な〈熊蜂の飛行 *El vuelo del moscardón*〉をタンゴにアレンジして衆目を集め、自作の幻想的タンゴ〈月下のコンチェルト *Concierto en la luna*〉では、タイトルどおりピアノ協奏曲の要素をタンゴに取り入れた。ピアソラもマデルナの革新性に惚れ込んだ一人だったが、そのマデルナは惜しくも1951年に自家用飛行機の操縦を誤り他界してしまった。33歳の若さだった。

マデルナと並んでこの時代の先端を走り、ピアソラに大いなる刺激を与えたのがピアニストのオラシオ・サルガンだ[*30]。無理やり分類すればサルガンはデ・カロの流れをより受け継いでいると言えそうだが、ショーロなどのブラジル音楽やジャズなどからも想を得たスケールの大きな彼の音楽は、とてもそんな一言で片づけられるものではない。

サルガンは1944年に楽団を結成したが、時代より進みすぎていた彼の音楽は、ラジオ局やレコード会社の興味をそそるものではなかった。このあたり、1930年代中葉のバルダロ楽団を思わせるエピソードである。結局楽団はいくつかのテスト録音を残したのみで、1947年には一旦解散してしまう。サルガンの活動が安定したのは、1950年に楽団を再結成してからのことだった。

サルガンの音楽は強烈な美意識に貫かれていて、一度作り上げられた編曲は、細部はともかく大筋では、書き換えられることは基本的になかった。驚くべきことに彼の音楽は、最初から完成されていたの

＊28　エンリケ・マリオ・フランチーニ *Enrique Mario Francini*（1916・1・14～1978・8・27）ヴァイオリン奏者、楽団指揮者、作曲家。ブエノスアイレス州サンフェルナンド生まれ。カンパーナ市に移り住み、エクトル・スタンポーニ（p）と最初の活動を行う。1935年、サラテ市にてファン・エーレルト楽団に参加し、アルマンド・ポンティエル（bn）と知り合う。37年、ポンティエルとブエノスアイレスに出て、40年にはともにミゲル・カロー楽団に参加する。当時のカロー楽団は、優れた若手メンバーをスカウトすることで有名だった。45年、ポンティエルと連名でフランチーニ＝ポンティエル楽団を結成、人気を博すが、実際の楽団運営はほとんどポンティエルが行っていた。52年には楽団と並行してエクトル・スタンポーニ（p）とのデュオでも活動。55年、ポンティエルと袂を分かち、それぞれ楽団を結成するが、フランチーニ楽団の方は短命に終わる。その後はアルヘンティーノ・ガルバン編曲のロス・アストロス・デル・タンゴ、オラシオ・サルガンらとのキンテート・レアル、エクトル・スタンポーニとのロス・ビオリネス・デ・オロ・デル・タンゴ、レオポルド・フェデリコとのオクテート・ティビダボなどに随時参加。70年前後は、ネストル・マルコーニ（bn）らを加えた六重奏団、続いてディノ・サルーシ（bn）が編曲を担当した八重奏団で活動、ともに録音はわずかながら、特に後者の演奏内容は充実していた。73年には再結成フランチーニ＝ポンティエル楽団による来日公演も行われた。77年にも臨時編成のシンフォニック・タンゴ・オーケストラを率いて来日している。主な作品に〈秋のテーマ〉〈やってきた女〉（オメロ・エスポシト作詞）などがある。

＊29　ファン・ホセ・パス *Juan José Paz*（1921・9・7～1973・1・2）ピアノ奏者、楽団指揮者、作曲家、編曲家。ブエノスアイレス生まれ。本名ファン・ホセ・アボンダンサ。幼時からピアノを習い、16歳の時アルヘンティーナ放送局でプロ活動を開始。歌手アルベルト・カスティージョの伴奏楽団（指揮エミリオ・バルカルセ）やグループ「サバリータ」を経て1945年、フランチーニ＝ポンティエル楽団の結成に加わった。同楽団の多くの録音でソロを披露、55年からは引き続きエンリケ・フランチーニ楽団に参加した。61年にはホアキン・ド・レジェス楽団にピアノ奏者兼アレンジャーとして参加、62年には一時オラシオ・サルガンの代役でキンテート・レアルのピアノ奏者も務めた。その一方でアルベルト・ポデスタ（52年）、エルサ・リーバス（58年）、アルベルト・マルコー（68年）、ホルヘ・ソブラル（70年前後）といった歌手のレコーディング楽団の伴奏指揮も担当している。

だ。実際にはレコードが残されることがなかった１９４０年代のサルガン楽団だが、そのレパートリーはほとんどが後年録音されており、当時の楽団のサウンドを想像することが比較的容易なのは我々にとって一つの救いではある。

オルランド・ゴニの親友で、若い頃頻繁に行動をともにしていたのが、ヴァイオリンのアルフレド・ゴビである。バルダロ＝プグリエーセ楽団にトロイロらとともに参加したこともあったゴビは、１９４２年に自分の楽団を作った。ゴビ楽団がＲＣＡビクトルに録音を開始したのは１９４７年で、それから10年あまりにわたって多くの優れた録音を残した。現地のタンゴ通に言わせると、ゴビ楽団がもっとも輝いていたのは結成からしばらくの間、つまり録音を開始する以前の時期だったということだが、残された録音のみから判断しても、実に素晴らしい楽団であったことは疑いようがない。

ゴビの音楽は、基本的にはデ・カロからの流れを継いだねばっこさに満ちたものだが、その踏みしめるような力強いリズムの刻み方には、デ・カロとは対極の位置にあるディ・サルリとの共通点もうかがえる。そうした相反する要素は、意図的に組み合わされたというよりは、ゴビの天才的な感性がそれを自然に融合させることを可能にしたと考える方が正しいだろう。結果、強力なスウィング感が生まれ、誰にも真似のできないゴビの個性的な世界が表出されたのである。エンディングの盛り上げ方も実に巧みで、聴き手の心を鷲掴みにしてしまうのは毎度のことだった。

後年のピアソラが「タンゴで〝音楽〟をやろうとする人たち全員の〝父〟だった」と評した天才ゴビは、ゴニほどではないにせよ、やはりボヘミアン気質の持ち主だった。ゴビのその後についてはまた第５章で触れよう。

多くの後進に多大な影響を与えた肝心のフリオ・デ・カロ自身はというと、１９３０年代後半以来迷

走を続けていた。原点に戻り充実した活動を再開したのは１９４９年のことだったが、その５年後には

＊30　オラシオ・サルガン *Horacio Salgán*（1916・6・15～2016・8・19）
ピアノ奏者、楽団指揮者、作曲家、編曲家。ブエノスアイレス生まれ。14歳で映画館のピアノ奏者としてプロ・デビュー。その後はファン・プエイ楽団でダンス音楽を演奏したり、教会のオルガン奏者を務めたり、放送局でさまざまなジャンルの歌手の伴奏を務めたりしていたが、エルビーノ・バルダロ楽団に短期間参加したのち、１９３６年にロベルト・フィルポ楽団に参加。その後は再びセミ・クラシックやフォルクローレなどタンゴ以外の演奏に明け暮れた。43年、自作のショーロ〈嬰へ調のショーロ〉をマイナー・レーベルに録音。44年に自身のタンゴ楽団を結成、歌手にエドムンド・リベーロを加えた。47年に楽団を一旦解散し、50年に再結成。第１バンドネオンにレオポルド・フェデリコ、歌手にロベルト・ゴジェネチェらを迎えＲＣＡビクトルに録音を開始。その後テーカーやウルグアイのアンタール・テレフンケンにも録音を残したが57年に楽団を解散、同年からウバルド・デ・リオ（g）とのデュオでの活動を開始した。59年にはこのデュオを発展させた形のキンテート・レアルを結成したが、これも活動は不定期で、デ・リオとのデュオをメインに、時折キンテート・レアルや臨時編成楽団での仕事をこなすというスタンスを取るようになる。キンテート・レアルで64、66、69年の３回、楽団を率いて81年にそれぞれ来日。75年にはオラシオ・フェレールとの合作による管弦楽団と混成合唱団、ソリスト、ナレーターのための《オラトリオ・カルロス・ガルデル》がマル・デル・プラタのアトランタ劇場で初演されたが（指揮ギジェルモ・スカラビーノ）、この作品は90年にプロビンシア銀行の協賛を得てレコード化され（指揮シモン・ブレフ）、３年後にメロペアでＣＤ化された。90年代後半には、サルガン＝デ・リオおよびヌエボ・キンテート・レアルという２つのフォーマットでブエノスアイレスの「クルブ・デル・ビーノ」に出演していた。後者のメンバーはサルガン（p）、デ・リオ（g）、ネストル・マルコーニ（bn）、アントニオ・アグリ（vn）、オスカル・ジウンタ（b）。２００２年に引退し、両グループは息子のセサル・サルガンに引き継がれた。以後も時折舞台に上がることはあったが、12年に相棒のデ・リオを失う。15年にはサルガン親子を描いたキャロライン・ニール監督のドキュメンタリー『サルガン＆サルガン――父と子のタンゴ』も制作された。主な作品に〈とろ火で〉〈ドン・アグスティン・バルディ〉〈口笛で呼ぼう〉〈アケージョス・タンゴス・カンペーロス（あの田園のタンゴ）〉（ウバルド・デ・リオと合作）〈ワルツのモチーフ〉（カルロス・バール作詞）などがある。

タンゴ界から引退してしまう。デ・カロからの流れを直接受け継ぐ楽団指揮者たちの中で、40年代を通じて安定した活動を展開したのはペドロ・ラウレンスくらいだろう。

最後にもう一人、この時代に登場した重要人物を挙げておこう。その名はマリアーノ・モーレス。[*31] 大衆的タンゴの権化、フランシスコ・カナロのもとで修行を積んでいたこのピアニストは、まず作曲家として頭角を現した。1943年の〈ウノ〉（エンリケ・サントス・ディセポロ作詞）、1945年の〈さらば草原よ *Adiós pampa mía*〉（イボ・ペライ作詞、曲はカナロとモーレスとの合作ということになっているが、実際はモーレスがほとんど一人で書いた）など、それまでのタンゴでは考えられないようなコスモポリタンなメロディーを持った作品の数々は、ピアソラやこれまで名前を挙げてきたアーティストたちとはまったく別の意味でタンゴ界に新しい風を吹き込むものだった。なお、モーレス自身が楽団リーダーとして本格的に活動を始めるのは1950年代に入ってからのことである。

オルケスタ・ティピカ

1940年代のタンゴ界にあって、音楽的に時代をリードした人たちも、そうでない人たちも、一定の決められた〝枠〟の中で活動していた。トロイロ以下重要な楽団指揮者の名前を挙げてきたが、ここでいう「楽団」とはすべてオルケスタ・ティピカ編成のものを指す（最後のモーレスは除く）。カナロやロベルト・フィルポなどによる古典復興的小編成楽団は例外的なもので、当時の楽団はどこも同じようなオルケスタ・ティピカ編成を採っていた。オスバルド・フレセドやフアン・デ・ディオス・フィリベルトのように編成の大きな楽団を率いるケースも稀にあったが、ティピカ以外の編成はほとんど考えられなかったのかといえばそのとおりで、それがタンゴというものだったのだ。

レパートリーも当時のヒット曲や古典などさまざまな作家の作品をメインに、時折自作曲を織りまぜるといった具合で、そんな中で編曲や実際の演奏を通して、いかに個性に磨きをかけるかが楽団の命運を分けるポイントだった。

ピアソラとて当時は、ほかの楽団リーダーたちとなんら変わるところはなかった。楽団編成はオルケスタ・ティピカそのもの。まだ作曲家として自己を確立する前だったとはいえ、そのレパートリーに占める自作曲の割合はかなり少ない。フィオレンティーノ＝ピアソラ楽団においては全24曲中1曲のみで、しかもフィオレンティーノとの合作だった。「46年のオルケスタ」では全32曲中インストが3曲、歌ものが2曲の計5曲だけである。

フィオレンティーノ＝ピアソラ楽団におけるピアソラの編曲手法は、デ・カロ～バルダロ～トロイロ

＊31　マリアーノ・モーレス *Mariano Mores*（1922・2・18～2016・4・13）ピアノ奏者、楽団指揮者、作曲家、編曲家。ブエノスアイレス生まれ。バー「ビセンテ」の専属ピアノ奏者を経て1936年にはロベルト・フィルポ楽団に短期間参加、38年に姉妹のミルナ、マルゴーとトリオ・モーレスを結成したが、この頃から既に作曲に非凡な才能を示していた。39年からフランシスコ・カナロ楽団に参加、ピアノ奏者および作編曲家として活躍した。48年にカナロのもとを離れ指揮者として独立、ミュージカルや映画音楽、レコード制作にと八面六臂の活躍を続ける。従来のオルケスタ・ティピカの枠を超えた大編成のグラン・オルケスタ・リリカ・ポプラールを率い、60年代からは逆に小編成でエレキ・ギターやヴィブラフォン、オルガンなどを加えたセステート・リトゥミコ・モデルノ（モダン・リズム六重奏団）なども結成してタンゴ界に新風を送り込んだ。海外での活動も盛んで、レヴュー・スタイルのそのステージは各地で人気を集めた。84、88、92年に来日。本文に挙げた以外にも〈灰色の昼下がり〉〈グリセル〉〈クリスタル〉（以上ホセ・マリア・コントゥルシ作詞）〈ブエノスアイレスの喫茶店〉（エンリケ・サントス・ディセポロ作詞）〈愛せしがゆえに〉〈海にのぞみて〉（以上ロドルフォ・タボアーダ作詞）〈軍靴の響き〉〈タンゲーラ〉など傑作は数限りない。

の延長線上にあるものだが、そこにゴビのスウィング感、ゴニの左手の響きに通じるものもしっかりと付け加えられていた。バンドネオンのフレーズを引き立てる弦のオブリガートのうまさなどにも非凡な才能が感じられるが、もっとも特徴的なのは、その弾むようなリズムだ。トロイロ譲りの速めのテンポ設定は、それ自体が躍動感を生むものだが、それに加えて、時としてタンゴ独特の4ビートの2拍目と3拍目の裏に軽く刻まれるリズムが絶妙な効果を上げている。この技は同時期のほかの楽団では見られないもので、ピアソラが独自に編み出した手法と見ていいだろう。

最初の録音となったのはフランシスコ・プラカニコ作曲、セレドニオ・フローレス作詞による1933年の作品〈コリエンテスとエスメラルダ〉(#1)だが、ブエノスアイレスの中心街にある2つの通りの交差点を描いたこの曲は、7か月ほど遡った1944年10月にオスバルド・プグリエーセ楽団もロベルト・チャネルの歌で録音していた。両者を聴き比べてみると、全体の構成はほぼ同じながら、フィオレンティーノ＝ピアソラの方がはるかにリズムの展開がめまぐるしく、さまざまな要素を一曲の中に盛り込もうとしているのがわかる。

バンドネオンによる華やかな変奏(バリアシオン)もトロイロ譲りのものだが、一糸乱れぬ速いパッセージを可能にしたのは、ピアソラ自身の腕もさることながら、優れたテクニックの持ち主であるロベルト・ディ・フィリッポの参加に負うところも大きかった。ディ・フィリッポはピアソラとは大変仲が良く、暇があると一緒にコロン劇場管弦楽団の練習を見に行ったりしていた。彼はピアソラも「信じがたい技術の持ち主」と絶賛するほどの名手だったが、その後はオーボエ奏者に転身することになる。

参加メンバーの中ではヴァイオリンのウーゴ・バラリス、ピアノのカルロス・フィガリも重要だ。親友バラリスはピアソラの要請に応え、随所でバルダロ直伝の泣きの感覚にあふれた見事なソロを披露しているし、フィガリものちにトロイロ楽団の3代目ピアニストに抜擢されるだけの実力者だけあって、ピアソラの求めているものを的確に表現した。

この伴奏楽団で極めて異例と思われるのは、歌手フィオレンティーノが主役にもかかわらず、その録音されたレパートリーの中に彼が登場しない、つまりインストルメンタルの曲が〈ラ・チフラーダ〉（#4）〈バラの色〉（#8）と2曲も含まれていることである。確かに楽団のサウンド作りにおいても随所に冒険は見られたが、あくまでもフィオレンティーノのヴォーカルを引き立てるという前提があってのこと。このインスト2曲、特に1945年7月に録音されたアンセルモ・アイエタ作〈ラ・チフラーダ〉（盤の表記は口笛や風の吹く音を指す〈エル・シルビード〉で、俗語で頭のおかしい女という意味の〈ラ・チフラーダ〉はサブタイトル扱いとなっているが、これは1943年に軍事クーデターで大統領となったラミレス将軍が俗語の放送禁止令を出したことによる）は異様なエネルギーに満ちていて、バンドネオンがこれでもかというくらいに暴れまくっている。4か月後の〈バラの色〉ではさすがに少し落ち着きも見せていたが。

なお、『カンシオネーラ』誌1945年5月16日号の小さな囲み記事は、ピアソラ指揮のフィオレンティーノ楽団がモンテビデオ市営のホテルやカジノでの冬季の催しで演奏することがニュースになっていると紹介しているが（「大きな魅力にはなり得ないように思われる」などと書かれ、論調としては否定的）、その中で「（ピアソラの）最新の成果の一つが、タンゴ・ヒターノ（ロマ風のタンゴ）〈セロス *Celos*〉の興味深いアレンジである」と書いている箇所がある。これは明らかにデンマークのヤコブ・ゲーゼ作の〈ジェラシー〉（スペイン語で〈セロス〉）のことを指していて、かなり予想外のレパートリーということになる。

46年のオルケスタ

「46年のオルケスタ」は1946年9月から48年12月にかけてオデオンでSP16枚、全32曲（#13〜#28）の録音を行った。内訳はインストルメンタル、歌ものがそれぞれ16曲となっていて、一見バランスが取れているように思えるが、当時としては、これは尋常ではなかった。1940年代から50年代前半にかけての他の楽団のレパートリーは、いずれも歌ものの比重がはるかに高く、インストは多くても歌ものの半分程度しか録音されていない。オスバルド・プグリエーセしかり、アルフレド・ゴビしかり、オスマル・マデルナしかりである。

そもそもピアソラがフィオレンティーノと別れたのも、先に挙げたようなアレンジの大胆さに対する見解の相違のほかに、歌手の伴奏に疲れたことも原因の一つだったようで、オルケスタ・ティピカ・スタイルの枠内、専属歌手を立てた状態であっても、インストルメンタル楽曲における高度なオーケストレーションの追求に重点を置いて楽団を運営しようとしていたことが想像できる。

レコードに登場する専属歌手はアルド・カンポアモール、エクトル・インスア、アルベルト・フォンタン・ルナの3人のみだが、実力的に頭抜けていたのは堂々たる歌声の持ち主だったカンポアモール。ピアソラの信頼も厚く、レコードも歌のレパートリーでは彼の歌ったものが大半を占めている。そのほか、フェリクス・アルマグロ、フリオ・バローネ、オスカル・フェラーリ[*32]の3人もそれぞれ歌手として参加していた時期があるが、いずれも録音を残すことなく終わっている。

フィオレンティーノ＝ピアソラ楽団と同様、その基本的な音作りはデ・カロ〜バルダロ〜トロイロの延長線上に位置しつつゴビのスウィング感などを織り込んだものであることに変わりないが、ピアノに関して言えばあのゴニ風の重たい響きから、もう少し装飾的で軽やかな感じへと変化が見られる。これはピアニストがフィガリからアティリオ・スタンポーネへと代わったこともあるだろうが、オスマル・マデルナからの影響も見逃せないのではないかと思う。

先にも触れたようにピアソラはマデルナに並々ならぬ関心を寄せており、「自分と同じように（新しいことを）やっていたのはマデルナとサルガンだけだった」と、のちに発言しているほどである。直接的にマデルナの影響を感じさせる部分はさすがに少ないが、この時期の名演奏の一つに挙げられるファン・カナロ*の1932年の作品〈アイ・バ・エル・ドゥルセ（いい男が行くよ）〉（＃26）などにはやはりマデルナ的なものを感ぜずにはいられない。そう思ってマデルナ自身の演奏による同曲を聴くと全然違うのがまた面白いのだけれど。

全体を支配しているのはやはりデ・カロ主義で、〈クリオージョの誇り〉（＃14）〈ラ・ラジュエラ（石蹴り遊び）〉（＃20）〈チクラーナ〉（＃24）〈愛しき故郷〉（＃25）〈心のすべて〉（＃28）とフリオ・デ・カロ

＊32　オスカル・フェラーリ *Oscar Ferrari*（1924・8・9～2008・8・21）
歌手。ブエノスアイレス生まれ。本名オスカル・サムエル・ロドリゲス・デ・メンドーサ。両親はともにダンサーだったが、父親が早くに亡くなり、働いて家計を助けながら歌手を目指した。アティリオ・フェリーチェ楽団で短期間歌ったあと、1943年にルナ・パーク・スタジアムのコンテストに出場、その後フアン・カロー楽団に採用され、ナイトクラブ「ラ・カルメーナ」でデビューを飾った。45年にはアルフレド・ゴビ楽団に参加し、唯一の師となった歌手ウーゴ・グティエレスのもとで技術を磨く。兵役後、エドガルド・ドナート楽団を経て末期のピアソラ楽団に参加。49年、ホルヘ・ドゥランとのコンビでホセ・バッソ楽団に参加してから人気を得た。50年代後半はフリオ・ソーサとともにアルマンド・ポンティエル楽団で活躍、その後ソロ歌手として独立し、地方を巡業しながら執筆や詩作にも取り組んだ。70年には一時ポンティエル楽団に復帰、73年にレオ・リペスケル楽団に参加後、再びソロとなり南米諸国公演を成功させた。95年にはベバ・プグリエーセ（オスバルド・プグリエーセの娘でピアノ奏者）とも共演。2008年の映画『アルゼンチンタンゴ 伝説のマエストロたち』にも出演している。

作品はいずれも完成度が高い。ペドロ・マフィア作品〈タコネアンド〉(#23)も同様である。

トロイロ楽団時代に編曲を手がけ注目を浴びた〈インスピラシオン〉をここで改めて取り上げているが、比べてみると大きな隔たりはないにせよ、全体的に装飾が多くなっているのがわかる(#17)。このほかに注目すべきなのは、バンドネオン奏者ロベルト・ペレス・プレチ*33の初期の作品でほかにはレコードのない〈私のバンドネオンで〉で、力のこもった文句なしの名演奏が展開されている。その見事な構成力は当時の最高水準といって間違いないだろう(#21)。

一方自作曲はインストが3曲、歌ものが2曲とまだ数も少ないのは先に述べたとおり。1946年11月に録音された自作曲〈エル・デスバンデ〉は、レコードに残されたピアソラ初のインストルメンタル曲となった記念すべき作品だが、ここから後年のピアソラのイメージをうかがい知ることはできない。ほかには見られない独特のかわいらしい表情を持った楽しい曲ではある(#15)。

タンゴ的、という意味ではその次の自作〈セ・アルモー〉(1947年6月録音)の方がより本格的かもしれない。その出だしの部分など、作曲家としてのロベルト・フィルポらが得意としてきた描写的なタンゴからの流れもしっかりと感じられる。タイトルは「武装された」「騒ぎが起きた」というような意味(#21)。

もう一つの自作曲でこの時期最後の録音となったのが、ジャズ・ピアニストのエンリケ・ビジェーガス*34に捧げた〈ビジェギータ〉。混沌としつつも力強い演奏の中に、将来的なピアソラらしさを予感させ

*33 ロベルト・ペレス・プレチ *Roberto Pérez Prechi*(1919・9・12〜2003・8・6)
バンドネオン奏者、作曲家、編曲家。バンドネオンをマルコス・マドリガルに師事。1937年、18歳の時にアド

ルフォ・インペリアーレ（p）、レネ・ペラーソ（vn）とトリオを結成し、トゥクマンの喫茶店で演奏、その後チャコ州に移った。39年、ペドロ・バルデス楽団に参加しコルドバ州サンマルコスのカーニバルで演奏。処女作品と言える〈私のバンドネオンで〉の楽譜は46年、彼の友人でのちに彼の姉と結婚するイラストレーターのカレー（#F27の項参照）を通じてピアソラの手に渡り、ステージでの初演後に録音された。兵役後の48年、クリストバル・エレーロ楽団に参加し、続いて50年に参加したオスバルド・フレセド楽団で30年間を過ごすことになる。フレセド楽団では同僚となったロベルト・パンセラの演奏や編曲手法から多くを得たと、本人はのちに語っている。フレセド楽団に在籍したまま、ファン・サンチェス・ゴリオやペドロ・マフィアの楽団でも演奏活動を行う。58年には歌手リカルド・ランドーの提案でフレセド路線の楽団を立ち上げて編曲指揮を担い、ベルグラーノ放送局やエル・ムンド放送局に出演したものの、売れないとの理由でレコーディングは実現しなかった。フレセド楽団在籍時には編曲も手がけ、作品も10曲が取り上げられた。中でも〈愛の移り気〉（オラシオ・サンギネッティ作詞、初録音は52年）は、56年にフレセド楽団とディジー・ガレスピーとのセッションで選ばれた4曲のうち1曲となり、61年にウーゴ・マルセルが歌った〈ウニカ〉（エウヘニオ・マフル作詞）はフォルクローレ歌手のフリオ・モリーナ・カブラルがグアラニア（パラグアイの音楽）のリズムでカヴァーして大ヒットした。ピアソラに捧げた〈アストルへ〉という作品もあるが、これはダニエル・ビネリが90年、メロペアにバンドネオン・ソロで録音している。

＊34　エンリケ・"モノ"・ビジェーガス *Enrique "Mono" Villegas*（1913・8・3～1986・7・10）

ピアノ奏者、作曲家。ブエノスアイレス生まれ。ジュゼッペ・ヴェルディ音楽院、アルベルト・ウィリアムス音楽院などでクラシックを学び、1920年代末にはデューク・エリントンらジャズの洗礼も受ける。30年代は主にクラシックのピアノ奏者として活動。40年代はジャズでの活動がメインで、42年にはコンシエルト・イデアル・デ・ジャスを率いベルグラーノ放送局に出演、43年にサンタ・アニータ六重奏団、44年にはコンボ「ロス・プンテーロス」を結成、そのほかさまざまなグループで活動した。49年にはフォルクローレ二重唱、マルティネス＝レデスマの専属ピアノ奏者を務めている。50年にはオデオン劇場でピアノ・リサイタルを開催、第1部でタンゴやフォルクローレ、第2部でブラームスやシューマンなどのクラシック、第3部でジャズを演奏した。52年、ミュージック・ホールにフォルクローレのアバロス兄弟作品集を自身の名義で初録音、55年には米国に渡り、コロンビア（CBS）でジャズのLPを2枚録音、その後は合衆国とアルゼンチンを行き来しつつ活動を続けた。60年代後半からはトローバに主にピアノ・トリオ編成で多数の録音を残している。

る気分も見え隠れしていて聴き逃せないが、近年この曲ほど評価が高まった曲もないだろう（＃28）。その大きな理由は、小松亮太率いるオルケスタ・ティピカが２００２年にこの曲を取り上げ、見事な演奏と録音で再生させたことだ。これは小松のアルバム『ライヴ・イン・Ｔｏｋｙｏ～２００２』に収められただけでなく、翌年訪れたブエノスアイレスでの演奏が現地のファンを驚かせた。この曲は今では、ブエノスアイレスのタンゴ学校オーケストラで練習するレパートリーにもなり、若手のオルケスタが演奏する機会も増えているという。

また、ブエノスアイレス市が主催する２０１６年8月の『タンゴ・ブエノスアイレス・フェスティバル・イ・ムンディアル』のステージで、ダニエル・ビネリ*率いるオルケスタ・ピアソラ・デル・４６《クアレンタイセイス》によって、当時は未発表に終わった自作曲2曲が日の目を見た。1曲目は〈ファン・マヌエル・ファンヒオに捧ぐ〉で、ファンヒオとは１９５０年代にＦ１チャンピオンとして世界に名を馳せることになる、アルゼンチンが生んだ伝説のドライバーのこと。当時のピアソラの作品としては平均的な出来だろうか。2曲目〈ファン・セバスティアン・アローラス〉は「バンドネオンの虎」と呼ばれたエドゥアルド・アローラスをタンゴ界のバッハになぞらえたもので、アローラスの傑作〈ラ・カチーラ〉の一節も導入される一方で、フーガ的なフレーズの重ね方、バッハの《トッカータとフーガ ニ短調》の有名な出だしのフレーズを想起させる箇所もあるなど、試みとしては面白い。この2曲は、前述の〈ビジェギータ〉などほかのピアソラ作品と併せて、バンドネオンのダニエル・ルジェーロ率いるラ・オルケスタ・デル・46によるピアソラ生誕１００周年記念イベントでのライヴ映像が２０２１年7月に配信された（＃Y1）。同月にはほぼ同じ内容でスタジオ録音も行われ、リリースまでには3年を要したものの、２０２４年8月30日にルジェーロ名義のアルバム『オルケスタ・ティピカのためのピアソラ』

として各種プラットフォームでの配信が開始された（＃G109）。

そのほか「46年のオルケスタ」で正式録音されずに終わったレパートリーを挙げておくと、自作曲では〈黒人の涙〉（アルフレド・ロルダン作詞[*35]のカンドンベ。マリア・カンヒアーノによるカヴァーは＃G100）〈メネフレガ（私は気にしない）〉（オメロ・エスポシト作詞）〈バンドネオマニア〉などがある。

1946年にタンゴ・バーで初演されたエンリケ・ビジェーガス＝オメロ・エスポシト合作の〈もし今日が昨日だったら *Si hoy fuera ayer*〉が録音に至らなかったのも惜しまれる。ジャズ・ピアニストとして一般には知られているが、元々フォルクローレからクラシックに至る幅広い見識を持ち、タンゴにも愛情を注いだビジェーガスの作風は、コビアンやデ・カロにも通じるロマンティックなものだったという。そのほか、放送用録音など不完全な形であれ、音源が筆者の手元にあるものに〈カルナバル〉（歌：インスア、＃29に収録）〈ラ・クンパルシータ〉（＃30に収録）〈デスベーロス *Desvelos*〉（エドゥアルド・ボネッ

＊35　アルフレド・ロルダン *Alfredo F. Roldán*（1894・2・15～1954・5・14）作詞家。ブエノスアイレス生まれ。ピアソラと組んだ中では、エンリケ・ディセオと並んで最も古い世代に属する。「ダ・シルバ・カンパニー」がカビルド劇場で初演した3幕の喜劇『サンタ・エレーナ』でデビュー。作詞家としては、1928年に〈私の想い出〉（ホセとルイス・セルビディオ作曲）がメルセデス・シモーネに、31年に〈卑怯な瞳〉（ルイス・ベルンステイン作曲）がカルロス・ガルデルに取り上げられた。フランシスコ・ロムートやファン・ダリエンソ楽団の演奏で知られるミゲル・パドゥーラ作曲のワルツ〈愛と妬み〉の作詞も手がけ、31年に女性歌手のドラ・ダビス、33年にオルケスタ・ティピカ・ビクトル（歌：カルロス・ラフエンテ）が録音している。40年代は主にピアノ奏者のビセンテ・デマルコとのコンビで文芸復興の動きに応え、中でも代表作の〈君の冴えない週末〉は、ピアソラ楽団（＃22）のほか、アニバル・トロイロ＝エドムンド・リベーロ、アルベルト・カスティージョ（いずれも47年）、のちにフリオ・ソーサらも取り上げている。ピアソラとの共作は〈別れも告げずに〉（＃25）と当時未発表だった〈黒人の涙〉の2曲。

シ＝エンリケ・カディカモ作、歌：カンポアモール）〈渡り鳥 *Ave de paso*〉（チャルロ＝エンリケ・カディカモ作、歌：フォンタン・ルナ）〈ドリート *Dorito*〉（エルネスト・グティエレスという人のまったく無名の曲）、そして中盤に独自の展開部が挿入された、オデオン盤（＃23）とはアレンジの異なる〈タコネアンド〉がある。

ペドロ・クアルトゥッチとビルヒニア・ルーケ主演による1947年の映画『土曜日の男』（＃F2）（監督レオポルド・トーレス・リオス）には「46年のオルケスタ」の貴重な演奏シーンがある。楽団はダンスホールの奥の方に位置し、画面ではほとんど何がなんだかよくわからないが、ほんの数秒だけバンドネオンを弾くピアソラがアップになる。曲は〈エル・デスバンデ〉で、レコードとは明らかに異なる演奏。レコードよりさらにテンポが速く、1分30秒ほどに短く編集されたテイクだが一応完奏されている。さらに画面には出てこないがもう一曲、この映画のためにアドルフォ・ラファエル・アビレスとゴゴ・アンドレウが書き、ルーケがタンゴを踊りながら歌う〈踊って思い出して〉の伴奏も受け持っている。[*36]

ピアソラの「46年のオルケスタ」の演奏は当時としても極めて進歩的で水準の高いものだった。だが、順調だったレコーディング活動から見ると意外なことだが、実際にはステージでの演奏回数はそれほど多くなかった。

いくら進歩的といっても、人気楽団だったトロイロからの流れを汲み、タンゴの王道から大きく逸脱はしていなかったと今日の耳には聴こえる「46年のオルケスタ」だが、当時の人々にはとても奇妙なものに感じられたようだ。特にタンゴを踊りに来ていた人たちは、あからさまに拒否反応を示したという。現役のダンサーにも意見を聞いてみたが、展開の目まぐるしさや、曲の早い段階からのしかけの多さなどもあり、やはり踊りやすくはないとのことだった。当時のサルガン楽団などと同様に、純粋に音楽的な面からその真価を理解していたのは、一部のファンや音楽家仲間など限られた人たちだけだった。

また、当時の政治情勢もピアソラの楽団運営に影響を及ぼしていた。１９４６年６月に大統領に就任したファン・ドミンゴ・ペロンは、２番目の妻エバ・ペロン*37（愛称「エビータ」）の人気にもあやかって勢力を増していたが、体制側は当時アンチ・ペロニスタだった（公言はしていなかった）ピアソラに対しても、愛国的な曲を録音するよう圧力をかけてきた。１９４８年11月に録音された「46年のオルケスタ」期では最後から２番目のレコードに収められたサントス・リペスケル作曲、レイナルド・ジソ作詞

*36　ビルヒニア・ルーケ *Virginia Luque*（1927・10・4～2014・6・3）
歌手、俳優。サンタフェ州ロサリオ生まれ。本名ビオレータ・ドミンゲス。１９４３年に映画『その闘いに私は勝つ』で俳優としてデビュー、以後『タンゴの歴史』（49年）『モローチャの中庭』（51年）などに主演。その後は舞台やTVでも活躍を続けた。歌手としては51年にアルヘンティーノ・ガルバンの伴奏指揮でパンパにタンゴやボレロなどを録音、59年には主演映画『歌謡からタンゴまで』のサントラ盤（全曲ルーケの歌、伴奏指揮はティト・リベーロ）をRCAビクトルに録音、60年代以降はミクロフォンにLP数種（編曲指揮はアティリオ・スタンポーネやオスバルド・レケーナ、オマール・バレンテ）を録音しているほか、アラニッキーなどにも録音がある。87年と90年に来日。ミゲル・コアン監督、グスタボ・サンタオラージャ制作による２００８年の映画『アルゼンチンタンゴ伝説のマエストロたち』でも強烈な存在感を放った。

*37　エバ・ペロン *Eva Perón*（1919・5・7～1952・7・26）
アルゼンチンの政治家ファン・ドミンゴ・ペロンの2番目の夫人。愛称は「エビータ」。ブエノスアイレス州ロス・トルドス生まれ。本名マリア・エバ・ドゥアルテ（・デ・ペロン）。私生児として生まれ、恵まれない少女時代を過ごす。俳優を目指し、１９３４年、巡業に来た歌手アグスティン・マガルディに付いてブエノスアイレスに出る。何人かのパトロンを得て映画などに出演するが冴えず、ラジオ番組でようやく人気を得る。44年、軍の実力者ペロンと出会う。45年、クーデターからペロンを守り、年末に結婚。46年、ペロンが大統領に就任すると、大統領夫人として積極的に行動、財団を設立し慈善活動に力を入れ、婦人参政権の確立に尽力したが、一方では私腹も肥やし、アルゼンチンが経済的に苦境に陥る要因も作った。がんに冒され、33歳で波乱の人生に幕を閉じた。

のワルツ〈アルゼンチン共和曲〉がそれである（#27）。ピアソラは〈ペロンへの讃歌 *Himno a Perón*〉まで作曲する羽目になったが、すぐに捨ててしまったという。

ピアソラは、自身の楽団にエネルギーを注ぎ込みながらも、そこに自らの表現の限界を感じとっていた。また、同じことの繰り返しにも満足できなくなっていた。鬱陶しい政治的圧力もあった。やがて夜の仕事から、楽団から、バンドネオンから、タンゴから、離れたいという気持ちを彼は抑え切れなくなっていった。1949年9月にブエノスアイレスのルナ・パークで行われる予定の慈善興行に、ペロニスタたちから無償での参加を強要される事態を避ける目的もあり、6月30日をもってピアソラは楽団を解散する。それから約6年間、彼はタンゴの表舞台からはひとまず姿を消すことになるのである。

クラシック音楽の作曲への野心

さて、1940年代にはアルベルト・ヒナステラやラウル・スピバックからクラシックを学んでいたピアソラは、タンゴの仕事をこなしながらも、クラシックの作曲家として成功することを夢見て、作曲活動にいそしんでいた。ブエノスアイレスを訪れた指揮者のヘルマン・シェルヘン*[38]からはオーケストラ指揮の講義も受けている。ここからは、1943年以降54年のパリ留学までに書かれた作品（数え方にもよるが全部で25作ほど）をひととおり並べてみることにしよう。なお、括弧付きで記した作品番号は、1956年にピアソラがオラシオ・フェレール*に宛てて書いた自身の作品リスト（以下「ピアソラの手書きリスト」）に準じたもので、現在楽譜などに付けられている番号とは違っている場合もある。

ここでの「クラシック」という分類についてだが、これは「コンサート作品」という呼び方でも良いかもしれない。作品を楽譜として出版する場合、タンゴなどポピュラー音楽の場合は概ねピアノ・ピースの形で書かれるが、これはあくまでも素材であり、演奏者は自由にアレンジし、さまざまな楽器のアンサンブルなどに置き換えることができる。実際にピアノで弾こうとしても、指使いなどの点で書かれたとおりに演奏することが不可能な場合もままある。それに対し、いわゆるクラシック作品の方は、楽譜に指定された楽器で、アーティキュレーション（記号や用語が示す、音の繋げ方や切り方、強弱などの表情付け）などを含めて譜面に書かれたとおりに演奏するのが基本的なルール、というような違いがある。

クラシックの作曲家としてのピアソラの公式な処女作品は、1943年に書かれた《弦楽とハープのための組曲》（作品1）で、〈前奏曲〉〈子守歌〉〈ダンサ（踊り）〉の3楽章から成る。1945年にブルーノ・バンディーニの指揮により国営放送局で初演されたが、その音源は残されていない。第2楽章〈子守歌〉のみ、1985年にブラジルで当地のブルメナウ室内管弦楽団（指揮ノルトン・モロゾヴィッツ）により録音されている（＃G35）。ハープはエーリッゥ・ヒカルド・レイチ。2分半に満たない短い楽章で、ヒナステラからの影響が感じられる美しいアダージョだが、オリジナルの楽譜どおりではなくホセ・ブラガート[*39]の編曲によるもので、しかも3楽章のうちこの1曲だけでは作品の全体像は見えない。

最初の器楽曲はやはり1943年に書かれた《ピアノのための組曲》（作品2）で、アイデー・ジョル

＊38　ヘルマン・シェルヘン *Hermann Scherchen*（1891・6・21～1966・6・12）
指揮者、ヴィオラ奏者。ドイツのベルリン生まれ。ほぼ独学で音楽を学び、ブリュートナー管弦楽団のヴィオラ奏者として活動を始める。1912年にシェーンベルクの《月に憑かれたピエロ》で指揮者としてデビューした。ヒンデミットなどの作品の初演、『メロス』『ムジカ・ヴィヴァ』といった音楽雑誌の発刊などを通じて、現代音楽の理解と啓蒙に努めた。後進の指導にも熱心で、のちにアルゼンチンを代表する指揮者となるペドロ・イグナシオ・カルデロンやシモン・ブレフ（いずれも70年代以降ピアソラ作品をたびたび指揮）にも教えている。

ダーノが国立演劇場で初演した。時を経て1998年にピアニストの黒田亜樹が『タンゴ・プレリュード〜ピアソラ・ピアノ作品集』（#G62）で初録音を果たし、翌年には同じくピアニストのアリソン・ブルースター・フランセッティの『知られざるピアソラ』（#G65）が続いた。第1曲〈プレリュード〉はドビュッシーらフランス印象派系の趣が強く、畳みかけるようなエンディングが小気味良い。第2曲〈シチリアーナ〉は、タイトルどおりシチリア島起源の8分の6拍子の舞曲。第3曲〈トッカータ〉は、モード的な響きの中にラヴェルのような鋭い和音が響き、冒頭のアルペジオに見られる半音を含む五音音階やピアノの幅広い音域の使いこなしなどに面白さがある。よくまとまってはいるが、後年のピアソラらしさはここにはない。

ピアソラの手書きリストや研究家カルロス・クリの記した資料には見当たらないが、1943年の作品として楽譜が存在しているものに、嬰ハ短調で書かれたヴァイオリンとピアノのための〈プレリュード第1番〉がある。これもブルースター・フランセッティがヴァイオリンのエクトル・ファルコンとのデュオで前述のアルバムにて初録音（#G65）。中間部に8分の6拍子のいわゆるシチリアーナを挟んだ小品である。CDのライナーでカルロス・フランセッティは、ヴァイオリンのオクターヴ奏法による挽歌的なモチーフはアルゼンチン北西部のフォルクローレであるバグアラを想起させると書いている。ちなみに太鼓の伴奏などで歌われる本来のバグアラは、基本的にはド・ミ・ソの三音音階で構成された素朴なスタイルであり（五音音階が使われることもあるが）、そのとおりに書かれているわけではない。

1944年の作品に移る。ピアノのための《4つの小品》（作品3）は黒田亜樹が1999年の『タンゴ2000』に収めた（#G68）。全曲が調号を持たない描写的な音楽で、自然を感じさせる第1曲〈風景〉、ユーモラスに飛び跳ねるような第2曲〈曲芸〉（タイトルには「人形劇」「操り人形」の意味もある）、幻想的な第3曲〈パストラル〉、そしてダイナミックに展開する第4曲〈トッカータ〉という、緩~急~緩~急の構成。

〈シチリアーナ〉はピアソラの手書きリストには作品番号がないが、《ピアノのための組曲》の第2曲を室内管弦楽団用に編曲したものと思われ、1945年にルイス・ジャンネオの指揮により国営放送局で初演されている。

《チェロとピアノのための3つの小品》(作品4)はこれも1945年にラモン・ビジャクララのチェロ、アイデー・ジョルダーノのピアノで国営放送局にて初演され、CABスタジオでアセテート盤に録音されている。1995年もしくは96年、イタリアはパドヴァのインテルアンサンブル(・パドヴァ)のチェリスト、ルカ・バッカニェッラとピアニストでリーダーのベルナルディーノ・ベッジョにより録音され(#G60)、ブルースター・フランセッティとチェロのユージン・モイェ組が続いた(#G65)。〈パスト

*39 ホセ・ブラガート *José Bragato*(1915・10・12~2017・7・18)チェロ奏者、作曲家、編曲家。イタリアのウディーネ生まれ。ピアソラの生涯の親友で、最大の理解者の一人。生地のトマシーニ学院で音楽を学ぶ。1928年にブエノスアイレスに移り、勉強を続けたのち、コロン劇場管弦楽団のソリストを務める一方、アルヘンティーノ・ガルバンとエルビーノ・バルダロが率いたブライトン・ジャズなどに参加。タンゴを弾くようになったのは、38年にマリオ・マウラーノ(p)楽団に参加してから。その後はフランチーニ=ポンティエル楽団、マリアーノ・モーレス楽団などに参加。ピアソラとはブエノスアイレス八重奏団以降、89年の六重奏団まで共演を繰り返した。それ以外ではロス・アストロス・デル・タンゴ、アニバル・トロイロ楽団、レオ・リペスケルのプリメール・クアルテート・デ・カマラ・デル・タンゴ(タンゴ初の弦楽四重奏団)、アティリオ・スタンポーネ楽団、ブエノスアイレス市立タンゴ・オーケストラなどで活躍。ピアソラがなぐり書きした楽譜を清書し、管理してきたほか、ピアソラ作品の室内楽用などの編曲も盛んに行った。

ラル〉〈セレナーデ〉〈シチリアーナ〉の3曲はいずれも2分台で、派手な展開はなく落ち着いた雰囲気でまとめられている。

大オーケストラのための〈劇的序曲〉（作品5）は、ブルーノ・バンディーニ指揮で1949年に国営放送局で初演、アセテート盤にも録音された。CDの存在は確認できなかったが、ルーマニアのラジオ室内管弦楽団（指揮はイタリアのロベルト・サルバライオ）による2010年頃のブカレストでの非公式映像を観ることができた。9分台の作品で、楽章には分かれておらず切れ目なく演奏されるが、おおまかには3部構成で、オーケストラ全体による躍動的な導入部から、ヴィオラやチェロを主体に木管楽器などが絡む静的な中間部を経て、全体でドラマティックに盛り上がって終わる。ピアソラの手書きリストでは「大オーケストラのための」と表記されていたが、画面で見る限り、弦楽器、木管楽器、金管楽器、打楽器による40人ほどの編成であり、さまざまな楽器の使い分けを念頭に置きながら作曲された試作品の趣もある。

続いて1945年の作品から。〈オデッテの3枚の画〉（作品6）はピアノ曲だが楽譜は未発表に終わった。タイトルから、画家を目指していた妻デデ（オデッテ）の作品をテーマにしたことがわかる。《ピアノ・ソナタ第1番》（作品7）は、アントニオ・タウリエージョが1948年にラ・プラタで初演した。ブルースター・フランセッティによる1999年の録音があり（#G65）、夫のカルロス・フランセッティは「バルトークとヒンデミットからの影響はあるが、非独創的ということではない」と解説している。ソナタ形式の第1曲〈プレスト〉、8つの変奏を含む第2曲〈変奏付きコラール〉、メカニカルなテーマに美しいスロー・パートが挟まる第3曲〈ロンド〉という構成には、ピアノという楽器の特性がよく生かされている。タイトルは第1番となっているが、第2番以降は書かれることはなかった。

1年飛んで1947年には《ブエノスアイレス風狂詩曲》（作品8）が発表された。これは管弦楽のために書かれた大作で、1948年6月2日にブルーノ・バンディーニの指揮により国営放送局で初演、アセテート盤にも録音されたというが、残念ながら現在聴くことは叶わない。この作品は米国のエンパイア・トラクター社主催のコンテストで2位を獲得したとのことだ。

次は再び1年飛んで1949年の作品《オーボエと室内管弦楽団のための組曲》（作品9）となるが、1945年の《ピアノ・ソナタ第1番》以降インターバルが長くなっていたのは、さすがに自身のオルケスタ・ティピカでの演奏や録音で忙しかったからだろう。1950年にアルベルト・ペローナ（オーボエ？）が国営放送局で初演、1985年のカメラータ・バリローチェ[*40]による演奏は録音が残っているようだが、公的なものではなく未発表に終わっている。そして改めてカメラータ・バリローチェにより1994年1月、オーボエのアンドレス・スピジエールをフィーチャーしての録音がニューヨークで実現し、アルバム『タンゴ！ピアソラ、ブラガート、アリサーガの音楽』に収録された（＃G47）。テーマ部分でストリングスの全音符に乗せてオーボエがメロディーを奏でていく〈パストラル〉、8分の6拍子を基調に変拍子も交えて目まぐるしく展開する〈アレグレット〉、悲しみを湛えたメロディーに後年

＊40　カメラータ・バリローチェ *Camerata Bariloche*
室内管弦楽団。1967年に創設。バリローチェというのはアルゼンチン南部リオ・ネグロ州にある地名で、彼らはそこで開催されてきた音楽フェスティバルにも出演しているが、本拠地はブエノスアイレス。アルゼンチン国内はもとよりフランス、スイス、ドイツ、スペイン、米国、旧ソ連、日本、メキシコなど30か国以上で演奏活動を行ってきた。ユーディ・メニューイン、カール・リヒター、ジャン・ピエール・ランパルらとも共演。2024年現在のコンサートマスターはフレディ・バレーラ・モンテーロが務めている。

のピアソラらしさもちらりと顔を見せる〈ドレンテ〉、静かに盛り上がっていく〈アダージョ〉という4楽章から成るこの組曲は、ヒナステラやアーロン・コープランドなどの影響を感じさせながら、作品としては一定の水準に達していると言えるだろう。後年特徴的となる個性はまだ垣間見ることはできないが、ピアソラの作曲法とオーボエという楽器との相性の良さが感じられる。

同じく1949年に書かれた〈大草原の夕暮れ〉(作品10)はフォルクローレから想を得たピアノのための小品。1950年に国営放送局で初演されたがこの時の奏者は不明。翌51年には室内管弦楽団用に新たな編曲も書かれている。1970年にホルヘ・スルエータ[*]が、アルゼンチンの現代音楽の作曲家によるピアノ曲を集めた『アルゼンチン音楽のアンソロジー』で公式に初録音(#G16)。1996年にメロペアから発表されたカルロス・ガルシーア[*41]のピアノ・ソロ・アルバム『ピアノによるフォルクローレ』(#G54)は、1963年から64年にかけてラジオ放送用に録音されていた貴重な未発表音源を復刻したもので、そこでもこの曲は演奏されていた。8分の6拍子の美しい曲で、形式名は「ビダリータ」。ピアソラはフォルクローレをモチーフにした作品もいくつか書いているが、これはその最初の例で、まさにタイトルどおりの見事な描写作品となっている。

フォルクローレというと一般的にはケーナ(竹笛)やチャランゴ(アルマジロの甲羅を共鳴胴にした複弦5コースの弦楽器)などで演奏されるアンデスの音楽を思い浮かべる向きもあると思うが、広大な国土を持つアルゼンチンには、そうした「山間部の」フォルクローレ以外にも、たとえばギター弾き語りのスタイルなどの多種多様な「大草原の」フォルクローレがあり、むしろそれらが主流を占めている。吟遊詩人の系譜もしっかりと持ち、舞曲としてのバラエティーも豊かなアルゼンチンのフォルクローレは、ペルーやボリビアなどのそれとはかなり毛色が違う。もちろん各地方によってさまざまな幅広いスタイルを持っているので、一つに括ってしまうことはできないが、それでもアンデスの他の国々の音楽とは異なる、アルゼンチンならではの共通したトーンを持っていることも確かである。

弦楽四重奏のための〈行列と嘆き〉はピアソラの手書きリストにはなく、楽譜も未発表のままである。1950年の〈野生の踊り〉（作品11）は室内管弦楽団のための作品。リアルタイムでレコードが作られた数少ない例の一つで、1952年頃にブラディ[*42]の楽団が録音し、10インチ盤LP（#G4）に収められた。ブラディは純クラシックではなく、フォルクローレやラテンものをセミ・クラシック風のシンフォニックな編成で聴かせるというのがコンセプトの楽団指揮者。〈大草原の夕暮れ〉ほどではないが、フォルクローレの香りを秘めた3分半の作品で、いくつかのモチーフの組み合わせで成り立っている。

＊41　カルロス・ガルシーア *Carlos García*（1914・4・21～2006・8・4）

ピアノ奏者、楽団指揮者、作曲家、編曲家。ブエノスアイレス州カピージャ・デル・セニョール生まれ。本名カルロス・フアン・ペドロ・ガルシーア・エチェベリ。1920年から音楽を学び、26年にホルヘ・ニューベリー映画館でプロ・デビュー。32年から38年までロベルト・フィルポ楽団に参加。以後タンゴのみならずフォルクローレ、ジャズからハワイアンに至る幅広いジャンルの音楽ディレクターとして活躍、特に67年にオデオンの専属になってからはエクトル・パチェーコ、オスカル・アロンソ、アルベルト・マリーノ、ルベン・ファアレス、クラウディオ・ベルジエ、ギジェルモ・フェルナンデス、エルナン・サリーナスといった歌手の伴奏楽団指揮や、アルバム『タンゴ100年史』の制作など優れた業績を残してきた。その一方で69年からは自身の六重奏団を率いて「エル・ビエホ・アルマセン」に出演、80年からブエノスアイレス市立タンゴ・オーケストラの指揮者をラウル・ガレーロとともに長年務めた。タンゴ・オールスターズを率いて74年と80年の2回、さらにシンフォニック・タンゴ・アルゼンチーノを率いて91、93、97年と来日している。没後の2008年に完成したミゲル・コアン監督の映画『アルゼンチンタンゴ 伝説のマエストロたち』でのかくしゃくとした姿も忘れがたい。主な作品に〈マエストロに郷愁こめて〉などがある。

このあたりはヒナステラからの影響が色濃く感じられる。

仕上げられたのが1949年か1950年かはっきりしない《ヴィオラとピアノのための2つの小品》は、この形ではピアソラの手書きリストには載っていない。第1曲は4分の3拍子で書かれた暗く幻想的な〈夜〉だが、問題は第2曲〈タングアノ〉。タイトルからも明らかなように、それまでタンゴとクラシックを完全に切り離していたピアソラが、初めてタンゴのモチーフをクラシックに引用した作品である。しかも、この曲には後年のピアソラの多くの作品で特徴的となる3＋3＋2のリズム（詳しくは後述）も使われている。ややこしいことにこの曲は、キーを変えるとヴァイオリンとピアノのための〈イ調のタンゴ〉（作品12）となり、ピアソラの手書きリストにはそのタイトルで載せられていた。この形では1950年にシモン・バジュール*（ヴァイオリン）が初演し（その時のピアニストは不明）、インテルアンサンブルのステファノ・アントネッロ（ヴァイオリン）とベルナルディーノ・ベッジョ（ピアノ）による1995年か96年の録音がピアソラの室内楽作品集に収められている（#G60）。〈イ調のタンゴ〉と同じ内容で〈タングアノ〉と題された楽譜もあったり、実際に演奏されたりしているからさらにややこしい（たとえば、ロシアのアンサンブル、タンゴ・ピアソラータの1997年7月の来日公演におけるメンバーのウラジスラフ・イゴリンスキーとスヴャトスラフ・リプスによる演奏など）。本来のヴィオラとピアノのデュオの形で2曲を最初にまとめて録音したのは、1999年のブルースター・フランセッティが最初で、ヴィオラはナルド・ポイ（#G65）。ただし順序が逆で〈タングアノ〉が先に演奏されている。しかもタイトルは誤って〈タングアンゴ〉（後述する1951年の曲）となっていて（“Tanguano”と“Tanguango”で、“g”が入るか入らないかだけの違い）、〈夜〉も本来の“La noche”ではなく“Noche”になっている。

《ピアノのための組曲 第2番》（作品13）は、これも黒田亜樹とブルースター・フランセッティがそれぞれ録音している（♯G62、♯G65）。ゆったりと、淡々とした8分の9拍子の〈ノクターン〉、40秒弱で終わってしまう躍動的な〈ミニチュア〉、これも小品といった趣の〈ワルツ〉、そしてフォルクローレ的な8分の6拍子の〈クリオージョの踊り〉の4曲。第4曲のみ1958年に管弦楽曲化され、シャルル・デュトワの指揮するモントリオール交響楽団が2000年に録音（♯G73）。ピアノや金管楽器、打楽器を含む編成で、ピアノ版よりテンポは遅くなり、78小節から107小節へと構成は拡張された。

クラリネットと室内管弦楽団のための《瞑想曲と舞曲》（作品14）も1950年の作品で、マリート・コセンティーノのクラリネット、ビエリ・フィダンシーニの指揮によりRCAビクトルに録音されたが、これは未聴。手元にあるのは2度目の録音となった1972年のもので、ソリスタス・デ・ブエノスアイレス（指揮アルベルト・エペルバウム）とマルティン・トウ（クラリネット）の顔合わせによる（♯G18）。前半（第1曲とする場合もある）はゆったりとした〈瞑想曲（レント・トランキーロ）〉、後半（第2曲）はリズミカルな〈舞曲（プレスト）〉だが、4分の2拍子と4分の3拍子が目まぐるしく交錯する〈舞曲〉は、〈野生の踊り〉からフォルクローレっぽさを抜いたような雰囲気も感じられる。この作品はクラリネット奏者ダニエル・パシッティの1995年のアルバム『クラリネット作品集』にも収められているが、そこでのクレジットには「作品15」とあり、現在発売されている楽譜にもそう書かれているものがある。

＊42　ブラディ *Vlady*（1914・5・27～1994・7・7）ヴァイオリン／ヴィオラ奏者、楽団指揮者、作曲家、編曲家。サンティアゴ・デル・エステーロ州サンティアゴ・デル・エステーロ生まれ。本名ウラディミーロ・シルベルマン *Wladimiro Silverman*。1951年以来多くの映画音楽を作曲しているほか、50年代にはパンパからアルバム数枚をリリースしている。TV13チャンネルやベルグラーノ放送局などの音楽ディレクターも務めた。

マル・デル・プラタ市立シンフォニーによる2021年の演奏の動画もリストに挙げておいた（#Y2）。明けて1951年。この時期で一番の超大作、そして2台のバンドネオンが使われたこともあって最大の問題作となった《ブエノスアイレス（3つの交響的楽章）》（作品15）が発表される（近年は《シンフォニア・ブエノスアイレス》と称されることも多い）。〈モデラート～アレグレット〉〈レント、コン・アニマ（魂を込めて）〉〈プレスト・マルカート〉の3楽章から成るこの本格的シンフォニーは同年、ブルーノ・バンディーニ指揮、レオポルド・フェデリコとロベルト・ディ・フィリッポのバンドネオン、国営放送局管弦楽団による演奏が国営放送局によってアセテート盤に収められた。その録音は極めて音の悪い状態ながら現存しており、その冒頭の部分はドキュメンタリー映画『ピアソラ 永遠のリベルタンゴ』でも聴くことができた。実はそのフル・ヴァージョンが手元にあり、特に第2楽章と第3楽章はデジタル・ノイズもひどくて聴きづらいが、終盤の盛り上がり方はまるで神がかったかのごとき様相で、演奏後の観客の歓声もすごい。

1952年にはイーゴリ・マルケヴィチ[*43]の指揮により、ブエノスアイレス大学法学部講堂で初演されているが（第2バンドネオンはアベラルド・アルフォンシンに交代）、ヒナステラはこの作品をファン・ホセ・カストロに見せるようピアソラに勧めた。カストロはこれを気に入り、わずかな修正を施すと、優勝賞金5000ペソのファビアン・セヴィツキー[*44]賞に応募するよう強く勧めた。そして見事に第1位を獲得し、アルゼンチンを訪れたセヴィツキー自身の指揮、再び国営放送局管弦楽団の演奏により、1953年8月16日に国際的に初演された。〝神聖なる〟クラシック作品にタンゴの象徴たるバンドネオンが使われたことで観客は支持派と反対派に分かれ、殴り合いの喧嘩にまで発展、動揺するピアソラに対しセヴィツキーは「心配しなくていい。これは宣伝になるよ」と声をかけたという。その後、やはりセヴィツキーの指揮によりアメリカ合衆国のインディアナポリス（１９５４年４月３日）、ニューヨーク（日時不明）でも演奏されている。待望の初録音は２００４年２月、ジゼル・ベン＝ドール指揮、サンタバーバラ交響楽団により実現したが、この時はバンドネオンがファンホ・モサリーニ一人だけだった（＃G84）。また、おそらくバンドネオン奏者が調達できない場合を考えてか、ピアソラ自身の編曲によるバンドネオン抜き（バンドネオンのパートは木管楽器類に置き換え）のオーケストラ用ヴァージョンもあり、２００６年にガブリエル・カスターニャ指揮、ロイトリンゲン・ヴュルテンベルク・フィルハーモニー管弦楽団が初録音している（＃G87）。

＊43　イーゴリ・マルケヴィチ *Igor Markevich*（1912・7・27〜1983・3・7）指揮者、作曲家。ロシア帝国（現ウクライナ）のキーウ（キエフ）生まれ。スイスで14歳まで独学で学んだのち、パリに移りナディア・ブーランジェらに師事。作曲家として活動を開始したが、１９３０年からは指揮者としても活動。第二次世界大戦中にイタリアに居を移して以後、ストックホルム交響楽団、モントリオール交響楽団、ラムール管弦楽団など各地のオーケストラを指揮して活躍を続けた。

＊44　ファビアン・セヴィツキー *Fabien Sevitzky*（1891・9・29〜1967・2・2）指揮者、コントラバス奏者。ロシアのヴイシニー・ヴォロチョーク生まれ。本名ファビアン・クーセヴィツキー。高名な指揮者、セルゲイ・クーセヴィツキーの甥にあたる。サンクト・ペテルブルク音楽院でコントラバスを学び、この楽器の奏者としてそのキャリアをスタートさせたが、叔父セルゲイがすでにコントラバス奏者として知られていたので、混乱を避けるためにファミリー・ネームを短くした。１９２２年、ポーランドのワルシャワでワルシャワ管弦楽団に参加、23年にはメキシコを経て米国に移住した。同年から30年までフィラデルフィア管弦楽団に参加、25年には同楽団の弦楽器奏者18名によるフィラデルフィア室内弦楽シンフォニエッタを設立し、その後はボストンで市民交響楽団を指揮、37年から55年までインディアナポリス交響楽団の常任指揮者を務めた。ギリシャのアテネに指揮者として招かれた際に心臓発作を起こし死去。

ナディア・ブーランジェと。「親愛なるアストル・ピアソラ、また同じ場所で会えるのを楽しみにしています」という 1955 年 2 月 14 日付のメッセージ入り

フランス留学を両親から祝福されるピアソラ

パリ、オペラ座管弦楽団メンバーらとの弦楽オーケストラ編成でのレコーディング（1955 年）

フィオレンティーノ楽団（1944年）。左からフィオレンティーノ、モロ、ビビローニ、テル、ジャンニ、ヘンタ、ディアス、フィガリ、ピアソラ、バラリス、ディ・フィリッポ、ルセーロ

ファビアン・セヴィツキーと（1953年）

「46年のオルケスタ」（1946年の終わり頃か）。上段左からフェデリーギ、リバス、カバジャーロ、カサグランデ、中段左からバラリス、カンポアモール、ピアソラ、インスアア、スタンポーネ、下段左からアンドレオッタ、アルフォンシン、ディ・フィリッポ、トッピ

そして2021年5月、コロナ禍の東京で、アンドレア・バッティストーニ指揮、東京フィルハーモニー交響楽団（コンサートマスター：依田真宣）、そして小松亮太と北村聡のバンドネオンというラインナップによる日本初演、しかもオリジナルどおりのバンドネオン2台による演奏が実現した。3回の公演のうち、初日にあたる5月12日の東京オペラシティ コンサートホールでの公演はNHKが収録し、5月30日にFMで、7月18日にEテレ『クラシック音楽館 生誕100年 ピアソラの世界』でそれぞれオンエアされた。そして最終日、5月16日のBunkamura オーチャードホールでの公演は日本コロムビアが録音し、8月4日に『プロコフィエフ：バレエ音楽《ロメオとジュリエット》組曲より／ピアソラ：シンフォニア・ブエノスアイレス（日本初演）』として発売された（♯G106）。筆者は5月13日のサントリーホール公演を含む3公演とも聴くことができたが、イタリアの熱血漢バッティストーニはこの作品の持つダイナミズム、色彩感を深く捉え、完璧にコントロールしていた。録音も極めて優秀であり、この作品にとってリファレンスと呼べる傑作となった。この録音が改めて感じさせてくれるのは、ピアソラがこの作品に込めた熱量の高さであり、これを書いた時点でピアソラが持っていたすべてが、ここには惜しみなく投入されている。バンドネオンが加わったからといって、タンゴ性を前面に打ち出してはいないが、3＋3＋2の変形と言えるリズムも聴かれるなど、タンゴ的な感覚がにじみ出ている場面は多々あり、特に抒情的な部分などには後年に通じる〝らしさ〟も十分に感じ取れる。

これも1951年の《フォルクローレ風組曲》（フォルクローレ風幻想曲）は〈バイレシート〉〈シフラ〉〈ウアイノ〉〈ガート〉の4曲で構成されている。それぞれの曲名は、すべてフォルクローレの形式名を表している。大草原の吟遊詩人の朗唱調のスタイルである〈シフラ〉以外はどれも舞曲であり、〈バイレシート〉はボリビアからの伝承、〈ウアイノ〉（ワイニョなどとも呼ばれる）はインカ帝国に由来し、

〈ガート〉はアルゼンチンの代表的な舞曲として19世紀の初めから広く親しまれている。楽器構成はフルート、オーボエ、クラリネット、ファゴット、ハープ、ピアノ、シロフォン、グロッケンシュピール、弦楽四重奏、コントラバス。正規の録音はないようだが、2016年7月23日にブエノスアイレスのセントロ・クルトゥラル・キルシュネルで行われた、ガブリエル・カスターニャ指揮、アルゼンチン国立交響楽団による公演の録音が非公式ながらYouTubeに上げられている（音声のみ）。ピアソラにしては素朴な味わいの作品と言えるだろう。

1952年には室内管弦楽団のための《2つのタンゴ》（作品16）が書かれた。〈タンゴ第1番：コラール〉〈タンゴ第2番：カンジェンゲ〉の2曲である。当初ワシントン・カストロの指揮で録音されたが未発表、1994年になってカメラータ・バリローチェが録音した（#G47）。クラシック作品にタンゴを明確に取り入れたのは〈タングアノ〉以来ということになり、特に〈カンジェンゲ〉にはピアソラらしいフレーズも随所に顔を出すようになっているものの、後年の大胆さに比べればまだ遠慮がちな印象も受ける。

ピアソラの手書きリストには記載のない、語り手、合唱とオーケストラのための交響的楽章〈アルゼンチン叙事詩〉は、別の意味での問題作だ。これは詩人のマリオ・ヌニェスとの共同作品だが、ペロニスモの歌集に掲載された〈エバ・ペロンの両手へのソネット〉の作者でもあったヌニェスは、ピアソラの娘のディアナによれば、父アストルの友人でありペロンの顧問でもあったという。ヌニェスから作曲を依頼されたピアソラの心境は複雑だったはずで、当初は讃美歌のように仕上げようとしたが、結局納得のいく仕上がりにならず、初演もされなかった。

その朗読の中でエレガントに政権を称賛し、エビータにも捧げられたこの作品のオリジナルの楽譜は、ピアソラ本人の意志により破棄されたが、なんと2003年になってピアソラ自身によるダイジェスト版のピアノ譜が、国立図書館のオーディオ・メディア・ライブラリー（現：音楽・マルチメディア資料部）設立の際に発見された。印刷されたピアノ譜には1952年6月25日という日付があり、これは闘病中だったエビータが亡くなるちょうど1か月前のことである。ロサリオのピアソラ研究家たちは2009年からこの楽譜の入手に動き、彼らはピアニストで作曲家、編曲家のアグスティン・ゲレーロにそれを託したのだった。そして2018年7月8日、ゲレーロの五重奏団によってブエノスアイレスで初演された。ただしこの五重奏団はエレキ・ギターやドラムスを含み、ゲレーロもピアノに加えてシンセサイザーも演奏するというロック的な編成で、パブロ・マルチェッティによる朗読は短く、あえて原曲からは距離を置いた解釈になっていた。

翌2019年、ゲレーロは改めて自身の電子ピアノによる多重録音、後半に少し長めのマルチェッティの朗読入りという構成で改めてスタジオ録音を行ったが、この時は本人がYouTubeに動画を上げただけに終わった。そして2024年5月になり、改めて最初のロック的編成（バンドネオン奏者のみ交代）によるスタジオ録音（朗読の分量は電子ピアノ版と同じ）が、シングルとして配信された（＃G108）。これをどう評価するかは難しいが、どう転んでも完全なオリジナルは失われているのだから、自由に解釈するしか取り上げる方法はないのだろう。

1953年のピアノ曲〈プレリュード〝1953〟〉（作品17）は楽譜も比較的出回っていて、ホルヘ・スルエータが1970年に先の〈大草原の夕暮れ〉と一緒に録音した（＃G16）。続いて1997年に録音したのはブラジルのアルトゥール・モレイラ・リマ[*]で、ロンドン録音のピアソラ作品集に収められた（＃G59）。そこでのタイトル〈タンゴ＝プレリュード〉のとおり、これまでのピアノ曲では一番タンゴ寄りの作品。その2年後にはアリソン・ブルースター・フランセッティも録音している（#G65）。モダン・バレエの女性舞踏家、アナ・イテルマン*45のために書かれた最初の作品〈13の楽器のための劇的なタンゴ〉（作品18）はパタゴニア劇場で初演された。一体どんな内容なのか非常に気になる作品だが、記録は残されていない。

やはり1953年に書かれた室内管弦楽団のための《シンフォニエッタ》（作品19）は〈ドラマティコ（アレグロ・マルカート）〉〈ソブリオ（アンダンティーノ）〉〈フビローソ（ヴィヴァーチェ）〉の3楽章から成る。当時気鋭の指揮者、ジャン・マルティノンによって同年のうちにブロードウェイ劇場で初演され、ブエノスアイレス音楽批評家大賞を受賞。1985年にはドイツのオーケストラ（指揮はエメリッヒ・スモーラ）も演奏している。2000年2月にアルゼンチン出身のガブリエル・カスターニャ指揮のもと、ロ

*45　アナ・イテルマン *Ana Itelman*（1927・8・20～1989・9・16）
ダンサー、振付師、演出家。チリのサンティアゴ生まれ。2歳の時に家族とアルゼンチンに移住。1940年代初頭、アルゼンチン初のモダン・ダンス・カンパニーである、ミリアム・ウィンスローの伝説的なグループの一員として活躍。45年に渡米し、マーサ・グレアム、ハンヤ・ホーム、ホセ・リモンらに師事。2年後、20歳でブエノスアイレスに戻り、グレアムの影響をもとにソロ・ダンサーとして作品を発表。50年にモダン・ダンス・スクールを設立、自身のグループのための振付を始める。55年、国立セルバンテス劇場で初演された『ブエノスアイレスのこの街』は、タンゴと詩とコンテンポラリー・ダンスを融合した初の試みだった。57年から69年まではニューヨークに定住、バード・カレッジで舞踏学部長を務め、ダンス専攻の学生のために振付や公演の監督を手がけながら、自らも照明やメーキャップ、演技、絵画などを学ぶ。定期的にブエノスアイレスに戻って公演活動も行い、68年にはオスカル・アライスが創設したサンマルティン劇場バレエ団とのコラボレーション作品などを上演。69年にブエノスアイレスに戻り、70年に「カフェ・エストゥディオ・デ・テアトロ・ダンサ」を設立、ダンスと演劇の要素を融合させた舞台表現を目指し、後進の指導にもあたったが、89年、62歳の時に自ら命を絶った。

イトリンゲン・ヴュルテンベルク・フィルハーモニー管弦楽団が初録音を果たした（#G78）。１９５４年のパリ留学以前に書かれた最後のクラシック作品となったこの《シンフォニエッタ》では、特に第１楽章〈ドラマティコ〉において、ついに我々がイメージするピアソララしさが前面に押し出されることになる。ピアノの低音部が３＋３＋２のリズムでフレーズを反復し、弦楽器や木管楽器、打楽器が縦横無尽に絡み合っていくのである。緩徐楽章の〈ソブリオ〉を挟み、目まぐるしく展開する第３楽章〈フビローソ〉にも３＋３＋２のリズムが組み込まれている。

ここまで紹介してきた一連のクラシック作品は、単に音楽としてだけでなく文化としての側面も含めたタンゴに対するピアソラの複雑な思いと、バルトーク・ベーラやイーゴリ・ストラヴィンスキー、パウル・ヒンデミット、アーロン・コープランド、そして師でもあるアルベルト・ヒナステラといった作曲家たちへの強い憧れの狭間から生まれてきた産物だった。ピアソラ自身は後年、この時代の諸作品について肯定的には語っておらず、また詳細はあとで詳しく述べるがパリ留学時に師事したナディア・ブーランジェ[*]から、よく書けているがピアソラはどこにいるのか？と指摘されたエピソードの印象が強いこと、そもそも演奏や録音の機会が極めて限られていたこともあって、その実際の姿はなかなか捉えることができなかった。だが、ピアソラの没後さらに時を経て、こうして出揃った演奏の数々を聴けば、たとえばクラシックとタンゴを完全に分けていた１９４０年代の作品群に対し、自身のオルケスタ・ティピカ解散から１９５０年代前半にかけての時期、〈タングアノ〉から《２つのタンゴ》を経て〈プレリュード〝１９５３〟〉《シンフォニエッタ》までの作品に顕著なように、作曲の手法に柔軟性を持たせ、タンゴの要素も取り入れようとした様子が浮き彫りになり、実に興味深い。

タンゴの作曲家としてついに開眼

ピアソラは1949年に楽団を解散して以降、このようなクラシックの作曲だけに取り組んでいたわけではない。バンドネオンは特別な場合を除いて弾くことはなくなったが、生活のためにはタンゴと関わり続けざるを得なかった。そこで、イレギュラーな録音活動や放送局での仕事、ほかのオルケスタ・ティピカへの作編曲の提供といった、いわば裏方的な活動に身を置くことになったのだが、その端緒となった1950年の作品〈パラ・ルシルセ（輝くばかり）〉は、彼の作曲家としての名を一躍知らしめた記念すべき曲となった。カルロス・メニカ医師に捧げられたこの曲は大きなスケールを持った作品で、ピアソラが作曲家としても一皮むけたことを示していた。そしてその斬新な曲想もさることながら、フランチーニ＝ポンティエル（RCAビクトル）、ホセ・バッソ（オデオン）、オスバルド・フレセド（コルンビア）、アニバル・トロイロ（テーカー）と、4つの楽団の4つのレーベルへの録音のために相次いで編曲を提供したことも話題を呼んだ。しかも、各楽団の特色に合わせて的確な編曲を書き分けるという手の込みようだった。

フランチーニ＝ポンティエル楽団の〈パラ・ルシルセ〉は1950年3月の録音。ポンティエルのスウィング感をうまく引き出すアレンジがなされ、中盤ではあまり派手ではないフランチーニのソロもフィーチャーされている。全体的によくまとまった演奏と言える。

ホセ・バッソ楽団の同曲は同年8月の録音。ほかのアレンジとは違い、通常のイントロの前に第2主題が置かれている。4楽団の中で最も若い楽団だからということもあったのだろう、終盤にバンドネオンの複雑な変奏が登場するなど、ピアソラ自身の楽団のサウンドに最も近い。そして、オルランド・ゴニの跡を継いで1947年まで4年間にわたってトロイロ楽団のピアニストの座を務めてきたバッソによる豪快なピアノの見せ場も、当然のように用意されている。

同年10月に録音されたのがオスバルド・フレセド楽団のヴァージョン。比較的一定のテンポで進むフレセド独自のサウンドに見合った、まずは無難なアレンジと言える。実は、この5年前の1945年11月、ほかの楽団に先駆けてピアソラ作品の正式録音第1号を手がけたのがフレセドだった。当時の楽団「グラン・オルケスタ・アルヘンティーナ」の名のもとに、カルロス・バールが作詞しオスカル・セルパが歌った〈長い夜〉という曲をRCAビクトルに録音したのだが、これはピアソラ自身がフィオレンティーノ楽団で自作を最初に録音したのよりもさらに早かった。カルロス・クリによれば、フレセド風に仕立てられた〈長い夜〉のアレンジもピアソラが書いたとのことで、作品的にはまだこれといった特徴を出すには至っていないが、一つの記念として記憶にとどめておきたい（♯G1）。

アニバル・トロイロ楽団の〈パラ・ルシルセ〉は11月録音。順番が最後になったのは、この時期がちょうどそれまでのRCAビクトルからテーカー（tk）への移籍時期にあたっていたからでもある。トロイロが録音した初のピアソラ作品となったこのレコードは、トロイロのテーカー移籍第1弾でもあったが、それを飾るにふさわしい名演である。中盤には、フィオレンティーノ＝ピアソラ楽団でも屋台骨を担い、バッソの後任としてトロイロ楽団に参加したカルロス・フィガリが、力のこもったソロを聴かせ、トロイロの歌うバンドネオン・ソロがそれに続く。終盤にはチェロのソロも見せ場を作る。

さすがにこの時期のトロイロ楽団は、ピアソラが在籍していた頃とは様相を異にしていて、音楽性の更なる追求も大きな命題となっていた。要するに時代の流れに対応せざるを得なくなっていたのである。それにしても残念なのは、新興レーベルのテーカーが、レコード制作のクオリティーで他のメジャー・レーベルなどに比べて劣っていたこと。録音、盤質ともにかなりムラがあり〈パラ・ルシルセ〉などは特に音が悪い。

続いて1951年に発表したインストルメンタル曲が〈プレパレンセ（用意はいいか）〉。この曲の重要性は〈パラ・ルシルセ〉以上である。〈パラ・ルシルセ〉で作曲のツボを押さえたピアソラは、この曲でついに開眼した。あのピアソラの「主張するメロディー」が、初めてわかりやすい形で表れたのがこの曲なのである。この曲は、タンゴの作曲家としてのピアソラにとって大きなステップとなったと言えるだろう。

〈プレパレンセ〉は、やはりピアソラ自身によるアレンジで3月から5月までの間にトロイロ、バッソ、フレセドの3楽団が相次いで録音している。トロイロ楽団の録音は、どっしりとした王道をゆくアレンジが見事。その終盤、バンドネオン・ソロに続いてチェロの主旋律にヴァイオリンが対旋律を付け、それにほかのヴァイオリンが絡み、最後にバンドネオンの短い変奏が付くあたりの持っていき方は実に上手い。フレセド楽団の演奏も、そのエレガントな持ち味とピアソラのモダン感覚が上手くマッチしている。

だが、なんといっても手が込んでいるのがバッソ楽団へのアレンジ。今回もイントロから凝っていて、いきなり第1バンドネオン奏者、フリオ・アウマーダによる短いバンドネオン・ソロから始まる。第一級の奏者がいればそれを生かすのがピアソラの術であり、その後矢継ぎ早に繰り出されるいろいろな手法は、まるで当時のピアソラにとっての過去・現在・未来のショーケースのようだ。

同じ1951年の作品〈タングアンゴ〉も重要な実験作。ピアソラの曲の中にアフロ的音楽指向がはっきりと形をあらわすことは極めて稀なのだが、これはきちんと形にならなかった「46年のオルケスタ」時代のカンドンベ〈黒人の涙〉に続くもの。形式名もタイトルに反してタンゴではなく「ウン・ヌエボ・リトゥモ・パラ・トーダ・オルケスタ（すべての楽団のための新しいリズム）」となっている（広告では、カンドンベとタンゴをミックスした新しいリズム、「エル・タングアンゴ」と紹介されていた）。終始パーカッションがリズムを刻むというのも異例だが、何より重要なのはこの曲が3＋3＋2のリズムで進行していく点だ。この3＋3＋2、つまり1拍目、2拍目の裏、そして4拍目にアクセントを置いたリズムは、やがてピアソラのトレードマークとも呼べるものになっていき、彼の作品の個性を決定づける上での重要な武器となっていくのだが、この曲はそれがはっきりと形になった最初のものである。

この3＋3＋2のリズムは、タンゴでもすでにフリオ・デ・カロの時代から曲の一部分に使われたりしていたが、明確な形で登場するのはオスバルド・プグリエーセ楽団が1948年に録音した自作曲〈ネグラーチャ〉が最初だろう。そこでは、中盤まではタンゴ本来の4ビートとこの3＋3＋2とが重なり合って進行していくのだが、終盤は3＋3＋2で押し切る形となっている。ピアソラがどの程度〈ネグラーチャ〉からインスピレーションを受けたかは定かではないが、まるでその種明かしをするかのように、1956年に弦楽オーケストラでその曲をカヴァーすることになる。

〈タングアンゴ〉の当時の録音はアニバル・トロイロ楽団のもの（#G3）など3種類あるが、「すべての楽団のための……」という形式名を裏付けるように、ジャズ・バンドも録音している。そもそもピアソラはこの曲を、ジャズ・バンドによる演奏も想定した上で書いたということだ。そのレコードは「アーメッド・ラーティプ[*46]と彼のコットン・ピッカーズ」によるもので、トロイロと同じテーカーへの録音である（#G2）。実はトロイロとラーティプの両楽団は、街の大きなクラブで週末のステージを分け合うなど近しい間柄で、どちらもRCAビクトルから似たようなタイミングで移籍していた。しかもマトリクス番号で見ると、ラーティプが129/51、トロイロが130/51（51は年号を表す）と続いていて、ラーティプの録音の方が先だったことがわかる（レコード番号はトロイロがS-5058、ラーティプがS-5062となっているが、これはカップリング曲の録音時期の違いなどによる）。

使用されている楽器は当然異なるが、それぞれの構成はある程度共通していて、ピアソラのサジェスチョンのもとで双方のセッションが連続して行われたことが想像できる。ラーティプ版のイントロはまずボンゴ、次にシェイカー、そしてタンボーラ（ティンバレスかタムタムかもしれない）が加わって、クラリネットやホーン・セクションによるテーマに続いていく。ちなみにコットン・ピッカーズの演奏からは、肝心のリーダーのエレキ・ギターは聞こえてこない。一方トロイロ版は、タンボーラ（あるいはフロア・タム）の3＋3＋2に、ボンゴの乱打（アクセントは1拍目と3拍目の頭）が加わり、ピアノとコントラバスのリフに弦のピチカートが被さっていくという流れ。ピアノとコントラバスが骨格となるのはどちらも同じで、この時のコットン・ピッカーズのピアノはトニー・サルバドール、コントラバスはL・スッケルマンである。トロイロ版にもパーカッションが入っているが、おそらくコットン・ピッカーズのドラマー、カチート・ゴメスが自分たちの録音のあと、居残って参加したものと思われる。

＊46　アーメッド・〝マイク〟・ラーティプ *Ahmed "Mike" Ratip*（1905・9・24〜1993・12・13）ギター奏者、楽団リーダー。トルコのイスタンブール生まれ。本名アーメッド・ラーティプ・カンガ。19歳の時ミシガン大学で工学を学ぶため渡米し、ポール・ホワイトマンのジャズ演奏に触れてバンジョーを始める。スリー・キングスというトリオで活動していた頃、トルコの新聞社から記者としての仕事を依頼され、大学は中退。1931年、兵役のため一時帰国。33年ウルグアイに渡り、サッカーの取材のかたわら音楽活動も行う。翌年、見聞のためブエノスアイレスを訪れた際、ピアノ奏者のレネ・コスピトに気に入られ、彼の楽団に参加。コスピトがギター用のピックアップを調達してくれたのを機に、バンジョーをやめてギター奏者となる。43年に「アーメッド・ラーティプと彼のコットン・ピッカーズ」を結成、RCAビクトルやテーカーでレコーディングを行った。

トロイロ楽団による〈タングアンゴ〉のリオデジャネイロでの初演は好評だったものの、ブエノスアイレスでの初舞台はさすがにブーイングの嵐だったようで、ピアソラ自身も録音はしなかったが、これも〈ビジェギータ〉同様小松亮太が2002年にオルケスタ・ティピカ＋佐竹尚史（ボンゴ）の組み合わせで見事に甦らせている。

〈タングアンゴ〉のもう一つの録音は、オスバルド・フレセド楽団による11月のもの。当時のフレセド楽団の編成には、隠し味的に使われるドラムスがもともと組み込まれていたので、これもドラムス入りだが、さすがに主張するほどの感じではない。アレンジはピアソラだろうが、トロイロに比べると地味というか、リズムを強調させようとする曲本来の意図からすると、フレセドの持ち味との相性はいまひとつである。

1952年の〈コントラティエンポ〉は、〈パラ・ルシルセ〉以来の4楽団揃い踏みとなった。トロイロ楽団のものはやはり一番の正攻法によるアレンジ。フランチーニ＝ポンティエル楽団のものは、ポンティエルのスウィング感覚を生かしたものに変わりはないが、展開部で今回はフランチーニの泣きのソロをたっぷりと聞かせる。バッソ楽団は相変わらず、ピアソラ楽団のシミュレーション的なニュアンスも含んだ、ひねりを加えたアレンジがなかなか楽しい。フレセド楽団は、リズミカルな部分に極端な強弱を付けてニュアンスを出すという新しい方向で、全体的にフレセド色はかなり抑え目。

展開部の美しいメロディーを弾くのは、トロイロ楽団ではトロイロ自身のバンドネオン、フランチーニ＝ポンティエル楽団ではフランチーニのヴァイオリン、バッソ楽団ではヴァイオリンで入って途中でバンドネオンに受け渡す形、フレセド楽団ではピアノと、それぞれ違うのが面白い。

同年の作品〈勝利〉は、年が明けてからトロイロ、バッソ、フレセドの順に録音している。当然それぞれのアレンジに差異は歴然としてあるが、たとえばバッソのものでもそれまでのようなひねったところは少なくなっていて、それぞれが一点に収束していくような感じすら受ける。それは何よりもこの曲が実によく書けているからであり、細部の修飾よりも曲自体の良さにまず惹きつけられるのである。そしてこの曲は、やがてパリでピアソラの運命を決定づける重要な役割を果たすことになる。

１９５３年の〈コントラバへアンド〉は、ピアソラとトロイロとの唯一の合作。おそらくはピアソラがメインとなったのだろうが、どのように分担して書いたのかは定かではない。「コントラバスしながら」というタイトルからわかるように、当時のトロイロ楽団を支えていた天才コントラバス奏者、キチョ・ディアスに捧げられたものである。キチョを含むトロイロ楽団の録音は翌１９５４年で、バッソもフレセドもさすがにこの曲は録音していない。

コントラバスをフィーチャーした曲自体が当時は珍しいもので、それ以前のタンゴのレコードで本格的なベース・ソロが聴けるものといえば、１９４９年にオスバルド・プグリエーセ楽団が録音した〈パリのカナロ *Canaro en París*〉（アレハンドロ・スカルピーノ、フアン・カルダレーラ合作。変奏部分をコントラバスのアニセート・ロッシが担当、編曲はパスクアル・〝チョロ〟・マモーネ）くらいしかなかった。

〈コントラバへアンド〉はしかし、プグリエーセの〈パリのカナロ〉の比ではない。ソロに主旋律に合いの手にと、全編ベースが大忙しなのである。しかしこんな曲、作る方も作る方だが、弾く方も弾く方である。なぜこんなにも軽々とベースを操ることができるのか？　キチョの手首の柔軟さはどれほどのものだったのだろう。その後この曲は、キチョ自身もピアソラ五重奏団やエストレージャス・デ・ブエノスアイレス在籍時など、何度か別のアレンジで録音しているし、他の名手たち、たとえばハムレット・グレコ[*]（ロス・セニョーレス・デル・タンゴ）やオマール・ムルタ[*47]（セステート・マジョールほか）も録音に挑戦している。1997年には、斎藤徹[*48]が全編コントラバスのみで弾き切った壮絶な録音もあった。

この時期のピアソラの一連の作品の最後を飾ったのが1954年の〈ロ・ケ・ベンドラ（来《きた》るべきもの）〉。ピアソラ自身もその後何度も録音し、〈勝利〉と並んでこの時期を代表する曲となった。発表直後のレコーディングはフランチーニ＝ポンティエル楽団のみで、これは堂々たる演奏。フランチーニのヴァイオリンは相変わらずの冴えを見せている。トロイロ楽団は、やはりピアソラの編曲によるものながら、1957年になってから録音している。これはオデオン移籍後のもので、テーカー時代とは格段の音質の差に圧倒される。もしテーカー時代のレコードの音質がこれに近いものだったら、1950年代のトロイロ楽団への評価は大きく変わっていたかもしれないと思うほどだ。

ピアソラは、特にフランチーニ＝ポンティエル楽団やアニバル・トロイロ楽団に対して、自作曲以外のレパートリーの編曲もいろいろと提供していた。まずフランチーニ＝ポンティエル楽団にアレンジを提供したものとしては、1950年の〈デリリオ *Delirio*〉（フランチーニの傑作。アレンジは楽団の名ピアニスト、ファン・ホセ・パスと共同）、1952年の〈ペカード *Pecado*〉〈ブルー・タンゴ *Blue Tango*〉がある。

一方、古巣のトロイロ楽団への提供状況はどうだったか。1940年代後半のピアソラは、自分の楽団が忙しくてそれどころではなかったはず。それに対して1950年代前半、特に1951年から53年まででは、かなりの数を提供している。以下1950年代末まで、ピアソラの自作曲や1940年代前半に編曲を提供した曲の再録音（再）を含め、おおよそ判明しているものを録音順にまとめておく。

49年3月
いつ帰ってくるの *Cuándo volverás*

49年10月

よりを戻して *Y volvemos a querernos*

50年11月

パラ・ルシルセ（自作）／チェ・バンドネオン

＊47 オマール・ムルタ *Omar Murtagh*（1930・1・6〜2001・2・14）

コントラバス奏者。サンタフェ州ロサリオ生まれ。地元のロス・プロビンシアーノスでデビュー、1953年にブエノスアイレスに出て、同郷のアントニオ・リオス（bn）とともにベルグラーノ放送局に出演する。フランシスコ・ロトゥンド、エンリケ・フランチーニの各楽団を経て58年から65年までホセ・バッソ楽団に参加。その間ロス・ノタブレス・デル・タンゴや、フアン・カルロス・ベラ（bn）との2人だけによるラ・オルケスタ・ティピカ・マス・チカ・デル・ムンド（世界最小のオルケスタ・ティピカ）、オスバルド・タランティーノ（p）らとのロス・トレス・デ・ブエノスアイレスといった小編成のグループでの活動も盛んに行っている。その後はキンテート・レアル、バッファ＝ベリンジェリ楽団、ディノ・サルーシ五重奏団、セステート・マジョール、ホセ・コランジェロ四重奏団、オルランド・トリポディ楽団、ブエノスアイレス市立タンゴ・オーケストラなどで随時活動を続けた。キンテート・レアルなどで数度来日している。

＊48 斎藤 徹 *Tetsu Saito*（1955・10・27〜2019・5・18）

コントラバス奏者、作曲家。東京生まれ。クラシックとジャズを学ぶ。フリー・ジャズ、タンゴ、邦楽、韓国シャーマニズムなど幅広いスタンスでの活動を続け、舞台音楽も手がけた。海外アーティストとの交流にも力を注いだ。1990年にはピアソラ作品集『TETSU PLAYS PIAZZOLLA』を録音。97年には〈コントラバヘアンド〉を含むコントラバス・ソロ・アルバム『コントラバヘアンド』をリリースしたほか、小松亮太（bn）、黒田京子（p）、飯田雅春（b）、近藤久美子（vn）との「斎藤徹ピアソラ・ユニット」で全国ツアーを行った。このメンバーでアルバム『アウセンシアス〜不在』も録音し、98年4月にリリース。2000年10月には関内ホールでの横浜ジャズプロムナード2000参加事業『シンフォニックINジャズ』において小松（bn）、神奈川フィルハーモニー管弦楽団、指揮の徳永洋明とともに自作曲《タンゴ・エクリプス〜プグリエーセとピアソラに捧ぐ》を初演した。

51年2月

私の古いヴィオラ *Mi vieja viola*

51年3月

プレパレンセ（自作）

51年（4月以降）

ディセポリン *Discepolín*／レスポンソ *Responso*／ラ・クンパルシータ（再）／インスピラシオン（再）／ラ・ビオレータ *La violeta*／タングアンゴ（自作）

52年

ブエノスアイレス *Buenos Aires*／コントラティエンポ（自作）／たとえどんなことでも *Cualquier cosa*／バンドネオンの嘆き（再）／アミガーソ／エル・マルネ／テクレアンド *Tecleando*／真夜中 *Medianoche*／セニーサス *Cenizas*／ウノ（再）／田舎の花 *Flor campera*／チケ（再）／場末の小窓 *Ventanita de arrabal*／フランシスコ・カナロ作品メドレー／エル・エントレリアーノ（再）／1880年の古い街 *Barrio viejo del 80*／ラ・メンティローサ *La mentirosa*

53年

勝利（自作）／ブエルベ・ラ・セレナータ *Vuelve la serenata*／便り（メンサーヘ）*Mensaje*／エル・モニート *El monito*／ウナ・カンシオン *Una canción*／パティオ・ミオ *Patio mío*／車掌のミロンガ *Milonga del mayoral*

54年

コントラバヘアンド（トロイロと合作）／エル・ポージョ・リカルド *El pollo Ricardo*／ラ・カンティー

ナ *La cantina*／ロス・コソス・デ・アル・ラオ *Los cosos de al lao*／ラ・チフラーダ

55年　イベッテ *Ivette*

57年　ロ・ケ・ベンドラ（自作）

この中で興味深いのはたとえば、1952年の〈ブエノスアイレス〉（マヌエル・ホベス作曲、マヌエル・ロメロ作詞）。この曲は1942年12月にフィオレンティーノの歌で一度録音されている。特にアレンジャーは置かずにトロイロやゴニが中心となって音を作っていた、小気味良いテンポの時代の演奏の一つだ。10年後のピアソラ編曲版（歌はホルヘ・カサル）も、出だしはその1942年版を意識した感じだが、徐々にしかけが顔を出す。途中からチェロの対旋律が加わり、中間部ではリズム隊がストップしバンドネオンの合奏にヴァイオリンが絡み、気が付けばピアソラ得意の展開に持っていかれていて、これは聴き比べると面白い。ちなみにこの曲は1965年12月にティト・レジェスの歌で3度目の録音が行われているが、全体的に重厚な仕上がりで、そちらのアレンジはフリアン・プラサ*が手がけたと思われる。

ピアソラはこの時期、盟友ウーゴ・バラリスの仕事もよく手伝っている。バラリスは1951年から52年にかけて、「タンゴ黄金の声」と呼ばれたトロイロ楽団出身の名歌手アルベルト・マリーノの伴奏指揮を担当したが、オデオンに録音した〈マルゴー *Margot*〉〈ドマーニ *Domani*〉〈紙の提灯〉〈我が船はすでになく *Mi barco ya no está*〉〈月夜 *Noches de luna*〉〈私の古いヴィオラ〉〈復讐 *Venganza*〉〈年老いた御

者 *Viejo cochero*〉の8曲は、いずれもピアソラが編曲を提供したものである。全体的な響きは「46年のオルケスタ」の延長線上にあり、主役であるマリーノの歌を伴奏しているパートに関しては割と正攻法でまとめてあるが、間奏部分などにバラリスのソロが随所に配置されているほか、イントロに工夫が凝らされている曲が多い。跳ねるリズムが面白い〈マルゴー〉、シンフォニックな響きの〈我が船はすでになく〉、ひねりのあるピアノ・ソロから始まる〈月夜〉や〈私の古いヴィオラ〉といった具合だ。

1954年11月21日から12月後半まで、フランシスコ・カナロの弟のファン・カナロ[*49]が特別編成の楽団を組織し、「オルケスタ・ティピカ・カナーロ」の名のもとに日本全国公演を行った。これは本場アルゼンチンのタンゴ楽団としては記念すべき初の来日だったが、この時の第1ヴァイオリンがバラリスだった。そして、女性歌手としてこのあと詳しく紹介するマリア・デ・ラ・フエンテ[*]、男性歌手にエクトル・インスア、ピアノに後年ピアソラの五重奏団などに参加するオスバルド・タランティーノ[*]と、ピアソラゆかりのメンバーが奇しくも顔を揃えていた。カナロ楽団と称しながらも実質的なまとめ役はバラリスだったのだが、ステージで演奏されたバラリス作品〈シエンプレ・ア・プント *Siempre a punto*〉やデ・ラ・フエンテの歌った曲など、レパートリーのおよそ半分はピアソラの編曲によるものだった。

12月9日の宝塚大劇場（兵庫県）でのステージの模様はライヴ録音され、そのうち8曲は1955年3月、日本のクリスマールからSP4枚やEPに収められて世に出たが（〈シエンプレ・ア・プント〉は未発売）、契約の関係か楽団名は「オルケスタ・アルヘンティーナ・デ・ラ・タンゴ」とされ、デ・ラ・フエンテの歌は1曲も収録されなかった。そして1997年末、この時の録音のうちデ・ラ・フエンテの歌う4曲（いずれもピアソラ編曲）を含む計14曲が、当時79歳の彼女の新録3曲などとともにメロペアから『エル・タンゴ・エン・ハポン』のタイトルでリリースされた。

アニバル・トロイロに話を戻すと、彼は1953年、エンリケ・サントス・ディセポロ劇場で音楽劇『モローチャの中庭』を上演した。この舞台は大ヒットし、1年間のロングランを記録したが、この時の楽団は、通常のトロイロのオルケスタ・ティピカに弦セクションを大幅に増強しただけでなく、ハープや木管楽器、金管楽器まで加えた大編成のものだった。となれば想像がつくであろう、各曲の編曲を担当したのはピアソラだった。

この音楽劇はタンゴの歴史を回顧したものだったが、その中で古典タンゴを象徴する役回りとして、トロイロのバンドネオン、ロベルト・グレーラのギター[*50]をフィーチャーした四重奏団の演奏場面が設定された。もっとも、古典タンゴといってもそこにはトロイロたちの持つモダンな感覚が否応なくにじみ出ていたのだが、それが新鮮に受け取られたのだろう、この四重奏は大きな人気を呼び、劇の終了後もトロイロ＝グレーラ四重奏団として演奏活動を続けることになり、レコードも録音された。ほかのメン

*49　フアン・カナロ *Juan Canaro*（1892・6・23～1977・3・16）
バンドネオン奏者、楽団指揮者、作曲家。ウルグアイのサンホセ生まれ。1917年、兄フランシスコ・カナロの楽団でデビュー、同楽団のパリ遠征（25年）にも同行。30年代には自身の楽団でビクトルに録音を行ったが、以後の活動は流動的となった。53年頃には弟マリオ・カナロらとのカナロ兄弟六重奏団でパンパに録音。オルケスタ・ティピカ・カナーロとしての54年来日時の楽団は臨時に組まれたものだった。来日メンバーはラモン・トレイラ、アルフレド・マルクッチ、アルトゥーロ・ペノン（bn）、ウーゴ・バラリス、エミリオ・ゴンサーレス、エンリ・バレストロ（vn）、オスバルド・タランティーノ（p）、ルフィーノ・アリオラ（b）、エクトル・インスア、マリア・デ・ラ・フエンテ（vo）で、踊り手としてフリアとラロのベージョ夫妻、フォルクローレ歌手のシルバーノ・ゴンサーレスも同行した。第4章に記載のとおり、58年には新たに楽団を率いて中米諸国ツアーを行っている。代表作は〈アイ・バ・エル・ドゥルセ（いい男がいくよ）〉（オスバルド・ソーサ・コルデーロ作詞）。

バーは、ギタロン（アルゼンチン中西部クージョ地方起源の大きめのギターで、調弦は普通のギターの4度下）のエドムンド・サルディバルもしくはエクトル・アジャラ、コントラバスのキチョ・ディアスである。

タンゴといえば、それまではほとんどオルケスタ・ティピカ編成一辺倒だったわけだが、トロイロ＝グレーラ四重奏団は、ロベルト・フィルポやフランシスコ・カナロとはベクトルの異なる、新たな小編成楽団の可能性を示した最初の例だったと言える。またこれと同じ頃、マリアーノ・モーレスも自身の楽団を結成したが、これはオルケスタ・ティピカの形から離れて管弦楽団に近づいた編成だった。彼の楽団はのちに「グラン・オルケスタ・リリカ・ポプラール」の名で呼ばれることになる。

オルケスタ・ティピカのスタイルが飽和状態になっていくのに呼応した形で、こうした小編成、あるいは大編成のアンサンブルがいろいろと登場し始める一方、新たなオルケスタ・ティピカが誕生するケースはこれ以降、徐々に減少していくのである。

自身の楽団名義での実験

肝心のピアソラ自身も1950年以降、わずかながらテーカー[*51]へのレコーディングを残している。メインとなるのは自身のオルケスタ・ティピカによる78回転SP盤2枚、計4曲（#31、#32）だが、ほかの楽団に自作を提供する一方で、自身の名義では他人の作品中心というのが興味深い。

1950年の暮れ近く、楽団指揮者としての録音に際し、ピアソラは前年の楽団解散時のメンバーに召集をかけた。ただしアティリオ・スタンポーネはヨーロッパに演奏旅行中だったため、ピアノにはトロイロ楽団からカルロス・フィガリ、また曲によってはフランチーニ＝ポンティエル楽団からファン・ホセ・パスが参加している。また、バンドネオンにアンヘル・ドミンゲス[*52]が加わっている可能性もある。

各メンバーはこの時点ではそれぞれ個々に活動していたわけだが、レコーディングが昼間であれば、夜の仕事には支障なかったのである。

最初の録音となった〈チケ〉は、バンドネオン奏者、リカルド・ブリニョーロ唯一の傑作とされる1919年の作品。この曲は作者ブリニョーロ自身の楽団のほか、1931年頃にはペドロ・マフィア楽団も録音していたが、1944年にトロイロ楽団がピアソラの編曲で録音してから再評価の気運が高まった。オスマル・マデルナ楽団も1946年にウルグアイのソンドール、そしてRCAビクトルと続

＊50　ロベルト・グレーラ *Roberto Grela*（1913・6・28〜1992・9・6）ギター奏者、楽団指揮者、作曲家。ブエノスアイレス生まれ。1930年にベルグラーノ放送局で歌手ロベルト・マイダの伴奏でプロ・デビュー、以後リベルタ・ラマルケ、アルベルト・カスティージョなどの人気歌手の伴奏で活躍した。トロイロ＝グレーラ四重奏団に続いて自らのギター・アンサンブルを結成、テーカーに録音を残している。66年、レオポルド・フェデリコ（bn）らとサンテルモ四重奏団を結成、67年にはカルロス・ガルシーアのオーケストラ伴奏を得てオデオンにアルバム『ブエノスアイレスのギター』（邦題は『名匠グレーラと巨匠ガルシーア』）を録音した。

＊51　ピアソラのテーカーからの第1弾として当初フランシスコ・デ・カロ作〈黒い花〉を録音したものの、音質に問題が生じたため発売が見送られたという説もある。

＊52　アンヘル・ドミンゲス *Angel Domínguez*（1918・9・15〜1974・9・13）バンドネオン奏者、楽団指揮者、作曲家。ブエノスアイレス生まれ。アレハンドロ・スカルピーノにバンドネオンを習い、14歳でアントニオ・ポリート楽団に参加。その後アンヘル・ダゴスティーノ、オスバルド・プグリエーセ、エルビーノ・バルダロ、ホアキン・モラ、ペドロ・ラウレンス、フロリンド・サッソーネ、フランチーニ＝ポンティエルなどの楽団に参加。1952年からは歌手ロベルト・チャネルの伴奏楽団を指揮、その後はスプレンディド放送局の専属楽団の指揮者などを務めた。

けざまに2度録音している。原曲の持ち味はそのまま、随所に斬新な手法を取り入れたそのアレンジはマデルナの真骨頂とも言えるもので、両ヴァージョンは基本的に同じアレンジだがエンディングだけ異なり、ソンドール盤の方には洒落たしかけが施されていた。

一方ピアソラ楽団による〈チケ〉は、スピード感がありながら重厚というすさまじい演奏ぶりで、「46年のオルケスタ」時代の一連の録音とはかなり印象が異なる。まだほんの部分的にではあるが、3＋3＋2のリズムが登場することにも注目したい。バラリスのヴァイオリン・ソロと弦セクションとの絡み具合もいい感じだ。

なお〈チケ〉の録音はその後、先のリストにも挙げた1952年のトロイロ楽団の再録音（基本的なアレンジは前回と同じ）、1953年のオスバルド・プグリエーセ楽団、フランチーニ＝ポンティエル楽団（編曲はピアソラではない）などが続き、1961年にはピアソラも五重奏団で再度取り上げることになるが、この曲の定番としてはなんといってもプグリエーセ楽団による録音が高い評価を得ている。

〈トリステ（悲しい）〉はフランシスコ・デ・カロ＝ペドロ・マフィアの隠れた佳曲（フリオ・デ・カロ楽団も1924年のアコースティック録音時代に1回録音したのみだが、その盤では作曲者名がフランシスコではなくホセ・デ・カロとクレジットされていた）で、音質はやや落ちるものの内容は素晴らしい。編曲・演奏ともに完璧で、一分の隙もないほどだ。途中のピアノ・ソロもゴツンとした質感があり見事。弾いているのはフィガリなのか、それともパスなのか？

続いて1951年。第2弾としてピアソラが持ってきたのはなんと〈ラ・クンパルシータ〉だった。1916年頃、当時ウルグアイの学生だったヘラルド・エルナン・マトス・ロドリゲス（マトス・ロドリゲスが姓）が書き、10年近くも経ってからヒットし始め、やがてタンゴ史上最も有名な曲となったお馴染みの作品である。ほかのジャンルのアーティストによるものも含め、そのレコードの数は想像すら不可能なほど。ほとんどのタンゴ楽団がレパートリーとしているがゆえに、ほかの楽団と差別化した編曲を施すべく、各アレンジャーが頭を悩ます曲でもある。

ここでのピアソラ楽団の演奏は、一聴すると意外とまともな演奏に聴こえるが、なかなかどうして手の込んだ作りになっている。オリジナルのバンドネオン変奏を展開部の前に持ってきて、次いでバンドネオンのみによる絡みを聞かせ、そして弦による美しいアンサンブルへとつないでいく。その後の、まるでトロイロのように歌うがごときバンドネオン・ソロを弾いているのはおそらくレオポルド・フェデリコだろう。そして最後は再びオリジナルのバンドネオン変奏で締めている。ピアソラは、先にも触れたように「46年のオルケスタ」でもこの曲をウルグアイのラジオ用に録音している。聴き比べてみると、この1951年の録音にも登場する要素のかなりの部分は、すでに当時から形になっていたことがわかるが、全体の構成は異なり、旧録音にはまだ混沌として未整理な部分も感じられた。

先ほど書いた「オリジナルの変奏」とはどういう意味か説明しておくと、〈ラ・クンパルシータ〉には1926年頃にバンドネオン奏者、ルイス・モレスコ[*53]が付けた有名な変奏があり、それが一応定番になっている。各編曲者はこの曲をアレンジする場合、モレスコの変奏をそのまま使う場合もあれば、一部変える場合もあり、またピアソラのようにまったく新しく付け直すこともある。ただし変奏部分は、付けなければいけないという決まりはないので、変奏なしの編曲を施されたものも多い。

カップリングの〈デデ〉は、この時期のピアソラ楽団の録音中唯一の自作曲。タイトルどおり、妻のデデ・ウォルフに捧げた美しいワルツだが、ただのワルツではない。ロベルト・ディ・フィリッポのオーボエを前面に出し、現代音楽風の要素も取り入れた、大胆な着想の作品なのである。かつて「46年のオルケスタ」でバンドネオンを弾いていたディ・フィリッポは、すでにオーボエ奏者への転向を果たしていた。タンゴが曲がり角に来たと感じていたディ・フィリッポから、経済的な安定のために何かほかの楽器をやりたいと相談された時、ピアソラは彼にオーボエを勧めただけでなく、かつてコロン劇場管弦楽団のソロ奏者だったエドムンド・ガスパールを先生として紹介するほどの熱の入れようだった。ピアソラは、その見事な成果とも言えるこの曲を聞かせるために、わざわざ〝売れる〟〈ラ・クンパルシータ〉と組み合わせたのではないか。そう思えるほど、中身は過激だ。

マリア・デ・ラ・フエンテ

ピアソラがテーカーに録音したのは自身の楽団名義での4曲だけではなかった。これに先駆けて、先に触れた女性歌手、マリア・デ・ラ・フエンテ*54の伴奏楽団の編曲指揮も開始している。ただしレコードにピアソラの名は一切クレジットされていない。

１９５０年録音の第1弾（#33）は、〈ラ・クンパルシータ〉と並ぶタンゴの超有名曲〈エル・チョクロ〉。アンヘル・ビジョルドが１９０３年頃に書いた古い曲で、のちにカルロス・マランビオ・カタンとエンリケ・サントス・ディセポロがそれぞれ別個に詞を付けた。テンポが目まぐるしく変化する複雑なアレンジが施されているが、なんといっても耳を奪われるのが、バンドネオンの速弾き。超人的と

*53　ルイス・モレスコ *Luis Moresco*（1890～1971・11・6）
バンドネオン奏者、楽団指揮者、作曲家、編曲家。ブエノスアイレス生まれ。ペドロ・ベラルディにバンドネオンを習い、１９１８年に最初のグループを結成。25年、アンセルモ・アイエタからサロン「レグロン *L'Aiglon*」での

代役を頼まれる。当時のアイエタ楽団にはファアン・ダリエンソもいたが、1年後彼らはカフェ「ヘルミナル」に演奏場所を移し、モレスコによる〈ラ・クンパルシータ〉の変奏はその店で生み出された。超人気曲となった同曲にはさまざまな編曲が施されることになるが、その中でモレスコの変奏は当時から考案者について特に言及されないまま受け継がれていった。28年、ファアン・ポリート楽団に参加。31年にはカルロス・ビセンテ・ヘローニ・フローレス率いるオルケスタ・アルヘンティーナ・デ・マエストロ・フローレスで南米からヨーロッパまでツアーを行い、帰国後に自身の楽団を結成した。

＊54　マリア・デ・ラ・フエンテ *Maria De la Fuente*（1918・4・25～2013・11・3）歌手、俳優。リオ・ネグロ州ヘネラル・ロカ生まれ。本名はマリア・ルイサ・マッタール・ケナンで、アラブの血筋を引いている。1933年にラ・プラタ市に移りルイス・マリア・バニャッティから歌を学ぶ。同年ブエノスアイレスでエドゥアルド・フェリ（p）率いるフェリ女声四重唱団に参加、南米諸国を巡演したのちエル・ムンド放送局やマイポ劇場に出演した。この時の芸名は「マリー・マタール」。37年には独立してソロ歌手となり「マリア・デ・ラ・フエンテ」を名乗る。タンゴ歌手としてエル・ムンド放送局にデビューし6年間出演、43年からはベルグラーノ放送局の専属となった。この時期にはエクトル・マリア・アルトーラ率いる楽団とともに中米ツアーも行っている。46年にはオデオンに計8曲を初録音、レパートリーはタンゴとボレロで、ボレロの伴奏指揮は「ドン・アメリコ」ことアメリコ・ベジョートが担当。その後はミゲル・カロー楽団のオペラ劇場公演などに参加、49年にはキューバに赴きハバナのナイトクラブ「トロピカーナ」に1か月間出演。50年代前半は、ピアソラの伴奏指揮でテーカーに録音を行ったほか、フランシスコ・マラフィオッティ楽団の伴奏でスプレンディド放送局に出演。54年11月から12月にかけてファアン・カナロ楽団の歌手として来日。55年にはファアン・カルロス・コボス（vo）らとともにスペイン公演、帰国後の57年にはフラシンスコ・ロトゥンド楽団に参加した。60年から69年まで再びエル・ムンド放送局に出演したが、62年にはオルランド・トリポディ（p）四重奏団で録音も行っている。その後はＴＶのタンゴ番組などに出演していたが、83年に一旦引退。97年、リト・ネビアをプロデューサーに迎え、メロペアに久々の録音を行った。2010年にはタンゴ・アカデミーのガブリエル・ソリアのプロデュースにより、ワルテル・リオスとの共同名義による初のアルバム『エル・ドゥエンデ・デ・トゥ・ソン』を制作。1940年から51年にかけて4本の映画にも出演している。

も思われる正確無比なボタンさばきがすごいが、このバンドネオンはロベルト・ディ・フィリッポが弾いている。

ピアソラも羨むテクニックの持ち主でありながら、バンドネオンに限界を感じオーボエ奏者に転向してしまったディ・フィリッポだが、ここではピアソラの要望に応え、そのバンドネオンの技を惜しげもなく披露してくれている。もちろんオーボエ奏者としてもこの時期のピアソラの新たな音創りに貢献しているのは、〈デデ〉の項でも触れたとおりだ。

〈エル・チョクロ〉とはまったく対照的なサウンドを持つカップリングの〈手の中の天国〉は、ピアソラ自身の作曲、オメロ・カルペナ作詞によるもので、印象的なメロディーを持つ。この曲は同年7月に封切られた同名映画（監督はウィングことエンリケ・デ・トマス、#F5）の挿入歌である。映画全体の音楽もピアソラが担当しており、これは1949年に『同じチームで』（#F3）で映画音楽家デビューを果たしたピアソラにとって3作目の担当作品となる。作詞のカルペナは、この映画の原作となった『孤児院 *CASA CUNA*』の共同執筆者の一人。

ディ・フィリッポのオーボエをフィーチャーした〈手の中の天国〉は、タンゴではあるがもはやオルケスタ・ティピカのスタイルではまったくない。バンドネオンは登場せず、弦が大幅に増やされたその管弦楽的サウンドは、1952年～53年頃に指揮を手がけたスプレンディド放送局交響楽団（詳しくは後述）を経て、1955年以降の弦楽オーケストラにもつながっていく。そんな雄大なサウンドをバックに、デ・ラ・フエンテも情感のこもった見事な歌を聴かせている。なお、映画の中ではほぼ同じ編曲でエドムンド・リベーロ*が歌っていた。

同年録音の第2弾〈エル・ジョロン（泣き虫）〉〈至上の歌〉も、前作同様の印象を持つ組み合わせ

（＃34）。〈エル・ジョロン〉は俳優のアンブロシオ・ラドリサーニが作曲したことになっているが、実際には誰が書いたか、19世紀末には酒場で流れていたメロディーだと言われている。１９３６年、ロベルト・フィルポが古典回帰の四重奏団を組んだ時にこの曲を引っ張り出し、最初の録音に選んだ。フィルポの演奏は、リズムはほぼミロンガだがテンポは遅めで、形式名は「タンゴ」とされた。その後エンリケ・カディカモが歌詞を付け、１９４１年にフランシスコ・カナロ楽団（歌：エルネスト・ファマ）も録音している。それこそピアソラが毛嫌いしていたタイプの曲と思われるが、３＋３＋２のリズムも内包した細かい音の刻みを軸に、男性コーラスによる合いの手なども絡めた過激なアレンジが施されたこのデ・ラ・フエンテの盤でも、形式名は「タンゴ」と表記された。ちなみに同じ〈エル・ジョロン〉でも、後年のレオポルド・フェデリコ楽団やセステート・タンゴ*のレコードなど、形式名が「ミロンガ」と表記されているものもある。

〈至上の歌〉はカルロス・フィガリ作曲、ホセ・ロトゥロ作詞による美しいワルツ。再びディ・フィリッポのオーボエがイントロに、歌のオブリガートにと活躍し、バンドネオンは登場しない。デ・ラ・フエンテの歌も上手い。

１９５１年の〈同じ苦難〉は自作曲で、作詞のオメロ・エスポシトとは「46年のオルケスタ」時代の〈ピグマリオン〉〈メネフレガ〉（後者は未発表）以来の共作となる（＃35）。通常のオルケスタ・ティピカ編成でシンプルにまとめられた佳曲で、主旋律で同じ短いフレーズを繰り返しながら和音を下降させていくという、のちに得意技となる手法が顔を出しているが、当時は話題にはならなかった。そんなわけでカヴァーの数は少ないが、アコーディオンのアルマン・ラッサーニュ（＃G50に収録）、ハイロ*（＃G79）などが取り上げている。また、デ・ラ・フエンテ自身も引退後の長い期間を経た２０１０年にワルテル・

リオスのバンドネオンとともにこの曲を再録音し、アルバム『エル・ドゥエンデ・デ・トゥ・ソン』[*55]に収めた。カップリングの〈場末のロマンス〉はトロイロ＝オメロ・マンシによるワルツで、奇をてらったところのない仕上がりになっている。

1952年の〈フヒティーバ（逃げた女）〉は、ピアソラ作曲、ファン・カルロス・ラマドリー[*56]作詞による、やはり美しいタンゴ（#36）。オーボエのほかフルートまでフィーチャーしたより本格的な管弦楽アンサンブルに乗せて、歌が映えを見せる。この曲は同年9月にオスバルド・フレセド楽団もエクトル・パチェーコの歌で録音しているが、そちらの編曲がピアソラによるものかどうかは不明。

カップリングの〈ロカ（狂った女）〉はマヌエル・ホベス作曲、アントニオ・ビエルゴル作詞によるもので、ファン・ダリエンソ楽団の派手な演奏で知られているが、ここでは渋くもじわっと盛り上がる雰囲気に仕上げられた。弦セクションは音を厚くしてあるもののバンドネオンもしっかり加わったオルケスタ・ティピカ・サウンドで、ここまでのデ・ラ・フエンテの録音では〈同じ苦難〉と並んでオーソドックスなタンゴ寄りのアレンジだ。デ・ラ・フエンテの歌唱は、メルセデス・シモーネやリベルタ・ラマルケといったスターたちにも匹敵する確固たる実力を示している。

この時期のピアソラの正規の録音は、これですべてである。決して活発とは言えない録音状況ではあったが、コンスタントに続けていた1940年代後半の一連の録音が、とりあえずは1つのフォーマットにまとまっていたのに対し、この時期の録音は、一つひとつが考え抜かれ、さまざまな手法が検討・導入されている。トロイロなど4楽団へ提供した編曲も含めて考えればなおさらのこと、模索と実験に明け暮れていた日々だったと言えるが、そもそもこの時期のピアソラのタンゴ・サイドについて語ろうとすれば、時期的にも量的にも限られたこれらの正規録音だけで済まそうとするには無理がある。

そのほか、検証に欠かせないものには、スプレンディド放送局での仕事と1949年以降の映画音楽とがある。

＊55　ワルテル・リオス *Walter Rios*（1942・7・18）
バンドネオン奏者、作曲家、編曲家、楽団指揮者。サンタフェ州サンエドゥアルド生まれ。4歳の時から父親に音楽を学び、6歳で父親の楽団に参加。ロサリオのアントニオ・リオスにバンドネオンを師事し、ベナード・トゥエルトのマイポ楽団に参加。1960年、ブエノスアイレスに出て、国立音楽院でピアノやコントラバスも修得する。ティティ・ロッシ楽団でのアルバイトを経て、64年からギターのホセ・カネーと組んで歌手の伴奏などで活動、66年にエレキ・ギター、コントラバスとの「タンゴ・トリオ」を結成。70年、歌手ラウル・ラビエの伴奏者に指名される。77年、ギターのリカルド・ドミンゲスらと五重奏団を結成、ドミンゲスとはデュオでも長く活動する。以後は自身のグループでの活動のほか、タンゴのみならずフォルクローレからジャズ、クラシック、ポップスに至る幅広い音楽家たちとの共演も多い。スペインやアルゼンチンでのフリオ・ボッカ主演のショー『タンゴ・ブルーホ』や米国での『フォーエヴァー・タンゴ』、東京・原宿での『ＮＩＳＳＡＮ タンゴ ブエノス・アイレス』（97年）などの音楽監督も務めている。

＊56　ファン・カルロス・ラマドリー *Juan Carlos Lamadrid*（1910・10・30〜1985・8・20）
作詞家、詩人、随筆家。ブエノスアイレス生まれ。本名ファン・カルロス・アラオス・デ・ラマドリー。メンドーサやトゥクマンの州知事を務めたグレゴリオ・アラオス・デ・ラマドリー将軍（1795〜1857）の甥の息子にあたる。タンゴ歌手、ダンサー、ボクサーなどを経てジャーナリズムの世界に入り、夕刊紙『クリティカ』の編集部で働く一方、文芸誌に執筆。1953年には日刊紙『ラ・プレンサ』の文芸付録に「タンゴとタンギスモ」などの記事が掲載された。58年に最初の詩集『まとめられた人間』を出し、深い独創性や感受性にあふれた詩人として知られた。作詞家としてはピアソラとの〈フヒティーバ〉〈バラの河〉のほか、ファン・カルロス・コビアン、セバスティアン・ピアナ、フリオ・デ・カロ、アルヘンティーノ・ガルバン、ロベルト・パンセラらとの共作がある。

スプレンディド放送局での仕事

ピアソラがスプレンディド放送局交響楽団の編曲指揮を担当したのは、1952年から53年にかけてのことだったと思われる（1954年については記録が見当たらない）。この大編成の楽団は弦楽器、木管楽器、ピアノ、ハープ、ヴィブラフォンなどで構成されていたが、特徴的だったのは、ピアソラはバンドネオンを排除する方向で指揮に専念したことで、バンドネオンが含まれる場合でも自分では一切弾かなかった。おそらくレオポルド・フェデリコかアベラルド・アルフォンシン、ロベルト・ディ・フィリッポあたりが弾いているのではないかと思われるが、確証はない（2人で参加している曲もある）。専属女性歌手はニルダ・マリーノ、男性歌手は「46年のオルケスタ」の後期にも参加していたアルベルト・フォンタン・ルナである。

まずは、この楽団についての貴重なレポートを紹介しておく。1953年8月に藤沢嵐子*、早川真平とともに渡亜したオルケスタ・ティピカ東京のピアニストの刀根研二が、雑誌『中南米音楽』1955年7月号に掲載された「タンゴを追って（10）」で、9月6日に行われたスプレンディド放送局開局25周年記念の「放送タンゴ祭り」の模様を次のように伝えている（引用にあたり、固有名詞の表記のみ拙文と統一し、一部旧漢字を改めた）。

間もなく二階の公開放送のスタジオにはいると私達は、何時もの様に最前列の席に案内された。

（中略）

やがて、アストル・ピアソラの指揮するスプレンディド管弦楽団の演奏で、この時間の放送の幕は切って落された。

ヨーロッパ風の渋い感覚に、ノルテアメリカのモダニズムを織り込んだピアソラのその特異な作風は、古い伝統のカラの中にあえぐブエノスアイレスのタンゴ界に、一連の新風を送り込んだ。彼の出現に依ってタンゴはそのメロディーとリズムに、大きな変貌をもたらそうとし、古い愛着に足を取られて動きのとれなかったタンゴの間口は、大きく開かれ様としている。

（中略）今日、ピアソラの作品に見る『特異性』は、その強度に於て曾《かつ》てのそれ（引用者注：モダン・タンゴのこと。刀根は「タンゴ・モデルノ」という書き方をしている）と同じではない。（中略）

若し、当初のピアソラの作風が、古いタンゴえの（原文ママ）きずなを、鋭利に切り過ぎたきらいがあったとするならば、或いは、それは彼の若冠（原文ママ）の情熱のいたす所であったかもしれない。

ともあれ、今日の彼の作品と、オルケスタの編曲面に見る事の出来る彼の鋭敏な神経と豊富な技量が、数多くのマエストロの間にさえ、極めて高く評価されていると云う事は、いよ〳〵地についた彼の確固たる存在を示すものであると同時に、彼の今後の大成に期待される所も又大きい事であろう。

ピアソラの指揮でプロローグの曲が終ってから、同じ管弦楽団の伴奏で、先づ最初に歌ったのはチョーラ・ルナ[*57]であった。

マイクロフォンの必要のない位の声量は、正に当夜随一であった。彼女も又現在のブエノスアイレスに於ける第一線の女性歌手として、（メルセデス・）シモーネ、マイサニに続いて、地味な活躍を続けている一人であると云う。（中略）

チョーラ・ルナの歌が終ったとき、ラ・クンパルシータの作詩者、エンリケ・マローニがポケットから老眼鏡を取り出して、一枚の残片を見乍ら自作の詩を朗読した。（中略）

> アナウンサーの司会に続いて、スタヂオの左わきに作られた小ステージの所で、ロベルト・フィルポの四重奏が始まった。
>
> （中略）余りにも気力に欠けた、乱れの多い不安定な合奏は、これがロベルト・フィルポのクワルテートであろうかと疑われる程であった。
>
> （中略）編曲にも演奏スタイルにも、二十年の昔と何等変る所のない味気無さに、こゝにも又、時代の移りのきびしさを目の辺りに見せつけられた思いであった。（中略）
>
> 再び、ピアソラの指揮する管弦楽団の伴奏で、肉付きの良い色白の顔に笑いを浮べ乍らアスセナ・マイサニ*[58]が拍手のうちに登場した。
>
> シモーネと同年輩位だろうと思うが、（中略）私達の知らない曲を二つ歌った。
>
> 昭和十二三年頃だったろうか、始めて（原文ママ）彼女のレコードをきいた時と比べて、その時程のアクの強さはなかったが、あの妖気に満ちた歌声は、娼婦の毒舌にも似て、シモーネの歌とは、まったく良い対照であった。

刀根のレポートによれば、このあとオスバルド・フレセド楽団の演奏（歌手エクトル・パチェーコ）、フアン・デ・ディオス・フィリベルトのトーク、チャルロやアンヘル・バルガスの歌、マリアーノ・モーレスの挨拶と続き、最後はウーゴ・デル・カリルがギター伴奏で2曲歌って、2時間にわたる大タンゴ祭の夜の部は終了したという。チャルロやバルガスの伴奏には何も触れられていないが、これもピアソラ指揮のスプレンディド放送局交響楽団が担当したのだろうか。

ピアソラが編曲指揮を手がけた時代のスプレンディド放送局交響楽団は公式録音を残していないが、

実は非公式に（おそらくアセテート盤に）録音された音源は現存していて、そのうち１９５２年録音の５曲と１９５３年録音の２曲は筆者の手元にもコピーがあるので、その内容を紹介しておこう。

フォンタン・ルナが歌う〈便り（メンサーヘ）〉は、１９５１年12月に世を去ったエンリケ・サントス・ディセポロの遺作となった曲の一つ。カトゥロ・カスティージョが詞を付けて仕上げ、トロイロ楽団がやはりピアソラのアレンジで１９５３年の初め頃にラウル・ベロンの歌で録音しているが、それよりも早くここで取り上げられているのは驚きだ。分厚いストリングスにピッコロやオーボエなどの木管が被さり、フォンタン・ルナの歌にもフルートが絡むというシンフォニックな作り。タンゴのリズムも控え目だがちゃんと出てくる。

＊57　チョーラ・ルナ *Chola Luna*（1919・2・12〜2015・4・2）

歌手、俳優。ブエノスアイレス生まれ。本名アルシーラ・ルナ。マル・デル・プラタでチョーラ・モンテス・デ・オカの芸名で活動を始め、１９３０年代半ばにブエノスアイレスに出てラジオに出演、その後フランシスコ・ロムート楽団に加わりスペインに赴いた。42年には映画に出演、56年にはミゲル・カロー楽団で2曲録音、次いでソロ歌手としてテーカーに録音を果たす。その後もエクトル・マリア・アルトーラの伴奏指揮にてラジオで歌い、ギター伴奏で喫茶店「パティオ・デ・タンゴ」に出演した。

＊58　アスセナ・マイサニ *Azucena Maizani*（1902・11・17〜1970・1・15）

歌手、作曲家。ブエノスアイレス生まれ。「スカートをはいたガルデル」と称された名歌手。少女時代はラ・プラタ川のマルティン・ガルシーア島で過ごす。１９２３年7月、ナシオナル劇場で上演されたオペレッタの中で〈われらが父〉を歌ってデビュー、これが好評を博し、24年からオデオンで録音を開始。以後ブルンスウィックやビクトルなどにも録音を行ったが、彼女がその真価を最大限に発揮したのはレコードではなく舞台だった。62年に引退。作曲家としても〈ブエノスアイレスの歌〉（オレステス・クファロと合作、マヌエル・ロメロ作詞）〈でも私は知っている〉（作詞も）といった傑作を残している。

そして自作曲〈勝利〉の、本人の録音としてはもっとも古いものが続く。ここでもバンドネオンは使わず、原曲のイメージは崩さずに、より管弦楽的に膨らませているが、ストリングスの動きがなかなか派手だ。

ピアソラによる公式録音のないフリオ・デ・カロの〈良き友 *Buen amigo*〉には、一瞬だが3＋3＋2のリズムも出てくる。フランシスコ・デ・カロの〈黒い花〉は原曲の美しさが際立つアレンジで、中盤に4小節だけ2台のバンドネオンが絡む場面も挿入されている。

そしてテーカーへの録音もあった〈フヒティーバ〉は、ここでもマリア・デ・ラ・フエンテが歌っている。テーカー録音のアレンジをベースに、管弦楽的要素がさらに強まっている。以上が1952年の録音。

1953年の半ば頃には、これも自作で、自身の公式録音はニューヨークでの『テイク・ミー・ダンシング！』（#57）に収録されたジャズ＝タンゴ・ヴァージョンしかない〈パラ・ルシルセ〉を、こちらはしっかりバンドネオンも入った形でやっているのが興味深い。〈黒い花〉も再び取り上げているが、構成が変わり、バンドネオンの出番も少し増えるなど、アレンジにはかなり手が加えられている。

そのほか、手元に音源はないが、トロイロ＝ホセ・マリア・コントゥルシ作ながらトロイロ自身は録音していない〈悲しきタンゴ *Tango triste*〉や、フランシスコ・デ・カロ作〈ロカ・ボエミア〉の録音も残されているようだ。

この時期のピアソラはタンゴには見切りをつけ、クラシックの作曲家としての成功を夢見ていたが、クラシック作品の中にもタンゴの要素を取り入れたものはあった。それとは逆に、こうした〝食べていくための〟タンゴの仕事にも、多くはないがクラシックの管弦楽的な要素を大胆に組み込む場面も見られた。スプレンディド放送局交響楽団による一連の演奏は、そうした取り組みをさらにエスカレートさせたものだった。これらは極めて意味のあるアプローチだったはずだが、ピアソラ自身ですらよくわかっていなかったようだ。彼が捨てようとしたタンゴと、拠りどころにしようとした現代クラシックとの融合が、ここで未整理ながら実現していたにもかかわらず、マリア・スサーナ・アッシのピアソラ伝によれば、彼の記憶の中では「最悪」なアレンジをしたことにまでなっていたというのだから。

そしてもう一つ、ピアソラがナタリオ・ゴリンに語ったところによれば、ちょうどこの頃は彼自身の中にニューヨークでの少年時代以来のジャズ・ブームが起きていたとのことだ。とりわけスタン・ケントン楽団[*59]の音の響きやリズムに惹かれていて、ここでも同じようなハーモニーに仕上げることを目指したものの「結果は悲惨だった」「今聴くと悪趣味でどうしようもない音としか思えない」と当の本人の中では結論付けられてしまっている。

ケントンは、1940年代以降70年代まで時代ごとにそれぞれ特徴を持った大編成のジャズ・オーケストラをいくつも率いたバンドリーダーでピアニストだ。折々で才能あるアレンジャーやメンバーを起用し、シンフォニックかつプログレッシヴなサウンドで米国西海岸のジャズ・シーンに確固たる地位を築いた。クラシックの要素も取り入れ、「踊るためではなく聴くためのビッグ・バンド・ジャズ」を目指していたというから（次章で紹介する、1955年以降のピアソラのテーゼと極めて近い）、ピアソラが共鳴したのも当然だろう。そんなケントンに影響されたということの時期の試みを〝失敗〟として切り捨てることは、ピアソラ本人の発言はともかく、難しいように思える。

放送局専属の楽団ということで編成も大きく、また楽器の種類も多く、ある程度の実験は許容されていたと思われるが、結果的にピアソラはそれを最大限に利用した。先にも触れたように、他の時期の編曲方法と特に異なる点は、木管楽器類を多用し、バンドネオンの使用をなくしたり抑えたりしたところにある。ピアソラの基本的な楽器編成としては、1960年結成の五重奏団におけるバンドネオン、ヴァイオリン、ピアノ、エレキ・ギター、コントラバスという編成が定番となるが、それ以前・以後とも、編成を大きくする場合には弦を厚くしたり、ドラムスやハープを加えたり、といった方向がメインで、木管楽器はフルートやサックスなどが1〜2本加わる程度。もともと金管楽器はあまり使わないが、ここでのピッコロからバス・クラリネットまでを使い分けてのカラフルさは、スプレンディド放送局交響楽団ならではの大きな特徴と言えるだろう。音響的にはクラシックの管弦楽作品との共通点も当然あり、本人の言うようにシンフォニックな傾向のビッグ・バンド・ジャズの要素を取り入れようとした形跡も見て取れるが、あくまでもタンゴを編曲したものであり、原曲のメロディーがきちんと生かされている点は重要だと考えたい。

映画音楽の仕事

もう一つ紹介しておかなければならないこの時期の仕事に、映画音楽がある。ピアソラが担当した一

＊59　スタン・ケントン *Stan Kenton*（1911・12・15〜1979・8・25）
ピアノ奏者、楽団指揮者、作曲家、編曲家。米国カンザス州ウィチタ生まれ。本名スタンリー・ニューコム・ケントン。何度かの転居を経て13歳の時からロサンジェルスに住む。10代初めに独学でピアノを始め、14歳からレッスンを受ける。ルイ・アームストロングやアール・ハインズのレコードでジャズと出会って16歳から人前で演奏するようになり、高校卒業後の1930年代にはさまざまな場所で演奏活動を行う。36年にガス・アーンハイム楽団に参加し、翌年には同楽団で初録音を経験。38年には短命に終わったヴィド・ムッソ楽団でバンドリーダー代理を務

めるが、その頃から自身のジャズ・オーケストラ結成を画策し、40年11月に最初のデモ録音を行う。41年夏、14人編成の最初の楽団を率いてカリフォルニア州バルボア・ビーチの「ランデヴー・ボールルーム」にデビュー。9月にはデッカに初録音。43年11月にキャピトルと契約し〈アーティストリー・イン・リズム〉を録音してから活動を軌道に乗せた。ピート・ルゴロ（フランスの作曲家ダリウス・ミヨーに師事した進歩的な作編曲家でトランペット奏者）が編曲で腕をふるったこの時期の演奏をケントン自ら「プログレッシヴ・ジャズ」と呼んだが、楽団は48年末に解散。50年には最も野心的と言われた「イノヴェーションズ・イン・モダン・ミュージック・オーケストラ」を結成。これはピアノ、トランペット×5、トロンボーン×5、フレンチ・ホルン×2、チューバ、サックス×5、ギター、ベース、ドラムス、コンガ、ヴォーカルに16人の弦楽器を加えた40人編成だった。さすがにこれは維持できず、翌年半ばには19人編成の「ニュー・コンセプツ・オブ・アーティストリー・イン・リズム・オーケストラ」となる。この時期の編曲は主にビル・ルッソとビル・ホルマンが腕を競い合った。54年から楽団は新体制となり、この「コンテンポラリー・コンセプツ」期には、ジョニー・リチャーズに作曲と編曲を任せたラテン・ジャズ・アルバム『キューバン・ファイアー!』（56年）などの傑作を残す。60年から63年にかけての「ニュー・エラ・イン・モダン・ミュージック」期にはビッグ・バンドに4人のメロフォニウム（マーチング・ホルンのようなF管の楽器）奏者を加えた「メロフォニウム・オーケストラ」で活動。64年には臨時編成の楽団でワーグナーの作品集を録音。65年からの「ネオフォニック・オーケストラ」での活動は一時的だったが、最後の楽団では72年にニューポート・ジャズ祭に参加、74年には来日も果たしている。長年在籍したキャピトルを離れ70年に自身のレーベル、クリエイティヴ・ワールドを設立。77年5月に転倒して頭部に重傷を負い、大きなダメージを受けた中、78年初頭に最後のツアーを行った。スタン・ケントン楽団は優秀な人材を多数輩出したことでも知られ、トランペットのコンテ・カンドリ、メイナード・ファーガソン、ショーティ・ロジャーズ、トロンボーンのカイ・ウィンディング、フランク・ロソリーノ、アルト・サックスのアート・ペッパー、バド・シャンク、リー・コニッツ、チャーリー・マリアーノ、テナー・サックスのズート・シムズ、ビル・パーキンズ、バリトン・サックスのペッパー・アダムズ、ギターのラウリンド・アルメイダ、コントラバスのハワード・ラムゼイ、ドラムスのシェリー・マン、メル・ルイス、ピーター・アースキン、歌手のアニタ・オデイ、ジューン・クリスティ、クリス・コナーなどが該当する。ケントンはまた、学生向けの講義や器楽演奏のための集中的なプログラムなどを通じて、教育者の立場でのジャズの普及にも大きく貢献した。

連の映画の内容やデータについては巻末の「アストル・ピアソラ・フィルモグラフィー１９３５―１９９２」も参照していただきたい。

先に触れたように、ピアソラが初めて映画音楽を手がけた作品はカルロス・トーレス・リオス監督による１９４9年9月公開のサッカー映画『同じチームで』である（＃F3）。弦楽器、管楽器を中心とした大編成オーケストラによる、いかにも映画音楽然とした内容。挿入曲に関してはフィルモグラフィーを参照のこと。ピアソラはこう振り返る。「私が書いた音楽は、サッカーとはなんの関係もなかった。そもそもマラドーナが現れるまで、サッカーのことは何ひとつわからなかったのだ。それでも私には70人編成のオーケストラが与えられ、完全に自由だった」（ナタリオ・ゴリンの前掲書より）

『同じチームで』と同じ監督、脚本家による『鋼のレーシング・カー』は、車のラリーがテーマなだけに、場面によって疾走感を意識した曲作りがなされているが、全編がオーケストラによる管弦楽的な演奏で、タンゴの要素は皆無である（＃F4）。

先ほども触れた『手の中の天国』では、エドムンド・リベーロの歌ったタイトル曲が重要だが、その曲がラジオで〝初演〟される場面よりも少し前に流れる美しいワルツも印象的だ。それ以外の音楽は、オーケストラによる演奏で占められている（＃F5）。

マル・デル・プラタの漁師町とそこで生活する漁師たちが描かれた『ステラ・マリス』の音楽は全編がシンフォニックなオーケストラによる演奏で、ここにもタンゴの要素はない（＃F6）。

１９５4年5月公開の『ブエノスアイレスでの出来事』は、パリ留学以前に手がけた映画音楽の中で最も注目すべきものである（＃F7）。なぜかといえば、突然タンゴ寄りに大きくシフトした上で、その後のピアソラの方向性を先取りしたような音楽までが使われているからである。まずはそのオープニング、シンフォニックな演奏でスタートし、ナレーションが被さったかと思うと、バンドネオンによる（現在の我々にとって）聴き慣れたフレーズが飛び出してきて驚かされる。それは、1954〜55年のパリ留学時に父ノニーノに捧げて書かれることになる〈ノニーノ〉の冒頭8小節とそっくりなのである。のちの〈アディオス・ノニーノ〉のモチーフの源とも言える〈ノニーノ〉のさらに原型が、こんなところに登場していたとは！　メロディーを弾くバンドネオンには2本のヴァイオリンが、1本はギコギコというチチャーラ奏法、もう1本はボディーを叩くゴルペ奏法で対応し、もう1台のバンドネオンが絡んだあと、合奏へと進む。オルケスタ・ティピカ（バンドネオンは2台か3台？）に若干の木管楽器を加えたような編成による1分足らずの曲だが、インパクトは大きい。

主役のタクシー運転手、パブロ（ロベルト・エスカラーダ）がラジオのスイッチをひねるとクレジットともに流れるテーマ音楽も、シンフォニックな編成ながらしっかりとタンゴとして書かれている。そのサウンドは、木管楽器が配置されたスプレンディド放送局交響楽団での演奏の延長線上にあり、ヴァイオリンのソロやハープの導入などが、のちの弦楽オーケストラを予感させる。

そして、パブロの当初の恋人チェラ（ネリー・パニーサ）が歌うタイトル不明のタンゴ（おそらくピアソラのオリジナルで、作詞は脚本家のシスト・ポンダル・リオスかカルロス・オリバリのどちらかと思われる）は1940年代風の佳曲。画面ではピアノ、バンドネオン、ヴァイオリンの3人だけで伴奏しているが、実際の音はオルケスタ・ティピカよりも少し小さい編成のようで、ピアノが目立つアレンジだ。その他のシンフォニックな音楽にも、タンゴ的でないものも含めてピアソラらしい色がにじみ出ている。それまでに担当してきた映画と異なる点はそこだ。ブエノスアイレスという大都会が舞台ということもあってかタンゴ色が濃い仕上がりとなったが、これは監督のエンリケ・カエン・サラベリーの意向もあってのことだろうと推測する。

この時期の映画音楽は以上だが、ピアソラはこのほかに演劇の舞台音楽も手がけている。1作目は1952年にヌエボ・テアトロで上演された『その困難な道 *ESE CAMINO DIFICIL*』で、ファン・カルロス・フェラーリの原作をペドロ・アスキーニとアレハンドラ・ボエロが監督している。

もう1作は1954年4月30日から9月29日までセルバンテス国立劇場で上演された『最後の犬 *EL ULTIMO PERRO*』。ギジェルモ・ハウスの原作をカルロス・ゴロスティーサが翻案し、監督をアルマンド・ディセポロ、舞台美術と衣装をマリオ・バナレリ、演出をエンリケ・デュカが手がけた。原作となったハウスの小説の解説には「パンパの真ん中の荒涼とした場所、ロバトンの宿場に運命的に集まった小さな核となる男たちと女たちの、過酷で骨の折れる、危険な生活が描かれている」とある。なおこの作品は1956年に監督がルカス・デマレ、主演がウーゴ・デル・カリル、音楽がルシオ・デマレという布陣で映画化されている。さすがにこれらの舞台音楽は録音が残されているわけでもなく、その内容を詳しく知ることはできない。

〈パラ・ルシルセ〉から〈プレパレンセ〉〈勝利〉を経て〈ロ・ケ・ベンドラ〉へと、自らはジレンマを感じながらも、タンゴの作曲家としてのピアソラは確実にそのアイデンティティを固めつつあった。その一方で〈デデ〉やマリア・デ・ラ・フエンテとの録音、その延長線上にあるスプレンディド放送局交響楽団での一連の演奏、映画『ブエノスアイレスでの出来事』の音楽などに顕著な、タンゴのフィールドに管弦楽的な手法を大胆に持ち込んでの実験も、今思えば発展させていく要素はあったように思われる。だが本人はそのことにはまったく自覚的ではなかったようだ。《ブエノスアイレス》や《シンフォニエッタ》がそれなりの評価を得たことで、ピアソラはタンゴを捨ててクラシックの作曲家としてのステイタスを確実なものにすべく、次の行動に出る。だが、音楽家アストル・ピアソラはどうあるべきなのかというその答えは、意外なところからやってくることになる。

ブーランジェの慧眼

《ブエノスアイレス》などでその才能を認められたピアソラは1954年8月上旬、フランス政府からの奨学金を得て、約半年間のパリ留学に向けてブエノスアイレスを出発する。タンゴは捨てたはずだったが、それでもどこか気が咎めたのだろうか、バンドネオンは携えていった。妻デデもアンドレ・ロトに絵画を学ぶための奨学金を得て、同行することになり、子どもたちは祖父母のもとに預けられた。9月24日に船でアムステルダムに到着、数日間の観光後パリに着いたピアソラは、彼の作品〈プレパレンセ（用意はいいか）〉をパリのタンゴ楽団がこぞって取り上げ、ちょっとしたヒットになっていたことに驚いた。ほとんど金を持っていかなかったのだが、思わぬ印税収入に恵まれたのである。

もともとパリはヨーロッパの中でもタンゴが盛んな土地柄で、1900年代にはすでにタンゴの楽譜も出版されていた。1920年頃になるとアルゼンチンからパリに渡る音楽家も出てきて、ビアンコ＝バチーチャ楽団らの演奏活動がタンゴの普及に貢献した。1925年にはフランシスコ・カナロ楽団がパリ公演を成功させている。それ以後もパリには独自のタンゴ文化が深く根付いていたのである。部屋を貸してくれるなどピアソラ夫妻がパリで大変世話になったエクトル・グラネーは、1945年までペドロ・ラウレンス楽団に在籍していたピアニストで、1947年頃パリに渡ってからはモダンな感覚を持った自身のグループを率いて活動していた人物だった。

〈プレパレンセ〉がヒットしていたことからも明らかなように、ピアソラの名もある程度は知られていたが、それは特にトロイロ楽団のアレンジャーとしての実績を評価されてのことだった。そしてピアソラのほかにもオラシオ・サルガンやアルマンド・ポンティエル、マリアーノ・モーレスの作品が好まれるなど、モダンな傾向のタンゴはパリで人気を博していたのである。

ピアソラはパリ音楽院で勉強するはずだったが結局そこへは通わず、高名なナディア・ブーランジェ*60に個人レッスンを受けることにした。かのガブリエル・フォーレに師事し、モーリス・ラヴェルと相弟子であったというブーランジェはイーゴリ・マルケヴィチ、アーロン・コープランド、レナード・バーンスタインといったクラシック界の錚々たる面々を指導してきたことで知られているが、彼女がピアソラに与えたものにも計り知れない大きさがあった。

1989年12月のインタビューでピアソラが語ったブーランジェとのやりとりはこんな感じだ。

1954年、私は50〜60キロもの楽譜を抱えてパリに到着した。交響詩、交響曲、ピアノ・ソナタ、ヴァイオリン・ソナタ、室内楽……。私はナディア・ブーランジェを訪ね、「私は作曲家です。私の作品を見ていただけませんか」とお願いした。

彼女は実際にすべてに目を通してくれたのだが、しかし2週間後、彼女から放たれたのは「あなたの音楽はとても面白いと思いますよ」という聞きたくもない言葉だった。音楽というものは素晴らしいかつまらないかのどちらかで「面白いと思う」などと言われるのは心外だったので、「どうして〝面白いと思う〟なのですか」と尋ねた。「それはこの音楽にピアソラが見当たらないからです。バルトークやストラヴィンスキーやヒンデミットが少しずつ、でもピアソラはいません。あなたは何をしている方なのですか」。

偉大なナディア・ブーランジェにこんなことを話すのは恥ずべきことだと思われたが、実はこれまではブエノスアイレスのナイトクラブやキャバレーでタンゴを演奏していたと白状した。ところが彼女は「なんと言いましたか？　あなたはタンゴが好きなの？」と嬉しそうに反応し、バンドネオンの話をするとこんな素敵なことまで言ってくれた。「ヒンデミットでも弾けなかった唯一の楽器がバンドネオンでしょう。とても難しい楽器だから」。そして「あなたのタンゴを弾いてみてください。どんな曲か知りたいので、ぜひお願いします」と。

私はピアノで自作のタンゴ（訳注：〈勝利〉）の8小節を弾いてみた。するとそれを聴くなり彼女は私の手を取ってこう言ったんだ。「そう、これです！　これがピアソラなのです！　あの山のような楽譜ではなく、これこそがピアソラではありませんか。作曲家にとって一番大切なのはその作曲家自身であることでしょう。なぜそのリズムを続けようとしないのですか。この音楽にこそあなたがいるのだから、この音楽を続けるべきです」。（雑誌『シンフォニア』1992年9月号より。文：カルロ・ピッカルディ）

＊60　ナディア・ブーランジェ *Nadia Boulanger*（1887・9・16～1979・10・22）指揮者、作曲家、教師。フランスのパリ生まれ。10歳からパリ音楽院で作曲をシャルル＝マリー・ヴィドールとガブリエル・フォーレに、オルガンをアレクサンドル・ギルマンとルイ・ヴィエルヌに学び、オルガン奏者や指揮者として活動。1920年から39年までエコル・ノルマルで、21年から50年までフォンテンブローの外国人を対象とした高等音楽学校で音楽教師を務めた。40年から46年までは戦争を避け、米国に滞在し教鞭を執った。帰国後はパリ音楽院の教授も務めている。晩年はモナコ公の礼拝堂の学長を務めた。指導した音楽家の中にはクラシック界の人材ばかりでなく、たとえばブラジルのエグベルト・ジスモンチ、フランスのミシェル・ルグラン、米国のクインシー・ジョーンズやキース・ジャレットなども含まれる。作曲家としては歌曲、ピアノ小曲、オルガン曲、オペラなど作品多数。

ピアソラの本分はタンゴにあり。ブーランジェのこの言葉が、ピアソラのその後の歴史を決定づけたと言っても過言ではないだろう。タンゴを愛し、ゆえに憎んでもきたピアソラだったが、音楽家アストル・ピアソラとしての存在意義はタンゴと切り離しては考えられないことを悟った彼は、4か月に及んだブーランジェの厳しいレッスンをこなしながら、新たな創作意欲に駆られていった。

パリでの録音

ある日ピアソラは、自分の作品を形にすべく、ユニヴェルセル出版社を訪れる。たちまちピアソラの音楽の虜になったユニヴェルセル出版社のイヴ・バケは、レコード会社にピアソラを紹介して回り、その甲斐あってレコーディングが実現することになった。バケはこの時、ブエノスアイレスの出版社に権利のあるいくつかのピアソラ作品のヨーロッパでの出版権も獲得している。そしてピアソラは、14曲もの新曲を一気に書き上げたのだった。それまでのピアソラからすれば、驚異的なハイペースである。

パリでピアソラが編み出した新たな楽団編成は、ピアソラ自身のバンドネオン、ピアノ、そしてパリのオペラ座またはポール・デュラン楽団[*61]から抜粋された弦セクション（ヴァイオリン×8、ヴィオラ×2、チェロ、コントラバス）＋ハープというもの。そこには、ブーランジェから学んだ知識（中でも重要なのは対位法）に加え、マリア・デ・ラ・フエンテとの録音やスプレンディド放送局交響楽団での編曲指揮の仕事などから得た、数々の経験も生かされていたことは想像にかたくない。

当初ピアニストに抜擢されたのは、ピアソラより早くパリに留学していたブエノスアイレス出身のラロ・シフリン[*62]だった。ピアソラから声をかけられたシフリンはピアソラに、優れたピアニストはいくらでもいるのに、なぜ自分を選んだのか尋ねた。それに対し、ピアソラはこう答えた。

「私はスウィングのなんたるかを心得ているピアニストが欲しいんだ。君にはスウィング感があるだろ。私がやろうとしているタンゴは、スウィング感のあるものなんだ」

1955年、ピアソラはこの弦楽オーケストラ編成でフェスティヴァルに4曲入りEP1枚、ヴォー

＊61　ポール・デュラン *Paul Durand*（1907・1・28～1977・1・25）
ピアノ／オルガン奏者、作曲家、編曲家、楽団指揮者。南フランスのエロー県セート生まれ。モンペリエの国立音楽院で作曲を学ぶ。地元で活動後、1938年にパリに移り、キャバレーでピアノを弾きながら、40年代以降は作曲したシャンソンをいくつもヒットさせている。「カジノ・ド・パリ」でオーケストラを指揮。47年から49年にかけては作詞家のアンリ・コンテと組んでラジオ番組『シャンソンの集い』をプロデュースし、ジャクリーヌ・フランソワ、エディ・コンスタンティーヌ、エチエンヌ姉妹らを紹介した。映画やラジオ・ドラマの音楽などもいくつか手がけている。

＊62　ラロ・シフリン *Lalo Schifrin*（1932・6・21）
ピアノ奏者、指揮者、作曲家、編曲家。ブエノスアイレス生まれ。本名ボリス・シフリン。父は交響楽団のヴァイオリン奏者。10歳でピアノを習い始め、16歳からファン・カルロス・パスに師事。20歳の時に奨学金を得てパリ音楽院に入学、メシアンの授業などを受けるかたわら、パリのジャズ・クラブでの演奏も始める。55年には『パリ国際ジャズ・フェスティバル』に出演。同年にはヴォーグに10インチのラテン・ジャズ・アルバム『コパカバーナで踊ろう』を録音。56年、帰国してジャズ・バンドで演奏しているところを来亜したディジー・ガレスピーに認められる。57年から映画音楽の仕事を始め、58年ニューヨークに移る。60年にはザビア・クガート楽団の編曲を手がけ、次いで63年までガレスピーと活動。その後クインシー・ジョーンズ楽団を経てフリーとなり、ハリウッドを拠点に『シンシナティ・キッド』『ダーティー・ハリー』『燃えよドラゴン』などの映画音楽や『スパイ大作戦』などTVドラマ音楽の作曲家として成功を収めた。その後はジャズのシンフォニー化にも取り組んだ。87年には指揮者としてニューヨークでピアソラと再共演。91年9月にはブエノスアイレスのグラン・レックス劇場で国立交響楽団を指揮、ダニエル・ビネリ（bn）とともに《バンドネオン協奏曲》を披露している。97年にはスペインのカルロス・サウラ監督の映画『タンゴ』の音楽を手がけた。

グに8曲入り10インチLP1枚、そしてバークレイにも4曲入りEPの計3枚16曲を録音した。バークレイでの最後の録音が終わったのは、3月24日にパリを離れる、そのわずか1日前のことで、そのあとにはフィリップスへのレコーディングも予定されていたがキャンセルされた。これらのレコードは評判を呼び、リュクサンブール放送局やORTFといった大手ラジオ局でもオンエアされたようである。

最初の録音となったフェスティヴァル盤EPに収録されたのは次の4曲(#37)。

〈プレパレンセ〉はすでにパリで人気を博していたということで、営業的な意味あいも兼ねて冒頭に持ってきたのだろう。割とまっとうなアレンジである。

〈茶色と青〉は、のちの盟友オラシオ・フェレールが1954年5月にモンテビデオで立ち上げたタンゴの研究団体「グアルディア・ヌエバのクラブ」に捧げて書かれた作品。弦のピチカートが効果的に使われている。帰国後にブエノスアイレス八重奏団でも取り上げた際、ピアソラはライナーに「ジョルジュ・ブラックの茶色と青から着想を得た」と書いている。ブラックはフランスを代表する画家の一人で、パブロ・ピカソとともにキュビズムを創始したことで知られているが、デデによればある朝、夫のスーツとネクタイがちぐはぐなのに気づき、「茶色と青を着るの?」と聞いたところ、「そいつはタンゴのタイトルだ!」と答えたということだ。

〈インペリアル〉は、ヴェルサイユ宮殿の壮麗さに強い感銘を受けたピアソラが、何かと世話になったバケに捧げて書いた曲。ピアノの響きが印象的で、優雅な中にもキリリとした表情がうかがえる。

〈S.V.P.〉はパリでタンゴの楽団指揮者を務めていたフランス人、マルセル・フェイジョー*63との共作で、フェイジョーからルイス・アドルフォ・シエラ博士に捧げられた。フェイジョーも自身の楽団(本格的なオルケスタ・ティピカ編成)でこの曲を録音している。タイトルはフランス語の「シル・ヴ・プレ

〈どうぞ〉」の頭文字を取ったもの。

このレコーディング直後、シフリンがほかの仕事でツアーに出かけなければならなくなり、彼が代わりにマルシアル・ソラル[*64]を推薦した。アルジェリアのアルジェ出身のソラルは、のちにヨーロッパの

＊63　マルセル・フェイジョー *Marcel Feijoo*（1906～1991）
バンドネオン奏者、楽団指揮者、作曲家。スペイン人の両親のもと、当時フランス領だったアルジェリアのトレムセンに生まれる。兵役を終えたのちパリに向かい、とある楽団に参加してルーマニアに演奏旅行に行く際、触ったこともなかったバンドネオンをやる羽目になり特訓（それまではサックスを吹いていた）。その後、アルゼンチン出身でヨーロッパにて長く活躍したエドゥアルド・ビアンコ楽団の世界ツアーに参加、キューバに到着したところで〝革命〟に遭遇（1933年のバティスタによる反乱を指すと思われる）、砂糖工場のような小屋で演奏することを余儀なくされたという。ビアンコとの活動後は、キンティン・ベルドゥ（スペイン人の両親のもとアルジェリアで生まれたフランス人ピアノ奏者。ミゲル・オルランドやラファエル・カナロ、ティノ・ロッシと共演し、自身の楽団で〈S．V．P．〉を録音）やブロッドマン（ピアノ奏者のアルファロことジャン・レヴェックと組んだブロッドマン＝アルファロ楽団を28年に結成し、フレンチ・タンゴのパイオニアとも言われたヴァイオリン奏者）の楽団に参加。45年にアルゼンチン・スタイルの楽団を結成、歌手としてホセ・サンチェスが参加した。50年にはアカデミー・シャルル・クロス（ACC）でグランプリを受賞し、国立放送局とも契約している。フェイジョー楽団が57年頃ドイツ・グラモフォンで録音したアルバムは、米国のデッカや日本のポリドールからも発売されていた。

＊64　マルシアル・ソラル *Martial Solal*（1927・8・23～2024・12・12）
ピアノ奏者、楽団リーダー、作曲家、編曲家。北アフリカのアルジェ生まれのフランス人。米国の模倣から離れたヨーロッパ独自のジャズをクリエイトした最初の世代の一人。7歳でピアノを始め、1940年代末にフランスに移る。53年にリーダーとして初のセッションを行い、以後ソロ、トリオからビッグ・バンドまでさまざまなフォーマットでの活動を続けた。63年にはニューヨークの『ニューポート・ジャズ・フェスティバル』に出演、映画音楽もいくつか手がけている。77年にパリに亡命したファン・ホセ・モサリーニ（bn）とも交流があり、モサリーニ＝ベイテルマン＝カラティーニのために〈アルゼンチン・トリオのためのバラード〉を書き下ろした。

ジャズ界の担い手の一人となる名手。タンゴには馴染みがなかったので事前に送られてきた楽譜で予習する必要があったが、スタジオでは直観力を発揮したのだった。

そんなソラルをピアニストとして迎え、第2弾としてヴォーグに録音されたのが、ピアソラにとって初のアルバム（8曲入り10インチ盤LP）となった『シンフォニア・デ・タンゴ』である。フェスティヴァル盤に比べて全体的に表情が多彩になってきたと言える（#38）。

〈ピカソ〉はタイトルどおり、画家のパブロ・ピカソに捧げた作品。ピカソ本人からタイトルについての承諾を得る必要があり、自身のレコードを1枚送ったが、本人ではなく秘書から返事が届いたのでピアソラは大いに残念がったという。なお、ピアソラが1981年にオラシオ・フェレールに語った別の話では、承諾を得るためにピカソ本人を食事に招待したことになっている。立体的な構成で、アルバムの中でも充実した演奏が聴かれる。バンドネオンに絡むピアノ、ヴァイオリン・ソロにも注目。

〈わが欲望〉はパリのタンゴ音楽家、ラモン・シロエ（別名：ジャン・ディナルド）とホセ・モラネスの共作。センスの良い美しいメロディーを持った作品だが、やはりどこかヨーロッパ調の響きを持っている。作者2人は同時期に〈アミーゴ・ピアソラ〉という曲も書いている。

〈一方通行〉はピチカートを生かしたリズミカルな曲で、タンゴ的にはピアノのリズムの刻み方に不満が残るが、3＋3＋2のリズムも顔を出す。ルーブル通りでレコード店を経営していたエドゥアール・ペクーはタンゴにも関心があり、スペイン語を勉強していた。彼はピアソラのパリでの友人の一人となり、フランス語が得意ではなかったピアソラの通訳を買って出たりしていた。一緒にパリの街をドライブしていて、パリの道路の一方通行の様子がピアソラには印象的だったようで、それがこの曲のタイトルの由来となり、この次の〈用意はできた〉の作者アンジェロ・ブルリに捧げられた。

〈用意はできた〉は、ピアソラから〈一方通行〉を捧げられたパリのタンゴ人であるブルリがピアソラのために書いた作品で、タイトルも〈プレパレンセ（用意はいいか）〉に呼応したもの。作品自体ピアソラの作風を意識した作りになっている。

〈さよならパリ〉は、パリでの一連の書き下ろしの中ではよく知られた曲。その割にほかのアーティストによるカヴァーは少ない。いずれにせよ当時のピアソラにしては、それ以前の作風をまだ引きずっているようにも思える。〈一方通行〉で紹介したペクーと彼のイギリス人の妻ヴァレリーに捧げられた。〈バンドー〉というタイトルは、バンドネオンを指すフランスの俗語。フェスティヴァル盤に収録されていた〈S．V．P．〉の共作者であるフェイジョーに捧げられている。コンパクトにまとまっていて、ピアソラらしさがよく感じられる。本盤の収録曲中、ピアソラ自身がのちにアレンジし直して再度取り上げた唯一の作品として、1961年1月に五重奏団で最初に録音したアルバム『ピアソラ、ピアソラを弾く』（♯62）に収録された。

〈光と影〉は世代も環境も異なる3人の音楽家に捧げられた作品。1人目はピアニストのロセンド・メンディサーバル。1897年に作曲された、今日まで演奏される最古のタンゴである〈エル・エントレリアーノ〉（ピアソラは1957年、ブエノスアイレス八重奏団でこの曲を、原型を留めないほど解体して録音した）の作者である。2人目はおそらくスペイン人のパキート・ロカ。フェイジョー楽団のピアニストで、自身も楽団を率いて同時期にピアソラの〈勝利〉を取り上げていた。最後はバンドネオン奏者のマヌエル・ピサロ。ブエノスアイレス生まれで1920年にフランスに渡り、楽団を率いて現地で長く活躍した。この曲には、古い時代のタンゴに通じるような無骨な力強さが感じられる。

〈ツィガーヌ・タンゴ〉は、楽団メンバーを貸してくれたと思われるポール・デュランと、L・マリシェルに捧げられているが、マリシェルが誰なのかは不明。確かに音使いはピアソラらしいが、いかにもこの時期ならではの産物といった位置付けの、エレガントでエキゾティックな雰囲気の作品。ソラルがチェレスタを弾いている。この曲は１９６０年、ホセ・マルティネス・スアレス監督の映画『エル・クラック』（#F15）に、ビクトル・シュリヒテルがアレンジする形で使われた。

最後のバークレイ盤ＥＰに収録されたのは次の４曲（#39）。

〈ノニーノ〉は、先に触れたように１９５４年5月公開の『ブエノスアイレスでの出来事』（#F7）のテーマ部分を発展させてできた曲。父ビセンテ（愛称「ノニーノ」）に捧げられた作品で、１９５９年の傑作〈アディオス・ノニーノ〉のプロトタイプともなった重要な曲でもある。１９５８年頃から5年ほどの間にレオポルド・フェデリコ楽団、オスバルド・プグリエーセ楽団、ホセ・バッソ楽団が相次いで録音している。ここでの演奏は、ピアソラのバンドネオンが特にすごい。

〈グアルディア・ヌエバ〉は、ヴォーグに録音した〈わが欲望〉の作者であるラモン・シロエとホセ・モラネス、さらにＢ・ロペスという人物に捧げられた曲。何やらコンチネンタル・タンゴっぽい響きの曲だが、グアルディア・ヌエバ（新しい守護）とは、タンゴでは古き伝統を護るという意味合いで使われる「グアルディア・ビエハ」に対比させた言葉である。

〈コントラスト〉はエクトル・グラネー、バンドネオン奏者のロドルフォ・ネローネとロベルト・カルダレーラ、*65 そして歌手のミゲル・アマドールという、パリのアルゼンチン人たちに捧げられている。まさにリズミカルなパートとメロディアスなパートとのコントラストで成り立っている曲だ。

〈セーヌ川〉はトニー・ムレーナ、マルセル・アゾーラ、ルイ・フェラーリというパリのアコーディオン奏者３人に捧げられている。タイトルからも想像できるようなヨーロッパ的優雅さが基調の曲で、コントラバスのみを従えたバンドネオン・ソロも聴ける。
この一連の録音でピアソラは、タンゴ本来の感覚を理解し表現することはさすがに難しいフランス人の弦セクションにはひたすら美しく弾いてもらい、ピアソラのバンドネオンはそれを補うかのようにタンゴ性をアピールするという方法論を採った。そんな中にも新しい感覚を随所に織り込んだアレンジメントは、のちの彼の音楽から比べれば完成度こそ高くないものの、確かな意気込みを感じさせてくれるものであり、ここでしか味わえない独特の雰囲気は格別だ。リズムが決定的に弱い点など不満も少なくはないが、異国の地でブーランジェから教えを受けて自己を見つめ直し、新たなスタートラインに立ったピアソラの、これが第一歩かと思うと感慨深いものがある。
この3つのレーベルの音源を集大成した復刻CD『パリ1955〜彼の最初の録音』(#R6)のライナーで、イヴ・バケは当時の様子を次のように述懐している。

忘れがたい当時のエピソードがある。録音が終わった時、ミュージシャンたちが全員総立ちでピアソラに拍手喝采を送ったのだ。認めざるを得ないことだが、そんなことは私たちの仕事では滅多に起こらない。それだけでも、一連の作品の並外れた質の高さを証明するには十分だろう。

*65　ロベルト・カルダレーラ *Roberto Caldarella*
バンドネオン奏者。1954年にエドゥアルド・ロビーラ楽団のメンバーとしてヨーロッパを訪れてからパリに留まり、マヌエル・ピサロ、ルケッシ、ファアン・デアンブロヒオ・〝バチーチャ〟の楽団に参加した。60年代からは「ラ・クポール」のダンス・バンドでタンゴを演奏。81年には六重奏を率いてパリのライヴハウス「トロトワール・ド・ブエノスアイレス」に出演した。

バンドネオンは立って弾け

ところでピアソラといえば、常に立った姿勢で片足を台に乗せてバンドネオンを弾く姿が思い起こされるが、そんな彼もバンドネオン・セクションが並ぶオルケスタ・ティピカ時代までは、ほかの奏者同様椅子に腰かけて弾いていた。ピアソラが実際に立って弾くようになったのは、このパリでのレコーディングが最初だったと思われ、当時の写真からもその様子が確認できる。なお、帰国後のブエノスアイレス八重奏団ではバンドネオンが2台のため、立って弾く場合と座って弾く場合とあったようである。

バンドネオンは本来、両膝の上に置いた状態で演奏される。蛇腹を開閉すると同時に両足も開いたり閉じたりするというのがその基本で、少なくともタンゴにバンドネオンが導入された初期においては、誰もがそのように弾いていたはずだ。

バンドネオンの蛇腹の部分を片膝に乗せて弾いたのは、アニバル・トロイロが最初だったようだ。和音のスタッカートでリズムを刻む場合、バンドネオンを乗せた方の脚の踵を一瞬持ち上げ、床に落とす瞬間にバンドネオンのボタンを素早く叩くと、あの歯切れの良いリズムが飛び出すのである。１９２０年代のタンゴのレコードではスタッカートがどこかもったりとしているのに対し、１９４０年代以降のそれがスパッと切れるのは、そうした奏法の変化によるものだった。

片膝に乗せて弾くのには、もう一つの利点があった。あまり余計な力を入れなくても引力の作用でヴォリュームが出やすくなるのである。もちろん蛇腹を開くときにはいいが、閉じるときは逆に大変だと思うだろう。確かにそのとおりだが、バンドネオンは開きながら弾く比率の方がはるかに高いのである。音の切れ目で息継ぎのように空気弁を使って瞬時に閉じたり、閉じながら弾く場合でも空気弁を併用して短いノートで戻したりするのが一般的である。

バンドネオン・セクションにとって見せ場となる変奏部分で立ち上がり、自分の椅子に片足を乗せて弾くスタイルは、オラシオ・サルガン楽団が考案した。しかし、終始立って弾くというのはピアソラが最初だった。これは何よりも、座って弾くのに比べて体力が要求される。それに、たとえ片膝に乗せて弾いていても、座っていれば蛇腹が伸びたところでパッと両膝に置き直すことも可能だが、立っている場合にはそうはいかない。それでもピアソラは立って弾くことにこだわった。その本当の理由はわからないが、確かにピアソラには、すっくと立ったその凛々しい姿勢こそが似合っているように思える。

さよならパリ

先に紹介したスタジオでの録音以外に、2月20日に自室で録音されたという〈さよならパリ〉のバンドネオン・ソロのテープが残されていて、筆者の手元にもコピーがある。弦楽オーケストラの録音（2分52秒）よりは短めにまとめられているが（2分15秒）、曲のディテールはしっかり表現されている。その後、1955年4月半ばにデデとともにパリから船で帰国する際、モンテビデオで途中下船したピアソラは、出迎えたオラシオ・フェレールに引っ張られて（〈茶色と青〉が捧げられた）「グアルディア・ヌエバのクラブ」の集まりに連れていかれたが、その際にクラブのメンバーたちのためにバンドネオン・ソロで〈ピカソ〉〈茶色と青〉〈グアルディア・ヌエバ〉を披露したという。そのうち、当地のコレクターが秘蔵していた〈ピカソ〉〈茶色と青〉の音源が、筆者の手元にもある。〈ピカソ〉はパリでの録音の半分ほどの長さだが、〈茶色と青〉はほぼ同じ構成である。

また、この時期の作品がまとめられたユニヴェルセル出版社からの楽譜集に掲載されている曲の中に、バケに捧げられた〈サンルイ・アン・リル〉がある。サンルイ・アン・リルとは、パリを流れるセーヌ川の中州、サンルイ島の目抜き通りの名前で、その通りに面したホテルや教会にもその名が付けられている。ピアソラが1970年代後半以降住むことになるアパートもその通りにあった。楽譜には1981年出版と記載されているが、書かれたのはこの時期としか思えない。ピアソラ自身による演奏は存在せず、1994年になってアコーディナ奏者のフランシス・ジョヴァンが初録音(#G48)、2004年にはブリジット・フォンテーヌ+ゴタン・プロジェクトによる改変ヴァージョン〈サンルイ・アン・リル通り *Rue Saint-Louis en l'Ile*〉も登場することになる。

大きな転機となった半年間のパリ滞在を終えて帰国する直前、ピアソラは旧知のミュージシャンら数名に向けて手紙を書き送った。それは「ブエノスアイレス八重奏団」と名付けられることになる、まったく新しいグループへの参加を求めるものだった。

4　タンゴ革命1955

ブエノスアイレス八重奏団

約半年間のパリ滞在中、ピアソラはブーランジェから厳しいレッスンを受ける一方で、モダン・ジャズのライヴにも足繁く通っていたが、中でも彼の心を捉えたのがジェリー・マリガン八重奏団[*1]だった。マリガンのこの八重奏団については記録がなく、メンバー、編成ともにわかっていない（ピアソラの記憶違いの可能性も大いにある）。マリガンは1952年にアメリカ合衆国の西海岸でチェット・ベイカーらと四重奏団を結成しているが、これはピアノというコード楽器を排しポリフォニックな表現手法を取り入れるというユニークなものだった。マリガンは1954年にパリでコンサートを行い、ヴォーグにレコードも残しているが、それはボブ・ブルックマイヤー（ヴァルヴ・トロンボーン）らとの四重奏団でのものであり、ピアソラが聴いたという八重奏団とは違う。マリガンは1953年に四重奏団＋6という編成の十重奏団でもレコーディングしており、そこでは、四重奏団でのポリフォニー的表現と、かつて編

＊1　ジェリー・マリガン *Gerry Mulligan*（1927・4・6～1996・1・20）バリトン・サックス／ピアノ奏者、楽団リーダー、作曲家、編曲家。米国ニューヨーク生まれ。フィラデルフィアで育つ。アレンジャーとしてデビューしたのち、ジーン・クルーパ楽団、クロード・ソーンヒル楽団などを経て、1948年にマイルス・デイヴィス九重奏団に作・編曲者およびバリトン・サックス奏者として参加。49年から50年にかけてキャピトルに録音されたデイヴィスのアルバム『クールの誕生』はバップに高度なアレンジメントを持ち込んだエポックメイキングな作品としてジャズ史にその名を残しているが、そこで彼はギル・エヴァンスとともに重要な役割を担っている。52年には西海岸に移住してチェット・ベイカー（tp）と画期的なピアノレス・クァルテットを結成、人気を博す。本文でも触れたとおり、54～55年頃に八重奏団の編成で活動した記録はなく、単なるピアソラの記憶違いの可能性も高い。60年にはユニークな編成のコンサート・ジャズ・バンドを結成して話題を振りまいた。74年のピアソラとの共演については第7章参照。遺作となった95年のアルバム『ドラゴンフライ』（テラーク）では〈リッスン・トゥ・アストル〉という曲を捧げている。

曲を提供したマイルス・デイヴィス九重奏団における豊かなヴォイシングといった要素の融合が図られていたが、この八重奏団も、もし存在していたとすればそれに近いものだったのではないかと思われる。ちなみに、マリガンの十重奏団は、マリガン（バリトン・サックスとピアノを持ち替え）のほかにトランペット×2、ヴィブラフォン、フレンチ・ホルン、トロンボーン、アルト・サックス、バリトン・サックス、コントラバス、ドラムスという編成だった。

ピアソラは、編成はともかくマリガンのグループの演奏に触れ、個々のソロ・パートにおける各自のセンスの発露、合奏での一丸となっての熱狂ぶりに、それまでタンゴでは味わったことのない自由な雰囲気を感じとっていた。そして、メロディー、リズム、ハーモニーとあらゆる面で行き詰まりを見せている（と彼自身が考えていた）タンゴに、風穴を開ける必要性を強く感じていたピアソラの頭に、一つの楽団の構想が浮かんだ。この斬新なモダン・ジャズの手法をタンゴに持ち込んだら、すごいものができるに違いない。それは、1920年代にフリオ・デ・カロ楽団が確固たるものとした六重奏団の形態、すなわちバンドネオン×2、ヴァイオリン×2、ピアノ、コントラバスという編成に、チェロとエレキ・ギターを加えた八重奏団というものだった。

ブエノスアイレスに戻ったピアソラは、1955年7月には新しいグループ、「オクテート・ブエノスアイレス（ブエノスアイレス八重奏団）」の結成を実行に移す。ピアソラのもとに集まった精鋭たちは、次のとおり。

第1バンドネオン、編曲：
アストル・ピアソラ

第2バンドネオン：
ロベルト・パンセラ[*2]
第1ヴァイオリン：
エンリケ・マリオ・フランチーニ
第2ヴァイオリン：
ウーゴ・バラリス
ピアノ：
アティリオ・スタンポーネ
チェロ：
ホセ・ブラガート

＊2　ロベルト・パンセラ *Roberto Pansera*（1932・5・25～2005・3・6）
バンドネオン／オルガン／ピアノ奏者、楽団指揮者、作曲家、編曲家。ブエノスアイレス州マル・デル・プラタ生まれ。アルベルト・ヒナステラとナディア・ブーランジェから音楽理論を学んでいる。1944年にファン・カルロス・コビアン楽団でバンドネオン奏者としてデビュー、その後フランチーニ＝ポンティエル楽団などを経て、50年にオスバルド・フレセド楽団にバンドネオン奏者および編曲者として参加し、特に編曲に才能を発揮する。60年代以降は、ユニークなリーダー・アルバムの制作や（アラニキーにはオルガン・ソロによるオリジナル作品集『私の街』という珍品もある）、デビュー当時のスサーナ・リナルディなど歌手の伴奏などで幅広く活躍。70年と85年にはホセ・バッソ楽団、92年にはマリアーノ・モーレス楽団のメンバーとして来日している。バンドネオンの技量もさることながら、ピアノ、オルガンなどの鍵盤楽器をはじめ、さまざまな楽器をこなすマルチ・プレイヤーであり、職人的編曲家でもあった。

コントラバス：
アルド・ニコリーニ＊3
エレキ・ギター：
オラシオ・マルビチーノ＊4

この優秀な演奏家揃いの八重奏団は、しかしそのデビューまでに3か月間、毎日5時間ものリハーサルを重ねたという。敬愛するエルビーノ・バルダロ楽団のレパートリーだったホセ・パスクアル作〈場末〉を皮切りに、混沌としたイメージを、試行錯誤を繰り返しながら徐々に形にしていったのだろう。マルビチーノによれば、このリハーサルの最中、彼らはオスバルド・プグリエーセを招待し、その演奏がタンゴと言えるかどうか意見を求めたという。それに対しプグリエーセは「これはタンゴだ」と答え、メンバーたちは安堵したのだった。そして、踊るためではなく「聴くためのタンゴ」を標榜したブエノスアイレス八重奏団は1955年10月、ブエノスアイレス国立大学法学部講堂でデビューする。

パンセラはすぐにグループを去ることになったが、その理由にはふたとおりの話が伝えられている。一つは、自らも編曲家であるパンセラが八重奏団のアレンジにいろいろと手を加えようとして、それをピアソラが気に入らなかったからという話（これは違う気がする）。もう一つは、ほかの楽団からパンセラ

＊3　アルド・ニコリーニ *Aldo Nicolini*（1925～1985）
コントラバス／エレキ・ベース奏者。1936年、サム・レスニク（vn）のグループに参加、38年にはマリオ・ダローのジャズ・バンド、リズム・キングスのメンバーとして、市立放送局に出演した。40年代にはビエリ・フィダンシーニ（vn）楽団、エンリケ・ビジェーガスのコンシエルト・イデアル・デ・ジャスやロス・プンテーロス、ハ

ワイアン・セレネイダーズなどに参加。50年代前半はオスカル・アレマンの各種グループにほぼ常時参加。58年には懐古調タンゴ・グループ、ロス・ムチャーチョス・デ・アンテスに加わり、その後はマリアーノ・モーレスのモダン・リズム六重奏団やカルロス・ガルシーア楽団などに参加した。70年代終わりにはロベルト・パンセラの「パンセラ3（トレス）」にも参加。

＊4　オラシオ・マルビチーノ *Horacio Malvicino*（1929・10・20～2023・11・20）ギター奏者、楽団指揮者、作曲家、編曲家。エントレ・リオス州コンコルディア生まれ。ギターを習っていた叔父の影響でギターを始める。16歳の時には地元でバンドネオンのアルベルト・カラシオーロらとタンゴを演奏したこともあったという（当時はアコースティック・ギター）。友人が持っていたベニー・グッドマンのレコードでジャズに開眼、チャーリー・クリスチャンに憧れ、ジャズ・コンボを結成。以後アルゼンチンのジャズ界で活躍するが、アルド・ニコリーニとはしばしば行動をともにした。1955年～57年のブエノスアイレス八重奏団参加後は、歌手エクトル・パチェーコの伴奏楽団（カルロス・ガルシーア指揮）に加わったり、マリオ・ポンセ・デ・レオンの伴奏楽団を指揮したりしている。59年にはパンチート・カオ（cl）率いるロス・ムチャーチョス・デ・アンテスにニコリーニとともに参加。60年には、レアンドロ・〝ガート〟・バルビエリ（ts）らとジャズマニア・オール・スターズでレコーディング。60年から61年にかけてピアソラ五重奏団に参加。63～64年にオラシオ・〝チボ〟・ボラーロ（ts）、サンティアゴ・ジャコーベ（p）らを擁したジャズ五重奏団を率いてラジオ放送用に行ったスタジオ・ライヴ音源は、2002年以降メロペアでCD化された。65年頃には「マルビチーノとザ・ストレンジャーズ」の名前でヴェンチャーズ・スタイルのアルバムを制作、70年には「アラン・ドブレーとシャンゼリゼ・オーケストラ」なる変名でコンチネンタル・タンゴ～イージー・リスニング風〈ラ・クンパルシータ〉などの大ヒットを飛ばすなど、コマーシャルな面も見せているが、以後もたびたびピアソラのグループに呼び戻されている。83年にはダニエル・ビネリ（bn）、アダルベルト・セバスコ（el-b）、エンリケ・ロイスネル（ds）とのヘンテ・デ・ヌエボス・アイレスでRCAにアルバム1枚を録音、95年にはレオポルド・フェデリコ（bn）、セバスコ（el-b）とのトリオでアルバム『メイド・イン・ブエノスアイレス』を録音した（01年のリニューアル盤は#G72『ピアソラに捧ぐ』）。98年には小松亮太のピアソラ・アルバムに元ピアソラ五重奏団のメンバーらとともに参加。そのほかピアソラ絡みのプロジェクトに多数参加している。RCAビクトル、TV11チャンネルの音楽監督なども長年に渡り務め、国内外の歌手の伴奏、映画音楽などの仕事も数多くこなした。

に海外ツアーのオファーがあり、ピアソラもそれを勧めたからという話。いずれにしても、パンセラの代わりに俊英レオポルド・フェデリコが参加することになり、結果的にバンドネオン・セクションは強化されることになった。

1972年に評論家のオスカル・デル・プリオーレがさまざまな貴重音源から編集したオムニバス『バンドネオンの歴史 第2集』（#44）には、ブエノスアイレス八重奏団のラジオ放送音源らしき〈ラ・カチーラ〉（エドゥアルド・アローラス作）が収められ、バンドネオンはピアソラとフェデリコと記載されている。ところが、2018年に筆者が入手したブエノスアイレス八重奏団の秘蔵音源のうち、明らかにそれと同じ〈ラ・カチーラ〉と、初めて聴くヴァージョンの〈茶色と青〉の2曲には「パンセラを含むオリジナル編成によるブエノスアイレス録音」との但し書きがあったのだ。ということで、これはおそらくパンセラ在籍時の貴重な録音なのだろう。のちに弦楽オーケストラや1967年のグラン・オルケスタで録音することになる〈ラ・カチーラ〉は、ブエノスアイレス八重奏団による正規の録音はないが、あとで紹介する1956年10月のブエノスアイレス大学でのライヴ録音（#46）には含まれていたため、演奏の比較が可能になった。録音バランスの問題もあるかもしれないが（大学でのライヴの方がバランスは悪い）、パンセラ在籍時とおぼしきこの最初の録音では、部分的に従来のタンゴとの繋がりを感じさせるバンドネオンによる4ビートの刻みが目立っているのと、エンディングが従来のタンゴのように「チャン、チャン」で終わっている点が異なる（大学でのライヴではチャン、チャンの部分は演奏されなくなっている）。

1956年にはコントラバスがハムレット・グレコ[*5]に交代、このメンバーでアレグロに初のレコーディングが開始されたが、グレコは途中で体調を崩し脱退、ファン・バサージョ[*6]があとを引き継いだ。

このほか、ヴァイオリンにエルビーノ・バルダロが、後述の弦楽オーケストラ参加後、一時的に参加することもあったようである。

＊5　ハムレット・グレコ *Hamlet Greco*（1920・7・22〜？）
コントラバス奏者。ブエノスアイレス生まれ。タンゴとクラシックの両部門で輝かしい実績を残してきた名奏者。6歳の時にチェロを習い始め、12歳でコントラバスに転向。1934年、フランシスコ・ロムート楽団でプロ・デビュー。45年、コロン劇場管弦楽団に入り、49年には国立交響楽団のコンクールでコントラバス部門の第1位を獲得。タンゴではロムート楽団以降、カルロス・ディ・サルリ、オラシオ・サルガン、エンリケ・アレシオなどの楽団やロス・セニョーレス・デル・タンゴ、エル・ペン・タンゴなどで活躍した。

＊6　ファン・バサージョ *Juan Vasallo*（1927・6・2〜1995・7・22）
コントラバス奏者。ブエノスアイレス州チビルコイ生まれ。8歳から音楽を学び、アルベルト・ウィリアムス音楽院で2年間ヴァイオリンも学んだが、当初プロの道へは進まず、旋盤工となった。偶然アルヘンティーノ・ガルバンと知り合い、それを契機にブエノスアイレス近郊のエセイサに移住。働きながら五重奏団を結成、そこではバンドネオンを弾いたが、コントラバス奏者が楽器を乱暴に扱っているのが耐えられず、代わりにコントラバスを弾くことを決意。1948年のことだった。カタルーニャ人のホセ・ロビーラに師事、翌年アルベルト・カラシオーロ（bn）に誘われて一緒に演奏を始める。その後51年からアルベルト・マンシオーネ楽団に参加。53年にはスタンポーネ＝フェデリコ楽団にも参加し、その後アティリオ・スタンポーネとは70年代まで共演を続けた。エル・ムンド放送局で演奏しているところをピアソラに呼ばれ、ブエノスアイレス八重奏団と弦楽オーケストラに参加。ピアソラとの共演後は、アルフレド・ゴビやエンリケ・マリオ・フランチーニ、エドゥアルド・ロビーラなどの楽団にも参加した。58年からはコロン劇場管弦楽団でも長く演奏を続けたが、糖尿病による視力低下のため、84年に現役を引退した。

タンゴ・プログレシーボ

　コントラバス奏者の交代を挟んで録音された最初のアルバム（10インチ盤）が、アレグロからリリースされた『タンゴ・プログレシーボ』（＃45）。自らその音楽をプログレッシヴ＝進歩的と定義しているわけだが、おそらくこのタイトルはレコード会社が付けたものなのだろう（あるいは、スタン・ケントンが標榜した「プログレッシヴ・ジャズ」を意識したか）。ただし、レコード会社には積極的に売る姿勢はなかったようで、制作費用をピアソラが負担する形、あるいは印税を放棄する形でようやくリリースが実現した（ピアソラに関しては、この時期のほかのレコードも大体似たような状況だったと思われる）。

　アルバムの冒頭を飾る〈ロ・ケ・ベンドラ（来るべきもの）〉は、第3章でも紹介したように1950年の〈パラ・ルシルセ（輝くばかり）〉以降続いてきた路線の総決算的な意味合いを含んだ作品で、1954年、パリに渡る直前に書かれた。ピアソラ自身のアレンジによるフランチーニ＝ポンティエル楽団の録音についても紹介済みである。またこの曲はピアソラ自身、ブエノスアイレス八重奏団による録音と同じ1956年に、のちに述べる弦楽オーケストラ編成でも録音している（前後関係は不明だが、弦楽オーケストラでの録音の方が先ではないかと思われる）。それらと比べて、このブエノスアイレス八重奏団による演奏は、どう違うのか。どのように〝進歩的〟だったのか。

　フランチーニ＝ポンティエル楽団による〈ロ・ケ・ベンドラ〉も、当時としては斬新な演奏には違いなかった。ピアソラは、オルケスタ・ティピカ編成の枠内で得られる最大限の効果をそこに求めたのだった。そのフランチーニ＝ポンティエル版と同じくエンリケ・フランチーニのヴァイオリンをフィーチャーしたブエノスアイレス八重奏団版は、いきなりそのフランチーニによるソロをたっぷり聴かせてからスタートする。短いコントラバスのピチカートを挟んでテーマへ。このテーマ部分は、それぞれの楽器が重層的というか立体的に配置されている。中盤はエレキ・ギターが前に後ろに存在感を主張し続けるが、ある程度は譜面に書かれているものの、いろいろ試しながら自由に弾いている部分もあるようだ。後半はフランチーニの独壇場で、第2ヴァイオリンとチェロがそれに絡む。終盤は、ほかの楽器がテーマを合奏するのを尻目にエレキ・ギターのマルビチーノがアドリブ（もしくはそう聞こえる書き譜）を弾きまくる、という具合で、全体で5分を超える長さになっている。

一方、同時期の弦楽オーケストラによる録音は、終始ピアソラのバンドネオンがメインで弾きまくり、弦セクションもリズム・セクションもほとんど合奏するのみで特に出番がない。バンドネオンが前面に出なかったブエノスアイレス八重奏団版とは、あえて正反対のものにしたかったのだろうか。演奏時間も3分15秒程度と短い。

ピアソラの自作曲はこの〈ロ・ケ・ベンドラ〉一曲のみで、しかも書き下ろしではない。パリでの録音が自作の新作中心だったことを考えると、意外にも思えるが、それはピアソラがこの八重奏団を、あくまでも既成楽曲をその斬新な編曲方法によってどれだけ解体し再構築できるかという壮大な実験の場として考えていたからではないだろうか。

〈秋のテーマ〉はフランチーニの当時の新作。同年に作者自身のオルケスタ・ティピカでも録音されている。石川浩司編『タンゴ名曲事典』によれば、「作者はピアソラに『和音が細かく動いていく曲もいいが、ずっと同じ和音の上にメロディーが流れる音楽もいいよ。作ったら？』と提案したが、ピアソラがその気にならなかったので、自分で作った。この曲のメロディックな第2部のテーマがそれである」とのことで、結局フランチーニの作曲家としての代表作になった。原型はあまり崩していないように思いつつ聴くと、段々ピアソラの思うツボにはまる。やはりエレキ・ギターがいろいろと遊んでいる。

残り4曲は、同一傾向にある4人の作者による1920年代の作品が並んでいる。〈私の隠れ家〉は、1921年発表という古い曲だが、もともと自由度の高いファン・カルロス・コビアン作品だけに、アレンジも比較的自然な印象。中盤のヴァイオリン・ソロを弾いているのはバラリスだろう。バンドネオン2台が絡む部分には、晩年の六重奏団にも通じる響きがある。後半のマルビチーノのソロが官能的で、それに続く、こちらはフランチーニとおぼしきヴァイオリン・ソロがまた美しい。曲自体の良さもさることながら、実に見事なアレンジだ。

ブエノスアイレスの下町、ボエド地区を描いて今なお人気の高いフリオ・デ・カロの〈ボエド〉(1928年作)では、バリバリ弾きまくるバンドネオンをフィーチャー。中盤から、そのバンドネオンに果敢に絡んでくるのは、やはりマルビチーノのエレキ・ギターである。

そのデ・カロ楽団出身のペドロ・マフィアの〈タコネアンド(靴音高く)〉(1930年作)は、オルケスタ・ティピカ時代の1947年に続く2度目の録音。この曲などは、後年のモダン派アレンジャーが盛んに料理している作品なので、当時は斬新だったはずのこのアレンジも、今となってはあまり目立たなくなってしまったような気がする。

もう一人のデ・カロ楽団出身者、ペドロ・ラウレンスが1924年に書いた処女作〈ラ・レバンチャ〉のアレンジは、後年のピアソラらしい雰囲気に最も近い。1967年にもこの曲を再度取り上げているが、聴き比べてもさほど距離感は感じない。ほかの曲ではあまり前面に出てこないスタンポーネのピアノ・ソロも、短いながら聴ける。

複雑極まりない編曲とジャズ的なエレキ・ギター、不協和音とインプロヴィゼーション(またはそれ風の演奏)。それまでのタンゴの概念をひっくり返してしまったこの八重奏団がシーンに与えた衝撃の大きさには、計り知れないものがあった。

中でも特異だったのはやはりギター、それもエレキ・ギターがタンゴで初めて導入された点だろう。ではなぜエレキだったのか。たとえばジャズではバンドの編成上、音量の大きな管楽器に対抗するにはアコースティック・ギターのか細い音量では不足で、特にシングル・トーンによるソロを弾くのには電気による増幅は必要不可欠、という必然があった。そして電気を通すことによる音色の変化が楽器の個性ともなっていったのである。ピアソラがジャズ的なイディオムにのっとって、ギターを含めたアンサンブルの構成を考えた時に、生ギターではなくエレキを選択したのは当然と言えるだろう。

もっとも、初めての試みだっただけに、違和感を覚える部分もないわけではない。ほぼ全編にフレーズを奏でながらまとわりついてくるギターは確かに奇妙ではあるが、逆に言えば、その存在がこのグループの個性をより一層際だたせているとも言える。なにしろ、後年のピアソラのさまざまなグループにおけるエレキ・ギターに比べても、音量バランスが大きいのだ。そして、この独特の感覚こそが、ピアソラがこのグループに託そうとした思いの象徴のような気がしてならない。

だが、そうしたピアソラの情熱の深さとは裏腹に、その反応の多くは嫌悪に近いものだったようで、仕事らしい仕事はほとんどなかった。ほんの少しのコンサートとほんの少しのラジオ、ＴＶ出演。スタンポーネ、フランチーニはそれぞれ同時期に自分のオルケスタ・ティピカでの活動も開始しているし、バラリスはホセ・バッソ楽団、フェデリコはベルグラーノ放送局専属楽団リーダー、ブラガートとバサージョはフランチーニ楽団と、それぞれが活動の場を持ち、たまに仕事があるときだけ集まるというのが実情だった。

そんな中で幸運にも数少ないステージに接し、より大きなショックを受けたのは、一般の聴き手よりもむしろ、同業のミュージシャンたちだった。1956年7月、演奏旅行でフィル・ウッズやクインシー・ジョーンズとともにブエノスアイレスを訪れたディジー・ガレスピー[*7]は、ブエノスアイレス八重奏団のエル・ムンド放送局での生演奏を聴き、「これまでの生涯で聴いてきた中で、最も信じがたいもの」と驚きの声をあげたという。

そんな数少ないライヴ演奏の貴重な記録が2021年に発掘されたので、入手は容易ではないだろうが紹介しておこう。ピアソラ研究で知られるロサリオ在住のカルロス・クリによる大著『アルチーボ・ピアソラ（ピアソラ・アーカイヴ）』に予約特典として付けられたCD―Rで、先に〈ラ・カチーラ〉に関連して触れた『ブエノスアイレス八重奏団――ブエノスアイレス大学法学部での未発表ライヴ』がそれだ（#46）。かなりノイズがひどく市販できる状態ではないが価値は高いということで、特典扱いにしたのかもしれない（翌22年にカルロス・ベガ国立音楽学研究所から出版されたオマール・ガルシーア・ブルネリとクリの共著『アストル・ピアソラのブエノスアイレス八重奏団』にも付属）。曲目は『タンゴ・プログレシーボ』（#45）全曲のほか、次の『タンゴ・モデルノ』（#47）から〈酔いどれたち〉〈場末〉の2曲、そして前述の〈ラ・カチーラ〉、最後にアンコールとして『タンゴ・プログレシーボ』からの〈ロ・ケ・ベンドラ〉が再度演奏されるが、なんといっても目玉は、本編の最後（アンコール前）に収録されている《タンゴ・バレエ》である。

ブエノスアイレス八重奏団のためのピアソラによる唯一の書き下ろしながら（厳密には、後述する映画『都会での暴力』〔#F13〕のための音楽がある）、当時レコードの形では出なかった《タンゴ・バレエ》は、3章6部の組曲形式で構成された大曲であり、このグループのほかのレパートリーとはかなりトーンが異なっている。1956年にエンリケ・デ・ローサスが監督する短編映画のために一度スタジオ録音され、それに合わせて舞踏家のアナ・イテルマンが振付を考え、デ・ローサスが映像化したという。完成した映像作品はさる短編映画祭で上映されたこともあるらしいが、その後録音も映像も失われてしまったとのことだ。

この組曲は最終的に、1964年の企画アルバム『モダン・タンゴの20年』（#75）に収録されて日の目を見ることになるが（コントラバスのみキチョ・ディアスに交代、残りはフェデリコを含むオリジナル・メンバーによる演奏）、そこでの演奏が11分半以上あるのに対し、1956年のこのライヴでは、組曲としての構成はまったく同じであるにもかかわらず、パートによってテンポが速く、全部合わせても10分足らずで終わってしまう。

第1章では、快活な〈イントロダクション〉に続いて〈街〉で都会の喧騒が描写される。第2章の前半は内省的な〈出逢い〉で、64年版ではかなりスローだが、56年版ではほとんどテンポを落とさずに演奏されている。後半はバンドネオン2台の絡みが強調され、カンジェンゲ奏法も取り入れられた〈キャバレー〉。第3章の前半はチェロのソロから始まり、ギターやヴァイオリンが絡んでいく〈孤独〉で、これも2つの演奏でテンポがかなり異なる。ちなみに〈孤独〉というタイトルは紛らわしいことに、

＊7　ディジー・ガレスピー *Dizzy Gillespie*（1917・10・21～1993・1・6）
トランペット奏者、楽団リーダー、作曲家、編曲家。米国サウス・キャロライナ州チロー生まれ。本名ジョン・バークス・ガレスピー。フィラデルフィアを経てニューヨークに進出、ラテン・バンドやスウィング・バンドなどを経て、1940年代初頭にハーレムの「ミントンズ・プレイハウス」でのセッションに加わり、そこから芽を吹いたビ・バップ誕生の瞬間に当事者の一人として立ち会った。以後チャーリー・パーカーとの活動でモダン・ジャズの基礎を築くなど、ジャズ史において革新的な役割を演じる一方で、マチートやチャノ・ポソらとの共演によるアフロ・キューバン・ジャズの演奏にも力を入れた。69年以降何度か来日している。

1969年に組曲《タンガータ》の中の1曲として、そして1975年に映画『リュミエール』サウンドトラックの中の1曲として、それぞれの曲同士には一切関連はないにもかかわらず、繰り返し使われることになる。後半は〈終曲・街〉で、第1章後半のリプライズ的な位置付けとなっている。

《タンゴ・バレエ》は純粋に自分たちで演奏するために書かれた曲であるにもかかわらず、組曲という構成だからなのか、フェレールに宛ててクラシック作品を並べた例の「ピアソラの手書きリスト」にも「作品20」として掲載されていた。実際にクラシックの演奏家が取り上げた例としては、アルメラレス弦楽四重奏団による1976年の録音があるが、これはホセ・ブラガートが弦楽四重奏用に編曲したもので、ピアソラ独自のトーンはいささか薄められている。曲のタイトルと区切りも〈イントロダクション〉〈街〉〈出逢い――忘却 *Olvido*〉〈キャバレー〉〈孤独――街への帰還 *Retorno a la calle*〉と変えられていた。この作品については、また第8章で触れることにしよう。

大学でのライヴも貴重なものだが、実は手元にはあと3種類、コレクターの手で秘蔵されていたブエノスアイレス八重奏団のライヴ音源がある。1つ目は大学でのライヴの少しあと、1956年11月26日にモンテビデオのサラ・ベルディ劇場で収録されたもので、支持者の多かったモンテビデオでの演奏ということもあってか、極めてテンションが高く、音質も悪くなく、現在残っている彼らのライヴ音源では最高のものだろう。曲は〈場末〉〈とろ火で〉〈愛しき故郷〉〈酔いどれたち〉の4曲と少ないが、次の『タンゴ・モデルノ』（#47）に収録されることになる3曲もさることながら、ピアソラによる公式録音は「46年のオルケスタ」時代のものしかないフリオ・デ・カロ作品〈愛しき故郷〉がとんでもなく貴重。いかにもこの八重奏団らしいアレンジが施されたこの曲がこの形で正式に録音されなかったのは残念だが、実はこの貴重音源を入手したフランスのバンドネオン奏者、リーゾンドル・ドノーソが参加するブリュッセルのアンサンブル、ソニコが2021年のアルバム『ピアソラ＝ロビーラ：ジ・エッジ・オブ・タンゴ』の後半で、ほかのブエノスアイレス八重奏団のレパートリーとともにこの〈愛しき故郷〉を再現している。これはぜひ一聴をお勧めしたい。なお、そのソニコのアルバムの前半では、エドゥアルド・ロビーラ[*8]が参加して編曲を手がけたもののレコードが残されなかった、オクテート・ラ・

＊8　エドゥアルド・ロビーラ *Eduardo Rovira*（1925・4・30〜1980・7・29）
バンドネオン／ピアノ／ホルン奏者、楽団指揮者、作曲家、編曲家。ブエノスアイレス市の隣、ラヌス生まれ。9歳でフランシスコ・アレシオ楽団のバンドネオン奏者としてデビュー、1939年にはフロリンド・サッソーネ楽団に参加し、オスバルド・マンシ（p）と知り合う。その後アントニオ・ロディオ（41年）、オルランド・ゴニ（43年）、ミゲル・カロー（44年）、オスマル・マデルナ（45年）の各楽団へ参加。兵役でアニバル・トロイロ楽団入りを断念したのち、47年にはホセ・バッソ楽団へ参加。49年には歌手アルベルト・カスティージョの伴奏楽団を指揮し録音も行った。51年から翌年にかけてスプレンディド放送局出演のため楽団を組織、その後はポルトガルとスペインにも赴いた。56年に帰国するとアルフレド・ゴビ楽団に第1バンドネオン奏者として参加し、ゴビに捧げた傑作〈ゴビ風に〉を提供した。57年、ゴビ楽団の歌手だったアルフレド・デル・リオと共同でデル・リオ＝ロビーラ楽団を結成しアレグロに録音、その後別の歌手とも録音を行った。並行してオクテート・ラ・プラタや、そのメンバーだったオスバルド・マンシ楽団への参加、そのマンシらとのロス・クアトロ結成を経て60年にアグルパシオン・デ・タンゴ・モデルノ（現代タンゴ集団）を結成、60年代前半はバンドネオン＋弦楽四〜五重奏＋ピアノ＋コントラバス、中盤以降はバンドネオン＋エレキ・ギター＋ベース（コントラバスもしくはエレキ）というフォーマットで活動した。第1ヴァイオリンはレイナルド・ニチェーレが担当することが多かったが、逆にニチェーレが四重奏を率いる場合にはバンドネオンと編曲で参加した。70年にラ・プラタ市に移住して以降タンゴの演奏からは離れ、主にクラシック作品を発表したり、交響楽団でホルンを吹いたりしていたが、彼のクラシック作品でレコード化が確認できたのは、ホルヘ・スルエータ（p）のアルバム（#G16）に収録された67年の《半音調間の前奏曲》（作品24）のみ。75年に四重奏団で録音したオリジナル・タンゴ集『ケ・ロ・パレン』（邦題は『バンドネオンの輝き』）が遺作となった。代表作に〈エバリスト・カリエゴに捧ぐ〉がある。

プラタの演奏が再現されている。また、ブエノスアイレス八重奏団の混沌を熱く再現したアルバムとしては、小松亮太が相方のバンドネオン奏者にポーチョ・パルメルを迎え、八重奏団の編成にヴィオラを加えて制作した1999年のアルバム『来たるべきもの』も重要である。

2つ目の音源はスプレンディド放送局での1956年（日時不明）のライヴで、『タンゴ・プログレシーボ』（#45）のB面3曲、すなわち〈タコネアンド〉〈ボエド〉〈私の隠れ家〉の密度の濃い演奏が展開されているが、スタジオ録音の印象から大きく変わるほどのものではない。

3つ目の音源は1957年にエル・ムンド放送局で収録されたもので、次作『タンゴ・モデルノ』からの6曲と、番組のジングルとして演奏されたとおぼしき〈トランシシオン（つなぎ）〉という30秒足らずの曲が聴けるが、音質は相当悪く、最後の〈タンゴロジー〉は途中で切れている。

タンゴ・モデルノ

2枚目のアルバム『タンゴ・モデルノ』は、1957年の録音で、ディスク・ジョッキーからの発売（#47）。これ以後のアルバムでもしばしば見られることだが、ジャケット裏面にはピアソラが書いた各曲目についての詳細な解説があり、その中には各メンバーのソロ・オーダーも事細かに記載されている。〈アイデー〉は、パリ滞在中に世話になったエクトル・グラネーが亡くなった妹（タイトルは彼女の名前だろう）に捧げて1935年に書いた、知られざる作品。ギターを従えたピアノ・ソロがフィーチャーされ、ヴァイオリン・ソロの部分では、ピアソラ本人によれば「ラヴェル風の」ワルツが挿入される。

前述のパンセラ在籍時の録音も存在する〈茶色と青〉は、このアルバム中唯一のピアソラ自作。これまでにも紹介してきたとおり、書き下ろしではなくパリ滞在中の1955年に書かれた作品で、すでにパリとブエノスアイレスで（詳しくは後述）、弦楽オーケストラ編成で録音されていたもの。前半ではピアソラとフェデリコによるすさまじいバンドネオン・ソロ、後半ではフランチーニの見事なソロと、マルビチーノのこれまたテンションの高いインプロヴィゼーションが聴ける。

モンテビデオでのライヴ音源もあった〈酔いどれたち〉は、フアン・カルロス・コビアンが１９２２年に書いた大傑作。あまりに斬新な曲調のため作曲当時は敬遠されたが、１９４２年にアニバル・トロイロが再発見してエンリケ・カディカモに新しい歌詞を依頼、ピアソラ在籍時のトロイロ楽団が取り上げてから徐々に評価が高まり、今日ではモダン派のアーティストたちにとって欠かせないレパートリーとなっている。ピアソラも異なった編成で３度録音しているが、これはその最初のもの。

〈ネオタンゴ〉はのちに〈カブレーロ〉と改題されたフェデリコの自作曲。もちろんバンドネオン・ソロはフェデリコによるもの。途中でピアソラが遊び感覚でサーカス風のワルツ・パートを挿入している。

〈エル・マルネ〉は「バンドネオンの虎」ことエドゥアルド・アローラスが１９１０年代の終わりに書いた作品で、多くの楽団によって演奏されている人気曲だが、特に出だしの部分などものの見事に解体され、ほとんど原型をとどめていない。さすがにこれは、当時のタンゴ・ファンなら頭から湯気を立てて怒りだしたとしてもなんら不思議はないアレンジである。

〈アノネ〉は、ウーゴ・バラリスの数少ない作品の一つで、１９５４年にフアン・カナロ楽団のメンバーとして来日した際に書いた作品。タイトルはその時に覚えた日本語から付けられた。バラリスが１９７３年に自身の五重奏団で録音した同曲を聴くと、原曲はもっとロマンティックだったはずだが、ここでのアレンジは大胆。中盤のバラリスのソロに続くバンドネオン２台の絡みがすごい。

〈エル・エントレリアーノ〉は、このアルバムの中で最も古い作品、というよりは今日でも演奏されるタンゴのレパートリーとしては最も初期のものに属する。初演されたのは１８９７年で、ピアソラの父ビセンテが生まれたのと同じ年である。作者は、ピアソラがパリで〈光と影〉を捧げたうちの一人でもあるロセンド・メンディサーバル。原曲は素朴なもので、ピアソラでなくても今日のアレンジャーなら大きく手を加える類いの作品ではある。ピアソラはアニバル・トロイロ楽団時代の１９４４年（43年後半の可能性もあり）にもこの曲のアレンジを手がけていた。タイトルは「エントレ・リオス州の人」の意で、エントレ・リオス州出身のマルビチーノを大々的にフィーチャー。ピアソラ自身は、マルビチーノの父親は鉄道会社に勤めていたので「イントロを汽車が出発するような感じで編曲したんだ」（『ラティーナ』１９８６年10月号より）と語っている。

〈タンゴロジー〉はマルビチーノの作品で、このグループのコンセプトに合わせて作曲されたもの。タイトルは不世出のロマ人ギタリスト、ジャンゴ・ラインハルト（フランス語読みはレナールト）がヴァイオリンのステファン・グラッペリと共作した〈ジャンゴロジー〉のもじり。マルビチーノは敬愛するギタリストとして、アルゼンチンが生んだジャズ・ギターの祖、オスカル・アレマン*とともにラインハルトの名を挙げている。

〈場末〉は、ホセ・パスクアルが１９３４年に書き、彼が在籍していたエルビーノ・バルダロ楽団のレパートリーとなった傑作で、特に演奏家の間では非常に評価が高く、オスバルド・プグリエーセ楽団による名演なども残されている。先に触れたように、１９５５年にピアソラがブエノスアイレス八重奏団用にアレンジした最初の作品で、モンテビデオでのすさまじい演奏もあった。そのアレンジも、録音に至る2年の間にだいぶ手を加えられた。そのことを証明するかのように、各楽器間の有機的な絡みはこのグループのレパートリーの中でも随一と言えるものになっている。〈とろ火で〉は、オラシオ・サルガンが1953年に発表した代表作の一つ。ピアソラと並ぶモダン派の雄として注目を集めていたサルガンだけに、お互いに意識していたことは間違いないが、ピアソラが取り上げたサルガン作品はこれが唯一である（ちなみにサルガンが取り上げたピアソラ作品はキンテート・レアルによる「コントラバヘアンド」が唯一）。サルガンのリズム理念が大きく打ち出された作品ということで、ここでのピアソラのアレンジは原曲にかなり忠実だが、前述のサラ・ベルディ劇場でのライヴ録音は、アレンジは同じでもさらにすさまじい演奏だった。

ここで一つ確認しておきたいのは、のちに出たCDなど、このアルバム『タンゴ・モデルノ』の再発盤では演奏者名が「アストル・ピアソラ」、タイトルが『ブエノスアイレス八重奏団』となっているものが多いが、もともとのオリジナル盤では、演奏者名が単に「ブエノスアイレス八重奏団」となっていた点である。もちろんピアソラ自身が主導権を握っていることに変わりはないのだが、ピアソラが作った多くのグループや楽団のうち、彼自身の名を冠していないのはこのブエノスアイレス八重奏団のみであり、それだけ全員が一丸となっての音作りを意識していたことがわかる。

フランチーニの〈秋のテーマ〉、フェデリコの〈ネオタンゴ〉、バラリスの〈アノネ〉、マルビチーノの〈タンゴロジー〉と、メンバーの作品を積極的に取り上げているのもその好例。一方、八重奏団用にピアソラが書き下ろした新曲は前述のとおり、映画『都会での暴力』のための音楽を除けば、当時は公式録音が残されなかった《タンゴ・バレエ》のみである。

2枚のアルバム以外のリリースについても触れておくと、1973年にミュージック・ホールから発売されたEP（#48）には、極めて音質良好な〈タコネアンド〉（アレグロ盤〔#45〕収録のものとは別録音）

が収録されていた（盤にはグループ名を「キンテート・デ・クエルダス・イ・リトゥモ」と誤表記）。ほかの収録曲3曲は弦楽オーケストラによるテーカーへの録音なので、これもテーカーで録音したものの未発表になっていたものかもしれない。オマール・ガルシーア・ブルネリによれば、国立音楽研究所（INAMU）が現在管理するミュージック・ホールのアーカイヴには〈タコネアンド〉以外に〈場末〉〈茶色と青〉の未発表テイクもあるらしい。なお、八重奏団のレパートリーで録音されなかったものには、ほかにパンセラ作〈レナシミエント *Renacimiento*〉、フランチーニ作〈オクテート *Octeto*〉がある。

結局、ブエノスアイレス八重奏団は、1958年の初頭に解散してしまう。それでも2枚のアルバムが残されたのは、幸運だったと言えるだろう。1940年代、アルゼンチンの音楽業界は、オデオンとビクトルという二大レーベルにほとんど独占されていた。少なくともタンゴに関して言えば、この2つのレーベル以外からレコードが発売されたという記録は皆無である。だが1950年代も半ばというこの時期には、いくつものマイナー・レーベルが誕生していた。契約がきっちりしていたかどうかは別として、そうした時代背景がなければ、今日我々は、このグループの音源に接することは極めて困難だっただろう。

弦楽オーケストラ

ピアソラは1955年、ブエノスアイレス八重奏団と並行して、もう一つのアンサンブル「アストル・ピアソラ、ス・バンドネオン・イ・ス・オルケスタ・デ・クエルダス（アストル・ピアソラ、彼のバンドネオンと彼の弦楽オーケストラ）」（通称「弦楽オーケストラ」）を結成している。結成当時のメンバーは次のとおり。

バンドネオンと編曲：
アストル・ピアソラ
ヴァイオリン：
エルビーノ・バルダロ★／ホセ・ニエソ*9／アルベルト・デル・バーニョ*10／アキレス・アギラール*11／
ドミンゴ・バレーラ・コンテ*12／ラサロ・ベッケル*13／ドミンゴ・マンクーソ*14／ホセ・ボッティ*15
ヴィオラ：

*9　ホセ・ニエソ *José Nieso*（1907・8・16～1966・10・12）
ヴァイオリン奏者、作曲家。リトアニアのヴィリニュス生まれ。1927年以降ロベルト・フィルポ、ペドロ・マフィア、フリオ・デ・カロ、ペトロ・ラウレンスなどの楽団に参加、グループ「ロス・レジェス・デル・バルス」（ワルツの王様たち）を率いてスプレンディド放送局に出演したのち、37年からはナイトクラブ「ルセルナ」専属となる。42年にはホアキン・ド・レジェス楽団に参加、ピアソラの弦楽オーケストラへの参加以降はフルビオ・サラマンカ、カルロス・ディ・サルリ、ファン・ホセ・パス、レオポルド・フェデリコ、フロリンド・サッソーネなどの楽団や、フランチーニ＝スタンポーニのロス・ビオリネス・デ・オロ・デル・タンゴなどに参加した。
*10　アルベルト・デル・バーニョ *Alberto Del Bagno*（1917・1・16～1992・8・10）
ヴァイオリン奏者。ブエノスアイレス生まれ。ウィリアムス音楽院に学び、ホセ・パスクアル、アントニオ・ロディオ、エルビーノ・バルダロ、ホアキン・ド・レジェス、ルシオ・デマレ、アンヘル・ダゴスティーノ、フランチーニ＝ポンティエルなどの楽団を転々としていたが、1955年にアルマンド・ポンティエルが新楽団を組織した折、第1ヴァイオリン奏者に抜擢された。その後はオスバルド・フレセド、アニバル・トロイロ、レオポルド・フェデリコ、オラシオ・サルガンらの各楽団に参加している。67年と73年にポンティエルらと来日。80年にはブエノスアイレス市立タンゴ・オーケストラに参加。

シモン・スロトニク[16]／マリオ・ラリ[17]
チェロ：
ホセ・ブラガート★
コントラバス：
ハムレット・グレコ★
ピアノ：
ハイメ・ゴーシス[18]★
ハープ：

＊11　アキレス・アギラール *Aquiles Aguilar*（1926・7・18〜1992・8・7）
ヴァイオリン奏者、楽団指揮者、作曲家。ブエノスアイレス州ペルガミーノ生まれ。1945年、フランチーニ＝ポンティエル楽団に参加、55年にはミゲル・カロー楽団で第1ヴァイオリンを担当した。56年には歌手パブロ・モレーノの伴奏楽団を率いてベルグラーノ放送局に出演している。レオポルド・フェデリコ楽団などを経て80年にはブエノスアイレス市立タンゴ・オーケストラに参加。

＊12　ドミンゴ・バレーラ・コンテ *Domingo Varela Conte*（1909・5・30〜1969・3・25）
ヴァイオリン奏者、作曲家。ブエノスアイレス生まれ。1928年、結成当時のミゲル・カロー楽団で第1ヴァイオリン奏者を務めた。33年にはホアキン・モラの六重奏団に参加。38年にはフランシスコ・トリポディ（p）、エンリケ・デル・プエルト（bn）とともに歌手アスセナ・マイサニのカリブ〜中米〜北米ツアーに参加した。40年代半ば以降、オスバルド・フレセドやフランシスコ・カナロの楽団にも参加している。

＊13　ラサロ・ベッケル *Lázaro Becker*
ヴァイオリン奏者。ウーゴ・バラリスやエドガルド・ドナートの楽団を経て弦楽オーケストラに参加。コロン劇場管弦楽団のメンバーも務めた。1970年代にはアントニオ・アグリの弦楽グループにも参加。91年、カルロス・

ガルシーアのシンフォニック・タンゴ・アルゼンチーノのメンバーとして来日。

＊14　ドミンゴ・マンクーソ *Domingo Mancuso*（1913・6・8〜?）

ヴァイオリン奏者。ブエノスアイレス生まれ。セサル・ギンソ＝アルマンド・バリオッティ、ファン・ダリエンソ、ファン・ポリート、ホアキン・ド・レジェス、アルフレド・アタディアなどの楽団を経て、ピアソラの弦楽オーケストラに参加。1959年にペドロ・マフィア楽団に参加後、60年にフロリンド・サッソーネ楽団に参加、同楽団メンバーとして66年と72年に来日している。70年代後半にはカルロス・フィガリ七重奏団に参加。

＊15　ホセ・ボッティ *José Votti*（1927・4・5〜2009・4・30）

ヴァイオリン奏者。ブエノスアイレス生まれ。1945年にアルフレド・カラブロー楽団でデビュー、その後ファン・カルロス・オワール、ルシオ・デマレ、ミゲル・カローなどの楽団を経て、ピアソラの弦楽オーケストラに参加。57年にはアニバル・トロイロ楽団に参加した。63年にはコロン劇場管弦楽団入り。76年、レオポルド・フェデリコ楽団のメンバーとして初来日。その後はTV11チャンネル専属楽団、オスバルド・ピーロ楽団、ブエノスアイレス市立タンゴ・オーケストラ、フェデリコらとの四重奏団などを経て、リカルド・フランシア率いるアルゼンチン弦楽五重奏団に参加し94年再来日。参加レコード多数。

＊16　シモン・スロトニク *Simón Zlotnik*

ヴィオラ奏者。1947年から51年までアニバル・トロイロ楽団、53年にスタンポーネ＝フェデリコ楽団、55年にはアルヘンティーノ・ガルバン楽団に参加。国立交響楽団でも弾いていた。ピアソラとは弦楽オーケストラのほか、69年の『鼓動』でも共演している。

＊17　マリオ・ラリ *Mario Lalli*（1910・1・1〜1977・7・27）

ヴァイオリン／ヴィオラ奏者、作曲家。ブエノスアイレス生まれ。ヴァイオリン奏者として1944年頃ミゲル・カロー楽団に参加、45年にエンリケ・フランチーニとアルマンド・ポンティエルが独立し楽団を組織した際、彼らと行動をともにした。その後ヴィオラ奏者に転向してから実力を発揮、アルヘンティーノ・ガルバン編曲のロス・アストロス・デル・タンゴやレオ・リペスケル率いるプリメール・クアルテート・デ・カマラ・デル・タンゴ、エドゥアルド・ロビーラの現代タンゴ集団、エンリケ・マリオ・フランチーニ八重奏団、カルロス・ガルシーア楽団などで活躍した。ピアソラとは弦楽オーケストラのほか、スプレンディド放送局管弦楽団（60年）やアルバム『エル・タンゴ』（65年）でも共演している。晩年はアントニオ・アグリの弦楽グループに参加していた。

エバ・ゴールドステイン
ヴォーカル：
ホルヘ・ソブラル[*19]★

ピアソラ以外のメンバーのうち、★印が付いているのは、ソリストとしてレコードなどに名前の記されているメンバーである。ハイメ・ゴーシスは、ピアソラの歴代ピアニストの中でもピアソラ自身が「最高」と評価する名手。チェロのブラガートとコントラバスのグレコは、ブエノスアイレス八重奏団と並行しての参加だった。

ピアソラはここでついに、敬愛するエルビーノ・バルダロを自らの楽団に招き入れるまでになったのだが、実はここに至るちょっとした経緯があった。当初エル・ムンド放送局へ出演を開始した時、第1ヴァイオリンはウーゴ・バラリスが担当していた。バラリスはこの当時、かけ持ちでホセ・バッソ楽団にも参加していて、バッソ楽団のメンバーとしてひと月ほどツアーに出かけることになったため、その間の代役として選んでいったのがバルダロだった。だが、バラリスがツアーから帰ってきた時、彼の戻るべきポジションはなくなっていた。ピアソラには、せっかく一緒に演奏する夢が叶ったバルダロを手放す気などさらさらなかったのである。

すべてのレパートリーがインストルメンタルだったブエノスアイレス八重奏団とは異なり、何曲かでは歌が入るが、歌手に抜擢されたのはピアソラが認めた数少ない歌い手の一人であるホルヘ・ソブラル。1956年8月録音のオデオン盤ではコントラバス奏者の記載がないが、この時点でファン・バサージョ（彼の名前はブエノスアイレス八重奏団を含むいくつかのレコードで「ホセ・バサージョ」と誤記されている）に交代したものと思われる。

おそらくこの楽団では、パリでの試みをちゃんとした形で完成させたかったのだろう。エル・ムンド放送局には定期的に出演したものの、マル・デル・プラタでコンサートを開いた以外にライヴ活動はほとんど行っていない。ただし、レコーディング活動はブエノスアイレス八重奏団よりも活発で、こちらが先にスタートしているものと思われる（双方の正確な録音データがないので、確証はない）。１９５６年の

＊18　ハイメ・ゴーシス *Jaime Gosis*（1913・4・15〜1975・2・26）
ピアノ奏者。ブエノスアイレス生まれ。ビセンテ・スカラムーサにピアノを学び、15歳の時エルネスト・デ・ラ・クルス楽団でデビュー。ハムレット・グレコ（b）、ノルベルト・ベルナスコーニ（vn）、ビクトル・ポンティーノ（vc）との四重奏団でも活動。その後はフェデリコ・スコルティカティ、マヌエル・ブソン、アントニオ・ロディオ、セサル・ギンソ、ペドロ・マフィアなどの楽団やオルケスタ・ティピカ・ビクトルなどに加わる。１９４０年代にはオスバルド・ノルトン楽団やハワイアン・セレネイダーズなど主にダンス系ジャズ・バンドで活動したが、この頃にはＲＣＡビクトルのスタジオ・ミュージシャンも務めている。タンゴ界への本格復帰は55年、ピアソラの弦楽オーケストラへの参加から。58年にはロス・アストロス・デル・タンゴに参加した。

＊19　ホルヘ・ソブラル *Jorge Sobral*（1931・8・25〜2005・4・10）
歌手。ブエノスアイレス州ラ・プラタ生まれ。本名エデルミロ・ソブレード。幼少時はバンドネオンを弾いていた。ダンスホールの楽団などで歌ったあと、１９５２年にマリオ・デマルコ楽団でデビュー。翌年、同楽団が解散したため、ロレンソ・バルベロ楽団、54年にはマリアーノ・モーレスのショーに参加。政府後援だったそのショーがペロン政権崩壊の余波で中止を余儀なくされたのち、ピアソラに呼ばれ弦楽オーケストラに参加。ただし仕事は少なかったので、並行してラ・プラタ市の工業大学で電気技術を教えながら生活した。50年代末以降は俳優として舞台、映画、ＴＶで活躍、大衆の支持を得る（『共同住宅のおかしな女たち』〔＃F28〕にも出演）。その後は海外でも幅広く活動した。60年代から70年代前半にかけてＣＢＳにアルバム多数を残した（編曲指揮はアルベルト・ジャイモ、ファン・ホセ・パスほか）。

テーカー盤SP2枚はレコード番号だけでなくマトリクス番号も続いており、同時に録音されたようだ。この弦楽オーケストラは、ブエノスアイレス八重奏団と同様、そのレパートリーにピアソラの自作曲は少ない。同じ曲を2回録音しているケースもあるので、整理しながら紹介していこう。

テーカーへの録音は次の4曲（♯40、♯41）。

〈アサバーチェ〉はフランチーニとエクトル・スタンポーニが1940年頃に合作したミロンガ・カンドンベ。作詞はオメロ・エスポシト。ピアソラにとって、カンドンベなどのアフロ的なリズムにアプローチすることは稀で、そうした傾向の作品としては、「46年のオルケスタ」時代の〈黒人の涙〉、そして1952年の〈タングアンゴ〉以来のものである。第2章で紹介したとおり、この曲はトロイロ楽団在籍時代の1942年にピアソラが初めてアレンジを手がけた曲（未レコード化）でもあった。ここではボンゴが加わり、男性コーラスも付き、ホルヘ・ソブラルによって歌われている。

〈ネグラーチャ〉はオスバルド・プグリエーセの曲だが、第3章でも触れたように、〈タングアンゴ〉で使われた3＋3＋2のリズムの元ネタになったともおぼしき作品。この曲をピアソラはかなり原曲に忠実にアレンジしている。ピアソラは、常に前向きで妥協を許さないプグリエーセの姿勢を高く評価していたし、また〈茶色と青〉などの作品をプグリエーセがいち早く自分のセンスで取り上げてくれたことに対する敬意を示す意味もあって、この曲を取り上げたと思われるが、その根底にあるのは、プグリエーセの持つひたむきさへの共感だろう。

〈多情多感〉は、ピアソラ以降の重要な作曲家の一人、フリアン・プラサ[*20]の初期の傑作で、1954年に書かれた。独特の暗さを秘めたこの現代タンゴを、ピアソラは見事にアレンジしている。中盤ではブラガートのソロも聴ける。

〈ロ・ケ・ベンドラ〉についてはブエノスアイレス八重奏団の項で触れたとおり。次の2曲は、この時期唯一のオデオンへの録音だが、なぜSP1枚だけをオデオンに録音したのか、その理由は定かではない（＃42）。

〈バングアルディスタ〉はチェロのブラガートが書いた佳曲。前半から中盤にかけてバルダロの、後半でピアソラのソロがたっぷり聴けるが、特にチェロのソロ・パートは用意されていない。全体的にピアソラの香りが濃厚。ほかにレコードがないだけに貴重な録音だ。

〈茶色と青〉は、フランスのフェスティヴァルへの録音とアレンジは同じ。同曲のブエノスアイレス八重奏団での録音については先に紹介した。

＊20　フリアン・プラサ *Julián Plaza*（1928・7・9〜2003・4・19）バンドネオン／ピアノ奏者、楽団指揮者、作曲家、編曲家。ラ・パンパ州ヘネラル・カンポス生まれ。音楽好きの父親からバンドネオンを習い、15歳の時エドガルド・ドナート楽団でデビュー。次いでアントニオ・ロディオ楽団を経てミゲル・カロー楽団に参加。１９５０年、アティリオ・スタンポーネらとともにエドゥアルド・ビアンコ楽団の欧州巡業に参加。帰国後カロー楽団に復帰、その後カルロス・ディ・サルリ楽団やフロリンド・サッソーネ楽団を経て59年にオスバルド・プグリエーセ楽団に参加し、65年に来日。68年、プグリエーセ楽団の盟友たちとセステート・タンゴを結成、ほかに2人のバンドネオン奏者がいたためピアノにコンバート、来日公演も行った。92年にセステート・タンゴから離れソロ活動を開始、93年に初のリーダー・アルバムを発表、96年には楽団を率いての日本公演を行った。作曲家としては54年の〈多情多感〉が出世作で、そのほかの代表作に〈ダンサリン〉〈ノスタルヒコ〉〈ブエノスアイレス＝東京〉などがある。プグリエーセ楽団のほか、アニバル・トロイロ楽団にも多くの編曲を提供した。

ロ・ケ・ベンドラ

1957年にはウルグアイのモンテビデオでアンタール・テレフンケンに10インチ盤アルバム『ロ・ケ・ベンドラ』を録音した（#49）。バルダロとブラガート以外の弦セクションにはSODRE（ウルグアイの国営放送局）交響楽団のメンバーが起用された。また曲によってはグロッケンシュピールやシロフォン（奏者不明）も加わっている。オリジナル盤の裏ジャケットにはピアソラについて、そして各曲についての詳しいライナー（無記名）が付いている。

〈ロ・ケ・ベンドラ〉は弦楽オーケストラによる2度目の録音だが、前年のテーカーへの録音とアレンジは変わっていない。

〈恐れ〉は、バルダロとオスカル・アローナの作曲、オメロ・エスポシトの作詞による1930年代の作品で、バルダロ楽団のレパートリーだったもの。ここではバルダロのソロを前面に出したインストで演奏される。グロッケンシュピールの使用も効果的。

〈俺は黒人〉は自作では〈黒人の涙〉以来のカンドンベ。カルロス・ゴロスティィーサが詞を付け、ソブラルが歌った。〈タングアンゴ〉〈アサバーチェ〉などと並び、アフロ系音楽にアプローチした数少ない例と言えるが、モンテビデオという地の利を生かし、現地のカーニバルなどでカンドンベを演奏する際に使われてきた、チコ、レピーケ、ピアノ（ここでは太鼓の名前）という大きさの異なる3種のタンボール（太鼓）のチームを起用した点はさすがだ。本場モンテビデオのカンドンベは、この3種のタンボールの組み合わせによるリズム・パターンが基本となっているが、ブエノスアイレスにはそのようなタンボール奏者がいないため、忠実な再現は困難なのだ。ここではゴーシスのピアノも重要。

〈多情多感〉も2度目の録音。イントロにテーカー盤にはなかったパートが新たに付け加えられている。

〈現実との3分間〉はブエノスアイレス八重奏団での《タンゴ・バレエ》同様、モダン・バレエの舞踊家であるアナ・イテルマンのために書かれた作品で、原盤解説によれば「タンゴのテンポに基づいて書かれた、ピアノと弦楽オーケストラのためのトッカータ」ということである。全編にすさまじいまでのゴーシスのピアノがフィーチャーされているが、ここでの録音はややピアノがオフ気味で、その凄味が伝わりにくいのが残念。シロフォンがアクセント的に使われている。

〈愛の夜〉は、フェルナンド・フランコ（vn）が1925年頃発表した美しいタンゴで、これもバルダロ六重奏団のレパートリーだった曲である。作者が在籍していたエンリケ・ポジェー（bn）楽団で初演されたが、レコードはロベルト・フィルポ楽団による1926年の録音くらいしかなかった。ゴーシスと、それに続くバルダロのソロが素晴らしい。ピアソラは、10年後にもこの曲を大編成オーケストラで再録音することになる（レオ・リペスケルの「タンゴ初の弦楽四重奏団」も1961年頃に録音している）。

〈さよならの午後〉はフェルナンド・ロペス作曲、ロベルト・ランベルトゥッチ作詞で、1948年にアルベルト・マリーノがエミリオ・バルカルセ*の編曲指揮で録音していた曲。ソブラルが歌う。

〈ラ・カチーラ〉はエドゥアルド・アローラスの傑作。1921年に発表され、レコードも数多い。ブエノスアイレス八重奏団でのものとはまた大きく異なる、ピアソラらしいひねったアレンジがなされているが、やはり中盤のピアノ・ソロが全体をビシッと締めている。これも10年後に再録音された。

そしてこの弦楽オーケストラの到達点と言えるのが、1957年12月にブエノスアイレスのバルトロメー・ミトレ通りにあったスタジオで録音され、ミュージック・ホールから発売されたアルバム『タンゴ・エン・ハイ・ファイ』（#50）。『タンゴ・モデルノ』『ロ・ケ・ベンドラ』などと並び各曲の詳細解説付きである。この解説、記名はなく、ピアソラの名前が三人称で書かれているのだが、実は本人が書いたもののような気がする。

冒頭に新曲2曲が置かれている。〈天使のタンゴ〉は、以後シリーズ化する『天使』連作の端緒を開いた作品。ピアソラ自身は以後この曲を演奏することはほとんどなかったが、そのことが惜しまれるほどの名作。ゴーシスのピアノに助けられている部分が大きいとはいえ、少なくとも、これまでの作品と比べると明らかに一皮むけた感じがする。

〈メランコリコ・ブエノスアイレス〉は1957年11月に書かれた最も新しい作品だが、後述する56年8月公開の映画『マルタ・フェラーリ』（#F9）のテーマ音楽にその原型が見られる。自作のタンゴの曲名に「ブエノスアイレス」を織り込んだのはこれが最初で、現代の都会を描こうとする気概にあふれているが、当時ピアソラはすでにニューヨークへの再移住を考えていたらしく、ブエノスアイレスへの惜別の思いもタイトルには込められているようだ。バルダロのヴァイオリン・ソロが見事だ。

〈ロカ・ボエミア〉は、フランシスコ・デ・カロによる、「タンゴ・ロマンサ」と呼ばれる1930年代前後のロマンティックなタンゴを代表する名曲で、1928年頃に書かれた。ピアソラのアレンジは、原曲の持つ美しさを最大限に引き出したもので、バルダロのヴァイオリン、それに続くゴーシスのピアノが絶品。これも10年後に再録音される。

〈いつもパリ〉はビルヒリオとオメロのエスポシト兄弟の作品で、その年に新曲として発表されたばかりだった。ソプラルの堂々たる歌の後ろで、ピアソラのバンドネオンが遊んでいる。

シロフォン抜きで再録音された〈現実との3分間〉におけるゴーシスのピアノは壮絶の一言に尽きる。まさに天才ゴーシスここにあり、といった感じで、1950年代を通してピアソラの全録音中最高の演奏と言えるだろう。この曲は１９６０年の五重奏団でも当初レパートリーにしていたが、その後長い間凍結され、１９８９年の最後の六重奏団で復活することになる。

〈ラ・クンパルシータ〉は１９５１年のオルケスタ・ティピカ以来の録音。自己流に改変するので「クンパルソーラ」なる異名を付けられたりもしたが、実に堂々たる演奏ではないだろうか。

〈フイモス（昔のふたり）〉は、ホセ・ダメス（bn）作曲、オメロ・マンシ作詞による隠れた名曲。恋人同士の別れを歌ったこの歌曲がピアソラはお気に入りだったようで、１９６２〜63年にもそれぞれ違う歌手で2度録音することになる。

〈デル・バホ・フォンド〉は、のちにピアソラと共演することになるオスバルド・タランティーノ（p）が、指揮者だった父親のホセ・タランティーノと共作したもの。ほとんど知られていないが、リズミックな力強さにあふれた現代タンゴの傑作である。ただし、内容はかなり渋い。

〈インスピラシオン〉は１９４７年のオルケスタ・ティピカ以来の録音。それ以前のトロイロ楽団時代にアレンジを手がけたことでも忘れがたい曲だが、はっきりと従来とは違う方向性を打ち出している。ヴァイオリン・ソロによる第2パートを冒頭に置き、中盤ではゴーシスの見事に歌うソロに続いて、コントラバスのみを従えたブラガートのソロを聴かせる。それまでに培われたさまざまな手法を見事に昇華した名アレンジと言える。

〈プレパレンセ〉は１９５４年のパリ録音と基本的には同じアレンジだが、エンディングを少し変えてある。

アルバム全体を通してソリストたち、特にピアソラのバンドネオン、バルダロのヴァイオリンなどが素晴らしいが、やはり特筆すべきはゴーシスで、彼の完璧な演奏が全体の緊張感を高めている。このアルバムは単に弦楽オーケストラ時代の総決算というだけでなく、それまでの音楽活動の集大成の意味合いも込められた重要な作品として位置づけられるだろう。

ブエノスアイレス八重奏団と同様に、弦楽オーケストラもラジオ出演時の音源が非公式ながら残されている。この貴重な音源のもとの持ち主はすでに故人とのことで、放送局や日付などは不明だが、ブエノスアイレスのラジオでの1956年の演奏らしい。〈プレパレンセ〉〈ネグラーチャ〉〈ロ・ケ・ベンドラ〉というインスト3曲は正規のレコーディングがあるが、問題はホルヘ・ソブラルが歌う3曲で、いずれもこの編成での録音はない。ファン・カルロス・コビアン作曲、エンリケ・カディカモ作詞の〈リアチュエロの霧〉は1959年の未発表アルバム『イヴニング・イン・ブエノスアイレス』（#59）で、アグスティン・バルディ作曲、カディカモ作詞の〈恋人もなく〉は1967年のグラン・オルケスタによる『タンゴの歴史 第1集／グアルディア・ビエハ』（#79）で、それぞれインストルメンタルで録音されることになる曲。もう1曲は〈もう会えない *No nos veremos más*〉。同じタイトルで1960年代前半にヒットしたルイス・スタソ＝フェデリコ・シルバ作のタンゴもあるが、こちらはルシオ・デマレ作曲、フリオ・ナバリーネ作詞による1940年代前半頃のワルツで、ここでは2分に満たない小品に仕立てられた。

なお、このほか弦楽オーケストラのレパートリーで録音に至らなかったものにはフェデリコ・シルバ作詞の〈永遠に灰色〉（#G61も参照）、フランチーニ＝（カルロス・）バール作〈明日は早く行こう *Mañana iré temprano*〉、コビアン＝カディカモ作〈ルビー *Rubí*〉、ガルデル＝レ・ペラ作〈つばめ *Golondrinas*〉（いずれも歌はホルヘ・ソブラル）がある。また、ハムレット・グレコ在籍時には〈コントラバヘアンド〉を演奏していたが、グレコが脱退したためレコードにはならなかった。その代わりグレコは第3章でも触れたとおり、1956年にロス・セニョーレス・デル・タンゴで録音を果たしている。

2つの異なる実験性

タンゴ界に衝撃を与えたという点で、あるいは混沌とした中からそれまでは考えも及ばなかったような新しいタンゴを生み出そうという壮絶なエネルギーが感じられるという点で、ブエノスアイレス八重奏団は大変面白く、聴くたびに熱いものを感じる。一方、それまで築いてきたさまざまな知識や経験を踏まえて、ひとまず完成された地点まで到達したという意味において、弦楽オーケストラの果たした役割も非常に大きい。どちらがより優れているか、とは簡単に言えるものではない。

ブエノスアイレス八重奏団は、8人によるアンサンブルを謳ってはいたが、実際にはそのバランスは均等だったとは言いがたい。とにかく前面に出てくるのはバンドネオンの2人とヴァイオリンのフランチーニ、それにギターのマルビチーノである。意外とピアノの比重が小さい。一方、弦楽オーケストラでは先にも触れたように、ピアソラは当然として、ピアノのゴーシスとヴァイオリンのバルダロが核となる。これにチェロのブラガートが少し絡んでくる、といった感じである。

ピアニストの2人を比べてみると、知名度もキャリアもあり、アーティスティックな意味でも先んじていたのは、自らも楽団を率いて活躍してきたスタンポーネの方である。一方、一般的にはその名を知られることもほとんどなく、レコーディング・スタジオの片隅で仲間内のミュージシャンやごく一握りの関係者の見守る中、天才的なプレイを披露していたのがゴーシス。ピアソラが真に必要としたのが後者だったことは明らかである。

第1ヴァイオリンの2人も比べてみよう。こちらはいずれ劣らずタンゴ界を代表する名手ではあるが、持って生まれた天才肌と史上最高のテクニックで、即興を交えながら堂々たるソロをバシッと決めるのがフランチーニ。タンゴの初期の時代から常に第一線にあってあらゆるスタイルに精通し、タンゴ的な泣きを表現することにかけてはほかの誰もかなわぬ境地に達したバルダロ。この2人の選択は見事だった。適材適所とはまさにこのことだろう。

2つの個性の異なるアンサンブルを聴き比べながら、夢想してみることがある。もしブエノスアイレス八重奏団のピアノが、ハイメ・ゴーシスだったらどんなだっただろう。もし弦楽オーケストラに、マルビチーノのエレキ・ギターが加わっていたら……。こんなことを考えるのは、あまり意味のないことかもしれない。だが我々は、1960年代以降のピアソラのグループの充実ぶりを知っている。だから、こうしていろいろと想像をめぐらせてみるのもまた、楽しいではないか。両アンサンブルを通じて、どことなくコントラバスに弱さを感じがちなのも、1960年代にピアソラ・サウンドを支えた、タンゴ史上最高のベーシスト、キチョ・ディアスのことを思い浮かべてしまうからではないだろうか。ただしこれは、録音のせいもあるかもしれないし、短期間の参加に終わったグレコなども名手だったことは間違いない。

それにしても、ブエノスアイレス八重奏団の2枚のアルバム、弦楽オーケストラのSP盤3種類および2枚のアルバムが、最初のSP2枚が同じテーカーからの連番でのリリースであるのを除くと、すべて異なったレコード会社からの発売であることに驚かされる。アレグロ、ディスク・ジョッキー、テーカー、オデオン、アンタール・テレフンケン、ミュージック・ホールと、わずか2年の間でもこれだけある。やはりレコード・セールス的には難しく、各レーベルと条件の悪い単発契約を結ぶのがやっとだったのだろう。ただし、あちこちのレーベルにある意味では無節操に録音するといった傾向は、そもそもパリでの録音からピアソラの晩年に至るまで続いていくので、これには本人の無頓着な性格も反映されているのかもしれない。

映画音楽と舞台音楽

1956年から57年にかけてピアソラが手がけた映画音楽は全部で6作品あり、そこではブエノスアイレス八重奏団や弦楽オーケストラといった編成の枠組みを超えた形での実験が行われていたり、ブーランジェの教えにより封印したかと思われたクラシック志向が顔を出したりと、なかなか興味深い内容になっている。

フェルナンド・アジャラ監督[*21]の『苦い茎』は、実は先ほど書いた「もし弦楽オーケストラに、マルビチーノのギターが加わっていたら……」という戯言がある意味では実現していたという例（＃F8）。実際には管楽器も含む大編成のオーケストラ（バンドネオンはなし）にエレキ・ギターが加わり、サスペン

＊21 フェルナンド・アジャラ *Fernando Ayala*（1920・7・2〜1997・9・11）映画監督、映画プロデューサー、脚本家。エントレ・リオス州グアレグアイ生まれ。アルゼンチンで最も重要な映画制作者の一人で、政治的な題材を映画に取り入れた先駆的存在でもあった。1942年に助監督見習いから始め、55年の『昨日は春だった』を皮切りに、監督もしくはプロデューサーとして40本以上の映画を手がけた。56年には同じく監督／プロデューサーのエクトル・オリベーラと共同で、映像制作会社のアリエス・シネマトグラフィカスを設立。ピアソラとの関わりは実に深く、コラボレーションは監督としての第2作である『苦い茎』（＃F8）以降『気難しい未亡人』（＃F11）『土曜の夜は映画』（＃F16）『パウラ・カウティーバ』（＃F23）『怒りの感覚で』（＃F26）『共同住宅のおかしな女たち』（＃F28）『ラ・フィアカ』（＃F32）『アルヘンティニシマ』（＃F40）『歌は歴史を物語る』（＃F49）（最後の2作はオリベーラと共同制作のドキュメンタリー）と続いた。

ス映画である本作を盛り上げていく。夢のシーンでは太鼓を前面に出した音楽も使われ、弦楽オーケストラの〈茶色と青〉〈ノニーノ〉もダンスの場面で流れる。ナイトクラブでラテン・ジャズ・バンドの演奏している音楽は、さすがにピアソラが書いたものではないはずだが。

フリオ・サラセニ監督の『マルタ・フェラーリ』は、全体的によりタンゴ的（#F9）。ピアソラのバンドネオンと弦楽オーケストラに管楽器が加わった編成によるテーマ音楽は、翌1957年発表の〈メランコリコ・ブエノスアイレス〉のプロトタイプと言える。主役のマルタ・フェラーリ役のファニー・ナバーロ[*22]が歌うアンヘル・グレコ作〈いかさま札〉とアスセナ・マイサニ作〈でも私は知っている〉は9枚組CDの『タンギシモ』（#43）にもそのまま収録されたが（エンリケ・サントス・ディセポロ作〈ジーラ・ジーラ〉も流れるが、台詞が被さっているためかCDには未収録）、すでにこの時点で決別していたはずのオルケスタ・ティピカ・スタイル、すなわち「46年のオルケスタ」風の演奏であることに驚かされる。依頼があって特別にそれ風にアレンジしたのか、あるいはレコードでは未発表だったにせよ、過去に書いたアレンジがあって、それを引っ張り出してきたのかはわからない。ピアニストで作曲家のギジェルモ（ドゥイリオ・マルシオ）が弾く場面が何度か出てくるピアノ曲（劇中で最終的にピアノ協奏曲に仕上がる作品のピアノ・パートに当たる）も、ピアソラらしい雰囲気にあふれている。実際のピアノはワシントン・モレーノとクレジットされているが、ウルグアイのピアニスト、ワシントン・キンタス・モレーノ[*23]（キンタス・モレーノが姓）のことではないだろうか。ピアソラの大編成オーケストラによるテーマ曲中にもピアノ・ソロがあるが、弾いているのは（キンタス・）モレーノなのか、あるいはハイメ・ゴーシスなのかはわからない。

フランスのベルナール＝ロラン監督による1957年7月公開の『白い大陸』（別名：南極大陸作戦）は、

＊22　ファニー・ナバーロ *Fanny Navarro*（1920・3・3〜1971・3・18）
俳優。ブエノスアイレス生まれ。タンゴ歌手として芸歴をスタートし、17歳で映画にデビュー、１９４０年代前半まで順調にキャリアを積んでいた。43年に舞台『私の愛する娘たち』に出演し、その舞台に出資したメンドーサ出身のワイン醸造家と44年3月に結婚。ところが夫から芸能活動をやめて田舎に住むことを強要されたため、47年には耐えきれず別居し、49年に離婚。芸能界に大々的に復帰したその年、大統領夫人エバ・ペロン（エビータ）の兄で、フアン・ドミンゴ・ペロン大統領の私設秘書となっていたフアン・ドゥアルテと知り合い、恋仲となる。エビータとも仲良くなり芸能界におけるペロニスモのシンボルに祭り上げられ、50年にはエバ・ペロン文化センターの会長に抜擢される。１６２頁で書いた、オルケスタ・ティピカ解散直後のピアソラに49年9月のルナ・パークへの出演依頼の電話をかけてきたのもナバーロだったが、彼女は実際には政治に関心があったわけではなかった。52年7月26日、エバ・ペロンが子宮がんのため33歳で死去。その直後から地位を悪用したドゥアルテの汚職や不正蓄財が明るみに出て、彼は53年4月9日に不審死（公式には自殺）を遂げる。ナバーロはペロン大統領の後ろ盾を失うが、そのペロンも55年9月の軍事クーデターで失脚しパラグアイに亡命。革命軍から尋問を受けたナバーロは精神的に不安定となり、業界からも干されてしまう。その後58年に穏健派のアルトゥーロ・フロンディシが大統領となったことで謹慎が解かれた。63年以降数本の映画やＴＶに出演したものの、すでに健康を害し大きな仕事にも恵まれず、51歳を迎えた直後に急性心筋梗塞で世を去った。そのような理由で、53年から62年の間に出演した映画は、タンゴの作詞家としても著名なルイス・セサル・アマドリが監督した54年の『神聖な叫び』と、56年の『マルタ・フェラーリ』（♯F9）のわずかに2本のみである。

＊23　ワシントン・キンタス・モレーノ *Washington Quintas Moreno*
ピアノ奏者。9歳でモンテビデオのソリス劇場のステージに立つ早熟ぶりで、さまざまなジャンルの音楽に対応できる音楽知識を身に付けた。ブエノスアイレスにも長く滞在し、１９６２年にはコロン劇場オペラ学校のピアノ奏者を務めた。クラシックではフランスのヴァイオリン奏者ジャニーヌ・アンドラートの伴奏ピアノ奏者、ジャズではクラリネットのサンティアゴ・ルス、ドラムスのフリオ・ククルーロとのトレス・パラ・エル・ジャス、タンゴではギターのマリオ・ヌニェス、コントラバスのブルーノ・ガジェオッティとのロス・シウダダノスやミゲル・ビジャスボアスとのピアノ二重奏などで活動した。

タンゴ的ではないシンフォニックな音楽で綴られていくが、ピアソラらしいメロディーは随所に見られる（#F10）。また、ピアソラ作曲、エドゥアルド・パルーラ作詞[24]によるギター伴奏のフォルクローレが2曲あり、ホルヘ・ソブラルが歌っているとおぼしきサンバ〈出発〉は、1965年に歌手ミゲル・サラビア[25]（#G10）、翌66年にはキケ・ストレーガ六重奏団によってレコード化されている。もう一曲は〈渦巻〉というタイトルのチャカレーラ（北西部サンティアゴ・デル・エステーロ州が起源とされるフォルクローレの一種で、8分の6拍子の舞曲）である。

その『白い大陸』と同じ月に公開された『気難しい未亡人』は、『苦い茎』（#F8）のフェルナンド・アジャラ監督によるコメディー映画（#F11）。タンゴの要素はなく、コミカルな要素も含んだクラシカルなオーケストラ音楽が中心。アルフレド・アルコン[26]演じるマリアーノが吟遊詩人風にギター弾き語りで歌うタイトル不明の曲もあるが、アルコンにはこのあとも、ピアソラが音楽を手がけた映画の中で歌う機会が訪れることになる。

フリオ・ポルテル監督の『ある手紙の物語』はピアソラと、本人役でスクリーンにも登場し重要な役割を演じているジャズ・ギタリストのオスカル・アレマン[27]が音楽担当を分け合っていて、サン＝サーンスの〈序奏とロンド・カプリチオーソ〉やチャイコフスキーの〈幻想序曲《ハムレット》〉も随所に使われているため、ピアソラ音楽の比重は少ない（#F12）。

エンリケ・デ・ローサス監督の『都会での暴力』は当時未公開に終わったはずだが、フィルムは保存されていたようで、詳細は不明だが後年ＴＶで放映された（#F13）。クレジットには「音楽：アストル・ピアソラ、演奏：ブエノスアイレス八重奏団」と明記され、このグループによる貴重なオリジナル作品を聴くことができる。不安を掻き立てるような7拍子のテーマ音楽はボンゴも加わった演奏。驚いたこ

＊24　エドゥアルド・パルーラ *Eduardo Parula*（1909・10・27～1964・9・16）

ジャーナリスト、作詞・作曲家。筆名ビリー・モロ。作詞家としてはロベルト・ルフィーノが歌った〈俺より強い〉（レオ・リペスケル作曲）などの作品があるが、彼の業績はさまざまな側面からモダン・タンゴの演奏家たちを支援したことにある。１９６０年12月から彼が亡くなる64年まで活動した「シルクロ・デ・アミーゴス・デル・ブエン・タンゴ（良きタンゴの愛好家サークル）」の会長としてコンサートやシンポジウムなどを企画し、レコルドやミクロフォン・レーベルでディレクターを務めた。

＊25　ミゲル・サラビア *Miguel Saravia*（1943・3・30～1989・5・25）

歌手、作詞・作曲家。サンルイス州サンルイスで生まれ、父親の生地であるサルタ州セリージョスで育つ。幼い頃からアフロ・キューバ音楽に親しみ、高校ではポール・アンカ風のロックンロールを歌っていた彼は、１９６０年代に入った頃サルタのナイトクラブでフォルクローレ歌手としてのキャリアをスタートさせる。64年頃ブエノスアイレスに出て、出演したクラブ「６７６」でステージを分け合ったピアソラやエンリケ・〝モノ〟・ビジェーガス、あるいはブラジルのヴィニシウス・ヂ・モラエスやジョアン・ジルベルトからの影響のもと、フォルクローレの新しい形を打ち出していく。ピアソラ＝パルーラの〈出発〉を取り上げたファースト・アルバム『ミゲル・サラビアの新しいスタイル』（＃G10）は65年の発売。68年にもピアソラ＝ウリセス・ペティ・デ・ムラット作の〈闇の女グラシエラ〉を取り上げている。

＊26　アルフレド・アルコン *Alfredo Alcón*（1930・3・3～2014・4・11）

俳優、演出家。ブエノスアイレス生まれ。１９５５年にスクリーン・デビュー、翌56年、エルネスト・アランシビア監督の映画『悪戯な夢想家』で初主演を果たし、以降２００６年までに40本以上の映画に主演、舞台やＴＶでも活躍した。ピアソラが音楽を担当した映画では『気難しい未亡人』（＃F11）『夜に囚われた者たち』（＃F19）『怒りの感覚で』（＃F26）『秋ってなに？』（＃F51）に出演し、存在感を放っている。『怒りの感覚で』の主題歌（ギター伴奏）はシングル盤（＃G11）にもなり、ピアソラ新八重奏団の〈悪漢へのレクイエム〉（＃73所収）では朗読を担当した。１９７８年にもアルベアール大統領劇場で共演（＃A9）。ペドロ・イグナシオ・カルデロン指揮ブエノスアイレス音楽アンサンブルによるプロコフィエフ『ピーターと狼』（ミクロフォン、78年）、フォルクローレのアリエル・ラミレス作曲による『平和と正義へのミサ』（ミクロフォン、81年録音）にも朗読で参加するなど、関連レコードも多い。

とに、1963年の五重奏団のアルバム『ある街のタンゴ』(#70)に収められることになる〈フラカナパ〉の原型も登場し、バンドネオンとエレキ・ギター、コントラバスによる演奏に弦楽器とボンゴが加わっていく。ほかにはピアソラによるバンドネオン・ソロもあれば、エレキ・ギターとコントラバスによるジャズっぽい演奏もあるなど、八重奏団全体ではなくその中の特定の楽器がフィーチャーされる場面も多い。

この時期の映画音楽はここまでだが、パリ留学以前と同様に舞台音楽も手がけているので、音は検証できないが紹介しておく。作家、脚本家のウィルフレド・ヒメネス作『フロレンシオ・サンチェスの情熱 *PASION DE FLORENCIO SANCHEZ*』がそれで、理由は不明だが映画化が禁止されたため、映画のための脚本を3幕から成る舞台用に書き換える形で、ペドロ・アスキーニとアレハンドラ・ボエロの演出により1955年にヌエボ劇場で初演された。

ピアソラの及ぼした影響

ピアソラは1958年になるとブエノスアイレス八重奏団とともに弦楽オーケストラも解散させ、2月にはニューヨークに渡ってしまう。2つのグループでの活動が思うような支持を得られず、再びタンゴ界に幻滅を感じてのことだった。だが一般的な理解は得られなかったにせよ、周りのミュージシャンたちに少なからず影響を与えていったことも確かである。そしてピアソラに続けとばかりに、いくつか

＊27 オスカル・アレマン *Oscar Alemán* (1909・2・20〜1980・10・14)
ギター奏者、歌手、楽団指揮者、作曲家、編曲家。チャコ州レシステンシア生まれ。アルゼンチンが生んだジャズ・ギターのパイオニアであり、ブラジルのサンバ、フランスのミュゼットからタンゴまでを巧みにこなした(ち

なみに仕事ではフォルクローレはほとんど弾いていない)。6歳でギター奏者の父親率いる家族楽団、セステート・モレイラに加わり、歌と踊りでデビュー。一座でブラジルのサントスに移った8歳の頃、4弦のカヴァキーニョを習い始める。11歳の時母親が病死し、悲観した父親が自殺。14歳の頃は下働きをしながら、時々サントスの酒場で演奏していた。1924年、ギター奏者のガストン・ブエノ・ロボと知り合い、ハワイアン・ギターを習うことを勧められる。翌年2人でデュオ、レ・ルー*Les Loups*を結成し、リオデジャネイロでデビュー。27年にデュオはブエノスアイレスに移り、28年2月からビクトルに録音を開始、タンゴ歌手のロシータ・キロガやアグスティン・マガルディを伴奏した録音もある(マガルディとの2曲中1曲はアレマンとブエノ・ロボ作曲、エンリケ・カディカモ作詞の〈泣くギター〉で、この曲はのちにアンヘル・バルガスも歌った)。続いてヴァイオリンのエルビーノ・バルダロを加えたトリオ・ビクトルでも活動し、タンゴやフォックストロット、ワルツなどを録音した。29年、米国の黒人タップ・ダンサー、ハリー・フレミングが一座を引き連れてアルゼンチン・ツアーを行った際にレ・ルーの演奏を聴いて気に入り、ヨーロッパ・ツアーに同行する契約が結ばれた。フレミングの一座とレ・ルーは各国を巡り、ツアー終了後の31年にレ・ルーは解散。アレマンは米国セントルイス出身のジャズ歌手ジョセフィン・ベーカーの一座に加わる。32年末までベーカーのレコーディングやツアーに参加、33年にはイタリア人のミュゼット・アコーディオン奏者ルイ・フェラーリと録音。35年、パリの「ル・シャンティイ」で9人編成のハウス・バンドを率いて話題となり、その後アコーディオンのギュス・ヴィズール、またトランペットのビル・コールマンやクラリネットのダニー・ポロといった米国から渡仏した黒人ジャズ・ミュージシャンたちのセッションに参加。この時期、ギター奏者のジャンゴ・ラインハルトとはライヴァルでもあり、友人でもあった。40年、ブエノスアイレスに戻り、チリ人のヴァイオリン奏者エルナン・オリバを迎えた自身のキンテート・デ・スウィングを結成し、5月にデビュー。41年11月からオデオンに録音を開始する。オリバは42年末頃離脱するが、同五重奏団での録音は47年まで続いた。ブランクを経て51年以降コンフント・デ・ジャス、オルケスタ・デ・スウィングなどいくつかの名義で57年まで録音を継続するが(この時期のコントラバス奏者はブエノスアイレス八重奏団にも参加するアルド・ニコリーニ)、その後ヨーロッパ・ツアーを経て表舞台からは姿を消す。60年代末から70年代初めにかけて再発見され、72年のレドンデルからのアルバム『アレマン72』で完全復帰。最後のスタジオ録音は75年で、80年9月のTV出演を最後に10月に急逝した。アレマンはオラシオ・サルガンやピアソラ、エンリケ・ビジェーガスがお気に入りで、サルガンに捧げた曲も作曲している。

『テイク・ミー・ダンシング！』録音時にスタジオにて（1959年3月）。　左からラウシュ、ピアソラ、バンク、アムスタダム、モジアン、コスタ、パチェーコ、ロドリゲス、カイオラ

マチート楽団との録音

フアン・カルロス・コーペスとマリア・ニエベス（中央）たちとのショー。右からメンデス、ピアソラ、ラウシュ

ブエノスアイレス八重奏団。左からスタンポーネ、ニコリーニ、バラリス、フェデリコ、ピアソラ、ブラガート、フランチーニ、マルビチーノ

初期のブエノスアイレス八重奏団。左からマルビチーノ、ピアソラ、パンセラ

弦楽オーケストラ。左からゴーシス、バサージョ（後ろ向き）、ピアソラ、ソブラル、ビクトル・オリベーロス（ピアソラの熱烈なファン）

弦楽オーケストラ（1957年、エル・ムンド放送局にて）

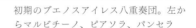

のグループが誕生する。彼らの活動がただちにタンゴ界に影響力を持つに至ったわけではないのだが、いくつかの事例だけでも挙げておきたい。

ピアソラの直接的な影響を受けてまず結成されたのがオクテート・モンテビデオだった。これは1957年にウルグアイのバンドネオン奏者のオルディマール・カセレスを中心に結成されたもので、カセレスのほかヴァイオリン×3、ヴィオラ、チェロ、ピアノ、ギター各1というコントラバス抜きの室内楽的編成だったが、残念ながらレコードは残されていない。同じ頃ラ・プラタ市ではバンドネオン奏者オマール・ルピがオクテート・ラ・プラタを結成。こちらはルピのほかにヴァイオリン×3、チェロ、ピアノ、コントラバスという編成で、のちにパーカッションが加わったり歌手を加えたりと、常時8人編成とは限らなかったようだ。このグループもレコードは残さなかったが、ルピと入れ替わりで参加したエドゥアルド・ロビーラがアレンジも手がけるようになり（245頁で紹介したソニコはこれを再現したわけだ）、やがてロビーラのアグルパシオン・デ・タンゴ・モデルノに発展することになる。

ガルバンとアルトーラ、2人の先人

ピアソラの弦楽オーケストラの延長線上に位置付けされる最も重要なものが、アルヘンティーノ・ガルバンの編曲により1958年に結成されたロス・アストロス・デル・タンゴである。

メンバーは、ヴァイオリンがエンリケ・フランチーニとエルビーノ・バルダロ、ヴィオラがマリオ・ラリ、チェロがホセ・ブラガート、ピアノがハイメ・ゴーシス、バンドネオンがフリオ・アウマーダ、コントラバスがラファエル・デル・バーニョという、ピアソラとの共演でもお馴染みの顔ぶれを多く含む錚々たるもの。LPの片面ずつ一人の作曲家の作品を特集する形でアルバムが企画され、第1集がフリオ・デ・カロとフアン・カルロス・コビアン、第2集がエドゥアルド・アローラスとアグスティン・バルディ、チェロがエンリケ・ブルゲーに交代しての第3集がエンリケ・デルフィーノとアンセルモ・アイエタと、それぞれの作品集が発売された。それ以降もルシオ・デマレ、ホアキン・モラ、アニバル・トロイロらの作品集が続く予定だったが、1960年11月のガルバンの死去により封印された。ガルバンは無類の酒好きでボヘミアンだったので、その早すぎた死も自業自得、と言ってしまえばそれまでだが、とにかくタンゴ界にとっては大きな損失となった。

ロス・アストロス・デル・タンゴは、優雅でありながら決してムード的に流されず、シンプルなたたずまいの中に一本筋の通った凛々しさを感じさせるという、ガルバンのエッセンスが見事に凝縮された楽団だった。各ソリストの名演奏がたっぷり味わえるのも魅力。とりわけ重要なのは、この楽団がオルケスタ・ティピカの枠に捉われない表現方法の可能性を、その室内楽的なセンスによって、より幅広く提示したという点だ。

ガルバンは特に1940年代以来、時に斬新な手法でタンゴ界に新風を巻き起こしてきた名アレンジャーである。深い音楽的知識と素養に恵まれた彼のアレンジ手法は概ね、原曲のメロディーを最大限に生かし、そこに弦の豊かな響きを加えることによってスケールの大きな世界を築くといったものだが、時として大胆な手法を試みることもあった。

その恐るべき手腕が発揮された最右翼と言えるのが、アニバル・トロイロ楽団が1946年3月に録音したエンリケ・デルフィーノ＝マヌエル・ロメロ作〈ボヘミアンの想い出〉（ピアソラはのちに新八重奏団〔#73〕やバンドネオン四重奏〔#97〕でこの曲を取り上げている）。これはトータルで5分23秒という長さの、SP盤では両面に跨がって収められたタンゴ幻想曲的な大作で（復刻LPやCDでは切れ目なしにつなげられている)、室内楽的な手法が大胆に取り入れられていた。各楽器のソロのフィーチャーの仕方、全体の構成など、当時としては他に類を見ない斬新なもので、トロイロ楽団のスタイルそれ自体からも大きく逸脱しており、あのトロイロがよくOKを出したなと思えるほどである。だが内容は実に素晴らしく、レイナルド・ニチェーレのヴァイオリン、アルフレド・シトロのチェロ、トロイロのバンドネオン、ホセ・バッソのピアノ、そして後半のアルベルト・マリーノの歌と、それぞれの妙技も味わえる逸品となった。

また、1940年代末にシンフォニックかつモダンなタンゴを送り出したことでは、エクトル・マリア・アルトーラのグラン・オルケスタ・シンフォニカ・アルヘンティーナも地味ながら重要である。[*28]彼のアレンジはガルバンに比べてよりアカデミックな感覚が強く、高度な手法を駆使して築き上げられたその世界は実に壮大。映画音楽も手がけていることもあり、変幻自在な一大パノラマを見ている気分にすらなれるほどだ。

ほとんど裏方に徹し、また自らの名を冠したレコードが極めて少ないこともあって、ガルバンやアルトーラの全体像はなかなか掴みにくい(特にアルトーラは)。だがタンゴ史において彼らが果たした役割は絶対に無視することはできないのである。1940年代以降の各オルケスタ・ティピカにおいて編曲が重要視されたのは明らかで、彼らのような専業アレンジャー以外にもオスバルド・プグリエーセ、オスマル・マデルナ、アルマンド・ポンティエル、アルフレド・ゴビ、オラシオ・サルガンら楽団リーダー、あるいは楽団内の有力メンバーらは各自がその個性を発揮しながら新しいアレンジを手がけ、次々に成果を生んでいった。しかしガルバンやアルトーラは、より自由度の高い編曲を実現させていったという点でやはり特筆に値する。そして彼らが提示した新しい可能性は、確実にピアソラにも影響を与えていたと思う。

ニューヨークでの不遇

ブエノスアイレス八重奏団および弦楽オーケストラでの活動にピリオドを打ったアストル・ピアソラが、家族をひとまずブエノスアイレスに残してニューヨークに旅立ったのは1958年2月のこと。行き先をアメリカ合衆国に定めたのには理由があった。かつてブエノスアイレス八重奏団の演奏に感激して楽屋を訪れた米国音楽業界の実力者、ジョージ・グリーリー*29に仕事を紹介してもらえるという目論見があったのである。ピアソラが生前ナタリオ・ゴリンに語ったところでは、黒人コーラス・グループ、ザ・プラターズの音楽監督としてブエノスアイレスを訪れていたグリーリーはピアソラに対し、MGM（メトロ＝ゴールドウィン＝メイヤー）の音楽部門で要職に就いていると自己紹介し、もし米国で仕事したい

*28　エクトル・マリア・アルトーラ *Héctor María Artola*（1903・4・30～1982・7・10）
バンドネオン奏者、楽団指揮者、作曲家、編曲家。ウルグアイのサンホセ・デ・マジョ生まれ。ピアノ、フルート、オルガンを学び、1919年にはピアノ奏者としてエドゥアルド・アローラス楽団に短期間参加、20年からはバンドネオン奏者としてドナート＝セリージョ楽団に参加した。27年にはヨーロッパに渡りビアンコ＝バチーチャ楽団、イルスタ＝フガソ＝デマレなどで活動、33年からはブエノスアイレスでリベルタ・ラマルケの伴奏を務め、フランシスコ・カナロ楽団を経て40年からエル・ムンド放送局専属楽団の編曲指揮者となる。49年にはバンドネオンを弾くのをやめ、編曲と楽団指揮専業となる。同年からグラン・オルケスタ・シンフォニカ・アルヘンティーナを率いてオデオンに録音を開始しているほか、同レーベルでアルベルト・マリーノ、オスカル・アロンソの伴奏楽団も指揮、また編曲家としてはオスバルド・フレセド、アニバル・トロイロなどの楽団にアレンジを提供している。53年のエルビーノ・バルダロ楽団唯一の公式録音でもアレンジを担当、手がけた映画音楽も数多い。その手腕によりルイス・アドルフォ・シエラ博士から、ガルバンとともに「タンゴを譜面台に持ち上げた」と称された。

ならば電話するようにと名刺を渡した。ところが、ニューヨークに着いたピアソラが早速ハリウッドのMGMの事務所に電話すると、秘書から「彼は先月亡くなりました」という衝撃的な返事を聞かされてしまう。翌日かけ直してみたが、答えは同じだった。

実際にはグリーリーは死んでなどいなかったのだが、それが判明したのは実に31年後の1989年5月のこと。ピアソラ六重奏団の公演先のロサンジェルスで、グリーリーから突然連絡があったのである。ここで疑問なのが、なぜ当時ピアソラがグリーリーと連絡が取れなかったのかについてだが、グリーリーの経歴を調べていて様子が見えてきた。そもそも彼が働いていたのはMGMではなく、同様にハリウッドの映画および音楽業界で力のあったコロンビア・ピクチャーズおよびキャピトル・レコードだった。MGMというのはおそらくピアソラの記憶違いと思われる。そしてグリーリーは、スタジオと映画の老舗ワーナー・ブラザーズ系列に新設されたワーナー・ブラザーズ・レコードに移籍しているが、同社の設立は1958年3月なのである。この移籍時期が、ピアソラが連絡を取ろうとしたタイミングとぴったり当てはまる。捕まらなかった理由としてはそんなところだろう。

かくして、当てにしていた映画音楽の仕事は露と消えてしまったが、少年時代を過ごしたニューヨークは、なんの後ろ盾も持たない移住者には冷たかった。それでもいくつかの仲介業者や出版社に売り込みを行い、4月28日にはCBS―TVの昼すぎの番組『ザ・ギャラリー・ムーア・ショー』[*30]に150ドルのギャラで出演を果たした。この時のメンバーはピアノのハワード・スミス[*31]、ギターのカール・クレス[*32]、ベースのトリガー・アルパート[*33]、そして氏名不明のクラリネット奏者という顔ぶれだったようだ。ここでは某米国人歌手が歌う〈キス・オブ・ファイアー（エル・チョクロ）〉を伴奏し、翌年のアルバム『テイク・ミー・ダンシング!』（#57）に収められることになる〈ローラ〉を新しいアレンジで披露したと

＊29　ジョージ・グリーリー *George Greeley*（1917・7・23〜2007・5・26）
ピアノ奏者、指揮者、作曲家、編曲家、レコード・プロデューサー。米国ロードアイランド州ワシントン郡ウェスタリー生まれ。イタリア系米国人で本名はジョルジオ・ガリーグリア。１９４０年代に有名なビッグ・バンドで編曲家、ピアノ奏者として活躍したのち、ハリウッドのラジオ局で全米放送のバラエティー番組に携わる。第二次世界大戦中、陸軍航空隊のバンドを指揮したのち、コロンビア・ピクチャーズにピアノ奏者兼編曲スタッフとして雇われる。数百本の映画にピアノ奏者として参加し、多くの有名作曲家のサウンドトラックの編曲を手がけ、数十本の映画で自作のオリジナル曲を制作した。コロンビア・ピクチャーズでの仕事と並行して、キャピトル・レコードの音楽監督、ピアノ奏者、指揮者としても活動、ゴードン・マクレー、ジェーン・パウエル、ジョー・スタッフォード、フランキー・レイン、ドリス・デイなど多くのアーティストを支えた。58年には新設されたワーナー・ブラザーズ・レコードに移り、60年代後半にはＴＶ界に進出した。

＊30　ギャリー・ムーア *Garry Moore*（1915・1・31〜1993・11・28）
司会者、コメディアン、放送作家。米国メリーランド州ボルティモア生まれ。本名トーマス・ギャリソン・モーフィット。主に１９５０年代から60年代にかけて、気さくな司会者として多くのネットワークＴＶ番組を成功させた。看板の『ザ・ギャリー・ムーア・ショー』はＣＢＳのラジオ番組として49年にスタート、50年６月から58年半ばまで時間帯や曜日を変えながら継続、その後もブランクを置きながら60年代半ばまで存続した。

＊31　ハワード・スミス *Howard Smith*（1910・10・19〜？）
ピアノ奏者。米国オクラホマ州アードモア生まれ。エイドリアン・ロリーニ楽団やグレン・ミラー楽団、トミー・ドーシー楽団などのピアノ奏者を務めた。

＊32　カール・クレス *Carl Kress*（1907・10・20〜1965・6・10）
ギター／バンジョー奏者。米国ニュージャージー州ニューアーク生まれ。ピアノ、バンジョーを手にしたのちにギター奏者となる。１９２６年にポール・ホワイトマン楽団に参加、その頃からラジオ局や各レコード会社のスタジオ・ミュージシャンとしても活動した。コード弾きによるギター・ソロを編み出したスウィング・ジャズ時代のパイオニアの一人で、共演者はレッド・ニコルズ、ドーシー・ブラザーズ、エディ・ラング、ボビー・ハケットなど多数。

のことだ。

このＴＶ出演の直後、ピアソラの前に現れたメキシコ人編曲家のジョニー・リチャーズ[*34]が救世主となった。ピアソラはそのリチャーズの骨折りでルーレット・レコードとの契約を果たすことができたのだが、リチャーズがルーレットにピアソラを売り込む際に持っていったのは、弦楽オーケストラのアルバム『タンゴ・エン・ハイ・ファイ』だったとも、ブエノスアイレス八重奏団のアルバムだったとも言われている。

ピアソラは、デューク・エリントン楽団のメンバーにエンリケ・ビジェーガスを加えたジャズ・スタイルの六重奏団というのを考えてみたり、ディジー・ガレスピーとのレコーディングを画策してみたりしたようだが、何も実現はしなかった。5月21日には家族３人をニューヨークに呼び寄せたが、まだまだ仕事は不安定極まりなかった。

ルーレット／ティコでの仕事（1）

実際にルーレット（および傘下のティコ）での初仕事となったのは、ブエノスアイレス出身の二枚目俳優、フェルナンド・ラマス[*35]のアルバムへの編曲の提供である。１９５６年にミュージカル『ハッピー・ハンティング』でブロードウェイでもデビューを飾っていたラマスは、タンゴのレコード制作を勧められるたびに、ブエノスアイレスの生粋の楽団でなければタンゴは表現できないと言って断っていた。そこへピアソラが現れ、ついにルーレットに録音を果たしたというのだが、実際に出来上がったのはタンゴ・アルバムではなかった。

ラマスのデビュー・アルバムにしてルーレットにおける唯一の作品となった『愛を込めて』（＃51）

には、米国やフランス、イタリアなどのポピュラー・ソングが並び、いかにも歌う映画スターのアルバ

＊33　トリガー・アルパート *Trigger Alpert*（1916・9・3～2013・12・21）コントラバス奏者。米国インディアナ州インディアナポリス生まれ。本名ハーマン・アルパート。1940年10月にグレン・ミラー楽団に参加。その後ウディ・ハーマン楽団などを経て、50年から65年までCBS専属楽団のメンバーとして、ギャリー・ムーアの番組などを支えた。56年にはリヴァーサイドにリーダー・アルバム『トリガー・ハッピー！』を残している。彼がサポートを務めたミュージシャンにはルイ・アームストロング、ロニー・エルドリッジ、エラ・フィッツジェラルド、バド・フリーマン、フランク・シナトラなどがいる。

＊34　ジョニー・リチャーズ *Johnny Richards*（1911・11・2～1968・10・7）楽団リーダー、作曲家、編曲家。メキシコのトルーカ生まれ。本名ファン・マヌエル・カスカレス。父はスペイン人、母はメキシコ人。1919年、家族と米国ロサンジェルスに移住し、のちに同じカリフォルニア州のサンフェルナンドに移る。30年にフラトン・カレッジに入学し、音楽を正式に学ぶ。32年から33年にかけてロンドンで、30年代の残りはハリウッドでアーノルト・シェーンベルクに作曲を師事したりヴィクター・ヤングのアシスタントを務めたりしながら、映画音楽の作曲を手がける。40年代にビッグ・バンドを結成したが、複雑なスコアに対応できるミュージシャンを集めるのに苦戦。46年にはディジー・ガレスピーのジェローム・カーン作品集（SP2枚組）の編曲指揮を手がける。52年からスタン・ケントン楽団にアレンジを提供し始め、『キューバン・ファイアー！』（作曲も）『ウエスト・サイド物語』などの重要なコラボレーション作を残す。その一方で56年以降は自身の野心的なビッグ・バンドを率い、キャピトル、コーラル、ルーレット、ベツレヘムにリーダー作を残した。作曲家としての代表作にフランク・シナトラがヒットさせた〈ヤング・アット・ハート〉（キャロリン・リー作詞）がある。

＊35　フェルナンド・ラマス *Fernando Lamas*（1915・1・9～1982・10・8）俳優、歌手。ブエノスアイレス生まれ、本名フェルナンド・アルバーロ・ラマス。1937年、南米水泳選手権の自由形で優勝という経歴も持つ。39年から舞台に立ち、42年に映画俳優としてデビュー。50年には米MGMに招かれハリウッド入り、典型的なラテン系二枚目として活躍するが、50年代後半、人気に陰りが見えるとブロードウェイ・ミュージカルやTVの分野に転身。60年代には映画の脇役や監督、TVの演出なども手がける。主な出演作に『タンゴの歴史』（49年）『メリー・ウィドウ』（52年）がある。

ムといったロマンティックな雰囲気に包まれているが、ピアソラが関わったのは2曲。そのうち、既成のタンゴはファン・デ・ディオス・フィリベルト作の〈クラベル・デル・アイレ（散りゆくなでしこ）〉だけである。もう一曲はピアソラが書いた〈プラジェーラ〉にラマス自身が詞を付けた〈ムヘール（女）〉という作品で、これはこの曲の唯一の録音である。

アルバムの楽団指揮者はグレン・オッサー[*36]だが、この2曲に関してはピアソラが指揮、あるいはそれに近い役割まで担当したのではないかと思われる。ヴァイオリン、ヴィオラ、チェロ、コントラバスから成る弦セクションをメインに、フルート、オーボエ、ハープ、ギターをうまく配し、全体の雰囲気は損ねずにピアソラならではの色をしっかりと出している。〈クラベル・デル・アイレ〉は弦セクションのピチカートによる導入部が印象的で、ラマスは後半では英語も交えて歌っている。〈ムヘール〉の歌詞はほとんどが英語だが、内容は他愛ない愛の告白となっていて、曲調も含めてまったくタンゴらしくない。

ちなみにピアソラ自身は、ブエノスアイレスにおけるピアソラ支持者の取りまとめ役で親交の深かったビクトル・オリベーロスに宛てた1958年10月16日付の手紙で、ラマスとの仕事について「豚のような歌い方で、スタンダードなアレンジを強要されたけれど、あの音楽は自分のスタイルじゃない、と言っておく。生きていかなければならないし、アメリカに滞在するのもお金がかかる」と愚痴っている。また一方のラマスはアルゼンチンの芸能誌『カンタンド』1959年2月3日号のインタビューで、ピアソラがバンドネオンを弾かなかった理由として、ニューヨークの楽団員組合から録音への参加が認められていなかったため、と説明している。

なお、ニューヨーク時代にルーレット／ティコでピアソラが関わったアルバムのプロデュースは、本作のみイタリア系米国人プロデューサー・コンビのヒューゴ＆ルイージが、以降紹介する残りの作品はすべて、当時ティコのA＆R部門の責任者だったバンドリーダーのラルフ・セイホが担当した。

ピアソラが次いで手がけたのは、キューバからニューヨークにやってきたばかりだった俳優、ホセ・ドゥバル[*37]の歌手としてのデビュー・アルバム『ホセ・ドゥバルの感情』である（＃52）。クレジットは一切ないが聴いた限りでは全曲のアレンジを手がけ、ここからはバンドネオンの音も聞こえる。そしてピアソラにとって初のステレオ録音でもある（2曲のみ疑似ステレオ）。ピアソラはこの時期から１９６１年の前半にかけて、「エレクトロ・バンド」と名付けられた、内部に小型マイクを仕込んだ電気バンドネオンを使用しているのだが、このレコーディングがそれを導入した最初ということになる。通常のバ

＊36　グレン・オッサー *Glenn Osser*（1914・8・28～2014・4・29）楽団指揮者、作曲家、編曲家。米国ミシガン州ミュニシング生まれ。ミシガン大学で音楽の学士号を授かり、ニューヨークに出てバニー・ベリガン、ボブ・クロスビー、レッド・ニコルズなどの楽団の編曲を手がける。第二次世界大戦後、ポール・ホワイトマン楽団のアレンジャーに起用された。１９４７年から68年までABC放送局の専属アレンジャーを務めたほか、ジョニー・マティス、トニー・ベネット、デラ・リーズといった歌手のレコードでの伴奏指揮も行っている。

＊37　ホセ・ドゥバル *José F. Duval*（1938?～1993・2・27）俳優、歌手。キューバ生まれでスペイン系移民の子孫。１９５８年ニューヨークに来て俳優となり、大手宣伝会社に所属。60年から69年まで、コロンビア・コーヒー生産者連合会が作ったイメージ・キャラクター、ファアン・バルデスを演じる。61年にはコロンビアの伝統曲中心のアルバム『ファアン・バルデスの歌』をレイ・マーティン楽団の伴奏でRCAに録音、日本でも4曲を選んで7インチ盤として日本ビクターから発売された。その後歌手として再びルーレットなどに録音している。ミュージカル『王様と私』『キスメット』『南太平洋』、映画『マンボ・キングス』などにも出演。心臓発作によりカリフォルニアで死去。

ンドネオンに比べて音がくすんでいるのが特徴で、せっかくのバンドネオンの美しい響きが失われてしまっている。ピアソラ本人は先に触れたオリベーロス宛の手紙でこの楽器の使用についても触れ、「大変素晴らしい音だ」と自画自賛していたのだが。

ジョージ・ガーシュイン作曲、アイラ・ガーシュイン作詞の〈なんでもそうとは限らない〉は、1935年のミュージカル『ポーギーとベス』の中の曲。ピアノ、コントラバス、ドラムスのリズム隊にホーン・セクションが被さったあと、バンドネオンが和音で埋める感じで入り、途中でティンバレスが加わってアップテンポになり、スローに戻って終わる。ドゥバルの歌は張りがあるがいささかエキセントリックだ。

〈マジック・イズ・ザ・ムーンライト〉は、メキシコの作曲家マリア・グレベルが1930年に書いた〈テ・キエロ・ディヒステ（かわいいお人形）〉に、チャールズ・パスクアルが英語詞を付けたもの。リズム隊とバンドネオンに男女コーラス、マリンバ、ハープも加わるスローなボレロで、ホーン・セクションはお休み。

〈ラン・アウェイ〉は、作編曲家でピアニストのリオン・カーと、バート・バカラックとのコンビで知られる作詞家のハル・デイヴィッドが書いた1953年の曲。この2人による同年のヒット曲に〈ベル・ボトム・ブルース〉があるが、この曲は特に有名ではない。センターでカウベルがリズムを刻み、左チャンネルでテナー・サックスがオブリガートを、右でホーン隊がアクセントをつけていく派手な演出が施されている。バンドネオンは登場せず、この曲に関してはピアソラのアレンジではない可能性もゼロではない。

〈ベラ・モーラ〉はメニータ・カロン（経歴不明）の1950年頃の作品で、マチート*楽団や、メキシコ出身のモンド・ミュージックの奇才、エスキーベルの楽団が録音している。作詞・作曲家のジョージ・ソーンがあとから英語詞を付けたと思われる。ストリングスやフルート、女声のヴォーカリーズなどが使われるエキゾティックな曲だが、これもピアソラっぽくはない。

〈エル・ビート〉は、スペインのアンダルシア地方に17世紀頃から伝わる8分の3拍子の伝承曲で、それに合わせた舞踊もある。1921年にフェルナンド・J・オブラドルスが歌とピアノのために編曲し、主にソプラノ歌手らによって歌われるようになった。1936年から39年まで続いたスペイン市民戦争の折には、共和国人民戦線側の第5連隊を称えるべく、この曲と同じくアンダルシア民謡の〈アンダ・ハレオ *Anda jaleo*〉をミックスして新しい歌詞を付けた〈第5連隊 *El quinto regimiento*〉としても広く歌われた。舞踊の方は、20世紀半ばにアンダルシア州コルドバの舞踏家マルーハ・カサーリャによって再生された。そんな曲にピアソラは、カスタネットが鳴り続けバンドネオンがリズミカルに和音を刻んでいくアレンジを施した。スペイン語の歌詞にはいくつかのヴァリエーションがあるが、ここでドゥバルは一般的な歌詞を一部変えたと思われるものを歌っている。盤面にはE・アルバレス作と記載され、確かにエンリケ・アルバレス（同名のキューバ伝統音楽の擁護者とは明らかに別人）の作詞・作曲としても著作権登録されているが、同様のクレジットはこの曲のほかの録音では確認できなかった。なお、この曲にはオペレッタ歌手のルイス・マリアーノ、ソプラノ歌手のビクトリア・デ・ロス・アンヘレスやエリー・アメリング、フラメンコ・ギターのパコ・デ・ルシア、イスラエルのフォーク・デュオのエスター&アビ・オファリム、スパニッシュ・ロックのロス・ペケニーケスらによるさまざまなヴァージョンがあり、ジョン・コルトレーンの〈オレ〉のテーマ部分にもメロディーが引用されている。

〈ラメント・ヒターノ〉は〈マジック・イズ・ザ・ムーンライト〉を書いたマリア・グレベルの作品

で、1936年の映画『歌へ陽気に *THE GUY DESPERADO*』でニーノ・マルティーニが歌った。スタン・ケントン楽団、ペレス・プラード楽団、オルケスタ・ティピカ東京（歌：藤沢嵐子）など多くの録音がある。タンブリンがリズムを刻み、ヴァイオリンやフルートが効果的に使われているが、3＋3＋2のリズムも使われ、ピアソラっぽさが十分に感じられる。これも歌詞はスペイン語。

B面に移って、〈ワイルド・グレープス〉はバーニー・ウェインとジム・テニソンの作詞・作曲による1952年の曲。ウェインは、トニー・ベネットやボビー・ヴィントンらが歌った〈ブルー・ヴェルヴェット〉をリー・モリスと共作したほか、CM音楽やイージー・リスニングの分野でも活躍した人物。ビッグ・バンド・サウンドに途中からバンドネオンが絡んでいく。

〈ヴァーモントの月〉はカール・スースドーフ作曲、ジョン・ブラックバーン作詞による1944年の曲。ビリー・バターフィールド楽団（歌：マーガレット・ホワイティング）による初録音ののち、キング・コール・トリオ、ジェリー・マリガン四重奏団、ジョー・スタッフォード、エラ・フィッツジェラルド、ビリー・ホリデイ、サム・クック、フランク・シナトラほか無数のアーティストたちに取り上げられるスタンダードとなった。〈マジック・イズ・ザ・ムーンライト〉と似たような編成による演奏で、フルートも加わる。

〈グアダラハラ〉は、メキシコのペペ・ギサルが自身の故郷であるハリスコ州グアダラハラに捧げて1937年に作詞・作曲したマリアッチ。ルーチャ・レイエス、イルマ・ビラ、フロール・シルベストレといったメキシコの女性歌手たちによって歌い継がれ、1963年にエルヴィス・プレスリーが映画『アカプルコの海』で歌った。ホーン・セクションが賑やかで、まったくピアソラっぽくはないが、後ろの方でバンドネオンが薄く鳴っているようにも聞こえる。ここでは〈ラン・アウェイ〉同様、ジョージ・ソーンも英語詞部分の作者としてクレジットされている。

〈マリア・ドローレス〉は1949年にスペインのフェルナンド・ガルシーア・モルシーリョが作曲、ハコボ・モルシーリョが作詞した、マリア・ドローレスという名の女性を称えるボレロ。グロリア・ラッソが最初に歌い、メキシコのトリオ・ロス・パンチョス、フランスのマリー＝ジョゼ、プエルトリコのボビー・カポほか、各国で取り上げられた。1960年代に入ってからも、サラ・モンティエル、カテリーナ・ヴァレンテ、ジョーン・バエズらが歌っている。アコースティック・ギター、フルート、ストリングスによるスローなイントロから始まり、パーカッションが入ってイン・テンポになる。間奏のストリングスはどこかチャランガっぽくもあり、最後はアップテンポになって終わる。ステレオ盤ではこの曲は疑似ステレオで収録。

〈ハイランド・サンバ〉は、テキサス州エルパソ出身のソングライター、クリント・バラード・ジュニア[*38]が駆け出しの頃、ハンク・ハンターと共作した無名の曲。ほかにレコードもなく、著作権登録も1960年になってからなので、書き下ろしの可能性もある。タイトルに反してあまりサンバっぽくはない。バンドネオン、男女コーラスも控え目に使われる。これも疑似ステレオ。

最後はスローな〈ホエン・ユー・リターン〉。〈ハイランド・サンバ〉同様バラード・ジュニアの作品で、前後関係ははっきりしないが、後述するピート・テラス楽団[*]のティコからのアルバム『マイ・ワン・アンド・オンリー・ラヴ』にも、バラード・ジュニアの単独作としてインストルメンタルで収められている。こちらではプロデューサーのセイホも共作者としてクレジットされているので、作詞を手がけたのだろう。これも男女コーラス、フルート、バンドネオンなどが入る。

ドゥバルのアルバムに続いてピアソラが手がけたのが、イタリアのミラノ出身の三姉妹コーラス・グループ、ザ・ディ・マラ・シスターズ[*39]のアルバム『ローマの思い出』の編曲指揮だった（#53）。そのレパートリーは〈フェリーボート・セレナーデ〉〈ロマン・ギター〉〈バラのタンゴ〉など新旧のイタリアン・メロディーが中心で、歌詞は英語のものとイタリア語のものが織り交ぜられていた。

裏ジャケットにはしっかり「アストル・ピアソラと彼の楽団」とクレジットされており（スペルはPiazola）、またアコーディオン（イタリアを意識したのか、バンドネオンは一切登場しない）などのフレーズや弦のオブリガートに彼ならではの特徴が見いだせることも確かだが、中には〈ウェルカム・トゥ・イタリー〉〈アイヴ・ゴット・ア・ガイ〉など、ピアソラの影がほとんど感じられない曲も含まれており、これらの曲では実際にはほかの編曲家が担当した可能性も捨てきれない。それはともかく、ピアソラが関わったレコードの中で、これほど彼本来の姿からかけ離れたものも少ないだろう。それでも一定の水準は確かにクリアしているし、ピアソラ云々というのを除外して彼女たちのヴォーカルを中心に聴けば、決してつまらないレコードではない。

使われている楽器は、曲によっても異なるが、アコーディオン、クラリネット、ハープ、マンドリン、マリンバ、エレキ・ギター、ヴァイオリン、ピアノ、コントラバス、ドラムス、カスタネットなどで、ディ・マラ三姉妹のヴォーカル・アレンジはトニー・ダノンが手がけている。

これらのレコーディングとの前後関係は不明だが、ピアソラはこの頃、ある仲介業者からの紹介で女性歌手のヨランド・トーネル[*40]のために編曲を書くことになった。写譜を担当したのはアルゼンチン人のカルロス・ラウシュ[*41]。ピアソラとラウシュは1958年の初め頃にブエノスアイレスのエル・ムンド放送局向かいのカフェで偶然知り合い、お互いがニューヨークに行く予定であることを確認し合っていた。ラウシュにはタンゴの演奏経験はなかったが、ニューヨーク滞在時のピアソラにしばしば協力するよう

＊38　クリント・バラード・ジュニア *Clint Ballard, Jr.*（1931・5・24～2008・12・23）
作詞・作曲家、歌手、ピアノ奏者。米国テキサス州エルパソ生まれ。大学卒業後陸軍に入隊し、日本でのラジオ局勤務を経て、ニューヨークで音楽の道に進む。ナイトクラブでピアノを弾き、ブリル・ビルディングにある音楽出版社で自作の曲を発表。１９５７年にルーレット・レコードのジミー・ロジャーズに提供した〈ヘイ・リトル・ベイビー〉は、ミッチ・ミラー楽団によって〈クワイ川マーチ〉のB面で取り上げられた。同年にはワシントンD.C.で発見したカリン・ツインズをマネジメントするが、ハンク・ハンターと共作した58年のデビュー曲〈ジャンピン・ジャック〉はヒットせず、このデュオの初ヒットはほかの作家によってもたらされた。58年にウェールズのバラード歌手マルコム・ヴォーンが英国でヒットさせた〈エヴリ・アワー、エヴリ・デイ・オブ・マイ・ライフ〉は、ルーレットでは女性歌手のヴァレリー・カーが歌い、ティコでもピート・テラス楽団が〈ホエン・ユー・リターン〉同様『マイ・ワン・アンド・オンリー・ラヴ』で取り上げた。ソロ歌手としては成功しなかったバラード・ジュニアが作家として華々しく活躍するのは60年代になってからで、ジミー・ジョーンズ〈グッド・ラヴィン〉が英1位／米3位、ウェイン・フォンタナ&マインドベンダーズ〈ゲーム・オブ・ラヴ〉が米1位／英2位、ザ・ホリーズ〈アイム・アライヴ〉が英1位となったほか、63年にディー・ディー・ワーウィックやベティ・エヴェレット、64年にザ・スウィンギング・ブルー・ジーンズが取り上げた〈悪いあなた〉は、74年にリンダ・ロンシュタットがカヴァーして、翌年2月に全米第1位を記録した。

＊39　ザ・ディ・マラ・シスターズ *The Di Mara Sisters*
女声コーラス・グループ。父親がイタリアのアコーディオン製作会社の技師、母親が米国生まれというリリアン *Lillian*、ローズ *Rose*、マリーザ *Marisa* の3姉妹。イタリアのミラノ出身で、１９５３年に一家で渡米、55年にデトロイトのナイトクラブ「アラモ」でデビューし人気を得る。ルーレットと契約、多くのアルバムを残した。

＊40　ヨランド・トーネル *Yolande Tornell*（1930・7?）
歌手。米国ニューヨーク生まれ。１９５０年代にフロリダとニューヨークで活動し、「ニューヨークのナイチンゲール」と呼ばれた。自宅のリビングルームにゲストを招き、6か国語を駆使してクラシックからポピュラーまでを歌う15分のラジオ番組『ヨランド・トーネルの家で』が短波放送局のＷＲＵＬから南米向けにオンエアされ、人気を博した。57年にはピラミッド・レコードから『マナグア』をリリース、チリでベストセラーを記録したという（詳しい内容は不明）。

になり、このケースのように写譜係を務めたり、ピアニストとして後述のアルバム『テイク・ミー・ダンシング！』に参加したりすることになる。

ピアソラはトーネルのために20曲を編曲し２０００ドルを受け取る予定だったが、何曲か仕上げた時点でトーネル本人からアレンジが複雑すぎるとクレームが付き、契約は流れてしまった。実際にどの程度まで作業が進められていたのかは定かではないが、ハロルド・アーレン＝エドガー・〝イップ〟・ハーバーグ作〈虹の彼方に〉、ウォルター・グロス＝ジャック・ローレンス作〈テンダリー〉、コール・ポーター[*42]作〈アイ・アム・イン・ラヴ〉、マリア・グレベル作〈わたしに誓って *Júrame*〉、エルネスト・デ・クルティス作〈勿忘草《わすれなぐさ》 *Non ti scordar di me*〉という5曲が、ラウシュのサイン入りで几帳面に清書された編曲譜の形で現存している。

そして、誰も手を付けていなかったこのアレンジを音にしようというプロジェクトがつい最近、アルゼンチンで動き出した。サルタ州出身のフォルクローレ歌手、ナディア・スサチニウクを主役に据え、音楽監督をピアニストのマルティン・フラードが務めるという形で、２０２４年3月25日にレコーディングがスタート。早速〈テンダリー〉のラフ・ミックスが送られてきたが、ピアソラ独特の音使いはほのかに感じられる程度で、ストリングスを生かした美しいアレンジだった。アルバムのリリース予定もあるとのことで、仕上がりを楽しみにしておこう。

ルーレット／ティコでの仕事（２）

１９６０年のアルゼンチン帰国直後の『カンタンド』誌のインタビューでピアソラは、ルーレットで共演したアーティストについて触れているが、そこでディ・マラ・シスターズとともに挙げられていたのがマチート、ノロ・モラレス、ピート・テラスの3組だった。

マチート楽団[*43]のレコードへの参加は、『アーヴィング・バーリン・イン・ラテンアメリカ』『ア・ナイト・アウト』の2枚が確認されている。当時ルーレット傘下だったティコからのリリースで、ティコのレコードには概ねデータ類の記載はないが、この2枚も例に洩れずピアソラのことなど一切書かれていない。だがピアソラが参加していることは間違いなく、スタジオでの写真も残されている（272頁）。

ほかの曲と続けて聴くとガラッと雰囲気が変わるのが印象的だ。

『アーヴィング・バーリン・イン・ラテンアメリカ』はタイトルどおり、名作曲家のアーヴィング・

＊41　カルロス・ラウシュ *Carlos Rausch*（1924）
ピアノ奏者、指揮者、作曲家、音楽教師。ブエノスアイレス生まれ。ヴァイオリン奏者で指揮者でもある父親のもと、7歳でピアノを始め、和声と対位法をカジェタノ・マルコーリに、作曲を現代音楽の作曲家ファン・カルロス・パスに学ぶ。コロン劇場のバレエ団などで演奏し、ヴァイオリン奏者たち4人とのロス・プリンシペス・デル・ビオリン（時期は違うがシモン・バジュールやペドロ・イグナシオ・カルデロン〔p〕もメンバーだった）にも参加。1952年7月に初めてニューヨークを訪れ、何度か行き来したのち、58年2月にニューヨークに移住。米国ではオーケストラの指揮をピエール・モントゥに、電子音楽をブランツ・アレルとマリオ・ダビドブスキに学び、全米各地やカナダでバレエとモダン・ダンスのための音楽を中心に、クラシックからポピュラーまで幅広く音楽活動を続けた。98年に引退。

＊42　コール・ポーター *Cole Porter*（1891・6・9～1964・10・15）
作詞・作曲家。米国インディアナ州ペルー生まれ。幼時からピアノとヴァイオリンを習い、ハーヴァード大学やパリのスコラ・カントルムで学んだ。1916年、初のミュージカル『シー・アメリカ・ファースト』を上演したが興行的に失敗、初のヒットは27年の〈アイム・イン・ラヴ・アゲイン〉（ポール・ホワイトマン楽団）。その後はミュージカルや映画音楽などで活躍を続けた。代表作は〈ビギン・ザ・ビギン〉〈夜も昼も〉〈アイヴ・ガット・ユー・アンダー・マイ・スキン（あなたはしっかり私のもの／君はしっかり僕のもの）〉ほか多数。

バーリン[44]の作品をラテン・スタイルにアレンジした企画アルバムで、ティコから3枚リリースされた「コンポーザー・シリーズ」の1作目（＃54）。ほかの2枚は、後述するピート・テラス楽団によるコール・ポーター集、そしてマルコ・リソ楽団によるルロイ・アンダーソン集である。

〈ハウ・ディープ・イズ・ジ・オーシャン〉はバーリンの代表作の一つで、1932年の作品。ピアソラは、管楽器を中心にロマンティックなルンバ・スタイルにアレンジしている。ソロを受け持つのはバンドネオン、アルト・サックス、ピアノ、フルートである。

〈ビー・ケアフル・イッツ・マイ・ハート〉は、〈ホワイト・クリスマス〉とともに映画『ホリデイ・イン』のために書かれ、ビング・クロスビーによって歌われた1942年の作品。アレンジの傾向は〈ハウ・ディープ……〉に近いが、こちらの方がスケールは大きい。ピアソラの参加していない、アルバムのほかのレパートリーは、概ねチャチャチャのリズムで演奏されている。

『ア・ナイト・アウト』は、曲によってマチートおよび妹グラシエラのヴォーカルをフィーチャーしたアルバム（＃55）。ピアソラが参加した〈リスボンの歌〉はロマンティックなナンバーである。サックスとピアノはお休みで、トランペット、バンドネオン、フルート、ベース、パーカッションで演奏されている。中間部のソロはフルートとトランペット（コルネット？）が受け持つが、それ以外はバンドネオン（ここではエレクトロ・バンドではなく通常のバンドネオンを使用。これはこの時期の一連のニューヨーク録音では唯一）の独壇場。ライナー・ノーツにも、ピアソラの名前こそないが、バンドネオンが曲をリードしていることは書いてある。『ア・ナイト・アウト』は、『アーヴィング・バーリン……』以降これから紹介していく一連のレコードとは番号が少し離れているが、この〈リスボンの歌〉に関しては『アーヴィング・バーリン……』と同じ頃に録音されていたのではないかと思われる。

ピアソラが『カンタンド』誌で名前を挙げていたプエルトリコ出身のラテン・ピアニスト、ノロ・モラレスはレコードも多いが、この時期にルーレットおよびティコに残した『アット・ザ・ハーヴェスト・ムーン・ボール』『ノー・ブルース…ノロ』『コモ・エスタ』の3枚を聴く限り、ピアソラが参加した形跡は見られなかった。

＊43　マチート *Machito*（1912・2・16～1984・4・15）
歌手、楽団リーダー。米国フロリダ州タンパ生まれ、3歳でキューバのハバナに移住（ハバナ生まれ説もあり）。本名フランク・ラウル・グリージョ。1928年頃ホーベネス・デ・レデンシオンの歌手兼マラカス奏者としてデビュー、その後セステート・ナシオナルなどを経て37年にニューヨークに移る。41年にトランペット奏者／編曲家マリオ・バウサとともに楽団を結成、アフロ・キューバン・ジャズの誕生に貢献した。チャーリー・パーカー、ディジー・ガレスピーらジャズ・ミュージシャンとも共演。62年には楽団を率いて来日、4か月にわたり公演を行った。82年グラミー賞獲得。公演先のロンドンで演奏中に倒れ、息を引き取った。

＊44　アーヴィング・バーリン *Irving Berlin*（1888・5・11～1989・9・22）
作詞・作曲家。ロシア帝国（当時）生まれ。本名イスロエル・イジドロ・ベイリン *Israel Isidore Baline*。正確な出生地は不明だが（モギリョフ近郊とも言われる）、1893年9月に一家でベラルーシのトロチンからニューヨークに移住。13歳の時にユダヤ教の宗教歌手だった父親が亡くなると、小銭を稼ぐために街で歌うようになる。正規の音楽教育は受けておらず、ピアノも黒鍵しか弾けなかったと言われている。その後チャイナタウンのカフェで歌うウェイターとして働く。1907年に処女作〈マリー・フロム・サニー・イタリー〉を作詞（作曲はカフェのピアノ奏者、マイク・ニコルソン）、出版譜に誤ってI. Berlinと書かれたのを機に「アーヴィング・バーリン」を名乗るようになる。楽譜出版社の連なるマンハッタンのティン・パン・アリーに身を置き、11年の〈アレクサンダーズ・ラグタイム・バンド〉の大ヒットで一躍注目を集める。以後はミュージカル、レヴュー、映画などの曲を中心に数多くの名作を発表した。代表作は〈ホワイト・クリスマス〉〈ゴッド・ブレス・アメリカ〉、ミュージカル『アニーよ銃をとれ』ほか多数。

ティコの「コンポーザー・シリーズ」の2枚目、ピート・テラス楽団の*45『コール・ポーター・イン・ラテンアメリカ』は、ポーターがミュージカル（そのほとんどがのちに映画化された）のために書いた作品を集めたものだ（♯56）。ここには、明らかにピアソラのアレンジと思われる曲が8曲含まれている。バンドネオンは出てこないのだが、あとで紹介するピアソラの『イヴニング・イン・ブエノスアイレス』（♯59）の各曲と雰囲気が酷似している曲が多い。

〈ソー・イン・ラヴ〉は1948年の『キス・ミー・ケイト』挿入曲。テラスの軽やかなヴィブラフォン、ピアノ、ベース、パーカッションのほか、男女混声コーラスもフィーチャーされている。

〈アイ・コンセントレイト・オン・ユー（あなたに夢中）〉への関わりはいささか微妙だが、中間部のフルート・ソロのあたりは明らかにピアソラっぽい。フレッド・アステアとエレノア・パウエル主演のミュージカル映画『踊るニュウ・ヨーク *BROADWAY MELODY OF 1940*』のために書かれ、劇中でダグラス・マクフェイルが歌った1939年の作品。

〈ドゥ・アイ・ラヴ・ユー〉は1939年の『デュ・バリーは貴婦人』挿入曲で、エセル・マーマンとロナルド・グレアムが歌った。これも良く聴くとピアソラらしい音の響きが伝わってくる。

〈夜も昼も〉は1932年の作品で、ポーターの伝記映画のタイトルにもなった彼の代表曲。同年の『コンチネンタル（離婚協奏曲）』で使われた。アレンジの骨子は〈ソー・イン・ラヴ〉とほぼ同じ。

〈イッツ・オールライト・ウィズ・ミー〉は1953年の『カン・カン』挿入曲。こちらはコーラスはなしで、管楽器も登場する。フルートはソロも担当し、ニュアンスも豊かでいい味を出している。

〈イッツ・ドラヴリー〉は1936年の『レッド・ホット・アンド・ブルー』挿入曲。ヴィブラフォン、ピアノ、ベース、パーカッションによる演奏に、小さめの音量で男女混声コーラスが加わっている。

〈夜の静けさに〉は1937年の映画『ロザリー』のための曲で、ネルソン・エディが歌った。〈イッツ・オールライト・ウィズ・ミー〉と同じ楽器編成でトーンも似ている。〈フロム・ディス・モーメント・オン〉は1950年の作品で『アウト・オブ・ディス・ワールド』のために書かれたがそこでは不採用、1953年に映画化された『キス・ミー・ケイト』に使われて、その後スタンダードとなった。ピアソラらしさはあまり強くなく、男女混声コーラスが前面に出る。

続いて、ディスコグラフィーとは順序が前後するが、ピアソラが参加したもう一枚の珍盤を先に紹介しておこう。メキシコ音楽を歌い奏でるトリオ・ロス・バンディードス[*46]の『エル・トロのロス・バンディードス』がそれだ。ニューヨークはブロードウェイのクラブ、エル・トロにおけるライヴ録音との触れ込みだが、実際にはどう聴いてもスタジオ録音（**#60**）。

ピアソラは全12曲中8曲に参加し、バンドネオンを弾いている。そのうち〈光なき砂漠〉はカンシオ

＊45　ピート・テラス *Pete Terrace*（1927・2・26）

ティンバレス／ヴィブラフォン奏者、楽団リーダー。米国ニューヨーク生まれ。幼少時にプエルトリコへ移住、1940年ニューヨークに戻る。47年にはティト・ロドリゲス五重奏団、52年にはジョー・ロコ五重奏団に参加、その後独立して楽団を率いた。バディ・リッチ、プピ・カンポ、ノロ・モラレスらとも共演し、レコードも多数。60年代後半、ブーガルーが一世を風靡した時代には、その担い手の一人として活躍した。

＊46　トリオ・ロス・バンディードス *Trío Los Bandidos*

ホルヘ・レナン *Jorge Renán*、ラファエル・メレンデス *Rafael Meléndez*、ホセ・モンタルボ *José Montalvo*（いずれも歌とギター）の3人組。このうちレナンはギターラス・アミーガスを率いてアルバムをリリースしているエクアドル人と同一人物と思われるが詳細は不明。『エル・トロのロス・バンディードス』は彼らのファースト・アルバムに当たるが、これ以外に録音があるかどうかも不明。

ン・ランチェーラ、〈さまよう小鳥〉〈不幸〉〈ルック・アット・ミー・アゲイン〉〈ノーチェ・デ・ロンダ〉〈愛するのはお前だけ〉〈きみに泣く〉はボレロ、そして〈マリア・エレーナ〉はワルツである。

ほとんどの曲はバンドネオンで対旋律や短いソロなどを弾いている程度だが、次の2曲では編曲も担当していると思われる。

〈ルック・アット・ミー・アゲイン〉は、バンディードスたちの歌とギター、ピアソラのバンドネオン、そしてヴィブラフォン、コントラバス、パーカッションで構成され、気だるい雰囲気のボレロに仕上がっている。ワルツの〈マリア・エレーナ〉ではバンディードスたちは歌に専念し、バンドネオン、ヴィブラフォン、ピアノ、コントラバス、ドラムスがバックを受け持っている。ただし間奏ではアコースティック・ギターのソロがフィーチャーされており、これはトリオのうちの誰かが弾いているのではないかと思われる。

ジャズ＝タンゴ

そして、肝心のピアソラ本人にも、ようやく自身のアルバム制作のチャンスが巡ってきた。まずは、ビクトル・オリベーロスに宛てた1959年3月24日付の手紙から紹介する。

ニューヨークでのLPはすでに完成していることを知らせておこう。私にとって、これまでで最高のレコードになった。第一に音質、第二にアメリカのミュージシャンの素晴らしい解釈。君の兄弟に聞いてもらえれば、きっとミュージシャンの名前を知っているだろう。ベース：チェット・アムスタダム*47（ジョニー・リチャーズと共演）。ヴィブラフォン：エディ・コスタ*48（街一番の名手）。ギター：初日はバリー・ガルブレイス、[*49] 2日目はアル・カイオラ[*50]（驚異の2人）。ボンゴ：ウィリー・ロドリゲス[*51]（ジョニー・リチャーズと共演）、それにグイロとコンガ、名前は覚えていないが実にうまかった。ピアノはタンゴを弾いたことのないアルゼンチン人で、名前はカルロス・ラウシュだ。彼はロス・プリンシペス・デル・ビオリンに参加していた。例外なく全員が、私には想像すら及ばない人たちだった。

＊47　チェット・アムスタダム *Chet Amsterdam*
コントラバス／エレキ・ベース奏者、編曲家、プロデューサー。1950年代半ば以降、セッション・マンとしてニール・ヘフティ楽団、ジャッキー&ロイ、クロード・ソーンヒル楽団、ジョニー・リチャーズ楽団、ベン・ウェブスターなどのアルバムに参加。ジャズ系に留まらず、白人黒人混成のモダン・フォーク・トリオ、ザ・タリアーズの『ハード・トラヴェリン』（58年）などで制作アシスタントも務めた。60年5月23日付ビルボード誌に「プレスティッジ・レコードの元営業部長レイ・マインバーグと共同で、フォークとエスニック音楽のレコード制作を行う音楽事務所『フォーク・ミュージック』を立ち上げた。アムスタダムはフランス、ギリシャ、トルコ、ユダヤ、アルメニアの音楽をプロデュースした20枚のLPを市場に送っている」との記事が掲載されたが（どこまで正確かは不明）、エスニック音楽のプロデューサーとしては、独自のエスニック・ジャズを展開したギリシャ系米国人クラリネット／フルート奏者で楽団指揮者のガス・ヴァリ *Gus Vali* と関係が深く、彼が50年代末から70年代にかけて制作した多数のアルバム（スペロ・スピロス *Spero Spyros* 名義のものなども含む。内容はディキシーランド・ジャズからジャズ・ファンクまで多彩だが、主力はベリーダンス）で演奏やプロデュース、アレンジなどを手がけた。そのほか、フィル・ウッズ（as）がブズーキ奏者ヨルダニス・ツォミディスを迎えてギリシャ音楽にアプローチした67年の『グリーク・クッキング』、アラブ系米国人ウード奏者ジョン・バーベリアンの2枚のアルバムなどにもエレキ・ベースで参加。またエレキ・ベース奏者としては、ローラ・ニーロの『イーライと13番目の懺悔』（68年）やスパンキー&アワ・ギャング、ジェリー・メリックなどロック／ポップス系のレコーディングにも参加している。77年には筒美京平がプロデュースした野口五郎のニューヨーク録音『GORO IN NEW YORK／異邦人』でコーディネーターを務めた。

ジャズの影響が大きいので、このアルバムは気に入らないかもしれないが、アメリカでタンゴが受け入れられるには、これしかないと断言する。そうでもしなければ、何も起こらないのだから。また、ピアソラのスタイルは、どこを探しても必ずあるものだとも言っておくよ。もしブエノスアイレスに行くことがあれば、このグループと一緒に演奏してみたいものだ。本当は以前の八重奏団や、バルダロ＝ゴーシス＝ブラガートと一緒に演奏したいのだが、今は世界中を飛び回るチャンスだからね。タンゴは、完全に変化しなければ、ブエノスアイレスに限定されたままになってしまう音楽なのだと警告しておくよ。そして、少しずつ廃れていくのだろう。そのことは、君もよくわかっているはず。アメリカでヒットして、そこから世界中に広がれば、我々の音楽にとって救いになるかもしれない。私はこの新しいリズムに大きな期待を寄せているし、会社も私を大きく宣伝するつもりだ。私のアルバムは、アメリカでは7月上旬に発売される予定だが、ブエノスアイレスで先に発売されるかどうかはわからない。（エドゥアルド・）パルーラがそのために動いてくれている。

＊48　エディ・コスタ *Eddie Costa*（1930・8・14～1962・7・28）
ピアノ／ヴィブラフォン奏者、楽団リーダー、作曲家。米国ペンシルヴェニア州アトラス生まれ。本名エドウィン・ジェームズ・コスタ。兄や音楽教師にピアノを学んだが、ヴィブラフォンは独学。ハイスクール卒業後ニューヨークに移り、主にフリーで活動。セッション・マンとしてはヴィブラフォン奏者として重宝されたが、特筆すべきはピアノ奏者としての腕前で、特にピアノの低音域を効果的に使ったパーカッシヴなプレイは圧巻。タル・ファーロウ（g）のトリオでのプレイはその代表と言える。１９５７年度の『ダウン・ビート』誌国際批評家投票ではピアノとヴィブラフォンの両部門で新人賞を獲得、将来を嘱望されたが、31歳で交通事故に遭い夭折した。自身のピアノ・トリオでドットに残した『ハウス・オブ・ブルー・ライツ』は名盤。

＊49　バリー・ガルブレイス *Barry Galbraith*（1919・12・18～1983・1・13）
ギター奏者。米国ペンシルヴェニア州ピッツバーグ生まれ。ギターは独学。１９４１年から47年までクロード・ソーンヒル楽団に在籍。その読譜力は業界随一とも言われ、その後は主にスタジオ・ミュージシャンとして多数のレコーディングに参加。マイルス・デイヴィス、マックス・ローチ、コールマン・ホーキンス、ジョージ・ラッセル、ビリー・ホリデイ、サラ・ヴォーンなどをサポートした。唯一のリーダー作は、エディ・コスタも参加した58年の『ギター・アンド・ザ・ウインド』だが、ミルト・ヒントン（b）、オシー・ジョンソン（ds）、ハンク・ジョーンズ（p）とのザ・リズム・セクションによる同名のアルバム（56年）などもある。そのほか、ハル・マクシック四重奏団、ウィリー・ロドリゲス『フラットジャックス』などでその演奏が聴ける。後年は教育者となり、ニューヨーク市立大学やニューイングランド音楽院で教鞭をとった。

＊50　アル・カイオラ *Al Caiola*（1920・9・7～2016・11・9）
ギター奏者、楽団リーダー、編曲家。米国ニュージャージー州ジャージー生まれ。11歳の頃からギターを弾き始め、16歳でプロ入り。ニュージャージー・ミュージック・カレッジで作曲と音楽理論を学んでいる。ＣＢＳの専属となり、『アーサー・ゴッドフリー・ショー』や『エド・サリヴァン・ショー』などに出演する。その後はユーゴー・ウィンターハルター（１９５５年）、パーシー・フェイス（56年）、アンドレ・コステラネッツ（57年）のイージー・リスニング楽団に参加、55～56年にはサヴォイにジャズ・アルバムも2枚残す。58年以降ユナイテッド・アーティストのスタジオ・ミュージシャンを務めるかたわら、同レーベルからイージー・リスニング・スタイルのアルバムを多数リリースした。60年から翌年にかけて〈ボナンザ〉〈荒野の7人〉のヒットで全米トップ40チャートにも登場している。

＊51　ウィリー・ロドリゲス *Willie Rodriguez*（1918・11・3～1966・5・18）
ドラムス／パーカッション奏者。プエルトリコのサンフアン生まれ。17歳でドラムスを始め、１９３８年にニューヨークに移る。ポール・ホワイトマン、ノロ・モラレス、ディジー・ガレスピー、スタン・ケントン、ジョニー・リチャーズらの各楽団、アート・ファーマー、テリー・スナイダー&ジ・オール・スターズなど、ジャズからラテン、イージー・リスニングに至る多数のセッションに参加。リーダー作にラテン・ジャズ・アルバム『ア・バンチ・オブ・ボンゴス』、サックス／フルートのセルドン・パウエル、ギターのバリー・ガルブレイスらとの四重奏団による『フラットジャックス』などがある。

これが、のちに「最悪だ」とピアソラ自身が忌み嫌うことになる「アストル・ピアソラ ヒズ・クインテット&リズムズ」(ここでもピアソラのスペルはPiazola)名義の唯一のアルバム『テイク・ミー・ダンシング! ザ・ラテン・リズムズ・オブ・アストル・ピアソラ&ヒズ・クインテット』(#57)レコーディング直後のピアソラの生々しいコメントである。メンバーや環境に恵まれて「最高のレコード」になったといいながら(本気か?)、よそ者の音楽であるタンゴになど関心を持たれていない環境のもとで「受け入れられるには、これしかない」と、妥協を正当化するようなニュアンスも感じさせる。なお、ピアソラが名前を忘れてしまったグイロ奏者はジョニー・パチェーコ、[52]コンガ奏者はロジャー・〝キング〟・モジアン[53]であることが判明している。

このアルバムでピアノを弾いたラウシュは、フェルナンド・オルティス・デ・ウルビーナによる2013年のインタビューで、記憶ではレコーディング・セッションは1日で行われ、それは4月26日の日曜日だった、場所はニューヨークのキャピトル・スタジオかベル・サウンド・スタジオのどちらかだと証言しているが、ピアソラの手紙の日付から、レコーディングは実際には3月初旬あるいは中旬あたりの2日間で行われ、初日と2日目でギタリストが交代していたことがわかる。ガルブレイスもカイオラも売れっ子スタジオ・ミュージシャンなので、交代は単なるスケジュールの都合と推測される。

このアルバムが1994年に日本でP―ヴァインから奇跡的にCD化された際に筆者が入手した、各曲のマスター番号(1641から1652まで)が記されたアルバム・プロダクション・シートによると、各曲は次の順番で録音された。

勝利/コントラティエンポ/バードランドの子守唄/パラ・ルシルセ/プルス・ウルトラ/ソフィ

ステイテッド・レディ／デディータ／オスカー・ピーターソン／プレサンタニア／パリの4月／ローラ／ボリクア

全体的にギターが前面に出てくる場面が少なく、ほとんど聞こえない曲もあって、２人のギタリストの演奏を聴き分けることは不可能だが（そもそも個性の出しようもないが）、各曲を丹念に聴き比べてみると、〈勝利〉から〈ソフィスティケイテッド・レディ〉までと〈デディータ〉以降では、パーカッションの柱となっているロドリゲスのコンガに対するパチェーコのグイロの音量バランスがやや異なり、前者で

＊52　ジョニー・パチェーコ *Johnny Pacheco*（1935・3・25～2021・2・15）フルート／アコーディオン／クラリネット／パーカッション奏者、楽団リーダー。ドミニカ共和国サンティアゴ・デ・ロス・カバジェーロス生まれ。１９４６年にニューヨークに移住。ジュリアード音楽院でパーカッションを学び、ザビア・クガート、ペレス・プラード、ティト・プエンテなどの楽団に参加。59年にチャーリー・パルミエリと出逢い、チャランガ楽団「ドゥボネイ」を結成。64年にはトランペット中心のソノーラ編成の新楽団を結成した。同時にファニア・レコードを旗揚げし副社長となり、のちのサルサ・ムーヴメントの勃興に大きな役割を果たした。その後はセリア・クルース（vo）とのコンビなどでも活躍。76年ファニア・オール・スターズを率いて初来日。

＊53　ロジャー・〝キング〟・モジアン *Roger "King" Mozian*（1927・6・29～1963・5・16）トランペット／パーカッション奏者、作編曲家、楽団リーダー、振付師。アルメニアからの移民の子として米国ニューヨークに生まれる。ニューヨーク大学で学び、１９４０年代後半からトランペット奏者として街のジャズやラテン・バンドに参加。50年、マチートが彼の作品〈エイジア・マイナー〉を取り上げてから注目を集め、楽団を率いて53年にクレフからデビュー。60年頃から主にＭＧＭで、ステレオ録音効果を生かしてラテン、中近東、ジャズのハイブリッド音楽をラウンジ風に仕上げた『スペクタクラー・パーカッション』（当時日本コロムビアから『ステレオ・スペクタクル・パーカッション』として国内盤も出た）など一連のアルバムなどを制作。ロックンロールまで範囲を広げた『エル・トゥイスト』にまで発展させたが、35歳で肺結核のため死去。

は小さめ、後者では大きめになっている。ということで、1日あたり6曲ずつ録音されたと考えるのが妥当だろう。

ピアソラはこの編成を組むにあたり、ピアノ、ヴィブラフォン、エレキ・ギター、コントラバス、ドラムスというジョージ・シアリング五重奏団[*54]の編成あたりを参考にしたのではないかと思われるが、ここでエレクトロ・バンドを弾くピアソラ以外に演奏の核となるのは、ヴィブラフォンとコントラバスとボンゴである。

ピアソラが「街一番の名手」と評したヴィブラフォンのエディ・コスタは、低音域を強調したパーカッシヴな奏法で名を馳せた名ピアニストでもある。その奏法をヴィブラフォンにも応用した彼は、有能なセッション・マンとして引く手あまたでもあり、ここでも全体のトーンを決める役割を担った。

コントラバスのチェット・アムスタダムは、当時参加していたジョニー・リチャーズ楽団絡みでの起用だろうが、彼は単なるジャズ・ベーシストではない。リーダー作がないこともあって一般的な知名度は低いが、エスニック音楽のプロデューサーなどとしても働き、1960年代後半以降はエレキ・ベースでのセッション参加作も多い。エスニックといっても中南米方面ではなく、中近東〜東欧にルーツを持ちながらニューヨークで活動する奏者とのコラボレーションが主ではあるが、異文化への理解や共感は持ち合わせていたはずである。音楽の性格上からも、ここでの奏法はすべてピチカート（指で弦をはじく）であり、タンゴに通じるような弓を使ったアルコ奏法は一切行われていない。

そしてボンゴのウィリー・ロドリゲス。さまざまなパーカッションを駆使した彼の1960年のアルバム『ア・バンチ・オブ・ボンゴス』のライナーには「ラテンアメリカン・リズムの最も優れた表現者、この複雑なスタイルのパーカッションで最も引く手あまたの教師として知られ、レイ・バレットやジョニー・パチェーコ、ロジャー・モジアンなど、彼のフォロワーの中でも特に成功した人たちにアシストされている」との記述があり、ここでも実際にグイロを担当するパチェーコとコンガを叩くモジアンを従えてリードする形になっている。それにしては、もう少し曲ごとのパターンの使い分けに工夫があってもいいように思え、もったいない。もちろんそれは、ピアソラのディレクションの問題ということになるのだが。のちにサルサ界の重鎮となったパチェーコはフェルナンド・ゴンサーレスのインタビューに答えて、当時をこう振り返る。

「それが誰だかまったく知らなかった。あの頃はたくさんスタジオ・ワークをこなしていて、譜面が読めるので呼ばれたんだ。それはリズムのあるタンゴで、彼はジャズ風に即興で弾いていた。バンドネオンがあんな風に演奏されるのを聴くのは初めてだった。自分が書いたものがすべて聴けたので、嬉しそうな顔をしていたよ。最高のスタジオ・プレーヤーたちに囲まれて、私だってたまらなかったね」

（パブロ・アスラン五重奏団『ピアソラ・イン・ブルックリン』ライナーより）

＊54　ジョージ・シアリング *George Shearing*（1919・8・13〜2011・2・14）
ピアノ奏者、楽団リーダー、作曲家。イギリスのロンドン生まれ。生後すぐに失明し、リンデン・ロッジ盲学校でクラシック・ピアノを学ぶ。１９３８年にプロとなり、ステファン・グラッペリらとの共演を経て、46年に米国に移住。49年から67年までクール・ジャズ・スタイルの五重奏団（ピアノ、ギター、ヴィブラフォン、コントラバス、ドラムス）を率いて活躍、特に55年にキャピトルと契約してからは、ストリングスやコーラスを随時加えるなどラテン色やイージー・リスニング色を強め、幅広い人気を獲得した。以後はソロやトリオなどの編成で活動を続け、メル・トーメ（vo）とのデュオなども評判を呼んだ。63年に初来日。

ギターは前述のとおり、あまり前面に出てこない。2日目のアル・カイオラはともかく、初日のバリー・ガルブレイスは地味な扱いで、せっかくの名手の技が生かされていないきらいがある。そしてピアノは唯一のアルゼンチン人で、写譜係としてもピアソラをサポートしてきた友人のカルロス・ラウシュ。ここでの演奏を聴く限りでは、特に際立った個性を発揮しているという感じではない。

この五重奏+リズムによる演奏スタイルをピアソラは「ジャズ＝タンゴ」、もしくはそれぞれの頭文字を採って「J—T」と名付けた。J—Tと書いて「ジェイテ」と読む。Jは英語、Tはスペイン語読みというわけだが（ブエノスアイレスの隠語に、少ない労力で利益を得る「楽な仕事」という意味のジェイテ *yeite* という言葉がある）、実際にここで聴かれる音楽はジャズともタンゴとも言いがたく、ピアソラ史の中でも他に類を見ないほどの、かなりいびつな音楽となっている。もっとも、綿密に書かれた楽譜どおりに演奏されている点では、米国西海岸の室内楽的クール・ジャズとの共通点がないわけではないし、ニューヨークならではのラテン・ジャズ的な雰囲気も皆無ではない。それにしても、なぜ打楽器がドラムスではなくボンゴとコンガとグイロという組み合わせなのか（ドラムスも一瞬だけ出てくる曲があるが、それについては後述。また、J—T事始めというべき『ザ・ギャラリー・ムーア・ショー』出演時の演奏もドラムレスではあったようだが、音はもちろん演奏の様子を伝える写真なども残されておらず、詳細は確認できない）。風変わりなのは楽器編成だけでない。各楽曲の構成をみても、一般的なジャズのようにテーマ～アドリブ～テーマという形式でもなければ、タンゴのように2部あるいは3部形式でリズムの組み立て方が変化していく形も取らない。曲の長さも短く、似たような一定のテンポやリズム・パターンの曲が続き、これではラテンの変種としか言いようがない。ジャズやタンゴ（ここでは自作のみだが）という呼び方は、主に曲の素材に対して、ということになる。

それでは、このアルバムは完全なる失敗作として葬り去られるべきなのか。確かに、これだけのメンバーの集まりであれば、もう少し内容を練ってアイディアを膨らませることも可能ではなかったか、という気もしないではないが、状況からは難しかっただろうし、それはあとからこそ言えること。2011年、アルゼンチン出身でブルックリンを拠点に活動するコントラバス奏者のパブロ・アスランは、ピアソラの孫であるドラマーのダニエル・〝ピピ〟・ピアソラらを迎えた五重奏*（トランペット、バンドネオン、ピアノ、コントラバス、ドラムス）で、このアルバムの編曲をベースにしながら〝J—Tとしてのあるべき姿〟を提示しようとアルバム『ピアソラ・イン・ブルックリン』を録音したが、どうも余計なおせっかいのように感じられてしまう。元の『テイク・ミー・ダンシング！』について先ほど「いびつな音楽」と書いたが、これもまたピアソラ以外の誰にも作れなかった作品であることは確かであり、個人的には深い愛着を感じる作品なのである。

〈ローラ〉は、ジョニー・マーサーとデイヴィッド・ラクシンが1945年に共作した美しいバラード。多くの名演・名唱がある佳曲だが、メロディーは忠実でもここでのアップテンポのアレンジは、原曲のイメージを残していない。

〈勝利〉はピアソラ1952年の作品。パリでブーランジェに弾いて聴かせたあの曲である。このアルバムの収録曲のうち、ピアソラ自身による録音がほかにも存在する唯一の曲で、1961年に五重奏団で、RCAビクトルとアンタールにそれぞれ録音することになる。ここではコスタのヴィブラフォン・ソロの場面が用意されている。

〈オスカー・ピーターソン〉はこのアルバムのための新曲。タイトルどおりカナダが生んだジャズ・ピアノのスーパースター、ピーターソンに捧げたものだが、流麗にスウィングする彼のイメージは曲を聴いてもストレートには浮かんでこない。このアルバムでは珍しくカイオラのギターからスタートし、曲の前半でラウシュのピアノをたっぷりとフィーチャーして打ち解けた雰囲気を出すことには成功している。ラウシュ自身はピアノ・ソロについては、楽譜に書いてあったか即興で弾いたかは覚えていない、またピーターソンの演奏はバードランドで直に聴いたが、まさに桁外れのピアニストだったと証言している。

〈パリの4月〉はエドガー・〝イップ〟・ハーバーグ作詞、ヴァーノン・デューク作曲による名バラードで、1932年のミュージカル『ウォーク・ア・リトル・ファスター』のための曲。途中バンドネオン・ソロのバックでバンドネオンの低音部がハーモニーをつけているが、これは右手でメロディーを弾きながら左手でコードを押さえているのではなくて、あとからダビングしたもの。

〈ボリクア〉は書き下ろしと思われるが、ほかのレコードは見当たらない。このアルバムは米国のみの発売で（しかも短期間で廃盤となった）、アルゼンチン本国には紹介されなかったので、ここでの書き下ろし作品などほかのタンゴ演奏家には知る由もなかったのだろう。曲は単純だが音使いはなかなか面白く、短いピアノ・ソロもある。

〈パラ・ルシルセ（輝くばかり）〉（英題〈ショー・オフ〉）は1950年の作品。彼が作曲家としての革新性を本格的に打ち出した最初の曲だが、ここでの演奏はかつてトロイロら4つの楽団へ提供したスケールの大きなアレンジからは大きく変貌し、こぢんまりとしてしまっている。

〈バードランドの子守歌〉はジョージ・シアリングがニューヨーク52丁目の角にあったジャズ・クラブ、バードランドをテーマに書いた曲。さすがにギターやヴィブラフォンをフィーチャーしたクール・ジャズ・スタイルの五重奏団で人気を博し、その後ラテン色も取り入れていったシアリングの曲だけあって、取り上げたジャズのスタンダード4曲のうちで最もフィットしている。

〈プルス・ウルトラ〉はおそらく書き下ろし。タイトルは「もっと向こうへ」「更なる前進」という意味のラテン語で、16世紀初頭にスペイン国王カルロス一世（神聖ローマ帝国皇帝カール五世）がモットーとして採用し、スペインの標語となった。ピアソラも、新世界を目指そうとする自らを鼓舞しようとしてこんなタイトルにしたのかもしれない。ヴィブラフォンのソロあり。

〈デディータ〉も自作だが作曲時期は不明。1965年にアルマンド・ポンティエル楽団がポリドールに録音し、初めてタンゴ・ファンに認知された佳曲で、タイトルの「デディータ」は妻デデの愛称である。本盤で唯一、後半でロドリゲスによるドラムスが登場してなかなかの盛り上がりを見せる。

〈ソフィスティケイテッド・レディ〉はジャズ史上最も偉大な楽団リーダーの一人、デューク・エリントンの傑作。アーヴィング・ミルズ、ミッチェル・パリッシュとの共作で、エリントン楽団は1931年に最初の録音を行っている。ピアソラ風にメロディーを崩し、洒落た感じに仕上げているが、この曲はピアソラが少年時代にニューヨークで、バンドネオンで弾いた当時の新曲の一つでもあった。

〈コントラティエンポ〉（英題〈カウンターポイント〉）は1952年の自作曲。原曲の持つメロディーの良さはかろうじて損なわれていない。

〈プレサンタニア〉（英題〈サムシング・ストレンジ〉）も書き下ろしと思われる。中間部の跳ねるリズムが変わっている。

アルバムからシングル・カットされた〈バードランドの子守歌〉（#58）とのカップリングとなった、アルバム未収録で音の傾向が大きく異なる〈ラ・コケット〉は2日目の録音のはず。思わせぶりな女性を指すフランス語のタイトルが付いているが、実はこれ、ブラジルのリオデジャネイロの作曲家、シキーニャ・ゴンザーガ[*55]が1877年に作曲したショーロ〈アトラエンチ（魅力的な）*Atraente*〉と同じ曲である。タイトルの意味としては当たらずも遠からず、といったところか。レーベルには「『リオ』より」との表記があるので、当時その名の映画か舞台で使われたのかもしれない。

名義はアルバム同様「ピアソラのクインテット&リズムズ」となっているが、音はほかの曲とまったく異なり、それこそタンゴでもジャズでもまったくない、あっけらかんとしたバイアォンに仕上がっている。バイアォンというのはブラジル北東部（ノルデスチ）のダンス音楽のリズムで、ベルナンブーコ州出身のアコーディオン奏者、ルイス・ゴンザーガ（シキーニャと同姓だが無関係）が1940年代後半にブラジル全土に広めたが、都会の（作曲当時としては）洗練されたショーロとして書かれた原曲を、このような地方色の強いバイアォンに仕立てた経緯はどのようなものだったのか。ピアノのラウシュは不参加、コスタはシロフォンを弾き、バス・クラリネットでダニー・バンク[*56]が参加している。聴こえてくるパーカッションはカスタネット、トライアングル、パンデイロのように聞こえる。

アディオス・ノニーノ

1958年、フアン・カナロ率いる楽団（1954年の来日時とはまったく別のメンバー）とフアン・カルロス・コーペス[*57]率いるダンサーのグループは、ブラジルからベネズエラ、キューバ、エル・サルバドル、そしてメキシコへと巡業しながら『タンゴランディア』というショーを行った。公演終了後もコーペスとマリア・ニエベスのコンビや歌手のロベルト・アリエータ[*58]、バンドネオンのエンリケ・メンデスはメ

＊55　シキーニャ・ゴンザーガ *Chiquinha Gonzaga*（1847・10・17～1935・2・28）

ピアノ奏者、作曲家、指揮者。ブラジルのリオデジャネイロ生まれ。本名フランシスカ・エドヴィジス・ネヴィス・ゴンザーガ。ブラジル大衆音楽の母と呼ばれた人物。由緒ある軍人と貧しい混血女性との間に生まれ、恵まれた家庭環境で育った。ピアノを習い、伯父でフルート奏者のアントニオ・エリゼウから音楽情報を得る。11歳のクリスマス・パーティーで、妹ジュカの詩に曲を付けた〈羊飼いの歌〉を披露した。１８６３年、16歳の時に父親の決めた実業家の男性と結婚、息子２人と娘を授かるが、音楽嫌いの夫とは69年には離婚し、長男以外の親権も奪われたため、男性優位の社会で音楽家として生きていくことを決意する。ピアノ教師をしながら作曲活動を開始、ポルカを土台にしたショーロの演奏法の生みの親とも言われるフルート奏者ジョアキン・アントニオ・ダ・シルヴァ・カラードと交流して曲を捧げられ、彼の楽団でピアノを弾いた。77年、カラードらとの自宅でのショーロのセッション中に作曲された〈アトラエンチ（魅力的な）〉はピアノのためのポルカとして楽譜出版され、瞬く間に版を重ねるヒットとなった。85年には自作のオペレッタ《田舎の宮廷》を自ら指揮し、リオデジャネイロの帝国劇場で初演。99年には「ホーザ・ヂ・オウロ」のためにカーニバルの行進曲〈オ・アブレ・アラス（さあ、道を開けなさい）〉を作曲、好評を博した。１９１０年には自身のショーロ楽団「グルーポ・シキーニャ・ゴンザーガ」を結成し、録音も行う。晩年までに残した作品数はショーロやポルカ、タンゴ・ブラジレイロから歌曲までおよそ３００曲（一説では２０００曲）、オペレッタやサルスエラなど劇場向けの作品も、共作を含め70本に及ぶ。ブラジルでの音楽著作権の確立にも尽力し、17年にはＳＢＡＴ（ブラジル劇作家協会）の発起人の一人となった。

＊56　ダニー・バンク *Danny Bank*（1922・7・17～2010・6・5）

バリトン・サックス／クラリネット／フルート奏者。米国ニューヨークのブルックリン生まれ。ジャズ史上特に多くのセッションに参加したバリトン・サックス奏者の一人。１９４２年から44年までチャーリー・バーネット楽団に在籍、以後40年代にはベニー・グッドマン、トミー＆ジミー・ドーシー、アーティ・ショウ、ポール・ホワイトマンらと共演。その後もチャーリー・パーカー、レックス・スチュワート、ジョニー・ホッジス、アービー・グリーン、チャールズ・ミンガス、クリフォード・ブラウン＆ヘレン・メリル、アート・ファーマー、ウェス・モンゴメリー、クインシー・ジョーンズ、ジミー・スミス、チコ・オファリル、ベティ・カーター、レイ・チャールズなどのセッションに参加。ギル・エヴァンス楽団のメンバーとしてマイルス・デイヴィスと共演し、アルバム『マイルス・アヘッド』『スケッチ・オブ・スペイン』『ポーギー・アンド・ベス』でバス・クラリネットを演奏している。

キシコにとどまっていたのだが、1959年、そのコーペスのもとに、ニューヨークから一通の手紙が届いた。それはピアソラからのものだった。以前からピアソラの音楽に魅了されていたコーペスはかつて〈コントラバヘアンド〉に合わせた振り付けを作ったことがあった。1956年、ブエノスアイレス八重奏団のエル・ムンド放送局での演奏を聴いたコーペスは、その振付をピアソラに見てもらったが、その時のピアソラの反応はそっけないものだった。それだけに、ぜひ共演したいと書かれたその手紙にコーペスは興奮した。その後も手紙のやりとりは続き、共演のプランは徐々に固まっていった。

1959年9月15日、ピアソラはメキシコへ向けて出発、そこでコーペスらと合流すると早速共同作業に着手した。ピアソラが書いた楽譜を、コーペスが7人の踊り手の動きへと移し替えていったのである。アリエータやメンデスを含む一行はプエルトリコへ飛び、10月8日にサンフアンのクラブ、フランボヤンでデビューを飾った。演奏を受け持った現地のバンドはサックス、トランペット、ピアノ、コントラバス、ドラムスという編成だったが、ピアソラは編曲者の権限で、これに弦楽四重奏を加えた。フランボヤンでのショーは、毎晩各1時間半ずつの2ステージだった。10月13日の夜、ステージの間の休憩時間にピアソラは電報を受け取った。それは、最愛の父ノニーノことビセンテ危篤の知らせだった。すぐさまマル・デル・プラタに電話をかけたピアソラは、最悪の結果を知らされた。父は66歳の誕生日目前で亡くなったのである。言いようのない悲しみに襲われながら、ピアソラは気丈にもその日の2ステージ目に臨んだ。

ビセンテ逝去の2日後、デデは夫を連れて帰るために、プエルトリコに飛ぶ。コーペスとニエベスとともに空港で出迎えたピアソラは、デデの記憶によれば「カラフルでけばけばしい、いかにもカリブらしいシャツを着ていた」という。これはあとから考えればアストルらしい心遣いだったのだろう、とデデは振り返る。

数日後（10月20日から25日までの間のどこか）ニューヨークに戻ったピアソラ夫妻をアパートで出迎えた

＊57　ファン・カルロス・コーペス *Juan Carlos Copes*（1931・5・31〜2021・1・16）舞踏家、振付師。ブエノスアイレス生まれ。工学部の学生だった18歳の時にタンゴのダンスと出会う。１９５１年、マリア・ニエベスとコンピを組み、ルナ・パークで開催されたアマチュアのタンゴ・コンクールで優勝。その後もいくつかのコンテストを勝ち抜く一方で、何組かのペアを集めて「現代タンゴ青年グループ」を結成、次いで「タンゴ舞踏団」を組み55年11月にデビュー、その年の大晦日にキャバレー「タバリス」とナシオナル劇場でコーペス＝ニエベスのプロとしてのデビューを飾った。58年には舞踏団を率い、ファン・カナロ楽団とともにラテンアメリカ諸国を巡演、59年にはピアソラとともにニューヨークなどでの公演を行った。62年、ＴＶで〈アディオス・ノニーノ〉をモチーフにした追悼作品を披露、66年にはアストラル劇場でのショー『ブエノスアイレス、街とフォルクローレ』の中で創作ダンス「エル・カンペオン」を発表したが、この音楽はピアソラが担当した。83年にスタート、85年からニューヨークを皮切りに全米を回り87年に日本上陸を果たしたショー『タンゴ・アルヘンティーノ』ではコーペス＝ニエベス組はメイン・キャストの一組として活躍。振付作品も数多く、97年にブエノスアイレスのアストラル劇場で初演された『ボルヘスとピアソラの間で』（ピアソラ＝ボルヘスによる65年の『エル・タンゴ』の舞台化、出演ラウル・ラビエほか）などがある。

＊58　ロベルト・アリエータ *Roberto Arrieta*（1915・9・12〜1978・9・17）歌手、作曲家。サンタフェ州ロサリオ生まれ。本名ペドロ・ローサ・アリエータ。少年時代に家族とブエノスアイレスに移住、16歳の時ファン・マグリオ・〝パチョ〟楽団でデビュー。その後カルロス・ディ・サルリ、ファン・カナロ、ペドロ・ラウレンスらの楽団やロス・マゴス・デル・タンゴなどを経て、１９４０年代にはルシオ・デマレ楽団やミゲル・カロー楽団で専属歌手を務め、レコーディングも行う。50年代には海外ツアーを行ったりカロー楽団に復帰したりを繰り返し、58年にファン・カナロ楽団、ファン・カルロス・コーペス舞踏団とのショー『タンゴランディア』に参加し各国を巡演。コーペスやピアソラらとの公演後はアメリカ合衆国に留まり、メキシコＲＣＡにアルバムを録音。72年にブエノスアイレスに戻り、亡くなる直前だったカローと最後の共演を行った。

のは、ディアナとダニエルを世話するためにニューヨークを訪れていた、デデの姉のプーペだった。到着したのは子どもたちが学校に行っている時間帯だった。デデがナタリオ・ゴリンに語ったところによると、旅から戻ってまもなく、ピアソラは妻と義姉に、一人にしてくれるよう頼んだ。しばらくして、キッチンからデデとプーペのところまで〈ノニーノ〉を弾くのが聞こえてきたかと思うと、ほとんど間髪を入れずに、胸を引き裂くように悲しいメロディーが続いたという。

そう、それはかつて父のために書いた〈ノニーノ〉の出だしのフレーズをモチーフにしながら、曲想を豊かに膨らませたものだった。そうして完成した父へのレクイエムは、〈アディオス・ノニーノ〉と名付けられた。彼にとって生涯の代表作となる名曲は、こうして誕生したのである。デデは「空港から家まで一言も口をきかなくて、何もかも上の空って感じだった。哀悼の意の表し方を考え始めていたのね。なぜって、いつもニューヨークには少年時代や家族との思い出がつまっていたから。かくも悲しいあのメロディーをバンドネオンで弾き終えた時、彼の人生であとにも先にもないぐらい泣いているのが聞こえた」と語る。このコメントにもあるようにこの曲は、普段はピアノで作曲しているピアソラが、少なくとも手元にピアノがある状態でバンドネオンを使って作曲したほとんど唯一の作品である（そのほかには、1981年にオラシオ・フェレールと書いた〈俺の狂ったバンドネオン〉が該当するようだ）。

ピアソラは、ニューヨーク滞在中の2年間に30曲ほどの作品を残しているが、この時期のほかの作品の中には、『テイク・ミー・ダンシング！』に収録されたものや、コーペスとのショーに使われたものもある。歌手のロベルト・アリエータとの共作〈テ・キエロ・タンゴ〉もおそらくその一つで、アリエータはこの曲を1961年に、アルゼンチン出身のバンドネオン奏者、アメリコ・カジャーノの楽団と録音している（メキシコRCAのアルバム『夢を見よう』〔#G8〕に収録）。そのほか、帰国後に五重奏団で録音することになる〈92丁目通り〉や、ホルヘ・ルイス・ボルヘスの詩作に曲を付けた1965年の『エル・タンゴ』（#76）で日の目を見ることになる、舞踏家アナ・イテルマンのための《薔薇色の街角の男》のような作品もある。それ以外に書き溜めた曲の多くは、〈アディオス・ノニーノ〉の楽譜とともにパリのイヴ・バケのもとに送られ、のちにユニヴェルセル出版社の楽譜集に掲載されたことから（なのでフランス語のタイトルが付いている曲もある）、特に2000年を過ぎたあたりから、相次いでクラシックなどの演奏家たちに演奏されるようになっている（詳しくは巻末の「ピアソラが公式録音しなかった自作曲のほかの演奏家による初演などの録音一覧」および「ピアソラが公式に録音しなかったピアソラ作品一覧」を参照願いたい）。

イヴニング・イン・ブエノスアイレス

11月6日、ニューヨークの一流ホテルであるウォルドルフ・アストリア・ホテルで、ピアソラとコーペスらによるショー『イヴニング・イン・ブエノスアイレス』が幕を開けた。第2バンドネオンのエンリケ・メンデスに加えて、ここからカルロス・ラウシュも合流してピアニストを務めた。だがそれ以外の編成については、ピアソラがフェレールに宛てて書いた手紙の内容と、ラウシュの記憶とで大きな食い違いが見られる。ピアソラは、ピアノのほかに5人のアルゼンチン人ヴァイオリニストおよびコントラバス、ヴィオラ、チェロ、ドラムスから成る楽団を率いたと書いているが（間違いなくいた第2バンドネオンについては触れられていない）、ラウシュは「第2バンドネオン以外はみんなニューヨークのミュージシャンたちだった。あの頃アルゼンチン人はほとんどいなくて、地元のミュージシャンを使ったんだ」と言い、トランペットやサックス、ドラムス、コントラバス、おそらくギター、時にはサックス2本が使われ、「ホテルで一晩だけ、ホテル専属のオーケストラを使った。彼は違う楽器のために楽譜を書き直す作業をテキパキとこなしていた」と述懐する。また、ラウシュの記憶によれば、第2バンドネオンは途中からバッソなる人物に交代していたようである。

ウォルドルフ・アストリアでのショーは好評を得たようで、ピアソラとコーペスとの共演はその後マンハッタンのジェファーソン劇場、シカゴ、ワシントンと続き、1960年2月から3月にかけてのニューヨーク、シャトー・マドリードでのステージで締めくくられた。この最後の時期にはNBC―TVの『アーサー・マレイ・ショー』にもコーペスらとともに出演し、〈勝利〉〈ドン・ファアン〉を披露している。

ピアソラ没後の1994年、ウォルドルフ・アストリアでのショーと同じタイトルを持つアルバム『イヴニング・イン・ブエノスアイレス』が、日本のP―ヴァインから初めて商品化された（#59）。このオーケストラ編成によるタンゴ名曲集は、当時ティコからLP1065の番号で発売が予定されながら、お蔵入りしていたものである。このレコード番号は『テイク・ミー・ダンシング！』のLP1066の1つ前にあたるが、マスター番号は1674から始まっていて、『テイク・ミー・ダンシング！』の最後の録音（マスター番号1652）からは20曲分だけ間が空いているので、録音時期はさほど離れていなかったものと思われる。実際にエルビーノ・バルダロに宛てた5月19日付の手紙で「もう2枚目のLPを仕上げた」と書いているので、4月もしくは5月上旬といったところだろう。

また『カンタンド』1959年6月16日号に載せられたピアソラからの手紙を元にした記事によると、ジャズ＝タンゴの実験を踏まえてメロディアスなタンゴばかりを集めたLPを2枚録音、そしてその24曲の中には〈わが両親の家〉〈エル・チョクロ〉〈酔いどれたち〉が含まれ、モダン・タンゴは1曲のみとある。ここで挙げられた曲のうち『イヴニング……』に収録されているのは〈エル・チョクロ〉だけであり、そのほかの収録曲がこの記事で触れられている録音と同じものなのかどうか断定はできないのだが、いずれにせよ、未発表のままの音源がほかにも残されている可能性はありそうだ。

アルバム『イヴニング・イン・ブエノスアイレス』の参加メンバーは不明で、ヴァイオリン奏者のジーン・オーロフ*59がソリストを務めたことだけが、先のバルダロへの手紙から判明している。オーケストラはバンドネオン、ピアノ、弦セクション、コントラバス、ドラムス、エレキ・ギター、ヴィブラフォン、フルートなどで構成され、曲によっては男女コーラスが入る。楽器編成は異なるものの、その雰囲気はピート・テラス楽団『コール・ポーター・イン・ラテンアメリカ』においてピアソラがアレンジを担当したと思われる曲と酷似しており、ヴィブラフォンのテラス本人をはじめリズム・セクションもテラス楽団の面々が参加した可能性が高そうだ。ピアノは同一人物だろうし（少なくともラウシュはアルバムへの参加を否定している）、男女コーラスは明らかに同じ人たち。テラス楽団のレコードではギターは

＊59　ジーン・オーロフ *Gene Orloff*（1921・6・14～2009・3・23）
ヴァイオリン奏者、コンサートマスター、編曲家。ロシア移民の子として米国マサチューセッツ州ボストンに生まれる。1940年代後半にニール・ヘフティ楽団に参加。ピアソラの録音への参加当時はピッツバーグ交響楽団のソリストも務めていた。50年代半ば以降はセッション・ヴァイオリニスト、もしくはコンサートマスターとして、ベン・ウェブスター、リー・コニッツ、ラロ・シフリン、ルース・ブラウン、ウェス・モンゴメリー、アントニオ・カルロス・ジョビン、ローランド・カーク、デオダート、アリーサ・フランクリン、ベット・ミドラー、ダニー・ハサウェイ、ジャニス・イアン、ジュディ・コリンズ、ジェームズ・テイラー、ドン・マクリーン、ビー・ジーズ、マンハッタン・トランスファー、シック、フランキー・ヴァリなど幅広いジャンルの数多くのレコーディングに参加した。

入っていなかったが、ここで弾いているのはカイオラかガルブレイスではないかと思われる。

当時はお蔵入りした『イヴニング……』だが、その価値は決して低いものではない。なるほどコンチネンタル・タンゴまで含んだ選曲、平易な編曲など、それまでのピアソラからは考えられないほど商業主義的な要素を含んでいることも確かだが、原曲の意図を尊重する中にも彼独特のリズム感覚やフレージングを忍び込ませたその手法は、帰国後の１９６０年に結成した五重奏団の初期のサウンドにもしっかり受け継がれていることを見逃してはならない。

〈ジェラシー〉はデンマークの作曲家ヤコブ・ゲーゼ、１９２６年頃の作品。フィオレンティーノ＝ピアソラ楽団でもレパートリーにしていたと思われる曲である。コンチネンタル・タンゴとしては最も知られた曲の一つで、アルゼンチンでもセステート・マジョールらが取り上げている。３＋３＋２のリズムをバックに弦セクションが甘美な旋律を奏で、ギターがメロディーを受け継いでいく。1分32秒あたりからの第2主題、弦がメロディーを奏でる後ろでヴィブラフォンが繰り返すフレーズは、スタンダード・ナンバー〈二人でお茶を *Tea for two*〉（ユーマンス＝アーヴィング・シーザー作）のメロディーをモチーフにしたもの。このアルバムでは、ギターがほとんど前面に出てこなかった『テイク・ミー・ダンシング！』と比べてギターの比重が大きくなっている。

〈アディオス・ムチャーチョス〉はフリオ・サンデルス作曲、セサル・ベダーニ作詞による１９２８年の作品。もともと単純な作りの曲だが、ピアソラのアレンジも単調で深い味わいには欠ける。

〈月下の蘭〉は、〈ジェラシー〉でもちらっと引用された〈二人でお茶を〉などの作者としても知られているアメリカ合衆国のヴィンセント・ユーマンスが１９３３年にＭＧＭ映画『空中レヴュー時代 *FLYING DOWN TO RIO*』の主題歌として作曲したもの。ピアソラらしいフレーズを織り込んだアレンジで、フルートとコーラスがフィーチャーされる。

〈エル・チョクロ〉は、１９５０年にマリア・デ・ラ・フエンテと一緒に録音していた曲だが、ここではインストルメンタルで演奏される。ピアソラは１９６７年の大編成オーケストラでもアレンジをまったく変えて演奏しているが（#79）、このアルバムでのアレンジの方がすっきりしていて良いと思う。

〈淡き光に〉も、カルロス・セサル・レンシによる歌詞も含めてよく知られている曲。ヴァイオリン奏者、エドガルド・ドナートが１９２５年に作曲した。この曲も〈エル・チョクロ〉同様１９６７年に再演されたが、こちらは途中ソロを受け持つ楽器が違うだけで、全体の構成は同じである。

ここまではいかにも有名曲という感じの曲ばかりが並んでいたが、次からは同じタンゴの古典の中でも、より本格的というかピアソラ向きのレパートリーが登場してくる。

〈リアチュエロの霧〉は作曲がフアン・カルロス・コビアン、作詞がエンリケ・カディカモという名コンビによる渋めの作品。コーラス付きのアレンジで、ヴィブラフォンやフルートもソロを取る。

〈ノスタルヒアス〉も〈リアチュエロの霧〉と同じコンビによる１９３６年の大傑作。出だしの１コーラスは珍しくピアノがリードし、中盤ではヴァイオリンのソロも聴ける。最後のコントラバス・ソロはご愛敬といったところか。

〈ポルケ（なぜ）〉はオスバルド・フレセド、１９３０年の作品。兄のエミリオが詞を付けているが、ここでは歌われない。原曲の持つ雰囲気を生かしながら上手くまとめたという点では、ほかの曲に比べても成功したと言えるだろう。

〈想いのとどく日〉はカルロス・ガルデルが１９３４年に作曲した永遠の名作で、よき相棒で運命をともにしたアルフレド・レ・ペラが作詞した。1935年にニューヨークで制作されたガルデル主演による同名パラマウント映画の主題歌として作られたもので、この映画に新聞配達の少年の役で出演した経験を持つピアソラとしては、思い入れも強いはず。後年ピアソラは、日本でも公開されたフェルナンド・E・ソラナス監督*による1985年制作の仏亜合作映画『タンゴ——ガルデルの亡命』のサントラ盤（#159）の中でも、この曲をバンドネオン多重録音で披露している。

〈デレーチョ・ビエホ〉は、「バンドネオンの虎」ことエドゥアルド・アローラスが1910年代に残した大曲。このアルバムの中で最もタンゴらしさにあふれた曲といえばこの曲だろう。ギターがブエノスアイレス八重奏団時代のオラシオ・マルビチーノを思わせる瞬間もある。アレンジもよくまとまっており、弦の数さえ減らせば、1961年の五重奏団による、やはり古典タンゴをメインにしたアルバム『ピアソラか否か？』（#64）に入っていてもおかしくないほどだ。

〈閉ざされし瞳〉は〈想いのとどく日〉と同じコンビによる同じ映画のための作品。タンゴ史上最高の歌手は、類い稀なメロディーメーカーでもあったことがよくわかる。

ラストを飾る〈雨で散歩するときには（ホエン・アイ・ゴー・ウォーキング・イン・ザ・レイン）〉はCD制作の時点では作者不明だったのだが、その後ユニヴェルセル出版社の楽譜と照らし合わせた結果、ピアソラ自身の作品〈ブロードウェイに雨が降る〉と同一曲であることが判明した。タンゴらしさは希薄で、コーラスで歌われる英語の歌詞まで付いているのだが（もとのスペイン語詞の作者はラウル・ゴンサーレス）、メロディーや展開に彼ならではの感覚が見いだせるのも確かではある。そしてこの曲はのちにインストルメンタルとして、ピアソラが音楽を担当した1965年の映画『怒りの感覚で』（#F26）にも登場、2017年にはマリア・カンヒアーノがオリジナルのスペイン語詞で取り上げた（#G100）。

失意の果てに

ジャズ＝タンゴの試みにしても、古典タンゴの平易な解釈にしても、タンゴをなんとかしてアメリカ合衆国に根付かせようという意識の、いわば屈折した形での表現だった。だが結局商業的な束縛からは逃れることはできなかったし、そのことを正当化しようとすればするほど、大きなジレンマに陥っていたであろうことは想像にかたくない。

ニューヨークで苦闘しながら、常にピアソラの頭に思い浮かんだのは、ブエノスアイレスでの日々だった。確かに近年の活動は、大きな支持を得られず、それればかりか反感すら買っていた。だがそれでも、理解者は確実に存在していたし、何よりも優れたミュージシャンたちが周囲に集まっていたではないか。あのゴーシスのピアノが、バルダロやフランチーニのヴァイオリンが、ブラガートのチェロが、いかにかけがえのないものであったか、ピアソラは改めて思い知らされたに違いない。

ピアソラは、オラシオ・フェレールに宛てた1959年11月24日付の手紙で、ウォルドルフ・アストリア・ホテルに出演する自身の楽団のことを、こう記している。

「私のオーケストラは『タンゴ・エン・ハイ・ファイ』に近い音がする。バルダロもブラガートもゴーシスもいないけどね。これでやっと安心して寝られるよ」

たとえ、あの弦楽オーケストラに近づくことができたと自分に言い聞かせたとしても、決して超えることはできないことを痛感していたのは、もちろんピアソラ自身にほかならなかった。

それでも、彼には活動を続けるしか道はなかった。家族を養わなければならなかったし、仕事を選んでいる余裕などはなかった。メキシコ音楽の伴奏のような珍妙な取り合わせすらも、あくまでも仕事と割り切って引き受けざるを得なかったのだ。ファアン・カルロス・コーペス舞踊団とのショーでは、帽子をかぶり、スカーフを首に巻いた昔のヤクザ者の姿でステージに立った。それは、かつてピアソラ自身が忌み嫌った姿ではなかったか。

父ビセンテの訃報に接してからというもの、ピアソラの目的はただ一つ、ブエノスアイレスへの帰還に向けられていった。幸運にも、コーペスとのショーの成功は、ある程度の安定した収入をもたらした。家族で帰国できるだけの旅費をなんとか稼ぎ、ニューヨークから出航したのは、1960年6月14日のことだった。

5　五重奏団という名の理想

ウェルカム、ミスター・ピアソラ

1960年7月9日、リオ・テルセーロ号に乗ったアストル・ピアソラと家族3人は、ブエノスアイレスに無事到着した。港にはフリオ・デ・カロ、エンリケ・フランチーニ、ハイメ・ゴーシス、ホセ・ブラガートら旧友たちが出迎えたという。「風雲児、ニューヨークより帰還」の報に接し、人々はピアソラが米国での活動の成果をどのように示してくれるのか、興味深く見守っていた。

ピアソラはまず、8月15日にブエノスアイレスのTV9チャンネルで放映された55分の特別番組『ウェルカム、ミスター・ピアソラ *WELCOME, Mr. PIAZZOLLA*』に登場した。さすがに映像は残されていないが、この番組の音声は手元にあり、全体像はなんとか把握できる。番組のテーマ音楽は弦楽オーケストラのレコードによる〈天使のタンゴ〉（#50より）で、ジャーナリストで放送作家でもあるカルロス・ダゴスティーノが司会を務め、ピアソラへのインタビューや再現ドラマ（米国の税関でバンドネオンを説明するシーンなど）も交えながらニューヨークでの音楽活動を振り返るという内容だった。男性歌手としてホルヘ・ソブラル、女性歌手としてピアソラが後述のロス・クアトロからスカウトしたネリー・バスケス[*1]が参加し、ニューヨークでの「J—T」サウンドを再現できるよう、次の5人がフィー

＊1　ネリー・バスケス *Nelly Vázquez*（1937・2・26〜2024・7・26）
歌手。ブエノスアイレス州モロン生まれ。少女時代はオペラ歌手を目指し、コロン劇場の合唱団に加わる。16歳で初めてタンゴに取り組み、ラジオのコンクールで入賞。1960年、シルビア・デル・リオに代わりロス・クアトロに参加したのが本格的活動の第一歩となった。このグループでTV出演していたところをピアソラに気に入られ共演を開始。62年頃までピアソラ五重奏団で歌い、マリアーノ・モーレス楽団を経て63年から69年までアニバル・トロイロ楽団の専属歌手を務める。その後はソロ歌手として活躍、70年代にはラテンアメリカ諸国ツアーもたびたび行っている。88年、ロベルト・ゴジェネチェらとともにショー『タンギッシモ』出演のため来日した。

チャーされていた（音声を聴く限りではメンバー紹介がないが、字幕は出たのだろうか）。

アストル・ピアソラ（バンドネオン、編曲）
ハイメ・ゴーシス（ピアノ）
オラシオ・マルビチーノ（エレキ・ギター）
エンリケ・〝キチョ〟・ディアス（コントラバス）
サルバドール・モレー[*2]（ヴィブラフォン）

果たしてこれを、ピアソラが新たに結成することになる五重奏団（キンテート）のオリジナルな形といい切れるかどうかは微妙だ。確かにピアソラはナタリオ・ゴリン著『ピアソラ 自身を語る』の中で「『ウェルカム、ミスター・ピアソラ』でキンテート（五重奏団）を紹介した時には、まだヴィブラフォンを含む編成だった。（中略）私がキンテートにヴァイオリンを加えたのは、私が書いたアレンジを弾くのに必要な力のあるヴィブラフォン奏者が見つからなかったからだ」と語っているが、実際には番組ではほとんどすべての演奏にヴァイオリン×8、ヴィオラ×2、チェロ×2から成る弦セクション（ヴァイオリンのエンリケ・マリオ・フランチーニ、シモン・バジュール、ウーゴ・バラリス、ホセ・ニエソ、ラサロ・ベッケル、チェロのホセ・ブラガートほか）が加わり、5人だけで演奏される曲は1曲もなく、ヴィブラフォンのソロ・パートは一切用意されていなかった。実際の演奏では曲によって、それ以前の弦楽オーケストラやニューヨークでのジャズ゠タンゴ・スタイル、『イヴニング・イン・ブエノスアイレス』でのオーケストラ・サウンドなどの要素が混在していた。

演奏された曲目をひととおり紹介しておくと、まずバンドネオンという未知の楽器を米国人に紹介する必要があったという流れで、バンドネオン・ソロによる〈わが両親の家〉（ファン・カルロス・コビアン作）が演奏される。この曲は１９７０年にもソロで録音することになるが（＃97）、それに比べるとアレンジは素朴だ。続いては１９５０年代の弦楽オーケストラを再現しての〈メランコリコ・ブエノスアイレス〉。かつての編成からハープが外れ、ヴィブラフォンとエレキ・ギターが加わった形で、そのヴィブラフォンの響きがアクセントになっているほか、地味ながらギターの音もしっかり聞こえる。

ヴィブラフォン入り五重奏＋ボンゴ（奏者不明）による「Ｊ―Ｔ」の再現〈ローラ〉（アレンジは基本的に『テイク・ミー・ダンシング！』（＃57）と同じ）では、ピアソラのバンドネオンは多少フェイク気味に演奏されている。再び弦も加わって当時未発表だった『イヴニング・イン・ブエノスアイレス』からのエドゥアルド・アローラス作〈デレーチョ・ビエホ〉では、マルビチーノのエレキ・ギターが一瞬ブエノスアイレス八重奏団風になるところが面白い。そしてオーケストラ編成でソブラルが歌うマリアーノ・モーレス＝エンリケ・サントス・ディセポロ作〈ウノ〉、バスケスが男女コーラス入りで歌うセバスティアン・ピアナ＝オメロ・マンシ作〈悲しきミロンガ〉と続く。ゴーシスのピアノがフィーチャーさ

＊2　サルバドール・モレー *Salvador Molé*（1908・7・9～1975・4・18）
ドラムス／ティンバレス／シロフォン／ヴィブラフォン奏者。ブエノスアイレス生まれ。ピアノをビセンテ・スカラムーサに習う。ジャズではビエリ・フィダンシーニ、レイ・ノラン（＝ティト・コロム）、オラシオ・マルビチーノ、ラロ・シフリンらの楽団、タンゴではオスバルド・フレセド、フロリンド・サッソーネ、マリアーノ・モーレス、ファン・カルロス・コビアンの各楽団、クラシックではコロン劇場管弦楽団などに参加した。妻のマリア・デル・カルメン（ティト・コロムの姉、愛称「チョーチャ」）も打楽器奏者。

れた最後の〈現実との3分間〉は途中で切れているが、どうやらこれが最後の曲だったようだ。

このTV番組に続き、スプレンディド放送局にも同様の五重奏＋弦セクションという編成で出演を開始するのだが、この時期に手がけた映画音楽2作品が、この転換期における貴重な音資料となるので、先に紹介しておく。

コメディー仕立てで中産階級における家族制度の危機も描かれた『土曜の夜は映画』は、フェルナンド・アジャラ監督とのコラボレーション第3作（＃F16）。公開は1960年9月29日だから、サウンドトラックの録音は『ウェルカム、ミスター・ピアソラ』出演とほぼ同時期か少し前だろう。ここではヴィブラフォン入り五重奏に弦、フルートなどが加わっての（「J─T」風ではない）ピアソラらしいタンゴやミロンガを基調に、バンドネオン・ソロ、エレキ・ギターやヴィブラフォン、パーカッションなどによる効果音的なトラック、弦楽による優雅なワルツやバラード、果ては西部劇風の音楽、チャヤマメ（アルゼンチン北東部リトラル地方で演奏されるフォルクローレ）まで、おそらくは引用も含みながら多彩な音楽が展開されていく。

1960年11月3日公開のブラスタ・ラー監督作『復讐の女神たち』（＃F17）の4分に及ぶテーマ音楽は、ピアノの重たいアルペジオにオーボエやフルート、バス・クラリネットなどの木管楽器、弦楽器、エレキ・ギター、ヴィブラフォン、打楽器が乗ってミステリアスな雰囲気を醸し出す曲で、バンドネオンは使われない。エルサ・ダニエル演じる一家の娘の登場シーンで演奏されるバンドネオン、ピアノ、コントラバスとパーカッションによるチャチャチャっぽいリズムの曲、ダンスのシーンで流れるピアノ、ギター、ヴィブラフォン、コントラバスとパーカッションによる曲などは、明らかにニューヨークでのラテン仕事の延長線上にある。そのほかにハイメ・ゴーシスによると思われる50秒ほどの印象的なピアノ・ソロもある。そして、エル・バレエ・デル・プラタのダンサー3人によるダンス・ショーの場面で流れる〈復讐の女神たち〉（このタイトルでユニヴェルセル出版社から楽譜も出版された）は、ヴィブラフォン入り五重奏＋弦セクションという短命に終わった編成のための唯一のオリジナル曲ということになり、実際に弦楽オーケストラ〜『イヴニング・イン・ブエノスアイレス』〜最初期の五重奏団の要素の入り混じった興味深い作品に仕上がっている。

ピアソラは、ヴィブラフォン入り五重奏＋弦セクションによるスプレンディド放送局出演開始からほどなく、ヴィブラフォンを外してヴァイオリンを五重奏団に組み込む。初代メンバーとなったのはシモン・バジュール。*3 1950年にヴァイオリンとピアノのための〈イ調のタンゴ〉（作品12）を初演したことがあり、『ウェルカム、ミスター・ピアソラ』にも参加していた名手である。ピアソラのその後の方

*3 シモン・バジュール *Simón Bajour*（1928・4・4〜2005・2・8）ヴァイオリン奏者。ポーランドのナシェルスク生まれ。本名シムシア・バジュール、一時の芸名ティト・シモン。幼時より音楽を学び、ヴィルヘルム・クリスタルに師事。9歳の時にクリスタルの指揮するワルシャワ国立音楽院（現在のショパン音楽大学）のオーケストラとの共演リサイタルを行っている。ほどなくアルゼンチンに渡って勉強を続け、ルイエルコ・シュピーラーに師事。国立交響楽団の第1ヴァイオリン奏者などを務めたが、一方タンゴでも1953年にはスタンポーネ＝フェデリコ楽団、次いでエンリケ・アレシオ、エドガルド・ドナート、ミゲル・カロー、カルロス・ディ・サルリ、アティリオ・スタンポーネなどの楽団に参加している。59年にはオスバルド・プグリエーセ楽団のソ連・中国ツアーに同行。帰国後ピアソラ五重奏団に参加したが、61年には試験に合格してキューバのハバナ国立交響楽団入りを果たした。チャイコフスキー記念国立モスクワ音楽院でダヴィド・オイストラフらに師事し、独奏者として旧ソヴィエト連邦や米国などのツアーも行っている。73年にはクラシックのバンドネオン奏者アレハンドロ・バルレッタとの二重奏でフェルマータにバルレッタの自作曲とヘンデルのソナタを録音した。

向性を決定づけることになる「アストル・ピアソラ・イ・ス・キンテート（アストル・ピアソラと彼の五重奏団）」がここから正式にスタートすることになるのだが、この時点では、少なくともラジオ出演時には曲によってまだ弦セクションも加えていた。ヴィブラフォン入り五重奏の時と同様に弦の数はヴァイオリン×8、ヴィオラ×2、チェロ×2という某コレクターのメモ書きもあったが、ソリストとしてバジュールがいるので、実際には残りのヴァイオリン・セクションは7名だったのではないか。

この時期の放送音源が手元に2種類ある。一つ目はスプレンディド放送局での1960年11月8日の演奏。五重奏団のみによる演奏はペドロ・ラウレンス作〈ベレティン〉のみで、残りの曲には弦セクションが加わる。1952年にもスプレンディド放送局交響楽団で披露していたものの、結局公式録音は残さなかったフリオ・デ・カロ作〈良き友〉がまず貴重だが、残念ながらこの曲は音が悪い。

そして〈アディオス・ノニーノ〉は、どうもこれが初演のようだ。中盤から弦の厚みのある響きが加わるが、基本的な構成は、翌61年1月に五重奏団でRCAビクトルに録音されることになる初録音と同じである。終生の代表曲となるこの作品の記念すべき初演ということになるが、『ウェルカム、ミスター・ピアソラ』では披露せず、この時期まで温存していたのは、何か理由があったのだろうか。

残り2曲は、ニューヨークで書いた〈92丁目通り〉とパリで弦楽オーケストラと録音していた〈ノニーノ〉。いずれも〈ベレティン〉〈アディオス・ノニーノ〉と同様にRCAからの最初のアルバム（#62）に収録されることになるが、〈ノニーノ〉には弦楽オーケストラ時代の演奏の面影はなく、すでに五重奏団用のアレンジは出来上がっていて、後半の弦の響きは付け足しのようにも感じられる。

もう一つの音源は日付と放送局名が不明のもので、まず五重奏団で次の3曲が演奏される。11月のスプレンディド放送局では弦セクション込みで演奏していた〈92丁目通り〉、ヴァイオリン、エレキ・ギター、コントラバスによる、ここでしか聴けないスローなイントロが付け加えられた〈コントラバへアンド〉、そして新曲の〈ロス・ポセイードス〉である。そのあと、ネリー・バスケスがオーケストラを従えて〈フヒティーバ〉を歌っている。バスケスの歌には当時20歳とは思えない風格があり、また楽団の伴奏も見事なもので、特に短いながらソロが聴けるゴーシスのピアノは圧巻。アレンジ自体はかつてマリア・デ・ラ・フエンテがピアソラの編曲指揮でテーカーに録音していたヴァージョンが下敷きになっていたが、そういえばバスケスはインタビューで、若い頃目標としていた歌手としてデ・ラ・フエンテの名前を挙げていた。当時バスケスがラジオで歌ったレパートリーにはこのほか〈マノ・ア・マノ（五分五分） *Mano a mano*〉〈バラの河〉（ピアソラ＝ファン・カルロス・ラマドリー作、のちにエクトル・デ・ローサスの歌でアルバム〔#68〕に収録）〈6階 *Sexto piso*〉〈忘れた方がいい *Es major olvidar*〉（エクトル・スタンポーニ＝エドゥアルド・パルーラ作）などがあった。

ピアソラはこうした定期的なラジオ出演と並行して、クラブ「ハマイカ」への出演も開始し（詳しくは後述）、安定した活動への基盤が築かれていく。ラジオでの弦セクションを加えた編成はおそらく１９６０年いっぱいで終わり、ＲＣＡに録音を開始する61年1月以降は、完全に五重奏での活動にシフトしたと思われる。

バンドネオン、ヴァイオリン、ピアノ、エレキ・ギター、コントラバスというこの楽器編成は、これ以降のピアソラにとって最もバランスの取れた理想的な表現形態として定着するのだが、いったいどうしてこういう編成に落ち着いたのだろうか。

原型となったヴィブラフォン入りの五重奏団自体が不思議な組み合わせだった。ジャズ＝タンゴを試みたニューヨーク時代まで遡ってみても、少なくとも『テイク・ミー・ダンシング！』を聴いた限りでは、プラスアルファの部分に相当するパーカッション類が加わって初めて意味を成す編成のようにしか思えない。ヴィブラフォン入りの初期五重奏団の数少ない音源を聴いても、完全に5人だけによる演奏はなく、弦セクションまたは何かしらのパーカッションが加えられていた。いずれにしても、これはあくまでも過渡的なものだったのだろう。その中でニューヨーク時代から引きずってきたものがあったとすれば、それはジョージ・シアリング的な感性といったものではなかったかと思われる。そのことは、ヴァイオリンが加わってからしばらくして残された五重奏団の録音にも、しっかりと技法としてその姿を見せているのだが、それについてはあとで述べる。

バンドネオンとヴァイオリンを2人ずつ擁したブエノスアイレス八重奏団、多数の弦セクションが加わった弦楽オーケストラといったかつてのグループは、いずれもシンプルなものとは言えなかった。決して無駄な部分があったとは思わないが、ここで一度贅肉を削ぎ落とし、必要最小限の音だけを出すところから再スタートしたことの意味は大きい。その方向性を見いだすきっかけにもなったという点においては、ニューヨークでの一連の活動も決して無駄ではなかったはずだ。

この五重奏団は構成する各楽器の奏者がそれぞれ1人ずつで成り立っている。そしてこの編成は、必要最小限の人数で最大限の効果を上げることを可能にした。かくして〝単純化〟は、ピアソラの五重奏団にとって最初の大きなキーワードとなったのである。しかし、これは当時、一人ピアソラだけが目指したものではなかった。

小編成への道

1950年代末、ロス・アストロス・デル・タンゴのような新しい編成のグループが誕生してきたことは前章で触れたとおりだが、彼らよりさらに小編成のグループも相前後して登場している。中にはフルートを加えた四重奏などの懐古的なものもいくつか存在したが、ここではモダン派のグループに限定して話を進めることにする。

小編成の最もベーシックなものは、バンドネオン、ピアノ、コントラバスというトリオである。これは1954年に、ウルグアイの名ピアニスト、セサル・サニョーリ[*4]が組んだものが最初であると思われる（録音は1958年から）。サニョーリはことさらモダン指向を打ち出したわけではなく、そのレパートリーも古典曲がメインだったが、その演奏には確実な新しさがあった。

ブエノスアイレスでこの編成を実践したのが、1959年に結成されたロス・クアトロ。エドゥアルド・ロビーラ（bn）、オスバルド・マンシ[*]（p）、キチョ・ディアス（b）のトリオに女性歌手シルビア・デル・リオ（途中からネリー・バスケス）を加えた4人組だったが、彼らはレコードを残すに至らなかった。翌1960年には、当時アニバル・トロイロ楽団のメンバーだったアルベルト・ガルシーア（bn）、オ

＊4　セサル・サニョーリ *César Zagnoli*（1911・4・24〜2002・12・26）ピアノ奏者、楽団指揮者、作曲家、編曲家。ウルグアイのドゥラスノ生まれ。13歳の時地元のカフェでデビュー、ブラジルやモンテビデオで活動していたが、1935年頃フアン・ダリエンソにスカウトされブエノスアイレスに移る。3年後にモンテビデオに戻り、40年にはロベルト・ルラティ（vn）と共同で楽団を組織。41年から再びブエノスアイレスで活動を始め、マヌエル・ブソン、ロベルト・セリージョ、フアン・カルロス・コビアン、アルベルト・カスティージョ、アルフレド・ゴビ、ホアキン・ド・レジェス、エクトル・バレーラ、エルビーノ・バルダロなどの楽団に参加。54年にモンテビデオに帰り、トリオや楽団を率いての活動を行った。トリオ編成による50年代末のアンタールへの録音（バンドネオンはルイス・ディ・マテオ）は、95年に日本のテイク・オフでCD『古典タンゴ名演集』にまとめられた。その後もウルグアイを拠点に活動を続けた。

スバルド・ベリンジェリ[5]（p）、アルシーデス・ロッシ（b）、それに歌手ロベルト・ゴジェネチェ[*]によるロス・モデルノスも誕生している（コントラバスは途中でエウヘニオ・プローに交代）。ロス・クアトロ、ロス・モデルノスともに短命に終わったが、この流れはやがて1970年代のトリオ・フェデリコ＝ベリンジェリやバングアトリオ、[6]1980年代のモサリーニ＝ベイテルマン＝カラティーニなどへと受け継がれていくことになるのである。

このトリオ編成にヴァイオリンを加えた四重奏団もいくつか登場するが、その皮切りとなったのが1959年結成のエストレージャス・デ・ブエノスアイレスである。バンドネオンのホルへ・カルダーラ、ヴァイオリンのウーゴ・バラリス、ピアノのアルマンド・クーポ、コントラバスのキチョ・ディアスに歌手2名を加えたこのグループも、活動期間は長くはなかったが、オデオンに優れたアルバムを残している。レオポルド・フェデリコ（bn）やレオ・リペスケル（vn）らによるロス・ノタブレス・デル・タンゴもやはり1959年の結成である。1960年代に活動したこのタイプの四重奏には、ヴァイオリンのレイナルド・ニチェーレ率いるロス・ソリスタス・デル・タンゴ（バンドネオンはエドゥアルド・ロビーラ）などがあった。

これにさらにエレキ・ギターを加えると、ピアソラ五重奏団と同じ編成となるわけである。この編成の五重奏団を組んだのはピアソラが最初ではなく、すでに1959年にはキンテート・レアルが誕生していたのだが、彼らはひょんなことがきっかけで誕生したグループだった。

その母体となったのは、ピアノのオラシオ・サルガンとエレキ・ギターのウバルド・デ・リオのデュオ、[7]その名もずばり「サルガン＝デ・リオ」だ。この組み合わせ自体珍しいものだが、さらにもう一つ、ヴァイオリンのエンリケ・フランチーニとコントラバスのラフェエル・フェロという、これまた大胆な

＊5　オスバルド・ベリンジェリ *Osvaldo Berlingieri*（1929・2・20〜2015・2・8）
ピアノ奏者、楽団指揮者、作曲家、編曲家。ブエノスアイレス生まれ。ジャズ的な感覚を生かした演奏に特徴がある。1944年、歌手エクトル・マウレの伴奏楽団でデビュー、その後はドミンゴ・フェデリコ、ホアキン・ド・レジエス、エドガルド・ドナートなどの楽団に参加。中米や中東での演奏活動を経て57年にアニバル・トロイロ楽団に参加し、68年まで在籍した。トロイロ楽団在籍中にはロス・ノタブレス・デル・タンゴ、ロス・モデルノスやトロイロの四重奏団、盟友エルネスト・バッファ（bn）らとのトリオといった小編成グループでも活動、脱退後はバッファと連名でバッファ＝ベリンジェリ楽団を率いた。71年にはレオポルド・フェデリコ（bn）、フェルナンド・カバルコス（b）とトリオ・フェデリコ＝ベリンジェリを結成、73年には大編成楽団を率いてミュージック・ホールから初のリーダー・アルバム『タンゴス』（邦題は『月下のコンサート』）をリリース。80年代には『タンゴ・アルヘンティーノ』に参加して世界各国を回り、86年以降自身のグループでも来日している。

＊6　バングアトリオ *Vanguatrio*
三重奏団。テクニックの限りを尽くした超人的な演奏を披露した。メンバーはオマール・バレンテ（p）、ネストル・マルコーニ（bn）、エクトル・コンソーレ（一時期はホセ・アコスタ）（b）。エンリケ・フランチーニ六重奏団で活動をともにしたバレンテとマルコーニにより1971年に結成され、トノディスクに2枚のアルバムを残した。

＊7　ウバルド・デ・リオ *Ubaldo De Lío*（1929・3・11〜2012・4・24）
ギター奏者、作曲家。ブエノスアイレス生まれ。幼い頃からギターを習い始め、10代前半でフォルクローレの楽団指揮者ホセ・マリア・デ・オジョスと共演しプロ・デビュー。1945年からベルグラーノ放送局の専属となり、エドムンド・リベーロなどのタンゴ歌手をはじめ、フォルクローレ、ジャズ、ブラジル音楽など幅広いジャンルの歌手の伴奏を担当。シリアコ・オルティス（bn）のトリオにも参加した。53年にはラロ・シフリン（p）、エルナン・オリーバ（vn）らとブエノスアイレス・ホット・クラブ・ジャズ五重奏団を結成。57年からはオラシオ・サルガン（p）とのデュオ、続いてキンテート・レアルでの活動を開始、60年代以降マリアーノ・モーレスのモダン・リズム六重奏団、アニバル・トロイロ四重奏団、エルネスト・バッファ（bn）とのクアルテート・2×4（ドス・ポル・クアトロ）などにも参加している。

組み合わせのデュオがあった。アルゼンチン自動車クラブのレストラン「アメリオ」での共演をきっかけに4人でしばらく活動してみたところ、やはりバンドネオンが必要となり、ペドロ・ラウレンスが参加してめでたく五重奏団[*8]となった、というわけである。

キンテート・レアルとピアソラ五重奏団は編成こそ同じだが、その音の組み立てられ方は大きく異なる。ピアノとエレキ・ギターとのデュオがその土台となっているキンテート・レアルに対し、ピアソラ五重奏団においてのエレキ・ギターは、あくまでも全体を支え補完する、裏方的あるいは隠し味的な位置づけがされている。もっとも、そうしたギターのあり方にしても、試行錯誤を経ながら定まっていったのではあるが、この独自性はピアソラ五重奏団のサウンドの秘密を解く重要な鍵の一つということは言えそうだ。

ヴァイオリン抜きでエレキ・ギターの加わった四重奏団もいくつかある。1959年に結成されたロス・クアトロ・パラ・エル・タンゴ（先ほどあげたロビーラらのグループと似た名前で紛らわしいが、こちらはバンドネオンのカルロス・ガルバンが中心）あたりがその最初と思われるが、最も定評があるのは、アニバル・トロイロが1968年にギターのウバルド・デ・リオ（最後期はアニバル・アリアス）、ピアノのオスバルド・ベリンジエリ（のちにホセ・コランジェロに交代）、コントラバスのラファエル・デル・バーニョと組んだトロイロ四重奏団だろう。彼らにとってのエレキ・ギターは、やはり感覚的にはキンテート・レアルにおけるそれに近い。

ここに記した以外の楽器を組み合わせたグループも当然のごとく登場している。一つひとつ挙げていくときりがないのでやめておくが、このように小編成のグループが台頭するようになった背景には、従来のようなオルケスタ・ティピカ編成の楽団を運営していくことが厳しくなってきたという当時の状況があった。１９５０年代以前から活動を続けてきたオルケスタ・ティピカの多くはまだ存続していたが、経済的理由などから楽団の規模を縮小したり解散したりする傾向も徐々に見られるようになっていく。タンゴといえばオルケスタ・ティピカという時代は終わりを告げようとしていたのである。

もちろん、小編成グループの台頭傾向において経済的な側面は理由の一つにすぎず、そこには、新しい表現を求めようとするミュージシャンたちの強い意欲も当然あったわけだが、それを実現することを可能にした彼らの演奏水準の向上もまた見逃すことはできない。

ピアソラ五重奏団始動

ピアソラ五重奏団は、ラジオやＴＶ番組に出演したほか、ブエノスアイレスやモンテビデオの劇場などにもしばしば出演するようになる。ブエノスアイレス以外のアルゼンチンの地方都市にも、結構まめにツアーに出かけたりもしたようだ。

だが、彼らにとって主な活動の場となったのは、ブエノスアイレスに新しく登場するようになったクラブである。*9 ここでいうクラブとは、言うなればライヴハウスのことだが、従来のブエノスアイレスには、こういったタイプの気軽に音楽を聴ける店はなかった。それまでのオルケスタ・ティピカの演奏場所は、ダンスホールやキャバレー、大きなカフェなどが中心で、１９５０年代後半のブエノスアイレス

＊8　キンテート・レアル以前のこの編成のプロトタイプとしては、１９５３年12月に死去したファン・カルロス・コビアンを追悼するために臨時に結成された五重奏団があり、アニバル・トロイロ（bn）、エンリケ・マリオ・フランチーニ（vn）、オラシオ・サルガン（p）、ロベルト・グレーラ（g）、キチョ・ディアス（b）というスター・プレイヤーたちの集まりだった。ただしギターはアコースティックである。

八重奏団時代には、彼らが拠点にできるようなライヴ・スペースはほとんど存在しなかったのである。

かつてブエノスアイレス八重奏団のファンだった技師のエドゥアルド・マトラフはニューヨーク滞在中の1960年、シャトー・マドリードでピアソラがフォルクローレのエル・チュカロ[*10]とともにステージに立っているのを見かけ、ピアソラに話しかけた。

「ピアソラさん、ここで何をやってるんですか？　あなたのいるべき場所はここじゃない。もしブエノスアイレスに帰るのなら、自分のやり方で演奏できる場所を提供することを約束しますよ」

この言葉を聞いたピアソラは、自分が通い詰めているジャズのライヴハウス、バードランドのことを思い出していた。夜遅くから明け方まで演奏が続き、コマーシャリズムとは無縁のところでミュージシャンたちもお互いの演奏を楽しみ、意見を交換する。そんな自由な雰囲気の場所がブエノスアイレスにもあれば、なんと素晴らしいことか。

ピアソラが帰国した時、ブエノスアイレスの繁華街の一角にはハマイカ（ジャマイカ）という小さなクラブができていた。そこにはサルガン＝デ・リオらが出演していたのだが、集まっていた客層はそれまでのタンゴの聴き手たちとは違っていた。料金が安いこともあって、大勢の若者や芸術家たちが集まるようになっていたのである。

サルガン＝デ・リオは、1957年の開店当初から出演していたが、最初はまったく受けなかったらしい。それでも彼らは、自分たち自身でその演奏を楽しんでいた。そしてその自由な雰囲気が、結局は

＊9　ブエノスアイレスのクラブ（1960年代）
●ハマイカ *Jamaica*

「ニュー・イン」のオーナーたちが、サンマルティン通りに1957年オープン。サルガン＝デ・リオのデュオ、セルヒオ・ミアノビチのジャズ・コンボらが出演、40～50人も入れば満員という小さなスペースだった。

●676（セイス・シエテ・セイス）

トゥクマン通り676番地に1962年、技師が本職のエドゥアルド・マトラフが開いた。65年頃まで営業し、ピアソラ五重奏団の重要な演奏拠点となった。タンゴはほとんどピアソラがメインだったようで、ほかにはスタン・ゲッツ、モダン・ジャズ・クァルテット、ディジー・ガレスピー、エンリケ・ビジェーガス、レアンドロ・〝ガート〟・バルビエリなど国内外のジャズ演奏家、ジョアン・ジルベルト、マイーザ、オス・カリオカスなどブラジルからの音楽家などが出演していた。その後ピアソラのアルバム『われらの時代』のタイトルを取って「ヌエストロ・ティエンポ」と名前を変えてからは、ロドルフォ・メデーロスの四重奏や女性歌手スサーナ・リナルディらが出演した。

●ラ・ノーチェ *La noche*

トゥクマン通り759番地に1963年オープン。ピアソラは新八重奏団を率いて出演、ほかにはオスバルド・タランティーノ、歌手アンヘル・ディアスらが出演した。

●ゴタン *Gotán*

タルカウアノ通り360番地に1965年オープン。オーナーは歌手／ギター奏者のフアン・セドロン。タンゴとジャズのグループが交互に出演した。ピアソラ五重奏団のほかエドゥアルド・ロビーラのトリオ、フアン・セドロンのトリオらが拠点としたが、66年にはあえなく閉店。

●ベレティン *Berretín*

閉店した「ゴタン」と同じ場所に1966年11月オープン、ピアソラのほかオラシオ・サルガン、オスバルド・タランティーノ、歌手ラウル・フォンターナらが出演した。その同じ場所はその後カフェ・コンセール「ラ・カジェ」へと再び姿を変え、最後はクラブ「エル・ソタノ」となった。

＊10　エル・チュカロ *El Chúcaro*（1918・10・16～1994・9・13）

舞踏家、振付師。コルドバ州コルドバ生まれ。本名サンティアゴ・アジャラ。マランボなどフォルクローレの民族舞踊を舞台化した先駆者。コロン劇場バレエ団出身のノルマ・ビオラとのコンビで長く活躍した。1990年、国立フォルクローレ・バレエの監督に就任。

新しい客層を開拓する結果につながっていった。もっとも、サルガン＝デ・リオ以外の出演者はジャズ方面が多かったことも理由の一つかもしれない。

　ピアソラ五重奏団が、そんなハマイカに出演するようになるのは自然の成り行きというものだろう。ただ問題は、ハマイカが狭かったことだ。ピアソラの出演もそこそこ話題を呼び、客が増えたのはいいが、40〜50人も入れば満員という状態のハマイカは、すぐに手狭になってしまった。

　そこへ、あのマトラフの登場である。彼はきちんとニューヨークでのピアソラとの約束を果たし、1962年4月にはハマイカに代わるスペースとして、そこからほど近いトゥクマン通り676番地に「676《セイス・シエテ・セイス》」を開店、ピアソラら出演者の一部はそちらに移った。676はピアソラにとって重要な場所となり、〈イマへネス676〉という曲も書いている。

　話を戻して、ピアソラ五重奏団にとっておそらく最初の録音（1960年の終わり頃）となったのは、ロドルフォ・ブラスコ監督のコメディー映画『国立学校5年生』（#F18）のサウンドトラック盤である（#61）。映画の公開は1961年10月26日だったので、リリースもその頃までずれ込んだと思われる。このレコードはミュージック・ホールから5曲入りEPでリリースされたが、ピアソラが音楽を担当した映画のサントラ盤としては、これが最初のものとなる。そして、オーケストラなどを使わず完全に自身のグループのみで映画音楽を手がけたのもこれが最初だった。

　メインとなるのは、映画のタイトルにもなったオープニング曲の〈国立学校5年生〉。シンプルなパターンの繰り返しを基調とした曲で、中間部にバジュールの官能的なソロを配している。他の4曲はいずれも1分台という短いもので、さすがに短いだけあって大きな展開はなく、いずれもバンドネオンとヴァイオリンが主体となって進行し、ほかの楽器は控えめ。〈年度の終わり〉の形式名はミロンガ・タンゲアーダで、後年特徴的となるスローなミロンガではなく、かといっていわゆる普通の跳ねるようなミロンガのように速くもなく、その中間ぐらいのテンポ。〈エル・ゴイ〉はヴァイオリンが切ないメロディーを奏でるスローなタンゴ。〈通信簿〉はタンゴと表記されているがミロンガに近い小品。最後の〈落第生〉はこのあとRCAに録音する〈ロス・ポセイードス〉と同じ曲だが、同曲はすでにこの時期ラジオで披露していたので、展開部を省いた形でタイトルを変えてサントラに流用したのだろう。なお映画ではこのほか、〈エル・ゴイ〉同様ヴァイオリンをメインにしたスローな曲、ヴァイオリン抜きのテンポの速いミロンガ、口笛とアコースティック・ギターによるミロンガ、エレキ・ギターによる効果音的な短いトラックなども聴くことができるが、これらはサントラ盤には収録されなかった。

そしてメジャー・レーベルの一角、RCAビクトルとの契約を果たしたピアソラ五重奏団は、2枚のアルバムを制作する。まず1961年1月28日と30日に録音されたのが『ピアソラ、ピアソラを弾く』（#62）。タイトルから判断すると自作自演集のようだが、実際には共作曲、ほかの作曲家の作品、それにメンバーの作品が1曲ずつ含まれている。

ピアソラのバンドネオンが全編くすんだ音をしているのは、ニューヨーク時代に引き続いて「エレクトロ・バンド」を使用しているせいだが、あまり効果が上がっているとは言いがたい。それでも、自作曲中心の構成で五重奏団の音楽性を最初にアピールしたこのアルバムは、ピアソラの新たな出発点として重要である。

1曲目は〈アディオス・ノニーノ〉。やはりオープニングにはこの曲が最もふさわしいだろう。すでにスプレンディド放送局にて弦セクションを加えた形で披露していたが、これが記念すべき初の公式録音。のちにさまざまな形で手を加えられて定着したイメージからすると随分と素朴であり、あまりドラマティックな局面は見られないが、とりあえずはこれがこの曲のオリジナルな形である。〈ノニーノ〉のフレーズを展開させていったリズミカルな第1主題、メロディアスな第2主題、第1主題の変形、そして再び第2主題とこれだけだが、第2主題のメロディーの美しさが最大の決め手だ。

〈ベレティン〉は、敬愛するバンドネオン奏者の一人、ペドロ・ラウレンスが書き、彼が参加していたフリオ・デ・カロ楽団が1928年2月に録音した、地味ながら素晴らしい作品。ラウレンス自身は1966年になって、キンテート・レアルやピアソラ五重奏団と同じ編成の五重奏を組んで録音している。ピアソラのアレンジは原曲をあまりいじらず、各楽器にたっぷりとソロを歌わせたもので、特にバジュール、ゴーシスのソロが見事だが、作品自体まったく古さを感じさせず、ピアソラの作品に挟まれていても違和感はない。これもスプレンディド放送局で披露済みだったが、その時の演奏とはエンディングがわずかに異なる。

〈コントラバヘアンド〉は天才ベーシスト、キチョに捧げて1953年にアニバル・トロイロと合作した曲で、自身では初の録音。もちろんここでの主役はコントラバスのキチョだが、彼のベース・ソロは、なんとしなやかなのだろう。難しいはずのフレーズでも、いとも簡単そうに弾いてしまうのがすごい。ついに長年の念願が叶い、キチョを自分のグループに迎え入れたことは、ピアソラにとって何ものにも代えがたい喜びだったはずだ。ここでは、先に触れた前年の放送録音にあったスローなイントロは省かれている。

〈タンギシモ〉は、この時期の新曲と思われるが、これが公式では唯一の録音。バジュールのソロが光るが、作品的には地味だろうか。

〈デカリシモ〉も当時の新曲で、敬愛するフリオ・デ・カロをイメージして書かれた実にチャーミングな作品。タイトルは「とてもデ・カロ的」という意味の造語。捧げられたデ・カロは、この曲がラジオ局で初演された際に立ち会ったとのことだ。１９８０年代になって再びレパートリーに組み込まれて人気を呼び、ほかのアーティストもよく取り上げているが、ここでしか聴けないバジュールのソロは、タンゴ的な感性の面でも技術面でも実に申し分ない。

〈ロ・ケ・ベンドラ（来るべきもの）〉はブエノスアイレス八重奏団や弦楽オーケストラでもレパートリーにしていたものだが、基本的には八重奏団版を下敷きにしながらも、すっきりとコンパクトにまとまった。演奏時間も4分ちょっとと、かつての両者の中間。ヴァイオリンの長いカデンツァから始まり、テーマに入ってからはコントラバスからエレキ・ギターへとソロが引き継がれていく。八重奏団の時は自由奔放だったギターが、ここではアンサンブルにうまく溶け込んで、良い効果を上げている。

〈92丁目通り〉はニューヨークで書かれた曲。ニューヨークでピアソラが住んでいたのが、マンハッタンの西92丁目２０２番地だった。のちの〈ブエノスアイレス零時〉などにも通じる都会の情景描写的テーマの作品で、後半で絡むギターが久々にブエノスアイレス八重奏団を思い起こさせる。

「痙攣」という意味を持つ〈カランブレ〉は、のちに得意技となるフーガ形式で書かれた最初の曲。バンドネオン～ピアノ～ヴァイオリンと順に登場し、合奏へと続いていくが、これ以降ピアソラの書く「フーガ」とは、クラシック音楽における厳密な意味でのフーガとは必ずしも合致しない「フーガ的な」音楽であることも押さえておきたい。

〈ロス・ポセイードス〉は１９６０年10月頃の作品で、タイトルは「とりつかれた人々」という意味だが、これはピアソラを活動初期から支えてくれた熱狂的なファンのことを指し、彼らに捧げられている。前述のとおりテーマ部分は『国立学校5年生』の〈落第生〉とまったく同じで、それに展開部を付け加えた形であるが、やはり基本的には同じ曲と言える。〈ノニーノ〉は〈アディオス・ノニーノ〉のモチーフの源ともなったパリ時代の作品だが、作曲当時の録音とはガラリと雰囲気を変え、力強いタッチを持つ作品に生まれ変わった。〈バンドー〉もパリ時代の作品。ヴァイオリン・ソロのパートもあるがバンドネオンがメインで、パリでの弦楽オーケストラによる演奏のイメージを大きく覆すものではない。

〈ギタラーソ〉は、ギターのマルビチーノの作品で、形式名がミロンガ・タンゲアーダとなっていた。タイトルは「ギターで一撃」という勇ましいものだが、その名のとおりの曲と言っていいだろう。ピアソラがマルビチーノの作品を取り上げたのはブエノスアイレス八重奏団時代の〈タンゴロジー〉以来。なおこの曲は、マルビチーノがレオポルド・フェデリコ（bn）、アダルベルト・セバスコ*（b）とのトリオで1995年に録音したアルバム『メイド・イン・ブエノスアイレス』には、エレキ・ギターとエレキ・ベースのデュオによる〈ニュー・タンゴ・ヌメロ・ウノ〉として収録されている（2001年のリニューアル盤は『ピアソラに捧ぐ』〔#G72〕）。

克明な記録

『ピアソラ、ピアソラを弾く』のレコーディング直後、バジュールがキューバのハバナ国立交響楽団に参加するために離脱してしまうが、ピアソラはあらかじめ、後任としてエルビーノ・バルダロに参加を要請する手紙を書いていた。1995年、ジャズ&フュージョンというレーベルからそのバルダロ参加直後の生々しいリハーサル録音が『エンサージョス（リハーサル）』としてCD化され、話題となった（#63）。リハーサル風景といっても練習スタジオなどではなく、眼科医であり音楽評論家、またフォルクローレのミュージシャンでもあったエドゥアルド・ラゴス*の個人宅にて、たった1本のマイクで録音されたものだった。

無論その音質は正規のスタジオ録音とは比べようもないが、マイクのセッティング位置もよかったのだろう、一部の曲を除けば、各メンバーの発する一つひとつの音が割とオン・マイクで、比較的良好なバランスで録音されている。そのあまりに生々しい音からは、誕生してまもない五重奏団がその姿を形作っていく、まさにその瞬間の様子がリアルに伝わってきて感動的だ。

CDに記載されているところによると、この音源は1960年の終わりから61年の初めにかけての録音ということになっているが、バルダロ参加後であることから、実際には1961年の2月もしくは3月の録音と思われる。

〈コントラバヘアンド〉〈ロ・ケ・ベンドラ〉〈バンドー〉〈ノニーノ〉〈アディオス・ノニーノ〉の5曲は『ピアソラ、ピアソラを弾く』にも収録されていたものだが、〈ノニーノ〉〈アディオス・ノニーノ〉はどちらも見事な演奏なだけに、音が歪《ひず》んでいるのが惜しい。録音時期が極めて接近していることもあり、どの曲もアレンジはまったく同じ。ヴァイオリン奏者が違うだけなので、自ずとその音色や奏法の違いに耳がいく。

バジュールの場合は、高音域を強調した切れのある音にその特徴がある。やや硬質なところもあるが、芯があって張りつめた空気感を漂わせている。一方バルダロの方はなめらかで深みがあり、その甘美な音色にはうっとりさせられてしまう。ポルタメントの使い方も絶妙だし、フレーズを溜めてからパッと吐き出すところなどはさすが。バジュールはややクラシック寄り、バルダロはよりタンゴ的、ということになろうか。

音合わせの風景を収録した〈リハーサルの親密さ〉と名付けられたトラックに続いての曲が〈ある街へのタンゴ〉。正式なレコーディングは1963年になってからの曲だが、後述する1961年9月15日のリサイタルのプログラムには〈5つの楽器のためのタンゴ〉と書かれていて、この時も実際はそのタイトルで呼ばれていた可能性が高い。63年のCBS盤（#70）ではパート1／パート2と、2つのトラックに分けられていたが、ここではまとめて1曲とみなしている。パート2に当たる部分が、63年の正規録音に比べると、大分ゆったりしたテンポになっているほか、アレンジの細部が異なる。

〈現実との3分間〉は弦楽オーケストラが残した代表的な作品だが、五重奏団による正規録音はなく、1989年の六重奏団で再度取り上げるまで封印されることになるだけに、貴重な演奏。この曲はゴーシスのピアノが最大の聴きどころだが、残念なことにこの曲に限ってピアノの音が小さく、逆にギターが大きい。マイクのセッティング位置がほかの曲とは違ったのだろうか。

〈メランコリコ・ブエノスアイレス〉も弦楽オーケストラの時のレパートリーで、五重奏団による正規録音は存在しない。ゴーシスのピアノ・ソロ、後半のバルダロのヴァイオリン・ソロがいずれも素晴らしい。

〈勝利〉は、『テイク・ミー・ダンシング！』でも録音していた1952年の作品を、初めて本来あるべき姿に編曲し直したものと言えるだろう。曲の出だしで録音レベルを高く取りすぎて音が歪んでいるが、スタートして13～14秒ほどのところでレベルが下げられ、そこからは聴きやすくなっている。スタジオ録音は次の『ピアソラか否か？』（#64）に収録される。

最後はネリー・バスケスが加わっての2曲で、いずれもピアソラの作品ではない。〈クリスタル〉はマリアーノ・モーレス作曲、ホセ・マリア・コントゥルシ作詞のロマンティックな佳曲。テープに問題があったのか、2分57秒のところで音が飛んでいる。これも『ピアソラか否か？』に収録。〈ウノ〉は、同じモーレスの作曲、こちらはエンリケ・サントス・ディセポロ作詞による名曲中の名曲で、ピアソラ＝バスケスによる正規の録音はない。ほとんどイントロなしですぐに歌がスタート、オブリガートにピアソラらしさもうかがわれるが、割とオーソドックスな感じに仕上がっている。バスケスの歌いぶりは実に堂々としている。

ピアソラか否か？

RCAからのもう一枚のアルバム『ピアソラか否か？』の録音は4月3日、7日、17日に行われたが、それに先駆けてエレキ・ギターがマルビチーノから、ジャズ畑出身でタンゴを弾くのは初めてだったが音楽知識の豊富なオスカル・ロペス・ルイス[*11]に交代しているほか、『エンサージョス』同様ネリー・バスケスも参加している（#64）。内容は自作曲がメインの前作とは異なり、タイトルどおり従来のピアソラのイメージを打ち破るべくタンゴの古典曲を中心にバイラブレな（踊りやすい）演奏が並んでいる。実はこれはレコード会社からの要請によるもので、ピアソラの意思を反映させた『ピアソラ、ピアソラを弾く』を録音するのと引き換えに、「魂を少しばかり悪魔に売り渡して」（10年後の本人の弁）売れ線のアルバムも制作するよう仕向けられたのである。

アルバム全体を通して、前作とは音の響きが異なっている点が興味深い。エレクトロ・バンドの使用は前作と同じだが（結果的にこのアルバムが最後となる）、リヴァーブ成分が多めで、ギターの音調も異なる上、ピアノとエレキ・ギターがユニゾンで進行する「シャリン」という技法が随所に使われている。これはジョージ・シアリング（これが訛って「シャリン」となった）の手法を取り入れたもので、これが先に触れたシアリング的感性の具体的表現ということになるが、ヴィブラフォンなしでもこの雰囲気はちゃんと伝わってくる。その結果、いささかイージー・リスニング的なムードも漂わせることとなったが、それもレコード会社の狙いだったかもしれない。

冒頭にはピアソラ自身の出世作である1951年の〈プレパレンセ（用意はいいか）〉が置かれた。弦楽オーケストラで2度録音済みで、本人にとってはすでに〝古典〟というイメージもあったのかもしれないが、さすがに安定感がある。実際にはこのあともしばらくライヴでは演奏を続けることになる。〈ティエリータ〉はアグスティン・バルディの古い作品。ファン・カルーソが詞を付け、1923年にカルロス・ガルデルが録音した。のちにヘスス・フェルナンデス・ブランコが出版用に新たに歌詞を付け、1941年にファン・ダリエンソ楽団（歌：エクトル・マウレ）、48年にアルフレド・ゴビ楽団（歌：エクトル・マシエル）が録音しているが、器楽曲として演奏されることも多い。ここでもインストルメンタルで、確かにダンス向けの明快なアレンジが施されている。

続いてバスケスが2曲歌うが、彼女にとってこれが公式の初録音となった。〈マリア〉はアニバル・トロイロ作曲、カトゥロ・カスティージョ作詞による人気曲で、ピアソラはすでにフィオレンティーノ伴奏楽団で1945年に一度録音している（#6）。シンプルなようでピアソラらしい洒落っ気が随所に顔を出すアレンジに乗せて、バスケスは落ち着いた声を聞かせる。

〈場末のバンドネオン〉はパリで活躍したバンドネオン奏者のファン・デアンブローヒオ・〝バチーチャ〟作曲、パスクアル・コントゥルシ作詞による1926年の作品。作者を含むビアンコ＝バチーチャ楽団、カルロス・ガルデル、アニバル・トロイロ＝ロベルト・ゴジェネチェほか多数のレコードがある。

次の〈贖罪〉（〈私の贖罪〉とされることもある）は、このアルバムの中で最も注目すべき曲で、敬愛するアルフレド・ゴビの作品である。第3章でも紹介したとおり、ゴビは1940年代から50年代にかけて作曲や楽団指揮に優れた才能を発揮してきたが、この時期は重度のアルコール依存症に陥り、かろうじて楽団は率いていたものの、すでに録音活動からは見放されていた。ゴビ自身による1958年のピアノ・ソロや1964年のオルケスタ・ティピカでのスプレンディド放送局出演時の録音は非公式[*12]ながら残されているが、正式な録音には至らなかったこの曲を、ピアソラたちはあまり手を加えずにゴビらしさを再現すべく演奏している。ピアソラも意地で、この知られざる至宝をこの不本意な企画にねじ込んだのだろう。ゴビはこの曲の録音の時スタジオに呼ばれ、演奏を聴きながら泣いていたそうだ。

〈ドン・ファアン〉は、ヴァイオリン奏者のエルネスト・ポンシオが1898年頃作曲した大変古いタ

＊11　オスカル・ロペス・ルイス *Oscar López Ruiz*（1938・3・21～2021・12・24）ギター奏者、歌手、楽団リーダー、作曲家、編曲家。ブエノスアイレス州ラ・プラタ生まれ。兄ホルヘ・ロペス・ルイスはジャズのコントラバス奏者、妻ドンナ・キャロルは歌手。最初はピアノを習い、13歳でギターを手にする。クラシックからジャズに転向し、1954年にアントニオとアルマンド・カローのトニー＝アルマン中米楽団でプロ・デビュー。その後はラロ・シフリン楽団、エンリケ・ビジェーガス楽団などにも参加、ピアソラ五重奏団に参加前の1年間はポピュラー歌手として欧米諸国を巡業していた。ピアソラの各グループで活動する一方で、エラディア・ブラスケス、チコ・ノバーロなどの歌手やフォルクローレ四重唱のクアルテート・スーパイの伴奏、ジム・ホール（g）やガート・バルビエリ（ts）、ディノ・サルーシ（bn）らとの共演も行っている。71年には兄ホルヘへの作曲、ホセ・チェルカスキのテキストによる朗読、コーラス、ジャズのソリストとビッグ・バンドによる組曲『ブロンカ・ブエノスアイレス』の音楽監督を務めた。映画や舞台などの音楽も数多く担当し、妻ドンナ・キャロルの伴奏指揮やジャズの演奏活動を続けた。94年、ピアソラとの活動で得た数々のエピソードをまとめた著書『ピアソラ・ロコ、ロコ、ロコ』を発表した。

ンゴ。ゴツゴツしたリズムの上に、ちょっとした遊び心を加えているが、苦し紛れな様子も見え隠れする。

〈エル・アランケ〉はフリオ・デ・カロの作品。デ・カロ楽団は1934年1月と1951年11月に録音しているが、ピアソラがここで取り上げるまで一般的によく知られる曲ではなかった。とはいってもオスバルド・プグリエーセ楽団やマリオ・デマルコ[*13]楽団の録音もあり、ピアソラ五重奏団と同じ編成のキンテート・レアルも1959年11月に録音しているので聴き比べも面白い。デ・カロからの流れをしっかり受け継ぐバルダロのヴァイオリン・ソロも聴きどころ。

リカルド・ブリニョーロ作〈チケ〉は1950年にオルケスタ・ティピカで録音済みだが（#31）、ここでも比較的正攻法のアレンジが聴かれる。といいつつ「シャリン」の奏法もたっぷり味わうことができ（その後ろで刻まれるキチョのコントラバスのさりげなさが逆にすごい）、それに続くヴァイオリン〜バンドネオンのソロも素晴らしい。

『エンサージョス』にも含まれていた自作曲〈勝利〉では、エレキ・ギターが比較的目立っていて、後半のゴーシスのピアノ・ソロがなんともいえず奥深い。

〈わが両親の家〉は再びバスケスの歌。ファン・カルロス・コビアン作曲、エンリケ・カディカモ作詞の名作だが、コビアンのほかの作品同様、1930年代の作曲当初はあまり注目されず、時代を追うごとに評価が高まった。『ウェルカム、ミスター・ピアソラ』でもバンドネオン・ソロで披露していたピアソラの好みの曲だけに、アレンジは無理がなく、端正なバスケスの歌との相性も良い。

〈クリスタル〉は『エンサージョス』でもバスケスと演奏していたモーレス＝（ホセ・マリア・）コントゥルシの1944年の作品。クリスタルよりも脆《もろ》く崩れた愛、その失恋の思いが美しく歌われる。

〈バンドネオンの嘆き〉はファン・デ・ディオス・フィリベルトが１９１８年に発表した名作。アニバル・トロイロ楽団の十八番としても知られる曲だが、そのアレンジを書いたのはピアソラだった。ここでの演奏は比較的ストレートで、最後にはバンドネオンによるオリジナルの変奏も披露される。

レコード会社は、あとから録音した『ピアソラか否か？』の方を先に発売した。当然こちらの方が大衆にアピールするはず、というのが会社の思惑だったが結果は逆で、『ピアソラ、ピアソラを弾く』の方が好セールスを記録した。ピアソラのタンゴの本質は自作曲の方により濃く表れるということを、すでにこの時点でファンの方がよく理解していたということだろうか。このことについてピアソラ自身も

＊12　アルフレド・ゴビの非公式録音のうち１９５８年のピアノ・ソロは自作ばかり8曲、64年のオルケスタ・ティピカによるスプレンディド放送局出演時の録音は4曲がコレクターの手で秘蔵されてきたが、それらを再現した２０１８年のＣＤ『ゴビ未発表集 *GOBBI INEDITO*』(Los Años Luz LAL128) には、クリスティアン・アサトによるピアノ・ソロ7曲、オルケスタ・エスクエラ・デ・タンゴ・エミリオ・バルカルセによる演奏3曲が収められた。ただし、ゴビ楽団のバンドネオン奏者マリオ・デマルコの編曲による〈贖罪〉のオルケスタ版は、それに先駆けて２０００年にオルケスタ・エル・アランケが録音を実現していた。

＊13　マリオ・デマルコ *Mario Demarco* (1917・8・5〜1970・2・5)
バンドネオン奏者、楽団指揮者、作曲家、編曲家。ブエノスアイレス生まれ。１９３９年、歌手ファニー・ロイの伴奏者としてベルグラーノ放送局にデビュー。40年以降アントニオ・ロディオ、ファン・カナロ、ミゲル・カローらの楽団を経てアルフレド・ゴビ楽団に参加し、第１バンドネオン奏者を務めた。51年に独立し自身の楽団を結成、パテに録音を開始するが54年に解散。その後フリオ・デ・カロ楽団、短期間ゴビ楽団に戻ったのちにオスバルド・プグリエーセ楽団に59年まで参加した。以降は主にエドムンド・リベーロら歌手の伴奏楽団で活動。60年代中期には自主レーベル、ソルフェアンドを設立、その後の活躍が期待されたが病に倒れた。作品に〈エントラドール〉〈パタ・アンチャ〉〈ソルフェアンド〉などがあり、編曲家としてもゴビ楽団やプグリエーセ楽団に貢献した。

「実に貴重な体験だった」と、のちに振り返っている。

独特の熱気に包まれた『エンサージョス』はともかく、RCAに録音された2枚のアルバムには、原点からの再出発といった神妙な雰囲気が感じられる。その後の五重奏団の発展から見ると、まだまだスタートラインに立ったばかりといった感じだが、本領を発揮し始めるのに時間はかからなかった。

そして基盤は固められた

『ピアソラか否か?』の録音から2か月後の6月9日、ピアソラ五重奏団はアルゼンチン出身ながらキューバからメキシコへと活動の場を広げていた歌手、ダニエル・リオロボス[*14]がタンゴを歌うRCAからのシングル〈ガルーア/ウノ〉の伴奏を務める(#65)。これもレコード会社主導の企画だろうが、バイラブレな売れ線狙いという縛りが外れたせいか、その編曲手法は先の2枚のアルバム、特に『ピアソラか否か?』と比べて大きな変化が見られる。一言でまとめると、グンと表現の幅が拡がった、ということになろうか。各楽器の絡みが有機的になり、リズムやフレーズの端々にもひらめきが感じられる。そしてピアソラはここからエレクトロ・バンドの使用をやめ、ノーマルなバンドネオンを弾くようになった。

〈ガルーア(氷雨)〉はアニバル・トロイロ=エンリケ・カディカモ作の1943年のヒット曲で、ピアソラ在籍当時のトロイロ楽団がフィオレンティーノの歌で録音していた。リオロボスはタンゴ歌手ではないが、アルゼンチン人だけあってその唱法には無理がない。

〈ウノ〉は『エンサージョス』にバスケスとの録音が収められていたが、タンゴ本来のオーソドックスなリズムを割と生かしていたバスケス版に比べ、リオロボス版の方は、ピアノの内省的なタッチに導かれ、崇高な雰囲気すら醸し出している。なお、リオロボスとの共演はアルバムに発展するはずだったが、これは実現しなかった。

１９６１年９月、ピアソラ五重奏団は新たに加わった歌手のエクトル・デ・ローサス[*15]を帯同し、初めてモンテビデオを訪れる。この頃の五重奏団＋デ・ローサスにはウルグアイのアンタールへの録音も４曲あり、録音時期と参加メンバーには諸説あるが、この訪問の折に録音されたと考えるのが自然だろう。

＊14　ダニエル・リオロボス *Daniel Riolobos*（1932・12・14～1992・6・17）歌手。メンドーサ州ゴドイ・クルス生まれ。本名ペドロ・ニカシオ・リオロボス。23歳の時ブエノスアイレスに出てデビュー、ロベルト・イングレス楽団などで歌う。その後海外に活動の場を移した。革命前（１９５７～58年）のキューバでフェルナンド・ムレンスの伴奏指揮を得てフィーリン（モダンな感覚のキューバ歌謡）などを歌った録音は、94年に米国ＲＣＡで『ラ・ノーチェ・デ・アノーチェ』としてＣＤ化された。58年メキシコに定住。ここで5年間彼の専属ピアノ奏者を務めたのは、若き日のアルマンド・マンサネーロ（〈アドーロ〉の作者として知られるシンガー・ソングライター）だった。68年にはオスバルド・フレセド楽団との共演で『モーゼの十戒』というタンゴ・アルバムを制作（全曲フレセドとロベルト・パンセラの作曲、ロベルト・ランベルトッチ作詞による書き下ろし）。その後もＯＴＩフェスティバルでの優勝、キューバのトロピカーナでの成功などを経験。89年にはブエノスアイレスのアルベアール大統領劇場でオスカル・ロペス・ルイスが音楽監督を務めたリサイタル・シリーズ『歌手たち』に出演したが、これが最後の自国公演となった。

＊15　エクトル・デ・ローサス *Héctor De Rosas*（1931・10・2～2015・7・26）歌手、ギター奏者。ブエノスアイレス生まれ。本名エクトル・アンヘル・ゴンサーレス。子どもの頃はコーラス・グループで歌い、ギターも習う。１９４７年、ベルグラーノ放送局の新人コンクールで優勝し、以後オスマル・マデルナ、ペドロ・ラウレンス、フロリンド・サッソーネ、エドゥアルド・デル・ピアノ、オスバルド・レケーナ、オスバルド・フレセドなどの楽団で歌う。61年、ピアソラ五重奏団に参加、65年にはホセ・バッソ楽団に参加した。78年にはソロ歌手として唯一のアルバム『タンゴの声』をトローバからリリースしている。

ＬＰの片面にその4曲が収められた『バングアルディア』は、オラシオ・サルガン楽団（歌：エドムンド・リベーロ）の1957年録音とのカップリングというフォーマットで発売された（＃66）。〈勝利〉〈アディオス・ノニーノ〉はＲＣＡでも録音していた曲だが、こちらの方がはるかに出来は良い。ライヴを重ねた成果が反映されたのだろう、密度も濃くエネルギッシュな演奏に仕上がっている。バルダロの演奏のこなれ方もさすがだし、〈勝利〉のバンドネオンのスピード感はたまらない。デ・ローサスが歌う〈めぐり逢い〉はピアニストのホセ・ティネリ作曲、エンリケ・カディカモ作詞による1939年の作品。ロマンティックな曲調を際立たせるアレンジが見事だ。〈ノスタルヒアス〉は、ニューヨークでのオーケストラ編成での録音が当時は未発表に終わっていたコビアン＝カディカモの傑作。グループに溶け込んだロペス・ルイスのエレキ・ギターを中心とした内省的なアレンジが新しい。デ・ローサスの歌は真面目で端正なものだが、五重奏団の目指す方向にはぴったりと合致するものだった。

9月15日、ピアソラ五重奏団とデ・ローサスは、モンテビデオにある週刊誌『マルチャ』の講堂にてライヴを行った。プログラムに掲載されているのは次の19曲である。

チケ／エル・レティラオ／バンドネオンの嘆き／スール／ウノ／プレパレンセ／勝利／アディオス・ノニーノ／下り坂／マレーナ／タンギシモ／92丁目通り／デカリシモ／カランブレ／ロス・ポセイードス／ロ・ケ・ベンドラ／現実との3分間／コントラバへアンド／5つの楽器のためのタンゴ

この模様はモンテビデオのラジオでも放送されたが、その時の録音が残されている。ただし手元にあるのは全曲ではなく〈カランブレ〉までの14曲。音質も悪くなく、スタジオ録音より演奏は自由奔放で勢いもある。

最後の〈5つの楽器のためのタンゴ *Tango para cinco instrumentos*〉とは前述のとおり、『エンサージョス』にも含まれていた、のちの〈ある街へのタンゴ〉のことである。そして、ここでしか聴けないのが〈エル・レティラオ *El retirao*〉（単に〈レティラオ〉と表記されることも多い）。1900年頃活躍していた創成期のヴァイオリン奏者であるカルロス・ポサーダスが作曲した大変古い作品で、タイトルは「引退した人」という意味。カルロス・ディ・サルリ楽団、オラシオ・サルガン楽団、アニバル・トロイロ楽団などがレパートリーにしていた。『ピアソラか否か？』に入っていてもおかしくない曲だが、ライヴならではの高揚感もあり、とても良い演奏でお蔵入りさせるにはもったいないほどだ。

『ピアソラか否か？』からは自作2曲を含む4曲が主に前半に、『ピアソラ、ピアソラを弾く』からは中盤以降に8曲が演奏されている。デ・ローサスは、アンタールに録音した2曲ではなく、このあと12月にRCAに録音することになる4曲中3曲を披露しているが、もう1曲の〈ウノ〉は、ホルヘ・ソブラルとの『ウェルカム、ミスター・ピアソラ』出演時の演奏とも、ネリー・バスケスとの『エンサージョス』での演奏とも、ダニエル・リオロボスとの録音ともまったくアレンジが異なり、ヴァイオリンのオブリガートを従えたバンドネオンのソロからスタートしている。いろいろなアレンジを歌手によって実験的に試していたのだろうか。そしてアルバム未収録のインストルメンタルからもう1曲、『エンサージョス』には含まれていた〈現実との3分間〉が演奏されたことになる。

10月には五重奏団とデ・ローサスで初めてブエノスアイレス州バイア・ブランカを訪れ、イサベル・サルリという映画館でコンサートを行った。

12月7日には前述のとおり、改めてエクトル・デ・ローサスの歌う4曲を集めた7インチ盤が録音される（#67）。冒頭に、モンテビデオ公演では歌われなかった〈恋する私〉が収められている。これは古典ではなく当時の新作で、オスバルド・フレセド楽団のピアニストを務めたホセ・マルケスが作曲、フレセドの甥（兄で作詞家のエミリオの息子）のオスカル・フレセドがオスカル・シートの筆名で作詞し、1961年5月にフレセド楽団がウーゴ・マルセルの歌で録音していた。もともとロマンティックな曲調だったが、ピアソラはアレンジを大胆に変えて、落ち着いた雰囲気のピアノから始まり、間奏の部分をワルツにするという、実に洒落た構成にまとめた。

以下3曲はモンテビデオで披露済みのもの。〈下り坂〉はカルロス・ガルデル＝アルフレド・レ・ペラによる1934年のガルデル主演同名映画主題歌。ピアソラらしい遊び心に満ちたイントロが付くが、ピアソラにとってはこれが唯一の録音となった。

アニバル・トロイロ作曲、オメロ・マンシ作詞による1948年の大傑作〈スール（南）〉にもいろいろ工夫が凝らされているが、原曲のもつメロディーの良さはちゃんと生かされている。

〈マレーナ〉も作詞はマンシ。1941年末にブラジルのポルト・アレグレを訪れた際、マレーナという女性がタンゴを歌うのを聴いて歌詞を書きとめ、それにルシオ・デマレ（エルビーノ・バルダロと短期間組んだデマレ＝バルダロ楽団のエピソードは82頁に書いた）が曲を付けた。デマレ楽団（歌：ファアン・カルロス・ミランダ）による初演後、ピアソラ在籍時のアニバル・トロイロ楽団がフィオレンティーノの歌で初録音（1942年1月）。これも1940年代の歌のタンゴの傑作として広く歌い継がれている曲で、原曲のよさをうまく生かしたアレンジが施されている。ちなみにピアソラは、デ・ローサスがライヴで歌った〈ウノ〉と〈スール〉〈マレーナ〉を1967年に改めて、大編成オーケストラによるインスト曲として再録音することになる（#81）。

これら1961年後半の録音を聴いてみると、『ピアソラか否か？』から数か月程度で随分変化したものだとも思うが、考えてみれば、結成から最初のアルバム2枚の録音までの時間の短さ、特に後者ではレコード会社の意向に沿ったアルバム制作を余儀なくされたことを考えれば、この軌道修正もごく自然なものと捉えるべきだろう。

もう一つ、この時点で固まってきたのが、エレキ・ギターの役割である。特に『ピアソラか否か？』の録音時、ロペス・ルイスは参加したばかりで、どことなく浮いた感じがしていた。その後は音色も定まったようだし、音量レベルも抑え気味にした結果、全体とのバランスがずっと良くなった。これ以降、ピアソラ五重奏団にとってのギターは、あまり主張することなく裏方に徹することによって、より貢献度を高めていくのである。

さらに、エルビーノ・バルダロのヴァイオリンが果たす役割も大きかった。バルダロは当時、『デモクラシア』紙からの「なぜピアソラと演奏しているのか」という質問に、こう答えている。


「私は自分のことは勉強熱心な音楽家だと思っているけれど、ピアソラは有能な男で、本当に才能があるね。私は楽しいから彼と一緒に演奏しているんだ。彼のことは紹介するまでもないと思うけれど、彼にすごいところがたくさんある中で、演奏家から見てすごく重要な、新しいタンゴを演奏する満足感を高めてくれる点を強調しておこう。アストルの編曲がどれだけ私たち一人ひとりを捉えて理解しているか。これは驚くべきことなんだ。フランチーニやサルガンのために書くように、私のために書いてくれる。だって、私はフランチーニでもサルガンでもないし、フランチーニとサルガンもお互いに違うからね。これは演奏家にとって大事なことなんだ。五重奏団がいつも熱っぽく楽しそうに演奏していると評判になって、観客からも注目されるようになったのは、私たちに対する彼の解釈のお陰なんだよ」

このように演奏を楽しんでいたバルダロだったが、まもなく五重奏団を去ることになる。彼の引退に伴い、若き逸材であるアントニオ・アグリ[*16]が参加することで、結果的にピアソラ五重奏団の方向性が明確に定まることになる。

アントニオ・アグリ

バルダロはピアソラにとってかけがえのない人物だったし、その名人芸は他の追随を許さないものだったが、50代後半にして引退を表明した。代わりのヴァイオリン奏者を探していたピアソラは、ロサリオ市に注目すべき奏者がいるとの話を聞きつけた。それが当時29歳のアントニオ・アグリだった。最初はオーディションを電話でするなどという冗談めいた話をしていたらしいが、結局は1961年10月27日、ピアソラの自宅でオーディションが行われた。ロサリオに戻ったアグリのもとにピアソラから電話があったのは、暮れも押し詰まった頃のこと。そして、レパートリーの楽譜一式と走り書きのメモが送られてきたのだった。

アグリの参加と時を同じくして、ピアニストも名手オスバルド・マンシ[*17]に交代している。だがゴーシスもピアソラのもとを離れてしまったわけではなく、以後五重奏団および五重奏団＋αの編成において、そのピアニストの座は概ねゴーシスとマンシのどちらかが担当していく形となる（詳しくは後述するが、時期によりオスバルド・タランティーノらも参加)。

新生ピアソラ五重奏団はCBSと契約、「アストル・ピアソラ・イ・ス・キンテート〝ヌエボ・タンゴ〟(アストル・ピアソラと彼の〝新タンゴ〟五重奏団)」の名のもとに最初のアルバムをリリースする。

＊16 アントニオ・アグリ *Antonio Agri* (1932・5・5〜1998・10・17)

ヴァイオリン奏者、楽団指揮者、作曲家。サンタフェ州ロサリオ生まれ。デルミディオ・グアスタビーノに学び、1947年にコルドバ州コルドバのとある四重奏団の一員としてプロ・デビュー。ホセ・サラ、ホセ・コルナらの楽団を経て、50年代後半には地元ロサリオでアントニオ・リオス(bn)、ホセ・プエルタ(p)、オマール・ムルタ(b)との四重奏、ロス・ポエタス・デル・タンゴや、オスカル・トーレス(bn)とのトーレス゠アグリ弦楽五重奏団を結成、またロサリオ交響楽団にも参加。62年からピアソラの各グループの第1ヴァイオリンを担当したが、その一方でアニバル・トロイロ、オスバルド・フレセド、マリアーノ・モーレス、オラシオ・サルガンらの楽団にも参加。74年、コロン劇場管弦楽団入りを果たし、自身の弦楽グループでのリハーサルも開始した。76年、ピアソラと袂を分かち、コロン劇場も辞してアントニオ・アグリ・イ・ス・コンフント・デ・アルコス(アントニオ・アグリと彼の弦楽グループ)でのステージ活動を開始。77年から81年にかけてCBSからアルバム3枚をリリースしたが、レパートリーはタンゴ、クライスラーやブラームスらのクラシック、それにビートルズの〈イエスタデイ〉などだった(編曲はアキレス・ロジェーロ、ロドルフォ・アルチョウロン、ホセ・カルリらが担当)。その後はブエノスアイレス市立タンゴ・オーケストラなどに参加、85年にはピアソラ五重奏団に復帰したが、直後に交通事故で重傷を負いリタイア。リハビリ後ブエノスアイレス市立タンゴ・オーケストラに復帰、87年頃からフアン・ホセ・モサリーニ(bn)との共演を始める。89年、大編成のシンフォニック・タンゴ・オーケストラを率いて初来日。91年にはダニエル・ビネリ(bn)、グスタボ・フェデル(p)、ギジェルモ・フェレール(b)と連名でメロペアにアルバム『記憶とタンゴ』を録音(全曲フェデル作)、メロペアからはその後リーダー作を3枚発表している。94年以来モサリーニ゠アグリ五重奏団のメンバーとして4年連続して来日を果たしたが、98年にエンリケ・ムンネ(p)と録音したデュオ・アルバム『めぐり逢い』が遺作となった。ゲスト奏者、スタジオ・ミュージシャンとして参加した録音は数知れない。息子のパブロ・アグリ(1968)もヴァイオリン奏者として多方面で活躍中。

1962年7月（1曲のみ6月）に録音された『われらの時代』（#68）の冒頭を飾ったのは〈天使へのイントロダクション〉〈天使の死〉の2曲。弦楽オーケストラによって録音された〈天使のタンゴ〉に続く『天使』シリーズの続編である。

〈天使へのイントロダクション〉では落ち着き払った雰囲気の中、ブエノスアイレスの場末の共同住宅に住む人々の魂を浄化すべく天使が登場する様子が描かれるが、速いテンポのフーガでスタートする〈天使の死〉では、やくざ者との絶望的な闘いの末に、天使に早くも死が訪れる。そして、やがてこの天使は甦ることになる。

この2曲および、この時同時に書かれ1965年に録音されることになる〈天使のミロンガ〉〈天使の復活〉の計4曲は、劇作家のアルベルト・ロドリゲス・ムニョス[*18]の脚本・監督による、3幕から成る舞台『天使のタンゴ』のために書かれたもの。この舞台は1962年3月21日にサンテルモ劇場で初演されたが、この作品自体が弦楽オーケストラ時代の〈天使のタンゴ〉からインスピレーションを得たものである。舞台のための『天使』シリーズ4曲中〈天使へのイントロダクション〉を除く3曲は、その後ピアソラの重要なレパートリーとなった。

デ・ローサスの歌う〈悲しいミロンガ〉は1937年の作品で、セバスティアン・ピアナ作曲、オメロ・マンシ作詞による、田園調のスローなミロンガの傑作。深いリヴァーブをかけられたヴァイオリンとエレキ・ギター、コントラバスのトリオによる伴奏である。この編成にした理由についてピアソラはライナー・ノーツで「曲全体を中世の雰囲気にしたかったから」と説明している。

デ・ローサスの残り2曲のうち、1960年にスプレンディド放送局でネリー・バスケスが歌っていた〈バラの河〉は、〈フヒティーバ〉以来のピアソラとフアン・カルロス・ラマドリーとの共作。歌詞における独特の文学的表現は、ブエノスアイレスの伝統とも密接に結びついているように思える。〈すべては過去〉の作詞は、当時18歳だった娘のディアナ・ピアソラ。[*19] 詩人を目指していた彼女の生々しい

＊17　オスバルド・マンシ *Osvaldo Manzi*（1925・8・25～1976・4・18）
ピアノ奏者、楽団指揮者、作曲家、編曲家。ブエノスアイレス生まれ。国立音楽院などで学び、１９４０年代にはフロリンド・サッソーネ、エルビーノ・バルダロ、エドガルド・ドナート、マヌエル・ブソン、ホアキン・ド・レジェス、エンリケ・アレシオなどの楽団に参加、49年には自身の楽団も結成している。53年にはウーゴ・バラリス、エクトル・マリア・アルトーラの楽団に参加、54年にはアルベルト・マリーノの伴奏楽団を指揮、そして同年から57年までカルロス・フィガリのあとを継いでアニバル・トロイロ楽団の4代目のピアノ奏者の座に就いた。57～58年にはオスバルド・プグリエーセ楽団の録音でマエストロ不在時の代役も務めている。59年にはエドゥアルド・ロビーラを編曲家兼第1バンドネオン奏者に起用して自身の楽団を結成、オデオンにＳＰ１枚を残した。同年にはそのロビーラとキチョ・ディアス、そして女性歌手シルビア・デル・リオ（のちにネリー・バスケス）とロス・クアトロを結成。62年から74年まで、幾度かのインターヴァルをおいてピアソラの各グループに参加。その一方でエドゥアルド・ロビーラの現代タンゴ集団に参加したり、ＴＶ11チャンネルで音楽ディレクターを務めたりもしている。66年頃、ルベン・ルイス（g）、ベニーニョ・キンテーラ（b）とのトリオでミクロフォンにアルバム『視聴覚のタンゴ』を録音。同レーベルにはもう1枚、八重奏団を率いてのカルロス・ディ・サルリ・スタイルによるアルバムもある。68年にはティア・レオノール・イ・スス・ソブリーノス（レオノール叔母さんと甥たち）なる変名楽団でトローバにロックンロール調タンゴ・アルバムを録音。70年代にはフアン・ホセ・モサリーニ（bn）らを迎えて四重奏団を結成したが、ほとんど活動することなく終わった。

＊18　アルベルト・ロドリゲス・ムニョス *Alberto Rodríguez Muñoz*（1915・9・3～2004・9・13）
劇作家、随筆家、舞台演出家、詩人、教育者。ブエノスアイレス生まれ。雑誌『プラテア』『ヘンテ・デ・テアトロ』『オディセア』の編集長を務め、１９４８年に新劇芸術協会を設立。ピアソラの音楽を得た『天使のタンゴ』『美しきメレニータ』のほか『4つの時間』『ルナ・ネグラ』『オルフェウスのタンゴ』『伝記作家』など、合計67本もの戯曲を書いている。アルゼンチン作家協会の副会長を務めた。

表現は、ひりひりした痛みを伴う。アグリによる間奏のヴァイオリン・ソロが、これまたすごい。

〈帰りのない旅〉についてピアソラは「若き作曲家アルベルト・コロナートのインスピレーションに満ちた作品を〝タンゴ・レクイエム〟風にアレンジした」と書いているが、作者のコロナートについてはほとんど情報がない。バンドネオン奏者で作編曲家であったらしいこと、音楽教師として若き日のオスバルド・モンテスやダニエル・ビネリ（bn）、ルイス・ボルダ（g）に和声を教えたことぐらいしかわかっていない。SADAIC（アルゼンチン作詞家作曲家協会）に登録された彼の作品も、1961年登録の本作と登録年不明の〈3つの印象 *Tres impresiones*〉の2つしかなく、楽譜も残されていないため、ピアソラが原曲にどの程度手を加えたのかもわからない。

〈イマヘネス676《セイス・シエテ・セイス》〉は、タイトルどおりピアソラが本拠地にしたクラブ「676」を題材にしたもので、緊張感あふれる演奏はアルバム中の白眉。中盤で3＋3＋2の力強いリズムが効果を上げ、終盤は4分の3拍子となる（聴感上は2小節で4＋2拍子）。この曲はその後封印され、1989年の六重奏団で復活する。

アルバムのタイトルにもなった〈われらの時代〉は、1962年8月に書かれた（とピアソラはライナーに書いているが、2005年のリマスター盤CDのクレジットによると、この曲の録音はアルバムで一番早く6月14日である）、アルバム中の最新曲。ピアソラによる現代ブエノスアイレスの表現の一つで、ピアノが効果的に使われている。

〈シンプレ〉はスケールの大きな作品だが、この曲は五重奏団に加わったばかりのピアニスト、マンシの作曲家としての代表作である。同曲をマンシ自身のトリオで録音されたヴァージョンと聴き比べると、ここではピアソラによってかなり手を加えられていることがわかる。速いテンポと遅いテンポの対比が絶妙。

ファン・カルロス・コビアン作〈酔いどれたち〉はブエノスアイレス八重奏団に続き2度目の録音だが、なんといっても対位法を駆使したアレンジが最高で、この名曲の本質を見事にえぐり出すとともに、新たな命をも吹き込んでいる。

ところでマリア・スサーナ・アッシとサイモン・コリアーの共著『ピアソラ その生涯と音楽』には、1962年9月から10月にかけて南アメリカを訪問した米国人福音伝道師ビリー・グレアムのためにピアソラは編曲と録音を行った、との記載がある。著者（アッシ）に直接確認してみたが、残念ながらそれ以上の詳細は一切不明とのことだった。

録音は続いていく

1962年12月には、五重奏団にかつてのスプレンディド放送局出演時のように弦セクションを加え、コルドバ出身の歌手ロベルト・ジャネス[*20]とともに4曲を録音する。これはEP『ロベルト・ジャネス、

*19　ディアナ・ピアソラ *Diana Piazzolla*（1943・7・25〜2009・7・3）
詩人、作家。ブエノスアイレス生まれ。アストル・ピアソラとデデ・ウォルフの娘。18歳の時に最初の詩集『私と今世紀』を出版。父の2作品、〈すべては過去〉〈悪漢へのレクイエム〉の作詞を手がける。1974年、政治的な理由からメキシコに亡命し、新聞社で働いたりしながら10年間を過ごす。その間に執筆活動を再開し、短編小説集『亡命についての20の物語』を発表。87年、父の伝記『アストル』を出版。2000年11月、2作目の小説『もし彼について聞かれたら』がレオポルド・マレシャル・コンクールで第3位を受賞。06年3月、文化庁長官から第21回マル・デル・プラタ国際映画祭に招待されたタイミングで、父の生誕85周年に合わせて加筆修正した新版『アストル』を発表した。

タンゴを歌う』としてリリースされたが、前年のダニエル・リオロボスとのシングルと同様、国際的な（あるいはその方向を目指す）自国のポピュラー歌手とピアソラを組み合わせて新たにタンゴを歌わせるという、レコード会社主導の企画だったと言えるだろう（＃69）。

〈ブエノスアイレスの喫茶店〉は「46年のオルケスタ」でもアルベルト・フォンタン・ルナの歌で録音していた（＃27）、マリアーノ・モーレス作曲、エンリケ・サントス・ディセポロ作詞による１９４８年のヒット曲。ジャネスの甘い歌声は、タンゴ専門の歌手とは違った味わいがある。

〈椿姫〉は有名な同名のオペラのヒロインを歌った作品。タンゴ界では珍しい黒人バンドネオン奏者、ホアキン・モラの作曲、新聞記者で歴史家でもあったフリオ・ホルヘ・ネルソンの作詞で、１９３３年に発表された。ほとんどイントロなしで歌に入る出だしがなんとなく不自然だが、編集でカットしてフェイド・インにしたのだろうか。

〈フイモス（昔のふたり）〉は弦楽オーケストラでも録音していたホセ・ダメス＝オメロ・マンシの作品。

〈グリセータ〉は、ロマンティックな作風に定評のあったピアニストのエンリケ・デルフィーノ作曲、ホセ・ゴンサーレス・カスティージョ作詞による佳曲。１９２４年10月にサルミエント劇場の舞台『ラッティ・クルトゥーラは本日放送 *HOY TRANSMITE RATTI CULTURA*』の中でラウル・ラボルデが初演、同年のうちにカルロス・ガルデルが録音している。叙情的なタンゴを意味する「タンゴ・ロマンサ」という形式名で書かれた最初のタンゴで、タイトルは女性の名前だが、お針子など粗末な灰色の服を着た労働者階級の女性を指すフランス語のグリゼット *grisette* から採られている。

続いてキンテート〝ヌエボ・タンゴ〟によるＣＢＳ移籍後の第２弾として１９６３年３月〜４月に録音された『ある街へのタンゴ』も、アルバムの傾向は前作とほぼ同一だが、やや内省的雰囲気が強調されている（#70）。

2つのパートに分けられた〈ある街へのタンゴ〉（旧題〈5つの楽器のためのタンゴ〉）は『エンサージョス』でその原型が聴けるが、アレンジの精度が高められていることは言うまでもない。2年前の時点でアレンジに変更の余地ありと感じたからこそ、時間をかけて練り直したのだろう。パート1の〝静〟とパート2の〝動〟の対比も見事。

〈ブエノスアイレスの喫茶店〉はロベルト・ジャネスとオーケストラ編成で録音したばかりだが、アレンジはまったく異なる。五重奏団の一人ひとりとデ・ローサスとの一体感は格別。

〈イラクンド〉は「怒り狂う」とか「激しい」という意味で、そのとおりのリズミカルな曲。一転して内省的な次の曲〈エクスタシー〉と、ここでの2つの新作は今日ではほとんど忘れられた曲となってしまったが、やはり当時のピアソラの進化を示した作品として再認識しておきたい。特に〈エクスタシー〉はダビド・ホセ・コーン[21]監督の1969年の映画『つかの間の天国』（#F33）で、テーマ音楽として印象的な使われ方をしていた。

〈レビラード〉は明るめの曲調で始まり、〈デカリシモ〉にも通じる感覚がある。1980年代の五重

＊20　ロベルト・ジャネス *Roberto Yanés*（1932・8・25～2019・5・30）
歌手、ピアノ奏者。コルドバ州コルドバ生まれ。本名ロベルト・ジャナコーネ・ガレラーノ。8歳でピアノを始め、ジャズのグループなどにも参加。やがてベルグラーノ放送局でボレロを歌って認められ、コルンビア（CBS）から歌手デビュー。1958年には新人賞も獲得している。63年頃には活動の拠点を海外に移し、60年代半ばには「アルゼンチンのロマンティックな歌声」のキャッチフレーズのもと、米国や中南米諸国で人気を博す。一方で66年にはオスバルド・フレセド楽団に客演してのタンゴの録音も若干残している。92年までに録音したアルバムの数は41枚に及んだ。

奏団でも頻繁に演奏されたからお馴染みだろう。曲が始まってしばらくしてカカカカッと鳴る音は、アグリが左手の薬指の指輪でヴァイオリンのスクロール（渦巻き）の部分を叩いて出している。「結婚していないと、この曲は弾けないんだ」とアグリは冗談を言っていた。この曲を演奏している映像については後述する。

ピアソラの親友で外交官のアルビーノ・ゴメスが作詞した〈ふたりの世界〉は、美しい曲調にデ・ローサスの味わいのある歌い口が溶け込んで、のちの『ブエノスアイレスのマリア』の萌芽といった趣もある。後ろで女性歌手がソプラノでスキャットしている。

〈ブエノスアイレス零時〉は、コントラバスのシンプルなフレーズをもとに深夜のブエノスアイレスの情景を見事に描き切った傑作の初演。天才キチョあってこそ生まれた作品と言える。シンプルにもかかわらず大変奥が深く、ピアソラの全作品中でも十指に数えられるだろう。その後も異なった編成で演奏され続けることになる。

〈マキシャーヘ（化粧）〉はビルヒリオ・エスポシト作曲、兄のオメロ・エスポシト作詞による1956年の作品で、1974年にロベルト・ゴジェネチェが歌ったあたりからよく知られるようになった。どちらかというと玄人受けする内容なので、逆にピアソラとデ・ローサスにはよく合っている。〈フラカナパ〉にもピアソラらしいリズムが生かされている。これも1980年代の五重奏団で再度注目され、名盤『ライヴ・イン・ウィーン』ではオープニングを飾ることになる。

CBS移籍後の2枚のアルバムを通して言えることは、演奏の充実ぶりもさることながら、その作風の変化である。一言で言えば、より現代的になったというか、情景描写が巧みになった感じがする。そして随所に、今日の聴き手がピアソラらしいと感じやすいだろういくつかの特徴的なフレーズやリズム・パターンが顔を出していることに注目したい。

１９９７年、２枚組の編集盤ＣＤ『ピアソラのすべて』（＃71）に収録された五重奏団＋デ・ローサスによる〈フイモス（昔のふたり）〉（録音年月日不明）は、長く未発表だったものである。これもジャネス＋オーケストラで録音済みの曲だが、アレンジは確実に進化しているので、『ある街へのタンゴ』と同時期の録音と考えてよさそうだ。

スタジオ・ライヴの迫力

１９９３年にメロペアからリリースされた『天使へのイントロダクション 第１集』は、１９６３年７月27日、８月24日、９月７日の３回にわたりブエノスアイレス市立放送局講堂で収録された貴重なラジオ放送用スタジオ・ライヴ録音の復刻（＃72）。ただし、観客のいないホールでの録音なので、ライヴ特有の高揚感とはちょっと違う結果になっている。こうした未発表録音の復刻は以後メロペアでシ

＊21 ダビド・ホセ・コーン *David José Kohon*（1929・10・18～2004・10・30）映画監督、脚本家。ブエノスアイレス生まれ。１９５９年の短編『ブエノスアイレス』は、５人の監督が58年から64年にかけて撮った５つの短編を集めた66年のオムニバス映画『チェ、ブエノスアイレス』に収められた（巻末の『シャツを着たブエノスアイレス』〔＃F27〕の項参照）。60年代から80年代前半にかけて７本の長編映画を監督・脚本ともに手がけた。最初に公開された長編映画は３つのエピソードから成る61年の『アナは３回』だが、翌62年になって公開された『夜に囚われた者たち』（＃F19）の方が撮影は先に行われていた。その作品と同様にピアソラの既成の音楽を効果的に使った『つかの間の天国』（＃F33）で70年のアルゼンチン映画批評家協会脚本賞を受賞し、その後『コン・アルマ・イ・ビダ（魂と生命をもって）』（＃F38）『秋ってなに？』（＃F51）ではピアソラに音楽を依頼した。60年代には国際的な映画祭で２回ほど賞を獲得している。

最強の五重奏団。左からアグリ、ロペス・ルイス、ピアソラ、キチョ、ゴーシス

バド・シャンクとのセッション（1964年8月、シティ・ホテルにて）。左からロペス・ルイス、キチョ、シャンク、ピアソラ、ミゲル・セリンヘル（司会者）、アグリ

『エル・タンゴ』制作時、録音スタジオにて。左からリベーロ、ボルヘス、ピアソラ（雑誌『ビシオン』1965年12月24日号より）

映画『パウラ・カウティーバ』（1963年）の1シーン

エルネスト・サバトと〈英雄たちと墓へのイントロダクション〉録音時（1963年10月）

新八重奏団と司会者のピポ・マンセラ（1963年）　左からパローネ、ゴーシス、アグリ、ピアソラ、ハコブソン、ブラガート、ロペス・ルイス、キチョ、マンセラ

リーズ化されるはずだったが、結局これ1枚で終わってしまった。

レパートリーは、すべて五重奏団で過去に録音されているものばかりで、アレンジも細部を除けば同じ。デ・ローサスの歌は入らず、すべてインストルメンタルである。全11曲中、RCA時代のものが〈92丁目通り〉〈アディオス・ノニーノ〉〈チケ〉〈プレパレンセ〉〈ロス・ポセイードス〉〈ロ・ケ・ベンドラ〉の6曲、CBSに移ってからのものが〈天使へのイントロダクション〉〈天使の死〉〈ブエノスアイレス零時〉〈フラカナパ〉〈レビラード〉の5曲。

こうして新旧の作品が並べられると〈プレパレンセ〉などはさすがにいささか古めかしく感じられてしまう。それはともかくとして、ここでの演奏、特にアグリ参加以前に録音されていたレパートリーはスタジオ録音以上の迫力で、当時の五重奏団の勢いを伝えてあまりある。特に〈アディオス・ノニーノ〉〈チケ〉などは、RCA録音とアレンジは同一ながらその演奏はまるで別物といった感じで、〈アディオス・ノニーノ〉にはアンタールでの優れた録音もあったので、バジュール～バルダロ～アグリの聴き比べもできる。アグリのヴァイオリンは、前任者たちの影などまったく感じさせないばかりか、随所に彼ならではのひらめきを発揮した見事な演奏ぶりで、全体の鍵を握っている。

ピアノは再びゴーシスが担当しているので、マンシとの奏法の違いも興味深いところだが、五重奏団のレパートリーでマンシとゴーシスが同じ曲を録音しているのは、本文中で紹介している非公式ライヴ録音を除けば、ここに収められたCBS移籍後の5曲がすべて。〈天使へのイントロダクション〉以外の4曲はパブロ・シーグレル[*]を擁した1980年代の五重奏団でも取り上げられているので、マンシ～ゴーシス～シーグレルの聴き比べもできる。ただし、ピアノのソロらしいソロがフィーチャーされるのは〈フラカナパ〉のみ、しかも基本的に譜面どおりなので、微妙なニュアンスの違いは身体で感じとるしかないのだが。

正確な時期は不明だが、１９６３年頃および66年頃の一時期、五重奏団のピアニストはオスバルド・タランティーノが担当していた。タランティーノを含むこの時期の五重奏団の録音は残されていないが、第6章で紹介する１９７３年のタランティーノの加わった五重奏団の録音を聴く限り、そのピアノは強烈な個性を放っている。またこの頃か１９６６年頃のゴタン出演時、やはりピアニストとしてグスタボ・ケレステサチ[*22]がごく短期間参加したこともあったはずだが、共演の記録は残されていない。

続いて新八重奏団の結成へと進んでいくのだが、１９６２年以降に手がけたいくつかの映画音楽がその結成への布石となっていたと思われるので、先に紹介しておこう。

エミリオ・ビエイラ監督の『偽りの裏に』は１９６２年12月12日公開（＃F20）。五重奏団の演奏ですべてをまかなった『国立学校5年生』とは異なり、五重奏団の演奏はレコードから〈タンギシモ〉〈92丁目通り〉の断片が使用されるのみで、フルートや鍵盤打楽器などを組み込んだ大編成のオーケストラによる音楽が基調となっている。いささか大仰なその響きは、反共産主義のプロパガンダ的なサスペンス仕立ての深刻な内容に、確かにマッチしている。終盤で流れる音楽に、のちにアメリータ・バルター

＊22　グスタボ・ケレステサチ *Gustavo Kerestezachi*（1942・8・3〜2003）
ピアノ奏者、楽団リーダー、作曲家。１９５０年代からジャズのピアノ奏者として活動、60年には自身の六重奏団を率いて、バークリー音楽院に捧げた〈バークリー・ワルツ〉を医科大学の大講堂で初演。ピアソラとの共演はごく短期間に終わった。70年頃にはアダルベルト・セバスコ（b）、ポチョ・ラポウブレ（ds）とのピアノ・トリオでトノディスクにアルバムを録音している。82年頃にはパリのライヴハウス「トロトワール・ド・ブエノスアイレス」で女性歌手ハシンタの伴奏を務めるなど、タンゴの演奏活動も行った。

ル*が歌うことになる〈金星の女たちの歌〉(#99に収録)の原型と思えるようなメロディーの曲があり、これは五重奏団+弦セクションによって演奏されている。なお、同じ監督による1963年6月公開の『ラ・フィン・デル・ムンド』は、オスカル・フレセド(#67の〈恋する私〉の作詞者、ここでは本名)が歌詞を付けた主題曲の楽譜は残されているものの、映像も音声も確認できていない(#F22)。

『国立学校5年生』のロドルフォ・ブラスコ監督は、公開後の1961年10月26日に事故死したが、生前に撮り終えていて遺作となったのが、1963年2月28日公開の『神に会えるであろう者たち』(#F21)。中絶をテーマにしたこの映画では、編成はさまざまだがフルートやバンドネオン、ストリングスを中心に、ピアソラらしいメロディーが散りばめられたカラフルな音楽がそこかしこに使われている。1964年に五重奏団で録音される〈ルンファルド〉(『モダン・タンゴの20年』〔#75〕に収録)の原型のようなリフレインに、ストリングスによるメロディーが乗る曲もある。終盤で流れるポップでメロディアスな曲は、アップデートされた最新のピアソラの作風を、ハープを入れた50年代当時の弦楽オーケストラ風の編成で表現するという興味深い趣向。なお、この映画のために書かれたうちの2曲は、6月30日にブエノスアイレス市立放送局で、タイトルを付けないまま演奏されたとのことだ。

1963年9月25日公開の『パウラ・カウティーバ』は、『土曜の夜は映画』(#F16)以来のフェルナンド・アジャラ監督とのコラボレーション第4作で(#F23)、ナイトクラブで本人が〈レビラード〉を演奏する場面も30秒ほどある。音は『ある街へのタンゴ』(#70)からだが、指の動きと音がちゃんと合っているのは評価したい(ほかのメンバーはシルエット)。物悲しいテーマ音楽はフルート、弦楽四重奏(たぶん)、エレキ・ギター、コントラバス、グロッケンシュピール、パーカッションによるもので、新八重奏団の響きに近い。この映画の制作時期、すでに新八重奏団での活動は始まっていたと思われ、録音参加メンバーのうちフルートはホルヘ・バローネ、[*23] パーカッションはレオン・ハコブソン[*24] という、いずれもコロン劇場管弦楽団から新八重奏団に呼ばれた新メンバーで間違いないだろう。ダンスホールの場面でステージ奥の、遠目では六重奏で演奏される古典タンゴ風のオリジナルは、実際にはエレキ・ギター抜きの四重奏で演奏されているようだ。そのほか、フルートとエレキ・ギターがメインのボサ・ノヴァ・タッチのBGMや、主役のパウラ（スサーナ・フレイレ）がギター弾き語りで歌うスローなミロンガ〈パウラ・カウティーバ〉（作詞はアルビーノ・ゴメス）、牧場でのガウチョの紹介場面で流れるシンフォニックなフォルクローレもある。

新八重奏団

ＣＢＳでの２枚のアルバムやメロペアで復刻された放送用録音などで明らかなように、五重奏団のスタイルはここでひとまず一応の形を整えたと言えるだろう。それでもピアソラは満足し切れないでいたのか、あるいは一度シンプルさを極めたのでまた複雑なことをやってみたくなったのか、はたまた編成の自由な映画音楽との関連なのか、更なる創作意欲を満たすべく結成したのが、五重奏団（ピアノはゴーシス）にチェロのホセ・ブラガート、先に触れたフルートのホルヘ・バローネとパーカッションのレオン（盤にはレオと表記）・ハコブソンを加えた「ヌエボ・オクテート（新八重奏団）」である。

この新八重奏団は、次に紹介するＣＢＳへの録音のほか、新しくオープンしたクラブ「ラ・ノーチェ」にも出演した。ただしステージでは、３人が休んで旧来の五重奏団として演奏するパートもあり、完全に新グループに切り替わったわけではなかった。そしてその活動は結局短期間に終わった。正確なところは不明だが、実際には１９６３年後半の数か月程度だったと思われる。一番のネックとなったのは、結局は経済的な問題だった。

CBSでの3枚目にして最後のアルバム、そしてブエノスアイレスでは初めてのステレオ録音となった（モノラル盤も同時発売）『タンゴ・コンテンポラネオ』は、この新八重奏団による唯一のアルバムとして9月4日、20日、10月4日、18日、24日、25日の計6日間を費やし、1日あたり1～2曲というゆったりしたペースで録音された（#73）。

アルバム全体を通してバローネのフルートがかなり前面に出ていて、ピアソラが書き込んだ楽譜に沿いながら、この新八重奏団のカラーを決定づける重要な役割を演じている。ロペス・ルイスによれば、バローネは優れた奏者だったが、その性格は極めて内向的だったそうである。一方、ハコブソンによる多種多様なパーカッション（ドラム・セット、グイロ、シェイカー、コンガ、ティンパニ、ベル、ウッドブロック、合わせシンバルほか）は、ジャズ＝タンゴを試みた時のようにリズムを均一化してしまうのではなく、各楽器の動きに呼応しながら、さまざまな音色を持った多彩なリズムによって色付けしていくというもので、大きな効果を上げている。また、アルゼンチンの代表的作家であるエルネスト・サバト[*25]と、出演映画でのピアソラ音楽との絡みも多い俳優のアルフレド・アルコンが1曲ずつ朗読で参加しているのも興味深い。

1954年の旧作を再び取り上げた〈ロ・ケ・ベンドラ（来るべきもの）〉は、これまでに紹介してきたように、フランチーニ＝ポンティエル楽団に編曲を提供したあと、自身でもブエノスアイレス八重奏団、弦楽オーケストラ、五重奏団とすでにさまざまな編成で録音してきたもので、スタジオ録音はこれが最後となった。本人は原盤ライナーで「もう11番目の編曲なので、変えてやらねばという必然性を強く感じた。少し跳躍してオリジナルのリズムを少し変え、ワルツ風のテーマのヴァイオリンと、最後の

＊23　ホルへ・バローネ *Jorge Barone*（1930・6・17〜2004・4・29）
アルトおよびテナー・サックス／クラリネット／フルート奏者。サンタフェ州ロサリオ生まれ。愛称「フィニート」。父アルフレドはヴァイオリン奏者で、軽音楽の楽団を率いて地元のラジオ局などに出演する一方で、ロサリオ交響楽団などにも参加していた。当初父にヴァイオリンを習ったが、サックスとクラリネットに転向し15歳で父の楽団に参加。１９４６年、一家でブエノスアイレスに居を移した。47年からバレーラ＝バレリータ楽団に参加してナイトクラブ「トロカデロ」に出演、続いてパンチート・カオ、エンリケ・ビジェーガス、ラロ・シフリンらと共演したが、その間にはペレス・ブラード楽団やハバナ・キューバン・ボーイズの海外公演にも参加している。56年にはマリート・コセンティーノやダンテ・アミカレリとジャズ・コンボ、ザ・マスターズに参加、並行してレイ・ノラン楽団などにも参加。61年から86年までコロン劇場管弦楽団の首席フルート奏者を務めた。そのほか共演したアーティストにガート・バルビエリ、アルトゥーロ・シュネイデル、オラシオ・マルビチーノらがいる。

＊24　レオン・ハコブソン *León Jacobson*（1942・6・4〜2011・4・10）
ドラムス／パーカッション奏者。本名レオン・アウグスト・ハコブソン。クラリネット奏者だった父親の楽団でダンス音楽の演奏を始め、12歳でルイス・ジャンネオの指揮する国立放送局の青年交響楽団に参加。１９５６年から60年までラ・プラタのアルヘンティーノ劇場の青年交響楽団に所属した。60年、アルゼンチン打楽器奏者の父と呼ばれたアントニオ・ジェペスのアシスタントとしてコロン劇場管弦楽団に採用される。２年後、同楽団の正メンバーとなり、ティンパニのソリストおよび打楽器セクションのリーダーを務める。61年にはジェペスが結成したコンフント・リトゥムスにも初代メンバーとして参加。ポピュラー音楽の分野では、ピアソラのほかワルド・デ・ロス・リオス、ラロ・シフリン、アンヘル・〝ポチョ〟・ガッティなどと共演。中でもフォルクローレのアリエル・ラミレス（p）との協力関係は特に長く続き、ラミレスが音楽監督を務めたメルセデス・ソーサ（vo）のアルバム『南アメリカのカンタータ』（72年）や、チャランゴのハイメ・トーレスと共演した『アリエル・ラミレス〜ハイメ・トーレス――音楽と友情の25年』（81年）など、20枚近くのアルバムに参加した。世界中の貴重な打楽器の蒐集家でもあり、ラミレスとの共同名義によるアルバム『リサイタル』（スタジオ録音、78年）で駆使した打楽器は29種類にも及んだ。86年からブエノスアイレス・ビッグ・バンド、95年からコントラバスのカルロス・ボロ率いるブエノスアイレス・サロン・ムジーク、96年からクレスメラータ・ブエノスアイレス、98年からグレート・ビッグ・バンドに参加。97年、フランクフルトで開催されたティンパニ奏者の世界大会に特別ゲストとして登場した。

部分のフルートの即興を際立たせた」と書いている。実際に、新たな導入部と曲のリズミカルな前半の変形で構成され、後半の歌うような部分が大胆に省かれている。さすがにちょっと懲りすぎという気もしないでもないが、演奏には気迫がこもり、後半のフルートの絡みなど確かに聴き応えはある。

パーカッションとフルートが肝となる〈ディバガシオン（さまよい）〉では、確かにこの編成でしか表現し得ない幻想的な世界が展開され、後半では4分の5拍子も使われる。アルバムに収められたピアソラ自身による八重奏団のためのインストルメンタル曲は、これ1曲だけだが、実はこれは、第8章でも触れるが1962年に発表されたピアノ曲〈タンゴ・ウルティモ〉に編曲の手を加えたものである。

ピアソラは、エルネスト・サバトの最高傑作と言われる小説『英雄たちと墓』（邦訳は集英社より1983年刊行。原題は『英雄たちと墓について』）の舞踏音楽化に取り組んでいた。〈英雄たちと墓へのイントロダクション〉はまさにその導入部で、ピアソラはこの録音の時点ではまだ続きを書くつもりではいたが、結局はこの部分が出来上がったところで放棄したのだった。中間部のゴーシスのピアノ・ソロには鬼気迫るものがあり、それに続いて小説の第Ⅲ部「闇に関する報告書」の冒頭で主人公が闇の神々を呼び出す祈祷の台詞をサバト自身が朗読しているが、ここでは言葉がかなり書き換えられている。また『英雄たちと墓』の創作過程を息子のマリオ・サバトが監督した短編映画『ある本の誕生』（#F24）には、この曲でサバトが朗読している部分のバックトラック（カラオケ）をリミックスしたヴァージョンが使用されていた。

〈ノポセペ〉は、ブエノスアイレス八重奏団および弦楽オーケストラ、そして1960年代初頭の五重奏団＋弦セクションでのラジオ出演時にも参加していた親友のブラガートが、この新八重奏団のために書き下ろした新曲。タイトルはスペイン語の「ノ・セ（知らないよ）」にパ行の音を挟み込んだもの。

同様のタイトルに「セニョリータ（お嬢さん）」にパ行を挟んだ〈セペニョポリピタパ〉（フアン・ダリエンソとフルビオ・サラマンカ作曲、カルロス・バール作詞で、ダリエンソ楽団でアルベルト・エチャグエが歌った）というのもあった。曲自体の魅力に編曲の力も合わさって、このアンサンブルの重層的な構造がよく生かされたスケールの大きな作品に仕上がった。途中でピアノがどんどん下降していくところが面白い。

〈悲しい街〉は、期間は短かったがピアニストとして時折ピアソラと共演し、強烈な個性を発揮していたオスバルド・タランティーノが書いた代表作の初録音。このアルバムの中ではタンゴ度の高い演奏で、ピアソラ自身「アレンジを最大限にタンゴっぽくしたかった」と書いている。この曲のメロディーとリズムの構造が、私にそう暗示していた」と書いている。

〈天体〉は、ピアソラと直接の繋がりはなかったが、現代タンゴの重要作を残しているエミリオ・バルカルセ[*26]の作品。直前にレオポルド・フェデリコのオルケスタ・ティピカが作者自身の編曲で録音して

＊25　エルネスト・サバト *Ernesto Sábato*（1911・6・24～2011・4・30）

作家、ジャーナリスト。ブエノスアイレス州ロハス生まれ。少年時代から短編や詩を書いていたが、ラ・プラタ大学では物理学を専攻する。共産主義やシュルレアリスムに翻弄されながらフランスや米国で学問を続け、１９４０年に帰国。ラ・プラタ大学で教壇に立つ一方、雑誌への寄稿も始める。やがて物理学と訣別し48年に処女作『トンネル』を発表、実存主義作家としてのデビューを飾った。小説は『トンネル』『英雄たちと墓』『皆殺しのアバドン』の3作品しか発表しておらず、作品は政治的、社会的研究に関するエッセイ集が多い。ピアソラとの共演以外にも自らの作品を朗読することはしばしばあり、64年頃にはフォルクローレのエドゥアルド・ファルー（vo／g）と『フアン・ラバージェの死のロマンス』（作曲もファルー）をフィリップスに録音、67年にはAMBディスコグラフィカに自身の著作からの断章を録音している。また、多数の行方不明者を出した軍事政権時代（76～83年）の犯罪を暴く委員会の責任者も務めた。84年にはアルゼンチンの人権侵害に関する調査報告書『サバト報告書』のスペインでの出版に対し、スペイン文学界で権威あるセルバンテス賞を受賞している。

いる。こうした高い音楽性を持った同時代の作品にピアソラが正面から対峙することはこれ以降なくなってしまうので、そういう意味でも貴重な演奏であり録音である。

アルフレド・アルコンが朗読で参加した〈ある悪漢へのレクイエム〉は、娘ディアナ・ピアソラの詩にインスパイアされてピアソラが作曲したもの。葬送行進曲風の始まりから、重たいリズムが暴れる中間部を経て、アルコンのどこまでも深く沈んでいくようなモノローグまで、実に重苦しい雰囲気に包まれている。

最後は、1910年代から30年代にかけて多くのタンゴ歌曲をヒットさせたピアニスト、エンリケ・デルフィーノの作品（〈グリセータ〉をロベルト・ジャネスとのEP〔#69〕で録音済み）がメドレーで演奏される。〈ボヘミアンの想い出〉については275頁でアルヘンティーノ・ガルバンがトロイロ楽団に施した名アレンジを紹介したが、1934年頃に作詞のマヌエル・ロメロとのコンビで発表された作品。この盤では唯一、ピアソラのバンドネオンによるカデンツァから始まるが、この美しい曲はピアソラのお気に入りのようで、1970年にもバンドネオン四重奏で録音することになる。続く〈ミロンギータ〉は1920年の大衆劇『デリカテッセン・ハウス』で歌われた曲。作詞はサムエル・リニングで、10代で死んだキャバレーの娘のことが歌われている。本盤で唯一、デ・ローサスの歌が聴ける。

第3章でも紹介したウルグアイの研究団体「グアルディア・ヌエバのクラブ」のために特別に制作された新八重奏団のシングル盤には、アルバム未収録の〈ブラガティシモ〉が収録された（#74）。「とてもブラガート的」というタイトルどおりブラガートに捧げた曲で、前半でブラガートによる見事なチェロのカデンツァが聴ける。

回顧

１９６４年の1月頃には、俳優のオスバルド・ミランダがパーソナリティーを務めるＴＶ13チャンネルの番組『アメリカのドゥシーロ *DUCILO EN AMERICA*』（ドゥシーロは米国のデュポン社がブエノスアイレス郊外に設立した繊維メーカーで、ホッケーやラグビーなどのスポーツクラブも運営した）に五重奏団で出演した。舞台はミランダらが待ち構えるブエノスアイレスの空港。ピアソラ五重奏団が飛行機で到着するまでの間、歌手のダニエル・リオロボスやホルヘ・ソブラル、ロシータ・キンターナ、スティールパンを演奏するカリベ・スティール・バンド、フォルクローレのロス・ウアンカ・ウア、ダンサーのジュリエットらのパフォーマンスでつないでいく。そしてミランダが機長と電話で話し、機長の後ろに控える五重奏

＊26　エミリオ・バルカルセ *Emilio Balcarce*（1920・2・22〜2011・1・19）ヴァイオリン／バンドネオン奏者、楽団指揮者、作曲家、編曲家。ブエノスアイレス生まれ。10歳でヴァイオリンを始め、１９３５年にリカルド・イバルディ楽団でデビュー。38年、18歳で早くも最初の楽団を持ったが、この時はヴァイオリンではなく独学で覚えたバンドネオンを弾いた。42年からヴァイオリン奏者としてエドガルド・ドナート、ルイス・モレスコ、マヌエル・ブソンの各楽団に参加、43年には歌手アルベルト・カスティージョの伴奏楽団を指揮、3年後にはアルベルト・マリーノの伴奏楽団を率いた。48年からアレンジャーとしてアニバル・トロイロ、フランチーニ＝ポンティエル、ホセ・バッソ、アルフレド・ゴビの各楽団に編曲を提供し始める一方、49年にはオスバルド・プグリエーセ楽団に参加、以後20年近くにわたり演奏家および編曲家として貢献する。68年には同楽団の同志6名とセステート・タンゴを結成した。２０００年にはオルケスタ・エスクエラ・デ・タンゴ（タンゴ学校オーケストラ）の指揮者に就任し、若手演奏家の指導に力を入れた。彼の死後、楽団がビクトル・ラバジェンに引き継がれたあともオルケスタ・エスクエラ・デ・タンゴ・エミリオ・バルカルセとしてその名が冠せられている。重要な作品に〈ラ・ボルドーナ〉〈シ・ソス・ブルーホ〉（バルカルセ自身の編曲によるゴビ楽団の録音は特に秀逸）がある。

団が〈レビラード〉の演奏を始める、という流れになっている。奥の方に隠れていたアグリがおもむろに立ち上がり、左手薬指の指輪でヴァイオリンのスクロールを叩く様子も確認できる。電話のシーン以降は映画『ピアソラ 永遠のリベルタンゴ』にも使われた。演奏は当て振り（あらかじめ録音された音楽に合わせて、弾いている振りをすること）だが、映画出演時を除けば、ピアソラのグループの動く様子を確認できる映像としては現存する最古のものと言えるだろう。アグリのソロの部分約30秒だけなら、YouTubeにあるドキュメンタリー『タンゴのボスたち』のピアソラ編 第2章でも確認できる（＃A14(b)）。

2月から5月まで、演奏活動を休んだピアソラはデデと長期のヨーロッパ旅行に出かけている（その間にキチョはキンテート・レアルの4月〜6月の日本公演に参加）。そして帰国後にフィリップスに録音したのは、短命に終わった新八重奏団の作品に続く、これも五重奏団の枠を超えた企画アルバムだった。

そのアルバム『モダン・タンゴの20年』（正確には『アストル・ピアソラ1944—1964 彼の各楽団による前衛の20年』）には、トロイロ楽団から独立してフィオレンティーノの伴奏楽団を率いた1944年から、本作が制作された64年まで、その20年間に率いた4つの主要な楽団編成を再現する新録音が年代表記付きで並べられ、各年代について記したルイス・アドルフォ・シエラ博士の解説も完備された（＃75）。常に前だけを見て進んできたピアソラにも、過去を回顧する余裕が生まれたということだろうか。

「1946——オルケスタ・ティピカ」は自身のオルケスタ・ティピカ（いわゆる「46年のオルケスタ」）を率いて録音を開始した記念すべき年。この編成を「過去のもの」として封印していたピアソラは、1960年の五重奏団結成から数か月後、ダンスパーティーのために1946年当時のようなオルケスタでの出演依頼を受けたが、経済的に有利な条件だったにもかかわらず、頑なに拒んだという。そのピアソラが2曲とはいえここで録音したのだから、異例中の異例だったと言える。

1946年9月の処女録音だった〈エル・レコド（曲がり角）〉（オリジナル録音はSP〔#13〕）を作曲したアレハンドロ・フニッシはバンドネオン奏者で、1920年代から30年代にかけて楽団を率いたあとは、バンドネオンの指導に専念した。タイトルの「曲がり角」というのは、実は競馬場のコーナーのことを指している。アレハンドロ・ラモンとエラディオ・バラルド・モレーノという2人の人物に捧げられているが、いずれとも騎手か、少なくとも競走馬に関わる人物だったことは間違いない。この曲は1930年頃に書かれたらしいが（正確には不明）、あたかも1910年代に書かれたのではないかと思わせるほどの無骨な作りりで、その当時リズムのくっきりしたタンゴを指した「タンゴ・ミロンガ」という形式名があえて付けられている。1941年にカルロス・ディ・サルリ楽団が初録音を果たしたが、自作以外のインストルメンタル曲は古典ばかりを選んでいたディ・サルリが取り上げただけのことはある。それをピアソラが自身の楽団の録音第1弾に選んだのも興味深いが、『タンゴ名曲事典』の執筆者（無記名）は「第1テーマの前の3小節の導入部のドライヴ感に惚れたのだろう」と分析している。

同年10月の第2弾だった〈クリオージョの誇り〉（オリジナルはSP〔#14〕）はフリオ・デ・カロ楽団が1928年に録音したデ・カロとペドロ・ラウレンスの合作で、ピアソラにとっても大切な曲。

以上2曲とも編曲は1946年当時のままで、音楽的に見れば回顧以上の積極的な意味は見いだせないとも言えるが、迫力あるステレオ録音でかつてのサウンドが完璧に再現されていて資料的に価値があり、実際に聴き応えのある良い演奏だ。メンバーはピアソラ★、レオポルド・フェデリコ★、アベラルド・アルフォンシン★、エルネスト・バッファ*27（以上バンドネオン）、アティリオ・スタンポーネ★（ピアノ）、ウーゴ・バラリス★、アントニオ・アグリ、ドミンゴ・マンクーソ、アンドレス・リバス★、カルメロ・カバジャーロ★（以上ヴァイオリン）、カジェタノ・ジアナ（ヴィオラ）、ホセ・ブラガート（チェロ）、キチョ・ディアス（コントラバス）。★印は当時の参加メンバーである。珍しいところでは第4バンドネオンに当時アニバル・トロイロ楽団に在籍していたエルネスト・バッファの名も見える。

「1954――弦楽オーケストラ」はパリで結成した弦楽オーケストラの再現で、ここからはすべて自作曲。これも基本的なアレンジは当時のままである。ここでの再現メンバーはピアソラ（バンドネオン）、オスバルド・マンシ（ピアノ）、アントニオ・アグリ、ウーゴ・バラリス、ドミンゴ・マンクーソ、ダビッド・ディアス、アキレス・アギラール、ホセ・ニエソ、フアン・スカフィーノ、クラウディオ・ゴンサーレス（以上ヴァイオリン）、フランシスコ・サンマルティーノ、カジェタノ・ジアナ（以上ヴィオラ）、ホセ・ブラガート、オスカル・ロペス・エチェベリーア（以上チェロ）、キチョ・ディアス（コントラバス）。そしてハープは外されオスカル・ロペス・ルイスのエレキ・ギターに置き換えられたが、これはニューヨークから帰国したのちにラジオ局に出演した際の五重奏団＋弦セクションの編成と同じである。

曲はいずれもパリで最初に録音したフェスティヴァル盤（#37）から〈プレパレンセ（用意はいいか）〉と〈インペリアル〉。後者ではイントロとエンディングにグロッケンシュピールが使われ、奏者の記載がないが、おそらくアントニオ・ジェペス[*28]だと思われる。パリで現地のミュージシャンを使った録音の再現と考えれば当然クオリティーは上がっているが、弦楽オーケストラのサウンドは帰国後の1956～57年には完成の域に達していたわけで、このサウンドだとやはりピアノはハイメ・ゴーシス、第1ヴァイオリンはエルビーノ・バルダロこそふさわしいと思ってしまう。

「1956――ブエノスアイレス八重奏団」では、コントラバスのキチョ以外は当時のメンバー（第2バンドネオンはロベルト・パンセラではなくレオポルド・フェデリコ）での再現。《タンゴ・バレエ》は第4章で紹介したように、モダン・バレエの女性舞踏家アナ・アテルマンのために書かれた組曲で、〈a：イントロダクション――街〉〈b：出逢い――キャバレー〉〈c：孤独――終曲・街〉という3章6部、合計11分半を越える大作。演奏時間が長いために、アナログ盤の構成上、次の五重奏団の最初の2曲を挟んでB面の前半に置かれた。短編映画用のスタジオ録音もあるにはあったが実質的には未発表に終わり、50年代当時はライヴで演奏された程度だったという貴重な作品なだけに、この正規の初録音はアルバムの目玉となった。〈出逢い〉や〈孤独〉のパートは大学での発掘ライヴ音源（#46）よりもかなりゆったりと演奏され、コントラストが明確になって完成度が高まった。弦を前面に出した部分などにはのちのコンフント9《ヌエベ》に通じる感覚も見られ、フランチーニやマルビチーノ、ブラガートのソロ、バンドネオ

＊27　エルネスト・バッファ *Ernesto Baffa*（1932・8・20～2016・4・11）バンドネオン奏者、楽団指揮者、作曲家、編曲家。ブエノスアイレス生まれ。エクトル・スタンポーニ、アルベルト・マンシオーネ、アルフレド・ゴビ、ペドロ・ラウレンスなどの楽団を経て、1953年からレオポルド・フェデリコの後任としてオラシオ・サルガン楽団の第1バンドネオン奏者を務めた。57年にはアニバル・トロイロ楽団に参加、在籍中の66年から同楽団のピアノ奏者、オスバルド・ベリンジェリらとのトリオで活動を開始、68年にはトロイロ楽団を辞し、バッファ＝ベリンジェリ楽団を率いた。その後は自身の四重奏団や、ウバルド・デ・リオ（g）とのクアルテート・2×4（ドス・ポル・クアトロ）などでの活動を続けた。ミゲル・コアン監督の映画『アルゼンチンタンゴ 伝説のマエストロたち』にも出演した。

＊28　アントニオ・ジェペス *Antonio Yepes*（1910・2・12～2001・8・16）パーカッション奏者。スペインのトレド生まれ。レオン・ハコブソンをはじめとするアルゼンチンのすべての打楽器奏者の父といわれ、50年代からブエノスアイレス州ラ・プラタのヒラルド・ヒラルディ音楽院で教鞭をとった。30年間にわたりコロン劇場管弦楽団のティンパニ奏者を務め、1961年には「世界で3番目のアカデミックな打楽器アンサンブル」としてコンフント・リトゥムスを結成。エルネスト・エルセルメット指揮APO（アソシアシオン・デル・プロフェソラード・オルケスタル）オーケストラのメンバーでもあった。イーゴリ・ストラヴィンスキー、アルベルト・ヒナステラなど20世紀を代表する作曲家たちのパーカッション作品をいくつも初演した。

ン2台の絡みなど聴きどころもふんだんに用意されている。この曲には、これも第4章でも紹介したブラガート編曲による弦楽四重奏版、ピアソラがリシャール・ガリアーノ*のために編曲し直し《バレエ・タンゴ》と改題したアコーディオン四重奏版と、それぞれの楽譜と録音があるほか、ピアソラ自身も1989年の六重奏団で再演している。

「1960／64――五重奏団」のピアノはオスバルド・マンシ。回顧アルバムとはいっても、さすがに現役の五重奏団なだけに、レパートリーはすべて新曲で固めてある。

五重奏団での活動が軌道に乗ってからも大編成への意欲は失わなかったピアソラだったが、逆に小編成へのアプローチはほとんど行っていない。バンドネオンのカデンツァから始まり、タイトルどおりにトリオで演奏されるチャーミングな〈バンドネオン、ギターとベース〉は、数少ない例外の一つ。

〈ルンファルド〉という題名はブエノスアイレス独特の「隠語」のこと。タンゴの歌詞には古くからルンファルドが効果的に使われ、ブエノスアイレス独特の気質を表現する上で重要な役割を果たしていた。コントラバスの刻むビートを基調に五重奏の特性を生かしたアレンジが冴えるこの曲で、ピアソラは古き良き時代を描写してみせるが、その印象的なフレーズの原型は1963年の映画『神に会えるであろう者たち』（#F21）のための音楽に登場していた。この曲は1983年頃から五重奏団のライヴでのレパートリーとして復活することになる。

〈カリエンテ〉は英語で「ホット」という意味だがクールな中間部を挟んでいて、これはピアソラの曲の多くに見られる特徴である。この曲も1980年代に五重奏団でよく演奏された。

スピーディーな〈コンテンポラネオ〉はここでしか聴けないレパートリー。シロフォンが使われているがクレジットはなく、奏者は〈インペリアル〉同様ジェペスと思われる。

この『モダン・タンゴの20年』を後半に録音した1964年という年に関して、それ以外に活動の記録は少なく、映画音楽も手がけていない。もちろんヨーロッパ旅行からの帰国後はライヴ活動を再開していたはずで、唯一伝えられているのが8月8日と9日の2日間、ブエノスアイレスのシティ・ホテルに五重奏団で出演したこと。ここでは、当地を訪れた米国西海岸の人気アルト・サックス／フルート奏者、バド・シャンク[*29]の四重奏団（ピアノはおそらくクレア・フィッシャー）とステージを分け合っていて、ピアソラたちの演奏する〈カリエンテ〉にシャンクがフルートで参加したという。シャンクは、ボサ・ノヴァが1960年代に米国でブームになるずっと前からブラジル音楽にも精通し、フルートによる室内楽的ジャズにもアプローチしてきただけあって、ピアソラとの共演も自然なことのように思える。さすがに録音は残っていないだろうが、その時の写真は残されている（366頁）。

もう一つはバレエ音楽で、11月14日にベルギー、シャルルロワのパレ・デ・ボザールで初演されたエノー・バレエ団による『鏡 *Le miroir*』という作品。振付をボリス・トナン、台本をロベール・ルソーが手がけたこの舞台でピアソラは音楽を担当したとのことだが、内容などの詳細は不明だ。

タンゴ界の大物たちへの追悼

1964年の終わりにかけて、タンゴ界では大物の死去が相次いだ。9月25日にバンドネオン奏者で作曲家のアンセルモ・アイエタ、11月11日に名作曲家のファン・デ・ディオス・フィリベルト、11月26日にガルデル以来最高の人気歌手となったフリオ・ソーサ[*30]、そして12月14日にタンゴの王様フランシスコ・カナロ、と悲報が続いたのである。TV13チャンネルでは彼らを追悼し、年末（もしくは年明け）に特別番組『4人のスターたちと1つの思い出 *CUATRO ESTRELLAS Y UN RECUERDO*』を制作したが、そこでピアソラは大編成のオーケストラを指揮し、カナロ作の〈ガウチョの嘆き〉、アイエタ作の〈悩める魂〉、同じくアイエタがファン・ポリートと共作し、ソーサも歌った〈夢の中で〉、そしてフィリベルト作の〈バンドネオンの嘆き〉の4曲をメドレーで演奏した。その時の貴重な映像は非公式ながらYouTubeに〈セレクシオン・デ・タンゴス〉としてアップされている。

演奏しているのは、同TV局の大編成オーケストラに加えて五重奏団のメンバー（ピアノはゴーシス）、指揮のピアソラに代わってバンドネオンを受け持つホセ・リベルテーラ[*31]とミゲル・ボナーノ[*32]、アグリと

＊29　バド・シャンク *Bud Shank*（1926・5・27〜2009・4・2）

アルトおよびバリトン・サックス／フルート／アルト・フルート奏者、作曲家、編曲家。米国オハイオ州デイトン生まれ。本名クリフォード・エヴェレット・シャンク・ジュニア。10歳で音楽を始め、ノース・キャロライナ大学入学前にクラリネットからサックスに転向、1947年カリフォルニアに移り、ショーティ・ロジャーズに作編曲を師事。チャーリー・バーネット楽団などを経て、50年にスタン・ケントンのイノヴェーションズ・イン・モダン・ミュージック・オーケストラに参加。53年にはブラジルのサンパウロ出身のギター奏者、ラウリンド（ローリンド）・アルメイダのアルバムにフィーチャーされ、ジャズとブラジル音楽のミクスチャーにもいち早く取り組んだ。同じ53年にはハワード・ラムゼイ（b）のライトハウス・オールスターズに参加、ここでのオーボエのボブ・クーパーとのコンビネーション（自身はフルートを担当）は、54年の同楽団のアルバム『オーボエ／フルート』に結実している。同年にはノクターンに初リーダー作を録音。ウエスト・コースト・ジャズの雄としてのみならずハードバップ志向も加味したアルト／バリトン・サックス奏者としての姿は、カーメル・ジョーンズ（tp）をフィーチャーした61年の『ニュー・グルーヴ』でひとまず完成をみる。その一方でアルメイダとのブラジル／ラテン志向のアルバム作りも継続し、65年にはブラジルのジョアン・ドナート（p）との共演盤も制作。また60年には大分県出身で53年に渡米した箏曲家、衛藤公雄の『箏とフルート』に参加し、衛藤の師の宮城道雄作品で尺八のパートをフルートで演奏、62年にはインドのシタール奏者、ラヴィ・シャンカールのアルバムに参加するなど、今日でいうところのワールド・ミュージック的なアプローチにも積極的だった。ウエスト・コースト・ジャズが下火

となった60年代には主にスタジオ・ミュージシャンとして活躍、ザ・ママズ&ザ・パパズの65年のヒット曲〈夢のカリフォルニア〉では間奏のフルート・ソロを演奏した。74年にアルメイダ、レイ・ブラウン（b）、シェリー・マン（ds）とLA4を結成、以後も長く活躍を続け、生涯現役を貫いた。

＊30　フリオ・ソーサ *Julio Sosa*（1926・2・2～1964・11・26）

歌手、詩人。ウルグアイのラス・ピエドラス生まれ。本名フリオ・マリア・ソーサ・ベントゥリーニ。13歳の時に地元のコンクールで〈下り坂〉を歌ったのをきっかけに、働きながら歌手を目指す。20歳の頃、カルロス・ヒラルドーニ楽団でデビュー、ルイス・カルーソ楽団などを経て1949年にブエノスアイレスに移住。フランチーニ＝ポンティエル楽団の専属となり、次いで53年から55年までフランシスコ・ロトゥンド楽団に参加。フランチーニと別れたポンティエルの新楽団に誘われて看板歌手として活躍後、60年にレオポルド・フェデリコ楽団のサポートを得てソロ歌手として独立。ロックンロール・ブームの中でTVというメディアを生かし、「タンゴの伊達男」のキャッチフレーズで人気を博したが、その絶頂期に自らの運転するスポーツカーで信号機に激突し命を落とした。

＊31　ホセ・リベルテーラ *José Libertella*（1933・7・9～2004・12・8）

バンドネオン奏者、楽団指揮者、作曲家、編曲家。イタリア、ポテンツァのカルヴェーラ生まれ。生後11か月でブエノスアイレスに移住。バンドネオンに魅せられ、フランシスコ・レケーナやマルコス・マドリガルに師事。1948年、アルベルト・スアレス・ビジャヌエバ楽団でプロ・デビュー、50年にオスマル・マデルナ楽団に参加し、盟友ルイス・スタソ（bn）と出会う。マデルナの死後、アキレス・ロジェーロ指揮のオスマル・マデルナ象徴楽団で55年まで活動、その後カルロス・ディ・サルリ楽団、歌手アンヘル・バルガスの伴奏楽団を経て、59年から66年までミゲル・モンテーロの伴奏楽団を率いた。67年、ホルヘ・ドラゴーネ（p）らとキンテート・グローリアを結成し、エドムンド・リベーロとともに日本公演を行った。同じ年にはコルドバ州ラ・ファルダでのタンゴ・フェスティバルで「67年の新星」の栄誉を得る。73年、スタソとセステート・マジョールを結成、歌手を置かない六重奏団として活躍の場を広げていく。78年には同グループを拡大したホセ・リベルテーラ楽団で大規模な来日公演を行う。81年、同グループでパリにオープンした「トロトワール・ド・ブエノスアイレス」のオープニングを飾り、85年からブロードウェイでスタートした『タンゴ・アルヘンティーノ』の中心的存在として活躍。92年からもう一つのショー『タンゴ・パッション』の音楽監督を長く務めた。映画『アルゼンチンタンゴ 伝説のマエストロたち』のための撮影から間もない2004年12月にパリで急逝した。

ともにヴァイオリン・セクションを担うウーゴ・バラリス、マウリシオ・ミセとマリオ・アブラモビッチ（この2人はのちのセステート・マジョールのメンバー）、フアン・スカフィーノ（コロン劇場管弦楽団で第1ヴァイオリンを務め、ピアソラの『モダン・タンゴの20年』の録音、オラシオ・サルガンやマリアーノ・モーレスなどのタンゴ楽団にも参加）、チェロのホセ・ブラガートとミゲル・アリス（当時のトロイロ楽団のメンバー）、さらにヴィブラフォンのティト・ビシオ、[*33] パーカッションのホセ・コリアーレ[*34]……という豪華な顔ぶれ。

メドレーのうち3曲は、１９６７年に録音されるアルバム『タンゴの歴史 第1集／ラ・グアルディア・ビエハ』にも手直しされた上で編成を小さくして収録されることになる。それらの曲目についてはアルバムの紹介時に改めて触れることにするが、ピアソラによるアレンジはここでしか聴けないのがアイエタの〈悩める魂 *Alma en pena*〉だ。フランシスコ・ガルシーア・ヒメネスが作詞した１９２８年の作品で、カルロス・ガルデルらが歌ってお馴染みとなった。テーマ部分をバンドネオンの２人が、展開部をオーボエとホルンが奏でていく。続く〈夢の中で〉との繋ぎの部分には、このあと録音されるボルヘスとの『エル・タンゴ』のタイトル曲のエンディング前のパートが使われている。五重奏団でも過去に取り上げていた最後の〈バンドネオンの嘆き〉では、ピアソラがここだけバンドネオンでソロを弾き、アグリが引き継ぐが、この曲には〈ノニーノ〉からのフレーズも忍ばせてある。終盤のコリアーレのドラムスは、彼がのちに参加するピアソラのコンフント9《ヌエベ》での演奏を予感させる。そのようなアレンジのユニークさもさることながら、大編成オーケストラを指揮するピアソラや、ほかに映像のほとんどない

＊32 ミゲル・ボナーノ *Miguel Bonano*（1907・5・9～2001・10・8）
バンドネオン奏者、楽団指揮者、作曲家。ブエノスアイレス州アベジャネーダ生まれ。バンドネオンをバルトロメー・チャペラに師事。リア・アクーニャ・デ・アンドレオーニの四重奏団などを経て、１９２８年にパリに渡り

エドゥアルド・ビアンコ楽団に参加。帰国後はエドガルド・ドナート楽団、ロス・ポエタス・デル・タンゴ、ミゲル・ニヘンソン楽団、ロベルト・セリージョ楽団、アンヘル・ダゴスティーノ楽団などに参加。その後は劇場での歌手の伴奏などを経て、エル・ムンド放送局専属楽団に21年間在籍した。63年にはバンドネオンのフリオ・アウマーダとの双頭によるアウマーダ＝ボナーノ楽団を結成、オデオンに4曲録音したほか、エル・ムンド放送局で人気を得た。作品に〈ラ・ノベーナ〉やカルロス・ガルデルが録音した〈私の最初のゴール〉などがある。

＊33　ティト・ビシオ *Tito Bisio*（?～1975・7）
ヴィブラフォン／シロフォン／グロッケンシュピール奏者。薔薇色の街角の名の知れた愚連隊の出身で（とプロフィールにある）、ミュゼット音楽のアコーディオン奏者からヴィブラフォン奏者に転身したらしいが、いずれにしても数少ない第一級のヴィブラフォン奏者の一人。ジャズ畑での仕事がメインと思われるがスタジオ・ミュージシャンとしても活動、1958年にはアンヘル・〝ポチョ〟・ガッティ（p）、ホルヘ・ロペス・ルイス（b）、ピチ・マセイ（ds）とロス・クアトロ・デル・スールを組んでラテン・リズムのラウンジ・ミュージックを演奏。タンゴでは63年にマリアーノ・モーレスのモダン・リズム六重奏団に参加したのが重要である。

＊34　ホセ・コリアーレ *José Corriale*（1915・9・4～1997・11・7）
ドラムス／パーカッション奏者、楽団リーダー、作曲家。ブエノスアイレス生まれ。愛称「ペペ」。同名の父ホセはクラリネット奏者。8歳で父のいたダンス・バンドに小太鼓奏者として参加、ウンベルト・ルキから理論とソルフェージュを習う。少年時代からコロン劇場管弦楽団やエル・ムンド放送局専属楽団などで演奏、早熟振りを示した。その後も幅広い分野で活躍、ジャズではエクトル・ロムート楽団などに参加しているが、来亜した海外アーティストとの共演も多く、ペドロ・バルガス、ザビア・クガート、マレーネ・ディートリヒ、エディット・ピアフ、ネルソン・リドル、ミシェル・ルグラン、ザ・プラターズ、サミー・デイヴィス・ジュニア、トニー・ベネット、バート・バカラックとその顔ぶれは実に多彩。タンゴのドラマーとしても第一人者で、1936年のフリオ・デ・カロの大編成楽団を皮切りにオスバルド・フレセド、フランシスコ・カナロ、カルロス・ガルシーア、アルマンド・ポンティエル、マリアーノ・モーレス、アティリオ・スタンポーネなどと共演してきた。ピアソラのコンフント9に参加後、70年代前半にはスペインの女性歌手ナティ・ミストラルの伴奏をダンテ・アミカレリ（p）、オスカル・アレム（b）とのトリオで担当。80年にカルロス・ガルシーアのタンゴ・オールスターズで来日、同年以降ブエノスアイレス市立タンゴ・オーケストラでも活躍した。

ゴーシスの動く姿が確認できる点でも大変貴重なものである。

ホルヘ・ルイス・ボルヘス

１９６５年、フィリップスから同じ系列のポリドールに移籍して発表された『エル・タンゴ』は、アルゼンチンを代表する文豪、ホルヘ・ルイス・ボルヘス*35の詩と散文にピアソラが音楽を付け、歌手にエドムンド・リベーロ*36、語り手にルイス・メディーナ・カストロ*37を迎えて制作されたコンセプト・アルバム（**#76**）。サバトの小説を基にした〈英雄たちと墓へのイントロダクション〉に続く文学ものだが、こちらはアルバム１枚まるごとボルヘスづくしだ。

圧倒的な存在感を放つリベーロは、１９４０年代以降のタンゴ界で最も優れた歌手の一人だが、その渋さゆえにデビューしてからトロイロ楽団の専属歌手を経て人気を得るまでには時間を要した。大草原の香りを伝えるパジャドール（吟遊歌手）であった彼の歌声は、ボルヘスの描くイメージとも合致し、

*35　ホルヘ・ルイス・ボルヘス *Jorge Luis Borges*（1899・8・24～1986・6・14）
小説家、詩人、評論家。ブエノスアイレス生まれ。本名ホルヘ・フランシスコ・イシドロ・ルイス・ボルヘス・アセベード。イギリス人である父方の祖母と同居していたため英語とスペイン語が話される家庭環境で、父親が所有していた英語とスペイン語で書かれた大量の蔵書に囲まれて育ったことで、幼時より文学や語学に異常な関心を示す。７歳で初めて物語を書き、９歳の時に翻訳したオスカー・ワイルドの『幸福な王子』のスペイン語訳がブエノスアイレスの新聞に掲載された。１９１４年に家族とスイスのジュネーヴを訪れたタイミングで第一次世界大戦が勃発、足止めされた間に学校でフランス語とラテン語を学び、独学でドイツ語も修得した。ドイツ語に翻訳された19世紀米国の詩人ウォルト・ホイットマンの詩に出会い、影響を受ける。ジュネーヴの新聞に掲載された、スペイン語からフランス語に翻訳された３冊の書物の書評が、公になった（翻訳ではない）最初の文章だった。一家で19

年から21年までスペインのバルセロナに滞在、バルセロナでは前衛詩人のグループ「ウルトライスモ」に関わった。帰国後雑誌に寄稿を始め、23年に処女詩集『ブエノスアイレスの熱狂』を発表。30年には、夭折した詩人の評伝『エバリスト・カリエゴ』を発表。32年には作家のアドルフォ・ビオイ・カサーレスと知り合い、編集や翻訳、雑誌の刊行、執筆などを共同で行うようになる。34年に短編集『汚辱の世界史』を発表。以降はエッセイ集、短編集、詩集を次々に発表していった。特に幻想的な短編小説に傑作が多い。61年にアイルランドのサミュエル・ベケットと国際出版社賞を分け合って国際的な名声も確立、以後さまざまな文学賞を受賞している。55年から73年までアルゼンチン国立図書館の館長を務めた。

＊36　エドムンド・リベーロ *Edmundo Rivero*（1911・6・8～1986・1・18）歌手、ギター奏者、作詞・作曲家。ブエノスアイレス近郊のアベジャネーダ生まれ。本名レオネル・エドムンド・リベーロ・ドゥーロ。1940年代以降のタンゴ歌手としては紛れもなく最高の存在の一人。父はアマチュアのギター奏者兼歌手だった。国立音楽院で声楽を専攻、弟アニバルや妹リディア・エバとラジオで歌い、ギターでクラシックを弾く。35年から2年間ホセ・デ・カロ楽団に歌手として参加、一方ではセサル・ボーのギター・アンサンブルに参加したり、3本の映画で歌ったりしていたが、39年から5年間は歌手活動から遠ざかる。44年、たまたまラジオで歌ったところをオラシオ・サルガンにスカウトされ楽団入り、タンゴ歌手としての本格的な活動がようやくスタートした。46年にはロス・カントーレス・デル・バージェに参加し初録音。サルガン楽団での活動は一般的には認められなかったが、47年から50年までアニバル・トロイロ楽団に参加、トロイロ＝マンシの〈スール（南）〉などを創唱し人気を得る。独立後はソロ歌手としてステージや放送、レコードにと常に第一線で活躍を続けた。67年には唯一の来日公演を行っている。69年にはサンテルモ地区にタンゴを聴かせる店「エル・ビエホ・アルマセン」をオープンした。

＊37　ルイス・メディーナ・カストロ *Luis Medina Castro*（1928・4・12～1995・5・22）俳優。ブエノスアイレス生まれ。19歳で演劇を始める。国立演劇研究所の「セミナリオ・ドラマティコ」で学び、デリア・ガルセスの劇団に参加。1951年にマリオ・ソフィチ監督、ティタ・メレーロ主演の『それは私の街で起こった』で映画デビュー。以降40本あまりの映画に出演したが、そのうちレネ・ムヒカ監督の『センターフォワードは夜明けに死んだ』（61年）など7作品で主役を演じている。ドキュメンタリー『終わりの始まり』（＃F39）ではナレーターを務めた。TVや舞台でも活躍し、スサーナ・リナルディやラウル・ラビエラらと共演した。

映画や舞台などで活躍した俳優のメディーナ・カストロも、語り手として重責を担った。
主に幻想小説の分野で人気が高いボルヘスだが、ことタンゴの描写に関しては現実とは異なるフィクション的な要素を含ませていた。ピアソラは原盤ライナーでそんなボルヘスとの邂逅の様子を「その責任は非常に大きいが、彼のような偉大な詩人が、最初の瞬間から私のすべての曲に共感してくれていることにさえ気づけば、見返りはそれ以上だ」と書いていたが、当のボルヘスは肝心のピアソラの音楽に対して理解を示さなかった。ボルヘスについてのピアソラのその後の言葉。

「彼のような世界的スケールの大物と一緒に仕事できることは、本当に名誉だった。いろいろと意見が対立するようになったのは、アルバムが発売されてからだ。ボルヘスは私がタンゴをわかっていないといい出したから、私も彼は音楽のことなど何も知らないと言い返してやった。彼はいくつかのことで絶対的権力を持つほど、独裁的な人物だった。録音を始める前に作品全体を聴いてもらおうと、彼を私の家に招待したことを覚えている。私はピアノに向かってすべての曲を弾き、〈ブエノスアイレスへの内面的頌歌〉を除いたすべての音楽は1900年のスタイルで書かれていると説明したところ、ボルヘスは、音楽のことは何もわからないし、興味すらないのだと私に答えた。あとになってから、あたかも立派な専門家でもあるかのように意見を言い始めたわけだ。彼は詩作の魔術師だったと思う。彼の作品以上に美しい詩を、私は読んだことがない。だが、こと音楽となると、ボルヘスは耳が聞こえなかったのだ」
（ナタリオ・ゴリンの前掲書より）

ボルヘスがピアソラの住むアパートを訪れたのは1965年3月14日のことで、その際ピアソラの妻のデデ・ウォルフがピアソラのピアノに合わせて歌ってみせた。その時のプライベート録音は〈ドン・ニカノール・パレーデスに捧ぐ〉〈誰かがタンゴに呼びかける〉〈あやつり人形〉〈ハシント・チクラーナ〉の4曲が現存し、その一部は2018年公開のドキュメンタリー映画『ピアソラ 永遠のリベルタンゴ』で聴くことができたが、ボルヘスは録音スタジオでギターのオスカル・ロペス・ルイスから感想を求められ、リベーロよりも「あの女性のほうがいい」と、デデのことを褒めたという。

LPではA面にあたる前半6曲は、独立した個々の詩に曲を付けたもので、最初の4曲は五重奏団（ピアノはゴーシス）による演奏（6月21日録音）。続く〈ドン・ニカノール・パレーデスに捧ぐ〉〈ブエノスアイレスへの内面的頌歌〉の2曲は、五重奏団に大所帯の弦セクション、オーボエ、グロッケンシュピールなどを加えたオーケストラ編成で演奏されているが（6月15日録音）、シンフォニックな広がりを持った弦の響きは、それまでの弦楽オーケストラなどとは一線を画すものだ。メンバーの名は記されていないが、ソリストたちは次の《薔薇色の街角の男》の参加メンバーと同一のはず。以下解説の「」部分はピアソラ自身によるライナーからの抜粋。

〈エル・タンゴ〉（朗読：メディーナ・カストロ）の詩は、中世フランスの無頼漢詩人、ヴィヨンのバラッドを下敷きに1958年に発表されたもの。ピアソラは「ボルヘスの詩〈エル・タンゴ〉のための音楽は、特にその内容を重んじ、それに従って書かれている。この作品は私に、打楽器の全パートで偶発音楽を実験する機会を与えてくれた。この曲は私の五重奏団だけで録音した」と書いている。6分半近くに及ぶ組曲的な作品だが、TV13チャンネルでの追悼メドレーで繋ぎにも使われていた最後のパートは、ボルヘスが没した翌年にあたる1987年に、やはりボルヘス作品を題材にピアソラが作曲を手がけた舞台『タンゴ・アパシオナード』の中で再度使われ、その舞台音楽を再構成したアルバム『ラフ・ダンサー・アンド・ザ・シクリカル・ナイト』（＃171）に〈プロローグ〉および〈フィナーレ〉として収録されることになる。

〈ハシント・チクラーナ〉（歌：リベーロ）は草原の香りが強いギター弾き語りからスタートするミロンガで、単独でもよく歌われるスタンダードとなった。ピアソラは「ギター的ミロンガの、ひいては即興的ミロンガの雰囲気がある」と解説している。

〈誰かがタンゴに呼びかける〉（歌：リベーロ）は「メロディーやハーモニーの面で1940年代のスタイルに通じるとみなすことができる」。

〈あやつり人形〉（歌：リベーロ）はタンゴ揺籃期の荒々しいイメージを見事に表現した「タンゴ的ミロンガ」で「肩の凝らないリズム、滑稽さ、今世紀初頭のヤクザ風といったプロトタイプに定義付けできる」。

〈ドン・ニカノール・パレーデスに捧ぐ〉（歌：リベーロ）は「ドラマティックな内容ゆえにグレゴリオ聖歌の8小節に基づいて書かれ、メロディアスな部分はどれもとてもシンプルに、感情を込めて、誠実に解決し、作為的なモダニズムとは無縁である」。なお、リベーロのギター弾き語り＋ギター伴奏によるこの曲の映像もあり、『ソロ・タンゴ』の「20世紀のタンゴの章」（＃A4）でその一部を観ることができる。

〈ブエノスアイレスへの内面的頌歌〉（歌：リベーロ、朗読：メディーナ・カストロ）は「歌、朗読、コーラスとオーケストラのために書かれた、おそらくすべての歌曲の中でも特に大胆な作品。それにもかかわらずメロディー・ラインはシンプルで、上昇する半音階で始まり、下降する半音階で終わっている」。

アルバムのB面（後半）全体を占めていた《薔薇色の街角の男》（朗読、歌と12の楽器のための組曲）は、ボルヘスが1933年に書き、吉良上野介など歴史上の有名なアンチヒーローを取り上げて独特の解釈をほどこした1935年の物語風散文集『汚辱の世界史 *HISTORIA UNIVERSAL DE LA INFAMIA*』（集英社文庫の短編集『砂の本』〔篠田一士訳〕にまるごと収録）に収められた同名の散文物語の音楽化。原作は長編で、そこからの言葉を断片的に使用する形で編纂された〈ロセンド登場〉〈ロセンドとルハンの女〉〈レアル登場／レアルとルハンの女のためのタンゴ〉〈ミロンガ・ノクトゥルナ〉〈バイロンゴ〉〈レアルの死／エピローグ〉という6つのトラックで構成されていた（7月5〜6日録音）。変化に富んだ構成、多彩な編曲による壮大な一大絵巻で、さすがに構想5年といったスケールの大きさを感じさせる。ピアソラはライナーで「1960年3月にニューヨークで書いたものだ。この作品は、舞踏家アナ・イテルマンのアイディアから生まれた。ボルヘスの同じ物語からの語句を、朗読、歌、12の楽器から成るこの楽譜に翻案したのである。音作りにおいては、よりシンプルなタンゴ的要素から12音技法の侵入までを考慮に入れた」と解説している。

ここでの演奏は五重奏団に7人のソリストの加わった12人編成。オーボエのロベルト・ディ・フィリッポ、第2ヴァイオリンのウーゴ・バラリス、チェロのホセ・ブラガート、ヴィオラのマリオ・ラリ、パーカッションのレオン（ここでも表記はレオ）・ハコブソンといったお馴染みのメンバーのほかに、ハープのマルガリータ・サメク、グロッケンシュピール（盤にはカンパネリと表記）とシロフォンほかのアントニオ・ジェペスが参加している。

この『エル・タンゴ』の全曲は1996年にも、ダニエル・ビネリのバンドネオンと指揮、ハイロの歌、俳優でフェルナンド・ソラナス監督の映画『スール その先は…愛』（#F79）にも出演していたリト・クルスの朗読という布陣でミランからアルバム化されている。タイトルは『ボルヘスとピアソラ—

—タンゴとミロンガ *BORGES & PIAZZOLLA - TANGOS & MILONGAS*』で、編曲は概ねオリジナル版に準じているが、バリトンのリベーロに対して、ハイロはテノールなので雰囲気は異なる。

ニューヨークのアストル・ピアソラ

1965年の6月中旬から7月上旬にかけて『エル・タンゴ』のレコーディングが行われるより少し前の5月24日、五重奏団を率いたピアソラはリベーロらとともに、アルトゥーロ・イリア大統領が企画した『アルゼンチンの文化的パノラマ』というイベントに出演するためにアメリカ合衆国を訪れている。このイベントに参加した顔ぶれはピアソラ五重奏団（ピアノはゴーシス）、リベーロのほか、先進的フォルクローレ・コーラス・グループのロス・ウアンカ・ウア、電子音楽のマリオ・ダビドブスキ、クラシックからはヴァイオリンのアルベルト・リシとピアノのホルヘ・スルエータという面々で、それ以外にも画家のレオニダス・ガンバルテス（故人）とファン・バートレ・プラナスの回顧展のほか、文学や映画も紹介された。

ピアソラ五重奏団はワシントンではアルゼンチン大使館や国務省など数か所で演奏するというハード・スケジュールをこなし、ヴァージニア州マウント・ヴァーノンでのコンサートはTVでも放映されたらしい。続いて26日と27日の2日間、ニューヨークのリンカーン・センター内のフィルハーモニック・ホールに出演した。26日のプログラムを見ると第1部がリベーロで、4人のギタリストを従え〈わが悲しみの夜〉〈スール〉など計6曲を披露、そして第2部がピアソラ五重奏団で、演奏したのは〈天使のミロンガ〉〈天使の死〉〈天使の復活〉〈カリエンテ〉〈コンテンポラネオ〉〈ある街へのタンゴ〉の6曲となっていた。

わずか5年前までピアソラが辛酸をなめていたニューヨークでの公演。もちろん、その土地に根付こうとしながら日々活動するのと、〝海外からのお客様〟として文化的イベントに参加するのとではまるで様相が異なるだろうが、かつては自分をねじ曲げてまでアメリカ合衆国風のスタイルに無理やり合わせようと苦闘していたことを考えると、自分たち本来の姿をそのまま提示してまがりなりにも受け入れられたことは、ピアソラにとって大きな自信につながったのではないかと思う。だが実際には、当のピアソラはこのあと極度のスランプに見舞われることになるのだから、人生というのはわからないものだ。

日本では『ニューヨークのアストル・ピアソラ』の邦題で知られる〝CONCIERTO DE TANGO EN EL PHILHARMONIC HALL DE NEW YORK〟（ニューヨーク・フィルハーモニック・ホールでのタンゴ・コンサート）は、ニューヨークでのライヴ録音ではなく、帰国後のスタジオ録音であるが、かといってニューヨークで披露したレパートリーをブエノスアイレスの録音スタジオで再現したものともいい切れない（#77）。先に記したニューヨークでの演奏曲目を見ると、重複しているのは〈天使のミロンガ〉〈天使の復活〉の2曲だけである（2日目の曲目は違っていた可能性もあるが）。成功裏に終わったニューヨーク公演のライヴ録音に見せかけたオリジナル盤のジャケットには、大書きされたタイトルと並べてフィルハーモニック・ホールでのステージ写真が使われ、ライナー・ノーツにも『ニューヨーク・タイムズ』や『イヴニング・スター』に掲載された公演についての評文などが転載されていた。こうした〝偽装〟はすべて、本盤のプロデューサー、サントス・リペスケル[*38]の仕業だった。

むしろこのアルバムの本質としては、曲目の中核をなす『天使』シリーズと『悪魔』シリーズの対比を軸に描かれたコンセプト・アルバムとして捉えるべきだろう。アルバム全曲がピアソラ自作のインストルメンタルで構成されたのは、実はこれが最初のことだった。

アルバムの冒頭の3曲はいずれも『悪魔』がテーマ。〈悪魔のタンゴ〉は、全員による効果的なクラスターからスタートし、悪魔の登場が告げられる。それにしても、なんと表情豊かな悪魔だろうか。躍動的かと思えば叙情性も垣間見せ、ゴーシスの短いピアノ・ソロも狂気を秘めている。なお、マウリシオ・ベルー監督[*39]による1967年頃撮影のドキュメンタリー短編映画『キンテート（五重奏団）』（#F37）には、冒頭のクラスター部分のリハーサル場面（ピアノはゴーシスではなくオスバルド・マンシ）が映し出されるが、その一部は2018年公開のドキュメンタリー映画『ピアソラ 永遠のリベルタンゴ』にも使われた。

〈悪魔のロマンス〉は、とても悪魔とは思えないようなロマンティシズムに彩られた美しいミロンガ。

〈悪魔をやっつけろ〉はレオン・ハコブソンによるシンバルなどを加えての、パーカッシヴな7拍子の小品。形式名は「ダンサ」と書かれている。

〈10月の歌〉の「10月」は、何か特定の月を指しているのだろうか。リズミカルな中盤でもゴーシスの狂気が冴えるが、その後のピアノ・ソロがあまりに素晴らしい。この曲のテーマ部分は、室内管弦楽団のための〈イ短調の旋律〉としてもまとめられている（第8章も参照のこと）。

〈マル・デル・プラタ70《セテンタ》〉の「マル・デル・プラタ」とはピアソラの生地《せいち》のことだが、「70」は何を意味しているのだろうか。全編をリズムが躍動する。

〈トード・ブエノスアイレス〉は、さまざまに変化するメロディーやリズム、効果音からソロでの楽器の使い方に至るまでが見事に考え抜かれた、ピアソラらしさにあふれた作品。全体の構成の巧みさには脱帽するのみ。

〈天使のミロンガ〉は、実際にニューヨークでも演奏されたうちの1曲。劇作家アルベルト・ロドリ

ゲス・ムニョスによる1962年の舞台作品『天使のタンゴ』のための挿入音楽のうち、〈天使へのイ

＊38　サントス・リペスケル *Santos Lipesker*（1918・10・10～1978・6・30）
指揮者、クラリネット／バンドネオン／サックス奏者、作曲家、音楽プロデューサー。サンタフェ州ロサリオ生まれ。地元での活動ののち、オメロ・マンシの勧めでブエノスアイレスに移り、兄のヴァイオリン奏者レオ・リペスケルもメンバーだったペドロ・マフィア楽団にバンドネオン奏者兼クラリネット奏者として参加。ジャズ・バンドでも多く演奏したが、その中にはアーメッド・ラーティプのコットン・ピッカーズも含まれていた。1950年代はエル・ムンド放送局の専属オーケストラを指揮。57年からフォノグラム（フィリップス／ポリドール）のディレクターとなり、アンドレ・イ・ス・コンフント（メンバーにハイメ・ゴーシスやウバルド・デ・リオらを起用）やクアルテート・ロス・ポルテニートス、ビンセント・モロッコ楽団などの変名でイージー・リスニング風タンゴのレコードも数多くリリースした。タンゴの作曲家としては、ピアソラの「46年のオルケスタ」が取り上げたワルツ〈アルゼンチン共和国〉、オスバルド・プグリエーセ楽団でロベルト・チャネルが歌った〈ボレロ〉、フランチーニ＝ポンティエル楽団でロベルト・ルフィーノが歌った〈イタリアへの手紙〉（いずれも作詞はレイナルド・ジソ）などの作品がある。

＊39　マウリシオ・ベルー *Maurício Berú*（1927・8・4～2019・1）
映画監督。ブエノスアイレス生まれ。マヌエル・ベルグラーノおよびプリリディアーノ・プエイレドン美術学校で絵画や装飾を学び、大学の建築部や都市工学部で視覚伝達系の講師を務めた。ブエノスアイレス実験映画協会の発起人。1960年代にドキュメンタリー映画の制作に入り、特にブエノスアイレスの都市音楽の分析をテーマに『カフェ・バー』（64年）『フィリベルト』（65年）『愛しのバンドネオン』（66年、＃F29）『われらの時代』（68年）『キンテート』（69年か70年、＃F37）と発表、いくつかの賞も獲得する。80年にはブラジルで、MPB（ブラジルのポピュラー音楽）歌手シコ・ブアルキを題材にした長編ドキュメンタリー『シコ・ブアルキとのいくつかの言葉』を制作。84年にはキューバの『ハバナ国際フェスティバル』を取材した『タンゴとタンゴ』（＃F72）、86年にはブラジルにおけるアルゼンチン・タンゴを取り上げた『タンゴについて話そう』（＃F77）、90年代に入りTVドキュメンタリー・シリーズ『バモス・タンゴ・トダビア』全8回を完成させた。2005年にはピアソラをテーマにしたドキュメンタリー『ブエノスアイレスのピアソラ』を発表している。

ントロダクション〉〈天使の死〉はすでに『われらの時代』（＃68）に収録されていたが、残りの2曲はここでようやくレコード化。美しさが際立つこのスローなミロンガは、〈天使の死〉で殺された天使への鎮魂曲のようだ。

そして〈天使の復活〉。ヴァイオリンがリードする前編は〈天使のミロンガ〉の続編のようだが、ゴーシスのピアノ・ソロが天使の「復活」を予感させ、最後は実に劇的なクライマックスへとなだれ込む。

〈ラ・ムーファ〉は、『天使』シリーズ2曲とは無関係のようだが、雰囲気的には続いている。もの悲しさを漂わせた荘厳な雰囲気の作品である。タイトルは、ブエノスアイレスの俗語で「不吉なもの」という意味だそうだ。

ジャケット裏に「このレコードを私にとっての三大マエストロであるアルベルト・ヒナステラ、ナディア・ブーランジェ、そしてブエノスアイレス市に捧げる」とコメントしているぐらい、ピアソラにとっても相当な自信作だったはずで、実際に五重奏団が最初のピークを迎えた一瞬が見事に捉えられた最高のアルバムとなった。全ピアソラ史の中の一つの頂点といっても過言ではない。メンバーのアンサンブルは練り上げられ、バランスも完璧。決して派手ではないが、ロペス・ルイスのギターも全体のサウンドを構築する上で極めて重要な役割を果たしている。そして天才ゴーシス。彼の深遠なタッチから生み出されるその輝きは、何ものにも代えがたい。

一つひとつの曲のクオリティーも高いのだが、そうした次元を超えてアルバム全体が極めて高いテンションで貫かれているのが特徴的で、全体を包むこの独特の空気感は、ピアソラ自身のほかのいかなる録音をもってしても、まず味わえないものだ。それだけに、〈天使のミロンガ〉〈天使の復活〉を除く全曲がその後五重奏団のレパートリーから消えていってしまったのが惜しまれる（〈トード・ブエノスアイレス〉は少なくとも1973年および78年にはライヴで演奏された記録が残っているが）。

ブエノスアイレスの夏

1962年に『天使のタンゴ』を上演した劇作家アルベルト・ロドリゲス・ムニョスはこの年、1961年に発表した『美しきメレニータ』（メレニータは登場人物の名前）を舞台で上演すべく、その音楽をピアソラに依頼した。今回の舞台では、ピアソラ五重奏団は可動式の台に乗って演奏しながらステージに登場することになっていたが、当時の音響技術からいって、移動する五重奏団の演奏をマイクで拾うことは困難だった。そこでロドリゲス・ムニョスとピアソラは、演奏される4曲をあらかじめ録音しておいて会場に流し、メンバーは弾いているふりをしようということに決めた。おそらく誰も気づかないだろうし、その方がむやみに劇の進行を妨げないで済むというのが結論だった。そして、実際にそれは成功することになるのだが、その折にはこんなエピソードもあった。

アメリカ合衆国遠征に続き、ピアソラ五重奏団がアルゼンチン政府の派遣によりブラジルに出向いた時のこと（詳しい日程は不明）。彼らはサンパウロとリオデジャネイロでのコンサートを無事に終わらせたのだが、その帰路エセイサ空港に到着する間際になって、ピアソラは隣の席に座っていたロペス・ルイスに向かって叫んだ。

「なんてこった！　明日は『美しきメレニータ』の音楽を録音しなきゃいけなかったんだ。いやあ、ブラジル行きの一件ですっかり忘れてたよ。しかし困ったな、明日の朝9時から録音だというのに、まだ一音たりとも書いていないんだ」

翌朝、五重奏団はピアソラがたった一晩で書き上げ、編曲も済ませた4曲を予定どおりに滞りなく録音した。そしてその中の1曲は、これまでピアソラが書いた曲の中で最も素晴らしい曲の一つに数えられるものだった。その曲には、〈ブエノスアイレスの夏〉というタイトルが付けられていた。

ピアソラの代表作の一つとなる《ブエノスアイレスの四季》シリーズの端緒を開くことになる名曲〈ブエノスアイレスの夏〉は、こうしてどさくさ紛れに誕生した。《四季》は、当初から連作として書き始められたわけではなかったのである。後年のイメージからすると、ここでの演奏はかなりシンプルでそっけない感じも受けるが、曲自体はしっかりと出来上がっている。熟成されてはいないが、生まれての作品の活きの良さが味わえるといったところだろうか。

残り3曲も地味ながら佳曲が揃っている。〈ゲートルのリズムで〉は、若干跳ね気味のリズムが1980年代のピアソラを予感させる作品。途中でアグリとロペス・ルイスを従えたキチョの短いコントラバス・ソロも聴ける。

ギターとコントラバスを従えたアグリの見事なヴァイオリンから始まる〈セ・ラムール〉は、聴き馴染みのあるリズム・パターンも登場する中間部を挟んで、後半はバンドネオン・ソロをたっぷりと聴かせる。フランス語のタイトルは舞台に登場するナイトクラブの名前。

〈トレス・サルヘントス〉は、〈エル・タンゴ〉の出だしのフレーズをモチーフにして膨らませた曲。タイトルは直訳すると「3人の軍曹」だが、ここでは通りの名前を指す。

これら4曲は『美しきメレニータ』のサウンドトラック盤としてポリドールからEPでリリースされている（#78）。そして舞台の方は、1965年8月5日、サンマルティン将軍劇場内のマルティン・コロラード・ホールで幕を開けたが、それに先駆けて7月27日にブエノスアイレス州トレス・アロージョス市の学校でプレゼンテーションが行われ、ピアソラ五重奏団はそこで『天使』シリーズ全曲も演奏したらしい。

映画音楽にも触れておくと、1964年から65年にかけてピアソラが手がけた作品は少なく、エグレ・マルティン*が主演して歌った『奇妙な優しさ』（#F25）の主題歌〈闇の女グラシエラ〉（詳しくは次章で紹介する）の作曲と演奏を除けば、フェルナンド・アジャラ監督による1965年5月5日公開の『怒りの感覚で』が唯一である。なぜかバンドネオンは一切使用せず、脚本も共同で手がけたルイス・ピコ・エストラーダが作詞し、主役のディエゴ（アルフレド・アルコン）がギター弾き語りで歌う〈怒りの感覚で〉（#G11）と、そのメロディーのヴァリエーションを基調として、フルートや弦、エレキ・ギター、パーカッション（まず間違いなくレオン・ハコブソン）などによる音楽が展開していく。ニューヨーク時代の知られざる作品〈ブロードウェイに雨が降る〉（〈雨で散歩するときには〉として『イヴニング・イン・ブエノスアイレス』〈#59〉に収録）が、フルートをメインにしたスローなルンバ風の演奏で流れるのが面白い。

『エル・タンゴ』『ニューヨークのアストル・ピアソラ』、それに『美しきメレニータ』のサントラと、短期間のうちに充実作を続けざまに録音したピアソラだったが、ふと気が付くと彼の背後には恐るべき影が忍び寄っていた。それは、スランプという名の魔物だった。

6　ブエノスアイレスの栄光と孤独

スランプという魔物

北米公演や充実したレコード制作など順調な活動を行っているかに見えた1965年のアストル・ピアソラだったが、その身の回りには予期せぬことが起こり始めていた。

翌1966年2月2日、日曜日の朝、アストルは荷物をまとめると、妻のデデや娘のディアナ、息子のダニエルを残し、家を出た。それは23年間連れ添ってきたデデとの訣別を意味していた。

結婚してからの長い月日、デデは常にアストルを支えてきた。家庭を守るために絵の勉強も諦めた。子どもたちをビセンテらに預けてアストルとともにパリに留学する機会を得た時も、最初のうちこそアンドレ・ロトに絵画を学んでいたが、途中からはそれもやめてアストルの世話に専念している。その後も、夫に尽くし、子どもの教育に明け暮れる日々が続いた。だが、アストルはそれに報いることなく、ほかの複数の女性と密接な関係を持つようになり、ついには自らその家庭生活に終止符を打ってしまったのである。ピアソラは、のちに当時を振り返り、「自分はエゴイストで、自分のことや自分の音楽しか省みず、政治や社会のことにも無関心だった」と述べている。

とりわけ当時のピアソラを狂わせたのは、「ノルマ」と呼ばれた一人の女性だったと言われている。彼女との関係は緊張感をはらんだもので、ピアソラは精神的に衰弱し、何よりも大切なその感受性すらどこかへやってしまった。それからのおよそ2年間というもの、ピアソラはぼんやりと時間を過ごし、ほとんど曲が書けなかった。創作意欲もなければ、演奏する意欲にも欠ける状態だった。

ノルマと喧嘩したあとで彼女に向けて書かれた、有毒の植物（つまり彼女のこと）を指す〈マンドラゴラ〉という題の曲は、わずか数回演奏されただけで没になり、聴くことも叶わなかったが、そんな幻の曲を2018年になって聴けるようになるとは、思いもよらなかった。

2018年12月に日本公開されたダニエル・ローセンフェルド監督の映画『ピアソラ 永遠のリベルタンゴ』は主に息子ダニエルからの視点で描かれたドキュメンタリーで、筆者は字幕の監修を務めさせてもらったが、家を出ていく場面で、ピアソラ本人らしきピアノ・デモ録音による聞き覚えのない静かな曲が流れていた。映画の制作サイドが作成した曲目リストも受け取ったが極めて不完全で、その曲についても記載がなかった。せっかくだからと本編で使われていたすべての曲のリストを作成し、プログラムの裏表紙に掲載してもらったが、その中で唯一その曲を「不明」とせざるを得なかった。

ところがプログラム脱稿後に某所から偶然入手したバイア・ブランカでの1966年（月日は不明）のライヴ音源（本人のMCと1曲のみ）に入っていたのが、ヴァイオリン抜きの五重奏団のメンバー（ピアノはオスバルド・マンシ）で物悲しく演奏される、その同じ曲だった。しかもピアソラは曲名を〈マンドラゴラ〉と紹介していたのだ！ タイミングがもう少しずれていれば、プログラムに曲名が載せられたかと思うといささか残念だが、監督もさりげなく気の利いたことをしてくれたものだ。

曲は書けなくても、五重奏団としてのライヴ活動自体は活発だった。それまでに残した多くの作品があったとしても、当時のピアソラの印税収入たるや微々たるもので、生活費を稼ぐには、ステージに立ち続けるしかなかった。

かつて出演していた676は、この時にはピアソラの作品名にあやかって「ヌエストロ・ティエンポ（われらの時代）」と名前を変えていたのだが、そこにレギュラー出演を再開したピアソラは、自分たちの音楽がスノッブたちのおもちゃにされていると感じながらもステージをこなし、やがて新しくできたゴタンへと活動の場を移した。

レギュラーの仕事以外にも、学校のコンサートに呼ばれたり、地方を回ったりと活発な演奏活動が続いたが、用意すべき新曲はないに等しかった。といいつつ、実はそんな中で重要な2つの作品が誕生していた。今、筆者の手元には、1966年10月9日にモンテビデオのSODRE公会堂スタジオで行われた五重奏団（ピアノはゴーシス）のコンサートを収めた、おそらく放送用と思われる音質良好な音源がある。曲目は以下のとおり。

第1部：われらの時代／アディオス・ノニーノ／デカリシモ／レビラード／カリエンテ／10月の歌／フラカナパ／ブエノスアイレス零時／ロ・ケ・ベンドラ
第2部：『天使』のシリーズ（天使へのイントロダクション／天使の死／天使のミロンガ／天使の復活）／『悪魔』のシリーズ（悪魔のタンゴ／悪魔のロマンス／悪魔をやっつけろ）／アルフレド・ゴビの肖像／ラ・ムーファ／革命家
アンコール：ブエノスアイレスの夏／チケ

ライヴならではの荒さは多少あるにせよ演奏はまとまっていて、特にスランプの暗い影が見え隠れするわけではない。『悪魔』のシリーズのライヴ音源もほかにないだけに貴重だ。そして重要なポイントの一つは、この時点で第2部の後半に新曲の〈アルフレド・ゴビの肖像〉と〈革命家〉が初登場していたことであるが、この2曲については、あとで詳しく述べることにする。

ピアソラは、ベン・モラール[*1]制作でフェルマータから11月に発売されたアルバム『タンゴとの14組』にも作品を提供している（#G12）。これはエルネスト・サバト、ホルヘ・ルイス・ボルヘスら14人の作家や詩人が歌詞を書き、14人の音楽家が作曲し、さらに14人の画家が絵を描くという企画で、残りの13

作品の作曲者たちも、アニバル・トロイロ、フアン・ダリエンソ、ルシオ・デマレ、オスバルド・マンシ、エクトル・スタンポーニ、アルマンド・ポンティエル、セバスティアン・ピアナ、ホセ・バッソ、エンリケ・デルフィーノ、マリアーノ・モーレス、ミゲル・カロー、アルフレド・デ・アンジェリス、フリオ・デ・カロという錚々たる顔ぶれだった。

見開きジャケットの内側には両側にポケットが付き、片方にレコード、もう片方にジャケット・サイズの画集カード14枚が収められ、それぞれのカードの裏には歌詞も載せられていた。歌手としてアルバムに参加したのは、レイナルド・マルティン、エンリケ・ドゥマス、アイダ・デニス、クラウディオ・ベルジェなどである。

ピアソラはここで、バルドメーロ・フェルナンデス・モレーノの〈70のバルコニーに花もなく〉という詩に曲を付けた。作品に絵を添えたのはルイス・セオアーネである。アルバム全体で楽団を指揮したのはバンドネオン奏者のアルベルト・ディ・パウロ[*2]で、編曲も概ねディ・パウロのようだが、ピアソラの曲に関しては、ピアソラ自身が編曲したものを下敷きにしているのは間違いなさそうだ。ピアソラの作品は、男性ヴォーカル五重唱のロス・シンコが歌った。

翌1967年に発売されたカタログ番号が一番違いの普及盤（画集は付いていない）はタイトルが『グラン・オルケスタに／タンゴとの14組』となり、全曲インストルメンタルでの収録となっていた。歌のパートをクラリネット、ストリングス、ピアノ、ギターなどの楽器に差し替えた「歌のない歌謡曲」風の陳腐な作りで、これではもとのコンセプトも何もあったものではない。

もっとも、オリジナル盤の方も、〝詩人〟たちによる歌詞はタンゴの本質を理解していないものが多いとして、評判は芳しくなかった。この企画に参加したことについてピアソラはのちに、「ペテンにかけられたんだ」と釈明している。

このほか、やはり1966年に書かれた数少ない作品の一つに、ファン・カルロス・コーペスによる創作ダンス「エル・カンペオン（チャンピオン）」のための音楽があり、五重奏団によって演奏された。これはアストラル劇場でのショー『ブエノスアイレス、街とフォルクローレ』の中で発表されたもので、落ちぶれたボクサーをテーマにした作品。音源はなく、曲単体なのか組曲形式なのかはわからない。

＊1　ベン・モラール *Ben Molar*（1915・10・3〜2015・4・25）
音楽出版者、音楽プロデューサー。ブエノスアイレス生まれ。本名マウリシオ・ブレンネル。1942年からフェルマータ出版社で働き始め、51年には共同経営者となった。のちにフェルマータ・レーベルを立ち上げ、66年から企画アルバムのプロデュースを開始したが、『タンゴとの14組』（＃G12）およびそのインスト盤『グラン・オルケスタに／タンゴとの14組 *A GRAN ORQUESTA / 14 CON EL TANGO*』（FERMATA LF-2002）はその第1弾となったもの。同じくアルベルト・ディ・パウロ楽団＋歌手の組み合わせで、69年にはファン・カルロス・コビアン＝エンリケ・カディカモ作品集『コビアンとカディカモの14曲』、71年には有名作詞・作曲家の未発表曲集『ロス・デ・シエンプレ』を発表。75年にはセステート・マジョールのルイス・スタソを編曲指揮者に据え、オラシオ・サルガン、オスバルド・プグリエーセ、シムシア（シモン）・バジュールほか豪華メンバーがゲスト参加したフリオ・デ・カロ作品集『フリオ・デ・カロの14曲』（このアルバムのみ日本でもビクターから『巨匠フリオ・デカロに捧ぐ』の邦題で発売された）をリリースしている。

＊2　アルベルト・ディ・パウロ *Alberto Di Paulo*（1929・7・12〜2011・7・13）
バンドネオン奏者、楽団指揮者、作曲家、編曲家。ブエノスアイレス生まれ。カリスト・サジャーゴにバンドネオンを習い、1943年にデビュー。エミリオ・バルカルセ楽団を経て48年にはエルビーノ・バルダロ楽団に参加した。60年前後にはアルベルト・エチャグエ、アルマンド・ラボルデ（ともにファン・ダリエンソ楽団出身）、アルベルト・マリーノといった歌手の伴奏を務め、62年にはルンバの王様、ザビア・クガート楽団のタンゴ・アルバムのアレンジを担当。以後は自身の楽団を率い、RCAやエンバシイなどに録音も行っている。88年に初来日。

この年に手がけた映画音楽は、フェルナンド・アジャラ監督のコメディー『共同住宅のおかしな女たち（マリアともう一人）』のみ。ここでは、〈マリアともう一人〉〈居心地のいい部屋〉〈エル・フィオカ（ヒモ男）〉の3曲を、スクリーンにも登場するホルヘ・ソブラルが歌うが、そのメロディーはボルヘスとの『エル・タンゴ』収録曲の焼き直し感が強かったりもする。そのほかの効果音的な音楽は、主に五重奏団のメンバーにパーカッションのレオン・ハコブソンが加わって演奏されているようだ（#F28）。

同じく1966年、ピアソラはマウリシオ・ベルー監督の短編映画『愛しのバンドネオン』に出演した。これは文字どおり、タンゴにおけるバンドネオンをテーマに、ペドロ・マフィア、シリアコ・オルティス、[3]ペドロ・ラウレンス、そしてピアソラという4人のバンドネオン奏者へのインタビューおよびスタジオでのバンドネオン・ソロを軸にしたドキュメンタリー作品である（#F29）。

演奏場面は映画の中では各人1曲ずつが映し出されるのみだが、撮影は一人当たり2〜3曲ずつ行われているので、曲目を挙げておこう（★印が映画に収録された曲）。

ペドロ・マフィア：
セ・ムエレ・デ・アモール *Se muere de amor* ／ヘリオトロープ *Heliotropo* ★
シリアコ・オルティス：
リアチュエロの霧★／魅せられし心
ペドロ・ラウレンス：
アムラード *Amurado* ／エスキネーロ *Esquinero* ★
アストル・ピアソラ：

わが両親の家（ファン・カルロス・コビアン作）／黒い花（フランシスコ・デ・カロ作）／私の隠れ家（コビアン作）★

時代を担ってきたバンドネオン奏者たちの貴重なソロ演奏が続々と流れる中、ピアソラは敬愛するコビアンの名作をしみじみと聴かせている。このほか、当時の新鋭オスバルド・ピーロ楽団[*4]や、エドゥアルド・ロビーラ・トリオのステージの模様などもわずかだが収められている。ロビーラのステージ風景は、ピアソラも出演していたクラブ、ゴタンで収録されたものだ。

タンゴの歴史

1964年の暮れにTV13チャンネルの番組『4人のスターたちと1つの思い出』で披露した名曲メドレーの演奏から発展させるような形で、1967年5月頃には五重奏団に弦セクション、鍵盤打楽器などを加えた「グラン・オルケスタ（大編成オーケストラ）」編成による『タンゴの歴史』シリーズの制作

＊3　シリアコ・オルティス *Ciriaco Ortiz*（1908・8・2～1970・7・9）バンドネオン奏者、楽団指揮者、作曲家。コルドバ州コルドバ生まれ。「心を持ったバンドネオン」と謳われた名手である。1920年、同地を訪れたロベルト・フィルポ楽団で病に倒れたペドロ・マフィアの代役をこなし注目される。同年にはマル・デル・プラタでファン・カルロス・バサン楽団に参加、そのままブエノスアイレスに居を移す。25年オルケスタ・ティピカ・ビクトルに参加、29年にはギター2本を従えたトリオ・シリアコ・オルティスを結成、長らく活動を続ける一方で、バルダロ＝プグリエーセ、フランシスコ・カナロ、ファン・カルロス・コビアン、マリアーノ・モーレスなどの楽団にも随時参加した。自身のトリオではタンゴのほかフォルクローレも多数録音している。

が開始された。「タンゴの歴史」といっても、後年のフルートとギターのための作品とは無関係で、実質的には「歴史」というよりはタンゴ名曲選といったニュアンスが強い。『エル・タンゴ』『ニューヨークのアストル・ピアソラ』以降、ほとんど自作曲以外は演奏しなくなっていたピアソラが、このように古典タンゴばかりを録音したのは異例のことだったが、スランプで曲が書けなくなっていたのを見かねたプロデューサーのサントス・リペスケルから提案された企画だった。

この企画、当初は4枚で完結する予定だったが、『タンゴの歴史 第1集／ラ・グアルディア・ビエハ』（#79）『同 第2集／ロマンティック時代』（#80）と発売されたところで結局打ち止めとなった。第3集の予定だった『1940年代』向けに録音されていた4曲は、1971年になってからオムニバス盤『タンゴの偉大なオルケスタ』（#81）に収録された。日の目を見なかった第4集のテーマは『現代』となる予定だった。

第1集はまさに古典有名曲のオンパレード。参加ラインナップとしてはピアソラ、マンシ、アグリ、ロペス・ルイス、キチョの五重奏団のほかに、12人のヴァイオリン・セクション（この人数はアグリも含んでのことと思われる）、ヴィオラとチェロが4人ずつ、ヴィブラフォン、グロッケンシュピール、シロフォン（この3つの鍵盤打楽器はおそらく一人で持ち替え）、女声ソプラノが加わっている旨がジャケット裏に書かれている。五重奏団以外のメンバーの記載はないが、参加しているのはエンリケ・マリオ・フランチーニやウーゴ・バラリス（ヴァイオリン）、ホセ・ブラガート（チェロ）、アントニオ・ジェペス（鍵盤打楽器）あたりだろう。

〈エル・チョクロ〉はマリア・デ・ラ・フエンテの伴奏、ニューヨークでの『イヴニング・イン・ブエノスアイレス』に続いて3度目の録音。転調なども活かした賑やかなアレンジだが、やたら目まぐるしく、ヤケでも起こしたかのような演奏である。演奏時間は2分に満たない。バンドネオンは多重録音。〈オホス・ネグロス（黒い瞳）〉はバンドネオン奏者のビセンテ・グレコが1910年に書いたタンゴ。トロイロ楽団が得意としたレパートリーでもあった。出だしの美しいメロディーはアグリの真骨頂。全体的に原曲にかなり忠実で、バンドネオンはやはり多重録音され、最後はフェイド・アウトする。〈ラ・クンパルシータ〉も3度目の録音。そんなに意外性のあるようなアレンジではない。途中のバンドネオンのみになるところ、それに続くアグリのソロが良い。〈ラ・カチーラ〉は弦楽オーケストラやブエノスアイレス八重奏団でも取り上げていた曲。ピアソラお得意のフレーズが散りばめられているが、割と正攻法で堂々たるアレンジに仕上がっている。〈ラ・マレーバ〉は、公式にはヴァイオリン奏者で歌手でもあったアントニオ・ブグリオーネの作曲とされているが、実際に書いたのはピアニストのホセ・マルティネスで、作詞はマリオ・パルド。タイ

＊4　オスバルド・ピーロ *Osvaldo Piro*（1937・1・1）
バンドネオン奏者、楽団指揮者、作曲家、編曲家。ブエノスアイレス生まれ。父フェルナンドはタンゴ楽団のヴァイオリン奏者だった。バンドネオンをドミンゴ・マティオに学び、1953年にリカルド・ペデビージャ楽団でデビュー。アンヘル・ダゴスティーノ、ビクトル・ダマリオ、ロベルト・カローなどの楽団を経て58年から63年までアルフレド・ゴビ楽団に参加、強い影響を受ける。フルビオ・サラマンカ楽団に短期間在籍したのち、65年に楽団を率いて「パティオ・デ・タンゴ」にデビュー、久々の若手オルケスタ・ティピカの登場と話題になった。66年に初録音。その後さすがにティピカ編成は維持できなかったがコンスタントに活動を続けた。80年代後半はパリを拠点にヨーロッパで活動。その後は国立フアン・デ・ディオス・フィリベルト・オーケストラの常任指揮者を務めた。97年1月、楽団を率いて初来日。アルバム・デビュー50周年を迎えた2016年には、ゲスト歌手7名を迎えて『ミステリオーサ・ブエノスアイレス』をリリースした。

トルは「遊び好きな女」というような意味だ。1922年にカルロス・ガルデルが録音しているが、それ以後はインストルメンタルで演奏されることの方が多い。まず冒頭の40秒ほどのマンシのソロが聴きどころで、なかなか美しいアレンジが施されている。

〈わが悲しみの夜〉はサムエル・カストリオータ作曲、パスクアル・コントゥルシ作詞で、1917年にカルロス・ガルデルが歌い、初の本格的歌謡タンゴとなった、タンゴ史上重要な作品。ルンファルド（隠語）を多用しての、女に振られた男の嘆き節という歌謡タンゴの定型は、この曲からスタートした。そんな歌曲を強引にインストルメンタルにアレンジ。やはり40秒ほどの、こちらはバンドネオン・ソロから入る。アグリのソロが魅力的だ。

〈ガウチョの嘆き〉はフランシスコ・カナロの代表作とされるが、実際は弟のラファエル・カナロが書いたらしい。作詞はフアン・カルーソ。1924年の作品で、同年のマックス・グルックスマン（＝オデオン・レコード）のコンクールで第1位に輝いている。TV13チャンネルでのメドレーでは前半を占めていたが、ここではアレンジが大きく変更されていて、原曲の持つ曲の良さとピアソラ流の崩し方とのバランスが上手く取れている。ピアソラのバンドネオン・ソロも良い。

〈恋人もなく〉はアグスティン・バルディ作曲、エンリケ・カディカモ作詞による1929年の作品で、特にモダン派のアーティストが好んで取り上げている美しい曲。これもピアソラのバンドネオン・ソロから始まり、途中で弦が絡んでくる。合奏に入ってからもピアソラはソロを弾きっぱなしの状態で、バンドネオンは多重録音されている。

〈夢の中で〉はアンセルモ・アイエタとピアニストのフアン・ポリートの作曲、フランシスコ・ガルシーア・ヒメネスの作詞によるもので、1928年に男性歌手チャルロがフランシスコ・ロムート楽団の伴奏で録音している。13チャンネルでのメドレーにも短めに登場していたが、このアルバムの中では渋めの選曲と言えるだろう。割と素直に原曲を生かしながらも、最後は3＋3＋2のリズムをバックにバンドネオンがひと暴れして終わる。

〈バンドネオンの嘆き〉はフアン・デ・ディオス・フィリベルトが1918年に発表した有名な作品で、トロイロ楽団の演奏でもお馴染み。ピアソラ自身「46年のオルケスタ」や1961年の五重奏団でも録音したことがあり、TV13チャンネルでのメドレーでは最後を飾っていた。ここでも3＋3＋2のリズムが多用され、いろいろとひねってあるが、原曲の良さはいまひとつ生かし切れなかったか。

〈ボヘミアンの魂〉はロベルト・フィルポが1914年に発表したタンゴだが、ここでのピアソラのアレンジは原曲を相当崩していて、もとのメロディーが姿を見せない部分も多い。原曲をある程度崩しながらも圧倒的な名演に仕上げたという意味では、たとえば1958年のオスバルド・プグリエーセ楽団の録音の方に分があるだろう。

〈淡き光に〉は、基本的なアレンジはニューヨーク時代の『イヴニング・イン・ブエノスアイレス』と同じ。タンゴの古典の中でも特に有名な曲で、シンプルなメロディーが人気の理由だろうが、ピアソラのモダニズムにはあまりそぐわない気がする。

全体を通してピアソラらしい手腕は随所に発揮されているが、やはり装飾過多というか厚化粧な印象は拭いきれない。

ロマンティック時代

続く第2集『ロマンティック時代』は第1集と傾向はだいぶ異なり、フランシスコとフリオのデ・カロ兄弟、ファン・カルロス・コビアンなどピアソラ好みの作曲家の作品を有名無名にこだわらずに採り上げている。全体的に出来はこちらの方が良い。

〈タコネアンド〉は「46年のオルケスタ」やブエノスアイレス八重奏団でも録音していたペドロ・マフィアの作品。この曲に関して言えば、編曲手法は第1集の傾向を引きずっている。

〈グリセータ〉はピアニストのエンリケ・デルフィーノの作曲、ホセ・ゴンサーレス・カスティージョの作詞で、1924年に書かれた作品。ピアソラは1962年にもロベルト・ジャネスと録音していたが、ここではメリハリのきいたアレンジに仕上がっている。

〈酔いどれたち〉はブエノスアイレス八重奏団、1962年の五重奏団でも取り上げていたコビアンの傑作。いろいろと工夫は凝らしてあるが、力強さと勢いにあふれた62年の録音には及ばない。

〈ロカ・ボエミア〉は、弦楽オーケストラの時と同様、原曲の素晴らしさを尊重したアレンジが見事だ。中盤のバンドネオン・ソロも聴き応えがある。このあと1970年にもバンドネオン・ソロで録音することになる。

〈レクエルド（想い出）〉はオスバルド・プグリエーセ1924年の傑作。はっきり言ってあまり良いアレンジではないが、終盤でプグリエーセが編み出した「ジュンバ」のリズムを一瞬彷彿させるあたりは納得できる。ピアソラは「46年のオルケスタ」以来、編成の大きな場合は常にチェロの存在を重要視してきたが、この一連の録音ではそれほどでもなく、ホセ・ブラガートのソロがフィーチャーされているのはこの曲のみである。

〈ボエド〉はブエノスアイレス八重奏団でも取り上げていたフリオ・デ・カロ作品。多重録音によるバンドネオン・ソロからスタートするが、なんといっても一番の聴きどころは、ウーゴ・バラリス、エンリケ・フランチーニ、アントニオ・アグリと、ヴァイオリンの名手3人がソロを受け渡していく場面だろう。これはぜいたくだ。

〈影の中で〉は黒人バンドネオン奏者、ホアキン・モラが1937年に発表したロマンティックな名品。作詞はマヌエル・メアニョス。最初の2分はピアソラによる素晴らしいバンドネオンのカデンツァ、次の1分は弦を従えてのロペス・ルイスの珍しいギター・ソロ（後半30秒は無伴奏）、次の30秒はアグリのソロでこれも弦のみがバックを付け、最後の20秒はバンドネオン＋弦、という粋な構成。原曲の持つ美しさが見事に表現されている。

〈パンペーロ〉はオスバルド・フレセドが1935年に発表した、隠れた名曲。作詞はエドムンド・ビアンチ。タイトルは「パンパ（大草原）から吹いてくる風」という意味だ。これもバンドネオン・ソロからスタート、アグリのソロも良いが、それに続いて出てくるマンシのソロがなんとも絶品。

〈ラ・レバンチャ〉はペドロ・ラウレンスが1924年に発表した処女作で、ブエノスアイレス八重奏団以来の録音。これもバンドネオン・ソロからスタートする。原曲の力強さがそのまま雄大に表現された、良いアレンジだ。

〈愛の夜〉はフェルナンド・フランコ作。弦楽オーケストラでも録音していたピアソラお気に入りの作品である。アレンジも弦楽オーケストラの時とほとんど変わっていない。アグリやマンシのソロも素晴らしく、本盤屈指の名演奏。

続いて第3集用に録音された1940年代の作品4曲はすべて歌曲で、〈ウノ〉はネリー・バスケスやダニエル・リオロボスとの録音が、〈スール（南）〉と〈マレーナ〉はエクトル・デ・ローサスとの録音が過去にあった。これがピアソラにとって唯一の録音となったのは〈ペルカル〉のみ。バンドネオン奏者のドミンゴ・フェデリコがミゲル・カロー楽団在籍中の1943年に作曲してヒットした。作詞はオメロ・エスポシト。独特の雰囲気を持った作品で、ピアソラはトロイロ楽団在籍時にこの曲の録音に参加していた。

ここでのアレンジは、むしろ第1集に近い感覚で、どうもすっきりしない。〈ペルカル〉あたりは悪くはないのだが、やはり全体に装飾過多の感は強い。さすがに本人も嫌気がさしたのか、このプロジェクトはここで中断された。ほかに録音されながら未発表のものが残されている可能性もないことはないが、もう世に出ることはないだろう。

アルフレド・ゴビの肖像

先に触れたとおり1966年10月あたりに初演されていた〈革命家〉と〈アルフレド・ゴビの肖像〉の2曲は、『タンゴの歴史』第1集と第2集のリリースの合間に、五重奏団（ピアノはマンシ）によるシングル盤として登場した（#82）。スランプ期に書かれたごくわずかな作品のうちの2曲ということになるが、ともに1970年のレジーナ劇場でのライヴ・アルバム（#93）で広く知られることになる。

〈革命家〉はそのタイトルどおり、ゴツゴツとした感触の力強い作品。中盤のピアソラとマンシのスリリングなかけ合いが聴きどころだ。さすがに高度な技術を要する曲だけあってレコーディングは難航したようで、途中でテープを編集した跡も見られる。タイトルの「革命家」が具体的に誰のことを指すのか、いろんな説があるのだが本当のところはわからない。

第3章でも紹介したアルフレド・ゴビは、優れた楽団を率いながらも、晩年は酒に溺れてボヘミアン的生活に身をやつし、1965年5月に死去した。ピアソラがゴビから受けた音楽的影響は、トロイロやプグリエーセからのそれよりもはるかに大きかったのだが、そんなゴビに捧げた〈アルフレド・ゴビの肖像〉でピアソラは、そのリズムの端々に、あるいはアグリのソロに、ゴビに対するありったけの思いを注ぎ込んでいる。ゴビが書いた〈エル・アンダリエゴ（放浪者）〉の一節も引用されている。

短編映画『キンテート（五重奏団）』は、『愛しのバンドネオン』のベルー監督がおそらく1967年にピアソラ五重奏団を撮ったドキュメンタリーだが、そこではこの2曲が重要な位置を占めている（#F37）。というよりも、この2曲はこの撮影がきっかけでレコーディングされたようにも思えるのだ。そのオープニングでピアソラがピアノに向かい〈アルフレド・ゴビの肖像〉を作曲している場面（実際にその場で作曲しているわけではない）から、5人でこの曲をリハーサルする場面に移っていくあたりは最大の見物と言えるだろう。

五重奏団のリハーサル風景とブエノスアイレスの映像とで構成されたこの20分の作品は、当時の貴重なドキュメントであるだけでなく、ヴィジュアル的にも優れている。特にリハーサルでのちょっとしたやりとりは、五重奏団の音がどのように作られていったかということを知る上で恰好のサンプルともなる。ちなみに〈アディオス・ノニーノ〉でマンシやアグリが弾いている場面がチラッと映るが、実際の音はゴーシス、バルダロが弾いたアンタール録音（#66）が使われている。あくまでも、ここでのピアソラの表情だけを見た限りでは、当時スランプに喘いでいたようには見受けられない。

1966年か67年に、当時としてはモダンな雰囲気のスタジオで収録された〈革命家〉〈ブエノスアイレスの夏〉のTV映像も残されている。確認できた映像は画質が大変に悪く、ピアニストは横顔が映る程度で判別が難しいが、オスバルド・タランティーノのように見える。当て振りではあっても（その割に動きはリアル）、少なくとも〈ブエノスアイレスの夏〉の音声は新たに録音し直され、レコードと比べてヴァイオリンやピアノの装飾音などに変化が見られる。確かにピアノはタランティーノが弾いているようにも聞こえ、だとすれば彼が参加したこの時期唯一の貴重な録音ということになる。

また、1967年2月18日には、この日から26日までブエノスアイレス州バラデーロ市で開催されていた『第3回アルゼンチン・ポピュラー音楽祭』に五重奏団で出演、その時に〈アディオス・ノニーノ〉を演奏したわずか40秒ほどの映像（しかも最初の約10秒は音なし）がYouTubeで確認できるが、ピアノはハイメ・ゴーシスのように見える（#A2）。

ピアソラ五重奏団はその後、10月の終わりにはブエノスアイレス州オラバリーアのタンゴ・フェスティバルに出演、12月初めにはモンテビデオのオデオン劇場でコンサート、下旬にはサンタフェ州テオデリナでの『タンゴとフォルクローレ』フェスティバルに出演した。

ピアソラが1967年に手がけた映画音楽は、アルゼンチンとスペインの合作映画で、6月にスペインで先行公開されたルイス・ガルシーア・ベルランガ監督のブラック・コメディー『ピラニアたち（ラ・ブティック）』のみ。〈ブエノスアイレス零時〉のコントラバスのフレーズの変形をモチーフにしてフルートやパーカッションなどを乗せたテーマ音楽はそれなりだが、フルートとエレキ・ギターによるボサ・ノヴァ風のBGMはロペス・ルイスらに任せてしまったのかもしれず、音楽が使われる場面の長さも過去の担当作品に比べると短い（#F30）。

エグレ・マルティン

ピアソラが熱を上げた例の女性と別れたあと、ただならぬ関係となったのは、俳優でダンサーのエグレ・マルティン[*5]だった。1964年、ダニエル・ティナイレ監督のミステリー映画『奇妙な優しさ』

（#F25）に主演したマルティンは、映画のシナリオを書いたウリセス・ペティ・デ・ムラット[*6]が作詞した主題歌〈（私は）闇の女グラシエラ〉を歌うことになっていた。監督やプロデューサーたちはほかの作曲家を予定していたが、マルティン自身は以前から憧れ、TV9チャンネルの番組『ラ・ノーチェ』に一緒に出演したこともあったピアソラに作曲を依頼すべきだと主張し、ピアソラに直談判してこれを実現させたのである。クールな歌いぶりのマルティンとピアソラ五重奏団＋弦セクションによるこの曲は、映画の中でも評判を取ったが、その時点ではレコードは作られず、代わりにベテランのティタ・メレー口[*7]がカルロス・フィガリの伴奏で録音した（アレンジも雰囲気もまったく異なる）。それから3年近くたち、急にレコード化を思いついたピアソラがマルティンに電話をかけ、それをきっかけに短くも熱い関係が始まったのである。彼女には夫もいたが、当時は娘を連れて地方に赴任中だった。この時の複雑な関係についてマルティンは「ありきたりなロマンスでも、過ぎた事件の一つでもなく、とても激しかった。私とアストルがお互いに一緒になることはどこかとても複雑で、男女の情愛の概念を超えていた」（ナタリオ・ゴリンの前掲書より）とのちに語っている。ピアソラとマルティンとのレコーディングは1967年10月頃に実現したが（17日にスタジオ入りしたところで激痛に見舞われたピアソラはヘルニアで入院しているので、正確な録音日は不明）、その2曲と五重奏団による2曲を収録したEP『アストル・ピアソラ＝エグレ・マルティン』（#83）のリリースは、後述する理由により1969年までずれ込むことになる。

1曲目の〈私自身の肖像〉はインストルメンタル。1967年、スランプを脱出しピアソラにとって新たな飛躍のきっかけとなった大作『ブエノスアイレスのマリア』に着手する前に書かれた最後の作品で、五重奏団（ピアノはハイメ・ゴーシス）による6分を超える曲である。いかにも当時のピアソラの心理状態を反映するかのような暗い雰囲気に包まれた曲で、アグリのヴァイオリンをメインに進行していく。

後半もロペス・ルイスのギターのみを従えたアグリのソロがたっぷりと聴ける。皮肉な運命を背負ったこの曲は1973年になって〈ミルトンの肖像〉と改題されて復活、さらに1989年にはアレンジを大幅に変えた上で、六重奏団の〝新曲〟〈ルナ〉として新たにお目見えすることになる。

2曲目は共演のきっかけとなった〈闇の女グラシエラ〉。映画ではキャバレーの歌手に扮したマル

＊5　エグレ・マルティン *Egle Martín*（1937・6・17～2022・8・14）

俳優、歌手、ダンサー、振付師。ブエノスアイレス生まれ。本名エグレ・ルシア・マルティネス・フルケ。母親は作家のベロニカ・ベリー。7歳からコロン劇場で古典舞踊を学ぶ。1952年、14歳の時にスペイン出身の歌手／俳優ミゲル・デ・モリーナの映画『これが私の人生』に抜擢されて映画デビュー、同じ年の15歳になってすぐ、アルゼンチンの初代ミス・テレビジョンに選ばれた。56年にはモダンなレヴューを創設し、ダンス、歌、振付、演出、舞台美術、衣装を総合的に手がけた初めてのスターとなる。59年には『第9回ベルリン国際映画祭』にゲスト出演し、ヴェルナー・ミュラー指揮ベルリン交響楽団をバックに円形劇場で歌った。64年にはニコラス・〝ピポ〟・マンセラが司会のTV9チャンネルの番組『ラ・ノーチェ』に自身で選んだダンサーたちとともに出演し、演出、振付、歌、踊りを披露した。この時の音楽はロドルフォ・アルチョウロンが手がけ、番組にはピアソラ五重奏団も出演していた。65年にはTV13チャンネルで、ビゼーの『カルメン』をホルヘ・ロペス・ルイスのジャズ・アレンジによる現代的なオペラとして上演している。映画俳優としては『強盗』（60年）『悪党』（61年）や『奇妙な優しさ』（＃F25）など、75年までに12本の作品に出演し、マリオ・サバト監督の短編映画『ある本の誕生』（＃F24）でもナレーターなどを務めた。舞台ではフィデル・ピントスなどのコメディアンたちと共演。73年にはロック・グループ、コロール・ウマーノのアルバムにパーカッション奏者として参加。アルゼンチンにおけるアフロ・ラテンアメリカ文化、とりわけウルグアイとブラジルのマイナーな音楽シーンに深く関わり、ジャズやボサ・ノヴァのほかカンドンベにも精通、カンドンベのパレードも組織した。若い音楽家を奨励していることでも知られ、パット・メセニー・グループに参加する前のペドロ・アスナールにはビリンバウ（ブラジルの打弦楽器）の奏法を伝授、アスナールからは〈カンドンベグレ〉という曲を捧げられた。84年には、エクトル・ネグロの詩から名付けた『生きる

ことはすべてこのこと』というラジオ番組の司会を務め、詩の朗読と解説を交えながら、ピアソラを含む〝商業主義的ではない〟音楽を紹介した。87年にはアフリカン・リズムの研究の成果として、パラディウム劇場で『儀式とカンドンベIII』を上演、マノロ・ファアレス（p）、カチョ・テヘーラ（perc）、ベルナルド・バラフ（ts他）、ルイス・サリナス（g）らが参加した。91年にメロペアからアルバム『出逢いの芸術』をリリース、ジョアン・ジルベルト、アントニオ・カルロス・ジョビンなどのボサ・ノヴァのほか、サリナス作のカンドンベも歌った。96年には「ラ・トラスティエンダ」でチャカレーラやマランボなどのフォルクローレとタンゴ、ミロンガ、カンドンベを交錯させたショー『カンドンベグレ』を上演。２０００年以降もマスタークラスの開催やイベントへの出演など、アフロ・ラテンアメリカ文化の啓蒙に余念がなかった。

＊6　ウリセス・ペティ・デ・ムラット *Ulyses Petit de Murat*（1907・1・28〜1983・8・19）

脚本家、劇作家、ジャーナリスト、作詞家。ブエノスアイレス生まれ。サンイシドロ国立中等学校で学び、法学を中断して文学とジャーナリズムに没頭する。１９２６年、最初の詩が文芸雑誌『マルティン・フィエロ』に掲載され、29年に処女詩集『コンメモラシオネス（記念）』を出版。新聞や雑誌への寄稿後、日刊紙『クリティカ』に入社、33年から34年にかけてホルヘ・ルイス・ボルヘスとともに文芸付録『マルチカラー雑誌』の編集に携わる。脚本家としては39年以来80年までの間におよそ40本の映画を手がけたが、40年代前半にはオメロ・マンシとの共同執筆が多かった。結核を患い、2年間ブエノスアイレスを離れコルドバ州アスコチンガで療養生活を送り、そこで執筆した小説『死に向かうバルコニー』を43年に出版、国民文学賞を受賞した。51年から58年までメキシコに亡命、それを契機にメキシコ映画界にも進出している。64年の『奇妙な優しさ』（＃F25）では脚本は書かず、挿入曲の作詞のみを手がけた。そのほかに書いたタンゴの歌詞には、ベン・モラール制作のアルバム『タンゴとの14組』（＃G12）に提供した〈タンゴを踊って、リカルド〉がある（作曲はファアン・ダリエンソ）。カンヌ映画祭やモスクワ映画祭で審査員を務めるなど、さまざまな賞に贈る側と贈られる側の両方の立場で関わった。

＊7　ティタ・メレーロ *Tita Merello*（1904・10・11〜2002・12・24）

俳優、歌手。ブエノスアイレス州マグダレーナ生まれ。本名アナ・ラウラ・メレーロ。コミカルな下町口調の歌に特徴がある。１９２０年代からレヴューで歌い、33年に映画『タンゴ』に出演してから人気を得た。歌手としては27年と29年に若干の録音を行っているが、本格的な活動は、54年にフランシスコ・カナロ楽団の伴奏を得てオデオンに録音を開始してから。60年代にはカルロス・フィガリのグループが伴奏を受け持つことが多かった。

ティンが、オープニング・クレジットと劇中でこの曲を歌い、エンディングでも流れていた。その3年後のこのスタジオ録音もアレンジは同じだが、映画版よりも若干テンポが遅い。マルティンの歌にはタンゴ臭さがなく、クールでちょっと大人びた雰囲気が漂っている。伴奏は五重奏団に弦を加えた編成によるものだが、アグリ、ゴーシスの存在感はいつもどおりだし、こうしたクールな風情にはロペス・ルイスのエレキ・ギターも映える。

〈バラとツバメたち〉もマルティンの歌で、こちらはオメロ・エスポシトの作詞によるもの。編成は〈闇の女グラシエラ〉とは少し異なり、グロッケンシュピールとドラムスが加わっていてピアノはお休み。奏者は『エル・タンゴ』と同じくアントニオ・ジェペスとレオン・ハコブソンのようで、特にグロッケンシュピールは全体を通して効果的に鳴り続けている。

なお、五重奏団によるもう1曲は〈ブエノスアイレスの夏〉で、これは『美しきメレニータ』のサントラEP（#78）に収録されていたのと同じヴァージョンである。

オラシオ・フェレールと『ブエノスアイレスのマリア』

マルティンはスランプの続くピアソラを励まし、コロン劇場で演奏されるオペラのような舞台作品を手がけるべく共同作業を始めた。マルティンが提案したテーマは「現代生活の苦悩に直面している女性」というもので、ピアソラが楽譜を書き、マルティンは筋書きや舞台美術を考え、という具合に進めていた。そんな折の12月1日、『ブエノスアイレスのマリア』のもとになる一篇の草稿を携えて二人のもとを訪れたのが、かねてよりピアソラとは親交のあった評論家で詩人のオラシオ・フェレール[*8]だった。実は1966年、あるTV番組でオランヘルという占星術師がピアソラの将来をカードで占い、「今後

＊8　オラシオ・フェレール *Horacio Ferrer*（1933・6・2～2014・12・21）
詩人、作詞家、吟唱者、音楽評論家。ウルグアイのモンテビデオ生まれ。少年時代にアニバル・トロイロ楽団の熱狂的なファンとなり、アマチュアながらタンゴの作詞・作曲、ギター、バンドネオンに挑戦。やがてタンゴの研究や普及に取り組み、1954年5月にはモンテビデオでタンゴの研究団体「グアルディア・ヌエバのクラブ」を組織、ブエノスアイレス八重奏団の公演なども実現させた。59年には最初の著作『タンゴ――その歴史と発展』、64年には最初の詩集『ロマンセロ・カンジェンゲ』を出版。65年にはテオマンから本とレコードをセットにした『タンゴの音の歴史』を発表、67年にはアグスティン・カルレバーロ（g）の伴奏を得て、トローバからアルバム『オラシオ・フェレール、アグスティン・カルレバーロのギターとともに彼のロマンセロ・カンジェンゲを読む』（処女詩集『ロマンセロ・カンジェンゲ』の音盤化。カルレバーロは古典タンゴと〈光と影〉〈セーヌ川〉などパリ時代のピアソラ作品を使って伴奏）をリリース。67年から72年まで、および81年にピアソラと共作活動を行う。ピアソラとのコンビ解消後の73年にはピアノ奏者で楽団指揮者のアルベルト・ソイフェルと10曲からなる連作『罪人たちの街』を書き、同名のアルバムにまとめた（歌：マルセロ・パエス、編曲指揮：ベルナルド・スタルマン）。75年にはロベルト・グレーラ（g）の作曲と伴奏でトノディスクにアルバムを録音、その後もオスバルド・タランティーノ（p）らの伴奏による朗読アルバム数枚を発表している。やはり75年にはオラシオ・サルガンとの合作による《オラトリオ・カルロス・ガルデル》を完成（録音は90年）。ラウル・ガレーロ（作曲、バンドネオンと楽団指揮）との合作アルバムに『ビバ・エル・タンゴ！』（88年）『ウディ・アレンに捧ぐ』（92年）がある。作詞家としてはアニバル・トロイロ、フリオ・デ・カロ、ダニエル・ピアソラ、ハイロのほかフランスのシャルル・アズナヴール、イタリアのドメニコ・モドゥーニョとも共作。90年代にはマリア・グラーニャ、タニアといった女性歌手との共演リサイタルも開いた。98年にはギドン・クレーメルらの『ブエノスアイレスのマリア』の録音および公演に参加し、99年に来日した。80年に3冊からなる百科事典の決定版『タンゴの書』を出版。その他の著作に、過去の詩作などを集大成した『ブエノスアイレスで私は死のう――オラシオ・フェレールの人生と作品』（全3冊、92年）、オール・カラーの豪華本『タンゴ黄金の世紀』（96年）、『ピアソラとフェレールのタンゴ』（上巻『こんなふうな俺を愛してくれ』と下巻『俺の狂ったバンドネオン』の全2冊、2000年）などがある。アルゼンチン国立タンゴ・アカデミー会長も務めた。

2年間に渡って個人的・感情的・創造的・経済的危機がのしかかるであろう。しかるのちに問題を解決すべく、誰かがあるプランを携えて汝のドアをノックするであろう」と告げていたが、それが現実となった。

フェレールの草稿を一目見たピアソラは、そこに自らのスランプを脱出できる足がかりを見いだした。過去にもエルネスト・サバトやホルヘ・ルイス・ボルヘスの詩作を取り上げて文学と音楽の融合を試みていたが、それらは独立した文学としてすでに完成されていたものに新たな解釈を付け加えたものにすぎなかった。だが今回は違った。フェレールが最初からピアソラの音楽との結びつきを想定して書いてきたテキストが、目の前にあるのだから。眠れる獅子は、ついに目覚めの時を迎えたのである。

マルティンのアイディアとフェレールの草稿を結びつけながら、マルティンを主役に据えた壮大な物語『ブエノスアイレスのマリア』を舞台に乗せるための集中的な作業を進めていたところで、事件が起きた。ピアソラは、自分のアパートでのクリスマス・パーティーの夜、マルティンを迎えに来ていた夫のラロ・パラシオスに向かって、こともあろうに「俺はエグレと結婚したい。彼女はもう俺の、つまり音楽の一部みたいなものなんだよ。あんたといても幸せになんかなれないって」と言ったのだ。だが彼女は夫のもとに戻り、ピアソラとマルティンとの関係は終わった（そのこともあって、前述の二人による録音も一旦お蔵入りとなった）。ここでプロジェクトから外れたマルティンは、当時をこう振り返る。フェレールにいくつかのアイディアを伝えたものの、「いったい作品のどこにそれらの形跡が残ったのか、私にはわからない」と。

マルティンは離脱してしまったが、ピアソラとフェレールはすさまじいばかりの集中力で、この大作を仕上げていった。二人が便宜的に「オペリータ（小さなオペラ）」と名付けた『ブエノスアイレスのマリア』のテキストと音楽は、1968年の1月にはひととおりの形を成すまでになっていた。それからもさまざまに手が加えられ、最終的に書き上げられたのは3月31日のことだった。

5役を務める男性歌手には当初、オスバルド・フレセド楽団やマリアーノ・モーレス楽団出身のウーゴ・マルセル、あるいはのちにピアソラと共演することになるロベルト・ゴジェネチェやラウル・ラビエ[*]らも候補に挙がったようだが、最終的にはエクトル・デ・ローサスに落ち着いた。

マルティンの代わりにマリア役を演じることのできそうな女性を探していたフェレールは、うってつけの人材を発見した。アメリータ・バルタール[*9]というその歌手はモダンな感覚のフォルクローレをレパートリーとしていて、タンゴを歌った経験はなかった。また、技術的にも特段優れているというほどではなかったが、そのハスキーな声はなんとも個性的で、さまざまな因果を背負ったマリアの役にはぴったりのように思えた。デ・ローサス、オスバルド・タランティーノと連れ立って、ヌエストロ・ティエンポに出演中の彼女のステージを観に行ったピアソラは、一発で気に入ってしまった。バルタールは語る。「私が歌っている場所にピアソラが聴きにきて、そのあと電話がかかってきた。少し声の出し方をチェックされたりして、1週間もしないうちに『君が、ブエノスアイレスのマリアだ』って言われて」（雑誌『ラティーナ』2013年8月号の筆者によるインタビューより。通訳：鈴木多依子）。言い渡されたのはピアソラの47歳の誕生日にあたる3月11日、ピアソラが誘った夕食の席でのことだった。

『ブエノスアイレスのマリア』は同年5月8日、ブエノスアイレスのプラネータ劇場で初演の幕を開けた。再びバルタールの述懐。「有名でない、地下にあるギャラリーの一部のような場所で、小さいけれど雰囲気のある劇場だった。舞台装置は何もなかった。舞台の動きはなく、下に楽団がいて、私たちが上に構えているだけのシンプルなセット。私は第1部では白のドレスに胸に赤い薔薇を、第2部では黒いドレスに白の薔薇をまとった。第2部ではマリアはもう死んでいるから」。

会場にはブラジルからヴィニシウス・ヂ・モラエスやドリヴァル・カイミ、バーデン・パウエルらが駆けつけ、国内の有名な画家や作家たち、そしてルイス・アルベルト・スピネッタのようなロック・ミュージシャンも賛辞を贈った。公演は8月末まで続いたが、バルタールの言葉を借りれば「一般の観客には受けが悪く」、商業的な成功にはほど遠かった。ピアソラは愛車のフィアットを手放して資金を調達し、それでも作詞作曲家協会に借金が残ったが、十分すぎるほど価値のある仕事だった。

出演者は以下のとおり。

マリアおよびマリアの影の2役（女性歌手）：
アメリータ・バルタール
バジャドール、夢見る雀のポルテーニョ、古き大盗賊、精神分析医、日曜日の声の5役（男性歌手）：
エクトル・デ・ローサス
小悪魔（ドゥエンデ）の役（朗読）：
オラシオ・フェレール
バンドネオン（役名でもある）：
アストル・ピアソラ

【音楽】
ピアノ：

ハイメ・ゴーシス
ヴァイオリン：

＊9　アメリータ・バルタール *Amelita Baltar*（1940・9・29）歌手、俳優。ブエノスアイレス生まれ。12歳からビセンテ・ディ・ジオバンニにギターを学び、1962年、先鋭的フォルクローレ五重唱、キンテート・ソンブラスの唯一の女性メンバーとしてプロ・デビュー。66年にはソロ歌手に転じ、67年にはフォルクローレ・アーティストの登竜門、『コスキン全国フォルクローレ祭』に出演した。68年にCBSから最初のアルバム『あなたへ』（『マル・デル・プラタ国際レコード祭』で優勝）をリリース、同年からピアソラ、オラシオ・フェレールとの実りある共同作業に入り、ピアソラとは深い仲となる。71年にはレジーナ劇場でオマール・バレンテ（p）らを伴奏者にリサイタルを敢行、75年にピアソラと完全に別れるとブエノスアイレスに戻り、ロドルフォ・メデーロス（bn）の伴奏のもと、南米ツアーなどを行う。以後はフォルクローレとピアソラ作品以外のタンゴを主なレパートリーに活動を続け、ヨーロッパやブラジルなど海外公演も多数こなす。94年には初録音の〈孤独の歳月〉〈チェ・タンゴ・チェ〉〈迷子の小鳥たち〉を含むピアソラ作品集『アメリータ・バルタール』をリリース、アントニオとパブロのアグリ親子、ホセ・ブラガート、エンリケ・ロイスネルらが参加し、音楽監督とピアノをルベン・ディスタシオが、編曲をロドルフォ・アルチョウロンが手がけた。96年にはサンパウロを拠点に活動する現代舞踊グループ「スタジウム」との共演も成功させた。俳優としては、アルゼンチン出身のアレハンドロ・アグレスティ監督によるオランダ映画『ルーバ』（90年）に娼館のキャバレーで歌う歌手の役で出演した（主人公は作家ロベルト・アルルトをモデルにしている）。ピアソラの未発表曲を含むアルバムに『レフェレンシアス〜ピアソラ、ディセポロに捧ぐ』（＃G64）『すべてタンゴのうち』（＃G69）がある。その後も、若手セバスティアン・バルブイのプロデュースでロック感覚を強めたデビュー50周年記念盤『エル・ヌエボ・ルンボ（新しい方向）』（2012年）、アルド・サラレギ（p）らのトリオをバックにした『ヴィニシウスとピアソラを歌う〜ボサとタンゴ』（15年）などの意欲作を発表。13年6月にはレオナルド・グラナドス（歌）、ギジェルモ・フェルナンデス（朗読）、小松亮太（bn）率いるトーキョー・タンゴ・デクテットとの『ブエノスアイレスのマリア』公演のため初来日を果たした（ソニーからのライヴ盤CDあり）。16年にも小松と共演のため再来日している。

アントニオ・アグリ／ウーゴ・バラリス
チェロ：
ビクトル・ポンティーノ*10
ヴィオラ：
ネストル・パニク*11
コントラバス：
キチョ・ディアス
ギター：
カチョ・ティラオ*12
フルート：
アルトゥーロ・シュネイデル*13
パーカッション：
ホセ・コリアーレ
ヴィブラフォン、シロフォン、グロッケンシュピール：
ティト・ビシオ

*10　ビクトル・ポンティーノ *Victor Pontino*（1909・9・18～1983）
チェロ奏者。ブエノスアイレス生まれ。本名ビクトル・フアン・ポンティーノ。幼い頃からホセ・マリア・カスト

ロにチェロを師事し、数年後には重要なオーケストラで演奏するようになる。エリオ・セラノ（p）、アレハンドロ・ショルツ（vn）とのトリオ、ピアノ＋弦楽四重奏のラ・アグルパシオン・デ・アルティスタスなどで活動し、ベルグラーノ放送局LR３の弦楽オーケストラ、ブエノスアイレス〝アンジェリクム〟弦楽オーケストラなどでソリストを務めたほか、チェロのソロ・リサイタルも開催している。タンゴでは１９６６年にアティリオ・スタンポーネ楽団の録音に参加。『ブエノスアイレスのマリア』参加後はエドゥアルド・ラゴスの『アシ・ノス・グスタ』（**#86**）、ウルグアイのディアン・デノア（vo）の73年のアルバムなどに参加した。

＊11　ネストル・パニク *Néstor Panik*

ヴィオラ奏者。ブエノスアイレス州バイア・ブランカ生まれ。フランシスコ・モロに師事。１９６５年にデビューしたオスバルド・ピーロ楽団の初代メンバーの一人。ピアソラとはのちにコンフント9でも共演。エンリケ・マリオ・フランチーニ八重奏団（編曲ディノ・サルーシ）にも参加した。クラシックではカメラータ・バリローチェや国立交響楽団のメンバーを務めたが、その後ベネズエラのマラカイボに拠点を移した。

＊12　カチョ・ティラオ *Cacho Tirao*（1941・4・5 ～ 2007・5・30）

ギター奏者、作曲家。ブエノスアイレス州ベラサテギ生まれ。本名オスカル・エミリオ・ティラオ。アコースティック・ギター、エレキ・ギターはもとより12弦ギターからチャランゴ、バンジョー、リュートまでを多彩に弾きこなす名手。４歳で父エミリオからギターを習い始め、ラ・プラタ音楽院で学ぶ。6歳でステントール放送局に出演、12歳で最初のリサイタルを開き、16歳の時にはラ・プラタ市のアルヘンティーノ劇場交響楽団との共演でホアキン・ロドリゴの《アランフェス協奏曲》を披露。また10代の頃にはクラリネットやサックスも演奏していたという。１９６０年代に入り、ロス・シンコ・ラティーノスの伴奏で欧米をツアーしたり、ＴＶや映画音楽の録音に携わったりしたのち、ロドルフォ・メデーロスやディノ・サルーシのグループに参加した。68年4月、ピアソラに呼ばれ『ブエノスアイレスのマリア』公演に参加、69年の後半から翌年にかけてピアソラ五重奏団にも参加した。70年、ＣＢＳから初アルバム『俺のギター……お前と俺』をリリース、すべてギター・ソロでレパートリーはピアソラ作品を含むタンゴとフォルクローレだった。以後はコンスタントにアルバムをリリース、レパートリーもクラシック、タンゴ、フォルクローレから中南米諸国の作品まで多岐にわたった。独奏者として、またオーケストラとの共演など、中南米諸国やヨーロッパなど海外での活動も盛んに行う。83年にはギターとオーケストラのための《コンシエルタンゴ・ブエノスアイレス》を作曲した。

作者2人はステージにも上った。ピアソラは当然として、フェレールも朗読で参加している。過去にも自作の詩をアグスティン・カルレバーロ*のギター伴奏をバックに録音したことのあったフェレールだが、発音はいささか不明瞭ながら独特の味を持ったその語りは、作品を成立させる上で極めて重要な役割を担ったのである。

なお、五重奏団のギタリストだったオスカル・ロペス・ルイスは1967年末には一旦ピアソラのもとを離れていたが、トローバ・レコードのスタッフの一人でもあったため、後述するオリジナル・キャスト盤には録音ディレクターとして参加している。代わりに参加したカチョ・ティラオは独奏者として活躍してきた名手だが、ここではエレキ・ギターとアコースティック・ギターとを曲によって使い分けている。チェロがホセ・ブラガートでないのは、何か理由があったのだろう。パーカッションのレオン・ハコブソンも参加を切望したが、コロン劇場での仕事があって断念した。

実は公演当初は、第1部が2曲多かった。〈フーガと神秘〉と〈ワルツによる詩〉の間に挟まれていたのが〈アスファルトに咲くバラの寓話〉で、フェレールの語りとデ・ローサスの歌が交錯しながら進んでいくが、朗読のバックの演奏が止んで車のクラクションなど街の効果音が挿入される場面もあった。もう1曲は〈ワルツによる詩〉と〈罪深いトッカータ〉に挟まれた〈午前3時のスケルツォ・ジュンバ〉というインストルメンタルである。最終的にこの2曲は削られて第1部・第2部ともに8曲ずつとなった。舞台装置も当初はシンボリックな舞台装飾や写真家アドルフォ・ブロノスキによる映像効果が使われたが、歌詞と音楽への集中を妨げるとの判断から、省かれて演奏だけの舞台となった。

ピアソラは当初、この作品のレコード化の企画をポリドールに持ち込んだが、商業的ではないとの理由からプロデューサーのサントス・リペスケルに却下されてしまった。これを機にポリドールと縁を切ったピアソラは、新たなレコード会社を探す必要に迫られたが、そこへ名乗りを上げたのがトローバだった。

プロデューサーのアルフレド・ラドシンスキーが興したトローバは、エンリケ・ビジェーガスらのジャズ、マリア・クレウーザらの新しいブラジル音楽、それに先鋭的なフォルクローレなどを紹介して

＊13　アルトゥーロ・シュネイデル *Arturo Schneider*（1929・8・22～2023・5・1）テナー、アルトおよびソプラノ・サックス／フルート／クラリネット／ピッコロ奏者、楽団リーダー。サンタフェ州カシルダ生まれ。音楽家の家庭に生まれ、6歳で口笛を上手に吹くのを耳にした叔父の勧めで最初はドラムスを、次いでトランペットを習うがこれらには馴染めなかった。7歳でクラリネットを手にし、短波放送やレコードでベニー・グッドマンやアーティ・ショウの演奏に憧れる。ロサリオまでファン・グリシリオーネの授業を受けに行き、1945年までカシルダ市の吹奏楽団や叔父の楽団で演奏。その後ロサリオ市に移り、ミト・ガルシーア（p）らのジャズ・バンド、ラス・エストレージャス・リトゥミカスに参加、この時期に最初のテナー・サックスを手に入れた。50年にはブエノスアイレスに出てバリー・モラル（cl）やホルヘ・バローネ（fl）の楽団に参加する一方、ルジェーロ・ラベッチアのもとでサックスをマスター。52年にはラ・サンフランシスコ・ジャスの旗揚げにテナー奏者として加わり4年間活動、その一方でさまざまなセッションを重ね、レイ・ノラン楽団などにも参加。56年にはトロンボーン奏者で歌手のエディ・ペケニーノが結成したアルゼンチン初のロックンロール・バンド、ミスター・ロール・イ・スス・ロックスにホルヘ・パディン（ds）らとともに参加。60年になるとフルートに強く惹かれるようになり、アルフレド・モンタナーロに3年間師事、フルート奏者としてマリアーノ・モーレス楽団で演奏する機会を得た。67年にはロドルフォ・メデーロス（bn）四重奏団に参加。ピアソラとは『ブエノスアイレスのマリア』以降しばしば共演した。77年にはダンテ・アミカレリ（p）六重奏団に加わってアルバムを録音。80年、91年、93年、97年にはカルロス・ガルシーアの大編成楽団、86年にはオスバルド・ベリンジェリ（p）楽団のメンバーとして、同年12月には藤沢嵐子との共演のために自身の五重奏団を率いて、それぞれ来日している。ネストル・マルコーニ（bn）の五重奏などを経て、サックス中心の六重奏団、サックスタンゴを率いて活動した。2009年の『ブエノスアイレス・ジャズ2009』ではビッグ・バンドの指揮者を務めた。

気を吐いていた新進レーベル。そのトローバから2枚組で発売されることになったオリジナル・キャスト盤『ブエノスアイレスのマリア』（#84）は、8月の休演日に録音された。

第1部は次の8曲。曲名のあとの「 」内は、オリジナル盤に付けられた解説である。

〈アレバーレ（開始の合図）〉「真夜中のブエノスアイレス。小悪魔がブエノスアイレスのマリアのイメージを呼び起こし、彼女の声に呪文をかける」。オリジナル盤には用語集も付いていて、アレバーレは「タンゴの演奏を始める合図」と解説されている。落ち着いた感じのオープニングのあと、小悪魔が語り始めると、一瞬にして神秘的な世界に引き込まれていく。

〈マリアのテーマ〉「マリアがその呼びかけに応える」。ギターに乗せて、マリアが歌詞のない歌を物憂げに歌い始める。

〈いかれたオルガニートへのバラード〉「一人のパジャドールの声と、神秘から戻った男たちの声に乗せて、小悪魔がマリアの思い出を描く」。名曲〈たそがれのオルガニート *Organito de la tarde*〉（カトゥロ・カスティージョ作曲、ホセ・ゴンサーレス・カスティージョ作詞で、1924年発表）でも描かれた「オルガニート」は、手回しハンドルの付いたオルゴール原理の携帯オルガンで、昔のブエノスアイレスの下町では、これを流して歩く老人がいた。パジャドールとは、大草原の吟遊詩人のこと。その大草原のイメージそのままのミロンガのリズムとワルツのリズムが交錯する構成、そしてこの曲のタイトルは、のちの〈ロコ（いかれた男）へのバラード〉へとつながっていく。

〈カリエゴ風ミロンガ〉「マリアのイメージが呼び起され、彼女の記憶が存在することで、彼女の人生の物語が浮かび上がる。夢見る雀のポルテーニョと呼ばれる街角の若者は、幼子マリアが力に引き寄せられて自分から離れていってしまう様子を描く。やがて彼女が去っていく時のことを語り、ないがしろにした彼の声を、あらゆる男の声の中で永遠に聞くことを、彼女に運命づける」。タンゴ揺籃期のブエノスアイレスを詩情豊かに描き、1912年に29歳で夭折した詩人エバリスト・カリエゴをイメージした曲。

〈フーガと神秘〉「物言わず、心を奪われて、マリアは自分の生まれ育った町を捨て、夜に向かってブエノスアイレスの街を横切っていく」。インストルメンタルだが、前記あらすじのとおりの筋書きを持つ。本作の中でピアソラが単独のレパートリーとして残した唯一の曲で、後年コンフント9《ヌエベ》のライヴで取り上げ、多くのアーティストにもカヴァーされて有名になった。フーガ形式でスタートし、合奏へとなだれ込んでいく作風はピアソラの得意とするものだが、タイトルを付けたのはおそらくフェレールだろう。

〈ワルツによる詩〉「タンゴの古い伝説にあるように、バンドネオンに魅せられて、彼女が暗い人生に転落するさまを歌う」。フルート、チェロを前面に出した弦楽四重奏などが奏でる美しくも悲しいワルツの響きに乗せて、マリアが独白する。

〈罪深いトッカータ〉「語り続けてきた自らの物語にはめられて、小悪魔（ドゥエンデ）はバンドネオンを探し出し、決闘する」。バンドネオンのカデンツァに小悪魔が絡む。ここではバンドネオンも登場人物の一人なのだ。

〈ミゼレーレ・カンジェンゲ〉「マリアは下水道に降りていく。そこでは古き大盗賊がマリアの影に、もう一つの（街と人生の）地獄に戻るよう、そして太陽の光に追われて永遠にさまようように命じる。やがて、盗賊たちとマダムたちがマリアの体の前で、彼女の心臓が止まっていることを大盗賊に知らせる」。「主よ、われを憐れみたまえ」という旧約聖書の言葉から始まる、懺悔を歌うカトリックの宗教歌

「ミゼレーレ」が、カンジェンゲという、下町の荒々しさや俗っぽい気分を表す、またタンゴの中でもそうした傾向のダンスや演奏スタイルのことなどを指すブエノスアイレス固有の言葉で形容されている。堕落の果ての死が描かれ、絶望的な気分の中で第1部が幕を閉じる。

マリアが〝初めて〟死んだあとの第2部は、次の8曲。

〈葬送のコントラミロンガ〉「夜の生き物たちが執り行う、初めて死んだマリアの葬儀を、小悪魔が物語る」。コントラミロンガとはフェレールもしくはピアソラの造語で、訳せば「反ミロンガ」とか「対ミロンガ」といったニュアンスになろうか。だが曲のリズムはミロンガそのものである。このゆったりした葬送の音楽に乗せて、小悪魔がマリアの〝最初の〟死について延々と語る。2度目の死があるということは、最初からよみがえりを前提としているということだ。

〈暁のタンガータ〉「すでに自分の死体は埋葬されてしまい、マリアの影はブエノスアイレス中をさまよい歩く」。マリアの影がさまよう様子を描写した秀逸なインストルメンタル。タンゴとカンタータをくっつけたような「タンガータ」も、タンゴ的な気分を表す造語である。翌1969年、ピアソラがバレエのために書いた組曲のタイトルが、そのものずばり《タンガータ》だった。

〈街路樹と煙突に寄せる手紙〉「誰に自分の困惑を打ち明けるのかもわからないまま、マリアの影は生まれ育った町の街路樹と煙突に手紙を書く」。影となったマリアはワルツのリズムに乗せて、語りと歌を交錯させながら思いを綴る。

〈精神分析医のアリア〉「マリアの影はやがて精神分析医たちのサーカスにたどり着き、第1精神分析医に励まされて、ありもしない思い出を引き出すピルエットを踊る」。スネアのロール、ピッコロ、はずむピアノ、客寄せの精神分析医たちのコーラスなどがサーカスの怪しげで猥雑な雰囲気を演出する。

一転してスローかつドラマティックな後半では、第1精神分析医がマリアの影のふりしぼるような告白を引き出していく。実に考え抜かれた2部構成ではないだろうか。

〈小悪魔のロマンサ〉「彼女の跡を見失った小悪魔は、不条理なバーのカウンターに肘をつきながら彼女を呼び始める。そしてその安酒場の常連客たちとともに、最も単純な物事の中から受胎の神秘を発見するよう彼女に促す絶望的なメッセージを送る」。古いタンゴの中でピアソラがとりわけ好んだのが、たとえばフランシスコ・デ・カロの〈黒い花〉に代表される、「タンゴ・ロマンサ」と呼ばれる叙情的で美しい一連の作品で、このタイトルはそれに由来する。ピアノのゴーシスはこの作品がピアソラとの最後の共演となったが、ピアソラは当然、このロマンサをゴーシスが弾くことを想定して書いたに違いない。小悪魔、「物事に酔った3体の操り人形の声」とのコンビネーションも完璧だ。下降していく美しいエンディングのパターンは、1969年末に発表された傑作〈ブエノスアイレスの冬〉でもほとんどそのまま使われた。

〈アレグロ・タンガービレ〉「小悪魔の飲み仲間たちは通りにたどり着き、マリアの影にとって子となる胚を探し出すのに夢中になる」。第2部の中で大いに盛り上がる、熱のこもったインストルメンタルで、タイトルは〈アレグロ・カンタービレ〉のもじり。

〈受胎告知のミロンガ〉「小悪魔の呼びかけが届き、彼女は受胎の啓示を受け入れる」。ミロンガという名前が付いているが、ほとんど3＋3＋2のリズムで進んでいく。この作品全体の中で、バルタールがその後もレパートリーとして歌っている唯一の曲でもある。

〈タングス・デイ（神のタンゴ）〉「ブエノスアイレスのある日曜日の夜が明ける。小悪魔とその日曜日の声は、いつもと何かが違うことに気づく。工事中のビルの屋上で、マリアの影が出産しているのだ。

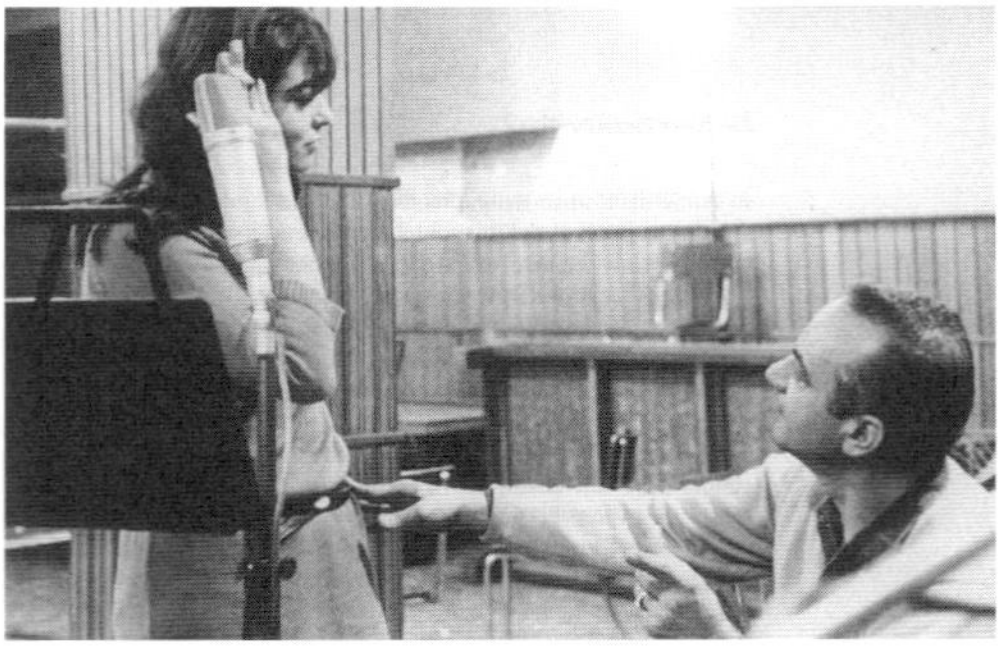

エグレ・マルティンと録音スタジオにて（1967年10月頃）

『ブエノスアイレスのマリア』の舞台写真（1968年）。左からフェレール、コリアーレ（ほとんど譜面台の影）、ピアソラ、ティラオ、シュネイデル、ポンティーノ、アグリ、パニク（頭だけ）、バルタール、デ・ローサス、ビシオ。バラリスはおそらくバルタールの後ろ、キチョとゴーシスはステージの向かって左端にいるため写っていない

『ブエノスアイレスのマリア』の出演者たち（1968年）。前列左からビシオ、デ・ローサス、ピアソラ、フェレール、バルタール、コリアーレ、後列左からパニク、アグリ、キチョ、ティラオ、ポンティーノ、バラリス、シュネイデル。ゴーシスはコリアーレの陰に隠れてしまっている

1969年8月、TV13チャンネルに出演中の五重奏団。ピアノはアミカレリ

しかし、パスタをこねる女たちと東方の三博士役の左官屋たちは驚いて、口々に叫ぶ。痛みゆえに救済された、そして影ゆえに処女であるその母親から生まれたのは、幼子イエスではなく、もう一人の幼子マリアだったと。それは、死んでいたが自分の影によってよみがえったマリア自身なのか、それとも違う誰かなのか？　すべては終わってしまったのか、それとも始まったばかりなのか？　だが、もはや小悪魔も、この地上の誰も、その質問に答えることはできない」。タイトルはミサ曲〈アニュス・デイ（神の子羊）〉のもじり。およそ3つの部分で構成されているが、最初のパートの後半の徐々に盛り上がっていく感じは、恐ろしいほどの迫力。そして次のパートでは、バンドネオンがあたかもオルガンのように荘厳に響く中、小悪魔がマリアの出産を伝える。エレキ・ギターを合図に最終パートへと続き、鐘の響きが物語の終わりを告げるのだった。

ピアソラはこの作品に、それまでに得たあらゆる音楽的なノウハウを注ぎ込んだ。そして作り上げられたこの長大な組曲は、ピアソラにとってまさに集大成と言える極めて充実した作品に仕上がった。

実に細かいところまで丁寧に作られつつ、全体が巧みに構成されていて、その長さにもかかわらず聴き手を飽きさせるところなど微塵もない。音楽と言葉は見事に一体化し、歌手や語り手と演奏者たちとのかけ合いの妙は至るところに生かされている。各楽器の活かし方も的確で、さまざまな場面でピアソラ、アグリ、ゴーシス、シュネイデルらが見事なソロを聴かせている。〈フーガと神秘〉を例外として、ピアソラ自身は基本的に再演することがなかったが（1987年のオペラ＝タンゴ版〔#G40〕については第9章参照）、『ブエノスアイレスのマリア』はピアソラの代表作の一つであるばかりでなく、現代ブエノスアイレスが生んだ金字塔として長く語り継がれるべき傑作となった。

さて、ピアソラとフェレールは、1967年の終わりに『ブエノスアイレスのマリア』を手がけるにあたり、以後5年間はお互いのためだけに詞と曲を書き、ほかの作詞・作曲家とは一切コラボレートしない、という取り決めを結んだ。それは二人の関係性をより密なものとし、個性的なスタイルを確立するためだった。

この取り決めはきっちりと守られたが、例外が1つだけあった。エドムンド・リベーロの曲にフェレールが詞を付けた〈ビエホ・アルマセンの詩歌 *Coplas del Viejo Almacén*〉（形式名はミロンガ・エスティラーダ）がそれである。1969年5月8日、サンテルモ地区のバルカルセ通りとインデペンデンシア通りとの角に、タンゲリア（タンゴを聴かせる店）としてオープンしたのがエル・ビエホ・アルマセン。幾多の経営危機を経て今日もブエノスアイレスの観光のメッカとして存続しているエル・ビエホ・アルマセンは、そもそもリベーロの発案により生まれた店だったが、フェレールもその設立メンバーの一人だった。そこでリベーロが店にまつわるテーマをフェレールに委託したというわけである。ピアソラもそれを認め、この唯一の例外は実現した。

『マリア』完成後最初の共同作品が、上演中の1968年8月頃にできた〈チキリン・デ・バチン〉。ブエノスアイレスのモンテビデオ通りに実在したステーキ・レストラン「バチン」にやってくる、チキリン（小さい子ども）と呼ばれた花売りのことを歌った作品なのだが、当のバチンは、この歌にあやかって店名を「チキリン」に替えてしまったというのがおかしい。バルタールはこの曲や、ピアソラ＝フェレールによる唯一のサンバ〈わたしはあなた〉などを、モンチョ・ミエレス[*14]のギター伴奏でCBSに録音した。この2曲＋αのややこしいリリース形態については、巻末資料の『ピアソラの箱』の項（#G14）を参照願いたい。

ところで、このコラボレーションはもう一つの思いがけない副産物を生んだ。それは、ピアソラとバルタールとのロマンスである。最初は、すでに小さい息子がいたバルタールがピアソラの隣のアパートに引っ越して頻繁に行き交うようになり、やがて同棲するようになった。ピアソラは1983年のインタビューでこう振り返っている。「彼女は音楽家としての私を求めた。基本的にそれは、疑問符付きで〝愛〟と呼ばれるものから始まる、音楽的な関係だった」。それに対してバルタールも後にこう語っている。「彼は歌手と住んでいたのよ、とても便利だったから。でもアストルは私を愛していた……」。いずれにせよ、ここで腰を落ち着けてバルタールとの新生活を始めたピアソラは、自身のグループでの活動も再開する。

ダンテ・アミカレリ

『ブエノスアイレスのマリア』閉幕後、ピアソラは新たに六重奏団（セステート）での演奏活動を開始したが、極めて短期間で終わったようで、非公式なものも含めて記録は一切残されず、実態は明らかではない。メンバーはピアソラ（バンドネオン）、アグリ（ヴァイオリン）、キチョ（コントラバス）のほか、ロドルフォ・アルチョウロン[*]（エレキ・ギター）、グスタボ・ケレステサチもしくはオスバルド・マンシ（ピアノ）、ポチョ・ラポウブレ[*15]（ドラムス／パーカッション）だったようだ（キチョではなくチェロのブラガートが参加していたとする資料もあったが、コントラバス抜きの編成というのは考えにくい）。この六重奏団に歌手として

＊14　モンチョ・ミエレス *Moncho Miérez*（1942・2・25～2010・10）
ギター奏者、作詞・作曲家、歌手、俳優、ダンサー。コリエンテス州コリエンテス生まれ、フォルモサ州フォルモサ育ち。本名ホセ・ラモン・ミエレス。2歳半の時にはアマチュア音楽家の父が弾くギターに合わせてタップを踏み、椅子やテーブルを叩いてリズムを刻み、4歳でギターを手にした。父から手ほどきを受けた以外、音楽はほぼ

独学で、プロになったのちにマヌエル・デ・ファリャ音楽院のペドロ・ソフィアのレッスンを受けている。8歳の時にブエノスアイレスに移住し、ブエノスアイレスの少年少女合唱団に入った。1951年にはTV7チャンネルの開局記念番組に俳優のオレステス・カビグリア（＃F5や＃F23に出演）や映画監督で脚本家、俳優のオメロ・カルペナ（＃F6の監督、＃F5の原作者の一人でピアソラによる挿入歌の作詞者）らとともに出演。11歳の時には子役として国営放送のラジオ劇『その二つの仮面』に出演している。57年に2人の学友とバンドを組み、ジャズや中米の音楽を演奏。64年に『コスキン全国フォルクローレ祭』に出演、20歳の時に書いた処女作のチャカレーラ〈ラ・ソリタリア〉は65年になってメルセデス・ソーサに取り上げられた。66年にはアルマンド・テハーダ・ゴメスが詩を朗読したアルバム『カントラル・デ・ミ・バイス・アル・スール』でギター伴奏を手がける。67年にトローバから自作曲を含むギター弾き語りのアルバム『明日のために』をリリース。以降もリトラール（パラナー川流域）地方の音楽を得意とするフォルクローレ・ギターの名手として、ウーゴ・ディアス（hca）や、エドゥアルド・ラゴス（p）のアルバム（＃86）などに参加。作曲家として残した作品の多くにはハムレット・リマ・キンターナが歌詞を付けている。俳優、ダンサー、音楽監督としても多くの舞台を手がけた。

＊15　ポチョ・ラポウブレ *Pocho Lapouble*（1942・9・13〜2009・5・15）

ドラムス／パーカッション奏者、作曲家、編曲家。ブエノスアイレス州ラ・プラタ生まれ。本名カルロス・アルベルト・ラポウブレ。最初にピアノを、次にギターを手にし、学友がディキシーランド・ジャズのバンドを始めたのをきっかけにドラムスを始める。ニーノ・ドッセーナにドラムスを習い、次いでアントニオ・ジェペスに師事した。地元の若者たちと1959年にラ・プラタ・コンテンポラリー・ジャズ・グループを結成し、68年まで活動。ブエノスアイレスに出てからは、改めてヘラルド・ガンディーニやグスタボ・ベイテルマン、フランシスコ・クレプフルに和声や作曲を学んでいる。69年からグスタボ・ベルガリ（tp）、サンティアゴ・ジャコーベ（p）らとジャズ・グループ、キンテプルスで活動し、72年に自作曲やユパンキ作品などを含むアルバムをEMIに録音した。以降は主にジャズやフォルクローレの分野での活動が多く、同郷のバンド仲間アルベルト・ファベーロ（p）との折に触れての活動のほか、ホルヘ・ロペス・ルイス（b）、グスタボ・ケレステサチ（p）、ディノ・サルーシ（bn）、エドゥアルド・ラゴス（p）、ガート・バルビエリ（ts）らと共演している。73年にはロドルフォ・メデーロスのヘネラシオン・セロの初代ドラマーも務め、80年代にはビッグ・バンド、ポチョ・ラポウブレ・イ・アソシアードスを率いた。パリート・オルテガなど歌手の伴奏指揮、映画音楽も手がけている。

バルタールとデ・ローサスが加わり、ゴジョス*Gojo's*というレストランで演奏したとする資料もあり、マリア・スサーナ・アッシによれば『……マリア』からの曲も実は演奏されていたらしい。

そして1969年の初頭、ピアソラは五重奏団を再結成する。エレキ・ギターにはロペス・ルイスが復帰、そしてピアノには新たにジャズ畑からダンテ・アミカレリ[*16]が起用された。

アミカレリは、写真で見ると体格はがっしりした感じに見えるのだが、その両手は小さかった。ピアニストにとって、手が小さいということはかなり不利だが、アミカレリはそれを驚異的なテクニックでカヴァーした。プロのピアニストにとって、初見が利く（読譜が早くて正確である）ことは重要なポイントの一つだが、彼は並外れた読譜力の持ち主としてもよく知られていた。

アミカレリの評判に半信半疑だったピアソラは、彼を新メンバーとして迎えるにあたり、それがどの程度のものか試してみたい気持ちを抑えられなくなった。いくら初見が得意とはいえ、ピアソラに限らずタンゴの楽譜には、音符や強弱記号だけでは書き表せない無数の約束事があり、部外者がいきなりそれを理解することは不可能に近い。ピアソラは、たとえアミカレリであろうと、最初から完璧に弾けることはないと高を括っていた。以下の模様は、オスカル・ロペス・ルイス著『ピアソラ・ロコ、ロコ、ロコ』から抄訳したものである。

ある日の午後5時、メンバーは集合した。練習場所はピアソラの自宅アパート。初めてやってきたアミカレリは、譜読みする時間もなしにいきなり難解な楽譜に取り組まなければならなかった。意地悪なピアソラは、最初の曲に、一番易しい〈勝利〉を選んだ。これでお手並み拝見というわけだ。この曲には、とりわけ難易度は高くないが大変美しいピアノ・ソロのパートがあった。それをアミカレリは、最初から最後までただ一つの音も間違えることなく弾き通した。その様子を見てピアソラの目付きが変わった。最初は驚きの表情を見せていたが、すぐに怒りに変わった。

次には、易しくはないがさほど難しくもない曲が選ばれた。アミカレリは再び、最初から最後までただ一つの音も間違えることなく弾き通した。3曲目は大変難しい曲だったにもかかわらず、アミカレリは三度《みたび》、一切間違えずに弾き通してしまった。

ピアソラは完全に猛り狂っていた。そしてアミカレリに向かってこう言った。

「次に練習する曲は〈革命家〉だ。もし初見で弾けたら、ピアノをまるごと食ってやる」

＊16　ダンテ・アミカレリ *Dante Amicarelli*（1917・9・8～1996・11・17）
ピアノ奏者、楽団リーダー、作曲家、編曲家。メンドーサ州メンドーサ生まれ。17歳でブエノスアイレスに出て、クラシックのピアノ奏者だった従兄弟のフランシスコ・アミカレリの紹介でアドルフォ・カラベリ（オルケスタ・ティピカ・ビクトルの指揮者としてタンゴ・ファンには知られているが本職はジャズ）と知り合い、共演するようになる。いくつかのグループを経て、マリート・コセンティーノ（cl／as）らとグループ、カサブランカ・ジャズを結成するが1951年に脱退、その後は再びコセンティーノや、カサブランカ・ジャズのベーシストだったティト・コロムらとレイ・ノラン楽団を結成した（「レイ・ノラン」というのはコロムの芸名）。52年にはコロム（b）、キケ・ビオラ（g）を従えて自己名義のSP2枚をオルフェオに録音、またこの時期にはベルグラーノ放送局の専属楽団指揮も行っている。69年、ピアソラ五重奏団に参加、70年と71年にはオラシオ・サルガンとのピアノ二重奏（曲により楽団伴奏が付く）でジャズ、ブラジル音楽からクラシック、フォルクローレ、タンゴまでを楽しく弾きこなした2枚のアルバム『2人のピアノのヴィルトゥオーゾ』『魔法の森』をフィリップスからリリース。70年代前半にはホセ・コリアーレらとスペインの女性歌手ナティ・ミストラルの伴奏を務め、その後は米国に渡りサミー・デイヴィス・ジュニアのピアノ奏者も短期間担当した。77年にはネストル・マルコーニ、アルトゥーロ・シュネイデルらを迎えての六重奏団でトローバにアルバム『ブエノスアイレスへのプレリュード』を録音している。

ピアソラから渡された楽譜を見たアミカレリはこう答えた。

「それはすごいですね。でも問題ありますか？　もし私が間違えたり、つっかえたりしたら、止めて最初からやり直しましょう。そのための練習ですよね」

こうしたへりくだった物言いは、ピアソラの機嫌をさらに損ねるだけだった。そして曲が始まると、アミカレリは再び、最初から最後までただ一つの音も間違えることなく弾き通してしまった。〈革命家〉には、バンドネオンとピアノとの複雑なかけ合いのパートがあるにもかかわらず、である。

ピアソラはバンドネオンをケースにしまうと、こう言った。

「今日の練習はこれでおしまい！　明日も同じ時間に練習開始！」

そして、アミカレリはこう言い放った。

「明日のためにピアノ・ソロを書いておくから、もしそれが初見で弾けたら、俺は音楽家なんかやめて、残りの人生は編み物でもして過ごすことにするよ」

その翌日、メンバーたちはアミカレリが果たしてちゃんと弾けるのかどうか期待しながら三々五々ピアソラの家に集まった。出迎えたピアソラは、こまごまと手書きされた楽譜を手にしていた。落ち着き払ったアミカレリは、ピアノの前に座るとおもむろに弾き出した。流れてきたのは、それまでにピアソラが書いた中でも最も美しいカデンツァだった。ほんのわずかの時間で書かれたそのソロの美しい響きを前にして、ピアソラもアミカレリも、ほかのメンバーたちも、昨日の大人げない騒ぎのことなどどうでもよくなっていた。あたかもずっと長い間練習し続けてきたかのようにアミカレリが弾いたそのカデンツァこそ、〈アディオス・ノニーノ〉の新編曲の冒頭を飾るものだった。

ピアソラ五重奏団は1月、ブエノスアイレス州バルカルセ市のセロ・エル・トリウンフォで開催された『第2回カント・アルヘンティーノ音楽祭』に出演している。YouTubeにはその時のわずか8秒ほどの音声のない映像が上げられているが、肝心のピアニストが映っていない。そのため、これがアミカレリとの最初のステージと思われるものの、断定はできず、当然曲目もわからない（#A3）。

再びアディオス・ノニーノ

アミカレリの加わった新生ピアソラ五重奏団は、レストラン「ゴジョス」への出演を経て5月から、サンテルモ地区に新装オープンしたクラブ「ミケランジェロ」にレギュラー出演を開始した。以後しばらくはここがピアソラたちの本拠地となる。歌手としてバルタールとエクトル・デ・ローサスも参加したが、ピアソラとバルタールが単なる作り手と歌い手という関係を超えたパートナーとなったことで、居場所のなくなったデ・ローサスはほどなくグループを去ることになる。そして3月と6月には、五重奏団としては実に4年ぶりとなるアルバム『アディオス・ノニーノ』の録音が行われた（#85）。

アミカレリの異才ぶりがその誕生を促した新編曲の〈アディオス・ノニーノ〉は、アルバム・タイトルにもなったとおり、このアルバムの主軸をなしている。ミケランジェロで演奏を終えたある金曜日の深夜3時に録音されたこの新ヴァージョンでは、美しくも勇壮なピアノのカデンツァは2分半に及び、合奏に入ってからも〝ピアソラのスタンダード〟にふさわしい名演奏が展開されていく。

〈ブエノスアイレスの秋〉は、スランプ突入直前に書かれた〈ブエノスアイレスの夏〉以来久々の続編ということになる。この曲を作曲する時点で《ブエノスアイレスの四季》の構想がようやくまとまったようで、本人によるライナーでは残り2曲の登場も予告されている。「秋」という季節からイメージされるセンティメンタリズムとはまったく無縁の力強さが印象的で、スランプ期に書かれた〈革命家〉〈アルフレド・ゴビの肖像〉で萌芽していた新たな作風を、より具体化したような雰囲気も感じられる。

〈ミケランジェロ70《セテンタ》〉は、彼らの新たな拠点となったクラブをテーマにしたもので、この時期の代表作の一つ。アルバムのライナーでピアソラ自身がこう解説している。「今年オープンしたばかりの、我々五重奏団にとっての音楽的隠れ家に捧げられている。この曲は、3つの音だけで書いてみようという私のインスピレーションに基づく一種の練習曲である」。「70」というのは、来るべき1970年代を意識したものだろうか。確かに3つの音を基調としたシンプルな作品だが、実によくできている。

クラシックの形式名をタイトルにした〈コラール〉は、ピアノ抜きで演奏される厳かな曲。ロペス・ルイスのエレキ・ギターがなんともいえないクールな雰囲気を醸し出している。アルメニア系の詩人、アリシア・ギラゴシアンの詩作『ペドロ・アモール *PEDRO AMOR*』（1967年）のために書かれた連作のうちの一つということだ。この作品は1969年に舞台化され、ファン・ファルソーネの振付、アルトゥーロ・アブー・アジャティアンの演出によりパイロー劇場で上演されているので、そこで使用されたのかもしれない。

3つの曲から成る《タンガータ》は振付師のオスカル・アライス[*17]のために書かれたバレエ組曲で、「シルフとオンディーヌ（風と水の精）」という副題も付けられていた。

第1曲〈フガータ〉はタイトルどおりのフーガ形式。後半でバンドネオンとヴァイオリンが同じフレーズをユニゾンでかなり長く弾き続け、その後バンドネオンとピアノでまた速いフレーズをユニゾンで続けていくあたりが楽しい。

第2曲は〈孤独〉。《タンゴ・バレエ》第3章の前半と同じタイトルだが、内容に関連はない。美しくも物悲しい雰囲気に包まれたスローなミロンガで、これもシンプルだがまったく無駄のない作り。第3曲〈終曲〉は、〈孤独〉の続編のような雰囲気で曲が始まるが、徐々に展開していき、エレキ・ギターのカデンツァからピアノ・ソロへ引き継がれるあたりからぐんぐんスケールが大きくなる。短い合奏のあとヴァイオリンのカデンツァ、これにギターとコントラバスが絡み、圧巻のクライマックスへ

＊17　オスカル・アライス *Oscar Araiz*（1940・12・2）

振付師、演出家、ダンサー。ブエノスアイレス州プンタ・アルタ生まれ。作家で詩人だった母エルビーラ・アマードのもとで芸術に親しむ教育を受ける。10歳の時、家族とともにブエノスアイレスに移り住み、その後移住したバイア・ブランカでは、ミリアム・ウィンスローのカンパニーのダンサーだったエリデ・ロカルディからモダン・ダンスのレッスンを受ける。ブエノスアイレスに戻ると、ラ・プラタ美術学校でレナート・ショッテリウスに師事し、アルゼンチン演劇バレエ学校に入学。1960年、ドイツ表現主義のダンサー兼振付師、ドーレ・ホイヤーのグループのメンバーに抜擢される。61年、アルヘンティーノ劇場で初の振付作品『リトス』を上演。62年から63年にかけてヨーロッパに滞在、帰国後ブラジルに移り、アナ・イテルマンが選んだダンサーたちと1シーズン活動した。64年から67年まで、スサーナ・シーメルマン、アナ・ラバトと共同監督を務めたホイヤー・バレエ・カンパニーでツアーを行う。68年にはサンマルティン劇場現代バレエ団を創設し、73年まで芸術監督を務める。77年からはニューヨークのジョフリー・バレエ団のために作品を創作。80年から88年までスイスのジュネーヴ大劇場バレエ団のディレクターを務め、アティリオ・スタンポーネの音楽による全幕バレエ『タンゴ』（81年）を振付した。90年から97年にかけてサンマルティン劇場に戻り、2002年から03年までラ・プラタ・アルヘンティーノ劇場の舞踏監督、05年から06年末にかけてコロン劇場バレエ団のディレクターを務めた。そのほかにもヨーロッパや南北アメリカの数多くのバレエ団や劇場とコラボレートしている。振付を手がけた作品の音楽ジャンルも、プロコフィエフやストラヴィンスキー、ヒナステラなどのクラシックから、ミルトン・ナシメントの〈マリア・マリア〉、ザ・クラッシュやピンク・フロイド、チャーリー・ガルシーアなどのロックまで多岐にわたる。オペラや映画の分野でも活躍、教育活動にも熱心にあたっている。

後年この3曲は単独で演奏されるようになり、〈終曲〉が〈タンガータ〉のタイトルで呼ばれることになる。

と流れ込んでいく。琴線にグイッと触れる終盤の音使いの巧みさには何度聴いても泣かされてしまう。

〈アディオス・ノニーノ〉〈ブエノスアイレスの秋〉はもとより、〈ミケランジェロ70〉も《タンガータ》の3曲も以後の重要なレパートリーとなっているという事実が、何よりこのアルバム制作時のピアソラの充実ぶりを裏付けていると言えるだろう。ピアソラは、完全に復活を遂げたのだ。

6月にはTV13チャンネルで『ああ、もしカルロス・ガルデルが生きていたら *AH, SI HUBIERA VIVIDO CARLOS GARDEL*』に五重奏団で出演した（収録は20日、オンエアは23日）。この時の演奏場面の写真が残されているが（439頁に掲載）、スタジオのセットが実に美しい。映像があれば観てみたいが、マイクは見当たらないので演奏は当て振りだったと思われる。

『アディオス・ノニーノ』録音の直前、ピアソラは珍しく他人のレコードにゲスト参加している。同じトローバから出たエドゥアルド・ラゴス[*18]の『アシ・ノス・グスタ（これが我々の好きなやり方）』である（#86）。ピアソラ五重奏団の初期の姿を捉えた『エンサージョス』（#63）の素材となるテープを録音していたラゴスは、異色の現代フォルクローレ・ピアニストであり音楽評論家でもあった。その彼の初リーダー作であるこのアルバムは、多彩な顔ぶれが参加した5つのセッション、計11曲から成り立っている。ラゴスは1986年の来日時、本作について高橋敏のインタビューに答え「何をやろうとか、誰とやろうとか、どんなアレンジにしようとか、はっきりした計画があったわけではなくて……結局、ほとんど即興に近い形でリハーサルもやらずに録音したんだ。ピアソラの入ったグループでの2曲を除いてね。あれだって、私のソロは完全な即興だ」（雑誌『ラティーナ』1986年11月号より）と語っている。

ピアソラが参加した3月5日のセッションのメンバーは次のとおり。

ピアノ：

エドゥアルド・ラゴス

＊18　エドゥアルド・ラゴス *Eduardo Lagos*（1929・2・18〜2009・6・26）ピアノ奏者、作曲家、編曲家、音楽評論家、眼科医。ブエノスアイレス生まれ。一時の芸名マルセロ・リオス。フォルクローレの名門グループ、アバロス兄弟のピアノ奏者アドルフォ・アバロスをアイドルに育つ。１９４４年、アマチュアのロス・コジューショスに参加、医科大学に通いながらフアン・カルロス・パスにピアノと音楽理論を学ぶ。47年、フォルクローレのセルヒオ・ビジャール楽団でプロ・デビュー、以後フォルクローレのピアノ奏者兼作曲家として活動を続け、60年にはウーゴ・ディアス（ハーモニカ）、ドミンゴ・クーラ（ボンボ）らとともにフォルクローレ使節団に加わりヨーロッパ公演を行う。66年から『ラ・プレンサ』紙や雑誌『ヘンテ』などでの評論家活動や、エル・ムンド放送局などでのラジオ・ディレクター業に重点を置き、商業的な音楽活動からは手を引く。自宅に仲間たちを集めての自由な即興演奏の場を定期的に設け、ジャズのジャム・セッションに似ていたことから、ディアスによって「フォルクロレイションス」と名付けられた。69年、そのフォルクロレイションスのコンセプトをスタジオに持ち込み、フォルクローレの現代化を目指した初リーダー・アルバム『アシ・ノス・グスタ』（**#86**）をトローバから発表。以降の活動はドミンゴ・クーラ、ケロ・パラシオス、ディノ・サルーシら気の合った仲間とのセッションにほとんど限定されたが、69年から75年にかけて映画音楽も5本ほど手がけている。86年、チャランゴ奏者ハイメ・トーレスの来日公演に参加。88年、オスカル・アレム（p／b）と組んで自主制作アルバム『ピアニシモ』発表、89年にはホルヘ・ゴンサーレス（b）、ポチョ・ラポウブレ（ds）とトリオを結成してフォルクローレのさらに新しい試みに挑戦、その成果は翌年のメロペアからのアルバム『ディアレクト』に見られた。２０００年代初頭からパーキンソン病を患い、演奏活動から遠ざかることを余儀なくされる中、過去の貴重な未発表音源を集めたCD『フォルクロレイションス』のシリーズが、05年以降メロペアから3種リリースされた。

バンドネオン：
アストル・ピアソラ
ヴァイオリン：
アントニオ・アグリ／カルロス・ガイビロンスキー
ヴィオラ：
ネストル・パニク
チェロ：
ビクトル・ポンティーノ
第2ピアノ：
ダンテ・アミカレリ
ヴィブラフォン：
マリアーノ・ティト[*19]
ギター：
オスカル・カルドーソ・オカンポ
コントラバス：
ホルヘ・ロペス・ルイス[*20]
ボンボほか：
ドミンゴ・クーラ[*21]
ドラムス：

*19　マリアーノ・ティト *Mariano Tito*（1932・4・11～1991・10・21）ヴィブラフォン／ピアノ奏者、楽団リーダー、編曲家。エントレ・リオス州コンコルディア生まれ。同じヴィブラフォン奏者のティト・ビシオと混同しがちだが別人（実際にエドゥアルド・ラゴスの日本盤LPでは写真が間違って使われていた）。22歳の時ブエノスアイレスに出て、アルゼンチン・ジャズのパイオニアであるエドゥアルド・アルマーニ（vn）やレネ・コスピト（p／vn）の楽団に参加。１９５７年、ホルヘ・ナバーロ（p）らと五重奏、ロス・スウィング・タイマーズを結成し、９年間活動する。その一方60年代初頭には四重奏、ロス・クアトロ・デ・ルーホを率い、ＲＣＡでプエルトリコのボビー・カポなど歌手の伴奏を手がけた。米国の鍵盤奏者クレア・フィッシャーともステージで共演。そのほかラロ・シフリン、ホルヘ・ダルト、カルロス・フランセッティ、ホルヘ・カランドレリ、ポチョ・ラポウブレ、アルトゥーロ・シュネイデル、ロドルフォ・アルチョウロン、ホルヘ・ロペス・ルイス、サンティアゴ・ジャコーベ、オスカル・アレマンらと共演している。66年頃にはキケ・ストレーガ（p）六重奏団に参加（#G10の項参照）。67年頃にはタンゴ歌手エクトル・パチェーコを伴奏するキンテート・ドン・オスバルドのメンバーとして、パチェーコが50年代前半に在籍したオスバルド・フレセド楽団を意識したサウンドに五重奏で取り組み、インスト４曲を含む『これがタンゴだ』（マヘンタ）としてリリースされた。またこの時期にはフォルクローレのウーゴ・ディアス（hca）のＲＣＡ録音にも参加している。70年にはディノ・サルーシ（bn）七重奏団に参加、73年にはプロムシカから「マリアーノ・ティトと彼のグラン・オルケスタ・デ・ジャス」名義でのビッグ・バンド・ジャズ・アルバムをリリース。その後83年頃までの10年間、ベネズエラやカリブ海、米国で活動。カラカスではバンダ・モデルナ・デ・カラカスの編曲指揮、エル・ロサルのキャバレー「エル・パラシオ・インペリアル」専属楽団のディレクター兼ピアノ奏者などを務めた。海外滞在中には米国のグロリア・ゲイナー、ブラジルのマイーザ、キューバのオルガ・ギジョ、フランスのシャルル・アズナヴールといった歌手と共演している。帰国後にはロス・スウィング・タイマーズを再結成し、新しいバンド、ジャス・ファンキーを組織。89年にマル・デル・プラタで開催された『4月のジャズ』、エル・グローボ劇場での『ブルース、ジャズ＆バンド』という2つのフェスティバルが最後の重要な出演となった。なお、これも混同しやすいが57年生まれの同名の息子はコントラバス／エレキ・ベース奏者で、サルーシの『デディカトリア』（77年録音）、父のビッグ・バンド、アメリータ・バルタールの94年のアルバムなどに参加、現在は自身でビッグ・バンド、マリアーノ・ティト・オルケスタを率いて活動を続けている。

ホルヘ・パディン*22

編曲指揮：
オスカル・ロペス・ルイス

*20　ホルヘ・ロペス・ルイス *Jorge López Ruiz*（1935・4・1～2018・12・11）
コントラバス／エレキ・ベース／キーボード奏者、楽団リーダー、作曲家、編曲家。ブエノスアイレス生まれ。１９５０年代からジャズ・シーンで活動し、58年からはティト・ビシオらとのロス・クアトロ・デル・スールでアルバムを制作、61年にはレアンドロ・〝ガート〟・バルビエリ（ts）、ロベルト・〝ファッツ〟・フェルナンデス（tp）を含む五重奏団を率いＲＣＡにアルバム『Ｂ・Ａ・ジャズ・バイ・ロペス・ルイス』を録音した。以降コンボやビッグ・バンド、ニューヨークのミュージシャンとのセッション、一人多重録音などさまざまなスタイルのアルバムをコンスタントに制作。セッション参加作も多い。62年以降、30本以上の映画音楽も手がけた。

*21　ドミンゴ・クーラ *Domingo Cura*（1929・4・7～2004・11・13）
パーカッション奏者。サンティアゴ・デル・エステーロ州サンティアゴ・デル・エステーロ出身。それまでは単なるフォルクローレの歌の伴奏楽器にすぎなかったボンボなどの打楽器を駆使し、フォルクローレの枠を超えて新たな表現を切り開いた天才奏者。10代はじめに地元のダンス・バンドのドラマーとしてプロ・デビュー、数年後にブエノスアイレスに出てジャズ・バンドに参加、南米諸国巡演後にはラテン・パーカッション奏者として活動。その後ウーゴ・ディアス（hca）やアリエル・ラミレス（ｐ）らとの活動の中からフォルクローレ革新への活路を見いだすことになり、１９６４年にはラミレスやロス・フロンテリーソスらによる『ミサ・クリオージャ』、ラミレスとハイメ・トーレス（チャランゴ）の『新次元のフォルクローレ』に参加する。66年には歌手マルガリータ・パラシオス（**#F26**の項参照）のアルバムに参加、これは彼女の息子のケロ・パラシオスが編曲指揮を手がけていたが、本来はギターとチャランゴの奏者であるケロや仲間のケーナ奏者ラウル・メルカード、ピアノのエドゥアルド・ラゴスらとは、このあと頻繁に共演するようになる。71年、自身のパーカッション多重録音をＬＰの片面を使って展開

した〈パーカッション〉を収録した初のリーダー・アルバム『ティエンポ・デ・ペルクシオン』（当時の邦題は『古きチャカレーラ』）をトノディスクから発表、以後同レーベルにあと3枚、80年にはフィリップスに1枚、アルバムを残した。共演したアーティストもジャンルを超えて幅広く、ガート・バルビエリ（73年に彼のグループで来日）、メルセデス・ソーサ、ホルヘ・ロペス・ルイス、リト・ネビア、テレサ・パロディ、オプス・クアトロ、グスタボ・セラティ（元ソーダ・ステレオ）ほか多数。

＊22　ホルヘ・パディン *Jorge Padín*（1935・6・29）

ドラムス／パーカッション奏者、作曲家、音楽プロデューサー。ブエノスアイレス生まれ。本名ホルヘ・レオポルド・パディン。カルロス・ペレグリーニ高校に在学中から国立音楽院で音楽を学ぶ。ラロ・シフリン（p）、オラシオ・〝チボ〟・ボラーロ（ts）、ルベン・〝ベイビー〟・ロペス・フルスト（p／g）ら、のちにアルゼンチンのジャズ・シーンを担う若者たちとの共演を始める。1956年にはエディ・ペケニーノが結成したアルゼンチン初のロックンロール・バンド、ミスター・ロール・イ・スス・ロックスにアルトゥーロ・シュネイデル（ts）らとともに参加。ペケニーノらとイタリアのミラノで演奏したのち、ドイツのミュンヘンに向かい、ジャズ・ドラマーで楽団リーダーのフレディ・ブロックシーペルのもとで音楽知識を深める。ミラノに戻り、スカラ座とRAI交響楽団の打楽器奏者ジルベルト・クッピーニに師事。その後ブエノスアイレスに戻り、エクトル・マリア・アルトーラやビクトル・ブチーノに和声と管弦楽法を学ぶ。62年、ベルグラーノ放送局管弦楽団に打楽器奏者として入団、続いて国立交響楽団やTV7チャンネルおよび11チャンネルのオーケストラにも参加。その後はセッション・マンとしてマリア・エレーナ・ワルシュ、サンドロ、メルセデス・ソーサ、パリート・オルテガなどのレコーディングに参加。アリエル・ラミレス、ロス・フロンテリーソス、ドミンゴ・クーラらによる『ミサ・クリオージャ』（64年録音）にも参加。そのほかエドゥアルド・ラゴスの『アシ・ノス・グスタ』（#86）やディノ・サルーシ七重奏団、マリアーノ・ティト楽団、ガート・バルビエリ、ダンテ・アミカレリ六重奏団、アティリオ・スタンポーネ、サーナ・リナルディなどのアルバムに参加。レコード・プロデューサーも務めたCBSでは78年にリーダー作『エクスペリエンシアス』、79年に豪華ゲスト多数を迎えての第2作『インビタシオン』、80年にカチョ・ティイラオ（g）、マノーロ・フアレス（p）との連名による『出逢い』（レパートリーはオリジナルからジャズからフォルクローレ、ボサ・ノヴァ、ビートルズまで）を残した。プロデューサーとしてTV、広告、コンサートなどのイベントも多く手がけている。

オスカル・ロペス・ルイスが編曲指揮というのも珍しいが、ジャズ界で活躍する彼の兄のホルヘ・ロペス・ルイスが参加している点にも注目したい。そしてセッションは成功かと思いきや、ラゴスが後年マリア・スサーナ・アッシに語ったところでは、当初レコーディングは難航したという。「アストルはフォルクローレとは波長が合わなかった。彼はそこに入るのにとても苦労していた。チャカレーラを1曲録音しようと朝5時まで頑張ったが、結果はかなりひどい出来で、アストルは自分からこう言ったんだ。『いや、すまない、私には君たちの持っているスウィング感がないんだ……』。私も随分気落ちしたよ」。

それでもその後、なんとか2曲の録音が完成した。1955年にラゴスが書いた〈残された者のサンバ〉と、ラゴスとモンチョ・ミエレスの共作による1967年の〈生きるゆえ〉というサンバ2曲である。これを聴く限りでは、ピアソラはいつものリーダーとしての緊張感から解放され、ゲストとしてこのセッションを思いきり楽しんでいるように感じられるのだが。

この時期にピアソラが手がけた映画音楽には、1969年3月に公開されたフェルナンド・アジャラ監督のシュールなコメディー『ラ・フィアカ』がある（#F32）。ピアソラらしい都会的で印象的なテーマ音楽は、ストリングス、シロフォン、ピアノ、グロッケンシュピール、フルート、コントラバス、ドラムスによって演奏される。何度か出てくる中で、バンドネオンも入るのは中盤の1回だけだが、目立つ使い方ではないのに音が締まるのが面白い。その他の効果音的な短い音楽も、バンドネオン以外の楽器によってカラフルに奏でられている。

続いて1969年8月、ピアソラはパリ在住の造形芸術家、カルロス・パエス・ビラロー[*23]が監督した前衛映画『鼓動』（#F34）の音楽を担当する。演奏は『ブエノスアイレスのマリア』の楽器編成から鍵盤打楽器を抜いた十重奏団によるもので、メンバーも概ね『マリア』に準じている。ピアノは五重奏団の新メンバー、ダンテ・アミカレリがそのまま参加、ヴィオラのネストル・パニクがシモン・スロトニクに、チェロのビクトル・ポンティーノがホセ・ブラガートに交代し、ティト・ビシオが抜けた形となっている。オスカル・ロペス・ルイスは『アディオス・ノニーノ』録音後また離脱してしまったので、ギターはカチョ・ティラオが復帰している。

〈鼓動 第1番〉はバンドネオン、アルト・サックス、エレキ・ギター、コントラバス、ドラムスという五重奏による演奏。『マリア』ではフルート専任だったアルトゥーロ・シュネイデルのサックスをフィーチャーしたナンバーだが、彼のプレイは、ジャズ寄りというよりは何やらムード音楽っぽくて、

＊23 カルロス・パエス・ビラロー *Carlos Páez Vilaró*（1923・11・1〜2014・2・24）
抽象芸術家、画家、陶芸家、彫刻家、壁画家、作家、作曲家、構成作家、映画プロデューサー、映画監督。ウルグアイのモンテビデオ生まれ。1939年に絵を描き始め、ブエノスアイレスで印刷工の見習いとして働く。40年代後半にモンテビデオに戻り、アフロ・ウルグアイ文化への興味から黒人居住区に住み、カンドンベなどの踊りを研究し、作曲もした。彼が書いたカンドンベは2011年にソンドールからのCD『古くからのタンゴとカンドンベ』にまとめられた（ドナルド・ラチアッティ楽団、エスピリトゥス・デル・リトゥモなどの演奏や歌18曲を収録）。58年に他の7人の画家とともに、絵画における新しい傾向を促進するためのグループ・デ・ロス・オーチョを結成。59年、ワシントンDCにあるパンアメリカン・ユニオン・ビルディングの新館につながるトンネルの壁画を制作。58年に購入したウルグアイ東部プンタ・デル・エステ近くのプンタ・バジェーナの海沿いの土地に建てた木造のロッジは、やがて巨大な「住める彫刻」カサプエブロとなった（ダビド・コーン監督の映画『コン・アルマ・イ・ビダ』〔#F38〕の一部はここで撮影）。50年代後半はパリでも過ごし、ブリジット・バルドーやパブロ・ピカソと親交を深めた。67年にはフランスの実業家ジェラール・ルクレリやグンター・サックスの援助を受けて映画制作会社「ダリア」を設立、ジャン＝ジャック・マニゴ監督のドキュメンタリー映画『バトゥーク』を制作した。

あまり感心しない。もっとも、彼のサックスが甘ったるいのは、ここでの演奏に限ったことではないのだが。それに、どうもピアソラ自身サックスの使い方はあまり上手いとは言いがたい。

それ以外の各曲は、楽器編成が似ていることもあって、雰囲気は『ブエノスアイレスのマリア』に近い。〈鼓動 第2番〉ではアントニオ・アグリの素晴らしいヴァイオリン・ソロが聴けるが、第2ヴァイオリンのウーゴ・バラリスがアグリをうまく引き立てている点も重要だ。シュネイデルもフルートなら文句なし。

以後〈鼓動 第4番〉〈鼓動 第5番〉と続き、なぜか〈第3番〉が抜けている。実際にはちゃんと5曲とも作曲されていて、〈第3番〉も楽譜は存在しているものの、録音はされなかったようだ。映画は未見のため確認できないが、映画でも使われなかったのではないかと思われる。

参加時点で一悶着のあったアミカレリだが、結局ピアソラはあまり馬が合わなかったらしく、共演はひとまずこれが最後となった。

アルバム『鼓動』はA面が同名映画のサウンドトラック、B面は『ブエノスアイレスのマリア』からのインストルメンタル抜粋となっているが、実際にもともとインストだった曲は3曲しかなく、〈葬儀のコントラミロンガ〉〈罪深いトッカータ〉は、オラシオ・フェレールの朗読を抜いたヴァージョンで収録された。このアルバムは、片面のみとはいえ、ピアソラが担当した映画音楽がLPサイズで発売された最初のものとなった（#87）。

現代音楽作品にバンドネオンで参加

1969年9月22日から25日にかけて、フロリダ通りのITDT（トルクアト・ディ・テラ研究所）視聴覚室において、『第8回現代音楽フェスティバル』が開催された。4日目の25日には、ヘラルド・ガンディーニ*（20年後のピアソラ六重奏団のピアニスト。この日は他の作曲家の作品にもピアニストとして参加）が作曲したピアノと即興集団のための〈プレイ *Play*〉などとともに、ヒナステラの弟子でピアソラの友人でもあるアルマンド・クリーゲル*24の作曲によるソプラノ、ギター、バンドネオン、ピアノ、ハープシコードとパーカッションのための〈死と復活についてII〉が初演された。このメンバーがなんと、ソプラノ（実際には朗読）がアメリータ・バルタール、ギターがカチョ・ティラオ、バンドネオンがアストル・ピアソラ、ピアノとパーカッションが作者クリーゲル、そしてハープシコードがオスバルド・マンシと

＊24　アルマンド・クリーゲル *Armando Krieger*（1940・5・7〜2023・3）
ピアノ奏者、作曲家、指揮者。ブエノスアイレス生まれ。アマチュア・ピアニストだった父親のもとでクラシック音楽に親しみ、4歳からピアノを習う。すぐに才能を発揮、6歳の時にはコンサートを開き、ベートーヴェンやプロコフィエフの作品を演奏した。12歳の時、アルベルト・ヒナステラに作品を披露、それ以降ヒナステラに師事し、対位法やフーガの技法、指揮などを修得する。1959年頃にはヘラルド・ガンディーニらと作曲家集団「アグルパシオン・エウフォニア」を結成している（61年には「アグルパシオン・ムシカ・ビーバ」に改称し、65年までブエノスアイレスで室内楽コンサートのシリーズを開催した）。20歳の時にはルイジ・ダッラピッコラ、オリヴィエ・メシアン、ブルーノ・マデルナらが審査員を務めた『文化の自由のための大会』で賞を獲得。21歳でロックフェラー財団から奨学金を得て、トルクアト・ディ・テラ大学で優秀な作曲家たちの指導を受けた。作曲家としては《弦楽のための交響曲》《2台のピアノとオーケストラのための協奏曲》《ピアノと15の楽器のための〝カフカの朗読に基づくメタモルフォーゼ〟》、いくつかのカンタータと独唱曲、弦楽四重奏曲、室内楽曲、ピアノ曲などの作品がある。指揮者としてはヘルベルト・フォン・カラヤンにも師事し、ブエノスアイレスのコロン劇場、ブエノスアイレス室内歌劇場、トゥクマン管弦楽団、メンドーサ管弦楽団、フランスのディジョン歌劇場の芸術監督、モンテビデオのＳＯＤＲＥ管弦楽団などの指揮者などを歴任した。

いう驚くべき顔ぶれだった。

およそ17分に及ぶこの前衛作品では、ピアソラやクリーゲルらが奏でるアヴァンギャルドな音響に乗せて、バルタールが3つのテキストを、演劇的に吟じていく。最初のテキストは、エルネスト・サバトの『英雄たちと墓』の第Ⅲ部「闇に関する報告書」の冒頭で主人公が闇の神々を呼び出す祈祷の台詞の部分、つまりピアソラ新八重奏団の〈英雄たちと墓へのイントロダクション〉でサバトが手直しして朗読していたのと同じ箇所だが、こちらはオリジナルのテキストどおり。続いてが米国の作家、レイ・ブラッドベリのテキストのスペイン語訳で、おそらく1951年の短編集『刺青の男』所収の「狐と森 *The fox and the forest*」の一部分と思われる。最後は再びサバトの『英雄たちと墓』から、第Ⅱ部「見えない顔」の中で登場人物のブルーノがマルティンに吟誦した、「死とともに魂は移住するのかもしれない」(安藤哲行訳)という1行から始まる詩の部分。

この時の貴重な録音はディ・テラ研究所により保管されていたが、2021年にクリーゲルの自演作品集『アルマンド・クリーゲル：肖像 1』に含まれて、人知れず配信が開始されていた。ただし〈死と復活についてⅡ〉の演奏者名は「エンセンブレ・ムシカ・ビーバ・デ・ブエノスアイレス」とされ(この表記は、クリーゲルがガンディーニらと1960年代前半に組んでいた作曲家グループ「アグルパシオン・ムシカ・ビーバ」に由来すると思われる)、バルタールやピアソラの名前はなかったため、おそらく誰も気づかなかっただろう。2024年5月にARMUSA(南米音楽視聴覚アーカイヴ)が同じ音源に詳しいクレジットを付けて公式YouTubeチャンネルで紹介したことで、ようやく詳細が明らかになった(**#88**)。

ロコへのバラード

〈チキリン・デ・バチン〉以降ピアソラ＝フェレールが書き下ろした新作、たとえば〈わが死へのバラード〉〈彼へのバラード〉〈ファニート・ラグーナ母の手伝い〉などは、アメリータ・バルタールが五重奏団をバックにミケランジェロで披露するという構図が出来上がっていく（各曲についてはあとで紹介する）。例外は、ミクロフォンからのコンセプト・アルバム『神を信じる――クリオージョの戒律』（＃G13）の中でネストル・ファビアン[*25]がアティリオ・スタンポーネの編曲指揮で歌った〈なんと良き知らせ〉、バーデン・パウエルの〈プレリュードのサンバ〉風を目指して未完成に終わった〈ラ・フラストルフィア〉くらいだろう。そんな中で１９６９年のおそらく後半、当時はＣＢＳ専属だったはずのバルタールは、トローバから唯一のシングルをリリースしている。曲はＣＢＳにモンチョ・ミエレスのギター伴奏で録音済みだった〈チキリン・デ・バチン〉で、ヴァイオリンのアントニオ・アグリ、エレキ・ギターのオスカル・ロペス・ルイス、コントラバスのキチョ・ディアスの３人のみのクールな伴奏。カップリングは新作の〈アイ短調のミロンガ〉で、ピアソラも加わった４人で伴奏している（＃89）。

そして、『ブエノスアイレスのマリア』では一般大衆にまでその名を知らしめるには至らなかった彼らに、思わぬところでチャンスが巡ってきた。１９６９年11月16日にルナ・パーク・スタジアムで行わ

＊25　ネストル・ファビアン *Néstor Fabián*（1938・11・30）歌手、俳優。ブエノスアイレス生まれ。本名ホセ・コテーロ。友人の俳優ノルベルト・アロルディの紹介で１９６１年にマリアーノ・モーレス楽団でデビュー。その後ソロとなり、オデオンやミクロフォンなどにアルバムを残す。ミュージカルや映画、ＴＶなどでも活躍。74年にアティリオ・スタンポーネとソ連公演、88年にはオスバルド・レケーナとスペインおよびポルトガル公演を行った。

れたブエノスアイレス市当局主催による『プリメール・フェスティバル・イベロアメリカーノ・デ・ラ・カンシオン・イ・ラ・ダンサ（歌と踊りの第1回中南米フェスティバル）』に、二人は〝賞金目当てに〟作品を出展したのである。その曲の名は〈ロコへのバラード〉。

この作品はフェスティバル開催のちょうど1週間前、リベルタドール1088番地の14階にあるピアソラの自宅アパートで書かれた。ミケランジェロでの初演を経て手直しされたのち、ピアソラ指揮による大編成オーケストラをバックに、バルタールによって会場で歌われ、見事にコンクールで第2位を獲得した。確認できたその時の映像は、曲の途中から始まっているが、会場の異様な盛り上がりまでしっかり伝わってくる（#A4、その時の写真は479頁）。ちなみに第1位はフリオ・アウマーダ作曲、フリオ・カミローニ作詞、ホルへ・ソブラル歌による〈最終列車まで *Hasta el último tren*〉。審査結果発表の時、会場はさながら伝統的タンゴ・ファンとピアソラ・ファンとの対決の場と化した。結局第1位の曲はさほどヒットせず、〈ロコへのバラード〉の方が大きくポピュラリティーを獲得した。

〈ロコへのバラード〉は、基本的には『ブエノスアイレスのマリア』の延長線上にある作品だが、語りから始まり、タンゴなのに途中でワルツになってしまうという風変わりな構成、ロコ（狂った男）を語り部にしたシュール極まりない歌詞など、それまでのポピュラー・ソングの定型からは大きく逸脱していた。だがそれだけに、ピアソラ＝フェレール・コンビの持ち味が最もよく反映されているともいえ、やはりこのコンビの代表作というのにふさわしい。

〈ロコへのバラード〉は〈チキリン・デ・バチン〉とカップリングされたシングルが、バルタールが歌ったもの（#90）、ロベルト・ゴジェネチェ[*26]が歌ったもの（#91）と相次いでリリースされた。ゴジェネチェは、オラシオ・サルガンやアニバル・トロイロの楽団を経て独立し、ソロ歌手として人気を獲得していた。ピアソラとはこれが初共演だったが、オーソドックスなものからモダンなものまで柔軟に対応する能力の持ち主ゆえ、相性はぴったりだった。

どちらも伴奏指揮およびバンドネオンはピアソラ自身が担当したが、大編成のストリングスやドラムスを含む編成である点は共通しているものの、キーがそれぞれの声域に合わせて変えてあるのはもちろん、アレンジも異なり、雰囲気をうまく変えてあるのが面白い。冒頭の語りの途中からピアノが入るワルツの部分はだいたい同じだが、歌に入ってからのストリングスの音の動きが異なり、バルタール版のみバンドネオンが軽くタンゴの4ビートを刻む。中間に入る語りの伴奏は、ゴジェネチェ版はピアノと

＊26　ロベルト・ゴジェネチェ *Roberto Goyeneche*（1926・1・29〜1994・8・27）
歌手、作詞家。ブエノスアイレス生まれ。愛称「ポラーコ」。ピアノ奏者で楽団指揮者、作曲家だった同名の父は、息子の誕生を待たずに夭折した。少年時代から友人との二重奏でタンゴを歌い、街の楽団に参加。1948年には1曲だけのプライベート録音も果たす。この年、ラウル・カプルン（vn）楽団に参加したが、翌年には一旦歌手をやめる。バスの運転手をしていた52年のある晩、運転しながら鼻歌を歌っているのを聴いた乗客の一人にオラシオ・サルガン楽団の司会者、ホセ・オテロがいた。オテロの勧めでサルガン楽団のオーディションを受け合格、めでたく歌手として再デビュー。56年にアニバル・トロイロ楽団専属となり、一気にその名を広めた。60年にはトロイロ楽団と並行してロス・モデルノスに参加。63年に独立してからはバッファ＝ベリンジェリ楽団もしくはトリオ、アルマンド・ポンティエル楽団、アティリオ・スタンポーネ楽団、アストル・ピアソラ、ラウル・ガレーロ楽団、セステート・タンゴ、カルロス・フランセッティなどのいずれも優れた伴奏を得て、80年代中期までRCAビクトルに充実したアルバム制作を続け、70年頃を境に正統派から枯れた語り口へと唱法も徐々に変化していった。88年公開の映画『スール　その先は…愛』（＃F79）ではスクリーンにも登場して重要な役割を演じ、同年には『タンギッシモ』公演のメイン・アクトとして初来日。晩年は『スール』や『タンギッシモ』でも共演したネストル・マルコーニ（bn）との共演が多かった。

ドラムスの抑えたシンバル・ワークのみだが、バルタール版ではそれにストリングス、コントラバスも加わり、シンバルもやや強調される。歌に戻ってからは、ゴジェネチェ版は12弦ギターが中心、バルタール版はピアノが中心となり、最後はそれぞれ盛り上がって終わる。

この曲の構成は、語り（前奏）〜歌〜語り（間奏）〜歌〜叫び（エンディング）となっているが、バルタールのような女性歌手の場合とゴジェネチェのような男性歌手の場合で、語りの部分の人称は次のように変わる（出版された楽譜に両方記載されている）。

女声版：私は家を出る、アレナーレス通りへ
　通りも私も　いつもと同じ……
　そこへ突然、あの木の後ろから彼が現れる
（中略）
　そして彼は　私にこう言う……

男声版：君は家を出る、アレナーレス通りへ
　通りも君も　いつもと同じ……
　そこへ突然、木の後ろから俺が現れる
（中略）
　そして俺は　君にこう言う……

こんな感じで歌に続いていくわけである。歌の方は、歌手が女性でも男性でも「ロコ（男性名詞）」を

演じる点は変わらない。

RCAビクトルからリリースされたゴジェネチェの盤には「ピアソラ＝ゴジェネチェ」と、伴奏者であるピアソラの方の名前が先に挙がっている。ピアソラはこの録音を機にトローバを離れ、古巣のRCAビクトルに移籍した。一方バルタールのCBS盤には、契約の関係から伴奏指揮者としてピアソラの名前は表記されず、またB面にはモンチョ・ミエレスのギター伴奏による〈チキリン・デ・バチン〉が引っぱり出されてきた。

はからずもピアソラ自身が関わった2人の歌手の競作となったわけだが、いずれも大ヒットを記録し、この年のベストセラーとなった。爆発的に売れたのはバルタールの盤、結果的にロングセラーとなったのはゴジェネチェの盤ということだが、ピアソラ＝フェレールの作品がにわかに大衆の支持を集めたのだから、これはちょっとした事件だった。

〈ロコへのバラード〉は当時、クラウディオ・ベルジェ（編曲指揮はアルベルト・カラシオーロ）やロサンナ・ファラスカ（編曲指揮はリト・エスカルソ）といったタンゴ歌手以外にも、ロック・バンドのロス・ウォーカーズや女性ヴォーカル＋ドゥ・ワップ・コーラスのロス・シンコ・ラティーノス（これはエンリケ・サントス・ディセポロ作〈古道具屋〉との大胆なミックス）など、さまざまなジャンルのアーティストにもカヴァーされた。海外でもブラジルでは男性歌手のモアシール・フランコが、ホジェーリョ・カルドーゾのポルトガル語詞で録音している。

〈ロコへのバラード〉の大ヒットを受けて、『アメリータ・バルタール、ピアソラ＝フェレールを歌う』というそのタイトルどおりの彼女のアルバムが制作された。五重奏団ではなく全編が大編成オーケストラの伴奏による1970年3月から5月にかけての録音で、指揮は当然ピアソラだが、シングル同様ジャケットにピアソラの名は一切書かれていない（＃92、現行ＣＤにはピアソラのクレジットあり）。〈３００１年へのプレリュード〉は、「31世紀に私は生まれ変わる」と、遠い未来に自らの復活を宣言するといった内容の作品。後述するレジーナ劇場での連続リサイタルで初演された。メロディーにほとんど起伏を付けずに、〈ボレロ〉風のスネアのロールがリードする中、金管楽器まで加えた大編成のオーケストラが盛り上がりを演出する。

幻想的な歌詞を持つ〈南十字星へのプレリュード〉は１９７０年3月の作品で、ここでは7分半に及ぶ大作となった。曲想も雄大でミロンガのリズムを基調としながらも、カチョ・ティラオと思われる12弦ギターやフルート、ストリングスなどを駆使、ポップス感覚すらも覗かせる。

〈新聞売り少年へのプレリュード〉は、少年が売る新聞のシュールな見出しを紐解いていく内容。伴奏はやはり多彩で、途中でワルツも挿入される。

〈ロコへのバラード〉は、先にシングルで発売されたものとは若干異なる。伴奏は同じものが使われているが、歌は新たに録音し直され、一部では歌い方も変えてある。さらにシングルの後半では大所帯のコーラス隊が参加して雰囲気を盛り上げていたが、アルバム・ヴァージョンではカットされた。

〈わが死へのバラード〉は、歌い出しの歌詞から引用した〈ブエノスアイレスで私は死のう〉というタイトルでも知られ、エルネスト・サバトに捧げられた。アルバムに収録されたバラード3部作のうち最初に書かれた作品で、〈チキリン・デ・バチン〉もそうだったがゴジョスで初演されている。伴奏ではオーボエが重要な役回り。このオーボエ奏者はロベルト・ディ・フィリッポではないのだろうか。

〈彼へのバラード〉の「彼」とは誰なのか、答えは用意されていないようだが、曲自体は〈マレーナ〉を作曲したルシオ・デマレの弟で映画監督のルカス・デマレに捧げられている。これもレジーナ劇場で初演された（初演はミケランジェロとする資料もある）。決して上手くはないが説得力に満ちたバルタールの歌に、オーボエがしっかりと絡んでいく。やはりこのオーボエ奏者はディ・フィリッポのように思える。〈チキリン・デ・バチン〉は、ギター伴奏のシングルとはまったく異なるオーケストラ版。ここでもオーボエが重要な役割を担っている。冒頭に語りのパートが付け加えられているが、これはバルタールとピアソラ五重奏団がミケランジェロに出演するようになった折に、フェレールが書き加えたものである。

ブエノスアイレスの四季

ピアノにオスバルド・マンシ、ギターにカチョ・ティラオを擁したアストル・ピアソラ五重奏団とアメリータ・バルタールは、1969年末からブエノスアイレスのレジーナ劇場で、中断の時期を挟みつつ都合半年に及ぶことになるリサイタル・シリーズを敢行する（年初の避暑のシーズンには休演し、マル・デル・プラタのタンゲリア「レ・ファ・シ」に出演したり休暇を取ったりもしている）。その際に公約を守るかのように、新曲として用意されたのが〈ブエノスアイレスの冬〉〈ブエノスアイレスの春〉だった。これで《ブエノスアイレスの四季》4部作が完成されたことになる。

手元にある1970年のプログラムでは、火曜日と木曜日の22時からのステージと、日曜日の20時からのステージとでは、第1部の曲目がまったく異なっていた。★印は「初演」と書かれている曲。

火曜日と木曜日

第1部（インストルメンタル）：

《ブエノスアイレスの四季》（ブエノスアイレスの冬★／ブエノスアイレスの夏／ブエノスアイレスの秋／ブエノスアイレスの春）／ブエノスアイレス零時／アルフレド・ゴビの肖像／革命家

第2部（ヴォーカル）：

彼へのバラード★／わが死へのバラード／ロコへのバラード／チキリン・デ・バチン／南十字星へのプレリュード★／3001年へのプレリュード★

日曜日

第1部（インストルメンタル）：

フラカナパ／キチョ／天使のミロンガ／天使の死／天使の復活／アディオス・ノニーノ／タンガータ

第2部（ヴォーカル）：火曜日・木曜日と同一

レジーナ劇場でのリサイタルも終盤にさしかかった1970年5月19日（火）の公演の模様はライヴ・レコーディングされ、RCAビクトルから「タンゴ史上初の実況録音盤」としてリリースされた。タイトルは『レジーナ劇場のピアソラ五重奏団』（現在の邦題は『レジーナ劇場のアストル・ピアソラ1970』）（#93）。収録曲は、通常の火曜日の第1部のプログラムに、日曜日の演目である〈キチョ〉を足した形になっているが、これはLPの収録時間に合わせて追加したものと思われる。第2部で歌ったバルタールは当時CBS専属のため、当然アルバムに顔を出すわけにはいかなかった。

冒頭にピアソラのスピーチが収録されている。そこでピアソラは、この日の公演が録音され次のアルバムになることを告げ、最後には「私たちが上手く弾けますように」などと殊勝なことまで言っている。

内容的には《ブエノスアイレスの四季》が全曲収録されているのがやはり目玉である。

まずは〈ブエノスアイレスの冬〉でノックアウトされる。数あるピアソラの作品の中でも最も美しいのがこの曲ではないだろうか。もちろんただ美しいだけでなく、力強さや奥深さも兼ね備えていればこそ、真の傑作としての名をほしいままにすることができるのである。特にエンディング前、〈小悪魔のロマンサ〉よろしくピアノがちょっとバロック風に下降していく部分の美しさは筆舌に尽くしがたい。冬の重たいイメージに合わせて、アグリがここでは珍しくヴィオラを弾いている。

〈ブエノスアイレスの夏〉は公式には2度目の録音。作曲した翌日の初録音からTV出演時の再録音を経て、グンとスケールアップしたことが、ステージで十分に練り上げられたあとのこの演奏からひしひしと伝わってくる。それにしても、見事に緩急の付いたこの生き生きとした演奏は、あまりに素晴らしい。

〈ブエノスアイレスの秋〉は、1年前のスタジオ録音との比較ということになるが、とにかくこちらは、曲がみんなの身体に本当によく馴染んでいるから、それだけで勝負は決まったようなものだ。

〈ブエノスアイレスの春〉は新曲（プログラムには初演を示す★印がなかったが）。《四季》を構成する4曲の中では一番地味ではあるが、これもよくできた曲に違いはない。さまざまな要素が溶け合いつつも、ぶつかり合っているような雰囲気がある。

〈ブエノスアイレス零時〉は、1963年の放送録音を含めると3度目の録音ということになる。マンシの弾くグロッケンシュピール（この時のステージを写したジャケット写真でピアノの脇に置かれているのが見える）、ピアソラがバンドネオンのボディーを叩く効果音（このことを「ゴルペ」という）が、深夜のブエノスアイレスの情景描写をよりリアルなものにしている。

〈アルフレド・ゴビの肖像〉は初演ではなく、スタジオ録音のシングルも存在していたが、多くの人がここで初めて聴いたはずだ。人知れず発売されていたこの曲がここに収録されたおかげで埋もれずに済んだのは喜ばしい限りである。ゴビへのオマージュということで、ピアソラの思いを受け止めたに違いないアグリの演奏も胸に迫る。

〈革命家〉も同様で、この曲が本来持つ力強さが、ライヴではさらに強調される。バンドネオンとピアノのかけ合いも手に汗を握る。その後のアグリのソロがまたすごい。

〈キチョ〉は、このライヴ・アルバム収録曲のうち、ほかにピアソラによる録音が存在しない唯一の作品。トロイロと共作した〈コントラバヘアンド〉以来の、キチョ・ディアスに捧げた曲である。キチョのソロをたっぷりとフィーチャーしながらも、曲としてもよくできている。キチョにアグリが絡むところも良い。エンディング前のティラオのギターのドライヴ感もすごい。キチョのコントラバスの素晴らしさは、改めて言うに及ばず。キチョがタンゴ界最高のコントラバス奏者であることは疑いのない事実であるが、それどころかあらゆるジャンルを超越して20世紀最大のベーシストの一人だったのではないか、とすら思う。

レコード化を前提とした初のライヴ録音ということで、各メンバーの意気込みも半端なものではなかったのだろう。しかもステージでのロングランを経て、そのアンサンブルは揺るぎないものとなっていた。かくして、ピアソラの数あるレコードの中でも誉れ高き名盤が誕生した。

ピアソラは、録音スタジオ特有の冷たい雰囲気が好きではなかった。観客と熱き高揚感を分かち合うことのできるステージの上こそ、彼の最も望む場所だった。このアルバムは、そんなピアソラにとって特別なものとなった。ピアソラはジャケット裏に自ら寄せたコメントで「もう私は安心して死ねる」とまで言い切っているほどだ。

その名はアストル・ピアソラ

1970年4月頃には、TV7チャンネルで『その名はアストル・ピアソラ *SE LLAMA ASTOR PIAZZOLLA*』という新番組もスタートした（月曜夜8時より）。青木高之「ブエノスアイレスのテレビ界」（『中南米音楽』1970年11月号より。氏のブエノスアイレス滞在期間は5〜6月頃の2か月間）によると、これは30分番組で、ピアソラ五重奏団とアメリータ・バルタールが出演、スタジオに少数の客を招いての公開放送形式で、インストと歌ものを3曲ずつ毎回放映していたとのこと。どの程度の期間続いたのかは定かではなく、映像も現存していないようだが、こうした番組が登場したのも〈ロコへのバラード〉のヒットによる波及効果の一つとは言えそうだ。

TVといえば、少し前には13チャンネルでペドロ・ラウレンス、アニバル・トロイロ、ピアソラという3世代のバンドネオン奏者が共演するというプログラムも組まれている。そして6月24日にはブエノスアイレスのルナ・パークで開催されたタンゴ祭にトロイロ＝ピアソラのバンドネオン二重奏が登場、ガルデル＝レ・ペラ作で映画『想いのとどく日』挿入歌の〈ボルベール（帰郷）〉が披露された。

二人はこの共演に続き、7月15日にはTNTスタジオに入り、同曲とフアン・カルロス・コビアンが1914年に書いた処女作〈エル・モティーボ（動機）〉の2曲を録音した。師弟がまさにバンドネオンで語り合うといった雰囲気のこの録音は、翌1971年にオムニバス盤『タンゴ・デ・コスタ・ア・コスタ』に収録された（**#94**）。ただしこのレコードは残念ながらモノラルで、それぞれの演奏が左右チャンネルに振り分けられ、両者の絡む様子がリアルに伝わってくるステレオ・ヴァージョンの登場は、

1979年のオムニバス盤『われらのタンゴ』のリリースまで待たなければならなかった。

1970年には、12月に封切られたダビド・コーン監督の映画『コン・アルマ・イ・ビダ（魂と生命をもって）』（#F38）のサウンドトラックも手がけ、4曲入りEPで発売された（#95）。ただし、効果音的な短いトラックなど、映画では流れてもここには収められなかった音楽もかなりある。メンバーの表記は一切ないが、五重奏団＋ホセ・コリアーレのパーカッションによる演奏を基調としているように聞こえる。ベースは、キチョ・ディアスのコントラバスと、アダルベルト・セバスコ[*27]とおぼしきエレキ・ベースとが使い分けられている。

〈カサプエブロ〉はとてももの悲しい曲だが、ティラオの弾く12弦ギターの響きが印象的。キチョはピチカートで延々と同じ音を繰り返しているが、部分的にエレキ・ベースの音も重ねられているようだ。タイトルになった「カサプエブロ」とは、すでに紹介した実験映画『鼓動』のカルロス・パエス・ビラロー監督が建てた巨大な建造物の名前で、実際にこの映画の一部はその建物でロケが行われている。

続く〈やせっぽちのアロルディ〉は力強いフレーズの繰り返しが基調。監督のコーンと共同で脚本を手がけ、主演もしたノルベルト・アロルディ[*28]は、タンゴの作詞家でもあった。

映画ではオープニングとエンディングに流れるタイトル曲の〈魂と生命をもって〉は、この4曲の中では最も豊かな曲想を持ち、ヴィブラフォン、口笛、フルートも加わる。

テンポの速い8分の6拍子で軽快にスウィングする〈トレス・エン・マゴージャ〉には、「タンゴージャ」という形式名が書かれていた。ベースはエレキで、ドラムスがリズムを刻み、アルトゥーロ・シュネイデルと思われるフルートが速いパッセージのソロをとる。

一方でピアソラとオラシオ・フェレールとの共同作業はさらに濃密さを増していたが、1970年10

月22日の午後、6時間かけて二人だけで録音を行った。彼らの作品をピアソラのバンドネオンとフェレールの朗読のみで聞かせるというアルバム『エン・ペルソナ』がそれである（**＃96**）。趣味性の強いマイナー・レーベルならともかく、メジャーのＲＣＡからこんな地味なレコードが発売されたというのも、〈ロコへのバラード〉のヒットの余波の大きさを感じさせる。

＊27　アダルベルト・セバスコ *Adalberto Cevasco*（1946・12・14）エレキ・ベース奏者、作曲家、編曲家。ブエノスアイレス生まれ。ロック歌手サンドロのバックを務め、１９７０年代にはグスタボ・ケレステサチ（ｐ）のトリオ、ロドルフォ・アルチョウロン（ｇ）のサナタ・イ・クラリフィカシオンなどに参加。73年にはガート・バルビエリのグループのメンバーとして来日した。74年にはリカルド・レウ（ｇ）、ポチョ・ラポウブレ（ds）とのエル・トリオでアルバムを制作。ピアソラのコンフント・エレクトロニコに参加後、80年代にはオラシオ・マルビチーノらとのヘンテ・デ・ヌエボス・アイレスやサウル・コセンティーノのグループなど、90年代に入ってからはフェデリコ＝マルビチーノ＝セバスコ（アルバムは**＃G72**）などで活動。88年には、豪華メンバーの協力を得て81年以来録り貯めてきた自作曲（編曲も）をリト・ネビアのプロデュースでまとめた初リーダー作『パハロス・エレクトリコス（電気の鳥たち）』をメロペアからリリースしている。85年から２０１２年までのさまざまな未発表セッション（90年の〈アディオス・ノニーノ〉はファクンド・ベルガリ〔ｇ〕、ノルベルト・ミニチージョ〔ds／朗読〕とのトリオによる驚きのフュージョン・アレンジ）を集めたその続編『第2集』も22年に出た。現在は、妻で録音にも参加していた歌手のパトリシア・クラークとマドリード在住。

＊28　ノルベルト・アロルディ *Norberto Aroldi*（1931・8・12～1978・3・19）俳優、劇作家、脚本家、詩人、作詞家。ブエノスアイレス生まれ。タンゴの作詞家としては、エミリオ・ゴンサーレス（vn）の曲に歌詞を付け、１９５１年にフランチーニ＝ポンティエル楽団でフリオ・ソーサが歌った〈私の真実〉が知られている。54年に映画初出演、60年代初頭にはイタリアに渡りフェデリコ・フェリーニ監督らと交流、メキシコで作家・脚本家としてのキャリアをスタートさせた。64年以降20本の映画の脚本を書き、ブエノスアイレスの都市と人々に根差したキャラクター作りには定評があった。

作曲者による演奏と作詞者による歌詞の朗読というユニークなスタイルの本作が生まれた経緯については、原盤の裏ジャケットに簡単に記されているが、マリアーノ・モーレスとエンリケ・サントス・ディセポロや、アニバル・トロイロとオメロ・マンシのような、多くの優れた作品を生み出しタンゴ史に燦然と輝くコンビによる録音がもし聴けたらどんなに素敵だろう、と思ったのが制作の動機とのこと。残された録音こそ少ないがピアソラのバンドネオン独奏は、それは個性的なものだったし、フェレールは自作の詩を朗読したレコードをすでに録音し、『ブエノスアイレスのマリア』でも自ら小悪魔の役で出演していたわけで、ミステリアスな雰囲気の語り口には独特のものがあった。フェレールはこのアルバムの制作後も、ロベルト・グレーラ（g）やオスバルド・タランティーノ（p）といった名手の伴奏による朗読アルバムを何枚も発表しているのである。

そう思って改めてこのアルバムに耳を傾けてみると、地味なようでいて実に味わい深く、何度聴いても飽きることのない、魅力にあふれた作品集であることがよくわかる。全10曲、いずれもアメリータ・バルタールが1969年から70年にかけてピアソラの伴奏でCBSの2枚のアルバム（#92、#99）に録音しているレパートリーばかりである。

日本人との初共演

レジーナ劇場でのリサイタル終了後、ピアソラ五重奏団はミケランジェロへのレギュラー出演を続けていたが、その店に一時期出演した日本人のラテン歌手がいた。その名はよしろう広石[*29]（現在はYOSHIRO広石）。1965年にベネズエラのTV局から招かれたのを機に日本を発ち、メキシコ、コロンビアなど中南米諸国を巡演していた広石は、1970年9月11日にブエノスアイレスに降り立った。ミケランジェロに出演したのは9月25日から10月8日まで、日曜と月曜を除いた2週間である。以下は、広石著『YOSHIRO～世界を驚かせた伝説の日本人ラテン歌手～』（焚書舎、2021年）が伝える当時の様子である（「」内は引用部分）。

この時「ご愛敬にもタンゴを歌うというようなことはしなかった」広石のバックを務めたのは、5人

＊29　YOSHIRO広石 *Yoshiro Hiroishi*（1940・4・17）歌手。大分市生まれ。本名広石吉郎（きつろう）。旧芸名よしろう広石。小学校の課外授業で大衆演劇の一座を観て芸能の世界にあこがれ、中学では両親の許可なくピアノ、ヴァイオリン、バレエの練習を始める。遊びに行った大阪でジャズ喫茶のステージに飛び入りし、初めて人前で歌を歌う。1957年8月に上京し、ジャズ歌手の水島早苗らに学ぶ。10月に横須賀の米軍キャンプで歌い、その後「銀巴里」や「日航ミュージックサロン」などに出演。60年にはNHK―TV『歌の広場』に新人歌手として出演したが、歌謡界には進まなかった。64年、ベネズエラから来日した歌手エディス・サルセードとの共演がきっかけで、彼女が専属歌手を務めるカラカスのTV局RCTVの人気番組『エル・ショー・デ・レニー』への出演が決まり、65年4月にカラカス行きを果たす。ベネズエラでのTV出演後はメキシコ、コロンビア、アメリカ合衆国、アルゼンチンなどを行き来し、一時帰国を挟みながら苦労の多い巡演生活を続けていく。体調を崩し71年帰国、その際TVアニメ『ルパン三世』（音楽：山下毅雄）の第16話以降に使用された〈主題歌3〉を歌ったりもしたが（当時歌手名が画面に表示されず、サントラ盤の発売もなかったため、歌っているのが広石であることが明らかになったのは2001年になってから）、結局日本の音楽界は肌に合わず、74年暮れに再びメキシコへ。日本のラテン仲間との「東京75」などで活動したが、またも体調を崩して翌年帰国、78年までの長期入院生活に入る。以降しばらくは日本を拠点に時折中南米を訪れる活動にシフトし、83年には大野雄二のアレンジで国内初アルバム『センスアール・ポップス』をキングからリリース。91年にはベネズエラで、ウーゴ・ブランコ（サルセードが歌いヒットさせた〈コーヒー・ルンバ〉の作者）のプロデュースによる『カリブ午前0時』を制作、この頃から体調も回復し、再び世界を股にかけた活動を展開。97年にはキューバ訪問を果たし、名歌手オマーラ・ポルトゥオンドとの録音も実現、帰国後は彼女をゲストに迎えて東京でのコンサートも開催する。99年には文化庁芸術祭賞音楽部門優秀賞を受賞、21世紀に入っても精力的な活動を続けている。

編成のモダン・ジャズのグループだった（メンバーは不明）。ピアソラの名前はなんとなく知っている程度だったが、ベネズエラで「頻繁にラジオから流れて」いた〈ロコへのバラード〉のレコードを買ったものの、「かなり難解で哲学的な歌詞と演劇的な表現力を必要とする新しいメロディー進行だったので（中略）覚えるのはやめてしまった」というその曲の作者本人であることにはまったく気づかず、「今になってみれば、なぜもっと話をしなかったのか、一緒に写真を撮っておかなかったのかと悔やまれてならない」と書いてある。ここだけ読むと、当時バルタールは店に出演していなかったのかと思ってしまうが、『ＹＯＳＨＩＲＯ』のもとになった雑誌『中南米音楽』の連載「ラテンアメリカ歌街道」の該当箇所（１９７８年12月号）には、書籍化の際に省かれた部分として、原稿執筆に際しタンゴ評論家の大岩祥浩（偶然だが、この年の8月にミケランジェロでピアソラとバルタールのステージを観ている）に助言を求めた際の「ピアソラの伴奏で、ちょっとハスキーな声の女性歌手がいました。〈ロコへのバラード〉を歌ってました」「ああ、それは（中略）アメリータ・バルタールですよ」というやり取りが掲載されていた。そしてそこでは一切触れられていなかったが書籍化の際に書き加えられたのが、ピアソラに誘われて、一度セッションすることになったという、にわかには信じがたいくだりである。以下にそのまま引用しておく。

楽屋での打ち合わせの後、トリをつとめるピアソラのステージに招かれ〈八木節〉から始めたが、いつものようにフリージャズで歌っていたので、ピアソラはこの歌が日本民謡という認識はなかったようである。私のバックバンドも参加してモダンジャズ・タンゴという言葉でしか表現できない先鋭的なステージをくり広げた。

日本の音楽関係の人に、ピアソラの伴奏で〈八木節〉と〈スキヤキ〉を歌ったというと一瞬怪訝な顔をされるが、音源の証拠が無い為に私の説明だけでは足りなさ過ぎるのだろう。ピアソラも自分の音楽の世界にうまく私を引き込み、二曲とも近未来的な仕上がりであった。〈スキヤキ〉を即興であんなにもハイレベルに作り上げたのは、ピアソラの音楽性のなせる技で、それを他のバンドで再現するということは不可能だっただろう。

〈八木節〉は群馬県や栃木県あたりで盛んな民謡（盆踊り歌）で、広石はこの時期「フリー・ジャズの感覚で」この曲を取り上げ、オープニング・ナンバーとしていた。〈スキヤキ〉（このタイトルで1963年6月に米国の『ビルボード』誌で第1位に輝いた）はもちろん永六輔作詞、中村八大作曲で坂本九が歌った〈上を向いて歩こう〉のこと。早川真平とオルケスタ・ティピカ東京は1964年の訪亜時、〈スキヤキ〉をタンゴにアレンジし、阿保郁夫の歌で（スペイン語詞の内容はオリジナルとは似ても似つかぬものだった）アルゼンチンRCAに録音していたこともあり、現地でもよく知られていた。

楽屋での打ち合わせがどの程度のものだったかは不明だが、ピアソラは楽譜をチェックしてサッとアレンジしたのではないか。彼の普段のやり方を考えれば、完全な即興というのはまず考えられない。「バックバンドも参加して」というのがさらにイメージしにくいが、この話が本当だったとして、ピアソラ主導だったことは間違いないだろう。

バンドネオン・ソロ

12月3日、オスバルド・マンシ、カチョ・ティラオを含むピアソラ五重奏団はスタジオで3曲を録音

TV13チャンネルでアニバル・トロイロ、ペドロ・ラウレンスと共演（1970年）

コンフント9を率いてミーナと共演。イタリアのTV局RAIの番組『テアートロ10（ディエチ）』にて（1972年4月、ローマ）。左からピアソラ、バラリス、アグリ、パニク、ミーナ、ブラガート

これもローマでのコンフント9。左からタランティーノ、ロペス・ルイス（ピアソラの奥）、ピアソラ、アグリ、キチョ、バラリス、パニク、ブラガート、コリアーレ

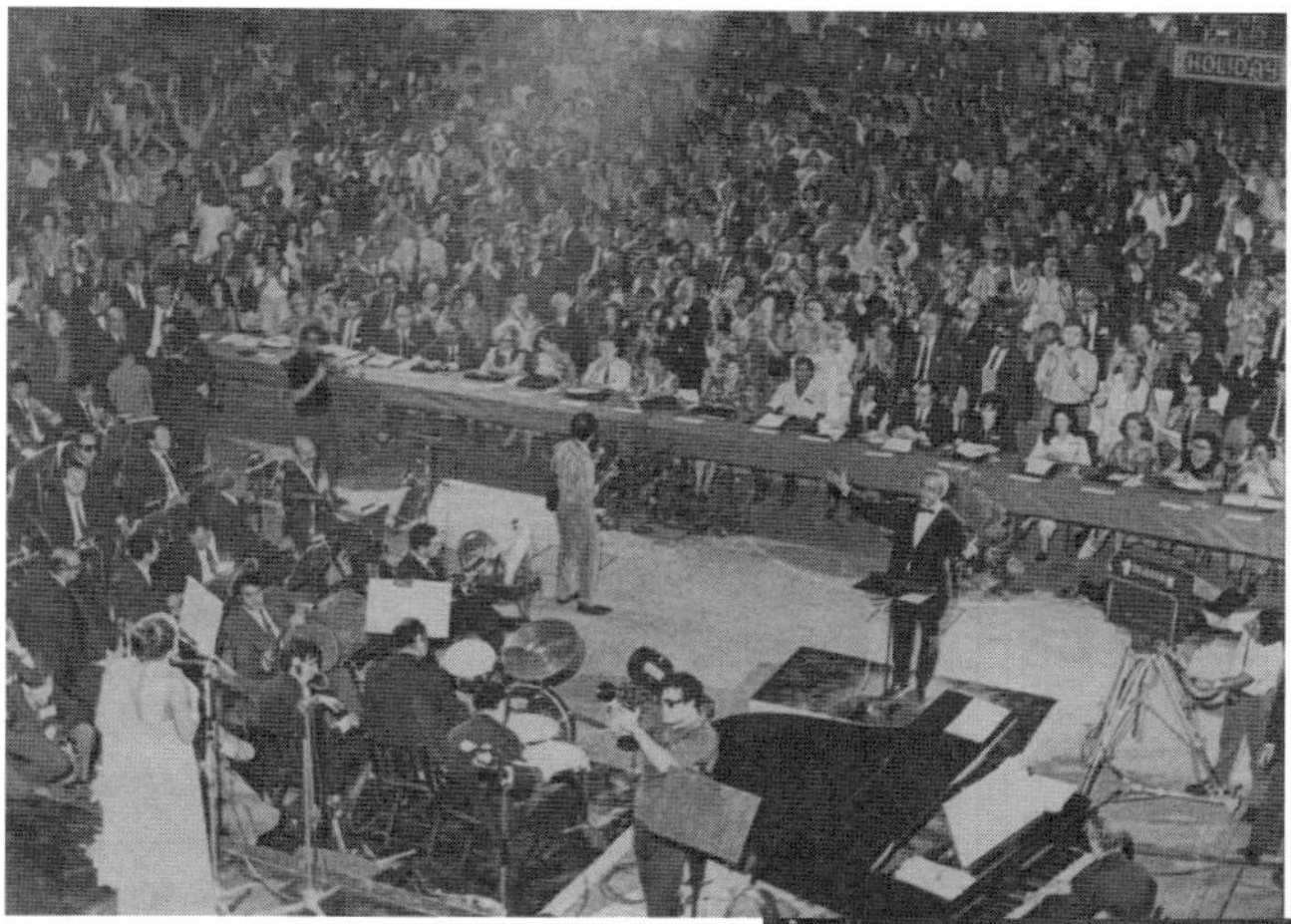

ルナ・パークでのフェスティバルで〈ロコへのバラード〉を披露するバルタール（手前後ろ向き）とピアソラ指揮の楽団、審査員と観客たち（雑誌『ヘンテ』1969年11月20号より）

アメリータ・バルタール、オラシオ・フェレールと

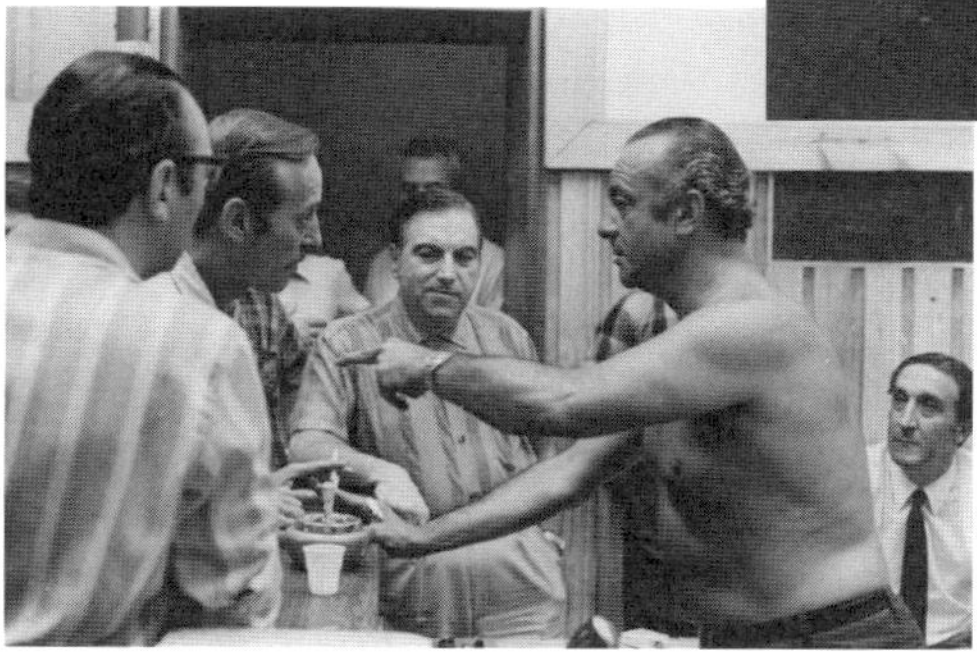

〈ロコへのバラード〉録音風景。左からコリアーレ、ゴジェネチェ、フランチーニ、ピアソラ（1969年12月、RCAのスタジオにて）

した。〈五重奏のためのコンチェルト〉は9分近い演奏時間の大作だが、それまでの五重奏団の集大成とも言える、見事な作品であり演奏である。終盤近くのティラオのギターのすさまじさは筆舌に尽くしがたい。

〈ブエノスアイレスの冬〉〈ブエノスアイレスの春〉は初のスタジオ録音。レコードには「新ヴァージョン」と銘打たれているが、基本的にはレジーナ劇場ライヴに収録されているものと大きな違いはない。演奏の素晴らしさは言うまでもないが。いずれにせよ、この3曲をもって、ブランクを経ながら10年間続いてきた五重奏団での録音には一旦ピリオドが打たれることになる。

以上3曲をアナログ盤ではA面に収録したアルバムが『五重奏のためのコンチェルト』(#97)。B面には1曲を除き、ピアソラのバンドネオン・ソロが収録されている(12月22日録音)。フアン・カルロス・コビアンの〈わが両親の家〉〈私の隠れ家〉、フランシスコ・デ・カロの〈ロカ・ボエミア〉〈黒い花〉、ホアキン・モラの〈影の中で〉〈椿姫〉と、いずれも1920年代から30年代にかけてのタンゴのロマンティック時代を代表する、ピアソラ自身が好きな作曲家3人の作品を2曲ずつ取り上げたものだ。そのうちコビアン作品2曲とデ・カロ兄弟の兄フランシスコが書いた〈黒い花〉は、マウリシオ・ベルー監督の『愛しのバンドネオン』(#F29)収録時にも演奏していたお気に入り。作者フランシスコ自身も参加していたフリオ・デ・カロの六重奏団が1927年に初演した美しき傑作〈黒い花〉は、かつてスプレンディド放送局交響楽団でも取り上げていたが、公式にはこれが初録音となった。

バンドネオンはタンゴに不可欠の楽器であり、しかも5オクターヴの音域を持ち和音も自由に出せるので、ソロで演奏されることも決して少なくはなかった。映画『愛しのバンドネオン』でペドロ・マフィアやピアソラらがソロを披露した話も述べたとおりである。

ところが、仲間内やステージで余興的に弾かれたり、あるいは個人で練習したりすることはあっても、実際にはバンドネオン・ソロのレコードが作られることはほとんどなかった。少なくともLP時代以降（つまり1950年代中盤以降）、まとまった形で録音されたのは、このピアソラの6曲がほとんど最初のケースだったように思われる。ちなみに、ピアソラがこの時点までにプライベートな形で残したバンドネオン・ソロの録音で、存在が確認されているものには、第3章の終わりで紹介した1955年の自作曲4曲のほか、1964年4月19日に録音されたペドロ・ラウレンス作〈ベレティン〉とルシオ・デマレ作〈モンマルトルの明け方 *Mañanitas de Montmartre*〉（この曲はピアソラによる正規録音はない）がある。

これ以後1980年代中盤までに登場したバンドネオン・ソロのアルバムは、筆者の知る限りではせいぜいニコラス・ダレッサンドロの『ソロス・デ・バンドネオン』（1975年。ただし内容はお勧めできない）、ファン・ホセ・モサリーニ[*]の『ドン・バンドネオン』（1979年パリ録音）、レオポルド・フェデリコの『チェ・バンドネオン』（1983年）があるくらいだ。しかも、モサリーニの場合は1977年にパリに亡命したことにより、ブエノスアイレスではなし得なかったことがパリで初めて実現できたのだったし、フェデリコの傑作ソロ・アルバムは日本のグローバル・レコード（販売はポリドール）の企画によるものだった。

タンゴということにこだわらなければ、フォルクローレから出発し、その後タンゴを通過してフリー・ミュージックに到達したサルタ州出身の鬼才、ディノ・サルーシ[*30]が1980年代にECMに残した何枚かの印象的なバンドネオン・ソロ・アルバムも思い浮かぶし、1980年代後半以降は何人かのバンドネオン奏者がソロ・アルバムを録音する機会も増えた。すると今度は、あまり上手くない演奏家までがそうした企画に安易に手を出してしまうという新たな問題も出てくる。

いずれにせよ、当時のそんな状況の中でピアソラが残したこの録音は、それだけ貴重な試みだったということになる。バンドネオン・ソロのアレンジの一つひとつにも、そのハーモニーや装飾に、ピアソラならではの手腕が存分に生かされていて聴き応えは十分。愛情を込めて好きな作品を弾くという雰囲気はまた格別で、いつもと違ったピアソラに会うことができる。

B面ラストのエンリケ・デルフィーノ作品〈ボヘミアンの想い出〉は、ピアソラとレオポルド・フェデリコ、アントニオ・リオス[31]、ロドルフォ・メデーロス[32]とのバンドネオン四重奏。このアレンジは1952年に書かれたもので、重厚な雰囲気が漂っている。

なお、この時に録音されながらアルバムには収録されなかった、ピアソラのバンドネオン二重録音によるセバスティアン・ピアナ＝オメロ・マンシ作〈悲しきミロンガ〉(五重奏団＋デ・ローサスで1962年に録音済み)は、1982年になって編集盤『アストル・ピアソラ 1943—1982』(**#98**)に収録

＊30 ディノ・サルーシ *Dino Saluzzi*（1935・5・21）
バンドネオン／パーカッション／フルート奏者、歌手、楽団リーダー、作曲家、編曲家。サルタ州カンポサント生まれ。本名ティモテオ・サルーシ。ピアソラも高く評価した現代最も重要なバンドネオン奏者の一人。父はフォルクローレのバンドネオン奏者で、弟セルソはバンドネオン奏者、フェリクスはサックス奏者。7歳から父に音楽理論とバンドネオンを教わり、14歳からギター2人とのトリオでフォルクローレを演奏。1955年にブエノスアイレスに出てエンリケ・フランチーニ楽団に参加、第1バンドネオン奏者だったフリオ・アウマーダに多くを学ぶ。その後エル・ムンド放送局専属楽団に参加、62年頃にはアウマーダ（bn）、マウリシオ・マルチェリ（vn）、オルランド・トリポディ（p）、ハムレット・グレコ（b）と最初のグループ、エル・ペン・タンゴを結成した。70年頃にはフランチーニ八重奏団でバンドネオンと編曲を担当、この頃からタンゴ以外の活動が多くなる。70年にはバンドネオン、エレキ・ギター、フルート、ヴィブラフォン、クラリネット、ドラムス、エレキ・ベースから成るジャズ＝ロック寄りの七重奏団を結成、このグループでRCAに初アルバム『俺はブエノスアイレス／町外れのペドロ』

を録音（曲によりメンバーは異なるが、オスカル・ロペス・ルイス、ルイス・〝チャチ〟・フェレイラ、アルトゥーロ・シュネイデル、マリアーノ・ティト、ホルヘ・パディン、エンリケ・〝スルド〟・ロイスネル、アダルベルト・セバスコらが参加）。その後ＲＣＡからはフォルクローレ・アルバムを3作リリース、一方でフォルクローレのロス・チャルチャレーロスやケロ・パラシオス、ジャズのガート・バルビエリ、ロックのレオン・ヒエコなどとの共演を重ねていく。77年、フランチーニのシンフォニック・タンゴ・オーケストラで初来日（編曲も担当）。78年と80年にはアフロ系ポップスに接近したユニークなソロ・アルバムを続けて発表する。80年にはカルロス・ガルシーアのタンゴ・オールスターズのメンバーとして来日、同年にはブエノスアイレス市立タンゴ・オーケストラにも参加したが、その後はヨーロッパを拠点にジャズに接近、82年にＥＣＭから最初のソロ・アルバム『クルトルム』をリリース。以後ソロや弟らとのグループ、エンリコ・ラヴァ（tp）やチャーリー・ヘイデン（b）らとのセッションなどを展開、以降ＥＣＭに多くのアルバムを録音している。共演アーティストもジョルジュ・グルンツ、リッキー・リー・ジョーンズ、ウォルフガング・ダウナー、マリア・ジョアン、ルイ・スクラヴィス、エンゾ・ファヴァータなど多彩。ピアソラへオマージュを捧げたアル・ディ・メオラ（g）のワールド・シンフォニアへの参加も重要で、２枚のアルバムに参加したほか、90年9月には来日してブルーノート東京で演奏している。93年８月には『フェスティバル・コンダロータ'93』出演のため来日、ソロ・パフォーマンスを披露した。２０１５年にはピアノのための作品をオラシオ・ラバンデラが弾いた『ディノ・サルーシ：イマヘネス～ピアノのための音楽』を発表、20年には32年ぶりのバンドネオン・ソロ・アルバム『アルボーラス』をリリースした。

＊31　アントニオ・リオス *Antonio Ríos*（1917・6・13～1991・9・16）

バンドネオン奏者、楽団指揮者、作曲家、編曲家。サンタフェ州ロサリオ生まれ。フリオ・アウマーダに代表される優れたバンドネオン奏者を排出したロサリオが生んだ、知られざる名手。マヌエル・ブソン、アルヘンティーノ・ガルバン、アントニオ・ロディオ、オルランド・ゴニなどの楽団を経て、１９４４年にはロベルト・ルフィーノの伴奏楽団を指揮。その後はロサリオやブエノスアイレスで自身の楽団を率いた。50年代前半に率いた楽団での2曲、55年に結成したアントニオ・アグリ（vn）、ホセ・プエルタス（p）、オマール・ムルタ（b）とのロス・ポエタス・デル・タンゴでの6曲（以上アセテート盤やＳＰ音源）、カルロス・ベラスケス（g）、ホセ・リオス（b）とのトリオ（バンドネオン・ソロもあり）での81年のライヴ音源14曲（カセット録音）は２０００年にＣＤ『ロサリオの音楽の記憶』にまとめられた。

されて日の目を見た。

白い自転車

『白い自転車』は、ピアソラが作曲・編曲・指揮を手がけたアメリータ・バルタールのアルバム第2弾。前作『アメリータ・バルタール、ピアソラ＝フェレールを歌う』制作時（1970年3月から4月）に録音済みだった〈最後のグレーラ〉〈ファニート・ラグーナ母の手伝い〉〈アイ短調のミロンガ〉、そして10月と12月に録音された4曲の計7曲が収録され、1971年に入ってリリースされた。もちろん作詞は全曲オラシオ・フェレール。バルタールの歌はより自然体ながら迫力も感じさせ、良い雰囲気のアルバムに仕上がっている（#99）。

〈白い自転車〉の詞は、フェレールが『ブエノスアイレスのマリア』の男性歌手候補の一人でもあったラウル・ラビエに向けて書いたもの。ラビエ自身は1978年に録音を果たし、1984年にはピアソラ五重奏団でも歌うことになる。サーカスを思わせる楽しげなメロディーに導かれバルタールが歌うのは、白い自転車に乗った神様の姿を描いた寓話。

〈ガルデルへの寓話〉もまたタイトルどおりの寓話。カルロス・ガルデルへの思いをフェレールが綴り、バルタールが歌わずに語る。実際にこの曲の形式名は「ポエマ（詩）」となっていた。伴奏の音量は抑えられているのだが、多重録音されたピアソラのバンドネオンは饒舌だ。

〈最後のグレーラ〉のもとになった詩は1962年に書かれた。1967年のフェレールの処女詩集『ロマンセロ・カンジェンゲ』に〈最後のグレーラのタンゴ〉のタイトルで収録され、この詩集をもとにした同年のトローバからのアルバム『オラシオ・フェレール、アグスティン・カルレバーロのギターとともにロマンセロ・カンジェンゲを語る』でも、カルレバーロのギター伴奏をバックに朗読を披露している。1969年になってピアソラが曲を付け、ピアソラ五重奏団＋バルタールによりレジーナ劇場で初演されたのだが、レコーディングはラウル・ラビエに先を越された。「グレーラ」とは、ブエノスアイレスのルンファルド（隠語）で女性、それも主に夜の街に生きる女性のことを指す。長い無伴奏の語りのあと、オスバルド・マンシが弾いているのだろう見事なピアノに導かれ、スケールの大きな本編

＊32　ロドルフォ・メデーロス *Rodolfo Mederos*（1940・3・25）
バンドネオン奏者、楽団リーダー、作曲家、編曲家。ブエノスアイレス生まれ。12歳からバンドネオンを習う。1955年にコルドバ市に移り住んだのを機に、当地のエドゥアルド・バルバージョ楽団に参加。ラジオでピアソラを聴き傾倒、56年に最初の四重奏団、60年にはオクテート・グアルディア・ヌエバを結成した。65年、ピアソラの誘いを受けブエノスアイレスに移り、フアン・メアウディ（g）、アルトゥーロ・シュネイデル（fl）、フェルナンド・ロマーノ（b）と四重奏団を結成、初録音を果たす。67年にはフォルクローレのオスカル・マトゥス（作曲）とアルバム『マトゥセアンド』を制作。69年、オスバルド・プグリエーセ楽団に参加し、フアン・ホセ・モサリーニ、ダニエル・ビネリと出会う。73年にジャズ＝ロック指向のポスト・モダン・タンゴ・グループ、ヘネラシオン・セロを結成（第7章も参照のこと）、74年にはプグリエーセ楽団を脱退し、自身のグループでの活動を本格化させる。グループ解散後もソロ名義でヘネラシオン・セロの延長線上のアルバム作りを80年代半ばまで継続したが、その後アコースティックに回帰する姿勢を見せ、90年には弦楽オーケストラを従えてのカルロス・ガルデル作品集、92年にはピアソラ・スタイルの五重奏団でのアルバムを制作。95年にはクラシックの指揮者／ピアノ奏者、ダニエル・バレンボイムのタンゴ・アルバム『わが懐かしのブエノスアイレス〜ピアソラ&ガルデルに捧ぐ』にエクトル・コンソーレ（b）とともに参加した。メルセデス・ソーサやスペインのジョアン・マヌエル・セラートらとも共演している。2006年から08年にかけてオルケスタ・ティピカ、トリオ、ソロによる3部作『コムニダー』『インティミダー』『ソレダー』をリリース。16年7月に初来日し、小松亮太（bn）、会田桃子（vn）率いる弦楽四重奏団と共演した。

へと突入する。伴奏の音量バランスはもう少し大きくてもよかったのではないか。

〈テ・キエロ、チェ〉は、「ねえ、あんたが好き」というタイトルどおりの内容。イントロのギターはおそらくカチョ・ティラオ。洒落たピアノを核にした、弾むような伴奏は、1970年前後の各国のポップスが共通して持っていた一種独特の開放感と、見事にシンクロしている。

〈ファニート・ラグーナ母の手伝い〉については、1997年のCD化の際に高場将美が寄せた解説が完璧なので、引用させてもらうことにする。

> 水辺に母親と暮らす貧しい少年ファニート・ラグーナの人生を描いた、アルゼンチンの画家アントニオ・ベルニ[*33]の木版画シリーズは、1962年ヴェニスのビエンナーレで、版画・デッサン部門の国際1等賞を与えられた。彼の絵をテーマにアルゼンチンの代表的作詞作曲家（おもにフォルクローレ界の人たち）が歌をつくり、それで人々の心をつなげようという企画が60年代末から実現した。良心的・芸術的な楽譜出版で知られたラゴス社が、絵を表紙にした美しい楽譜をシリーズ的に出版したのである。ピアソラ＝フェレールが担当した絵は、洗濯している母のそばにバケツを持ったファニート少年が描かれた、布や木、金属も使ったコラージュである。なお、ファニートはファンという名前の愛称、ラグーナという姓は「湖」という意味もある。伴奏のギターの編曲も演奏もみごとだ（カチョ・ティラオか？）

確かにこの見事なギターはティラオに間違いないだろう。ちなみに、1977年にはフィリップスから『ファニート・ラグーナ』というタイトルのアルバムがリリースされている。フォルクローレのシンガー・ソングライター、セサル・イセーラが中心となり、イセーラの書き下ろしやベルニのトークなどのほか、〈ファニート・ラグーナ母の手伝い〉はフォルクローレ五重奏「カントラル」の歌、ロドルフォ・メデーロスの伴奏で収められた。高場の解説にある同曲の楽譜の表紙の絵は含まれなかったが、縦41センチ、横32センチという巨大な変形ジャケットの内側には、レコードのほかに詳しい解説付きのブックレットと、ベルニの別の作品4点を印刷した紙が収められ、そのうちの1点である「凧を操るファニート・ラグーナ」はジャケットの表紙にも使われている。個人的には、金属や布のコラージュが大量にあしらわれた「ファニート・ラグーナ街へ行く」という絵が気に入った。

トローバで一度録音済みの〈アイ短調のミロンガ〉は、小説家ロベルト・アルルト[*34]に捧げられた作品。実際に「アイ短調」（アイは「ああ」という嘆きの声）などというものがあるはずもなく、これはフェレー

＊33　アントニオ・ベルニ *Antonio Berni*（1905・5・14〜1981・10・13）画家。サンタフェ州ロサリオ生まれ。1916年、ステンドグラス職人の下で勉強を始め、15歳で最初の展覧会を開く。25年、ロサリオ・ジョーケイ・クルブの奨学金を得てヨーロッパに留学、最初にスペインを訪れ、翌年にはパリでアンドレ・ロトらに師事、前衛技法を学ぶ。その後はイタリアやオランダ、ベルギーを放浪し一旦帰国、再び奨学金を得てヨーロッパに赴き、シュルレアリスムと出会う。30年に帰国、ロサリオに居を構え、コラージュ技法を用いた作品を発表。35年から46年までブエノスアイレスで国立美術学校の教師を務める。その間、39年のニューヨーク万国博覧会では、アルゼンチン館の壁画を友人のリノ・エネアス・スピリンベルゴとともに手がける。43年にはブエノスアイレス国立サロンの大賞を受賞。55年から60年にかけてパリ、ブカレスト、モスクワなどで展覧会を開きいくつかの賞を受賞。60年代には、ファニート・ラグーナとラモーナ・モンティエルという2人のキャラクターを生み出し、彼らを主人公に、日常生活のエピソードを鋭い観察眼と批評的な視点で描いた。エドムンド・リベーロ、アタウアルパ・ユパンキ、オスバルド・プグリエーセ、それにピアソラやアメリータ・バルタールといったアーティストたちの肖像画も多数描いている。晩年は彫刻のシリーズにも取り組んだ。

ルの発明した言葉。オーボエやハープがフィーチャーされているが、このオーボエ奏者はロベルト・ディ・フィリッポではないのだろうか？

〈金星の女たちの歌〉は割とポップな曲。原型となるメロディーの一部は、1962年の映画『偽りの裏に』（#F20）の音楽に使われていた。タイトルの「金星の女（ベヌシーナ）」というのはフェレールの造語である。フェレールの歌詞によれば、金星は女ばかりの惑星で、そこから美しい娘たちがブエノスアイレスに降り立ち、やがて帰っていくのだが、そのまま居残った女性たちがタンゴとノスタルジーを発明したのだという。オーボエ、ストリングス（第1奏者はアグリ）、エレキ・ベース、複数のギターのカッティングが同じようなパターンをひたすら繰り返していくだけなのだが、それがまた効果的だ。

くつろいだピアソラ、デカルト通りにて

1970年の後半、ピアソラ五重奏団はバルタール、朗読のフェレールとの組み合わせでミケランジェロなどへの出演を続けていた。ところが年が明けると、毎晩の演奏の繰り返しに疲れてしまったピアソラは、突如五重奏団を解散させてしまう。メンバーたちは、いつものことかと冷静に受け止めていたようだ。

1971年の2月中旬、ピアソラとバルタールは連れ立ってパリに向かう。休暇を取るためでもあり、海外に目を向けて次の活動に進む情報収集のためでもあった。そこに西ドイツ（当時）のザールブリュッケンのTV局「チャンネル2」から、専属のオーケストラとコーラス隊を配置してピアソラの音楽を紹介するという1時間の特別番組の企画の提案が舞い込む。チャンネル2は前年ミケランジェロでピアソラたちを取材していたのだった。これを受けたピアソラはそれに見合うテキストを書くよう、ブ

エノスアイレスにいたフェレールに声をかけ、3月初めにはフェレールも合流。ザールブリュッケンで契約が結ばれ、ピアソラとフェレールは集中して作品作りに取り組んだ。そして5月24日に書き上げられたのが、オラトリオ『若き民衆（エル・プエブロ・ホーベン）』である。だが、この作品を収録した番組が最終的に仕上げられるまでには4年近い年月を必要とすることになってしまう。その後の経緯については、その都度追っていくことにする。

パリでピアソラの友人となったアルゼンチン出身の建築家ホセ・ポンスは、妻でフランス人のジャクリーヌとパリのデカルト通り16番地に住み、アタウアルパ・ユパンキ[*]やメルセデス・ソーサら[*35]、パリを訪れるアルゼンチンの音楽家たちをサポートしていた。ピアソラ、バルタール、フェレールの3人は、3月11日のピアソラ50歳の誕生日をそのポンス家のアパートで迎えた。そのパーティーでの3人のパフォーマンスを録音したテープが残されていて、2021年に配信が開始されたアルバム『くつろいだピアソラ、デカルト通り16番地にて』で聴けるようになった。アルバムは前半がロドリゴ・ビラ監督に

＊34　ロベルト・アルルト *Roberto Arlt*（1900・4・2〜1942・7・26）
小説家、随筆家、ジャーナリスト、発明家。ブエノスアイレス生まれ。本名ロベルト・ゴドフレド・クリストファセン・アルルト。ドイツからの移民の子。幼い頃から母親にダンテ・アリギエリやトルクァート・タッソの詩を読んでもらい、ボードレールに影響を受ける。8歳（もしくは10歳）で小学校を放校処分となり、厳格で虐待的な父親から逃れようと16歳で家を飛び出す。職を転々としながら創作活動を始め、1926年に処女小説『怒りの玩具』を発表、新聞にコラムも連載し始める。28年から7年間『エル・ムンド』紙に連載した『ブエノスアイレスのエッチング』は、ならず者やペテン師、殺し屋などの姿を描いたものだった。執筆活動を続ける一方で発明家としての成功を夢見、事業に失敗するという一面もあった。最初の妻を40年に結核で亡くし、同じ年に再婚したが、42歳で心臓発作で亡くなった。主な作品に小説『七人の狂人』（29年）『火炎放射器』（31年）などがある。

よる2017年公開のドキュメンタリー映画『パリのタンゴ――アストル・ピアソラの想い出』(日本未公開で筆者も未見)のサウンドトラック、後半がポンス家に残されたその他のアーカイヴという構成になっていて、ほかの時期のレア音源も含まれているが、誕生日パーティーでの以下の曲目が中心になっていた(#100)。

ピアソラのバンドネオン・ソロ‥
ボルベール(帰郷)/わが両親の家/アディオス・ノニーノ/黒い花/インプロヴィゼーション/サンタルシアの雑貨屋の娘/最後の酔い/悲しきミロンガ
ピアソラのバンドネオンとアメリータ・バルタールの歌‥
ロコへのバラード/3001年へのプレリュード
ピアソラのバンドネオンとオラシオ・フェレールの朗読‥
わが死へのバラード/ファニート・ラグーナ母の手伝い

この中で珍しいというか、ピアソラによる公式録音がないのは〈サンタルシアの雑貨屋の娘〉。名歌手イグナシオ・コルシーニの伴奏ギタリストだったエンリケ・マシエルが、名コンビとなった詩人のエクトル・ペドロ・ブロムベルグと出会って最初に共作し、1929年5月にコルシーニがアストラル劇場で初演したワルツである。
1982年にロベルト・ゴジェネチェとの共演で取り上げることになるのが、アニバル・トロイロ＝カトゥロ・カスティージョ作の〈最後の酔い〉。また〈わが両親の家〉は、サウンドトラック本編に含まれているほか、録音年月日不明の〈同（ヴァージョンI）〉〈同（ヴァージョンII）〉もアルバム後半のポンス家のアーカイヴからのパートに収められている。

ピアソラとバルタールは7月24日、シャンソン歌手のシャルル・アズナヴールらとともにイタリアのナポリでＲＡＩ　１《ウノ》（イタリア国営放送）のＴＶ番組『センツァ・レーテ *SENZA RETE*』に出演した。バルタールは大編成のＴＶ局オーケストラ（指揮者不明）とピアソラのバンドネオンをバックに〈ロコへのバラード〉を歌ったが、語りの部分を見事にイタリア語でこなし、カメラに向かってアピールしながら堂々たるステージぶりを披露。ピアソラも同じオーケストラとの共演のために〈ブエノスアイレスの夏〉の新しい編曲を書き、番組で披露した。終始バンドネオンが全体をリードしていくが、厚みのあるストリングスやドラムスの入ったオーケストラとの演奏はなかなか新鮮で、のちのコンフント９でのヴァージョンにも通じていくような感覚もある。

＊35　メルセデス・ソーサ *Mercedes Sosa*（1935・7・9〜2009・10・4）
歌手。アルゼンチン北部トゥクマン州生まれ。フォルクローレ界が生んだ最高の歌い手の一人。15歳の時に地元のラジオ局で歌い始めるが、フォルクローレをバカにするディレクターと喧嘩して2か月間の出演契約をふいにする。メンドーサ州を経てブエノスアイレスに出てからも苦労を重ねた。65年にコルドバ州での『コスキン全国フォルクローレ祭』に出演し、ブエノスアイレスで初リサイタルを開いたあたりから注目され始め、翌66年のコスキン再出演でその人気を決定的なものにする。フィリップスと契約し、『勝利の時まで』（72年）などのアルバムのほか、アリエル・ラミレス（作曲）とフェリクス・ルナ（作詞）の連作を取り上げた『アルヘンティーナの女』（69年）『南アメリカのカンタータ』（73年）などの注目作を連発。75年と77年に来日。79年に軍事政権を批判した罪で国外追放され、パリやマドリードに滞在。82年の帰国後、キューバやブラジルなど海外のアーティストとの交流が活発化。97年にもロック界のスター、チャーリー・ガルシーアとの共演アルバムをリリースするなど、フォルクローレの枠を超えた多彩な活動を続けた。ピアソラとも個人的な交流はあったが、音楽的な共演には至らなかった。

コンフント9

番組出演後に髭を蓄えたピアソラは、バルタール、フェレールと連れ立って8月に帰国し、すぐさま新たなグループの結成に乗り出した。

それまでのバンドネオン、ヴァイオリン、ピアノ、コントラバス、そしてエレキ・ギターという編成の五重奏団は、ピアソラの音楽を過不足なく表現できるという意味においても、あるいは経済的に長期的な運営が可能であるという現実的な観点からも、確かにピアソラにとって最も理想的な形態だった。これは、本人もそのように認識していたはずだ。だがその一方で、音楽表現に対するピアソラの飽くなき向上心は、常に大きな編成への欲求に結びついていった。経済的理由から短命に終わった1963年の新八重奏団はその一例と言えるだろう。

かくして結成されたのが、ピアソラが率いた幾多のグループの中でも最も優れた形態の一つと言える九重奏団（ノネート）、名付けて「コンフント9《ヌエベ》」である。ただしブエノスアイレスのコアなピアソラ・ファンはこの名称を使わず、いつも親しげに「ノネート」と呼んでいた。これは五重奏団にもう一人のヴァイオリン、ヴィオラ、チェロ、そしてパーカッション（実際にはドラムス）を加えた編成である。この編成のプロトタイプと言えるのが『ブエノスアイレスのマリア』における楽団編成で、その時の11人からフルートと鍵盤打楽器奏者（ヴィブラフォン、シロフォン、グロッケンシュピール）を抜くと、そのままコンフント9の編成となる。全員がすでにピアソラとの共演歴を持つという強力無比なメンバーは以下のとおり。

バンドネオン、編曲、指揮：

アストル・ピアソラ
ヴァイオリン：
アントニオ・アグリ／ウーゴ・バラリス
ヴィオラ：
ネストル・パニク
チェロ：
ホセ・ブラガート
ピアノ：
オスバルド・マンシ
エレキ・ギター：
オスカル・ロペス・ルイス
コントラバス：
キチョ・ディアス
ドラムス：
ホセ・コリアーレ

この編成でも経済的に成り立ったのは、１９７１年10月にグループがブエノスアイレス市の直属となる契約が結ばれ、公務員扱いで給料を支払われる立場になったからである。ブエノスアイレス市立サンマルティン劇場で毎週月曜日、市当局の後援による無料リサイタルを開き、アルゼンチンの各地にも出向いてクラブやホテル、病院や学校、刑務所などでも演奏したほか、海外での公演も請け負うことになった。当初の契約では2年間の予定だったが、これはのちに覆されてしまうことになる。

11月18日にメトロ劇場で非公式に演奏したコンフント9は20日、レジーナ劇場で正式デビューを飾った。12月初旬には初の海外公演としてチリのサンティアゴ市立劇場で一度きりのコンサートを開催。そして12月15日には最初のアルバム『ブエノスアイレス市の現代ポピュラー音楽 第1集』を録音、翌1972年1月には早くも店頭に並んだ。市の直属という立場もあってか、かしこまったアルバム・タイトルが付いているが、その看板に偽りはなく、まさにコンテンポラリー指向の優れた内容を誇っていた（#101）。

〈AA印の悲しみ〉は、AA印（第1章で紹介したアルフレート・アーノルト社の「ドブレ・アー」）のバンドネオンと、敬愛するバンドネオン奏者たちへのオマージュ。豊かな響きの弦をバックに、ペドロ・マフィア、ペドロ・ラウレンス、アニバル・トロイロといった先達たちの残したイメージをピアソラのバンドネオンが紡いでいく。AAとは実はバンドネオンとは関係がなく、当時恋愛関係にあったアストルとアメリータの頭文字のことだとピアソラが告白した、というフェレールの発言もあったのだが、のちにバルタールと完全に別れてからも、1980年代の五重奏団で大幅な即興パートを加えた新編曲で頻繁に演奏していたことをみれば、それはフェレールの思い違い、あるいは〝作り話〟のようにも思える。

強固なリズムを表す擬音をタイトルにした〈スム〉は、キチョのコントラバスを核に、そのとおりにひたすら力強くリズムを刻んでいく作品。オスバルド・プグリエーセの編み出した「ジュンバ」のリズムを強烈に意識させるが、当のプグリエーセもその真意を汲み取ってか、1973年には自身の楽団でこの曲を録音している。その際にアレンジを手がけたのは、当時同楽団のバンドネオン奏者だったロドルフォ・メデーロスである。

〈コルドバに捧ぐ〉は厳かな雰囲気に包まれたスローテンポのミロンガ。ここでのコルドバとは、おそらくアルゼンチン中部に位置するコルドバ市のことを指していると思われる。

次の3曲はクラシックの形式名引用シリーズ。「前奏曲」としての〈プレルディオ9〉は、まるで鎮魂歌のような暗い雰囲気で終始進行する。後半にようやく登場するバンドネオンが、ほのかな希望を感じさせる。続く〈ディベルティメント9〉は、「嬉遊曲」の意味のとおり、確かに前奏曲とはうってかわって躍動感あふれる作品となっている。そして最後は〈フーガ9〉。ピアソラ得意のパターンで締めくくられる。

アルバムの最後は〈4分の3拍子で〉。確かに4分の3拍子で書かれているが、テーマ部分は4小節ごとにメロディーがまとまっていて、各小節の頭に特にアクセントが置かれないことで、4分の4拍子が3小節で1つのブロックとも捉えられる、ポリリズミックな作りとなっている。ブレイクのあと、ドラムスのフィル・インでつながるリズミカルな展開部では完全な4拍子となり、そのあとヴァイオリンが主導するメランコリックなパートは完全な3拍子。そしてテーマに戻って終わるという、ひねりの多い面白い曲だ。

このアルバムの録音直後、オラトリオ『若き民衆』の制作を進めるため、ピアソラとバルタールはザールブリュッケンに向かう。それから2週間かけて、ピアソラのバンドネオンとバルタールの歌、そしてザールブリュッケン放送交響楽団およびザールラント放送ダンスオーケストラのメンバー総勢60人（指揮はハインツ・ギーズ）[*36]によって、『若き民衆』サウンドトラックのレコーディングが行われる。ただしフェレールは呼ばれず、朗読とコーラスはこの時には録音されなかった。TV局側は、歌詞はともかく朗読がスペイン語のままでは視聴者に伝わらないと判断したのだろう。そして作業は再び1年中断する。

明けて1972年のおそらく初め頃、バルタールはレジーナ劇場にて単独でリサイタルを開く。ここではピアソラ＝フェレールの新作から〈行こうニーナ〉〈悲しきゴルド〉〈ブエノスアイレスの雨傘〉の3曲が初演されているが、この時にはなぜかピアソラではなく、オマール・バレンテ[*37]（ピアノ）、ドミンゴ・モーレス（バンドネオン）、エクトル・コンソーレ[*]（コントラバス）らが伴奏を務めた。このメンバーのうちバレンテは、1970年におそらくミケランジェロに出演中のピアソラ五重奏団で短期間オスバルド・マンシの代役を務めたことがあり、一方コンソーレは再結成後のピアソラ五重奏団（1978年〜）で重責を担うことになる。

続いて1月の終わりか2月の初め、コンフント9とバルタールはベネズエラのカラカスを訪れ、『〝オンダ・ヌエバ〟世界フェスティバル』に参加。そこで披露したピアソラ＝フェレールの〈最初の言葉〉は作曲賞第2位およびエル・メリディアーノ紙賞を受賞した。ピアソラたちに参加を要請したのは、この音楽祭で芸術監督を務めていた音楽業界の切れ者、アルド・パガーニ[*38]だった。ピアソラがイタリア人のパガーニと初めて出会ったのは、1964年の前半、デデと連れ立って4か月のヨーロッパ旅行に出かけた際のミラノでのこと。それ以来の再会を果たしたピアソラとパガーニはこれ以降、音楽家と代理人として、良くも悪くも切っても切れない関係となっていく。

そして帰国後の2月16日、CBSからRCAビクトルに移籍したアメリータ・バルタールの最初のシングルとして同曲が録音され、すぐにリリースされた。同じRCA所属となったことで、ようやくピアソラの名前もバルタールのレコードに併記されるようになった（#102）。

その受賞作〈最初の言葉〉は、形式名はワルツながら、イントロからトランペット、フルートによるオブリガート、スネアのロール、ギターのカッティング、シロフォンなどが鳴り響く派手な演出で始ま

＊36　ハインツ・ギーズ *Heinz Geese*（1930・4・6～2008・4・23）
作曲家、ピアノ奏者、指揮者、編曲家。ドイツのボン生まれ。指揮者としては西ドイツ公共放送のビッグ・バンド「ゴーセス・ウンターハイトスオーケスター」を率いてラジオ出演やレコーディングで活躍。ミュージカルの作曲家、ピアノ奏者としても活動した。

＊37　オマール・バレンテ *Omar Valente*（1937・3・30～2008・2・1）
ピアノ／バンドネオン／コントラバス奏者、楽団指揮者、作曲家、編曲家。ブエノスアイレス生まれ。本名アントニオ・フェリーペ・バレンテ。芸名はオマール・バレンテだが、敬愛するオラシオ・サルガンにあやかってオラシオ・バレンテを名乗った時期もある（本書では混乱を避けるため、オマールで統一）。最初は父親のバンドネオン、のちにピアノを弾くようになる。9歳の時ラ・プラタ市に移住。12歳でエドゥアルド・ロビーラに師事し、バンドネオン、和声、対位法を学ぶ。13歳でリカルド・ペルシコ楽団に参加、その後五重奏、ティピカ・フロリダを結成し、1953年にTV7チャンネルに出演。54年、オラシオ・サルガン楽団の出身者が結成したロス・エンバハドーレス・デル・タンゴに参加、その後いくつかの楽団でピアノ奏者の代役を務めた。兵役後ラ・プラタでモダン・タンゴ五重奏、キンタンゴを結成、ブエノスアイレスでも活動する。69年にはピアノ奏者としてエンリケ・フランチーニ六重奏団に参加、71年にはネストル・マルコーニ（bn）、エクトル・コンソーレ（b）とバングアトリオを結成し2枚のアルバムを残す。73年にはウーゴ・バラリス五重奏団のアルバムに参加、同年再結成されたフランチーニ＝ポンティエル楽団のバンドネオン奏者として初来日。歌手の伴奏も、アメリータ・バルタールのほかロベルト・ルフィーノ、ビルヒニア・ルーケ、リベルタ・ラマルケなど多くを手がけた。82年にリーダー・アルバム『鍵盤の悲しみ』（表題曲は彼の作曲家としての代表作の一つ）をリリース。86年以降グループを率いての来日公演もしばしば行い、87年と93年にそれぞれ日本企画のアルバムを発表している。ほかの作品に、小松亮太が大貫妙子とのアルバム『Tint』（2015年）で〈1980年代〉として取り上げた〈ヘネラシオン・オチェンタ（80年の世代）〉などがある。

る。歌い出しはマイナーだが、サビはかなりポップ。ピアソラとしてはかなり異色の作品と言えるだろうが、第一級のポップスとしても大変魅力的な曲だ。そしてその歌詞は、ラテンアメリカの多くの歌手たちが、スペイン語を捨てて英語やイタリア語などで歌っていることを痛烈に批判した内容だった。カップリングは一転して落ち着いた雰囲気のミロンガ〈もういらない〉。2曲ともバンドネオン抜きのオーケストラ伴奏によるもので、ベースはエレキが使われている。

バルタールは続いて3月22日には、ピアソラのオーケストラ指揮で〈悲しきゴルド〉を録音する。ピアソラのみならずフェレールも師と仰ぐアニバル・トロイロに捧げた曲で、バルタールはレジーナ劇場での初演の際にトロイロとシータ夫人を招待し、曲を披露した際に舞台の上から二人にキスを投げたそうだ。印象的なピアノはオスバルド・マンシ。オーケストラ伴奏とはいっても、中核を成しているのはコンフント9のメンバーたちだった。ところが優れた内容にもかかわらず、この録音は1975年にスペインで編集盤『アメリータ・バルタール』（＃119(a)）に収録されるまで未発表で、肝心のアルゼンチン本国では、トロイロ没後の1976年になって4曲入りEPで出るまでお蔵入りしたままだった。

マンシからタランティーノへ

ピアニストがマンシからオスバルド・タランティーノ[*39]に交代したコンフント9は、4月にはパガーニの手配でイタリアに渡る。パガーニが録音していたローマのおそらくイタリア・ラテンアメリカ研究所（IILA）での17日のコンサートの模様は、ピアソラの没後、実質的にはブートレグに近い内容のものをパガーニがライセンスを行使する形で、複数の形態でリリースされた（＃103(a)、＃103(b)）。

収められた曲目はほとんどがコンフント9のスタジオ録音にも収められたレパートリーだが、『ブエノスアイレスのマリア』から〈フーガと神秘〉も演奏されている。

また、新アレンジの〈アディオス・ノニーノ〉と、ドラムスがスリリングな〈天使の死〉は、このアレンジでの正規録音がなかっただけに、リリース当時はそれなりに歓迎された。特に〈アディオス・ノニーノ〉はヴァイオリン、チェロ、ギターそれぞれのソロからスタートし、合奏を経て後半にはバンドネオンのカデンツァもたっぷりフィーチャーし、11分にも及ぶというすさまじいアレンジが施されている。アントニオ・アグリは『ラティーナ』１９８４年5月号に掲載されたインタビューで、コンフント9で〈アディオス・ノニーノ〉をスタジオ録音したが発売されなかったと語っていたが、筆者がオスカル・ロペス・ルイスにこのことを尋ねたところ、それはアグリの記憶違いだろうということで否定された。いずれにせよ、ＲＣＡ（現ソニーＢＭＧ）にその録音のマスターが存在していないことは確かである。

＊38　アルド・パガーニ *Aldo Pagani*（1932・7・3～2019・5・24）マルチ演奏家、作曲家、レコード・プロデューサー、音楽出版者、マネージャー。イタリア、ヴァレーゼのサロンノ生まれ。ミラノのジュゼッペ・ヴェルディ音楽院で学び、アコーディオン、ヴィブラフォン、マリンバ、ピアノを修得。１９５６年にトニー・デ・ヴィータ、マルチェロ・ミネルビとのトリオを結成。57～58年にはレナート・カロソーネのグループに参加し海外をツアー。帰国後の59～60年にはドメニコ・モドゥーニョと共演する。60年にリコルディの芸術監督となり、その後最初のレコード会社「アストラフォン」を設立、以後出版者やプロデューサーとしてイタリア国内や海外の多くのレーベルとの協力関係を築いていく。66年からはＦＩＤＯＦ（音楽祭組織国際連盟）のメンバーとなり、作曲家もしくは芸術監督として多くの催しに参加、カラカスでの『〝オンダ・ヌエバ〟世界フェスティバル』（71～73年）もそのうちの一つだった。74年からピアソラのヨーロッパでのマネージャーとなり、『リベルタンゴ』以降多くのレコードをプロデュース、各国の他ジャンルの音楽家とのコラボレーション実現にも尽力した。ピアソラ没後の94年から音楽家育成のための「アストル・ピアソラ国際音楽賞」を主催し、審査委員長を務めた。その一方でライヴ録音を含む所有音源を乱発し、ファンの間に混乱を招いた。

残念ながらこのライヴ録音は、演奏内容自体は決して悪くないのだが各楽器間のバランスが極めて悪い。ヴァイオリンが大きすぎ、逆にピアノとエレキ・ギターはほとんど聞こえない。一応ステレオ録音にはなっているが、鑑賞するには想像力を目いっぱい働かせる必要がある。

実は、同じ会場での別日のものらしきライヴ録音もあって、〈ディベルティメント9〉〈プレルディオ9〉が『カローゼッロ・イタリアーノ　１９７４―１９８４　第3集　ミロンガ』（#104）に、〈天使の死〉〈オンダ・ヌエベ〉が『同　第6集　絶望』（#105）に、中途半端に収録されている。こちらは客席での録音らしく、楽器間のバランスは問題ないが音はかなりこもっていて聴きづらい。これもパガーニによる〝復刻〟だが、確かに演奏には価値はある。

イタリアではＲＡＩの人気ＴＶ番組『テアートロ１０《ディエチ》』に出演し、当地の人気女性歌手のミーナ[*40]とも共演した（オンエアは5月14日）。その時の〈わが死へのバラード〉とコンフント9の〈ディベルティメント9〉は前述の『くつろいだピアソラ、デカルト通り16番地にて』（#100）で聴ける。

おそらく『ジェンテ』と思われるイタリアの雑誌に掲載された、ＲＡＩでのピアソラとミーナとの共演の模様を伝える4月付の記事には、（ピアニストの）エンリコ・シモネッティが司会を務めるＴＶ番組『アデッソ・ムジカ *ADESSO MUSICA*』でもピアソラを観ることができ、俳優のエドゥモンダ・アルディーニ[*41]と録音したレコードで〈ロコへのバラード〉を含むピアソラ作品を聴けるようになるだろうと書かれていた。ミラノのモンディアル・サウンド・スタジオで録音された、そのアルディーニとの共演アルバム『嫉妬とタンゴ』がリコルディから実際にリリースされたのは、かなり遅れて１９７３年の終わりか74年の初めのことだった（#106）。

『嫉妬とタンゴ』の収録曲はすべてピアソラ＝フェレール作品で、もともとアメリータ・バルタール

のために書かれたものばかり。スペイン語のまま歌われる〈彼へのバラード〉以外はイタリア語に訳さ

＊39　オスバルド・タランティーノ *Osvaldo Tarantino*（1928・6・6～1991・9・11）
ピアノ奏者、楽団指揮者、作曲家、編曲家。ブエノスアイレス生まれ。父ホセは音楽学校を持ち、楽団指揮者を務め、さまざまな楽器を演奏した音楽家。幼い頃からピアノに才能を発揮、バンドネオンとギターも独学でマスターした。アイドルのピアノ奏者はジャズではアート・テイタムやテディ・ウィルソン、タンゴではオルランド・ゴニだった。１９４０年代半ば以降、ペドロ・マフィア、エドガルド・ドナート、アルヘンティーノ・ガルバンなどの楽団、53年にはエクトル・バレーラ楽団に参加。54年、ファン・カナロ楽団のメンバーとして来日、一部のレパートリーでは編曲も担当した。帰国後アルベルト・マリーノの伴奏楽団指揮を経てロベルト・カロー、アルフレド・ゴビの楽団に参加。62年にはエルネスト・バエス（g）、ファン・ミゲル・ロドリゲス（bn）とロス・トレス・デ・ブエノスアイレスを結成、レコルドにアルバム一枚を録音した（録音時にはギターはエクトル・レアに交代、また曲によってエレキ・ベースやドラムスも加わっている）。60年代中～後期にはアルベルト・マリーノやホルヘ・ソブラルの伴奏指揮を務め、オスバルド・ベリンジェリとのピアノ二重奏によるタンゴ名曲メドレー集（ディスク・ジョッキー）、作詞家のティト・ボナルと組んだオリジナル歌曲集『若者のためのタンゴ』（ＡＰＰ）といったアルバムも残している。63年、66年頃および72年から74年にかけてピアソラのグループに参加、74年にはラウル・ガレーロ（bn）の六重奏団で「ビエホ・アルマセン」に出演、75年からカバル・レコードのディレクターを務め、エドムンド・リベーロやネストル・ファビアンの伴奏指揮や自己名義での録音を行う。80年代前半にはマイナーのＳＵＴでピアノ二重録音による古典タンゴ集を制作。晩年はソロやネストル・マルコーニ（bn）、アンヘル・リドルフィ（b）とのトリオなどで活動、このトリオで90年にスペインのグラナダで開かれた『第２回グラナダ国際タンゴ・フェスティバル』に出演。91年5月のサンマルティン将軍劇場でのピアノ・ソロ・コンサートはライヴ録音され、のちにメロペアから発表された。同年8月、オラシオ・フェレールの朗読と彼のピアノによる録音を行ったが（それ以前の録音と併せてメロペアから『夜のタンゴ小品集』『タンゴの愛の信条』というカセット２タイトルでリリース）、そのわずかひと月後、急性の心臓疾患により63歳の生涯を閉じた。主な作品に〈悲しい街〉や父ホセとの共作〈デル・バホ・フォンド〉がある。

れている。翻訳を手がけたのは、アルディーニの夫で共演歴も長いドゥイリオ・デル・プレーテ[*42]と、パガーニの妻でもあるアンジェラ・デニア・タレンツィ[*43]の2人である。伴奏はコンフント9と五重奏団で4曲ずつ受け持っているが、おそらくバルタールとのステージ用の楽譜をそのまま使ったのだろう。アルディーニの歌は、ちょっとエキゾティックでミステリアス、舞台俳優的なドラマ性も確かに感じられ、

＊40　ミーナ *Mina*（1940・3・25）
歌手、レコード・プロデューサー、司会者、俳優。イタリアのロンバルディア州ブスト・アルシツィオ生まれ。本名ミーナ・アンナ・マリア・マッツィーニ。3歳の時、両親の出身地クレモナに引っ越す。米国のジャズやロックンロールに惹かれ、ミラノのクラブに通う。1958年8月、マリーナ・ディ・ピエトラサンタのナイトクラブ「ブッソラ」のステージに飛び入りし、初めて人前で歌う。その1週間後、ニーノ・ドンゼッリ率いるクレモナの人気バンド、ハッピー・ボーイズへの参加を志望、初共演となった9月14日のステージでは「ミーナ・ジョルジ」を名乗り、喝采を浴びた。ドンゼッリからカステルディドーネでのステージに招待されたイタルディスク／ブロードウェイ・レコードのオーナー、ダヴィデ・マタロンはミーナの才能を見抜き、その方向性を見極めるべく、英語カヴァーの2曲をベイビー・ゲートの名でブロードウェイから、イタリア語の2曲をミーナの名でイタルディスクからリリース、ともにヒットを記録する。ハッピー・ボーイズでのトルコ・ツアー参加を父親に反対されたことから、新たにバック・バンド、イ・ソリタリを結成し、59年1月にクレモナでデビュー。3月にはミーナとしてTVに初出演し、次のシングル〈ネッスーノ〉を披露。8月に番組で紹介された〈スプリッシュ・スプラッシュ〉がベイビー・ゲートとしての最後のシングルとなった。9月にリリースした〈ティンタレルラ・ディ・ルナ（月影のナポリ）〉は60年1月にヒット・パレードの1位となり、日本を含め世界的にもヒット、3月には同曲をフィーチャーしたファースト・アルバムをリリース。『サンレモ音楽祭』には同年と61年の2回出場したが、さまざまな事情で好成績を残せず、以降は一切出場していない。61年には映画『歌え！太陽』に出演、ヨーロッパや南米などにも活動の場を広げ、5月には来日している。63年4月には既婚の俳優との子どもとなるマッシミリアーノ・パーニ（のちに作曲家、プロデューサー）を出産。RAIから出演停止処分を受け、マスコミからもバッシングを受けるが、復帰を求めるファンの声はやまず、10月にはイタルディスクからリフィに移籍、64年1月にはTV復帰を果

たし、〈私のあの人〉も1位を獲得。以後〈砂に消えた涙〉〈わたしは私〉〈別離〉とヒットを連発する。65年にはTV番組『ストゥディオ・ウノ』で司会を務める。67年12月には父親とともに自身のレーベル、PDUをスイスのルガーノに設立、以降意欲的なアルバム制作を続けていく。幅広いジャンルの作詞・作曲家の作品の紹介にも務め、72年のアルバム『チンケミラクアランタトレ』(＃107)には、ピアソラ作品のほかにキャロル・キングの〈君の友だち〉やジェームズ・テイラー、リオン・ラッセルといった米国のシンガー・ソングライターたちの作品のカヴァー、俳優アルベルト・ルーポとのデュオによるヒット曲〈パローレ、パローレ(甘い囁き)〉も収録された。74年にはライヴ活動の休止を表明、最終的に78年夏のTV番組『千と一つの光』のエンディング・テーマ〈アンコーラ・アンコーラ・アンコーラ〉を番組で歌ったのが最後のTV出演、8月のヴェルシリア(トスカーナ)のリド・ディ・カマイオーレにある「ブッソラドマーニ」での一連のコンサートが最後のステージとなった。以降は公の場には姿を見せず、レコーディングのほかにはラジオへの出演、雑誌や新聞へのコラムの執筆、CMへの声の出演のみを続けているが、2001年には特別にスタジオでのアルバムの録音風景をインターネット上で公開、DVDでもリリースされた。その後もコンスタントにレコーディングを続け(58年のデビュー以来、新曲を発表しなかったのは04年と08年のみ)、トップ・スターとしての地位を不動のものとしている。最新のスタジオ録音アルバムは24年11月リリースの『ガッサ・ダマンテ』。

＊41　エドゥモンダ・アルディーニ *Edmonda Aldini* (1934・3・15)
俳優、歌手。イタリアのレッジョ・エミリア生まれ。14歳の時奨学金付きコンクールで優勝し、シルヴィオ・ダミーコが監督する演劇アカデミーに入学。1951年に卒業し、53年に舞台デビュー。ロベルト・ロッセリーニ、ジャン・リュック・ゴダール、ピエル・パオロ・パゾリーニ、ウーゴ・グレゴレッティの4人が監督した63年のオムニバス映画『ロゴパグ』(伊＝仏合作、日本未公開だがヴィデオ化されたことがある)に収録されたパゾリーニ監督の第3話『意志薄弱な奴』(主演オーソン・ウェルズ)に出演するなど、79年までに20本の映画に出演、そのほかに舞台やラジオ、TVでも活躍した。歌手としては69年に最初のアルバムをリリースし、70年にはギリシャのミキス・テオドラキス作品集『亡命の歌』をリコルディから発表。ピアソラとの『嫉妬とタンゴ』(＃106)はそれに続く3作目である。その後はチリのフォルクローレ・グループ、インティ・イリマニがイサベル・パラとともにローマで録音したルイス・アドビス(曲)＝ビオレータ・パラ(詞)作品集『一粒の種への歌』(78年)でイタリア語の朗読(翻訳は夫のドゥイリオ・デル・プレーテ)を担当した。

ピアソラとの相性も悪くない。

コンフント9との〈母なる大地、わが母〉は、当時の最新曲だった〈最初の言葉〉からの翻訳。バルタールとのオーケストラ版とは多少雰囲気は異なるが、ホセ・コリアーレのドラムスのロールは同じように重要だ。

スペイン語のままの〈彼へのバラード〉と、〈金星の女たちの歌〉からの翻訳である〈金星の女たち〉は五重奏団による伴奏。続く〈ロコへのバラード〉〈3001年へのプレリュード〉、1曲飛んで〈わが死へのバラード〉はコンフント9の伴奏だが、この3曲はのちにバルタールが同じオケを流用して再録音することになる。

〈白い自転車〉と、〈新聞売り少年へのプレリュード〉の翻訳〈最新ニュース〉は再び五重奏団の伴奏である。

イタリアから戻ったコンフント9は、4月の終わりから5月初めにかけて初めてブラジルを訪れ、リオデジャネイロやサンパウロでコンサートを行った。聴きに集まったミルトン・ナシメント[*]やドリヴァル・カイミ、シコ・ブアルキ[*]、エグベルト・ジスモンチといった当地の著名な音楽家たちはみんな、そのパフォーマンスに圧倒されたようだった。

そして5月には再度イタリアを訪問し、ミーナとの録音を果たす。ミーナは4月のTV番組でのコンフント9との共演の時は〈わが死へのバラード〉をスペイン語で堂々と歌っていたのだが、ここでは同曲のイタリア語版〈6時が鳴るとき〉（アルディーニ版とは異なり、こちらはジョルジョ・カラブレーゼ[*44]が歌詞を翻案）をピアソラの伴奏指揮を得てスタジオ録音した。コンフント9に当地の弦楽器奏者たちを加えた編成で、レコーディングはわずか15分で終わったとのことだ。すでに録音の終わっていたアルバム『チンケミラクアランタトレ』（タイトルはレコード番号5043のイタリア語読み）に収録された（＃107）。また、スペイン語のまま歌ったスタジオ録音（オケは同じ）もあり、スペイン編集盤『アモール・ミオ』（＃108）などに収められたほか、アルゼンチンではシングルでリリースされた。

バルダリート、コロン劇場でのコンサート

7月3日と28日にはコンフント9としての2枚目のアルバム『ブエノスアイレス市の現代ポピュラー音楽 第2集』が録音された（リリースは10月）。第1集が、抑制された〝静〟の世界だったとすれば、こ

＊42　ドゥイリオ・デル・プレーテ *Duilio Del Prete*（1936・6・25～1998・2・2）俳優、声優、歌手、作詞家。イタリアのクーネオ生まれ。映画俳優としてはイタリアン・コメディーに多く出演、米国でもピーター・ボグダノヴィッチ監督の『デイジー・ミラー』（1974年）などに出演している。歌手としてはジャック・ブレルが書いたシャンソンの紹介に尽力し、自ら翻訳して歌うだけでなく、対訳集も出版した。

＊43　アンジェラ・デニア・タレンツィ *Angela Denia Tarenzi*（1938・1・16）歌手、作詞家、俳優。イタリアのミラノ生まれ。1958年に、当時はミュージシャン兼タレント・スカウトだったアルド・パガーニに見いだされ、そのままパガーニと結婚。翌59年「アンジェラ」の芸名で歌手デビューし、ロックンロール調の曲でヒットを放った。63年から映画にも出演、65年にはザ・ビートルズのイタリア公演で他の何組かとともに前座を務めた。歌手活動からの引退後は夫パガーニの音楽出版社のために作詞の仕事をするようになった。

＊44　ジョルジョ・カラブレーゼ *Giorgio Calabrese*（1929・11・28～2016・3・31）作詞家、脚本家。イタリアのジェノヴァ生まれ。1950年代末から作詞家としてアドリアーノ・チェレンターノ、ウンベルト・ビンディなどに歌詞を提供する一方、カテリーナ・ヴァレンテ、ミーナ、イヴァ・ザニッキなどイタリアの歌手が海外のヒット曲をカヴァーしたり、イギリスのサンディ・ショウ、フランスのシャルル・アズナヴールなど海外の歌手が自分のレパートリーのイタリア語版を歌ったりする際の訳詞を手がけた。

ちらは爆発する〝動〟の世界（#109）。

〈バルダリート〉は、1971年8月に死去したエルビーノ・バルダロに捧げられたオマージュ。バルダリートとはバルダロの愛称である。バルダロの魂が乗り移ったかのようなアントニオ・アグリのヴァイオリンが壮絶だが、アグリはこの曲の録音で、折しもブエノスアイレスを訪れ、コンフント9の演奏に感銘を受けたクラシックの名匠、サルヴァトーレ・アッカルド[*45]から借りたストラディヴァリウスを弾いている。

このあとコロン劇場でも披露されることになる新曲〈あるヒッピーへの頌歌〉は、ピアソラから若い世代へのメッセージ。ある意味ではこのコンフント9の気分を代表する曲と言えるだろう。弦楽によるテンションの効いた音の広がり、ハイハット・ワークを中心としたドラムスなどはこの編成ならではのもの。ロペス・ルイスのギターも極めて重要な役割を担っている。

〈オンダ・ヌエベ〉はオスバルド・タランティーノのピアノを大々的にフィーチャーすべく書かれた曲。イントロ、そして中間部に置かれたタランティーノのソロは、ダイナミズムとスウィング感にあふれていて絶品。ローマでのライヴ録音もあったが、中間部のソロはその時よりも長くなり、聴き応えも増している。最後の盛り上がりも尋常ではなく、コンフント9の全録音の中でも白眉の演奏である。

ナポリでの前年のTV出演時にも新アレンジを披露していた〈ブエノスアイレスの夏〉は、五重奏団での録音に比べて大幅にスケールアップし、9分以上に及ぶ圧巻の演奏に仕上がった。凝りすぎとの声も聞こえてきそうだが、ここまでやってくれれば文句はない。〈バルダリート〉同様ストラディヴァリウスを使ったアグリのソロ・パートが特に素晴らしい。

〈バイレス72〉の「バイレス *Baires*」とは、ブエノスアイレスの「ブエノス」の頭文字のBと「アイレス」をくっつけたものである。強力なナンバーに挟まれて影が薄くなりがちだが、やはりピアソラらしさにあふれた曲ではある。ローマでのライヴ・ヴァージョンにあった中間の遊びっぽいパートはここでは省かれている。

〈ブエノスアイレス零時〉もすでにお馴染みの代表作の一つ。五重奏団の時に比べ、演奏時間も長くなり濃密な仕上がりとなっているが、その分無駄のないシンプルさが失われたのは仕方ないとも言える。

8月17日と19日の2日間、ブエノスアイレスのコロン劇場でタンゴとフォルクローレのコンサートが開かれた。コロン劇場は世界3大オペラ・ハウスの一つであり、文字どおりブエノスアイレスのクラシックの殿堂であるが、長くポピュラー音楽には門戸を閉ざしてきた。それが、ＳＡＤＡＩＣの尽力によってようやくコンサートの実現に漕ぎ着け、音楽家たちの長年の夢が叶ったのだった。

17日がタンゴ、19日がフォルクローレと、プログラムは完全に分けられ、タンゴの日には次のアーティストが出演した。

フロリンド・サッソーネ楽団
オラシオ・サルガン楽団

＊45　サルヴァトーレ・アッカルド *Salvatore Accardo*（1941・9・26）ヴァイオリン奏者、ヴィオラ奏者、指揮者。イタリアのトリノ生まれ。ナポリ音楽院などで学び、１９５８年にはジェノヴァのパガニーニ国際ヴァイオリン・コンクールで優勝。72年から77年までイ・ムジチ合奏団のコンサートマスターを務めた。73年初来日。パガニーニ作品の演奏にとりわけ定評がある。２００１年にはピアソラ作品集のマルチチャンネルＳＡＣＤを3枚同時に録音した（＃G74ほか）。

ロベルト・ゴジェネチェ（伴奏：サルガン）
セステート・タンゴ[*46]
アストル・ピアソラとコンフント9
エドムンド・リベーロ（伴奏：サルガン）
アニバル・トロイロ楽団

この日コンフント9が演奏したのは、〈フーガと神秘〉〈オンダ・ヌエベ〉〈バルダリート〉〈アディオス・ノニーノ〉〈ブエノスアイレスの夏〉〈あるヒッピーへの頌歌〉の6曲。この日の演奏の模様は、曲目は抜粋だがアントニオ・カリーソが司会を務めた番組がTV7チャンネルで放映され、現在YouTubeで観ることができる（#A5）。ピアソラのパートは51分54秒からで、コンフント9の演奏から〈フーガと神秘〉と〈アディオス・ノニーノ〉の映像が収められている。特に〈アディオス・ノニーノ〉の演奏は貴重で、音質は歪んでいてあまり良くないが、4月のローマでのライヴと比べれば、もちろん全体のバランスは申し分ない。

ほかの楽団や歌手の映像も貴重なものばかり。サルガンの大編成楽団では、コンサートマスターの席に若きフェルナンド・スアレス・パス[*]が座り（1978年からピアソラ五重奏団で重責を担う彼は、ここではトロイロ楽団にも加わる）、第1バンドネオンがレオポルド・フェデリコ、さらにバンドネオン陣にはオスバルド・モンテスやファン・ホセ・モサリーニの顔も見える。

トロイロは全盛期を過ぎ、バンドネオンを弾く場面も少ないが、それでもカリスマ性は伝わってくる。これだけの豪華なラインナップのコンサートであれば、客席の大半は従来からのタンゴ・ファンであったことは間違いなく、ピアソラへの歓声も決して少なくはないが、この場所ではいささか分が悪いのは致し方ない。

当日の出演アーティストの中で最も喝采を受けたのはセステート・タンゴだったと言われているが、確かに演奏も歓声もすごい。1968年にオスバルド・プグリエーセ楽団の主力メンバーだった6人、すなわちバンドネオンのオスバルド・ルジェーロ、フリアン・プラサ、ビクトル・ラバジェン、ヴァイオリンのエミリオ・バルカルセとオスカル・エレーロ、コントラバスのアルシーデス・ロッシ（加えて歌手のホルヘ・マシエルも）が揃って脱退して結成した（ピアノはプラサが受け持った）セステート・タンゴは、オルケスタ・ティピカ受難の時代にあってデ・カロ型の六重奏団に戻る形となったが、ただの先祖返りではない。彼らは、高度なアレンジメントとそれに見合った演奏力の劇的な向上により、6人でもオルケスタ・ティピカに匹敵する迫力あるサウンドを打ち出せることを示すと同時に、オルケスタ・ティピ

＊46　セステート・タンゴ *Sexteto Tango*
六重奏団。オスバルド・プグリエーセ楽団の主軸メンバーだったオスバルド・ルジェーロ、ビクトル・ラバジェン（bn）、オスカル・エレーロ、エミリオ・バルカルセ（vn）、アルシーデス・ロッシ（b）、それに本来はバンドネオンだったフリアン・プラサ（p）と歌手ホルヘ・マシエルにより1968年結成。プグリエーセの影響下にありながらも新たなスタイルの確立に邁進、75年にマシエルが死去したのちも安定した活動を続けたが、87年にはメンバーに変動が起こり、脱退したラバジェンに代わって若手のアレハンドロ・サラテが参加、また92年にはプラサの代わりにレオナルド・ロドリゲスが参加した。94年5月、オスバルド・ルジェーロの死去で大打撃を被ったが、代わりにオスバルド・カブレーラ、また新ピアノ奏者にはアルド・サラレギを迎えた。以後もメンバー・チェンジを繰り返し、97年にはオリジナル・メンバーは老齢のエレーロただ一人となったが、そのエレーロも99年2月に亡くなった。2001年には新ラインナップによるアルバム『ノチェーロ・ソイ』をリリースしている。

カ編成では難しい楽器同士の密接な絡みも武器とした。師匠プグリエーセ譲りの骨太で豪快なサウンドは継承しつつ、たとえばプグリエーセのトレードマークである1拍目と3拍目を強調した「ジュンバ」のリズムをそのまま使うのではなく、1拍目と3拍目を短く切り、2拍目と4拍目を引きずるように強調する彼ら独自のリズム・パターンも盛り込んだ。彼らはピアソラのような方法論とは異なる形でタンゴの未来を提示し、1973年結成のセステート・マジョールらもあとに続いた。セステート・タンゴは作曲家、編曲家としても優れた才能の集まりだったが、脱退後のバルカルセやラバジェンが後進の若手の指導に尽力したことも忘れてはならない。

と、ここまで紹介を書いたところで思いがけず、2023年12月になってコロン劇場から「ヘリティッジ・コレクション」シリーズ第1弾（映像ではなく音源）の配信が開始された。1949年にブエノスアイレスを訪れたマリア・カラスが歌ったヴィチェンツォ・ベッリーニ作のオペラ《ノルマ》抜粋、1965年に当時24歳のマルタ・アルゲリッチがコロン劇場で開いた初のピアノ・ソロ・リサイタルなどの貴重な録音とともに、1972年8月のピアソラとコンフント9による全6曲、サルガンの大編成楽団の演奏4曲と、彼らがゴジェネチェとリベーロを伴奏した3曲ずつが公開されたのである（セステート・タンゴの6曲も2024年8月に公開され、トロイロ楽団も予定あり）。この日の音源は当時ブエノスアイレス市立放送局によって録音されていたもので、それが半世紀を経て日の目を見ることになった。

その『アストル・ピアソラとコンフント9 コロン劇場1972（ライヴ）』は、もともとラジオ用の録音ということもあってかモノラルではあるがTV番組の音声とは雲泥の差で、音質・バランスともに申し分ないが、特筆すべきはその演奏の密度の濃さだろう（#110）。〈フーガと神秘〉はもとより、あの長大な独自アレンジの〈アディオス・ノニーノ〉が、ついに作者の意図する形で聴けるようになったことを喜びたい。そして残りの4曲はすべて、録音が終わったばかりの『ブエノスアイレス市の現代ポピュラー音楽 第2集』からのレパートリーで占められている。〈オンダ・ヌエベ〉でタランティーノが自在に弾き方を変えている部分も興味深いが、〈ブエノスアイレスの夏〉の緩急の付け方は見事としかいいようがない。先ほどスタジオ録音について「凝りすぎとの声も聞こえてきそう」などと書いたが、この演奏を聴けば、この編成の利点を最大限に生かすべく仕上げられたアレンジの必然性が感じられるはずだ。最後はチャーミングな新曲〈あるヒッピーへの頌歌〉で、クールに終わる。

螺鈿協奏曲とコンフント9の終焉

ところでピアソラは、パリ留学時にナディア・ブーランジェからタンゴを続けるよう諭されたわけだが、それ以降もクラシック作品をまったく書かなかったわけではない。1960年の〈ミロンゴン・フェスティーボ〉に始まるそれらの作品については第8章でまとめて紹介するが、コンフント9絡みということで、ここで触れておかなければならない作品が一つだけある。それが、9人のタンゴ奏者と管弦楽団のための《螺鈿協奏曲》(全3楽章)だ。9人のタンゴ奏者とは、もちろん、彼らコンフント9のことである。コンフント9の豊かな響きに、さらに管弦楽的な広がりを加えたこの作品は、ペドロ・イグナシオ・カルデロン[*47]が指揮を務める「ブエノスアイレス音楽アンサンブル」との共演により8月22日にコリセオ劇場で初演された。同アンサンブルの定期公演の中で、チャールズ・アイヴスやプロコフィエフ、モーツァルトの作品とともに演奏されたのである。コンフント9のメンバーをソリスト扱いにしたこの作品でオーケストラを構成するのは、大がかりな弦セクションに加え、管楽器類がフルート、オーボエ、クラリネット、ファゴット、ホルン、トランペットという組み合わせの二管編成、そしてチェレスタとティンパニである。

《螺鈿協奏曲》は、コンフント9＋クラシックのオーケストラという、なかなか用意できないラインナップを揃えないと演奏できないこともあってか、この初演後にピアソラ自身が演奏する機会は、第8章で紹介する1983年のコロン劇場出演時にもう一度訪れただけだった。コロン劇場での模様は、同じ演奏を収めた2種類の録音が1997年にCD化されているが、演奏は素晴らしくても、どちらも再結成コンフント9とオーケストラとの音量バランスに問題があった（#147(a)、#147(b)）。

ところが、この初演時の録音も非公式ながら、比較的鮮明な形で残されていたのだった（音はモノラルだが楽器間のバランスは極めて良好）。2021年7月23日にベルグラード将軍放送局の番組で紹介され、日本からもインターネット経由で聴くことができたが、音盤化されなかったことが惜しまれるほどの、迫真の演奏が展開されていた。コンフント9の演奏はやや突っ込み気味で、オーケストラと微妙にずれる場面もあるが、それもタンゴ的と言えるし、タランティーノを含むオリジナル編成によるコンフント9の存在感はさすがに全然違う。

第1楽章〈プレスト〉は、コンフント9を主体にした力強い演奏。3分半弱の比較的短い曲だ。第2楽章〈レント・メランコリコ〉は、オーケストラの弦楽の調べからスタート。前半はコンフント9の1枚目にありがちな、抑えた感じの演奏だが、ヴァイオリンからチェロに引き継がれたソロを経て、ピアノのリズミカルなパターンを契機にひとしきり盛り上がりを見せる。ここでのタランティーノの独特のスウィング感、力強いピアノのタッチは本当にたまらなく、この録音の価値を高めている。そしてこの作品のハイライトは、第3楽章〈アレグロ・マルカート〉。バンドネオンがリードする小気味良いフレーズに導かれスタート、金管楽器類も賑やかに鳴っている。ピッコロの短いソロは、なんとなく日本のお囃子を連想させる。ヴァイオリンのソロの途中でテンポを落とすが、頭に戻ってからそのままクライマックスへとひた走る。

先にも書いたとおり、編成の難しさもあってあまり演奏される機会のない《螺鈿協奏曲》だが、ピアソラの持つタンゴ性とクラシック性のミクスチャーとしては、最も成功した作品と言えるだろう。

月が替わって、9月に発売されたバルタール＝ピアソラ名義のシングル〈ラス・シウダーデス〉は、リオデジャネイロで開催された『第7回世界歌謡祭』決勝大会出場曲だった。バンドネオンは抜きで、金管楽器まで加えた大編成オーケストラの伴奏によるドラマティックでスケールの大きな作品。タイトルは都市（シウダー）の複数形で、現代の都市に捧げたオマージュである。カップリング曲は、フェ

＊47　ペドロ・イグナシオ・カルデロン *Pedro Ignacio Calderón*（1933・12・31）指揮者。エントレ・リオス州パラナー生まれ。幼い頃からアルベルト・ヒナステラ、ルイス・ジャンネオ、ビセンテ・スカラムーサ、フラシスコ・アミカレリらに師事。ヘルマン・シェルヘンに指揮法を学び、15歳の時地元でデビュー。１９５４年にはブエノスアイレスでもデビューを飾り、58年にトゥクマン交響楽団の常任指揮者となるが、翌年には奨学金を得てイタリアに留学、フェルナンド・プレヴィターリに師事。63年にはディミトリ・ミトロプーロス・コンクールで優秀賞を受賞。66年から80年までブエノスアイレス・フィルハーモニー管弦楽団の音楽監督を務めるとともに、ブエノスアイレス音楽アンサンブルの指揮者としてラテンアメリカ諸国公演なども行う。そのほかスイス・ロマンド、ワルシャワ国立フィル、ニューヨーク・フィル、イスラエル・フィルなど各国のオーケストラも多数指揮、オペラの分野でも活躍。コロン劇場では76年から77年にかけて総監督、87年から89年まで芸術監督を務めた。87年にはアルゼンチン批評家協会から最優秀指揮者賞を受賞、同年から89年まで再びブエノスアイレス・フィルの音楽監督に就任。92年にはコロン劇場管弦楽団を指揮、94年からは文化省の音楽・ダンス局長を務めるかたわら、国立交響楽団の音楽芸術監督および常任指揮者を務めた。98年5月に国立交響楽団を率い初来日。２０１５年から同楽団の名誉指揮者。

レールがパリで親交を深めたコルドバ出身の画家アントニオ・セギの油彩画とその登場人物にインスパイアされて帰国後に書き、バルタールがレジーナ劇場で初演していた〈ブエノスアイレスの雨傘〉で、ここではコンフント9だけで伴奏している。以上2曲は9月7日に録音された（＃111）。

この時期と思われる録音で、スペインやブラジルでは1975年になってほかのシングル曲などとともにLPに収録されたものの（＃119（a）、＃119（b））、アルゼンチンでは未発売のままに終わったのが、これもバルタールがレジーナ劇場で初演した〈行こうニーナ〉。ピアソラ、フェレール、バルタールの3人がパリ滞在中の1971年6月14日に書かれた作品で、1980年代にミルヴァ*がピアソラとのショーで歌ってから広く知られるようになった曲である。以下は、フェレールの歌詞集に掲載されたバルタールの証言。

「セーヌ川に面したパリ市庁舎の近くにトラック運転手のための大衆食堂があって、そこで私たちがいつも見ていた人物が描かれている。とても美しい昔ながらの店で、私たち3人はいつも食事をしていたんだけど、そこに黒い身なりで厚化粧の、小犬を両腕に抱いた酔っ払いのお婆ちゃんが現れるの。彼女のことを『ニーナ』と名付けたのはオラシオよ、自分の言葉で彼女のことを歌にするためにね」

オーケストラ伴奏によるもので、イントロとエンディングはシャンソンを思わせるワルツ風だが、曲自体はタンゴ。録音データはないが、ピアノがタランティーノに交代後、つまり4月以降の録音であることは間違いないようだ。

コンフント9は、9月下旬にはブラジルのリオデジャネイロやサンパウロ、10月上旬にはベネズエラのカラカスで公演を行った。ピアソラは10月中旬に単独でドイツに行き、『若き民衆』の進捗状況を確認したというが、具体的に何をしていたかは不明。帰国後の11月にはコンフント9としての年内の活動の締めくくりとして、ブエノスアイレスのパレルモ公園にあるロセダル（バラ園）でコンサートを行った。

12月、ザールブリュッケンから『若き民衆』のディレクター、ホースト・ドイター[*48]率いるチャンネル2の撮影クルーがブエノスアイレスを訪れ、街や人々、パラナー川のデルタ地帯、バルタールと男性（振付師オスカル・アライスのバレエ団のダンサー）との濃厚な絡み、といったそれぞれの曲に見合うシーンを撮影した。ところがどういうわけか、このあと作業はまた2年も中断してしまうことになる。

コンフント9にとって最後の録音となったのが次の2曲。〈ジャンヌとポール〉はまずまずの佳曲で、タランティーノのソロも聴けるが、九重奏でやる必然性はあまり感じられない。〈エル・ペヌルティモ〉は〈スム〉あたりに通じるような、リズム主体の曲。いずれも、フランスとイタリアで1972年12月に公開されたベルナルド・ベルトルッチ監督[*49]の映画『ラスト・タンゴ・イン・パリ』との関わりを示唆した題名で、「ジャンヌ」は映画でマリア・シュナイダーが演じたブルジョワの若い娘、「ポール」は

*48　ホースト・ドイター *Horst Deuter*
画家、TV局ディレクター。1960年代に写実主義の画家として受け入れられない時期を経て、70年代にドイツやオーストリアのTV局で『ディスコ』『スターパレード』『バードゥン＝バードゥナー・ルーレット』などのディレクターとして成功。その後、米国のポップアート画家メル・ラモスとの出会いを経て、80年代以降は絵画の世界にも復帰した。

マーロン・ブランド演じる中年男の名前、「エル・ペヌルティモ」とは「最後（ラスト）から2番目」という意味である。〈ジャンヌとポール〉の曲目表記には『ラスト・タンゴ・イン・パリ』から着想を得て」との注釈があるが、実際には映画とはまったく関係がない。元々はそれぞれ〈左利きのバンドネオン *Bandola zurda*〉〈1940年に捧ぐ *Homenaje al '40*〉というタイトルで、コンフント9結成後の早い時期にパレルモ公演のステージで演奏されたまま、アルバムには収められていなかった曲である。

1972年8月、ピアソラはパガーニ経由でこの映画への音楽提供を依頼されたが、多額の前金を要求したためにギャラの折り合いがつかずに交渉は決裂、代わりに音楽を担当したアルゼンチン出身のジャズ・サックス奏者、ガート・バルビエリ*50は莫大な利益を上げた（サントラの録音は1972年11月、リリースは1973年）。印税が膨大になることが予測できずに大魚を逃がしたピアソラが、バルビエリの評判を落とさんとばかりに「俺ならこう書けたのに」と言おうとしたようだが、なんとなく後味の悪い話ではある。すでにコンフント9としての活動は終わっていたはずの1973年2月8日に録音され、シングル盤でリリースされた（#113）。

波乱の1973年

1973年3月の初め、ピアソラは単独でヨーロッパに行き、イタリアでミーナとTVに出演した。4月5日にオンエアされたその番組では、エドゥモンダ・アルディーニとの大規模なツアーが予告されたが、実現せずに終わった。なお、アルディーニはピアソラと録音済みだった『嫉妬とタンゴ』リリース後の1974年12月頃、RAI 2《ドゥエ》のバラエティー番組『午後7時に』に出演して〈母なる大地、わが母〉を歌っている（伴奏はカラオケ）。

そしてピアソラにとってこの年は、音楽的にも活動の面でも充実していた前年から一変、波乱の年となった。アメリータ・バルタールはスサーナ・リナルディ*やマリケナ・モンティとともに、タンゴ、フォルクローレ、ポップスを織り交ぜた歌と語りのショー『ショーのための3人の女 *TRES MUJERES PARA EL SHOW*』に出演し、大きな成功を収めていた。一方のピアソラはといえば、オラシオ・フェレールとの5年に及んだ実りある共同作業の期間は終わりを告げ、大きな柱となるはずだったコンフン

＊49　ベルナルド・ベルトルッチ *Bernardo Bertolucci*（1940・3・16～2018・11・26）映画監督、脚本家。イタリアのパルマ生まれ。ピエル・パオロ・パゾリーニの助監督を経て21歳で処女作『殺し』を撮影、以後『暗殺のオペラ』『暗殺の森』などの力作を発表。『ラスト・タンゴ・イン・パリ』では大胆なセックス描写でセンセーションを巻き起こした。坂本龍一らが音楽を担当した87年の『ラスト・エンペラー』ではアカデミー賞の作品賞、監督賞を受賞している。２０１２年の『孤独な天使たち』が遺作となった。

＊50　ガート・バルビエリ *Gato Barbieri*（1934・11・28～2016・4・2）テナー・サックス奏者、楽団リーダー、作曲家。サンタフェ州ロサリオ生まれ。本名レアンドロ・バルビエリ。芸名の「ガート」はピアソラのあだ名と同様「猫」の意。本人はトランペットをやりたかったが、事情があってクラリネットを習う。１９４７年にブエノスアイレスに移り、アルト・サックスを、最後にテナー・サックスを手にする。ホット・ラヴァーズを皮切りにいくつかのバンドを経て53年にはラロ・シフリン楽団に参加。60年前後にはジャズ・マニア・オールスターズやホルヘ・ロペス・ルイス五重奏団などでレコーディング。62年にはローマに向かい、63年にはドン・チェリーと出会う。この頃フリー・ジャズに惹かれる。65年に渡米し、67年にはESPに初リーダー作を録音。70年代に入る頃から徐々にルーツ指向を打ち出すようになり、73年にはインパルスに『チャプター1：ラテン・アメリカ』を録音、アルバムに参加した自国のフォルクローレ～ジャズ畑のミュージシャンたちと10月に来日公演を行ったが、この時のメンバーにはドミンゴ・クーラ（ボンボほか）、ラウル・メルカード（ケーナほか）、ケロ・パラシオス（ギター、チャランゴ）、アダルベルト・セバスコ（el-b）、エンリケ・ロイスネル（ds）らがいた。91年にも来日しブルーノート東京に出演している。

ト9は、ブエノスアイレス市当局から2年目の活動を保証されずに終わってしまった。そんなこともあってバルタールとのすれ違いも大きくなっていき、1966年以来のスランプに陥っていくのだった。コンフント9と市当局との契約が反故となった理由はわからないが、ピアソラはやむなく五重奏団での活動を再開することになった。今回のメンバーはピアソラ、アグリ、キチョのほか、ピアノには引き続きタランティーノ、そしてギターには1961年以来久々のオラシオ・マルビチーノが参加した。マルビチーノは、1970年にはアラン・ドブレー *Alain Debray* なるフランス風の変名でコンチネンタル・タンゴ〜イージー・リスニング風〈ラ・クンパルシータ〉などの大ヒットを飛ばし、大儲けしていたのだが、彼は商売と自分のやりたい音楽をちゃんと使い分けて仕事をしている堅実な人間のようだ。

このメンバーによる五重奏団は、国内ではポルタル・デ・サンテルモという新しいクラブに出演したほかウルグアイやブラジルでの公演も行っている。この五重奏団はスタジオ録音を残せなかったが、のちに発掘された2種類のライヴ音源を聴けば、演奏そのものは高い水準を保っていたことがわかる。その中でも肝となっているのは、やはりタランティーノのピアノである。

6月にウルグアイのモンテビデオを訪れた際には、4チャンネルのTV番組『タンゴの土曜日 *SABADOS DE TANGO*』に出演した。ウルグアイの名物司会者、ミゲル・アンヘル・マンシ[*51]が案内役のこの番組は、1971年にスタートし、ブエノスアイレスからも後述する多くの大物を招いている。当時2インチVTR（テープが大変高価だったため、放送後上書きして再利用するのが一般的で、世界的にどの放送局でもほとんどの番組がまともに保存されていない）で録画されたこの番組からの貴重なソースが、40年以上を経た2013年になってマンシの遺族ら関係者の手によって発掘され、YouTube にて公開されている。状態は悪いが、EL TANGO CON MIGUEL ANGEL MANZI というチャンネルにアップされているのが現存している映像のすべてだと思われるので、出演順は不明だがその顔ぶれを挙げておく（#A6）。

チャルロ（歌手）
フアン・ダリエンソ（楽団。歌手はオスバルド・ラモス、アルベルト・エチャグエ）
オラシオ・フェレール（作詞家）
フロレアル・ルイス（歌手）
アニバル・トロイロ（四重奏団）
アストル・ピアソラ（五重奏団）
エドムンド・リベーロ（歌手）
ロベルト・ゴジェネチェ（歌手）
フリアン・センテージャ（詩人）
ロシータ・キロガ（歌手）
サンティアゴ・ゴメス・コウ（俳優）

ほかのアーティストのものも貴重だが、とりあえずはピアソラである。司会のマンシとピアソラやメ

＊51　ミゲル・アンヘル・マンシ *Miguel Angel Manzi*（1915・12・4〜1984・1・20）
プロデューサー、プロモーター、脚本家、タンゴ解説者、作詞家。ウルグアイのモンテビデオ生まれ。さまざまな顔を持ち、ウルグアイのショービジネス界の象徴とも言われた人物。モンテビデオのチャンネル4でタンゴ番組『タンゴ4』『タンゴの土曜日』などの司会を務めた。

ンバーとの会話を挟みながらの全8曲で、トータル59分という圧巻の内容である。1～2曲のTV出演や、映画やドキュメンタリー番組の一部といった断片的な形でなく、また当て振りでもなく、インタビューや街の風景などの映像が演奏の途中でかぶさることもなく、これだけまとまった形で演奏それ自体を堪能できる映像としては、ピアソラにとって現存する最古のものであり、とんでもなく貴重なものである。曲目は以下のとおり。

ブエノスアイレスの夏／ブエノスアイレス零時／ルンファルド／トード・ブエノスアイレス／フラカナパ／アルフレド・ゴビの肖像／アディオス・ノニーノ／ブエノスアイレスの秋

このあと紹介するライヴ盤『天使の死』と並ぶ、１９７３年のピアソラ五重奏団の貴重な記録だが、双方で曲目の重複が少ないのも嬉しい。重なるのは3曲だが、〈ブエノスアイレスの夏〉は番組ではオープニングでメンバーが一人ずつ呼び込まれ演奏を始めていくという演出がなされているし、〈アディオス・ノニーノ〉のタランティーノによるインプロヴィゼーション成分の多い冒頭のカデンツァもかなり違うし、番組では時間の関係で途中がカットされた〈ブエノスアイレスの秋〉も、『天使の死』で堪能できるタランティーノのソロが短い代わりに、終盤にマルビチーノのソロがたっぷりフィーチャーされている。そして何よりも、演奏はテンションが高くて最高で、〈トード・ブエノスアイレス〉や〈アルフレド・ゴビの肖像〉といった、１９７８年以降の五重奏団ではほぼ演奏されていない曲の映像も、極めて価値が高い。2インチVTRによる録画は編集が利かず録りっ放しなのだが、ここでは加えてカット割りは一切なし、1台のカメラの移動だけですべてを録画するというユニークな手法が採用されている。ただし、YouTubeにアップされている1曲ずつの動画は、画面が縦長のいびつな状態で音量もかなり小さいなど問題が多く、ここで詳しくは書けないが鑑賞には工夫が必要だ。

そして、1997年10月にミラン・スールから登場して話題となったのが『天使の死』である(#114)。この発掘ライヴ盤は、1973年7月(日にちは不明)にブエノスアイレスのオデオン劇場で行われたオスバルド・プグリエーセ楽団とのジョイント・コンサートにおける演奏であると謳われていたが、実はこれは誤りである可能性が高い。人づてに聞いた話なので100%の確証はないのだが、研究団体「ブエノスアイレス・タンゴ・クルブ(BATC)」会長のミゲル・アンヘル・フェルナンデスによれば、この録音はそもそも、クラブの古くからのメンバーであるサンタフェ州ロサリオ在住の某氏が、当地でのピアソラ五重奏団のコンサートの折に録音機材を持ち込んでクロムテープ(カセット)に演奏を収め、クラブに提供したものだという。このテープはピアソラの周辺でシェアされていたようで、実は筆者も、ここからの〈ロス・ポセイードス〉と〈アディオス・ノニーノ〉が含まれたカセットを、CD化より前にホセ・ブラガートから個人的に頂戴しており、それは今も手元にある。つまりこの録音は、商品化される以前からピアソラ周辺の仲間内では大事に聴かれていた秘蔵音源だったというわけだ。ピアソラの死後、録音主がテープをミランに持ち込んで商品化された際に、なぜ同時期のオデオン劇場でのライヴということにされたのか、その理由はわからない。五重奏団はオデオン劇場でも実際に演奏しているが、その時の録音は一切残されていないとのことだ。そのことをひっそりと証明すべく、BATCでは『五重奏団ライヴ――ロサリオ1973 *QUINTETO EN VIVO - ROSARIO 1973*』と題したコレクター向けCD―Rの形で一時期販売していた。聴き比べると、明らかに同じ演奏、同じ録音だが、ミラン盤では、BATC盤で聴ける長い拍手やカウント、ピアソラの曲目紹介などがカットされ、イコライジングなどで音が加工されていたことがわかる（逆にBATC盤では、各トラックの終わりに無音部分ができていた）。

情報に混乱が見られたとしても、それは『天使の死』の価値を減ずるものではない。熱烈なピアソラ・ファンでありピアソラに関する著作も多い精神分析学者、カルロス・クリによる原盤ライナーを読んでみると、その文章はいささか難解だが、本盤のとりわけ優れた特徴として「ピアソラ・サウンドの真の追求に」出会えることと、「第1次五重奏団によるコンサート録音」であることを挙げている。この2つの裏付けとしても別の面でも重要なのは、本盤が1973年の録音であるという点だ。同年は、第1次五重奏団にとって実質的な最後の年であり、ピアソラがブエノスアイレスを拠点に活動したほとんど最後の年であり、繰り返しになるが、ほかに録音がほとんど残されていない空白の年でもある。また、ここでの演奏の独自性を大きく特徴づけているピアノのオスバルド・タランティーノの、五重奏団における演奏が聴ける唯一の録音（リリース当時）であることは、クリも指摘しているとおりである。

前半は〈ブエノスアイレスの夏〉〈ロス・ポセイードス〉〈天使のミロンガ〉〈天使の死〉と、1960年から65年にかけての傑作が並んでいる。あのレジーナ劇場のライヴをも思わせる生きのいい演奏ぶりが堪能できるが、特に耳に残るのが、そのタッチの端々にスウィング感の込められた、タランティーノのピアノのカッコ良さ。アグリも絶好調だ。

しかし本当にすごいのは後半である。〈アディオス・ノニーノ〉はタランティーノによるピアノ・ソロからスタートするが、これはピアソラがあらかじめ書いたものではなく、ほとんど即興なのだ。モンテビデオでの映像と比べてみると、遊び方にその都度変化を付けていることがよくわかる。それにしても、この2分に及ぶピアノ・ソロにおけるインスピレーションの発露には言葉を失う。アンサンブルに突入してからも、アグリの見事なソロ、そして終盤のピアソラの爆発ぶりと、そのテンションの高さは、数多く残されたこの曲の録音の中でもとりわけ抜きん出たものである。

〈ブエノスアイレスの秋〉もまたまたとんでもない演奏である。前半ではピアソラが見事なソロを聴かせ、負けじとアグリが続く。そしてハイライトは、その後のタランティーノのインプロヴィゼーションだ。モンテビデオでの演奏でも聴くことのできないすさまじいソロがたっぷりと披露される。ソロの終わり近くでピアソラがメンバー紹介をしているが（この紹介の仕方は極めて珍しい）、その声もいつになく力強い。アグリのソロがまた続いたあとクライマックスへとなだれ込む。

最後は〈ミルトンの肖像〉。またしても曲が書けなくなったピアソラが、あのスランプの末期に書いた〈私自身の肖像〉を、ブラジルにおける新しい音楽の担い手の一人であるミルトン・ナシメント[*52]に捧げた〝新曲〟と称して再演したものだ。〈私自身の肖像〉のオリジナル録音と比べて大きな変化はなく、

＊52　ミルトン・ナシメント *Milton Nascimento*（1942・10・26）歌手、ギター奏者、作詞・作曲家。ブラジルのリオデジャネイロ生まれ。3歳からミナス・ジェライス州トレス・ポンタスで育つ。同郷のヴァグネル・チゾ（kbd）らと組んで活動を開始し、州都ベロオリゾンチに進出。1967年、『国際歌謡フェスティバル』で自作の〈トラヴェシア〉を歌って注目を集める。以後その個性的な歌声を武器にスケールの大きな音世界を築き上げ、MPB（ブラジルのポピュラー音楽）界にとってなくてはならない存在となった。70年代に入るとミナスの音楽仲間を中心としたコミュニティー「街角クラブ」を築き上げる。米国の人気フュージョン・グループ、ウェザー・リポートのサックス奏者だったウェイン・ショーターのソロ・アルバム『ネイティヴ・ダンサー』（74年録音）でも重要な役割を演じ、ブラジル音楽ファン以外にもその名を知らしめた。80年代にはアルゼンチンのメルセデス・ソーサやレオン・ヒエコとの連帯コンサートを開く一方で、米国のアーティストたちとも積極的に共演。88年以降数回来日している。2022年をもってライヴからの引退を表明した。

少しソロ回りに余裕を持たせている程度だが、演奏は深みが増している。そしてこの曲は１９８９年、〈ルナ〉というタイトルの〝新曲〟に再びリニューアルされ、今度はアレンジも大きく変えて、ピアソラが最後に率いた六重奏団の重要なレパートリーとして有終の美を飾ることになるのである。

タランティーノが参加した五重奏団の録音は、４１９頁で触れたＴＶ番組用の〈ブエノスアイレスの夏〉で弾いている可能性が高いのを除けば、以上2種類のライヴ録画と録音のみ。彼が五重奏団に参加したのは、１９６３年のごく短い期間と、１９６６年頃の一時期、そしてこの１９７３年および翌年（海外公演のみ）がすべてであるだけに、それも無理のない話ではある。だが、これらの録音を聴いただけでも、彼がとてつもない存在感を放っていたことは紛れもない事実として迫ってくる。ピアソラ史の一瞬の空白に、このような発掘音源によってスポットが当てられたことの意味は果てしなく大きい。残念ながらどちらにも収められなかったが、やはりタランティーノのピアノをフィーチャーした〈オンダ・ヌエベ〉も、この時期の五重奏団のレパートリーには含まれていたそうである。

ピアソラにとって、コンフント9での〈ジャンヌとポール／エル・ペヌルティモ〉を除けば１９７３年唯一のスタジオ録音となったのは、フォード・ファルコン（自動車）のＣＭ曲として書かれた〈平和な一日〉という明るめの曲。五重奏団＋大編成弦楽セクション＋ホセ・コリアーレ（ドラムス）と思われる臨時編成のオーケストラによる演奏で、7月24日に録音され、コンフント9の〈バルダリート〉とのカップリングでシングル発売された（#115）。五重奏団単独でも録音したとの説もあるが、音源の存在は確認されていない。１９６２年から92年までのファルコンのＣＭを並べた動画をYouTubeでチェックしたところ、この曲が使われたＣＭは確認できる限り4種類あった。１９７３年から80年頃までの長期間使われたようだが、いずれもオーケストラによる同じ演奏で、最初の2種には、フェイド・

アウトしていくレコード音源にはない、スローなエンディングが付け加えられていた。

レコーディングを終えたピアソラは、五重奏団のメンバーとブラジルに向かい、7月28・29日にポルト・アレグレのレオポウヂナ劇場で公演。8月に入り、リオデジャネイロのジョアン・カエターノ劇場に4日間出演した。〈ミルトンの肖像〉を捧げられたナシメントは、1974年4月20日と21日にその同じ劇場で行ったリサイタル『魚たちの奇跡』でこの曲を演奏したらしい。この時にはヴァグネル・チゾ、エウミール・デオダートを含む計5名がアレンジャーとして名を連ねていたが、この曲の編曲は誰が担当したのであろうか。残念ながらナシメントの1973年の同名のアルバムにも、1974年5月のサンパウロ市立劇場での公演を収録したライヴ盤にも、この曲は収められていない。

心臓発作

五重奏団を率いた次のブラジル公演を準備していたピアソラを、突然の心臓発作が襲ったのは、1973年10月25日のことだった。曲が書けないストレスから煙草を吸いすぎ、暴飲暴食をしていたことで、心臓に大きな負担がかかっていたのだった。一時はかなり危険な状態に直面したが、なんとか持ち直すことができた。医師の忠告で、煙草は完全にやめた。

療養中、ピアソラにはゆっくりと物事を考える時間が生まれ、心の落ちつきを取り戻すことができた。そして、より良い活動のためには海外へ出るのが得策との結論に達したのである。1971年以降たびたびヨーロッパやブラジルを訪れる中で、閉鎖的なブエノスアイレスにはない自由な空気を感じとったのも大きな理由だろう。そしてもう一つの結論。それはバルタールとの別離だった。ピアソラは1974年の初めに発表した手記の中で次のように述べている。

「私がどんなに彼女を愛しているか言う必要はないだろう。しかし、ひとりの女性となるか職業歌手となるかを選ぶときに問題がおこった。決定的にピアソラの伴侶となるか、カフェ・コンセールのスターとなるか……明白なことだが彼女はスターとなるのを選んだ。私はそのことで彼女を責めない。（中略）ふたりのために良いというのは、職業上のことだ。私はアメリータのためだけに書いていたので、少し制約されているような気分がしていた。今では世界中の女性歌手のために作曲できる。（中略）私とアメリータの相違だが、私は生きているかぎり音楽をやれる。しかしカフェ・コンセールの歌姫の名声は、バラの花ほどに短い命しかない。私は12月30日に別れてから、アメリータと会っていない。彼女なしに新年をむかえるのは、とてもつらかった。まだ彼女なしでいるのは苦しい。外国にいれば、もっと気が楽になるだろう」

（『中南米音楽』１９７４年4月号より）

ピアソラは、体調が回復したら一人でブラジルへ行き、ヴィニシウス・ヂ・モラエスと共作したりアントニオ・カルロス・ジョビン*と共演したりしたあと、パリに向かうはずだった。しかし実際には、イタリアに向けて旅立った。しかも隣の席に座っていたのは、別れたはずのバルタールだった。１９７４年3月のことである。

7 世界を舞台に

ヨーロッパ移住

半年近くの病気療養を経たピアソラが１９７４年、ヨーロッパへの移住を決意した理由を、本人の渡欧直前の言葉を借りながらもう少し説明しておこう。

「よく考えてみると、かなり激しいいくつかの状況は、しばしば私自身が原因となっていることがわかった。もちろん、私がそうなるだけの動機はあった。他人が私を激しやすいというが、私の立場にもなってもらいたい。私はいつも非常に批判されてきた。それもマスコミだけでなく、もっと直接にだ。たとえば、道を歩いていると『ロコ』とか『タンゴ殺し』とか、もっとひどいことを言われるが、これを落ち着いて受けとめるというのは無理だ。いずれにしても、私の特徴といわれる怒りっぽさと攻撃的なところは、50パーセントは減少したはずだ。

しかし私は、闘争精神は失っていない。私は新しいピアソラであり、精神的・個人的な面で変革したばかりでなく、これまでとまったく異なる何ものかをもってステージに帰っていこうとしている。作曲家としては、これは私の芸歴でもっとも重要な時期となるだろう。悲しいことに、アルゼンチンでは大胆な危険な創作を受け入れてくれるには、まだ準備が足らない。そこで私はパリに行き、（フリオ・）コルタサル[*1]の短編にもとづくミュージカルを作ろうと思っている。もし私の思っているとおりに事が運べば、私はグラウンドの端から端までのキックでゴールを決めるだろう。

イタリアでは、ミーナ、オルネラ・ヴァノーニ、イヴァ・ザニッキと共演の話がある。

今週私は、アルゼンチン作詞作曲家協会から、作品の著作権使用料を受け取った。１９７３年の上半期の全印税は１か月の生活費にも足りない。協会の資料では、私の作品でいちばん印税を稼いだのは〈アディオス・ノニーノ〉だった。これは昨年の前半で4万3000旧ペソ（注：当時の換算で約1万円）の使用料をあげた。〈ロコへのバラード〉は4万ペソだ。ごらんのように、アルゼンチンでは音楽で生活できない。この国では私のレコードの売り上げは、せいぜい3000枚だ。ブラジルではもっと売れる。私はブラジルで、ジョビン、エリス・レジーナ、マリア・ベターニャと共演し、それからパリへ行こうと思う。

今度の外国生活は長くなるだろう。いつ帰ってくるか私はわからない。一面では私は感傷屋で、いつも外国へいくとホームシックになる。だから1か月もたたないうちに帰ってくるかもしれない。私はいつも言うのだが、アルゼンチン人は常に不快な気分を持っている。この国にいれば外国に行きたがるが、長く外国にいられず、すぐ淋しがる」（『中南米音楽』1974年4月号より、一部表記を修正）

実際には、ここで挙げているようなさまざまなアーティストとのコラボレーションは、何ひとつとして実現しなかった。なおこれは余談だが、コルターサルの短編の音楽化は1980年にパリで制作された、エドガルド・カントンの作曲、フアン・セドロンの歌によるアルバム『ブエノスアイレスの舗道 *TROTTOIRS DE BUENOS AIRES*』（ポリドール）で実現した。このアルバムにはフアン・ホセ・モサリーニやエクトル・グラネー、ロベルト・カルダレーラといったパリ在住のアルゼンチン人新旧音楽家たちも顔を揃えている。

問題はそうした計画云々のことではなく、ピアソラが、当時のブエノスアイレスの状況ではアーティスティックな活動が続けられないと感じざるを得なかったという点だ。〈ロコへのバラード〉がヒットし、ロングラン・リサイタルが成功し、充実したレコード作りを行うという状況が続いていたにもかかわらず、である。

確かに、ピアソラのやることなすことすべてが、ブエノスアイレスでは議論の対象とされていた。これはタンゴだ、いやタンゴではない、といった具合に。海外に行けば、そんな不毛な論争に耳を貸す必要もなくなり、みんな素直に自分の音楽に耳を傾けてくれるというわけだ。

さて、パリ経由でローマに着いたピアソラとバルタールだったが、バルタールは前年から続くスサーナ・リナルディ、マリケナ・モンティとの『ショーのための3人の女』の2シーズン目に出演するために、ひと月ほどでブエノスアイレスに帰ってしまった。バルタールがイタリアに戻ってくるのは、7月になってからである。

すでに前年暮れの療養中から、アルド・パガーニからのオファーを受けていたピアソラは、パガーニをマネージャーに起用、彼が代表の一人を務めていたクルチ出版／パガンミュージック音楽出版と契約を結ぶとともに、ミラノにあるカローゼッロ・レコードと契約した。

それにしても、どうしてフランスではなくイタリアだったのか。パガーニからの誘いも大きかったのだろうが、ピアソラは次に紹介するアルバム『リベルタンゴ』のライナーでこう説明している。

＊1　フリオ・コルターサル *Julio Cortázar*（1914・8・26～1984・2・12）
小説家、詩人。ベルギーのブリュッセル生まれ。父は外交官。4歳の時にアルゼンチンに帰国、ブエノスアイレス近郊に住む。少年期の孤独を読書で癒し、1932年に教員となる。38年、最初の詩集を出版。51年、フランス政府給費生としてパリに留学、留学期間終了後もユネスコの翻訳官として留まった。53年に結婚、プロヴァンス地方の山村に引きこもり創作に没頭した。代表作に『当選者たち』（60年）『石蹴り遊び』（63年）などがある。ジャズにも造詣が深く、チャーリー・パーカーをモデルにした『追い求める男』やエッセイなどを残した。

「なぜイタリアから始めたのか。それは多分、以前イタリアに来た際に、格別に温かい歓迎を受けたからであり、私にはイタリアの血が流れているからだろう」

リベルタンゴ

ピアソラは、早くも5月にはカローゼッロからの最初のアルバム『リベルタンゴ』を録音する。収録曲は、1曲を除いてはすべて新曲で、それもわずか15日間で書き上げたものだった（#116）。

参加したメンバーは、スペイン人1名（フルートのウーゴ・エレディア）を除き、全員がイタリア人のスタジオ・ミュージシャン。これ以降のピアソラの一連のミラノ録音にずっと顔を出すことになるドラムスのトゥリオ・デ・ピスコーポ[*2]は、腕利きとしてイタリアの音楽業界では知られた存在だった。

『リベルタンゴ』は8曲中5曲が、ピアソラのバンドネオンのほか、ピアノ、ハモンド・オルガン、バス・フルート×2、フルート×2、ギター（エレキまたはアコースティック）、エレキ・ベース、ドラムス、パーカッションという11人編成での録音だった（曲により楽器の持ち換えあり）。〈リベルタンゴ〉〈メディタンゴ〉では、これに弦セクションも加わっている。

タイトル曲の〈リベルタンゴ〉は、このアルバムを象徴するナンバーだ。ドラムスとエレキ・ギターが16ビートのリズムを刻む中、ピアソラが印象的な力強いフレーズを紡いでいく、ほとんどロック的な作りの曲。タイトルの「リベルタンゴ」は、リベルタ（自由）＋タンゴ、という造語だが、ほかの新曲もすべて同様の造語で成り立っていた。この曲は構造的にはシンプルだが、タンゴに馴染みがなくてもすんなり入ってくる〝わかりやすさ〟にあふれている。ピアソラ自身もしばらくはテーマ曲的な扱いで演奏し続けたほか、主にピアソラの没後、他のジャンルの音楽家たちによる多くのカヴァー・ヴァー

ジョンが登場することになり、ヨーヨー・マ*3の演奏（1997年録音）以来すっかり世界中で（とりわけ日

*2　トゥリオ・デ・ピスコーポ *Tullio De Piscopo*（1946・2・24）
ドラムス／パーカッション奏者、歌手、作詞・作曲家。イタリアのナポリ生まれ。父親はオーケストラのドラマーだった。1969年にトリノに移住。その2年後ミラノに移り、フランコ・チェッリ（g）のグループに参加。73年にはニュー・トロルスから分裂したN．T．アトミック・システムに参加。この頃からセッション・マンとしてさまざまなジャンルのレコーディングやステージに参加するようになったが、エレキ・ベースのピノ・プレスティピーノ（プレスティ）とコンビを組むことが多かった。共演したアーティストは数多く、国内ではミーナ、ルーチョ・ダッラ、ファブリツィオ・デ・アンドレ、ピノ・ダニエレなど、海外ではアルデマーロ・ロメロ、ガート・バルビエリ、エウミール・デオダート、ボブ・ジェームズ、ドン・チェリー、ビリー・コバム、マニュ・チャオほか多数。個人名義の74年のファースト・アルバム『新しいドラムスの響き』は全曲ドラムスのみの演奏による教則アルバム的なリズム・パターン集だったが、以降は時に歌も歌うドラマーとして、コンスタントにアルバムをリリース。83年のシングル〈ストップ・バジョン（プリマヴェーラ）〉は本国で1位になったほか海外でも知られ、87年3月に全英シングル・チャート58位を記録した。85年の〈ラディオ・アフリカ〉にはヴォーカルでギニア出身のモリ・カンテが参加。88年には『第38回サンレモ音楽祭』で18位となったヒット曲〈アンダメント・レント〉が収録された『ベッロ・カリコ』が『フェスティヴァルバル』アルバム賞を受賞。映画音楽もいくつか手がけている。

*3　ヨーヨー・マ *Yo-Yo Ma*（1955・10・7）
チェロ奏者。フランスのパリ生まれ。両親は台湾系中国人で、父はヴァイオリン奏者、母はメゾ・ソプラノ歌手。4歳からチェロを始め、6歳の時パリ大学芸術考古学研究所でリサイタルを開く。1962年に一家でニューヨークに移住、ジュリアード音楽院に学ぶ。63年、レナード・バーンスタイン指揮のTV番組に出演、次いでカーネギー・ホールでのアイザック・スターンとの共演を経て米国各都市でリサイタルを開く。77年からはヨーロッパにも進出、各地の主要オーケストラとの共演を重ねていった。81年に初来日。90年前後からはクラシックに留まらず、ジャズのステファン・グラッペリやボビー・マクファーリンらとも共演。97年にはブエノスアイレスでネストル・マルコーニやピアソラゆかりのミュージシャンたちとアルバム『ソウル・オブ・ザ・タンゴ（ヨーヨー・マ・プレイズ・ピアソラ）』（#188）を録音、その選抜メンバーと全米ツアー、来日公演も行った。

本ではＴＶコマーシャルにも使われたことで）お馴染みになった。そのイメージで接すると、ここでの演奏は短くてそっけない感じを受けるだろうが、実はそれには理由があった。ラジオやジュークボックスでかかりやすくするために、２分台にまとめるようパガーニが指示したからで、実際にイタリアやフランスではシングルでもリリースされた。ピアソラ自身にも不完全燃焼な思いはあったようで、以後のライヴ演奏では、この曲はどんどん長くなっていく。

〈メディタンゴ〉はメディタシオン（瞑想）＋タンゴの意。従来のピアソラにも通じる作りで、後半のバンドネオンのカデンツァが聴きどころ。

〈アンダータンゴ〉は英語のアンダー＋タンゴ。この場合の「アンダー」とは、反体制的という意味を持つアンダーグラウンドから採っていると思われ、１９７０年代前半に世界各地に吹き荒れていた変革の気運とシンクロしようとする意識を感じさせる。くぐもったフルートの響きが印象的だ。

〈ビオレンタンゴ〉はビオレント（暴力）＋タンゴ。確かに激しさ、荒々しさに満ちた作品。

〈ノビタンゴ〉はノボ（新しい）＋タンゴ。ピアノがもう少し力強ければ……。フルートやオルガン、マリンバはなかなか渋い。

唯一の既成曲〈アディオス・ノニーノ〉と〈アメリタンゴ〉〈トリスタンゴ〉の3曲はバンドネオン4台分の多重録音にオルガン、エレキ・ベース、ドラムス、パーカッションがバックをつけたもの。セッションに参加したオルガン奏者は2名いるが、フェリーチェ・ダ・ヴィア（ピアノと兼任）とジャンニ・ヴィリオーリ（マリンバと兼任）のどちらが弾いているかはわからない。

〈アディオス・ノニーノ〉はほかに素晴らしいヴァージョンがいろいろあるわけで、さすがにこれがベストということはないが、一つの新たな手法を示したという意味では大変興味深いアレンジに仕上がっている。最後はオルガンがワイルドなソロを弾きながらフェイド・アウトしていく。

〈アメリタンゴ〉はもちろんアメリータ＋タンゴ。バルタールに向けた唯一の曲となったが、曲からは彼女のイメージは掴みにくい。ピアソラはバルタールと完全に別れたあと、この曲のタイトルを変えようとしていたようだが、実際にはその後もこのタイトルのまま頻繁にライヴで演奏することになる。〈トリスタンゴ〉はトリステ（悲しい）＋タンゴ。よく歌うバンドネオンを、ハモンド・オルガンがしっかりとサポートしている。

このアルバムには、TSI（スイス・イタリアーナ放送）の番組用にサンドラ・ブリナーが監督した、『アストル・ピアソラ・イン・リベルタンゴ』と題された全曲のスタジオ・ライヴ風映像がある（日本では音楽専門チャンネルのミュージック・エアで『ライヴ・イン・スイス1974』として不定期に放映され、アマゾンのプライムビデオでも視聴可能な場合あり）。ピアソラのほか画面に登場するメンバーは、フルートのウーゴ・エレディア、エレキ・ギターのフィリッポ（フェリーチェ）・ダッコ、エレキ・ベースのジュゼッペ・プレスティピーノ、ドラムスのトゥリオ・デ・ピスコーポまではアルバムへの参加組だが、ピアノはアルナルド・チアト（のちに『ペルセクータ』〔＃129〕の録音に参加）、オルガンはナンド・デ・ルカ（ピアソラとのほかの共演歴は不明）に入れ替わり、マリンバ／パーカッション奏者として、もともとミュージシャンのパガーニも登場。音はアルバムと基本的に同じで演奏はすべて当て振り、フェイド・アウトの曲は照明が暗くなってそのまま終わる。バンドネオン多重録音の曲も、ピアソラが一人で弾いているように見せかけている。ただし、アルバムではストリングスが使われていた〈リベルタンゴ〉〈メディタンゴ〉の2曲は、ストリングスのパートがオルガンに置き換えられ、その別ヴァージョンは後年、ブラジルで出た編集盤CD『サンチャゴに雨が降る』（＃117）に収録された。

この『リベルタンゴ』に始まり、１９７７年いっぱいまで続く一連のイタリア録音（スタジオはすべてミラノのモンディアル・サウンド）のアルバムは、とりわけタンゴ・ファンの多くからは嫌われていた。もちろんその気持ちもわからないではない。ただ、これらのアルバムに対する受けとめ方は、聴き手の一人ひとりがそれまでどういった音楽と主に向き合ってきたかによって、異なって当然という気もする。たとえば、従来のタンゴを中心に聴いてきた人たちは、エレキ・ベースやドラムス、電気楽器などが使われているだけで拒否反応を示すかもしれない。一方、ジャズやロック、ポップス、ＭＰＢ（ブラジルのポピュラー音楽）などに日頃から慣れ親しんでいるならば、そうした楽器が組み込まれていてもなんら抵抗なく聴けるのではないか（そのサウンドが年月を経て〝時代遅れ〟になる場合は別として）。

確かに、エレキ・ベースやドラムス、オルガンなどを加え大胆なまでにロックやエレクトリック・ジャズ（この時代には、まだフュージョンという言葉はなかった）に近づいたそのサウンドは、タンゴが本来持っていたリズムの自在さからはかなり遠ざかってしまった。ピアソラは１９７０年前後から、特に歌伴などで大編成楽団を率いる場合など、ドラムスなどを使用することもしばしばあったが、それらは、あくまでもリズムを補完するためのアクセサリー的なものだった。一方ここでは、ドラムスはある程度リズムの中心に据えられている。しかも、タンゴにまったく接したことがなかったと思われるイタリア人ミュージシャンたちの繰り出すリズムは明らかに平板で、深いニュアンスには欠けていた。それでも、ピアソラのタンゴに特徴的な３＋３＋２のリズムが、タイトなドラミングにも置き換えが可能だったことは、このサウンドがタンゴとしての体裁をギリギリのところで保つのに作用したと言える。

結果として、アルバム全体を通してバンドネオンが出ずっぱりで、ピアソラの孤軍奮闘といった感が強い。他の楽器たちは「その他大勢」といった感じで、なかなか前面には出てきてくれない。要するに強い主張がないのである。それまでの五重奏団、あるいはコンフント9にあったようなメンバー同士の音のせめぎあいは、あるいは立体的な音の構築は、望むべくもなかった。

だがピアソラは、そんなことは承知でこの録音に取り組んだのだ。いかに父祖の国であろうと、気心の知れたメンバーなど誰一人としていない異国でゼロからの再出発を図る以上、その環境の中でできる限りのことをやった上で、新たに活路を見いだしていくしかなかったのだから。そして、痛々しいほどの強い決意で臨んだその姿は、そのバンドネオンの力強い響きにはっきりと映し出されていた。

そのことを考えれば、このアルバムがそれなりの説得力を持っている理由も説明がつく。もとより、作曲手法自体はそれまでと大きく変わったわけではなかった。単にその表現方法が変わっただけであり、曲自体の持つ本質的な力強さは、揺らいでいなかったのである。

このアルバムは、かなり多くの国で発売されたが、これはピアソラのアルバムとしてはかつて例のないことだった。フランスではポリドール、ドイツとオランダではBASF、スペインではアリオラ、イギリスとアメリカ合衆国ではロック中心のレーベルであるクリサリス、ブラジルではRGE、アルゼンチンとウルグアイではトローバから、それぞれリリースされているし、日本でも東宝レコードから出た。そして、ここに収められた新しいピアソラの音楽は、それまでタンゴやピアソラに馴染みのなかったさまざまな国の音楽ファンやミュージシャンたちにも確実にアピールし始めるのである。

少し後の話だが興味深いカヴァーの一例として、1981年にアイランド・レコードから登場した、ジャマイカ出身のモデルで歌手のグレイス・ジョーンズによる〈リベルタンゴ〉を紹介しておこう。気鋭のプロデューサー、クリス・ブラックウェルが主宰するアイランドからは、ボブ・マーリーなどのレゲエや先鋭的ブリティッシュ・ロックの重要作が次々に送り出されてきたが、スタジオでの音作りにもこだわるブラックウェルは西インド諸島バハマの首都ナッソーにコンパス・ポイント・スタジオを建設。1979年10月に完成したBスタジオには、ジャマイカからレゲエ界の強力リズム隊であるスライ・ダンバー（ds）とロビー・シェイクスピア（el-b）のコンビ、英国からバリー・レイノルズ（g）、フランスからウォリー・バダルー（kbd）といった優秀なミュージシャンが集められた。

そのスタジオからの第1弾となったのがジョーンズの『ウォーム・レザレット』で、共同プロデュースも務めたアレックス・サドキンのエンジニアリングも冴えたそのアルバムは、音の良さでも評判を呼んだ。〈リベルタンゴ〉はそれに続いて制作された『ナイトクラビング』に収録。パリのナイトライフを描いたレイノルズによる英語の歌詞、ナタリー・ドロン（アラン・ドロンの元妻で、当時ブラックウェルの恋人だった俳優）によるフランス語の台詞も加えられて〈アイヴ・シーン・ザット・フェイス・ビフォア（リベルタンゴ）〉となり、シングルにもなった（もう一人の共作者デニス・ウィルキーの役割は不明）。アルバム全体が当時最先端のレゲエ／ファンク／ニュー・ウェイヴ風の尖った作りで、この曲にも実にクールなアレンジが施されている。もっとも、当のピアソラは「（編曲は）ひどいが私の稼ぎにはなる」とにべもなかったが、ジョーンズのステージを観に行ってこの曲が受けているのを実感し、喜んでいたらしい。

ジェリー・マリガン

パガーニが、当時イタリアに滞在していたアメリカ合衆国のバリトン・サックス奏者、ジェリー・マリガンに『リベルタンゴ』を聴かせたところ、マリガンは驚きの声を上げた。20年前にパリで、そのステージに接したピアソラに感銘を与えたジャズ・ミュージシャンが、今度はピアソラの新しいタンゴに魅了されたのだった。興味を示したマリガンに対し、パガーニは共演アルバムの企画を提案し、マリガンも飛びついた。

8月、提案を受けたピアソラは、歓喜しつつも最初は躊躇していた。バリトン・サックスとバンドネオンの音色を混ぜ合わせるのは容易ではないと考えたからである。しかし、それでもすぐに共演のための新しいレパートリー作りに取りかかった。

そして9月24日から10月4日にかけての約2週間、ミラノのモンディアル・サウンド・スタジオでレコーディングが行われ、ジェリー・マリガン＝アストル・ピアソラ名義のアルバム『サミット』が出来上がった。ピアソラと、歌手ではないほかのジャンルの演奏家との本格的な共演アルバムとしては最初のものである（＃118）。

共演といっても、その主導権は完全にピアソラが握っていた。マリガンはここで、ジャズを演奏したのではなく、あくまでもピアソラのタンゴを演奏したのである。当初マリガンは、ある程度インプロヴィゼーションを挿入しようと考えていたが、実際にはかなりの困難を伴った。それは主に、ピアソラの音楽の構造上の問題によるものだった。ピアソラの曲は絶えずコードが変化し、ジャズのアドリブ・ソロ・パートや、あるいはスタン・ゲッツが得意としたボサ・ノヴァのように、12小節や16小節毎に繰り返すコード進行では出来上がっていなかったのである。そのためマリガンは多少ナーバスになっていたが、レコーディングの最終日、ミックス・ダウン途中の録音されたテープを聴きながら、満足げにこう言わずにはいられなかった。「違うことに挑戦できたのは、20年ぶりなんだよ！」

バックは『リベルタンゴ』同様、イタリア人スタジオ・ミュージシャンが中心だったが、ピアノとオルガンにはアルゼンチン出身のアンヘル・〝ポチョ〟・ガッティ[*4]が起用された。前作で活躍したフルート群はここでは抜きで、基本的な編成は多少コンパクトになり、これにストリングス・セクションが加わる。２人いるギタリストのうちの一人、ブルーノ・デ・フィリッピ[*5]はハーモニカ奏者としてもイタリアでは有名だった。

〈20年前〉は、ピアソラがこのアルバムのために書いた最初の曲。パリで出会った当時を回想したロマンティックな作品である。

〈目を閉じてお聴き〉も甘美なメロディーの曲で、バンドネオンとバリトン・サックスの語り合いといった感じだ。エレクトリック・ピアノ（以下エレキ・ピアノと表記）やマリンバが後ろにそっと寄り添っている。

〈孤独の歳月〉は、３＋３＋２のリズムに乗せたメロディアスな曲で、このアルバムが生んだヒット作。のちにフランス人のマキシム・ル・フォレスティエ[*]が歌詞を付け、歌曲としても親しまれることになる。

〈シャンゴの神〉で初めてシンプルで力強いリズムが登場。マリガンのソロもたっぷりと聴ける。このアルバム『サミット』は当時、肝心のアメリカ合衆国では発売されなかったものの、さまざまなジャズ・ミュージシャンの間でも反響を呼んだらしく、この曲は１９７５年にはハービー・マン（fl）が、

＊4　アンヘル・〝ポチョ〟・ガッティ *Angel "Pocho" Gatti*（1930・1・28〜2000・1・1）ピアノ奏者、楽団指揮者、作曲家、編曲家。ブエノスアイレス生まれ。父親はコロン劇場管弦楽団のヴァイオリン奏者だった。クラリネット奏者としてブエノスアイレス市立交響楽団に入団し、その後ピアノに転向。１９５２年に作曲したタンゴ〈コリエンテス・アンゴスタ〉は同年フロリンド・サッソーネ楽団に、54年にはアニバル・トロイロ楽団に取り上げられた。50年代前半にはロス・ビッグ・ボーイズ、アルゼンチン・バップ・クラブ楽団などのジャズ・バンドで活動。50年代後半にはアルゼンチンＲＣＡビクトルの音楽顧問を務め、エラディア・ブラスケスやアンディ・ラッセル、アントニオ・プリエトらのレコードでの伴奏も担当した。58年にはティト・ビシオ、ホル

へ・ロペス・ルイスらとロス・クアトロ・デル・スールを結成し、アルバム2枚に参加、61年には脱退しイタリアのミラノに移り住む。62年5月のフランク・シナトラのイタリア訪問の際には、ビル・ミラーに代わって伴奏指揮を務めたこともあったようだ。その後はフレッド・ボングストやジリオラ・チンクエッティなどのレコードで伴奏楽団を指揮。自身のオーケストラでもアルバムを制作し、カルロス・ガルデル作品集は65年にアルゼンチンのミュージック・ホールからリリースされた。71年には一度ブエノスアイレスに戻り、旧知のジャズ・ミュージシャンたちとビッグ・バンドを結成、アルバムやTVドラマのサウンドトラックの録音、歌手の伴奏などを行う。73年9月のオペラ劇場公演後イタリアに戻り、クインシー・ジョーンズがプロデュースと指揮を務めた女性歌手ララ・サン＝ポールのシングル〈心配しないで〉を皮切りに、多くのセッションに参加。77年から78年にかけてのシャルル・アズナヴールとミア・マルティーニのツアーでは、マルティーニの伴奏楽団のアレンジとピアノを担当し、パリのオランピア劇場やローマのシスティーナ劇場に出演した。82年頃までは自身のオーケストラで、それ以降は小編成のコンボでジャズを演奏。86年からスイスに滞在してコンサートやクラブ、劇場などでピアノを弾き、90年代の初頭以降、晩年はパリで生活した。

＊5　ブルーノ・デ・フィリッピ *Bruno De Filippi*（1930・5・8～2010・1・16）ハーモニカ／ギター奏者、作曲家。イタリアのミラノ生まれ。7歳の時、叔父からマンドリンでコードを教わる。1951年にはロッキー・マウンテンズ・オール・タイム・ストンパーズに参加、同グループは54年にはイ・カンピオーニに発展する。58年『サンレモ音楽祭』に初出演。59年に作曲した〈ティンタレルラ・ディ・ルナ（月影のナポリ）〉（作詞はフランコ・ミリアッチ）はイ・カンピオーニで最初に録音したが、ミーナが歌って世界的ヒットとなった。62年に自身のグループを結成し、イタリア内外のクラブや劇場に出演。60年代半ば以降、ミーナ、アドリアーノ・チェレンターノ、カテリーナ・ヴァレンテ、オルネラ・ヴァノーニなどの伴奏ギター奏者を務めるとともに、ルイ・アームストロング、バド・シャンク、ライオネル・ハンプトン、バーニー・ケッセルらジャズ演奏家とも共演。70年代からはクロマティック・ハーモニカ奏者としてもミーナやピノ・ダニエレ、トッキーニョらとレコーディングやライヴで共演し、86年以降ハーモニカによるジャズ・アルバムも発表しながら、日本を含む各国ツアーも行った。80年代以降共演した重要な相手には、同じ楽器同士のデュオの相手であるバーニー・ケッセル（g）やトゥーツ・シールマンズ（hca）、また90年代に頻繁にコラボレーションを行ったドン・フリーマン（p）がいる。

1978年にはラリー・コリエルとフィリップ・カテリーン（g）のデュオがそれぞれ取り上げている。〈20年後〉は、20年を経て邂逅が叶った二人の喜びの表現とでも言えるだろうか、エネルギッシュなぶつかり合いが楽しめる。

〈アイレ・デ・ブエノスアイレス〉はアルバム唯一のマリガンの作品。実は当初の予定では、ピアソラとマリガンは半分ずつ曲を用意するはずだったが、マリガンが書いてきたものをピアソラが気に入らず、かろうじて残ったのがこの1曲だった。かなりピアソラ寄りの曲を苦労して書いたのだろうが、ピアソラなら書かないようなアフター・ビートのリズムも多用され、なかなかスピード感もあって良い仕上がりになっている。アレンジはピアソラが手がけた。ここから3曲にはストリングスは入らない。

〈追憶〉は、上下するシンプルなベースラインを基調にした典型的なピアソラ節。そこにマリガンのサックスが違和感なく乗っかっている。

〈サミット〉はエンディングを飾るにふさわしい盛り上がりを見せるダイナミックな曲。マリガンもここぞとばかりにバリバリとブロウしていて気持ち良い。

筆者は聴き始めた当初、このアルバムに不満を抱いていた。ここでのマリガンは常にピアソラに寄り添った態度を示していて、両者の激突はほとんど見られなかったからである。時代は遡るが、マイルス・デイヴィスへの編曲提供や、画期的なピアノレス・クァルテットでの活躍など、マリガンがそれまでに残してきた輝かしい実績からすれば、あまりにも自己主張に乏しいのではないか、という思いが少なからずあった。

だが、改めてこのレコーディングの経緯をピアソラが語ったフランスの『ジャズ・オット』誌のインタビュー記事を読み直してから、見方が変わった。要するに、ピアソラとほかのジャンルのアーティストとの共演においては、常に共演する相手が完全にピアソラのフィールドに入り込む必要があるというのである。そうすることによって、ピアソラも相手のために存分に力を発揮できるというわけだ。『リベルタンゴ』に感銘を受けたマリガンが、自分も一度ピアソラの色に染まってみたくてやってきたのであれば、『サミット』のような結果になるのは、むしろ自然なことかもしれない。いずれにせよ、二人ともこの作品の出来映えに満足していたことは確かなのだ。そう思って聴き直すと、このアルバムも二人の幸福な出会いの一瞬を捉えた記録のように思えて、愛着が湧いてくるから不思議なものだ。

それにしても、不満が残るのはやはりバック、特にリズム・セクションである。もう少し柔軟性のあるミュージシャンたちがバックアップしていたら、と思う気持ちに変わりはない。ただし、これが当時ピアソラが狙ったサウンドである以上は、仕方がないことかもしれない。

スタジオとライヴの乖離

さて、そのようなレコーディングはともかくとして、現実的にライヴ活動をブッキングする上では、別れたはずの五重奏団のメンバーに頼らざるを得ない場面もしばしば見られた。

『リベルタンゴ』録音後の7月、ピアソラとバルタールはブラジル公演を行い、サンパウロ大学やリオデジャネイロ市立劇場に出演しているのだが、参加したのはオスバルド・マンシ（この時はタランティーノの代役）、アグリ、マルビチーノ、キチョだった。サンパウロでTVトゥピに出演した際の〈ブエノスアイレスの冬〉〈ロコへのバラード〉のそれぞれ1分程度の断片的な映像が、非公式ながらYouTube に残されている。

また、10月16日にはパリでORTF（フランス放送協会）の番組『ル・グラン・エシキエ *LE GRAND*

ECHIQUIER』に出演。バルタールも出ていたはずだが、番組の専属指揮者だったピエール・ラバトの指揮するTV局のオーケストラをバックに〈アディオス・ノニーノ〉を披露した動画がYouTubeにある。5分台の演奏で、エレクトリックな志向ではまったくなく、特にひねったアレンジでもない。

マリガンとのステージでの共演は、レコーディングと同時期の9月にヴェネツィアの国際音楽祭に登場したのが最初と思われる。そして10月21日のパリ、オランピア劇場でのリサイタルは、ピアソラ五重奏団（今回はタランティーノが参加）、マリガン、バルタールという顔ぶれでのものだった。タランティーノのプレイを目の当たりにしたマリガンは、彼のことを「タンゴ界のアート・テイタム（注：超絶技巧を誇ったジャズ・ピアノの名手）だ」と評したという。この時の録音は残されていないものだろうか。

また、イタリアのTV局、RAIでのピアソラとマリガンによる〈孤独の歳月〉の共演映像も存在しているが、二人の演奏はカラオケに合わせたもので面白味はあまりなく、ライヴでの生々しい様子をイメージするのは難しい。音は『くつろいだピアソラ、デカルト通り16番地にて』（#100）で聴ける。

さまざまな歌手たちとの交流

ピアソラとマリガンのオランピア公演を聴きに集まった中に、シャンソンのシンガー・ソングライターのジョルジュ・ムスタキ[*6]がいた。ムスタキとピアソラが出会ったのは、1972年9月、ブラジルのリオデジャネイロで開かれた『第7回世界歌謡祭』でのこと。それ以前からレコードを通してピアソラの音楽には触れていたムスタキだったが、「生で演奏する姿に接して、より強い印象を受けた」と、その出会いを振り返る。そしてオランピアでの再会を機に、一緒に曲を作ろうということになった。マリア・スサーナ・アッシによると、ムスタキは新曲の歌詞を書きとめていたが、ピアソラはすぐにでも作業を始めたそうな様子だった。そこでムスタキはピアソラを自分のアパートのピアノの前に座らせ、そのまま仕事をさせてみた。数時間後、ムスタキが戻ってくると「彼はそこにいなかったが、ピアノの上にはもう楽譜とカセットが置いてあった。曲は完成していたんだ」。

こうして出来上がった〈明日のタンゴ〉は、1974年11月から12月にかけてのムスタキのボビノ公演で披露され、同公演を収録した2枚組『ライヴ（ムスタキ・ライヴ★ボビノ'74）』にも収録された。同曲のスタジオ録音は、1975年のアルバム『ムスタキ（愛のシャンソン）』（#G19）に収録されているが、演奏はアルゼンチン出身でパリを拠点にしていたクアルテート・セドロン[*7]が受け持った。1976年、ピアソラはムスタキの次のアルバムに参加を果たし、TVでもこの曲を一緒に演奏することになるのだが、その2つのエピソードについてはのちほど触れる。

マリガンとのオランピア公演から5日後の10月26日、ピアソラはパリでORTF（フランス放送協会）の番組『トップ・ア・ジュリアン・クレール』に出演した。この『トップ・ア・誰々』というのは、さ

＊6　ジョルジュ・ムスタキ *Georges Moustaki*（1934・5・3～2013・5・23）
歌手、ギター奏者、作詞・作曲家。エジプトのアレクサンドリア生まれ。本名ジュゼッペ・ムスタキ。両親はともにギリシャ人。フランス人学校で学び、16歳でフランスのパリに移る。やがてジョルジュ・ブラッサンスやエディット・ピアフといった大物たちとめぐり会うことによって、シャンソン界に入り込んでいく。1958年にはピアフのニューヨーク公演にギター奏者として参加、翌年に作詞した〈ミロール〉（マルグリット・モノー作曲）はピアフが歌いヒットした。60年にレコード・デビュー、しばらくは伸び悩んでいたが、70年初頭のボビノ劇場公演の成功と〈異国の人（ル・メテック）〉の大ヒットで一躍スターの座を獲得した。ピアソラ作品のみならずアントニオ・カルロス・ジョビンのボサ・ノヴァを歌うなど、レパートリーを広げながら活動を続けた。73年以降、たびたび来日している。

まざまな人気歌手をメインに1972年から続いていた音楽番組のシリーズ。この回の主役だったシンガー・ソングライターのジュリアン・クレール[*8]は、当時コンビを組んでいた作詞家のエティエンヌ・ロダ=ジル[*9]の翻案を得て、〈ロコへのバラード〉のフランス語版〈ロコ・ロコのバラード *Ballade pour un fou (Loco, Loco)*〉を歌い始めていた。そしてこの番組で、念願かなって憧れのピアソラとの共演が実現した。オーケストラが伴奏しているが（画面には映らない）、聴いた限りではアレンジはピアソラによるものではなく、ピアソラはそこにバンドネオンをうまく溶け込ませている。

クレールは翌1975年、ミシェル・ベルナルクのアレンジで〈ロコ・ロコのバラード〉をレコーディングし（ピアソラは不参加）、シングルでリリースしたが、バンドネオンが入らないことを抜きにしても、アレンジはTV出演時のものとはかなり変えられていた。クレールにとって、自作以外の曲をレ

＊7　クアルテート・セドロン *Cuarteto Cedrón*
四重奏団。比較的インテリ指向の強いモダン・タンゴ・グループだが、リーダーのファン・セドロンはギター奏者であると同時に歌手でもあり、フリオ・コルターサルからディラン・トーマスに至る詩作を積極的に取り上げるなど、歌とインストルメンタルのバランスが絶妙なところに特徴がある。1963年頃ブエノスアイレスでファン・セドロン・トリオとしてスタート、当時のメンバーはファン・〝タタ〟・セドロン（vo／g）、セサル・ストロスシオ（bn）、ミゲル・プライノ（va）。65年から67年までセドロン自身が開いたクラブ「ゴタン」にピアソラやロビーラらとともに出演、その後ホルヘ・サラウテ（b）が加わり四重奏団となった。72年にパリ公演を行い成功、74年にはサラウテに代えて新たにカルロス・カルルセン（vc／b）を迎え、本拠地をパリに移した。80年代の終わり頃、サウンド面で重責を担っていたストロスシオがカルルセンとともに脱退し、やや弱体化したが、その後は若手のエドゥアルド・ガルシーア（bn）、セドロンの息子ロマン・セドロン（b）も成長し、再び活力を取り戻した。2004年にアルゼンチンに帰国し、以降も活動を継続。セドロンとプライノ以外のメンバーや楽器は流動的だが、四重奏団を名乗ったグループ名はそのまま、五重奏としても活動。2018年の『ハマイカ・マルー』では、エク

トル・ブロムベルグの詩にセドロンが曲を付けて歌った。

＊8　ジュリアン・クレール *Julien Clerc*（1947・10・4）
歌手、作曲家。フランスのパリ生まれ。本名ポール＝アラン・ルクレール。父親はユネスコの上級公務員、母親は西インド諸島のグアドループ生まれ。1歳半の時に両親が離婚、父親が親権を持ち、週末には母親からピアノを教わった。高等中学校でモーリス・ヴァレと知り合い意気投合、ともに進学したソルボンヌ大学時代にエティエンヌ・ロダ＝ジルと出会い、作詞がヴァレとロダ＝ジル、作曲と歌がクレールというチームが出来上がる。1968年、パテ・マルコニのオーディションに合格しレコード・デビュー、翌年にはオランピア劇場でジルベール・ベコーの前座を務めた。ロック・ミュージカル『ヘアー』の主役を演じ人気を獲得、70年にはオランピア劇場に真打ちとして登場するなど人気は揺るぎないものとなっていく。74年に初来日。〈ロコへのバラード〉の翻案もロダ＝ジルが手がけたが、左翼的思想の持ち主だった彼とはこの頃から距離を置くようになり、代わりに新しいパートナーとしてマキシム・ル・フォレスティエや売れっ子作詞家のジャン＝ルー・ダバディらを起用していく。81年にはヴァージンに移籍、以後もスターとしての地位を保ち続けた。ほとんど自作曲しか歌わず、ピアソラの〈ロコへのバラード〉を取り上げたのは異例のことだとも受け取れるが、77年と94年のオランピア劇場公演などでもこの曲は歌われている。90年代にはロダ＝ジルとのコンビが復活、2000年以降はカルラ・ブルーニらとの共作も行っている。21年にはカヴァー集『幸せな日々』をリリースした。

＊9　エティエンヌ・ロダ＝ジル *Étienne Roda-Gil*（1941・8・1～2004・5・31）
作詞家、脚本家、プロデューサー。スペイン内戦末期にフランコ政権から逃れてきた難民の子として、南フランスのセットフォンの収容所で生まれた。1950年代初めに家族とパリ郊外のアントニーに移住し、アンリ四世校で学ぶ。59年、アルジェリアでの兵役を拒否し、ロンドンに逃れる。68年にはパリ5月革命に参加。その頃パリのカフェでジュリアン・クレールと出会い、クレールの書いた曲に歌詞を付けるようになる。その後作詞家としてフランソワーズ・アルディ、クリストフ、ベルナール・エスタルディ、モルト・シューマン、バルバラ、ディディエ・マルアーニ、クロード・フランソワ、ラシッド・バーリ、アンジェロ・ブランドゥアルディ、シャルル・デュモン、リッカルド・コッチャンテ、ヴァネッサ・パラディ、ジョニー・アリディらに作品を提供、一部ではプロデュースも担当した。89年にはフランスの著作権管理団体ＳＡＣＥＭからソングライティング部門のグランプリを授与されている。

コードにしたのはこれが最初だったが、その後もステージでの重要なレパートリーとなった。とりわけ、レコーディングからほどない1977年1月にパレ・デ・スポールで収録された3枚組『ジュリアン・クレール（ライヴ'77）』でのクレールの歌は迫力満点。なお、ピアソラとクレールはその後、1983年10月12日にフランスのTV局FR3でオンエアされた『キャドンス3《トロワ》 *CADENCE 3*』で久々に共演することになる。映像は確認できていないが、おそらくそこでは五重奏団で伴奏を受け持ったものと思われる。

パリから戻ったピアソラは、ミラノのいつものモンディアル・サウンドで、筆者が聴いた限りではいつものミュージシャンたちと、バルタールが歌う次の2曲を録音した。

〈マティルデへの小さな歌〉は、チリの詩人パブロ・ネルーダ[*10]との唯一の共作。とはいってもネルーダはすでに1年前に亡くなっていて、没後に出版された作品の中から曲を付けてくれるよう、この作品を捧げられた未亡人のマティルデ・ウルティアから依頼されたのだった。大編成ストリングスをメインにフルートも活躍、ピアノとマリンバのユニゾンが気持ち良い。

〈みんなのビオレータ〉はマリオ・トレーホ[*11]との合作で、ビオレータとはチリが生んだ偉大なフォルクローレ歌手ビオレータ・パラのこと。リズミカルなバンドネオンが小気味良く、バルタールの歌も堂々たるもの。結局、この2曲がピアソラとバルタールとの最後のスタジオ録音となってしまった。

この2曲は、アルゼンチンでは1975年になってトローバからシングルでリリースされたが、プロデューサーのパガーニは、海外では別のリリース形態を考えた。その結果がスペインとブラジルで出た2種類の『アメリータ・バルタール』である（#119(a)、#119(b)）。パガーニはコンフント9やバルタールのアルゼンチンRCA音源のイタリアでの発売権を持っていたので、それらブエノスアイレス録音（具体的にはバルタールのシングル〔#102、#111〕および当時未発表の〈悲しきゴルド〉〈行こうニーナ〉と抱き合わせることにした。そしておそらくこのタイミングで、同じモンディアル・サウンドでの録音だったエドゥモンダ・アルディーニの『嫉妬とタンゴ』(#106)から、コンフント9が伴奏した〈3001年へのプレリュード〉〈わが死へのバラード〉〈ロコへのバラード〉のバックトラックを抜き出して、バルタールに再度歌わせたのだろうと思われる。この3曲は当時、ブラジル・フェルマータ盤(#119(b))の方にだけ収録された。

そしてこの時期に実現したもう一つのユニークなコラボレーションについて紹介しておく。『サミッ

*10　パブロ・ネルーダ *Pablo Neruda* (1904・7・12～1973・9・23)
詩人、外交官、政治家。チリのパラル生まれ、テムコ育ち。本名ネフタリ・リカルド・レジェス・バソアルト。10歳で詩を書き始めたが鉄道員の父親に妨害されたため、チェコスロヴァキアの詩人ヤン・ネルーダにちなんだ「パブロ・ネルーダ」というペンネームを使うようになる。サンティアゴのチリ大学でフランス語を学び、1921年に雑誌に掲載した詩「祭りの歌」が詩歌コンクールで優勝、23年に処女詩集『たそがれ』を発表。27年から32年にかけて領事としてビルマ(現ミャンマー)のラングーン、セイロン(現スリランカ)のコロンボ、オランダ領東インド(現インドネシア)のバタビアに赴任したのち一旦帰国、33年にシュルレアリスム詩集『地上のすみか』を発表。ブエノスアイレスに赴任中、旅行中だったスペインの詩人フェデリコ・ガルシーア・ロルカと出会う。翌34年にはスペインのバルセロナに赴任、すぐにマドリードに移る。ガルシーア・ロルカらとの交流による詩作の発展は、36年のスペイン内戦勃発により中断された。一時帰国後、パリからメキシコ、ペルー滞在を経て43年に帰国、共産党から推されて45年に議会入りしたが、弾圧を受け48年に亡命。ソ連やポーランドなどを経てメキシコに落ち着く。50年にはそうした困難な状況の中で創作された詩集『大いなる歌』がメキシコで出版された(チリでは地下出版)。52年に政治状況の好転したチリに帰国、その後も各国を股にかけての執筆活動を続けた。71年にはノーベル文学賞を受賞している。前立腺がんを患い、アジェンデ政権が軍事クーデターによって倒された争乱の最中にサンティアゴで病死したが、死因をめぐっては毒殺説などの論争があり、真相は明らかになっていない。

ト』を録音した1か月後の11月後半にミラノの同じスタジオで、ブラジルの個性派歌手ネイ・マトグロッソ*12と2曲をレコーディングしたのである。プロデュースはパガーニ、ピアソラ以外のスタジオ・ミュージシャンたちは、いつものトゥリオ・デ・ピスコーポ（ドラムス）のほか、ピーノ・プレスティピーノ（エレキ・ベース）、フィリッポ・ダッコ（エレキ・ギター）、アンドレア・サッチ（アコースティック・ギター）、バイオッコ・ジョルジオ（フルート）、ルイジ・ジューディチ（キーボード）という面々。この2曲はマトグロッソのファースト・ソロ・アルバム『アグア・ド・セウ＝パッサロ』におまけとして付けられたシングル盤（＃120）に収録された。

＊11　マリオ・トレーホ *Mario Trejo*（1926・1・13～2012・5・14）
詩人、劇作家、脚本家、ジャーナリスト、作詞家。出生地は明かさなかったが、ブエノスアイレス州のどこか、ラ・プラタ、首都ブエノスアイレスの可能性がある。1946年、20歳の時に最初の詩集『血の細胞』を出版。同年、アルベルト・バナスコと「H．I．G．O．クルブ」を設立し、絵画や彫刻の展示と詩の朗読を組み合わせた運動を展開。48年には芸術家たちによる「具体的芸術＝発明グループ」に参加。同年には、65年に初演される戯曲『ハムレットに慈悲はない』をバナスコと書き上げていた。50年には雑誌『ポエシア・ブエノスアイレス』の創刊に加わり、52年から53年にかけてシュルレアリスム雑誌『文字と行』の編集幹事を務めた。57年にはブラジル外務省から奨学金を受け、リオデジャネイロで近代美術館の創設者たちや具体詩のグループと交流。58年から60年にかけてブエノスアイレスのTV7チャンネルでインタビュー番組を担当、TV番組『若者の歴史』の脚本を書いた。60年から62年まではマドリード、ローマ、パリに、63～64年はキューバに住み、取材や執筆活動を続けた。64年の第2詩集『言葉の使用』はキューバで「カサ・デ・ラス・アメリカス」賞を受賞。65年にはローマでベルナルド・ベルトルッチと映画『キル・ミー・フューチャー』の台本を書いたが、撮影されずに終わった。67年、ブエノスアイレスの文化研究センター「インスティテュート・ディ・テラ」の招きで戯曲『自由とその他の中毒』の脚本と演出を手がける。この作品では初めて拷問や中絶という題材を扱い、人々の心に潜む排他性への疑念を投げかけた。その後は映画制作や雑誌の編集などに携わる。71年には中東、72年にはチリに滞在し、フリーランスの特派員とし

て活動。帰国後、74年末からスペインを拠点にヨーロッパで新たな活動を開始した。作詞家としての活動は極めて限定的で、57年に彼の詩〈悲しみと海〉にワルド・デ・ロス・リオスがサンバのリズムで曲を付け、自身の楽団で録音したのを除けば、組んだ作曲家はピアソラのみ。ピアソラとの共作には〈みんなのビオレータ〉〈迷子の小鳥たち〉のほかに、ホセ・アンヘル・トレージェスが1975年のデビュー・アルバム『私の歌と私の時代』（#G21）で取り上げた〈私生活のスキャンダル〉がある。また、イタリアのジャズ・トランペット奏者エンリコ・ラヴァのアルバム『クオーテーション・マークス』には73年ニューヨーク録音とロドルフォ・メデーロス（bn）らが参加した74年ブエノスアイレス録音が混在しているが、ニューヨーク録音3曲はトレーホの詩にラヴァが音楽を付けたもので、ジーン・リーが英語で歌っている。

＊12　ネイ・マトグロッソ *Ney Matogrosso*（1941・8・1）

歌手、俳優、演出家。ブラジルのマト・グロッソ・ド・スル州ベラ・ヴィスタ生まれ。本名ネイ・ヂ・ソウザ・ペレイラ。家族でレシフェ、サルヴァドール、リオデジャネイロ、カンポグランデを転々とし、17歳の時にブラジリアで空軍に入隊。ブラジリアの基地病院の病理解剖学研究室で働きながら、末期患者の子どもたちとのレクリエーション活動のために歌い、踊り、芝居をし、仮面や陶器のオブジェを作り、画を描き、刺繍をした。ヴォーカル・クァルテットを作り、大学の音楽祭に参加したこともあった。俳優を目指していた1966年には、リオデジャネイロで手工芸品の製造と販売で生計を立てていた。その後はサンパウロでアングラ演劇の舞台に立つ。シンガー・ソングライターのルリを介して、ヴォーカリストを探していたギターのジョアン・リカルドと出会い、71年にロック・バンド、セコス・イ・モリャードスを結成、ネイ・マトグロッソを名乗る。73年にファースト・アルバムを発表していきなり大ヒット、派手なメイクで人気を呼ぶが、74年に解散しソロとなった。75年にリオデジャネイロで初演したショー『ネアンデルタール人』では、毛皮、角、羽毛に覆われた半獣半人のキャラクターでステージに登場。当初はまるで女性のような歌声と奇抜なファッションで聴き手を挑発していたが、ショーの度に新しいイメージを提示、86年には初めてノーメイクで派手な衣装も着けずに舞台に立ち、アルトゥール・モレイラ・リマ（p）、ハファエル・ハベーロ（g）、パウロ・モウラ（asほか）らとのステージ『真珠採り』で新境地を開いた。80年代以降は俳優として映画にも出演、コンサートやミュージカルの演出なども行っている。レパートリーも多彩で、MPBを中心とした新旧の作詞・作曲家の幅広い作品に意欲的に取り組み、80歳をすぎた現在もコンスタントに活動を続けている。

〈島々〉は、ブラジルの若き作詞家、ジェラルド・カルネイロ[*13]と合作したもので、歌詞もポルトガル語。メロディー自体は単純なフレーズの繰り返しなのだが、カラフルなバックが曲を盛り上げていく。ピアソラの録音では初めてシンセサイザーが使われたほか、後半では歌のバックでディストーション（音を歪ませるエフェクター）のかかったエレキ・ギターとフルートが活躍。

〈1964（II）〉は、書かれた年をそのままタイトルにしたホルヘ・ルイス・ボルヘスの詩の、IとIIで構成されたうちのIIの部分にピアソラが曲をつけたもの。1965年の『エル・タンゴ』完成後、ボルヘスとは意見の相違が表面化していたはずだが、作品への評価は別だったようで、1974年5月には、ボルヘスのあと2つの詩にも曲を付けている。ピアソラにとってはこれが唯一の録音となったが、アレンジの傾向は〈島々〉と同様で、アコースティック・ギターのカッティングがかなり効果的。マトグロッソはスペイン語で歌っている。

この2曲は、ピアソラが当時の先端のロック／ポップスに最も接近し、しかも成功した例だと言える。アレンジも良く、各楽器のバランスも見事で、中性的なマトグロッソのヴォーカルとよくマッチしている。2曲のみのコラボレーションで終わってしまったのが惜しいくらいだ。なお、マトグロッソのアルバム本編の方は、ブラジルとアルゼンチンの混合メンバーがサポートし、アルゼンチンのロック界で活躍するビリー・ボンドのプロデュースによりサンパウロのスタジオで録音されたもので、音の傾向は大きく異なる。ピアソラとの2曲をアルバムに含むのではなく、ボーナス・シングルとして分けたのは正解だろう。

若きバンドネオンの獅子たち

１９７４年の暮にバルタールを伴って一時帰国したピアソラは12月３日、特別編成のグループを率いてブエノスアイレスのコリセオ劇場で１回のみの公演を行った。この時のメンバーはアルバム『リベルタンゴ』を再現するための以下の編成だった。

バンドネオン、編曲、指揮：
アストル・ピアソラ
バンドネオン：
ロドルフォ・メデーロス／フアン・ホセ・モサリーニ[*14]／ダニエル・ビネリ[*15]
ピアノ：
ダンテ・アミカレリ
オルガン：
フアン・カルロス・シリリアーノ[*16]

*13　ジェラルド・カルネイロ *Geraldo Carneiro*（1952・6・11）作詞家、詩人、劇作家、脚本家。ブラジルのミナス・ジェライス州ベロオリゾンチ生まれ。１９５５年からリオデジャネイロ在住。60年代の終わりから作詞を始め、エドゥアルド・ソウト・ネロらとコンビを組む。エグベルト・ジスモンチがヴォーカルも聴かせた72年のアルバム『水とワイン』で作詞を担当し注目された。弟のナンド・カルネイロ（g）がメンバーのア・バルカ・ド・ソルでも作詞を手がけ、彼らがバックアップしたオリヴィアのファースト・アルバム（#G24）にも多くの歌詞を提供した。74年に最初の詩集を出版、70年代後半からは劇作家としても多くの舞台を手がけ、ＴＶドラマの脚本も書いている。

パーカッション：
ホルへ・パディン
マリンバ：
ティト・ビシオ
ドラムス：
エンリケ・〝スルド〟・ロイスネル＊17
フルート：
アルトゥーロ・シュネイデル

＊14　フアン・ホセ・モサリーニ *Juan José Mosalini*（1943・11・29～2022・5・27）
バンドネオン奏者、楽団指揮者、作曲家、編曲家。ブエノスアイレス生まれ。アマチュアの奏者だった父からバンドネオンと音楽理論を学ぶ。1961年、TV13チャンネルのコンクールで優勝、その後1年間同局の専属楽団で演奏。その後ホルへ・ドラゴーネ、リカルド・タントゥーリ、レオポルド・フェデリコ、ホセ・バッソ、オラシオ・サルガンなどの楽団を経て69年、オスバルド・プグリエーセ楽団に参加。並行して70年にはダニエル・ビネリらとキンテート・グアルディア・ヌエバを結成。73年には、ロドルフォ・メデーロスのヘネラシオン・セロに参加、この頃オスバルド・マンシ四重奏団にも2年間在籍した。77年、プグリエーセ楽団を脱退し、4月にパリに亡命。グスタボ・ベイテルマン（p）、エンソ・ヒエコ（fl）、トマス・グビッチ（g）らとティエンポ・アルヘンティーノを結成しアルバム『赤のタンゴ』を制作、その後はフランス人ミュージシャンたちとのクアルテート・カンジェンゲでも活動。79年にはバンドネオン・ソロ・アルバム『ドン・バンドネオン』を録音。82年、ベイテルマン、フランス人ジャズ・ベーシストのパトリス・カラティーニとトリオ、モサリーニ＝ベイテルマン＝カラティーニを結成、以後10年間にわたる充実した活動を展開した。89年にはアタウアルパ・ユパンキの詞にエンソ・ヒエコと共同で作曲したカンタータ《聖なる言葉》をパリで初演。先のトリオから発展した四重奏団にアントニオ・アグリが加

わる形でモサリーニ＝アグリ五重奏団を結成、94年以降4年連続して来日し、95年にはＮＨＫドラマ『水辺の男』のサウンドトラックを手がけた。その間、さまざまな歌手との共演やレコーディング・セッション、オルケスタ・ティピカ編成の楽団を率いてのアルバム制作なども行っている。99年にはレオナルド・サンチェス（g）とピアソラ作品や自作などの二重協奏曲集『アルゼンチンの音楽』（♯G63）を録音。盟友アグリの死後は息子のパブロ・アグリが引き継ぐ形の五重奏団で99年、２００２年、04年に来日。その後14年、17年にも来日し、日本人ミュージシャンたちと共演した。スタジオでの仕事として、フランスの多国籍グループ、カオマの大ヒット曲〈ランバダ〉（89年）でもバンドネオンを弾いている。

＊15　ダニエル・ビネリ *Daniel Binelli*（1946・5・20）

バンドネオン奏者、楽団指揮者、作曲家、編曲家。ブエノスアイレス市の近く、キルメス生まれ。10歳からバンドネオンを習い、15歳でロレンソ・バルベロ楽団に参加。17歳の時にＴＶのコンクールでピアソラの曲を演奏し優勝。１９６９年、オスバルド・プグリエーセ楽団に参加。同楽団在籍中の70年、ファン・ホセ・モサリーニらとキンテート・グアルディア・ヌエバを結成。73年には、ロドルフォ・メデーロスが結成したヘネラシオン・セロに参加。同年にはウーゴ・バラリス五重奏団のアルバム『73年のタンゴ』の録音にも参加し、ソロ奏者としての実力を発揮。77年には米国のフュージョン・グループ、ストーン・アライアンスのアルバム『ストーン・アライアンス・コン・アミーゴス』にゲスト参加。79年、プグリエーセ楽団のメンバーとして初来日。83年にはプグリエーセ楽団を脱退し、オラシオ・マルビチーノ（g）らとのヘンテ・デ・ヌエボス・アイレスで活動、同じ年にはウーゴ・ロメロ（g）とのデュオも結成。アティリオ・スタンポーネ、サウル・コセンティーノのグループやブエノスアイレス市立タンゴ・オーケストラにも随時参加したほか、87年にはオスバルド・レケーナ四重奏団のメンバーとして、88年にはショー『タンギッシモ』出演のため来日。89年、ピアソラ六重奏団に参加。90年以降はソロ・アルバム『バンドネオン』（メロペア）制作、スイスを拠点にするグループ、タンゴ・シエテへの参加、ショー『タンゴ・ポル・ドス』の楽団指揮（2度来日）、一連のバンドネオン協奏曲をはじめとするピアソラ作品の録音など、多彩な活動を繰り広げている。96年には米国のブラック・サンから2作目のソロ・アルバム『タンゴ』をリリースした。１９９９年にスタートしたショー『タンゴ・メトロポリス』で音楽監督を務め、２０００年以降もピアノのポリー・フェルマンやギターのエドゥアルド・イサーク、それぞれとのデュオやトリオ、ビネリ＝フェルマンの２人を中心としたアンサンブル、各地のオーケストラとの共演など、幅広く活躍を続けている。

エレキ・ギター：
オラシオ・マルビチーノ
エレキ・ベース：
アダルベルト・セバスコ
歌手：
アメリータ・バルタール

ここではオルガンを担当しているフアン・カルロス・シリリアーノは、翌年ピアソラが組むコンフント・エレクトロニコに参加することになるピアニストだが、これが初共演ではなく、1970年にピアソラから呼ばれ、交通事故にあったオスバルド・マンシの代役としてミケランジェロやTV13チャンネ

＊16　フアン・カルロス・シリリアーノ *Juan Carlos Cirigliano*（1939・5・5）
ピアノ／キーボード奏者、楽団指揮者、作曲家、編曲家。ブエノスアイレス生まれ。父親のフアン（p）はフリオ・デ・カロの信奉者で、兄弟のミゲル（bn）とタンゴ楽団を率いていた。6歳から音楽を学び、歌手ロベルト・メディーナが開いたナイトクラブ「ボヘミアン・クラブ」で演奏を披露し13歳で卒業。14歳から改めてエルシリア・デ・マリアにピアノを教わる。56年にクラリネット奏者バリー・モラルの楽団でプロ・デビュー。その後レイ・ノラン楽団などに参加するが、57年にはアニバル・トロイロ楽団のピアノ奏者がオスバルド・マンシからオスバルド・ベリンジェリに交代する間のピンチ・ヒッターを務めた。59年または60年からカジェタノ・マルコーリのもとで和声、対位法、作曲、管弦楽法を学び、63年から66年まではスウェーデンでピアノ奏者、アレンジャーとして活動、オスカー・ピーターソンやビル・エヴァンスとも出会い、アドバイスを受けている。帰国後の67年からギジェルモ・イスクラに師事。68年にはTV7チャンネルの専属楽団に参加。70年、ワルテル・リオス（bn）らとトリオを組んでラウル・ラビエ（vo）の伴奏を受け持つ。74年12月から76年までピアソラと活動、77年4月にはリオ

スと今度は五重奏団、ムシカ・デ・ラ・シウダー・デ・ブエノスアイレスを結成、CBSにアルバムも残した。80年代以降はロス・ムシコス・デ・ブエノスアイレスを率いて活動。ブエノスアイレスを訪れた海外の歌手を伴奏したり、ドン・コスタやレイ・コニフといったポピュラー音楽の楽団でピアノを弾いたりと、幅広く活動。国内でもホセ・アンヘル・トレージェス（♯G49）やアドリアナ・バレーラほか歌手の伴奏など手がけている。また、TVや映画音楽、ミュージカルなどの作曲・編曲・指揮も担当。教育にも熱心で、妻とともに音楽学校を開設し、後進の指導にあたった。2024年にはピアソラ作品集『アストルと私（21世紀のピアソラ音楽）』をリリース。

＊17　エンリケ・〝スルド〟・ロイスネル *Enrique "Zurdo" Roizner*（1939・12・14〜2024・1・14）ドラムス／パーカッション奏者。ブエノスアイレス生まれ。ブエノスアイレスの音楽界を代表する奏者の一人としてジャズ、フォルクローレ、ポップス、ボサ・ノヴァなどあらゆるジャンルの多数のレコーディングに参加している。8歳の時にヴァイオリンを始め、その後バディ・リッチやジーン・クルーパの演奏を聴いてドラムスに転向。18の時にプロとしてチリに行き、その後コロンビアに1年間滞在。ボサ・ノヴァのリズムを把握すべく、ブラジルにも3か月滞在したという。1960年にはロドルフォ・アルチョウロン（g）、サンティアゴ・ジャコーベ（p）、レアンドロ・〝ガート〟・バルビエリ（ts）らを含むアグルパシオン・ヌエボ・ジャスでレコーディング。70年、ディノ・サルーシ七重奏団のアルバムに参加した直後に、ヴィニシウス・ヂ・モラエスがマリア・クレウーザ、トッキーニョとブエノスアイレスで制作した『ラ・フサのヴィニシウス・ヂ・モラエス』の録音に呼ばれ、注目を集める。ガート・バルビエリのグループのメンバーとして1973年に来日。ピアソラとは第1期コンフント・エレクトロニコおよび83年のコロン劇場公演などで共演。81年にはフランク・シナトラのブエノスアイレス公演でドン・コスタの指揮するオーケストラに加わる。83年にはオラシオ・マルビチーノ（g）、ダニエル・ビネリ（bn）、アダルベルト・セバスコ（el-b）とのヘンテ・デ・ヌエボス・アイレスに参加。90年前後にはホルヘ・ナバーロ（p）、リカルド・レウ（g）、ウーゴ・ピエーレ（sax）らとの8人組、ラ・バンダ・エラスティカで活動し、ホセ・ルイス・カスティニェイラ・デ・ディオスとスサーナ・ラゴが95年頃再結成したアナクルーサにも参加している。2001年にはレオポルド・フェデリコ・トリオの『ピアソラに捧ぐ』（♯G72）のうち4曲に参加。02年からはアラスカ生まれのシンガー・ソングライター、ケビン・ジョハンセン率いるザ・ナダのドラマーとして長く活躍した。また、ブエノスアイレス市立タンゴ・オーケストラにも参加し、ピアソラから捧げられた〈スルドのタンゴ〉を12年に初演している（♯G96）。

ルで演奏したり、バルタールとのレコーディングに参加したりしたことがあったとのことだ。

そして、この特別編成のラインナップで目を引くのは、ピアソラのほかに3人のバンドネオン奏者が参加している点である。もっとも彼らの参加は、『リベルタンゴ』ではバンドネオン四重録音だった3曲のみにとどまったのだが、呼ばれた3人はいずれも当時注目の若手だった。

ロドルフォ・メデーロス、ファン・ホセ・モサリーニ、ダニエル・ビネリというこの3人は、セステート・タンゴの結成メンバーが大挙して離脱したあとのオスバルド・プグリエーセ楽団に、1969年に揃って参加した仲間同士。ピアソラに心酔する3人は、プグリエーセ楽団で安定した活動を続けながらも、並行して新しい試みを始めていた。

まず、モサリーニとビネリの2人は1970年、エレキ・ギター、エレキ・ベース、ドラムスを加えたキンテート・グアルディア・ヌエバを結成し、メデーロスもアレンジャーとして協力した。唯一のアルバム『キンテート・グアルディア・ヌエバ』(1972年)に収録されたオリジナル曲は1曲のみで、あとはピアソラ作品を含む既成曲を多少ロック/ジャズ的感覚を交えてアレンジしたもの。フリオ・デ・カロがピアソラに捧げた〈ピアソラ〉という珍しい曲も含まれていた。バンドネオン、エレキ・ギター、エレキ・ベースという組み合わせはすでに1960年代中期にエドゥアルド・ロビーラのトリオにより実践されていたが、これにドラムスを加えた編成は、おそらくこれが最初のものだろう。

続いてメデーロスが1973年、今度はモサリーニとビネリの助けを得て、ヘネラシオン・セロ(ゼロの世代)を結成する。最初のメンバーはメデーロス、モサリーニ、ビネリの3人にサックス/フルートのアルトゥーロ・シュネイデル、エレキ・ベースのリカルド・サラス、ドラムスのポチョ・ラポウブレを加えた6人。このグループのレパートリーはすべてがメデーロスのオリジナルで、その音楽性はもはやタンゴからは大きく離れ、アフター・ビートのジャズ＝ロック的なものだった。そこがキンテート・グアルディア・ヌエバと大きく異なる点だった。メデーロスは、タンゴの新しい道を探るのではなく、バンドネオンという楽器に秘められた表現の可能性に賭けようとしたのだ。

1973年7月6日、SADAICのサロンでのヘネラシオン・セロのデビュー公演に駆けつけたピアソラは、その演奏を絶賛している。8月から9月にかけてファースト・アルバム『冗談抜きで *FUERA DE BROMA*』が録音されたが、実際にトローバから発売されたのは3年後の1976年のことだった。

それはともかく、こうした新しい活動を行っていた3人がピアソラに呼ばれたのも無理からぬ話だが、彼らのピアソラとの関係はこれが初めてではなかった。そもそも1965年、コルドバ市でくすぶっていたメデーロスの才能を見抜き、ブエノスアイレスに出てくることを勧めたのはピアソラだったし、ビネリが1963年、17歳の時にTVのコンクールで優勝した際にも、わざわざ家に招いていた。ピアソラは、常に新しいバンドネオン奏者の動向には目を光らせていたのだろう。

コリセオ劇場での凱旋公演

1974年12月の公演に話を戻そう。第1部の曲目はまず〈リベルタンゴ〉〈メディタンゴ〉〈ビオレンタンゴ〉、次の3曲がバンドネオン3人も加わっての〈アメリタンゴ〉〈トリスタンゴ〉〈アディオス・ノニーノ〉、そしてアメリータ・バルタールの歌で〈田園、道、そして愛〉〈1964（II）〉〈島々〉と続いた。

『リベルタンゴ』からの6曲は、いずれもアルバムでのアレンジに準じた演奏だったが、〈アディオス・ノニーノ〉の終盤にはマルビチーノらのインプロヴィゼーション・パートが付け加えられ、それに乗せてピアソラがメンバーを紹介した。この公演の際、イタリアからＲＡＩの撮影クルーが訪れてステージでの映像を収めていて、その断片はドキュメンタリー番組に使用されたとのことだが、詳しい内容は確認できていない。

〈田園、道、そして愛〉は、ピアソラとフォルクローレの大巨匠、アタウアルパ・ユパンキ[*18]との唯一の共作曲で、これが初演だが当時はレコードにならなかった。ここでバルタールはエレキ・ギターのマルビチーノ、オルガンのシリリアーノ、エレキ・ベースのセバスコというトリオの伴奏で歌っている。バルタールは１９９９年にピアニスト、グスタボ・フェデルの編曲でこの曲を初録音しているが（＃G64）、２００１年に筆者が行ったインタビューで、誕生の経緯についてこう答えてくれた。

「１９７１年にパリで、アタウアルパ・ユパンキとわたしたち、それともう一組のカップルで食事をしていた時、ユパンキが彼のご両親がどうやって知り合ったかを語ってくれた。彼のお父さんは馬を世話して暮らしていたんですって。その話はとっても面白くて、わたしが『歌になるんじゃない？なんて素敵なお話なの』って言ったら、ピアソラが『僕が曲をつけよう』って。ユパンキはピアソラの音楽のことをよく知っていたけれど、ユパンキ自身の音楽は、どちらかといえばシンプルで穏やかな、アルゼンチンの田舎の音楽だから、ユパンキはピアソラに『音は少しにしてくれ。なるべく少ない音符で』って言ったのよ。その後、１９７４年にイタリアに移住する前にパリに寄った時、ユパンキに詞を渡されて、ピアソラが引っ越し先のローマで曲を書いたのね。わたしたちはその年の暮れに、１か月ここ（ブエノスアイレス）に滞在して２回のコンサートをやったんだけど、その時にこの曲を初演したというわけ」

（『ラティーナ』2001年10月号より）

続く2曲はいずれもネイ・マトグロッソと録音したばかりの曲で、アレンジもほとんど同じ。〈島々〉はバルタールもポルトガル語で歌っている。

第2部は五重奏団の演奏で〈ブエノスアイレスの夏〉〈ブエノスアイレスの冬〉〈ブエノスアイレスの秋〉〈アディオス・ノニーノ〉、バルタールが加わって〈3001年へのプレリュード〉〈わが死へのバラード〉〈マヌエル・フローレスのミロンガ〉と続いたが、手元にある音源はその途中で切れている。

この時の五重奏団はピアソラ、アグリ、マルビチーノ、キチョのほか、第1部にも参加していたダン

＊18　アタウアルパ・ユパンキ *Atahualpa Yupanqui*（1908・1・31～1992・5・23）
歌手、ギター奏者、作詞・作曲家。ブエノスアイレス州カンポ・デ・ラ・クルース生まれ。本名エクトル・ロベルト・チャベーロ。アルゼンチンが生んだ最高の民衆芸術家である。父はメスティーソ（先住民とヨーロッパ人との混血）、母はバスク系の血をひいていた。音楽好きの父親の下、当初はヴァイオリンを習ったがギターに惹かれ、ブエノスアイレスまでクラシック・ギターを習いに通うが、父親の転勤で9歳の時トゥクマン州タフィ・ビエホに移住。1921年に父が他界したため少年時代から職業を転々、新聞記者などをしながらアルゼンチン国内を巡り、各地に多様に息づくフォルクローレを身体に染み込ませていく。29年、処女作〈インディオの道〉を作詞・作曲。35年ブエノスアイレスのラジオ局にてデビュー、41年からオデオン（その後しばらくビクトル）に録音を開始し、徐々に大衆にフォルクローレの奥深さを知らしめていく。48年から52年にかけては半ば亡命の形でヨーロッパに居を移し、パリを中心に活動。帰国後はさらに成熟したパフォーマンスを展開、68年頃からは主にヨーロッパで活動を続けた。64年、66年、67年、76年に来日。オデオンに残された録音のうち9割強にあたる201曲は93年に日本の東芝EMIから8枚組CDセット『アタウアルパ・ユパンキ 人類への遺産』として発売されたが、これはタイトルに偽りなき至宝である。

テ・アミカレリが、いわば特別出演という形で参加。オスバルド・タランティーノの代役として急遽呼ばれたらしいが、久々のアミカレリとの共演ということで、第1部でも演奏された〈アディオス・ノニーノ〉が、アミカレリの弾くカデンツァとともに再度演奏された。〈ブエノスアイレスの秋〉では、1973年のモンテビデオでのTV出演時同様、終盤でマルビチーノの長いソロが聴ける。

バルタールの歌った〈マヌエル・フローレスのミロンガ〉はボルヘスの詩にピアソラが曲を付けたもので、レコードにはならなかった。なお、スサーナ・リナルディの1971年のアルバムにも同名の曲が収録されているが、これはボルヘスの同じ詩にオスバルド・ピーロが別の曲を付けたものである。

この曲に続いてバルタールはもう1曲、ボルヘスの詩に基づく曲を歌ったとのことで、〈ウルグアイ人たちへのミロンガ〉という曲が該当するのではないか。そしておそらく最後に〈ロコへのバラード〉を歌って、コンサートは幕を閉じたものと思われる。

『若き民衆』の完成

12月20日には13チャンネルのTV番組『いつもピアソラ』に出演、年が明けて1975年1月5日にブエノスアイレスを発ったピアソラとバルタールは、リオデジャネイロ経由でローマに戻る。ピアソラはパリに行き、ムスタキとTVで共演。その後1月23日にはカンヌのMIDEM（国際音楽見本市）でマリガンと共演した。

それからザールブリュッケンに向かい、先に行って作業を進めていたバルタールと合流、ついにオラトリオ『若き民衆』を仕上げることになった。この時にはまず、1971年12月に録音されていた音源に、朗読とコーラスがオーヴァーダビングされている。主にラジオ劇で活躍する俳優、チャールズ・

ヴィルツ[*19]が朗読したドイツ語のテキストは、フェレールによるスペイン語の元原稿を、ウルグアイ出身でドイツ語にも堪能な国際的ジャーナリストのホセ・アントニオ・フリーデル・サパータ[*20]が忠実に翻訳したものだった。そして完成された音源に合わせて、スタジオでの演奏シーンが収録された。

こうして完成した約45分の番組は、実際にドイツではTVでオンエアされたはずだが（日付などは不明）、アルゼンチンではついに放送に至らず、そればかりか最終的にどのような形になったのか、当事者たちにもよくわからないままだった。ピアソラやバルタールに手渡されたのは、1971年12月に録音された時点での音の悪いカセット・コピーで、しかも5曲少ない抜粋版だった（筆者がかつてブエノスアイレスでホセ・ブラガートから受け取ったカセットも、そこからのダビングだった）。ピアソラとバルタール自身が残した唯一のヴァージョンである『若き民衆』は、こうして幻と化してしまった。

一方、番組には一切呼ばれなかったフェレールは、1976年の『オラシオ・フェレールと仲間たち

＊19　チャールズ・ヴィルツ *Charles Wirths*（1926・3・19～2012・3・28）
俳優、声優。ドイツのヴッパータール生まれ。地元で舞台でのキャリアをスタートしたのち、ブレーメン、ハノーファー、フランクフルト、ミュンヘン、シュトゥットガルトで活躍。映画やTVにも出演しているが、主な活動の場はラジオ劇で、150以上の作品に出演した。彼の死に際し、SWR（南西ドイツ放送）は追悼のコメントで「彼の紛れもない個性は、数え切れないほどのラジオ劇や長編作品に永遠の芸術的価値をもたらした」と評した。
＊20　ホセ・アントニオ・フリーデル・サパータ *José Antonio Friedl Zapata*（1939）
政治学者、ラテンアメリカ研究家、ジャーナリスト。ウルグアイのモンテビデオ生まれ。ハイデルベルク（ドイツ）、トリノ（イタリア）、ストラスブール（フランス）で学ぶ。ドイツで訓練を受けた共産主義ゲリラ、キューバと麻薬密売、マルクス主義左派とポピュリズムなどを題材にした著作多数。ブリュッセルに本部を置く国際ジャーナリスト連盟のメンバーであり、ドイツのラジオやTVでラテンアメリカとカリブ海地域の特派員を務めた。

HORACIO FERRER Y SUS AMIGOS』（フィリップス）で〈河の子どもたち〉をフェレール自身の朗読＋ベト・キンテーロスとアルフレド・サディの歌とギターで、1977年の『テアトロ・デル・ノタリアド（公証人劇場）のオラシオ・フェレール *HORACIO FERRER EN VIVO EN EL TEATRO DEL NOTARIADO*』（オルフェオ）で〈若き恋人たちの歌〉をティト・サディの歌とギターで、それぞれ取り上げている。1977年にはスペインで、ワルド・デ・ロス・リオス[*21]やスサーナ・リナルディ[*22]らを迎えて『若き民衆』を録音する計画も持ち上がったようだが、実現せずに終わっている。デ・ロス・リオスは1977年3月に自殺してしまうが、そのことが中止の直接の原因だったのかどうかは、なんともいえない。

時は流れてピアソラの没後、フェレールは改訂版として手を加えた上で舞台に乗せるべく準備を進めた。そして2000年6月13日、『エルサレム国際フェスティバル』の一環として、同地のヘンリー・クラウン・シンフォニー・ホールで『若き民衆』は初演された。アルゼンチンからイスラエルに移住したエドゥアルド・アブラムソンのバンドネオン、スサーナ・リナルディの歌、オラシオ・フェレールの朗読、ルイス・ゴレリック指揮エルサレム交響楽団、ニュー・イスラエル・ヴォーカル・アンサンブルというラインナップだった。その後リナルディとフェレール以外はキャストを入れ替えて、2001年にはアルゼンチンのコルドバ市にあるサンマルティン劇場で、2003年にはラ・プラタのアルヘンティーノ劇場で上演。2005年2月にはリナルディとフェレール、指揮者にファン・カルロス・クアチ[*23]、そのほかラ・プラタ公演と近い布陣（各ソリストから弦セクション、合唱まで含めると総勢60名以上）でアルバムのレコーディングも行われた。ところがピチューコからのリリースは2011年までずれ込み、

＊21　ワルド・デ・ロス・リオス *Waldo De los Rios*（1934・9・7～1977・3・29）

ピアノ／オルガン奏者、楽団指揮者、作曲家、編曲家。ブエノスアイレス生まれ。本名オスバルド・ニコラス・フェレーロ・グティエレス。母マルタ・デ・ロス・リオスはサンティアゴ・デル・エステーロ州出身の著名なフォルクローレ歌手。母の影響で7歳から音楽を学び、14歳で国立音楽院に入学し作曲を専攻、アルベルト・ヒナステラにも師事。13歳の時に母の伴奏ピアノ奏者としてプロ・デビュー、その後母の依頼をもとにフォルクローレの斬新な編曲を手がけたのを認められコルンビアと契約、1956年には米国コロンビアから、中南米諸国のフォルクローレからタンゴに至るレパートリーを大編成オーケストラで録音したアルバム『キス・オブ・ファイアー』を発表。フォルクローレの電子音楽化を試みようとしたが理解されず、62年にスペインに移住。アルベルト・コルテスの伴奏楽団を指揮してアタウアルパ・ユパンキ作品などを紹介したのを機に認められ、やがてベートーヴェンやモーツァルトなどの名曲をポップ・クラシカル化した一連のレコードで大ヒットを飛ばす。その一方でユパンキのアルバムでの伴奏、母マルタとの共演盤などでフォルクローレの管弦楽化にも力を注いだが、ホラー映画『ザ・チャイルド』(76年)の音楽を完成させた翌年、マドリードの自宅で謎の自殺を遂げた。

＊22　スサーナ・リナルディ *Susana Rinaldi* (1935・12・25)

俳優、歌手。ブエノスアイレス生まれ。今日のトップ・スターの一人。1949年から8年間、国立音楽院で声楽を学ぶ。学生の演劇グループから出発し、60年代に入ってまず俳優として成功した。66年にロベルト・パンセラの伴奏指揮でファースト・アルバム(レパートリーはすべてタンゴ)を録音、その後エドゥアルド・ロビーラと4曲入りEPを録音。「ミケランジェロ」で歌い、70年にはトローバでオメロ・マンシ作品集を制作。71年、当時の夫でバンドネオン奏者のオスバルド・ピーロとマル・デル・プラタにカフェ・コンセール「マゴージャ」をオープン。75年のリサイタル『ダーレ・ノマス(がんばれ)』を皮切りに、ドラマ性を帯びたステージ作りで話題を呼んでいく。76年にパリに亡命、以降はフランス、ベルギーなどのヨーロッパや中南米諸国などで公演を行う。特に80年代中期以降、そのレパートリーはタンゴにこだわらないものとなったが、95年にはラウル・ラビエとともにショー『ゴタン』の主役を演じた。98年に『アルゼンチン・ミュージック・フェスティバル』出演のため初来日。2000年にエルサレムでオラシオ・フェレールらとオラトリオ『若き民衆』の舞台版を初演した。同作の05年のスタジオ録音は＃G90。07年にはタンゴ・エレクトロニコに挑んだ『エクスペリメンタンゴ』、11年にはレオポルド・フェデリコとの共演盤『あなたと私』、23年には元夫のピーロ率いる楽団との『再会』をリリースし、健在ぶりを示した。

しかもほとんど流通せずに終わっている（＃G90。内容については後述）。Spotifyでも一時期は再生不可となっていたが、本稿脱稿時点では復活している。

　これら２０００年以降の上演版では、フェレールによるテキストの改変、曲名の一部変更、コーラスや歌詞の付加などが行われている。もちろん書いた本人が書き直すことは誰も否定できないだろうが、相方のピアソラは亡くなり、ドイツ放映版のオリジナルにはほとんど誰もアクセスできない状態だったのだから、まずはオリジナルの忠実な再現を目指してほしかったというのが正直なところだ。

　実は、ウルグアイ出身のピアニストで指揮者のパブロ・シンヘル[*24]が中心となって２００２年3月にニューヨークで演奏されたヴァージョンは、ピアソラの１９７１年当時のオリジナルの楽譜に基づいたものだった。シンヘルといえば、２００８年2月29日に東京オペラシティ コンサートホール：タケミツ メモリアルで行われた日本初演を思い出す方も多いだろう。小松亮太（バンドネオン）、カティエ・ビケイラ（歌）、齊藤一郎指揮による特別編成オーケストラ／合唱によるこの公演では朗読を担当したシンヘルは、ここでもオリジナルの形でやろうとしたが、版権を持つワーナー・チャペルが許可せず、フェレールらによる改変版の使用を強要されたという事情があったとのこと。ただ、当日の録音を聴き直すと、オリジナルの雰囲気を再現することには成功しているように思える。

　そんな中、アルゼンチンのコアなピアソラ研究家たちは、オリジナル版の入手に尽力する。企画したチャンネル2は現存しないが、そこを吸収した企業にコンタクトを取り、２０１０年の終わりには映像を入手していた。数年後、それが巡り巡って筆者の手元にも届いた（＃V1）。

　１９７１年3月初め、パリに到着したフェレールがピアソラに語ったこのオラトリオのコンセプトは、「ラ・プラタ川の地下には洞窟があり、そこには地下民族が住んでいて、彼らは避けがたい宿命として、また本質的に、生まれつき長所と短所を持っている。おそらく彼らは人間の空想の産物であり、それ以上に私たちがそうだったかもしれないような存在である」というものだった。

ピアソラもそのアイディアに興味を示し、二人で仕上げた作品は『若き民衆』と名付けられるが、そもそもフェレールは、次の2つの言い伝えからインスピレーションを得ていた。一つは、そのひと月ほど前にオスバルド・マンシから聞いた話。マル・デル・プラタのカフェで一緒に演奏していたマンシは、「オラシオ、アンデス山脈は空洞なんだよ。どこで読んだか聞いたかは忘れたけど、かつてアンデス山脈の地下深く、風通しが良く摂氏20度に保たれた巨大な洞窟があって、そこに住んでいる人たちがいた

＊23　フアン・カルロス・クアチ *Juan Carlos Cuacci*（1945・1・8）
ギター／ピアノ奏者、楽団リーダー、作編曲家。ブエノスアイレス州ラ・プラタ生まれ。1972年からスサーナ・リナルディの音楽監督を務める。歌手の伴奏の仕事のほか、舞台劇の音楽監督なども多く手がけている。サポートしたアーティストにケロ・パラシオス、ホセ・アンヘル・トレージェス、オプス・クアトロなどがいる。

＊24　パブロ・シンヘル *Pablo Zinger*（1956・6・7）
ピアノ奏者、作曲家、編曲家、指揮者。ウルグアイ出身。故国の作曲家ハウレス・ラマルケ・ポンスのオペラ《マルタ・グルーニ》で指揮者としてのキャリアをスタート後、1976年にニューヨークに移り、マンハッタン音楽院でアルゼンチン出身のセノン・フィシュベインにピアノを師事。80年からニューヨークの「スパニッシュ・レパートリー・シアター」のピアノ奏者および音楽監督を務めて注目を集める。そこでの演目はサルスエラやオペラ、それにキューバやプエルトリコ、メキシコなどの歌曲を編纂したものなどだった。ブロンクス・アーツ・アンサンブルを率い、ラテンアメリカやスペインの音楽を積極的に米国の聴衆に紹介し続けるかたわら、サックスのパキート・デリベーラ、チェロのグスタボ・タバレスとのトリオなどでの演奏活動も行った。これまでにベネズエラ、コスタリカ、故国ウルグアイなどのオーケストラを指揮し、テノールのウリセス・エスパイリャットを伴奏したカルロス・グアスタビーノ作品集『明日の扉』などのアルバムがある。2002年にニューヨークでオラトリオ《若き民衆》を指揮、08年2月の東京での同公演では朗読を務めた。

んだって」という話をして、SF好きのフェレールを刺激した。もう一つは、政治家で音楽家のイポリト・ヘスス・パスから勧められて読んだ、17世紀後半のスコットランドの牧師ロバート・カーク[*25]の著作『秘密の共和国』。カークはその本の中で、それまで普遍的な伝承によって語られてきた地下民族（いわゆる「妖精」）の生活ぶりを、詳細に記録していたのだった。

物語は2部構成になっている。第1部はラ・プラタ川の発見、植民地化、独立、ヨーロッパからの移民の貢献による新しい故郷の設立、そしてその特殊性の発展の物語である。新しい国では「貧しさを恥じる」人々の「小さな裏切り」に苦しみ、そのために、諦めと「生きることへの恐れ」を抱いた民衆は悲しく生きている。第1部の最後では、奥まったところで花火を見たり、水中で歌を聞いたりしたことのある、謎を秘めた老漁師たちが描かれる。

映像では、第1部は《さまざまな記憶》と題され、「序曲と5つの記憶から、ラ・プラタ川のほとりに住む民衆の人生が語られる」と字幕で解説されている。

〈序曲：海のような大河から〉はインストルメンタルで、ピアソラがバンドネオンのボディーを叩く音、バンドネオン・ソロから始まり、オーケストラの合奏へとつながる。画面にはスタジオでのシーンが少しと、パラナー川のデルタ地帯で撮影されたと思われる水の流れが映し出される。

〈第1の記憶：兄弟よ、この物語は告げられた〉は、大太鼓の響きに乗せて始まるヴィルツの語りとバルタールの淡々とした歌が交錯する物悲しい音楽。映像は、スタジオでのピアソラら3人や、河口に浮かぶ大型の船、朽ちかけた木製の船にたたずむ男の姿など。

一転して快活な〈第2の記憶：河の子どもたち〉はタンゴではなく、8分の6拍子のウエージャ（フォルクローレの形式名）である。バンドネオンは抜きでストリングス、ピアノ、シロフォン、打楽器類によるリズミカルな伴奏が付く。2分ちょっとと短いが、とても良い曲だ。映像は歌うバルタールとミニ・オーケストラの演奏風景のみで構成。

〈第3の記憶：小さな裏切りから〉は、不安を誘う暗い弦の響きをバックにしたヴィルツの語りに、途中から女声コーラスが被さる。映像はブエノスアイレスの下町で、動揺を隠さずにカメラのレンズを覗く庶民たちの姿が映し出される。

〈第4の記憶：そして水は悲しみに〉は、バンドネオンをフィーチャーしたドラマティックなインストルメンタル。途中からぐっとおだやかな表情へと変化する。映像はスタジオのピアソラと、大雨のブエノスアイレスを行き交う車や人々の姿。

〈第5の記憶：神秘の漁師たち〉はバルタールの歌うスケールの大きなミロンガ。バンドネオン抜きで、映像はバルタールの表情をしっかりと追っていく。

第2部では数世紀後、ラ・プラタ川底の洞窟に住む若者たちの共同体が、祖国の再興を目指して反乱を開始する。彼らは宇宙からの巡礼者たちから知識を得て、まさに地上に戻ろうとしている。その民衆

＊25　ロバート・カーク *Robert Kirk*（1644～1692）
牧師、言語学者。スコットランドのアバーフォイル生まれ。エジンバラ大学で文学修士を修め、セント・アンドルース大学で神学博士号を取得。聖書の「詩篇」を初めてゲール語に翻訳したことで知られる。フェレールが参照した著作『秘密の共和国』は、妖精により神隠しにあったと伝えられているその死の前年に書かれた書物で、妖精や予知能力のある者による超自然現象など、スコットランドのハイランド地方に伝わる伝承について詳細に記録されている。刊行されるようになったのは1815年頃以降のことで、完全な邦訳は出ていないが、訳者の荒俣宏が「相当に長いものだが、スコットランドにおける妖精の伝承を端的に示した部分を拾い上げた」というその部分的な訳は『世界幻想文学大系35 英国ロマン派幻想集』（国書刊行会）に収録されている。

は一人称で歌いながら、悲しく去っていった人たちの悲しみがわかったと言い、その土地への愛および闘う意志を宣言し、愛と真実、すべてはみんなのものということ、無敵の旗の羊飼いとしての仕事、存在しているだけで反乱を誘発する若き民衆、それらへの信頼を肯定する。闘いが始まり、民衆は「炎の帆」を掲げる。川底が盛り上がるのは、誰かが下から押し上げているからだ。せり上がってきたその新しい土地は10月の驚くべき朝に固い地面となり、そこでは自由な男が目を引くことになるのだった。

映像では、第2部は《さまざまなメッセージ》と題され、「幕間と7つのメッセージから、同じ河の下の洞窟に住む、見慣れない新しい民衆の人生が語られる」と解説される。

〈幕間：空っぽで巨大な貝殻から〉は、暗い弦とピアノをバックにしたヴィルツの語り。映像は、工場で魚を氷漬けにしたあと、煙草で一服する男の様子。

〈第1のメッセージ：若き民衆〉では、大編成オーケストラの刻む3＋3＋2のリズムに乗せて堂々と歌い上げるバルタールの姿が音と映像で堪能できる。

〈第2のメッセージ：わが恋人を信ずる〉は、弦とコーラスをバックにしたヴィルツの語り。映像は荒れた家の外での、バルタールと男性（振付師オスカル・アライスのバレエ団のダンサー）との濃厚な絡み。

〈第3のメッセージ：若き恋人たち〉は、バンドネオンと弦による美しいメロディーから、バルタールの歌へとつながっていく。映像はスタジオでの風景。

〈第4のメッセージ：ハレルヤ〉はインストルメンタル。マイナーでしばし進行したあと、メジャーに変わるところが実に印象的で、そこからの盛り上がりはエンニオ・モリコーネの映画音楽などにも通じるものが感じられる。終盤には短いバンドネオンのカデンツァも。映像はドキュメンタリーなどから採られたと思われる戦争のシーンの連続で、画像処理されているが、原爆のキノコ雲や白骨化した死体も映し出され、観ていて気持ちの良いものではない。

〈第5のメッセージ：炎の帆船〉は、アコースティック・ギターのみの伴奏によるバルタールの歌。映像もバルタールのみ。

バンドネオンとオーケストラによるダイナミックな演奏にヴィルツの朗読が重なる〈第6のメッセージ：公式声明〉と〈第7のメッセージ：ある10月の朝〉はひと続きになっている。映像はビルや車の行き交う様子、フロリダ通り（歩行者天国の商店街）を歩く人々など、完全に都会の風景。〈ある10月の朝〉の途中からバルタールの歌とコーラスも加わって〈若き民衆〉のリプライズ的な内容になり、最後はスタジオで歌うバルタールの背景が夜のネオンの輝きとなって終わる。

さて、問題はスタジオでの演奏シーンだが、あらかじめ録音された演奏と歌、朗読、コーラスに合わせて収録されたということは、つまり口パクや当て振りである。それは良いとして、録音はザールブリュッケン放送交響楽団およびザールラント放送ダンスオーケストラのメンバーから成る60人編成のオーケストラとコーラスで行われたにもかかわらず、画面に映っているのはバンドネオンのピアソラ、歌うバルタール、朗読のヴィルツ（この3人それぞれの映像は文句のない仕上がり）のほかには、わずか15人編成の楽団（ヴァイオリン×5、ヴィオラ×2、チェロ×2、コントラバス、エレキ・ギター、ピアノ、ドラムス、パーカッション×2）だけ。そして指揮のハインツ・ギーズもいなければ、合唱団もどこにもいない。マイクもないしギターにシールドも刺さっていない。映像と音声が微妙にずれているのは修復の精度の問題だろうが、オーケストラの一部メンバーの演奏する姿はどうにもリアリティーに欠けるし、せっかくの音楽自体のスケールの大きさが伝わりにくく、もう少し見せ方に工夫が欲しかった。１９７２年12月にＴＶ局の撮影クルーがブエノスアイレスで収録したシーンはかなりの割合で使用されていて、ほぼ１

第1期コンフント・エレクトロニコ。前列左からジャコーベ、アグリ、アストル・ピアソラ、ダニエル・ピアソラ。後列左からマルビチーノ、ロイスネル、トレージェス、セバスコ、シリリアーノ
（雑誌『アンテナ』1975年9月30日号より）

第2期コンフント・エレクトロニコ（1977年4月、オランピア劇場前）。左からフェレイラ、ダニエル・ピアソラ、アストル・ピアソラ、サンス、カロー、グビッチ、セラボロ。ベイテルマンは不在

『サミット』録音風景。ジェリー・マリガンと（1974年）

『リュミエール』公開時、ジャンヌ・モローと（1976年、パリ）

コリセオ劇場にて、フアン・ホセ・モサリーニ、ダニエル・ビネリ、ロドルフォ・メデーロスと（1974年12月）　写真：カルロス・カリーソ　foto: Carlos Carrizo

曲丸々のケースもあるが、果たしてテキストのイメージとどこまで結び付けられたのか、正直疑問も残る。

これが2005年録音のCD『若き民衆――2つの世界のオラトリオ』（#G90）ではどう変わったか。まず「2つの世界のオラトリオ」とサブタイトルが付けられた。リナルディとフェレールという主役2人、音楽監督のクアチはもとより、ワルテル・リオス（バンドネオン）やパブロ・アグリ（アントニオ・アグリの息子。第1ヴァイオリン、コンサートマスター）を始めとする第一級の演奏陣、名匠ホルヘ・ダ・シルバのエンジニアリングによるイオン・スタジオでの録音だから、確かに水準以上の出来だが、ピアソラのザールブリュッケンでの勢いのある録音と比較すると、あちこちでリズムやテンポがもったりしていたり、詰めの甘さが目立つ箇所があり、そのあたりはいささか残念。もちろん一番の変化は、オリジナルのテキストに手が加えられているにせよ、朗読が作者フェレール自身によるスペイン語になった点であり、歌と朗読の一体感が増したことは言うまでもない。以下に細かい変更点を挙げておく。

〈序曲：海のような大河から〉ではイントロの前に、フェレールとリナルディによる宣言のような短い語りが付け加えられている。〈第1の記憶：兄弟よ、この物語は告げられた〉は結構テンポが遅く、オリジナルの7分17秒に対して8分26秒と、1分以上演奏時間が長い。〈第3の記憶：小さな裏切りから〉の朗読はフェレール単独ではなく、リナルディとのかけ合いとなっている。〈第4の記憶：そして水は悲しみに〉はインストルメンタルだが、最初の部分にフェレールとリナルディの短い語りが重なる。〈幕間：空っぽの貝殻から〉は朗読が長くなり、演奏より30秒以上前からスタートしている。〈第4のメッセージ：愛のハレルヤ〉では、オリジナルにはなかった混声コーラスと、最後にフェレールの短い語りが付け加えられている。〈第6のメッセージ（の前半）：公式声明〉の語りは〈小さな裏切りから〉

同様フェレールとリナルディのかけ合いとなった。

タイトルが見直されたのは次の5曲。〈幕間：空っぽで巨大な貝殻から〉は〈空っぽの貝殻から〉、〈第1のメッセージ：若き民衆〉は〈別の世界のタンゴ〉、〈第4のメッセージ：ハレルヤ〉は〈愛のハレルヤ〉、〈第5のメッセージ：炎の帆船〉は〈炎のボート〉、〈第7のメッセージ：ある10月の朝〉は「第6のメッセージ」の後半〈銀（プラタ）の春〉へと、それぞれ変更されている。また、〈第5の記憶：神秘の漁師たち〉〈第3のメッセージ：若き恋人たち〉〈第5のメッセージ：炎のボート〉の3曲は、リナルディの音域に合わせてキーが下げられている。

バルタールとの最後のステージ

フランスの個性的な俳優で音楽家、歌手でもあるギ・マルシャン[*26]もまた、ピアソラや『リベルタンゴ』の世界に魅了された一人だった。彼はピアソラの曲に自分で歌詞を乗せて、〈リベルタンゴ〉を〈私はタンゴ〉へ、〈アンダータンゴ〉を〈ミスター・タンゴ〉へと変身させると、3月中旬にはピアソラ本人の編曲指揮を得てレコーディングを行い、4月にシングル盤でリリースした（#121）。マルシャンの歌にはコミカルな味わいがあり、〈ミスター・タンゴ〉ではバンドネオンのフレーズに合わせ裏声のスキャットで歌ったりもしている。後者は曲の構成も変えてあるが、基本的な編曲はアルバム『リベルタンゴ』収録のものとだいたい同じだ。聴き比べると、イタリア人プレイヤーたちとフランス人たちとの微妙なセンスの違いがにじみ出ていて面白い。参加メンバーは不明だが、オルガンは当時ミシェル・ルグラン楽団のピアニストを務めていたジョルジュ・アルヴァニタスだったようだ。ピクチャー・スリーヴに「ポップ・タンゴ」と書かれた〈私はタンゴ〉はフランスではかなりのヒットを記録し、7

月5日付のアルゼンチンの『クラリン』紙は1週間で3万枚のセールスを記録したと伝えた。

ピアソラは、フェレールとのコンビを解消して以降、さまざまな作詞家との共作を試していた。〈みんなのビオレータ〉を書いたマリオ・トレーホもそうだし、〈島々〉を書いたジェラルド・カルネイロもそうだ。あるいはイタリアのセルジョ・バルドッティ。[*27] 彼らとの作品の一部は、このあとホセ・アンヘル・トレージェス[*]がアルバム『ロコへのバラード』で歌うことになる。カルネイロ作品のうちトレージェスが歌わなかった〈タンゴの光〉は、1978年にブラジルの女性歌手オリヴィア（・バイントン）がア・バルカ・ド・ソルと共演する形で取り上げた（#G24）。また、これはイタリアに向かう前、心臓発作後の療養中のことだったが、ピアソラはブラジルから見舞いに訪れたジャーナリストのエリック・ネポムセノに新曲を聞かせ、シコ・ブアルキに歌詞を書いてほしいと言ってカセットを託した。ところがブアルキはインスピレーションが湧かず、そのまま放置されることになった。ブアルキとのその後の顛末については、第9章で触れる。

マリア・スサーナ・アッシとサイモン・コリアーによれば、ピアソラはカルネイロと組んで、エバ・ペロン（エビータ）を題材にしたオペラまで作ろうとしていたが、すでにイギリスでアンドルー・ロイド・ウェバー（作曲）とティム・ライス[*]（作詞）によるミュージカル『エビータ』の企画が進行中だったため（アルバムのリリースは1976年、最初の舞台化は1978年）断念したという。

第3章でも触れたように、ピアソラは本来アンチ・ペロニスタだったはずだが、それがなぜエビータだったのだろうか。ちなみに1983年には『ラ・セマーナ』誌のインタビューで、あなたのヒロインは?と訊かれて「エバ・ペロンとキュリー夫人。エバ・ペロンは高潔な女性だった」とも答えている。

ピアソラは1980年代後半にはカルロス・ガルデルを題材にしたオペラ作りに意欲を燃やすことにな

るのだが、その際パートナーとして最初にアプローチしようとしたのがライスだった。この続きはまた第9章で書く。

話がそれたが、およそこの前後の時期には、トレーホやカルネイロ、バルドッティ以外にも、ボカ生

＊26　ギ・マルシャン *Guy Marchand*（1937・5・22）

俳優、歌手、ピアノ／サックス／クラリネット奏者、作詞・作曲家。フランスのパリ生まれ。ジャズやブルース、タンゴを好む彼は、サンジェルマン・デ・プレ周辺のクラブでクラリネットを演奏するかたわら軍務に就き、アルジェリア戦争では連絡将校として第3外国人歩兵連隊に配属。1962年、空挺部隊員として映画『ロンゲスト・デイ』の技術顧問の一人となったことがきっかけで、映画の世界に足を踏み入れる。俳優としての出演作は、ロベール・アンリコ監督の70年作『ラムの大通り』以降、フランソワ・トリュフォー監督の『私のように美しい娘』、ナディーヌ・トランティニャン監督の『新婚旅行』、クロード・ミレール監督の『勾留』『死への逃避行』、ディアーヌ・キュリス監督の『女ともだち』など、2023年までに60本以上に及んでいる。歌手としては65年に〈ラ・パッショナータ〉でデビュー、コミカルなものからAOR風まで幅広くこなし、バークレイ・レコードのドル箱スターの一人として活躍した。ピアソラとの共演から20年後の95年には、〈リベルタンゴ〉に自ら歌詞を付けた〈私はタンゴ〉の再演、〈ロ・ケ・ベンドラ〉に新たに詞を付けた〈ラ・ファム・デ・サ・ヴィ〉などを含むタンゴ・アルバム『ブエノスアイレス』を発表、バンドネオンはリシャール・ガリアーノとペル・アルネ・グロルヴィゲンの2人が担当した。

＊27　セルジョ・バルドッティ *Sergio Bardotti*（1939・2・14〜2007・4・11）

作詞家、プロデューサー。イタリアのパヴィーア生まれ。同国ポピュラー界で活躍し、ルーチョ・ダッラからエンニオ・モリコーネまで多くの歌手や作曲家とのコンビで作品を残した。MPBファンにはシコ・ブアルキのイタリア亡命時代の共作者として、またイタリアン・プログレッシヴ・ロック・ファンにはニュー・トロルスの『コンチェルト・グロッソ』のプロデューサーとしてお馴染みだろう。そのアルバムのほか、アルゼンチンからイタリアに移住し映画音楽の大家となったルイス・エンリケス・バカロフとの共同作業も多い。作詞家としてピアソラと組んだのは〈もしもまだ〉1曲のみと思われるが、〈迷子の小鳥たち〉のイタリア語詞を書いている可能性もある。

まれの詩人で脚本家のフランシスコ・バガラー[*28]や、フォルクローレの詩人で作家、ジャーナリストでもあるポチャ・バーロス[*29]とも、いくつかの共作曲を残している。ただし当時はまったく話題にならず、バガラーとの〈疎外〉を1977年に（カルロス・クリは作曲年を「1967年」としているが、特に根拠はないらしい）スペインのマシエルが歌った程度だろう（#G23）。また、未発表だったバーロスとの〈うら若いサンバの調べ〉や〈小雨降る夜の歌〉は、バルタールが1999年から2000年にかけて録音することになる（#G64、#G69）。そんな中で当時から際立っていた作品が、トレーホと書いた新作の〈迷子の小鳥たち〉である。ということで発表時の様子を紹介しておこう。

ピアソラとマリガン、バルタールは4月17日から19日まで、マヨルカ島（スペイン）のパルマ・デ・マヨルカで『ムシカル・マヨルカ75』に出演したが（マリガンはピアソラとは別枠で出演した模様）、これは1975年から78年まで同地で4年間開催された音楽祭の第1回にあたる。音楽祭の初日は21か国がエントリーした「国際ソングコンテスト」のセミファイナル、2日目はスペインの歌手やグループによるデモンストレーション（マシエルやマリ・トリニ、フリオ・イグレシアスらが出演し、最後は審査委員長のヘンリー・マンシーニの特別ステージで締めくくられた。この日の模様のみ動画が残されていてrtvs.esで視聴可能）、そして3日目が11か国による「国際ソングコンテスト」のファイナルだった。ここでバルタールがピアソラの伴奏で披露した〈迷子の小鳥たち〉は、第4位を獲得したのである。ちなみに第1位はフランスのジャン・ガビルーの〈彼女は今日やってくる *Elle arrive aujourd'hui*〉（ポール・モーリア作曲）、第2位は日本から参加したしばたはつみの〈合鍵〉（岡田冨美子作詞、鈴木邦彦作曲）だった。

そしてこのステージが、ピアソラとバルタールにとって本当に最後の共演となってしまった。マヨルカでのピアソラは精神的に不安定だったようで、関係者のいる前でいきなりパガーニに殴りかかることもあったというが、そのことが審査結果に影響したかどうかはわからない。

引き続きピアソラとマリガンは、スペインのマドリードやバルセロナでもコンサートを行った。満員となったバルセロナのティボリ劇場では、第1部がマリガンのグループ、そして第2部がピアソラの「リベルタンゴ」グループにマリガンが加わるという形で行われた。ピアソラ・グループのメンバーはオルガンがワルド・デ・ロス・リオス、ピアノがトム・フェイ（マリガンのピアニスト）、残りは『サミット』のレコーディングと同じメンバーだったようだ。このあと、ピアソラとマリガンは4月末にはオラ

＊28　フランシスコ・バガラー *Francisco Bagalá*（1932・9・7～1996・1・5）

詩人、劇作家、作詞家。ブエノスアイレスのボカ地区生まれ。別名シモン・アスール。両親のみならず近隣住民のほとんどが南イタリアからの移民という環境で育ったことが、彼の執筆活動に強い影響を与えたと言われる。詩やタンゴの歌詞を書くようになり、その後フォルクローレの歌詞や短編小説、いくつかの戯曲も手がけるようになる。1967年から80年にかけて『ラ・マドレ』『ディバガータス』『ポピスモス』という3冊の詩集を出版。作詞家としては80年代前半に歌手で作曲家のマルセロ・サン・フアンと組んで、タンゴ〈人生の廊下〉など多くの作品を残し、のちにパトリシア・アンドラーデやアドリアナ・バレーラによって取り上げられた。そのほかの作品はバレリア・リンチやサンドラ・ミアノビチ、フリア・センコといったポップス系歌手によっても歌われている。

＊29　ポチャ・バーロス *Pocha Barros*（1916・8・20～2003・6・15）

詩人、作詞家、作家、ジャーナリスト。ブエノスアイレス生まれ。本名マリア・アントニア・バーロス・オリベイラ・デ・ファリアス・ゴメス。サンティアゴ・デル・エステーロ州のフォルクローレ界で活躍していたエンリケ・〝タタ〟・ファリアス・ゴメスと結婚し、いずれも音楽家となる5人の子ども（チャンゴ、マリアーノ、ペドロ、マリアン、ボンゴ）を育てた。長男のチャンゴが1960年に結成した革命的フォルクローレ五重唱、ロス・ウアンカ・ウアの活動などもサポート。作詞家としては、ロス・カントーレス・デ・キジャ・ウアシのロベルト・パルメルとの共作が多く、中では71年に女性歌手のヒナマリアア・イダルゴがヒットさせた〈民衆の女マリアのロマンセ〉がよく知られている。

ンピア劇場にも出演した。

リュミエール、そしてトロイロ組曲

パルマ・デ・マヨルカで音楽祭に出演していたピアソラのもとに、フランスの人気俳優のジャンヌ・モロー[*30]から電話がかかってきた。ピアソラの音楽に夢中だという彼女は、初監督作品（脚本・主演も）となる映画『リュミエール』（#F48）の音楽をピアソラに依頼しようと考えたのだった。4月末のオランピア劇場出演の前後、ピアソラはパリでパガーニと一緒にモローに会い、そのしばらくあとにはパガーニ抜きでも会っている。

そのような出会いもあった一方で、5月は大きな別れが続いた。まず5月18日の朝、ピアソラにとって最大の師とも言えるアニバル・トロイロが自宅で倒れ、その日の夜11時45分、脳卒中と数回の心臓停止により、わずか60歳で世を去った（公式な死去の日付は19日）。トロイロは倒れる前日まで、オデオン劇場での公演『シンプレメンテ・ピチューコ』に出演していた。この公演は4月3日からロングランしていたもので、ピアソラが1950年代に書いた、題名もついていないミロンガも演奏されていた。トロイロ逝去の報をローマで受け取ったピアソラは、大きなショックを受けたが、3日後にはピアノに向かい、トロイロに捧げる一連の作品を書き上げた。4曲から成る《トロイロ組曲》がそれである。

そして5月27日、ついにバルタールはピアソラのもとを去り、完全に二人の関係は終わった。それ以前から仲はどんどん悪くなる一方だったが、結局は第6章の最後にも書いた通り、歌手活動を続けたいバルタールの行動をピアソラが抑制しようとしたことが、訣別の大きな引き金となったと言われている。その後ピアソラはバルタールとの思い出を封印したかったようで、1980年代になって娘のディアナがピアソラの伝記『アストル』を執筆する際には、バルタールのことは書かないようにと念を押したほどだった。それでもピアソラは別れる前、フォルクローレがメインでピアソラ作品以外のタンゴは歌っていなかったバルタールに対して、古いタンゴも歌ってみるよう提案していた。

ピアソラは、孤独感にさいなまれていた。仕事はたくさんあったが、精神的にも経済的にも最悪の状態だった。息子のダニエル・ピアソラ[*31]に宛てた３月の手紙では「アルゼンチンに帰りたい。少し休息を

＊30　ジャンヌ・モロー *Jeanne Moreau*（1928・1・23〜2017・7・31）
俳優、歌手、映画監督、脚本家。フランスのパリ生まれ。コンセルヴァトワールで2年間演技を学び、モリエール劇団に入団。１９４７年にアヴィニョン演劇祭で舞台デビュー後、48年にコメディ・フランセーズの最年少女優としてツルゲーネフの『田舎の一日』に登場、52年からは国立民衆劇場に所属した。48年から映画にも出演していたが、ルイ・マル監督の『死刑台のエレベーター』（57年）、フランソワーズ・トリュフォー監督の『突然炎のごとく』（61年）などのヌーヴェル・ヴァーグ映画に主演して人気を集める。60年には『雨のしのび逢い』でカンヌ映画祭主演女優賞を獲得。『リュミエール』（**#F48**）に続き『ジャンヌ・モローの思春期』（79年）でも監督を務めた。歌手としてレコードも数多くリリースしている。

＊31　ダニエル・ピアソラ *Daniel Piazzolla*（1945・2・28）
シンセサイザー／キーボード／パーカッション奏者、楽団リーダー、作曲家、編曲家。ブエノスアイレス生まれ。アストル・ピアソラとデデ・ウォルフの息子。本名ダニエル・ウーゴ・ピアソラ。息子はドラマーのダニエル・〝ピピ〟・ピアソラ。演奏家としては主にロック方面で活動することが多かったようだが、作曲家としては１９７３年以降、オラシオ・フェレールのいくつかの詞に曲を付けている。83年11月にはフェレールとの共作によるミュージカル『ブエノスアイレス、心』がローラ・メンブリベス劇場でオスカル・カルドーソ・オカンポの編曲指揮を得て初演された。父の死後、念願だったコンフント・エレクトロニコの再生を目指して息子のピピを含む八重奏団を結成し、95年に初アルバム『ピアソラによるピアソラ *PIAZZOLLA x PIAZZOLLA*』（MILAN SUR CDA 0681）を録音。96年6月のオペラ劇場でのイベント『アストルタンゴ』では同楽団を率い、チック・コリアらと共演した。

とりたい」などと弱音を吐いているほどだ。それでも結局、仕事は続けられた。

9月の前半、ピアソラはアルバム4枚分の録音をまとめてこなす必要に迫られていたが、それに先駆けてダニエルをブエノスアイレスから呼び寄せた。ダニエルは、娘のダニエラが生まれたばかりだったので国を離れたくはなかったのだが、父親に懇願されてローマに向かうことになった。

ダニエルは、父アストルがブエノスアイレスを中心に活動していた頃には6年間ほど、ツアー・マネージャーや秘書を務めていたのだが、父親がローマに行ってからは、シンセサイザーの講師をしていた。まだシンセサイザーがモノフォニック（単音）のものばかりで、シーケンサーも一般化する前の話である。ダニエルはシンセサイザーを携えてローマに赴き、父は新曲の楽譜にシンセサイザーのパートを書き加えた。アストルとダニエルのピアソラ親子、そしてブエノスアイレスから同様に呼び寄せられたアントニオ・アグリの3人はミラノのモンディアル・サウンド・スタジオに入り、ダニエルによればフィリッポ・ダッコ（g）、アルナルド・チアト（p／org）、ピーノ・プレスティピーノ（el-b）、トゥリオ・デ・ピスコーポ（ds）の4人とともに集中的なレコーディングに突入した。

この4枚分の録音には、当然『リュミエール』のサウンドトラックと《トロイロ組曲》も含まれていたが、それぞれちょうど4曲ずつだったので、両者は同じLPの片面ずつに振り分けられて収録された。イタリア、フランス、日本などでは、前者をA面に、後者をB面にした『リュミエール』として、アルゼンチンではAB面を逆にした『トロイロ組曲／リュミエール』として発売された（#123）。

アルバム全体として、『リベルタンゴ』や『サミット』に比べ、音はかなりシンプルになっている。ピアソラはこのレコーディングの直後、ライヴ演奏のために全員アルゼンチン人による「コンフント・エレクトロニコ」の結成準備に取りかかることになるのだが、この編曲のシンプルさはライヴでの再現性を考慮してのことと思われる。ピアソラのバンドネオンとアグリのヴァイオリンをステレオの左右に配置してメイン楽器とし、センターに位置するエレキ・ベースとドラムスのリズム隊が底辺を支える。先の2作同様デ・ピスコーポが叩いているドラムスも、あまり出しゃばらずに効果を上げ、曲によってはシンセサイザーがアクセント的に挿入された。左チャンネル奥ではピアノまたはエレキ・ピアノ、右チャンネル奥ではギター（アコースティックまたはエレキ）、センターではオルガンもサポートするが、ピアノの音量バランスがやや低いのが気になる。

『リュミエール』は〈孤独〉から始まる。「孤独」というタイトルを使うのは《タンゴ・バレエ》の第3章前半、《タンガータ》の第2曲に続いて3度目だが、こちらの原タイトルはフランス語。アコースティック・ギターが爪弾くフレーズに乗せて、バンドネオンとヴァイオリンがゆったりと歌っていく。〈死〉では、バスドラム（中間部はフロアタム）が淡々と刻む心臓の鼓動を模した音に乗せて、バンドネオンやヴァイオリンが悲しげなメロディーを紡いでいく。なお、ここまでの2曲は結局、映画では使われなかった。

〈愛〉もしくは〈リュミエール〉（イタリア盤での表記）はこの作品の中核を成す重要な曲で、それまでの2曲での暗い影を吹き飛ばすような希望に満ちた演奏が聴かれる。アグリのソロも良い。

〈逃避〉は、ダニエル・ピアソラの弾くシンセサイザーからスタート。リズミカルな曲と思いきや、中盤はスローになり、アグリやピアソラのソロを聴かせる。後半ではこの期の録音では珍しくピアノ・ソロもフィーチャーされるが、なぜか音量は低いままだ。

亡き師アニバル・トロイロに捧げた《トロイロ組曲》の1曲目は、まさにトロイロの象徴たる〈バンドネオン〉。この曲の〝完全版〟には、冒頭に4分ほどのバンドネオンによるカデンツァが置かれている。自由な即興ではなく基本的には書き譜主体によるもので、途中にトロイロの十八番だった〈バンドネオンの嘆き〉も引用されるなど愛情あふれたオマージュとなっていたが、リリース当時このバンドネオン・ソロ・パート付きで収録されたのはアルゼンチン盤など一部のみで、イタリア盤およびカローゼッロからのライセンスによるほとんどの各国盤では、このカデンツァをカットした短縮版で収録されてしまった。おそらくはパガーニの判断によるものだと思われるが、まったく理解に苦しむ。もちろん〈バンドネオン〉の本編の方にも、バンドネオンはたっぷりとフィーチャーされている。

〈シータ〉というのはトロイロの奥さんの名前で、これも聴き応えのある曲だ。トロイロの愛用したバンドネオンのうちの1台はトロイロの死後、シータの手によってピアソラに手渡された。

〈ウイスキー〉はトロイロの大好物だった。だがそんなアルコールやコカインへの依存が、結局はトロイロの命を縮めてしまったのだろう。バンドネオン、ヴァイオリン、エレキ・ギター、シンセサイザー、エレキ・ピアノとフレーズをつないでいくイントロから、各楽器が有機的に結びついていく。

〈ばくち〉もリズミカルな曲。トロイロ楽団に入りたての頃、暗黒街に「ばくち」をやりに連れていかれたりしたのも、今や遠い思い出といった風情である。

《トロイロ組曲》は、その死の深い悲しみに彩られることなく、懐かしくも象徴的だった思い出の数々が肯定的に語られている点が非常に印象的である。アグリの参加が得られたことが大きいとはいえ、作品のクオリティーも高く、演奏にもまとまりが出て、『リュミエール』のサントラ・サイドにも増してピアソラらしい充実した作品に仕上がった。

『サンチャゴに雨が降る』とホセ・アンヘル・トレージェス

エルビオ・ソート監督[*32]によるフランス＝ブルガリア合作映画『サンチャゴに雨が降る』（＃F46）のオリジナル・サウンドトラック盤は、9月前半に録音された4枚のうちの2枚目だが、発売はこちらの方が早かった（＃122）。ただしカローゼッロ原盤ながら、イタリアでは当時未発売に終わっている。

映画は、1970年9月のチリにおける人民連合政府樹立から、1973年9月11日の軍事クーデターによるサルバドール・アジェンデ政権の崩壊、その後の混乱までを描いたドキュメンタリー・タッチの力作。フランスでの公開は1975年12月10日で、日本でも1976年5月に公開され、ピアソラが音楽を担当した映画としては初めて我が国にお目見えした作品となった。

どのような経緯でピアソラに音楽担当の依頼が寄せられたのかは定かではないが、ピアソラは制作陣の意図に応え、軍事クーデターの空しさを訴えかけるような切ないテーマ曲を作曲した。実際には、ピアソラ個人に確固たる政治理念、あるいは政治思想といったものはまったくなかったのだが、ピアソラの音楽それ自体が持つ反抗精神は、自ずとこの映画が持つ、理不尽極まりない軍事的圧力を告発する力強いメッセージ性とうまく相乗効果を上げる結果を導き出した。

＊32　エルビオ・ソート *Helvio Soto*（1930・2・21～2001・11・29）映画／TV監督、脚本家、小説家、随筆家。チリのサンティアゴ生まれ。チリ大学で法律を学び、サンティアゴ大学劇場の監督となる。中南米各国の放送記者を経て1964年から66年までサンティアゴTV局長に就任。社会派の監督として66年から短編映画、68年からは『呪われた硝石』『選挙とカービン銃』といった長編映画も手がけ始める。70年からアジェンデ政権下で同TVの制作本部長および番組監督を務めたが、73年9月、アジェンデ政権崩壊とともにフランスに亡命。故アジェンデ大統領への追悼の意を込めて『サンチャゴに雨が降る』を制作した。その後チリに戻り、マガビシオン演劇地帯の顧問を務めた。

ただし、純粋に映画用に書かれた作品は、バンドネオンがメインとなったもの、ヴァイオリンがメインとなったものと2ヴァージョンあるテーマ曲〈サンチャゴに雨が降る〉のみで、それ以外の5曲は、すでに歌詞の付いていた別の曲をそのままインストルメンタル化し、タイトルを変えたものだった。そして、このセッションからの4枚目としてあとで詳しく紹介するが、その5曲の録音は同時期に制作された歌手ホセ・アンヘル・トレージェスをフィーチャーしたアルバム『ロコへのバラード』のバックトラック（カラオケ）に流用されるのである。たとえば〈サルバドール・アジェンデ〉は、〈わが死へのバラード〉のコード進行に別のメロディーを載せただけのものだ。また、部分的にバンドネオンやヴァイオリンが弾いている部分とヴォーカル・パートとの差し替えが行われたり、バンドネオンのオブリガートなどを一部変更したりしている。すでにネイ・マトグロッソと録音済みだった〈島々〉（アレンジは異なる）を含むその他の曲目を、歌詞付きの原題とここでのタイトルと比べてみよう。

〈万里の長城〉（ジェラルド・カルネイロ作詞）→〈工場での戦闘〉
〈二日酔いの眼〉（同）→〈モニクの家〉
〈島々〉（同）→〈ビドンヴィル〉
〈もしもまだ〉（セルジョ・バルドッティ作詞）→〈ホルヘ・アディオス〉

使われる楽器の編成やステレオ・セパレーションなど基本的なサウンドの組み立ては『リュミエール／トロイロ組曲』に準じたものだが、こちらの方がかなりゴツゴツした手触りを感じる。〈工場での戦闘〉では、めちゃくちゃハードというほどでもないがディストーションのかかったエレキ・ギターも聴ける。〈ホルヘ・アディオス〉の「ホルヘ」とは、銃殺されてしまう労働組合のリーダーの名前だ。テーマがテーマだけに、このアルバムは当時軍事政権下にあったアルゼンチンでは発売できず、まだ軍政が続いていた1980年になってまるで別物のような装いで、アストル・ピアソラ＝アントニオ・アグリ名義の『万里の長城』として発表されている（本来の表記は〝LA MURALLA DE CHINA〟のはずだが、ここでは〝MURALLA CHINA〟となっていて、曲名も同様）。アルゼンチン盤の各曲のタイトルは歌詞付きの〝原曲〟のものが付けられたほか、〈サンチャゴに雨が降る〉には〈南の男 *Uomo del sud*〉（表記はイタリア語）、〈わが死へのバラード〉の〝別メロ〟には〈前兆 *Presagio*〉というタイトルが付けられている。

そして、ジャンヌ・モローのほかにもう一人、ピアソラに音楽を書いて欲しいと望んでいたフランスの女性監督がいた。それがナディーヌ・トランティニャンで[*33]、その映画は『新婚旅行 *LE VOYAGE DE NOCES*』というタイトルだった。この音楽が、一連のセッションからの3枚目の中身となる。『新婚旅行』は、ジャン＝ルイ・トランティニャン（ポール）とステファニア・サンドレッリ（サラ）、フランソワ・マルトゥレ（ブルーノ）、ナタリー・バイ（ソフィー）というキャストで、1976年4月にフランスで公開されている（先に紹介したギ・マルシャンも本人役で出演）。映画は未見だが、おおよそのス

＊33　ナディーヌ・トランティニャン *Nadine Trintignant*（1934・11・11）映画監督、脚本家。フランスのニース生まれ。結婚前の名前はナディーヌ・マルカン。2人の兄、クリスティアンとセルジュはともに俳優。兄たちの影響で映画界入りしたが、監督を志ざしジャン＝リュック・ゴダール監督らのもとで編集者や助監督などを務めた。1958年、俳優のジャン＝ルイ・トランティニャンと知り合い、61年に結婚。67年に夫ジャン＝ルイを主演に起用した『恋びと』で監督デビューを果たした。日本公開作は少なく、71年の『哀しみの終わるとき』（主演はカトリーヌ・ドヌーヴとマルチェロ・マストロヤンニ、主題歌はミシェル・ポルナレフ）で知られている程度だろうか。

トーリーは次のようなものらしい。

ポールとサラは2人の子どもを持つ夫婦。カメラマンの夫がセンセーショナルなニュースを求めてしばしば旅に出てしまうため、働きに出ることもないサラは悶々としていた。ある日ポールは、スクープを手に入れるために、事故に遭った大臣の娘に言い寄っていくが、その様子を目撃したサラは夫に不信感を抱き、自らも浮気をしてしまう。妻が自分から離れていくと感じたポールは、サラをモロッコへの2度目の新婚旅行に誘い、罪を告白するよう促すのだが……。

次に引用するのは、1975年8月7日、ピアソラがブエノスアイレスにいるナタリオ・ゴリンに宛てて書いた手紙からの一節。

(前略)ジャン＝ルイ・トランティニャンの奥さんのナディーヌと、契約を結んだところだ。彼女の映画『新婚旅行』の音楽を書いている。彼女も私に夢中なんだ。私にただこう言っただけだよ。「好きなように書いてくださいね、音楽を映像に当てはめていきますから」。君はどう思う? 私は女性たちに囲まれ、私のバンドネオンは人々を惹きつける。みんなが私の音楽を聴いて舞い上がるんだ。みんな頭がおかしいのだろうか、それとも本当なんだろうか? 私が大いに気を良くしていることだけは、君に言っておきたい。そして驚かないで欲しいのだが、この音楽を私は、アグリのヴァイオリンと私のバンドネオンというたった2つの楽器だけのために書こうとしている。どうしたらうまくできるだろうか? (後略)

(ナタリオ・ゴリンの前掲書より)

この映画のための音楽が異例なのは、ピアソラの手紙にあるように、そのほとんどがピアソラとアグリとの二重奏によって演奏されていることだ。2人だけというのは、オラシオ・フェレールの朗読との『エン・ペルソナ』（#96）を別にすれば、ほかにはほとんど例がない。

ピアソラが試みた楽器編成はさまざまだが、だいたいは五重奏団もしくはそれよりも大きな編成であり、五重奏団のアルバムの中に1曲だけバンドネオン、エレキ・ギター、コントラバスのトリオによる演奏が混ざっている、というようなことはあっても、デュオとかトリオ編成で活動したり、まとめて録音したりすることはなかった。バンドネオンだけに限定すれば、ソロ、デュオ（トロイロとの2曲やピアソラ自身による多重録音など）、四重奏による若干の録音があるにはある。また、バンドネオン＋弦楽器ということなら、グラウンケ管弦楽団から抜粋された弦楽四重奏団と後に録音する『苦悩（7つのシークエンス）』（#136）や、同じ作品を改題し再編集したクロノス・クァルテット*との『ファイヴ・タンゴ・センセーションズ』（#184）があり、晩年にはマントヴァ弦楽四重奏団との演奏活動なども行っている。

だが、バンドネオンとほかの楽器とのデュオとなると、1980年代のライヴでフェルナンド・スアレス・パス（vn）あるいはカチョ・ティラオ（g）と〈ボルベール（帰郷）〉を演奏した記録や、オフ・ステージでのティラオとの〈アディオス・ノニーノ〉の映像などが残されているが、少なくともスタジオ録音に関して言えば、この『新婚旅行』が最初で最後だった。アグリは1976年にピアソラのグループを最終的に脱退するので、ピアソラとのスタジオでのレコーディングはこれが最後となったが、そこでデュオという貴重な体験をすることになったわけだ。

曲目についてはあとで触れるとして、その後の顛末について明らかにしておかなければならない。結論から言ってしまうと、ピアソラが『新婚旅行』のために書き、アグリと録音した音楽は、結局映画には使われなかった。ピアソラが曲の長さを映画のカットに合わせなかったため、という話もあるが、パガーニによれば「プロデューサーたちは彼の音楽が映画に適しているとみなさなかった」ということである。結局トランティニャンは、改めて音楽を巨匠ミシェル・ルグランおよびクリスティアン・シュヴァリエに依頼し、映画は完成した。サントラ盤ＬＰは発売されなかったようだが、ルグランが自ら歌う主題歌〈真夜中の約束 *Les promesses de minuit*〉のシングルがフランスＲＣＡから発売されている。

没になってしまったピアソラの音楽は、１９７７年になってアルゼンチンでトローバから『新婚旅行』（表記はスペイン語）として発売された。マスター・テープの段階ではピアソラとアグリのみのトラックはモノラル、最後のリズム・セクション入り〈迷子の小鳥たち〉のみステレオだったはずだが（２００６年の初ＣＤ化で再現）、ＬＰでは全曲が疑似ステレオだった（#124）。ジャケットには「オリジナル・サウンドトラック」とは書かれていないが、広告では映画のサントラとして紹介されたとの説もある。曲名はスペイン語で書かれているが（巻末ディスコグラフィーに記載）、以下の曲目解説ではフランス語の原題も書いておく（スペイン語表記しかない最後の〈迷子の小鳥たち〉は除く）。

〈亀裂 *La fêlure*〉は、バンドネオンとヴァイオリンによる物悲しい曲。映画でも冒頭で使われるはずだったのだろうか。

〈ブルーノとサラ *Bruno et Sarah*〉というタイトルは役名から。フランソワ・マルトゥレ演じるブルーノは幾何学者で、ヒロインのサラの浮気相手である。その二人をテーマにした曲。

〈アフリカの庭 *Jardins d'Afrique*〉でも、淡々とした物悲しい感じにはあまり変化がない。ほぼ終始ヴァイオリンが曲をリードしていく。

〈新婚旅行 *Le voyage de noces*〉は映画のタイトル曲。ここまでの4曲は、内省的な雰囲気の厳かな曲調が続いている。

〈ル・カタ *Le kata*〉はアルゼンチン盤でもタイトルはそのまま。"kata"とは日本語の「形」または「型」のことで、柔道や空手などの武術用語がそのまま外来語として使われている。ヴァイオリンのピチカートやパーカッシヴな効果音を使ったリズミカルな曲。

〈たどった道のり *Le chemin parcouru*〉ではバンドネオンの多重録音にヴァイオリンが絡む形で、フーガ形式で曲が進んでいく。

〈フェスでの夜 *Nuits à Fez*〉のスペイン語タイトルは〈モロッコでの夜〉だが、ここではフランス語の原題に従った。フェスはモロッコ最古の王都で、迷宮都市として知られる場所。高場将美から聞いた話では「ここは、かつてフランス植民地だったこともあって、フランス人にはすぐわかる場所ですが、トローバ盤では（馴染みのない地名なので）わかりやすく訳したのではないでしょうか?」とのこと。ここからヴァイオリンはお休みで、バンドネオンの多重録音による抽象的な作品が続く。

〈固定観念 *L'idée fixe*〉は〈フェスでの夜〉と同じ傾向の作品。

〈家族 *La famille*〉は〈固定観念〉と同じメロディーを、こちらは純粋なバンドネオン・ソロで演奏している。

〈迷子の小鳥たち〉は、前述の音楽祭『ムシカル・マヨルカ75』でバルタールが披露していた曲で、タイトルもそのまま、バンドネオン（多重録音）、ヴァイオリン＋リズム・セクションによるインストルメンタルの形で録音されている。ピアソラが映画のために流用しようとしたのかどうかは不明だが、メリハリを付ける意味でも、アルバムの最後に収められたのは正解だろう。この曲は、このあと紹介するアルバム『ロコへのバラード』にもホセ・アンヘル・トレージェスの歌入りで収録される。ベーシック・トラックは同一で、ここでは主にアグリが主旋律を弾いているが、『ロコへのバラード』ではトレージェスが歌うメロディーにアグリがオブリガートを付けるような形になっている。この曲に参加したイタリアのスタジオ・ミュージシャンたちについては582頁に書いたとおりである。

そしてこのセッションからの4枚目、つまり最後の1枚となったのが、この時期にピアソラのグループに歌手として参加することになったホセ・アンヘル・トレージェス[*34]をフィーチャーした『ロコへのバラード』（#125）。トレージェスは1969年、TV11チャンネルのコンテスト番組でカンシオン・メロディカ（いわゆるポップス）を歌って優勝しているが、実はピアソラはその番組を観ていて、しっかりこの若者のことをチェックしていた。そして6年後、ピアソラはライヴ活動向けの新たなグループ、通称「コンフント・エレクトロニコ」の結成に際してトレージェスのことを思い出し、声をかけたのである。この時のことをトレージェスはこう語っている。

「ピアソラのかたわらで歌うというのは、私にとって生涯で最高の体験だった。ピアソラがバンドネオンを弾き、私が歌う……。夢みたいだった。だって、私はシングルしか出してなかったし、まったく無名の歌手だったんだよ」（雑誌『ラティーナ』1999年5月号の筆者によるインタビューより）

ピアソラがアグリたちとちょうど本作のベーシック・トラック（というか『サンチャゴに雨が降る』『新婚旅行』との共用トラック）をミラノで録音していた9月、トレージェスはブエノスアイレスにいて、ピアソラとマリオ・トレーホの作品〈私生活のスキャンダル〉（編曲はファン・カルロス・クアチ）を含む自身の初アルバム『私の歌と私の時代』（#G21）をトローバに録音していた。トレージェスにとって本作はそれに続くアルバムということになるが、ここでの名義はあくまでもピアソラであり、トレージェスはヴォーカリストとして参加しているにすぎない。トレージェスの歌入れは、9月後半以降のどこかで、ブエノスアイレスのアウディオン・スタジオで行われている。

〈ロコへのバラード〉の伴奏パートは純粋にこのアルバムのために録音されたものだが、このアレンジでは冒頭の語りの部分が省かれている。

〈二日酔いの眼〉はジェラルド・カルネイロの作詞したもので、トレージェスはポルトガル語で歌っている。伴奏パートは『サンチャゴに雨が降る』サントラ収録のインストルメンタル〈モニクの家〉と同じ。

〈万里の長城〉もカルネイロの作詞によるものだが、ここでの歌詞はスペイン語。『サンチャゴ……』では〈工場での戦闘〉と題されていた。

〈迷子の小鳥たち〉はこれまでにも紹介してきたように、マリオ・トレーホが作詞しアメリータ・バ

＊34　ホセ・アンヘル・トレージェス *José Angel Trelles*（1943・8・28～2022・12・10）歌手、作詞・作曲家。ブエノスアイレス生まれ。1966年頃から活動を開始、TV13チャンネルのコンテスト番組『カンシオレマ』で表彰され「1973年の声」としてクローズアップされた。75年9月、ファン・カルロス・クアチの伴奏指揮で初アルバム『私の歌と私の時代』（＃G21）をトローバに録音したが、レパートリーは自作を中心にダニエル・ピアソラとの共作曲、ピアソラやディノ・サルーシの作品などで構成されていた。その後はタンゴにこだわらず、むしろヌエバ・カンシオン寄りのシンガー・ソングライターとして活動したが、82年には期待のタンゴ歌手たちを集めたオスバルド・プグリエーセ楽団の企画アルバム『未来』にも参加した。クスタボ・フェデル、ファン・カルロス・シリリアーノの編曲指揮で94年に録音した『ピアソラ＝フェレール未発表曲集』（＃G49）は高い評価を受け、舞台芸術批評家協会のACE賞を受賞した。99年2月にはギドン・クレーメル、オラシオ・フェレールらによる『ブエノスアイレスのマリア』公演に参加するために初来日を果たし、2002年5月のミルヴァらによる同公演でも再び来日した。

ルタールがパルマ・デ・マヨルカで初演した作品で、インスト版は『サンチャゴ……』ではなく『新婚旅行』に同タイトルのまま収録されていた。1980年代にはピアソラ五重奏団とミルヴァやラウル・ラビエとの組み合わせで歌い継がれることになる。

〈わが死へのバラード〉は、ここでは『サンチャゴ……』収録の〈サルバドール・アジェンデ〉をバックトラックに使用している。もちろん〈サルバドール・アジェンデ〉の方がこの曲のコード進行に別のメロディーを載せただけのもの、というのはすでに書いたとおり。トレージェスはこの曲を1994年の『ピアソラ＝フェレール未発表曲集』（#G49）でも歌い直している。

〈もしもまだ〉はイタリアのセルジョ・バルドッティとの唯一の共作曲で、歌詞もイタリア語。『サンチャゴ……』収録の〈ホルヘ・アディオス〉と同じベーシック・トラックが使用されているが、そこにはなかったピアノによるイントロが付け加えられている。この曲はミルヴァとピアソラ五重奏団の公演でも機会は少ないが歌われることがあり、1988年の日本公演でも披露された。

〈島々〉はジェラルド・カルネイロ作詞で、歌詞はポルトガル語。ネイ・マトグロッソとの録音も、アメリータ・バルタールがコンサートで歌ったことも、すでに紹介したとおり。『サンチャゴ……』での〈ビドンヴィル〉と同じ演奏だが、マトグロッソ版にあったミステリアスな雰囲気が消えてしまったのは残念だ。

〈チキリン・デ・バチン〉の演奏パートはこのアルバムだけのための録音。ここでのアレンジはエレキ・ギターによる伴奏が主体で、バンドネオンは登場しない。

多くの曲で『サンチャゴに雨が降る』と同じ演奏を使用しているということで、さすがに手抜きの感は否めない。もともと歌曲として書かれたものではあっても、『サンチャゴ……』収録のインスト・

ヴァージョンの方がどちらかといえば説得力で勝っている。ここではしばしば歌と伴奏とが乖離している場面が見られるが、それには若さゆえにいささか肩に力の入りすぎたトレージェスの歌唱も一因となっているようだ。

コンフント・エレクトロニコ

一連のレコーディングを終えたピアソラは9月中旬、ローマのアパートを引き払い、ダニエルと一緒にブエノスアイレスに戻った。そしてツアーのために全員アルゼンチン人による新グループ結成の準備に入ったのである。このグループに正式名称はなかったが、電子楽器（実際にはシンセサイザー以外は「電気楽器」だが）が加わっているため、俗に「コンフント・エレクトロニコ（電子グループ）」もしくは「オクテート・エレトクロニコ（電子八重奏団）」などと呼ばれている。参加メンバーは以下のとおり。

バンドネオン、編曲：
アストル・ピアソラ
ヴァイオリン：
アントニオ・アグリ
エレキ・ギター：
オラシオ・マルビチーノ
ピアノ、エレキ・ピアノ：
フアン・カルロス・シリリアーノ

エレキ・ベース：
　アダルベルト・セバスコ
オルガン：
　サンティアゴ・ジャコーベ[*35]
ドラムス：
　エンリケ・ロイスネル
シンセサイザー、パーカッション：
　ダニエル・ピアソラ
ヴォーカル：
　ホセ・アンヘル・トレージェス

ピアソラは6月頃までにはメンバーを決めていたようで、ダニエルにこんな手紙も書いている。

「譜面台はニューヨークで買おう。レスリーのロータリー・スピーカー付きのハモンド・オルガンもだ。こいつはグループの目玉になるぞ。実に楽しみだ。マルビチーノには、エレキとアコースティックと両方のギターを持ってくるよう伝えておいてくれ。ロイスネルは新しいドラム・セットが欲しいんだろうな。セバスコもベースのニュー・モデルがね。トレージェスはエレキの喉でも買うんだろう。お前のシンセサイザーのパートはよく練習しておけよ」（ディアナ・ピアソラの前掲書より）

コンフント・エレクトロニコは9月27日のサンパウロに始まるブラジル公演を皮切りにツアーを開始するが、ブラジルのTV局で収録されたと思われる〈シータ〉の動画が、非公式かつ画質劣悪ながらYouTubeにあった。続いてパラグアイのアスンシオン、ウルグアイのモンテビデオを経てアルゼンチンに帰国すると、10月18日にブエノスアイレスのコリセオ劇場に出演、好評だったため25日にも公演を行った。その後ベネズエラのカラカスやアメリカ合衆国などを回る計画を立てたが、これは実現しなかった。

＊35　サンティアゴ・ジャコーベ *Santiago Giacobbe*（1935・11・22〜2024・2・14）ピアノ／オルガン奏者、作曲家、編曲家、音楽教師。ブエノスアイレス生まれ。和声と作曲をフランシスコ・クロプフルに学ぶ。1960年頃はアグルパシオン・ヌエボ・ジャスで活動し、自身の名義での録音も残している。63年から64年にかけてオラシオ・マルビチーノの五重奏団にも参加。70年、ロドルフォ・アルチョウロンのサナタ・イ・クラリフィカシオンにオルガン奏者として参加。その後グスタボ・ベルガリ（tp）、ポチョ・ラポウブレ（ds）らのジャズ・グループ、キンテプルスにエレクトリック・ピアノ奏者として加わり、72年にはEMIに録音（レパートリーにはフォルクローレも）。また、同年のライヴ録音が88年にメロペアから『ライヴ1972』としてアルバム化されたが、そこには自作曲も収められていた。73年にはオスカル・アレマンと共演するホルヘ・アンデルス指揮のビッグ・バンドでピアノを弾く。ピアソラのコンフント・エレクトロニコ参加後の77年4月には、米国のフュージョン・グループ、ストーン・アライアンスのブエノスアイレス録音を含むアルバム『ストーン・アライアンス・コン・アミーゴス』にダニエル・ビネリらとともにピアノ奏者として参加、自作曲〈アイル・テル・ユー・トゥモロー〉を提供した。78年にはディノ・サルーシの『デディカトリア』でエレクトリック・ピアノを担当、この頃リカルド・サンス（b）、ルイス・セラボロ（ds）とのトリオでも活動する。81年には編曲の仕事をするためニューヨークに移り、岩見和雄（bn）らのロス・アセス・デル・タンゴに参加、その後は歌手の伴奏なども手がけた。2002年にはファクンド・ベルガリ（g）らとのデュオで構成されたアルバム『親密な会話』を、22年にはピアニカのルベン・フェレーロとのデュオによる3曲入りミニ・アルバム『モード・ジャス』をリリースしている。

そして11月27日には、ブエノスアイレスのTV11チャンネル「テレオンセ」の観客のいないホールでのスタジオ・ライヴが収録され、翌28日に『プレミエル70』という番組枠の1時間強の番組『ピアソラ75《セテンタ・イ・シンコ》』としてオンエアされた。

キーボードの3人とギター、ベース、ドラムスのインプロヴィゼーションからスタートする〈リベルタンゴ〉と続いての〈アメリタンゴ〉、すなわちアルバム『リベルタンゴ』からの2曲はアグリ抜きの7人での演奏。そしてアグリが加わって『リュミエール』から〈孤独〉〈逃避〉の2曲、『サミット』でのマリガンのパートをアグリが見事に弾き切る〈孤独の歳月〉と続き、〈チキリン・デ・バチン〉〈迷子の小鳥たち〉〈ロコへのバラード〉の3曲をトレージェスが歌う。そして最後は〈バンドネオン〉〈シータ〉〈ウイスキー〉〈ばくち〉という《トロイロ組曲》全曲で締めくくられる。これは先のブラジルでのTV映像1曲を除けば、アグリを含むコンフント・エレクトロニコの演奏が確認できる、現存する唯一の貴重な素材である。アグリの存在も大きいが、ジャズ＝ロック的な方向性を示した演奏であっても、ミラノのスタジオ・ミュージシャンたちとの演奏では得られないタンゴ的なノリやグルーヴは当然のようにあって、やはり何ものにも代えがたい。〈チキリン・デ・バチン〉はアルバム同様エレキ・ギター主体の伴奏から始まるが、ここでは途中からバンドネオンも加わっている。〈バンドネオン〉冒頭のソロ・パートはレコードよりも長く、ここでは5分17秒もある。

このうち4曲分の映像は日本で過去に『ザ・ベスト・オブ・タンゴ』（中南米音楽）というVHSヴィデオのシリーズ2巻に含まれて発売されたことがあるが、現在非公式にYouTubeにアップされている（その4曲分を含む）動画は、曲目によって映像が欠落し、それをごまかすための不用意な編集（ほかの演奏場面からの映像の貼り付け）が施されるなど、かなり問題が多い。一方、筆者の手元にある番組どおりの動画も最後の〈ばくち〉が欠けていて、完全なものではない。なお、この映像の一部は『ソロ・タンゴ』のピアソラ特集（#A13）や『タンゴのボスたち』（#A14(a)）でも観ることができる。

コンフント・エレクトロニコは11月27日（この日付に間違いがなければ、番組収録の当日）からブエノスアイレスに新しくオープンしたクラブ「ラ・シウダー」に出演を開始。年明けの避暑シーズンにはマル・デル・プラタのラ・ボトネーラに出演している。

ラ・ボトネーラ出演中の1976年2月、アグリはもはやこの楽団スタイルでは弾けないとして脱退、自身の弦楽アンサンブルである「アントニオ・アグリ・イ・ス・コンフント・デ・アルコス」の結成に乗り出した。アグリの代わりには、ヴァイオリンではなくフルート／アルト・サックスのアルトゥーロ・シュネイデルが参加することになり、ラ・ボトネーラ出演の最終日にあたる3月1日に合流した。

コンフント・エレクトロニコはその後ブエノスアイレスに戻り、1976年3月12日からラ・シウダーに再登場、4月まで出演を続けた。ラ・シウダーでの3月某日の録音は1993年以降、何種類かのCDで発売されている（#126）。アルド・パガーニが管理する音源を使用したものだが、ダニエル・ピアソラはこれをブートレグとみなしている。このCDに限らず、一連のパガーニ関連音源が、特にピアソラの死後集中的にリリースされた事実も注視しておきたい。このCDも録音バランスがあまり良くないし、演奏にも多少乱れがある。ただし、あえて付け加えるならば、アレンジや曲構成はテレオンセでの『ピアソラ75』出演時のものと基本的に同じであっても、アグリからシュネイデルに交代後のこのメンバーによる録音はほかには残されておらず、貴重な資料でもあることも事実である。

1曲目は〈リベルタンゴ〉。実際のステージでピアソラ登場前にほかのメンバーで演奏されていたはずのインプロヴィゼーション・パートはカットされ、バンドネオンが加わる直前のところからフェイド・イン。終盤に新たな展開が付け加えられるなど、スタジオ録音とアレンジは変えてあるが、これはテレオンセでの映像も同様だった。ピアソラはこの日の出だしは調子が悪かったようで、全然リズムに乗れていない。バンドネオンの録音レベルが大きいだけに、余計に目立ってしまうのだ。

〈アメリタンゴ〉からは快調な演奏。シリリアーノが挟み込むピアノのコード弾きには独特のスウィング感があって気持ち良い。テレオンセではアグリ抜きだったこの最初の2曲には、シュネイデルも参加していないようだ。

『リュミエール』からの〈逃避〉は白熱した演奏で、本盤のハイライトの一つ。後半ではシリリアーノ、シュネイデル、マルビチーノ、ジャコーベとアドリブ・ソロをつないでいく（テレオンセの時はさすがにアグリのアドリブ・パートはなかった）。ジャズの演奏経験の豊富なメンバーが揃っているだけに、こうした展開は得意なのだろう。このあたりがスタジオ録音では味わえない、このメンバーによるライヴ録音ならではの魅力の一つである。

1960年代からのレパートリーに思いきり手を加えたのが〈ブエノスアイレス零時〉。ワウワウなどのエフェクターを使用したエレキ・ギターとノイズ成分を加えたシンセサイザーが、ブエノスアイレスの新たな表情を伝える。シュネイデルのフルート・ソロが素晴らしい。

『サミット』が生んだ名曲〈孤独の歳月〉は、ここではシュネイデルのアルト・サックスをフィーチャー。いつもアルトを吹くとムード音楽的な方向に流れてしまいがちなシュネイデルだが、ここはさすがにビシッと決めている。

〈迷子の小鳥たち〉でトレージェス登場。ここでもシュネイデルのフルートが活躍している。

〈バンドネオン〉は、レコード以上にピアソラのバンドネオン・ソロをたっぷりとフィーチャー、そのパートだけでテレオンセの時よりもさらに1分以上長くなり、6分23秒にも及ぶ。本編もピアソラの独壇場。

〈シータ〉も力のこもった演奏だが、エンディング前でピアソラが突っ込みすぎたため、リズム・セクションがなんとか合わせようと躍起になっている場面がある。ピアソラのライヴでの悪い癖の一つが、時として速いフレーズで〝走って〟しまうことなのだが、ここでもその癖が出てしまっている。それでも同じフレーズを吹いているシュネイデルは果敢に追いかけている。

〈アディオス・ノニーノ〉はまたまた新編曲。冒頭のピアノのカデンツァはアミカレリのために書かれたものを踏襲しているが、シリリアーノ独特のリズムの揺れが楽しめる。本編はゆったりしたテンポでスタートするが、その後は起伏に富んだ展開。ライヴ全体を通してシュネイデルの頑張りが目立つが、この曲も同様である。残念ながらエンディング前でフェイド・アウト。

〈わが死へのバラード〉はトレージェスの歌。バックとの絡みが有機的な分、スタジオ録音より良いかもしれない。

〈ロコへのバラード〉もトレージェスが歌う。ここでも冒頭の語りの部分はなし。声を張り上げると一本調子になってしまうのが当時のこの人の欠点だろうか。途中、ダニエルがシンセサイザーで小鳥の鳴き声を模しているのが微笑ましい。

エレキ・ベースのセバスコ、ドラムスのロイスネル、オルガンのジャコーベは、あまり前面には出てこないがしっかりと全体を支えていて、バランスの取れた良いグループだったことが、録音状態の良くないこのライヴ盤からもうかがえる。

ラ・シウダーへの出演を終えたコンフント・エレクトロニコは、アルゼンチン政府の後援を受けて、

5月24日にニューヨークのカーネギー・ホールで一度きりのコンサートを行った。プログラムに記載されたグループ名は「アストル・ピアソラ&ヒズ・ニュー・グループ」で、演奏されたのはラ・シウダーでのライヴ盤の収録曲+〈ビオレンタンゴ〉という内容だった。ジェリー・マリガンやチック・コリア、そしてフルート奏者のハービー・マンら、聴きに集まったジャズ・ミュージシャンたちはその演奏に圧倒されたようだった。マンはピアソラとシュネイデルに自分のLPをプレゼントしたらしいが、『サミット』からカヴァーした〈シャンゴの神〉を含む『ウォーターベッド』に間違いないだろう。だがマリア・スサーナ・アッシによれば、仕切りが悪く動員も芳しくなかったことで、ピアソラ自身には不満が残ったようだった（雑誌『中南米音楽』1976年8月号に記事と写真を載せた、当時ニューヨーク在住のバンドネオン奏者、岩見和雄は「場内は満員」と書いているが）。

ラウラ・エスカラーダ

1976年3月11日。その日はピアソラの55歳の誕生日だった。翌日からラ・シウダーへの出演を控えていたピアソラは、11チャンネルのある番組の取材を受けるためにTV局に出かけた。6時間にも及ぶその番組を仕切っていたのは、女性アナウンサーのラウラ・エスカラーダ[*36]だった。彼女にとってピアソラは、憧れの人だった。CMの時間を縫ってラウラはピアソラに近づき、話しかけた。ピアソラは語る。

「コマーシャルの間、彼女は私の音楽が好きだと告げ、私はTV局の一アナウンサーがシューマンやバッハやガーシュインについてあまりに詳しいので驚いた。オペラ歌手だったと聞いた時には、ひっくり返りそうになったよ。私たちは別れを告げ、彼女と仲間たちを私のリサイタルに招待した。彼女が聴きに来た晩、終わってからエル・トロペソンで食事をした。そこで友情は愛に変わった。ほとんど一日中でもしゃべり続けるような状態だったから、一緒に住もうと決めたんだ。アルゼンチンの離婚法が改正されるのを待って、私たちは結婚した。それは1988年4月11日のことだった」

（ナタリオ・ゴリンの前掲書より）

ピアソラは、ラウラと出会って初めて真実の愛に目覚めた、とも語っている。愛することを知り、生きる喜びを感じることができたというのである。もちろんアメリータ・バルタールとの間にも〝愛〟はあったはずだが、そこでは常にアーティスティックな関係が優先されていたのだった。6月からパリに住むことを考えていたピアソラはラウラを誘い、サンルイ島のサンルイ・アン・リル通り沿いのアパートで新生活をスタートさせた。

＊36　ラウラ・エスカラーダ・デ・ピアソラ *Laura Escalada de Piazzolla*（1938・7・24）
アナウンサー、歌手。ブエノスアイレス生まれ。ピアソラの妻。若い頃に歌を習い、コロン劇場から奨学金を得てオペラ歌手を目指す。1953年から54年にかけてアニバル・トロイロがエンリケ・サントス・ディセポロ劇場で上演した『モローチャの中庭』（編曲はピアソラ、第3章参照）にバックコーラスの一人として参加したのが、ピアソラを知った最初だった。TV局のアナウンサーを務め、1970年にはデルリス・ベッカリア監督の映画『幻想色の象』にも出演した。78年11月にはアルベアール大統領劇場で上演されたオペレッタ《3つのワルツ》に出演。現在アストル・ピアソラ財団総裁。

再びジョルジュ・ムスタキ

サンルイ島に引っ越してきたことで、そこの住人だったジュルジュ・ムスタキとの近所づきあいが始まった。前年1月にもＴＶで共演していた二人だが、ムスタキがパリへやってきて25周年を記念したアルバムとして11月に発売される『ムスタキ（詩人の叫び）』で、ピアソラは収録曲のおよそ半分にあたる5曲に参加したのである（#127）。

〈創る喜び〉と〈ラ・メモアール〉の2曲はムスタキ作詞、ピアソラ作曲によるもので、ピアソラは編曲とバンドネオンも担当している。ともにバンドネオンとエレキ・ピアノ、アコースティック・ギター、エレキ・ベース、ドラムスに大規模なストリングスという編成だ。

〈僕の神〉（当時の邦題。原題は〈人はそれを熱狂と呼ぶ〉）は、ムスタキの作詞・作曲したものをピアソラがアレンジ。ムスタキのつぶやくような歌にハープの爪弾きが常に絡んでいくのだが、そこにチェロ、次いでバンドネオン、コントラバス、ストリングス・セクションの順で音が添えられていく。ここまでの3曲はロンドンのＣＴＳスタジオでの録音。バックを務めるのはイギリス人スタジオ・ミュージシャンたちだろう。

〈太陽と音楽の恋人〉は、いかにもフランス的な切ないアレンジには定評のあるジャン・ミュジーが編曲し、ピアソラは間奏のソロ・パート以降にバンドネオンのみで参加している。ピアソラがこのような形で他人の編曲したトラックに楽器を重ねるのは非常に珍しい。パリのスタジオ・デ・ダムでの録音。

〈コンドルは飛んで行く〉の歴史はなかなか複雑だ。原題の『エル・コンドル・パサ』というのは1913年にペルーのリマで初演されたサルスエラ（スペイン発祥の軽歌劇）のタイトルである。当時のインディヘニスモ（先住民擁護運動）の盛り上がりを背景に、作家でジャーナリストのフリオ・バウドウィンがフリオ・デ・ラ・パスのペンネームで書いた脚本では、1911年に実際に起きた鉱山事故を題材に、過酷な環境にある先住民労働者と傲慢な米国人経営者との対決が描かれていた。

2幕で構成された劇中の音楽はペルーの作曲家で民俗音楽学者のダニエル・アロミア・ロブレス[*37]が手がけ、1幕に前奏曲と3つの歌曲、2幕に2つの器楽曲と1つの歌曲が置かれた。作曲したロブレスは、インカ帝国が16世紀にスペインに滅ぼされて以来アンデス地方の先住民の間で伝承されてきた音楽を採集し研究してきた人物で、それらが素材として生かされたこの作品もその成果の一つと言えるが、重要なのは、この組曲がクラシックの管弦楽および独唱と合唱で構成され、後年のイメージにあるような

*37　ダニエル・アロミア・ロブレス *Daniel Alomía Robles*（1871・1・3～1942・7・17）

作曲家、民俗音楽学者。ペルーのワヌコ生まれ。6歳の時、フランス移民の母親に連れられてミサに行き、合唱に合わせて歌い始めたのが最初の音楽体験だった。13歳の頃リマに移り、音楽理論と合唱をマヌエル・デ・ラ・クルス・パニーソに、ピアノと和声、作曲をクラウディオ・レバグリアティに師事する。両親の希望で1892年からサンマルコス大学で医学を学ぶが、他の学生たちとアンデス地方のジャングルに薬草の研究をしに行った際に出会ったフランシスコ会の宣教師ガブリエル・サラから、先住民の間で伝承されてきた音楽について研究するよう勧められ、94年に大学を中退。ペルーのみならずエクアドル、ボリビアの僻地を訪れ、20年近くかけて民俗資料を収集・分類した。97年にキューバ人ピアニストのセバスティアーナ・ゴドイと結婚したことが、研究の成果を音楽作品の形にまとめる原動力となった。1910年にはサンマルコス大学で講義を行い、アンデスの旋律は五音音階で作られているという研究結果を発表した。11年にはアルゼンチンを訪れ、最初のオペラ《イリャ・コリ》を初演。12年にサルスエラ『エル・コンドル・パサ』のための音楽を作曲し、翌年リマのマシ劇場で初演。14年にはパナマ運河の開通式典で《イリャ・コリ》を披露する予定だったが、第一次世界大戦勃発により実現しなかった。19年からは米国ニューヨークに滞在し、演奏活動や作曲、録音、ペルー音楽についての講演などを行った。33年に帰国してからはリマで教育省の芸術局長を務めながら作曲活動を続けた。歌曲、ピアノ曲、室内楽曲、交響曲、劇音楽など多くの作品がある。

ケーナやチャランゴなどアンデスの民俗楽器は一切使われていなかったという点である。

時代が時代だけに当時の録音などは残されていないが、上演100周年を迎えた2013年に初演当時の内容を極力再現する形で再演されたことで、その全貌が明らかになった。音楽学者のルイス・サラサール・メヒアらが楽譜の復元とオーケストラの指揮を務めた演奏は現在、ロブレス名義の『100年後のエル・コンドル・パサ *EL CONDOR PASA CIEN AÑOS DESPUES...*』として配信されている。

そこで聴ける7曲（トータルの演奏時間は16分弱）のうち、前奏曲（プレルディオ）、第2幕冒頭の舞曲（形式名はカシュアまたはワイニョ）、行進曲風の終曲（形式名はパサカジェ）という3つの器楽パートが〈エル・コンドル・パサ〉という「曲」の構成要素として残り、プレルディオ（短縮形）〜パサカジェ〜カシュアと並び替えられた形で演奏されるようになる。また、パサカジェは叙情的なヤラビ（メロディーは一応同じだがテンポや符割が変わったりする）と置き換えられたり、後年になるとヤラビとパサカジェのパートを並べて演奏されるケースも見られた。初録音は1917年8月の動物園管弦楽団によるもので前半はパサカジェ、その2日後に録音された第1憲兵大隊音楽隊のレコードでは前半がヤラビと、すでにこの時点で2つの異なるパターンが提示されている。その後も折に触れてこの曲は取り上げられ、1933年には作者ロブレス自身によるピアノ独奏用の楽譜（記載された形式名はインカ・ダンスで、前半はヤラビのテンポで書かれた）も米国で著作権登録されたが、この時点でもまだケーナもチャランゴも登場しない。

1955年には記念碑的な名演奏が登場する。アルゼンチンを代表するフォルクローレの名ギタリスト兼歌手であるサルタ州出身のエドゥアルド・ファルーが、テーカーにギター・ソロで録音したのである。ちなみにファルーは1963年と69年にも、いずれもフィリップスに再録音しているが、前者の邦題は〈鷲は過ぎ行く〉、構成を一新した日本録音の後者は〈コンドルが過ぎゆく〉となっていた。

1917年の初録音からファルーの録音、あるいは同時期の他の演奏を収めたレコードまで、そのいずれにも作曲者としてロブレスの名前はしっかり記載されていた。ところが、エクアドル出身のロス・インカイコスがギター三重奏で演奏した録音（形式はヤラビ）を収めた1954年頃のSMC盤（米国）では、他の収録曲も含め作曲者のクレジットが欠落し、作者不明の伝承曲のような扱いになっていた。このことがのちに混乱を招くことになる。

1956年、パリで結成されたロス・インカスは、同地でアンデス音楽を演奏する最初のグループとして、ケーナのカルロス・ベン＝ポット、チャランゴのリカルド・ガレアッシというアルゼンチン人2名にベネズエラ人2名を加えた編成で活動を開始した。もともとジャズのコントラバス奏者だったガレアッシは、ラロ・シフリンとともにパリに来たあと定住していたが、ロス・インカスを早々に脱退し、新たにアンサンブル・アチャライを結成、そこで前述のロス・インカイコスのレコードを参考に〈エル・コンドル・パサ〉を録音した。1958年のことである。これが、ケーナとチャランゴ、ギター、ボンボ（太鼓）をフィーチャーしたこの曲の最初の演奏ということになるが、参照元に倣って作曲者名は表記されなかった。

そして1963年には〝本家〟のロス・インカスが録音する（リリースは翌年）。ガレアッシの脱退後に参加しリーダーに収まったチャランゴのホルヘ・ミルチベルグもアルゼンチン人で、もとはブエノスアイレス出身のピアニストである。ミルチベルグが「エル・インカ」（グループ名の単数形）を名乗ってアレンジしたその演奏は、アンサンブル・アチャライの演奏と比べるとメリハリが効いて、いかにもアンデス音楽のプロという雰囲気の洗練された仕上がりとなっていた。そしてここでも当初、作曲者名は無記名（伝承曲扱い）だった。

1965年11月下旬、ロス・インカスはパリ東部劇場であるコンサートに出演したが、その公演の別のパートでギターを弾きながら自作曲を歌っていたのが、米国人シンガー・ソングライターのポール・サイモンである。幼馴染のヴォーカリスト、アート・ガーファンクルとの2人組、サイモン&ガーファンクル（S&G）は1960年代後半に絶大な人気を獲得することになるが、地味なフォーク・デュオだったデビュー当時はまったく売れず、その活動を封印したサイモンは一人でロンドンを拠点にヨーロッパをツアーしていた。サイモンは生で聴いたロス・インカスの演奏する〈コンドル……〉がたいそう気に入り、楽屋でミルチベルグに「この曲はレコードになっているんですか？」と尋ねたところ、実際にその曲が入ったレコード（LPとEPが出ていたがどちらかは不明）をプレゼントされたのだった。これはちょうどS&Gの〈サウンド・オブ・サイレンス〉（本人たちのいないところでエレキ楽器がオーヴァーダビングされたヴァージョン）がヒットチャートを駆け上がっていた時期で、急遽帰国することになったサイモンはロス・インカスのレコードを持ち帰った。

そしてその4年後、スターとなったS&Gはロス・インカスの演奏する〈コンドル……〉のイントロ～ヤラビの部分を編集して（カシュアの部分はカットして）そのままカラオケとして使い、自分たちの歌（「できることなら *If I Could*」という副題の付いたサイモンの英語詞）をオーヴァーダビングしてアルバム『明日に架ける橋』に収録した（米国で1970年1月、日本では4月発売）。なお〈コンドルは飛んで行く〉という邦題は、このS&Gのレコードで初めて付けられたものだ。このアルバムは世界的ベストセラーとなり、〈コンドル……〉という曲も、ケーナやチャランゴなどの民俗楽器が奏でるアンデス地方のフォルクローレも、広く人々の知るところとなった。

ついでに書いておくと、俳優で歌手のマリー・ラフォレ（のちに『タンゴ――ガルデルの亡命』〔#F75〕に主演）も、S&Gよりずっと早い1966年にロス・インカスとの共演で、それまでインストルメンタルだったこの曲を、初めてヴォーカル曲として録音していた（カシュアの部分をカットした構成も同じ）。それに際しミルチベルグは「作曲者」として勝手に著作権登録し、ミシェル・ジュールダンがフランス語の歌詞を書き、なぜか盤により〈アンデスの道を行く *Sur les chemins des Andes*〉または〈魔法の笛 *La Flûte Magique*〉という2種類のタイトルでリリースされた。ついでに、1967年以降にリリースされたロス・インカスの編集盤でもこの曲は「エル・インカ作曲」と臆面もなく表記されるようになる。

ラフォレやロス・インカスのレコードでは気づかれなかったが、大ヒットしたS&Gのアルバムやシングルにロブレスの名前がクレジットされていなかったことで、ロブレスの息子から訴訟を起こされる顛末もあり、結果的にS&Gの1972年の編集盤で「サイモン＝ミルチベルグ＝ロブレス合作」と表記されることで落ち着いた。

S&G版の登場以来、何種類もの主にスペイン語の新しい歌詞が付けられ、そうした歌ものからインストルメンタルに至るまで、フォルクローレ以外のジャンルも含めて数えきれないほどのカヴァー・ヴァージョンが生まれたが、きちんとロブレス作曲とクレジットされ、原曲の構成を活かしてカシュアのパートまで含む演奏が大半を占めていることにも注目しておきたい。

ムスタキはそのような傾向を知ってか知らずか、S&Gと同様に（あるいは可能性は極めて低いがラフォレのヴァージョンを参照し）、カシュアの部分はなしで曲の前半（ヤラビ）の部分だけを繰り返して使い、「我々には時間がある」という新しいタイトルの歌詞を付けた。ピアソラはピアソラで、お馴染みとなったアンデス音楽風のイメージを思いきり払拭しようとしたのか、バンドネオンは抜きで女性コーラス、ベル、マリンバ、複数のアコースティック・ギター、エレキ・ベース、ドラムス、コンガ、フルート、ピアノ、エレキ・ギターが次々に登場するという、かなり奇抜なアレンジを施した。これはパリのゴング・スタジオでの録音だが、失礼極まりないことに（ラフォレのレコードと同様）作曲者はミルチベルグとだけクレジットされ、ロブレスの名前はどこにもなかった。

ムスタキの歌い方はどこか頼りなげな風情だが、ピアソラはムスタキの持ち味をうまく引き出していて、ほかの曲も含めてアルバムとしてもよくまとまっている。

おそらく新作のリリース後、ムスタキを特集したＴＶ番組『ジョルジュ・ムスタキ・リサイタル』（局名は不明）が放映された。新作から披露されたのはピアソラが関わっていない2曲だったが、ピアソラも1曲だけゲスト参加し、１９７４年に提供していた〈明日のタンゴ〉を、ムスタキの歌とアコースティック・ギター、ピアソラのバンドネオン、ジャズ畑のジャン＝フランソワ・ジェニー＝クラークのコントラバスという3人で演奏している。この組み合わせはなかなか良い感じだ。

ムスタキ以外にピアソラがこの時期にレコードで共演した相手として、オラシオ・フェレールはマリ＝ポール・ベル[*38]とクロード・ヌガロという2人のフランス人歌手の名を挙げている。

ベルとの録音1曲は、彼女の１９７６年の４枚目のアルバム『マリ＝ポール・ベル』（＃128）に収められた。ベルは、作家のフランソワーズ・マレ＝ジョリス、幼馴染のミシェル・グリソリアという２人の作詞家と組み、自ら作曲したものを歌うというスタイルを貫いた歌手で、例外は幼い頃に聴かせてもらった歌を集めて祖母に捧げた１９８２年の『私の最初のアルバム』、それにいつかのカヴァー企画がある程度。そんな彼女が自分で作曲しなかったオリジナル曲はたった2曲しかなく、そのうちの1曲が、パリでのピアソラとの出会いから生まれた〈私は瞬間ごとに私の死を生きる〉だった。ピアノ伴奏を基調にした美しい作品で、作・編曲はピアソラ、作詞はいつものマレ＝ジョリスとグリソリアである。ピアソラはスタジオ・デ・ダムでの録音の際、バンドネオンは弾かず楽団を指揮し、ベルはそれに合わせて生で歌った。のちに彼女は「忘れられない瞬間でした」と当時を振り返っている。

一方ヌガロは、アコーディオンのリシャール・ガリアーノを伴奏者に迎え、ジャズとシャンソンの融合を試みるなど果敢な活動を続けていた人物なだけに、ピアソラとの共演はごく自然な成り行きのように思えるが、残念ながら共演レコードの存在は確認できていない。

グラン・レックス劇場と〈500の動機〉

ヨーロッパでの1976年夏から秋にかけてのシーズン、ピアソラはコンフント・エレクトロニコに

＊38　マリ＝ポール・ベル *Marie-Paule Belle*（1946・1・25）歌手、作曲家、作詞家。フランスのパリ郊外、ポン＝サント＝マクサンス生まれ。ニースで育ち、のちに彼女の作詞家となるミシェル・グリソリアと友だちになる。幼時からピアノを習い、10代からシャンソンを歌う。テレ・モンテカルロ主催のTVコンクールで優勝し、1969年にはCBSに自作曲のシングルを録音。以後オリジナル曲はほとんどすべて自身で作曲した。母の死後パリに移り住み、70年からキャバレーで歌い始める。同年出会った作家のフランソワーズ・マレ＝ジョリスは彼女の作詞家およびパートナーとなる。73年にはボビノ劇場出演、TV出演、初アルバム発売などで人気を獲得。75年にはセルジュ・ラマと国内ツアーを行う。76年、〈ラ・パリジェンヌ〉がヒット、以後は安定した活動を続けた。バルバラ以降の女性シャンソン歌手の中でも高い実力の持ち主として評価は高いが、2001年にはそのバルバラへのトリビュート作『マリ＝ポール・ベル、バルバラを歌う』をリリース、その内容のツアーはロングランとなり、04年には日本公演も行われた。10年から13年にかけて、自身のレパートリーとバルバラのレパートリーを織り交ぜた『〝ベルからバルバラまで〟ツアー』も行った。16年にパートナーのマレ＝ジョリスを失うが、23年11月には彼女に捧げた自作詞や共作していた未発表曲などを収めた最新アルバム『千の中の一夜』をリリースした。

よるヨーロッパ・ツアーの可能性を探ったが、プロモーターと経費の面で折り合いをつけることができなかった。仕方なく、フランス、イタリア、ベルギーではおそらくオーケストラをバックにソロで演奏を行ったようだが、詳しい演奏内容はわかっていない。イタリアでは、水没の危機にさらされていた古都ヴェネツィアを救済すべく、ユネスコの提唱により9月19日から25日まで同市のサンマルコ広場とフェニーチェ劇場を中心に開催された『国際音楽週間』にバンドネオン独奏者として登場し、TV局RAIのオーケストラと共演している（オラシオ・フェレールは出演日を26日としているが開催期間と合わず、正確な日にちも会場も不明）。この一連のチャリティー・コンサートに協賛したほかの出演者には、ポール・マッカートニー&ウィングス（25日、サンマルコ広場）、フルートのジャン＝ピエール・ランパル、ヴァイオリンのユーディ・メニューイン、シタールのラヴィ・シャンカールなどがいた。

10月、ピアソラはラウラをパリに残してブエノスアイレスに戻り、コンフント・エレクトロニコのメンバーに招集をかけた。[*39]フルート／アルト・サックスにはシュネイデルに代わってルイス・〝チャチ〟・フェレイラが参加、他のメンバーは1年前の結成時から変わらないが、歌手のトレージェスは参加していない。

11月にはこのメンバーでブラジル国内のツアーが開始された。北東部を中心にサルヴァドール、サンルイス、ベレン、マナウス、ブラジリア、ベロオリゾンチ、レシフェ、フォルタレザと回ったが、フォルタレザでのキリスト教を揶揄したピアソラの不用意な発言に加え、プロモーターのギャラ未払いのままの失踪が重なり、ツアーは途中で中止となってしまった。グループはそんな不安定な状態のまま、すでに予定が組まれていた12月16日のブエノスアイレス・グラン・レックス劇場での公演を決行する。

この公演はピアソラにとって、2年前のコリセオ劇場公演以来のブエノスアイレスでの晴れ舞台である。客席には『ブエノスアイレスのマリア』公演の目撃者でもあり、当時インビシーブレを率いていたルイス・アルベルト・スピネッタ、あるいはアラスのグスタボ・モレット（kbd）といったアルゼンチン・ロック界の先鋭的なミュージシャンたち、ヘネラシオン・セロのロドルフォ・メデーロスやダニエル・ビネリ、そしてエンリケ・ビジェーガスなど、多くの音楽家たちも詰めかけた。

実は、音は良くないがこの公演の録音が手元にあり、どのような演奏だったかは判明している。曲目は以下のとおり。

第1部：リベルタンゴ／メディタンゴ／アメリタンゴ／孤独／愛（リュミエール）／逃避／孤独の歳月／ブエノスアイレス零時／シータ
第2部：パンタとジョージー／500の動機／ばくち／バンドネオン／アディオス・ノニーノ／ビオレンタンゴ

オープニングの〈リベルタンゴ〉でピアソラが登場してお馴染みのフレーズを弾き始める前の各メンバーによるインプロヴィゼーションは、テレオンセで『ピアソラ75』を収録した頃とはだいぶ様相が異

＊39　ルイス・"チャチ"・フェレイラ *Luis "Chachi" Ferreira*（1938・7・16）
アルト・サックス／フルート奏者。コルドバ州コルドバ生まれ、同州ベル・ビージェ育ち。本名ルイス・アルベルト・フェレイラ。1972年頃ロドルフォ・アルチョウロンのサナタ・イ・クラリフィカシオンに参加。そのほかジャズからロック、フォルクローレに至るさまざまなセッションに参加している。タンゴではブエノスアイレス市立タンゴ・オーケストラや、その指揮者でもあったラウル・ガレーロ（bn）の六重奏団などに参加。

なり、実に7分50秒にも及んでいる。エレキ・ギターから始まり、エレキ・ベースが加わり、バスドラムがリズムを刻み始めるまでだけで2分30秒ある。その1分後にピアノが加わり、ほどなくエレキ・ピアノにチェンジ。そのあとオルガン、シンセサイザー、フルートと徐々に加わっていくが、フリー・ジャズ風とまではいかないにしても、かなり混沌とした雰囲気が醸し出されている。そしてここまでライヴ・ヴァージョンの聴けなかった〈メディタンゴ〉は、バンドネオンを中心としたエンディングで大いに盛り上がる。

注目すべきは、この公演の第2部で初演された新曲2曲だろう。〈パンタとジョージー〉は愛犬に捧げた作品。エレキ・ピアノをメインにしたバッキングに乗せたアルト・サックス・ソロをバンドネオンが引き継ぎ、サックスとバンドネオンの絡みへと続いていくが、特に大きな展開はなくスローテンポのまま8分間が過ぎていく。そして「チック・コリアからなんらかの影響を受けて書いたことは間違いない」と後年ナタリオ・ゴリンに明かした〈500の動機〉は、500小節あることから命名された11分の大作。各楽器が立体的に組み合わされていくが、プログレッシヴ・ジャズ・ロック的な色彩が濃く、タンゴからはかなり遠くに来てしまった印象が強い。ピアソラはこの2曲をここで初演したきり、二度と演奏することはなかったが、〈500の動機〉の楽譜は、1985年にピアソラからヌエボス・アイレス[*40]というグループに手渡され、1990年にメロペアで録音もされている（#G42）。

公演では、特に『リュミエール』からの3曲や《トロイロ組曲》の3曲（〈シータ〉ではピアソラが相変わらず〝走って〟いる）、新編曲（詳しくは後述）の〈アディオス・ノニーノ〉の力演ぶりが目立っていたが、実はコンフント・エレクトロニコで同じ12月（公演より前か後かは不明）に《トロイロ組曲》全曲をスタジオ録音していたことは、ほとんど知られていないだろう。

ブエノスアイレスのイオン・スタジオで収録されたその《トロイロ組曲》は、監督がダビド・コーンで主演がアルフレド・アルコンという、いずれもピアソラと関わりの深い2人による映画『秋ってなに？』（＃F51）のサウンドトラックのために録音された。映画の中では当然編集されて使われているが、4曲まるごと完全な形での録音も現存していて、筆者の手元にもある。そのうち〈バンドネオン〉前半の6分ほどあるバンドネオン・ソロの部分は、ドラマーのダニエル・〝ピピ〟・ピアソラやピアニストで作編曲家のニコラス・ゲルシュベルグ[*42]らによるエスカランドラムの2021年のアルバム『100』[*41]の中で、彼らメンバーによる演奏が重ねられて〈アストルによるバンドネオンの未発表イントロ〉というタイトルのトラックとなった（＃189）。

アグリらとのミラノでのスタジオ録音が存在しているにもかかわらず、新たに録り直すというアイディアがどこから出たものかはわからないが、結果は大正解だった。不遇のままの、正当な評価を受け

＊40　ヌエボス・アイレス *Nuevos Aires*
フュージョン・グループ。プログレッシヴ・ロック、ブラジルのエグベルト・ジスモンチやエルメート・パスコアルらの音楽、クラシックなどの要素の融合を目指した。フェルナンド・エゴスクエ（g）とクラウディオ・メンデス（p、kbd）を中心に結成され、1983年にファースト・アルバムをカセットでリリース。84年にメンバーがこのカセットをピアソラに手渡したことがきっかけで、翌年〈500の動機〉の楽譜を手渡された。同曲を90年に録音した頃にはメンバーが一部入れ替わり、パブロ・サンチェス（b）、アンディ・アエヘルテル（ds）が参加。エゴスクエとアエヘルテルはその後スペインで、アルゼンチン人3名、レバノン人、スペイン人各1名とエンサンブレ・ヌエボ・タンゴを結成し、98年に同曲を再演した（リリースは2000年）。01年にはオリジナル・メンバーにゲストでダニエル・〝ピピ〟・ピアソラ（ds）らが加わる形で、同曲の3度目の録音を果たし、06年のファースト・アルバムCD化の際に追加収録された。

ているとはとても思えない第1期コンフント・エレクトロニコの真価を問うことができる唯一のスタジオ録音が、知られざる形ではあってもこうして残されたことは喜ばしい。とにかく、この卓越した演奏を例外として、彼らが正規の録音を残せなかったことは不幸でしかなかったのだから。

オランピア劇場公演とその前後

ピアソラは1976年12月の終わり頃パリに戻り、1年半ぶりのレコーディングと、それに続くヨーロッパ・ツアーのための準備に取りかかった。そして1977年2月、ミラノのモンディアル・サウンドでアルバム2枚が同時進行で制作された。

一枚はオリジナル・アルバムで『ペルセクータ』と題されたが、フランスやアルゼンチンなどでは『ピアソラ77』のタイトルで発売された（＃129）。1975年9月の一連の録音は〝省エネ的〟な編成だったが、今回は『リベルタンゴ』以来の、ストリングスやフルートなども加わったアンサンブル。エ

＊41　ダニエル・〝ピピ〟・ピアソラ *Daniel "Pipi" Piazzolla*（1972・5・10）ドラムス奏者、楽団リーダー。ブエノスアイレス生まれ。本名ダニエル・アストル・ピアソラ。ダニエル・ウーゴ・ピアソラの息子、アストル・ピアソラの孫。祖父アストルに最初のドラム・セットを買うのを援助してもらい、1989年からロランド・〝オソ〟・ピカルディに奏法を学ぶ。92年に米国ロサンジェルスの音楽大学「ミュージシャンズ・インスティテュート」に入学、翌年同大学の最優秀ラテン・ドラマー賞を受賞。94～95年にはブエノスアイレスでフェルナンド・マルティネスとセバスティアン・ペイセレに師事。この時期には父が結成した八重奏団にプロとして初参加し、95年にはレコーディングも経験、96年のアストル追悼イベント『アストルタンゴ』では同楽団のメンバーとしてチック・コリアらとも共演した。97～98年にニューヨークで修業後帰国、キーボードのリト・ビターレのバンドに参加、その後はさまざまな歌手などとも共演するようになる。99年にピアノのニコラス・

ゲルシュベルグらと6人編成のインストルメンタル・バンド、エスカランドラムを結成。また、日本向けに依頼された企画として、同グループの一部メンバーにバンドネオンのパブロ・マイネッティ、歌手のアルベルト・ビアンコらを加えた特別編成のピアソラJr.バンドを率いて祖父アストルの作品集を録音、2000年1月に来日公演も行った。エスカランドラムは結成以来今日に至るまで24年以上、不動のメンバーで精力的な活動を続けている。残したアルバムも15枚を数え、そのいくつかはラテン・グラミー賞にノミネートされたりガルデル賞を受賞したりしている。12年頃からはギターのルシオ・バルドゥイーニ、エスカランドラムのメンバーでもあるサックスのダミアン・フォヒエルとのピピ・ピアソラ・トリオでも活動、ベースレスのトリオでの自由な表現に取り組んでいる。そのほかセッション参加作も数多く、パブロ・アスラン五重奏団、ソリン・オクテート、エンサンブレ・リアルブック・アルヘンティーナなどさまざまなグループで彼の名前を見ることができる。

＊42　ニコラス・ゲルシュベルグ *Nicolás Guerschberg*（1975・5・16）

ピアノ／キーボード奏者、楽団リーダー、作曲家、編曲家。ブエノスアイレス生まれ。幼い頃から音楽に親しみ、6歳ですでにピアノを弾きこなし、12歳でピアノ、理論、ソルフェージュの教師の免状を取得した。ピアノをフェルナンド・ペレスに、和声と即興をサンティアゴ・ジャコーベに、音楽分析をマノロ・フアレスに、対位法とオーケストレーションをラウラ・バアデに師事。ヘラルド・ガンディーニの最後の弟子の一人でもあった。1995年から現在に至るまで、国内はもとよりヨーロッパ、日本を含むアジア、南北アメリカなど40か国以上をツアー。99年にドラマーのダニエル・〝ピピ〟・ピアソラらと結成し、25年後の現在も変わらぬメンバーで活動を続ける六重奏、エスカランドラムでは、作曲と編曲を多く手がけ、活動の大きな柱の一つとなっているが、2002年頃にはピアソラ型の五重奏団、ラ・カモーラにも参加、その後はアストル・ピアソラ財団キンテート、ソロや自身のアンサンブルなどでも幅広く活躍を続けている。17年にはヴァイオリン奏者の柴田奈穂とのデュオによるブエノスアイレス―トーキョー・コネクションでのレコーディングとライヴも実現。主にピアソラを歌う歌手の音楽監督を務めることも多く、巻末で紹介しただけでもマリア・エステラ・モンティ（＃G88）、ロクサーヌ・フォンタン（＃G94）、マリアネーラ・ビジャロボス（＃G107）などのアルバムを手がけた。それ以外にも共演した内外の歌手は多く、国内ではラウル・ラビエ、スサーナ・リナルディ、ホセ・アンヘル・トレージェス、海外ではドイツのウテ・レンパー、メキシコのエウヘニア・レオンなどが挙げられる。作曲家としては室内楽、ビッグ・バンド・ジャズなどさまざまなアンサンブルのための作品があり、映画音楽のサウンドトラックも手がけている。

レキ・ピアノが効果的に使われている一方、シンセサイザーは一切使われていない。メンバーはバンドネオンと編曲指揮のピアソラのほか、ピアノ／ハモンド・オルガン／フェンダー・ローズ（エレキ・ピアノ）がアルナルド・チアトとサンティーノ・パルンボ、ギターがセルジョ・ファリーナ、エレキ・ベースがジジ・カッペロット、ドラムス／パーカッションがトゥリオ・デ・ピスコーポ、フルートがウーゴ・エレディア、第1ヴァイオリンがマリオ・マッキオ、第1ヴィオラがレナート・リッチョ、第1チェロがエンニオ・ミオリである。

リズミカルな前半とスローな後半を対比させた〈タンゴの街〉、ベースが上昇と下降を繰り返すフレーズを基調にした得意のパターンで始まる〈ピア＝ソ＝ラ＝ソ〉、バンドネオンのカデンツァから始まってフルートとストリングスがクラシカルな雰囲気で加わり、徐々にリズミカルに展開していく〈ラルゴ・タンガービレ〉と、ここまでがA面（前半）の3曲。

B面（後半）は、ファンキーとまではいかないがスピード感にあふれた〈ペルセクータ〉から始まり、エレキ・ピアノの響きが幻想的な〈ウィンディー〉、無骨なタンゴの4ビートやここでは珍しいヴァイオリン・ソロ、バンドネオンに絡めたエレキ・ピアノのソロなども生かして小気味良くまとめた〈モデラート・タンガービレ〉、大編成ストリングスをバックにバンドネオンが歌う前半と疑似フーガ形式の後半から成る〈歌とフーガ〉へと続いていく。これといった強烈な印象を残す曲はなく、決め手にはやや欠けていたが、これもまたピアソラにしか作り得ない世界であったことは確かである。

もう一枚は映画『アルマゲドン』（#F50）のサウンドトラック盤。これはアラン・ジェシュア監督[*43]、アラン・ドロン主演によるフランス＝イタリア合作映画で、ピアソラはドロンから直々に音楽を依頼されている。映画はフランスでは1977年3月に封切られたが、日本ではちょうどドロンの人気が下降線をたどっていた時期に当たったため、当時は未公開に終わり、ようやく2017年になってBSで『アラン・ドロンのアルマゲドン』として初公開された。

サントラ盤の方は、ちゃんと曲の体裁を保っているものから、おどろおどろしい効果音的なトラック、単なるフレーズの繰り返しに至るさまざまな断片的な小品を寄せ集めた内容。フランス・ポリドール盤〈#130(a)〉とアルゼンチン・トローバ盤〈#130(b)〉ではLPのB面の曲目と曲順が一部異なり、前者には11トラック、後者には14トラック収録されているが、同時に曲名にも混乱をきたしている。

ドロン演じる精神科医に敵対する犯罪者役、ジャン・ヤンヌ[*44]の作詞でポーリーヌ・メイエが歌う〈悲しき男への歌(パート1／2)〉は、フランス盤のみの収録。ボサ・ノヴァ風でアルト・サックスがメロ

＊43　アラン・ジェシュア *Alain Jessua*（1932・1・16～2017・11・30）映画監督、脚本家、演出家。フランスのパリ生まれ。1951年に映画界入り、ジャック・ベッケルらの助監督を経て短編映画やTVシリーズなどの演出をするようになる。63年に最初の長編映画を監督、続く『殺人ゲーム』で67年度カンヌ映画祭の脚本賞を受賞した。そのほかにやはりアラン・ドロン主演の『ショック療法』（73年）などの作品がある。

＊44　ジャン・ヤンヌ *Jean Yanne*（1933・7・18～2003・5・23）映画監督、脚本家、俳優、歌手、作詞・作曲家。フランスのパリ東郊のセーヌ＝サン＝ドニ県レ・リラ生まれ。本名ジャン・グイエ。ジャーナリズムを学び、キャバレーなどのコメディアンや台本作家を経てシャンソンの作詞・作曲家となり、自らも歌手となったが、その後はラジオ番組の制作やコメンテーターなどを務める。1963年に映画俳優としてデビュー、ジャン・リュック・ゴダール監督の『ウィークエンド』（67年）、クロード・シャブロル監督の『肉屋』（69年）といった作品で、辛辣で怒りっぽく強欲なキャラクターを演じて注目を集める。72年にはモーリス・ピアラ監督の『一緒には年をとらない』でカンヌ国際映画祭男優賞を受賞、同年からは自らが主演する風刺コメディー映画の監督としても活躍した。

ディーを奏でる〈劇場でのパニック〉は同じ曲のインスト版である。一方、アルゼンチン盤のみに収録された4曲の中にも〈悲しき男への歌〉と題されたものがあるが、実際には〈鏡の前〉という曲の別ヴァージョン。残り3曲も各収録曲の別ヴァージョンである。

ピアソラには珍しくアルト・サックスをフィーチャーしたボサ・ノヴァ風の曲は、ほかに〈芝居じみた遊び〉〈劇場のオーケストラ〉〈終曲〉と最後に3曲並んでいるが、リズム・パターンなど全部同じだし、あとの2曲はほとんど同じ曲である。ということで、アルバム自体はかなりマニア向けの内容だが、今となっては貴重な資料とも言える。

レコーディングのあとには、フランス、イタリア、ドイツなどを回るという、自身のグループでは初めてとなる本格的なヨーロッパ・ツアーが控えていたが、コンフント・エレクトロニコのメンバーたちはもうブラジルでのトラブルの二の舞はごめんだということで、途中参加のフェレイラ以外の全員から参加を断られてしまった。そこでブエノスアイレスのダニエルには、新しいメンバーを急いで集めるという重大任務が課せられた。そして主にリズム・セクションを担当する4人の若いメンバーがブエノスアイレスからパリに送り込まれ、1976年末の時点でパリに亡命していたピアノのグスタボ・ベイテルマン[*45]も加わることになった。ダニエルとフェレイラ以外はすべて新顔のメンバーを、当時の年齢付きで紹介しておこう。

バンドネオン、編曲：
　アストル・ピアソラ（56歳）
ピアノ：

グスタボ・ベイテルマン（32歳）
フルート、アルト・サックス：
ルイス・〝チャチ〟・フェレイラ（38歳）
シンセサイザー、パーカッション：
ダニエル・ピアソラ（32歳）
ドラムス：
ルイス・セラボロ*46（27歳）
エレキ・ベース：
リカルド・サンス*47（24歳）
エレキ・ギター：

*45　グスタボ・ベイテルマン *Gustavo Beytelmann*（1945・1・3）ピアノ／オルガン奏者、作曲家、編曲家。サンタフェ州ベナード・トゥエルトの音楽一家に生まれ、音楽学校で作曲と現代音楽を学ぶ。作曲をフランシスコ・クロプフルに師事。映画音楽やさまざまなジャンルの編曲の仕事などを手がける一方、1972年頃にはロドルフォ・アルチョウロンのサナタ・イ・クラリフィカシオンにオルガン奏者として参加。74年から76年まではレコード会社のディレクターも務めた。76年の終わり頃パリに亡命、直後にピアソラのコンフント・エレクトロニコに参加。解散後、フアン・ホセ・モサリーニらとティエンポ・アルヘンティーノ結成、79年から81年まではマリアンヌ・ムヌシュキン率いる太陽劇団の音楽監督を務めた。82年からモサリーニ、パトリス・カラティーニ（b）とモサリーニ＝ベイテルマン＝カラティーニで活躍、映画音楽もいくつか手がけている。その後は自身のトリオを率いる一方、フィリップ・コーエン・ソラルらのゴタン・プロジェクトにも参加。96年からロッテルダム大学タンゴ学部の部長を務め、現在はオペラの創作にも取り組んでいる。

トマス（トミー）・グビッチ*48（19歳）

オルガン：

オスバルド・カロー*49（24歳）

*46　ルイス・セラボロ *Luis Cerávolo*（1950・1・10）

ドラムス／パーカッション奏者、編曲家、プロデューサー、ドラム教師。ブエノスアイレス生まれ。6歳でピアノを始め、11歳からアルベルト・アルカラにドラムスを習う。同年には父エクトル・セラボロの楽団で演奏を始める。1973年から翌年には、兄エクトル（p）やエクトル・〝フィニート〟・ビンヘルト（ts／fl）、グスタボ・ベルガリ（tp）、ルベン・ラダ（vo／perc）らとのバンド、S．O．S．（ソニード・オリヒナル・デル・スール）で活動。77年にはスピネッタのジャズ＝ロック志向のバンドに加わり、79年にはルベン・ラダがベルナルド・バラフ（ts）らアルゼンチンのジャズ系ミュージシャンを集めて結成したラ・バンダにリカルド・サンスとともに参加。82年にはキーボード奏者ダニエル・ガルシーアのアルバム『別の世界から』に参加した。そのほか共演した音楽家にはラロ・シフリン、ジム・ホール、アリエル・ラミレス、アルトゥーロ・サンドバル、ハイメ・トーレス、マノロ・フアレス、ルベン・フアレス、オスカル・カルドーソ・オカンポ、ベイビー・ロペス・フルストなどがいる。2022年にはクリスティアン・サラテ（p）、ニコラス・エンリッチ（bn）、ファン・パブロ・ナバーロ（b）との四重奏団、ルイス・セラボロ4でアルバム『オディセア・インビシーブレ』をリリースした。

*47　リカルド・サンス *Ricardo Sanz*（1952・8・1）

エレキ・ベース奏者、作曲家、録音エンジニア、音楽プロデューサー。ブエノスアイレス生まれ。1978年以降、ルイス・セラボロとともにサンティアゴ・ジャコーベ（p）のトリオやラ・バンダに参加。ディノ・サルーシやスピネッタほか、ジャズ系からロック系までのセッションに参加しているが、参加作は多くはない模様。90年代以降はラジオやTV、映画のための音楽などを制作。近年はエンジニアとしてカルロス・フランセッティ、青木菜穂子、アドリアン・イアイエスらのアルバムに関わっている。

*48　トマス・グビッチ *Tomás Gubitsch*（1957）

ギター奏者、楽団リーダー、作曲家、編曲家、指揮者。ブエノスアイレス生まれ。愛称「トミー」。1976年、ロドルフォ・メデーロス（bn）のヘネラシオン・セロおよび、ルイス・アルベルト・スピネッタ率いるロック・バンド、インビシーブレに参加。12月に行われたヘネラシオン・セロのセカンド・アルバム『いずれにしても』の録音では自作曲も提供したが、アルバムの完成を待たずに脱退。ピアソラのコンフント・エレクトロニコ解散後もパリに留まり、フアン・ホセ・モサリーニ（bn）やグスタボ・ベイテルマン（p）らのティエンポ・アルヘンティーノへの参加を経て、オスバルド・カロー（p）と長く活動した。モダン・タンゴの作曲家としての才能を開花させ、81年以降、ソロ名義やカローとのデュオ、さらにコントラバスのジャン＝ポール・セリアを加えたトリオ、カローやセバスティアン・コーアンジュ（vn）らとの五重奏団などで、すべて自作曲からなる充実したアルバムを制作し続けている。セッション参加作もステファン・グラッペリ、ミシェル・ポルタルのアルバムなど多くあり、ハイロがピアソラ曲を取り上げた『私の足跡……』（#G34）でもアレンジを担当。作曲家として演劇、ダンス、映画のための音楽を書いているほか、クラシック系作品にも協奏曲や室内楽曲などがあり、各地のオーケストラが演奏している。珍しいところでは2008年2月にすみだトリフォニーホールで行われたトマティート&ドランテ『スーパー・フラメンコ』公演にて、新日本フィルハーモニー交響楽団を指揮してドランテ作曲〈スール〉を世界初演した。

＊49　オスバルド・カロー *Osvaldo Caló*（1952・12）
ピアノ／オルガン奏者。ブエノスアイレス生まれ。8歳からピアノを習い、国立音楽院で学ぶ。子ども向け番組の仕事ののち、ロック・シーンで活動を開始、ルイス・ボルダ（g）とのアベ・ロック（1974年）を経て、ニト・メストレ（vo）がチャーリー・ガルシーアとのスイ・ジェネリス解散後の76年に結成したグループ、ニト・メストレ・イ・ロス・デスコノシードス・デ・シエンプレに2代目キーボード奏者として参加。ファースト・アルバムの録音が終わったところでダニエル・ピアソラに呼ばれてコンフント・エレクトロニコに参加、解散後もパリに留まった。アルゼンチン人ピアノ奏者のオルガ・ガルペリンに師事し、80年からトマス・グビッチ（g）と約10年間ライヴ活動を続ける。92年、フアン・ホセ・モサリーニ（bn）、パトリス・カラティーニ（b）とのトリオにグスタボ・ベイテルマンに代わって参加、コントラバス奏者が交代しアントニオ・アグリ（vn）らが加わって形成されたモサリーニ＝アグリ五重奏団で94年以来4年間連続して来日、アグリの没後息子のパブロ・アグリが代役を務めた99年の来日公演を最後にグループから離れた。96年からヴァイオリンのセバスティアン・コーアンジュとのデュオでも活動を始め、ピアソラ曲のみのアルバムも制作、2000年以降このデュオにバンドネオンのビクトル・ビジェーナらを加えた五重奏団、ティエンポ・スールでも活動した。歌手の伴奏の仕事も多い。

ツアーの前半は、1977年3月22日から4月半ばまで続くパリのオランピア劇場での22日間におよぶ長期出演で、ピアソラはムスタキとの共同リサイタルで第1部を務めた。あくまでもメイン・アクトはムスタキの方だったのだが、4月のいくつかの公演はレコーディングされ、両者それぞれのライヴ盤としてフランスのポリドールからリリースされた。ムスタキの方は2枚組の『オランピア（ライヴ録音）』（当時の邦題は『オランピア'77』）となり、イタリアのカローゼッロが原盤権を持ったピアソラのアルバムは『オランピア77』と題された（#131）。コンフント・エレクトロニコの演奏が収められた公式アルバムとしては唯一のものである。

オープニングの〈リベルタンゴ〉ではメンバーが一人ずつ登場、エレキ・ギター、エレキ・ベース、ピアノ、オルガン、シンセサイザー、ドラムス、フルートの順で加わりながらインプロヴィゼーションを展開していく。ピアソラのバンドネオンが登場して曲がスタートするまでは4分45秒だが、これよりも3分以上長かったグラン・レックス劇場での第1期コンフント・エレクトロニコでの演奏よりは、かなり音楽的に整理された印象を受ける。2つのグループのメンバーの感覚の違いが顕著にわかるのが、このインプロヴィゼーションの部分だろう。肝心の本編も快調に進んでいく。ドラムスのセラボロが16ビートを刻む際にハイハットを少し浮かし気味にして、硬質な感じになるのを防いでいる。

〈メディタンゴ〉は、スタジオ・ヴァージョンに比べて若干テンポがゆったりめだが、全体でリズムを切るところなどシャキッとメリハリが効いている。後半のバンドネオン・ソロも素晴らしい。エンディングはグラン・レックス劇場の時よりも落ち着いた感じだ。

〈シータ〉はラ・シウダーでのライヴ盤にも同じアレンジで収録されていたし、グラン・レックス劇場でも第1部の最後を締めていた。比べてみると、こちらの方が世代的に若いということで、ジャズ的というよりはロック的センスの方がより強い感じだ。シュネイデル、マルビチーノ、シリリアーノら強者らを揃えていた以前のグループの方が名人芸的な深いニュアンスには長けていたようにも思えるが、ピアソラが走りがちな終盤のリズムの安定度はこちらの方が上だし、みんな技術的にも文句なく、全体によくまとまっている。優れた録音のせいもあって、サウンドの重心が低いのも大きなポイントだ。

〈アディオス・ノニーノ〉はラ・シウダー出演時の演奏とも大幅に異なるスケールの大きな新編曲で、グラン・レックス劇場でもすでに披露していたものだが、そこでラ・シウダーの時と同様にシリリアーノが弾いていた冒頭のカデンツァは、今回は省かれている。それでも長さは10分50秒に及ぶ。4拍子＋4拍子＋2拍子で始まるパートが途中に挿入され、その長い挿入パート終盤の盛り上がりから、お馴染みのエンディング前のバンドネオンが歌い上げるところ（ドラムスが8分の6拍子でリズムを刻んでいる）に続くあたりはなんとも感動的。そしてこのアレンジはピアソラにとってお気に入りとなるのだった。

〈ビオレンタンゴ〉は、基本的な構成は『リベルタンゴ』に収録されているものと同じで、グラン・レックス劇場でも最後を飾っていたが、演奏の密度が極めて高く、エネルギッシュこの上ない演奏になっている。最後の盛り上がりもすごい。

オランピア劇場での公演が始まって間もない3月26日には、プロモーションも兼ねたのだろうか、パリのオベール駅構内で1時間のライヴを行ったが、そこで撮影された〈バンドネオン〉の演奏の一部は映画『ピアソラ 永遠のリベルタンゴ』でも使われた。

オランピアへの出演終了後、コンフント・エレクトロニコはフランス国内をツアーし、イタリアではミラノのピッコロ劇場やスイスとの国境に近いカントゥーという街で演奏した。その後のスイス、ベルギーでの公演も好評だったが、すでにグループ内には亀裂が生じていた。それが決定的になったのは、5月初めのブリュッセルでのことだった。今回は経済的な問題が原因ではなかった。ダニエルは語る。

「若い連中は鼻高々でヨーロッパにやってきた。トミーなんか、ローディー（注：楽器を運んだり設置したりする裏方）が付くと思い込んでいてね。ヨーロッパでは、ローリング・ストーンズとかよほどのビッグ・ネームでもなければそういうのは雇えないのにさ。だからローディーの代わりに自分たちで楽器を運ぶしかなかった。挙句の果てに『いや、機材を運ばなくちゃいけないなら演奏できないよ、だって指が……』だって。親父がどうしていたかわかるよね？　スーツケースもバンドネオンもいつも自分で運んでいたよ」

（『ラ・マガ』1996年5月号より。文：ダニエル・リエラ）

ただしメンバーたちから言わせると、彼らへのいささか高圧的なピアソラの態度や、アルゼンチンの軍事政権に対する政治的な優柔不断さも反発の原因となったので、一概にどちらが悪いと決めつけられる問題ではなかった。

YouTubeに公式に残されているこの時期の映像としては、4月23日にフランスのTV局で収録された〈シータ〉（＃A7）、解散間際の5月18日にTSR（テレヴィジオン・スイス・ロマンド）のバラエティー番組『モザイク』に出演した際の〈リベルタンゴ〉（＃A8）がある。

結局コンフント・エレクトロニコは5月に解散した。もともとパリにいたベイテルマン、そしてグビッチとカローがフランスに残り、その他のメンバーはみんなバラバラに帰国した。グループが短命に終わったのは残念だったが、この編成で唯一の公式録音である『オランピア77』が無事に残され、ベイテルマンやグビッチ、カローはこれをきっかけに、フアン・ホセ・モサリーニらと協力して、パリのモダン・タンゴ界に活躍の場を見いだしていくことになるのだった。

ミラノでのエレクトリック時代の終焉

コンフント・エレクトロニコ解散後の6月、ピアソラはラウラとスペイン旅行に出かけ、その後はフランスやイタリア、スペインでいくつかのTV出演をこなした。マリア・スサーナ・アッシとサイモン・コリアーによればこの時期、ロンドンでヴァンゲリスと、パリでミシェル・ルグランとレコーディングする計画もあったそうだが、どちらも実現はしていないし、それぞれの音楽性に照らし合わせても、そもそも何をやろうとしたのかのイメージは見えてこない。

そして秋にはサッカーのアルゼンチン代表のコーチ、セサル・ルイス・メノッティの訪問を受け、翌1978年6月にアルゼンチンで開催される『第11回ワールド・カップ』を記念したアルバムの制作を依頼される。かくして1977年12月にミラノで録音されたのが『ムンディアル 7 8《セテンタ・イ・オーチョ》』で（「ムンディアル」はスペイン語でワールド・カップの意）、収録曲にはすべてサッカーにちなんだタイトルが付けられていたが、肝心の開催国アルゼンチンでは『ピアソラ78』としてリリースされた（#132）。また、このアルバムはワールド・カップ開催から時を経た1990年5月、アルド・パガーニによって全曲のリミックスを施され、各曲のタイトルも変更した上で、ピアソラともタンゴともサッカーともなんのゆかりもない、イスラム教徒の女性が着る伝統的な服を指す『チャドル』というタイトルで再発売されている。その際に参加メンバーも初めて明らかになったが、顔ぶれは概ね『ペルセクータ』に準じたもので、そのほか『リベルタンゴ』に参加していたジャンニ・ヴィリオーリ（オルガン）などの名前もあった。

以下の曲目解説では、『チャドル』でのタイトルも（ ）内に併記した。

A面（前半）の冒頭を飾る〈ムンディアル78〉（スリラー）は6分におよぶスケールの大きな曲で、バンドネオン、エレキ・ギター、ピアノ、オルガン、エレキ・ベース、ドラムス、パーカッション、マリンバ、フルート、大編成ストリングスによる3＋3＋2のリズムを基調とした派手な演奏が、目まぐるしく展開されていく。

〈得点〉（パニック）も、ドラムスが終盤ハイハットで32ビートを刻むなど、やたら賑やかというか性急さが感じられる曲。

ホイッスルを模したような効果音から始まる〈ペナルティー〉（タンゴ・フィーヴァー〔ペナルティー〕）で、ようやく少し落ち着いた表情を見せる。バンドネオンがよく歌っているというか、曲が展開していく中でバンドネオンがソロを弾き続けるまま終わる。オリジナル盤ではフェイド・アウトしていくが、リミックス盤『チャドル』では終止まで演奏されている。

〈跳躍〉（チャドル）はドラムスのタム回しが続く中、エレキ・ベース、バンドネオンとピアノを従えたフルート、ストリングス・セクションとオルガン（後ろに小さく）のアンサンブル、バンドネオンとディストーションを利かせたエレキ・ギターによる細かいフレーズのユニゾン、ストリングスの速いパッセージ……と続いていく面白い曲。リミックス盤ではストリングスを引っ込めたりしたせいで、全体の微妙なバランスが崩れ、魅力が半減してしまった。

B面（後半）に移って、〈ゴール〉（ゴール！）はミディアム・テンポで、バンドネオンが終始リードしていくが、曲としての面白味はあまり感じられない。この曲に関してはリミックス盤の方が仕上がりは良くなった（ヴァージョン違いの詳細についてはディスコグラフィーを参照のこと）。

〈ウイング〉(バイレス・プロムナード)は、オルガンが繰り返すフレーズにストリングス、フルートなどが絡んでいく。途中でリズムが止まり、オルガンの持続する和音にバンドネオンが切り込んでいく。〈コーナー〉(ミロンガ・ストリップ)では、スローで重たいミロンガのリズムに乗せて、バンドネオンが切ないメロディーを奏でる。バックではエレキ・ピアノが鳴り、フルートもソロを取る。〈チャンピオン〉(タンゴ・ブルース)は、ピアノのパターンの繰り返しから始まり、ギターを従えたバンドネオンがひとしきり歌ったあと、ストリングスとリズム・セクションが加わり、多少の盛り上がりを見せたあと、最後は静かに終わっていく。

以上8曲、全体としてバンドネオンと各楽器との絡みが重視されるなど、音作りには工夫が凝らされていたが、どこか肩に力が入ったようなところもあり、曲としての魅力にもいささか乏しいきらいがあった。コンフント・エレクトロニコの解散による精神的ダメージもあっただろうし、ミラノでのスタジオ・ミュージシャンたちとの音作りに限界を感じ始めていたとしても無理はなく、それが結果として表れたとも言えるだろう。

結局この『ムンディアル78』は、『リベルタンゴ』以来ミラノのモンディアル・サウンド・スタジオで作ってきたアルバムとしては最後の1枚となった。年が明けて1978年、ピアソラは次なる行動を起こす。そしてそれは、4年間かけて築き上げてきたジャズ/ロック的なサウンドとの訣別を意味していた。ピアソラは、ついにあの五重奏団を再結成するのである。

上巻 *Tomo I*

写真クレジット *Créditos fotográficos*

カルロス・クリ著『アルチーボ・ピアソラ』から著者の了解を得て *del libro "Archivo Piazzolla" de Carlos Kuri con autorización del autor*: カバー *Cubierta*, 89a-b, 88a, 175a-c, 174b-c, 273b-c, 272a-b, 367a-c, 366b-c, 439a, 479a, 572a-b

株式会社ラティーナ *Latina Co.,Ltd.*: 35a-c, 34c, 273a, 366a, 439b, 438b, 479c, 478a, 573a

ピアソラ・ファミリー *Familia Piazzolla*: 35d, 34a-b, 89c, 88b, 174a, 273d, 272d, 438a, 479b, 478b-c, 573b

カルロス・カリーソ *Carlos Carrizo*: 573c

著者　斎藤充正（さいとう・みつまさ）
1958年鎌倉生まれ。神奈川大学外国語学部中退。1985年、雑誌『ラティーナ』に執筆活動開始、以後CDの企画監修などにも携わる。第9回出光音楽賞（学術研究）受賞。著書に『フランキー・ヴァリ&ザ・フォー・シーズンズのすべて』（スペースシャワーブックス）、編書に『200DISCS ピアソラ／タンゴの名盤を聴く』（共編、立風書房）、訳書に『ピアソラ 自身を語る』（河出書房新社）がある。

アストル・ピアソラ 闘うタンゴ 完全版　上

2025年2月28日　第1刷印刷
2025年3月10日　第1刷発行

著者――斎藤充正

発行人――清水一人
発行所――青土社
〒101-0051　東京都千代田区神田神保町1-29　市瀬ビル
［電話］03-3291-9831（編集）　03-3294-7829（営業）
［振替］00190-7-192955

印刷・製本――双文社印刷

装幀――國枝達也

ISBN978-4-7917-7697-9